국가의 노동통제와
민주노조운동 : [1987-1992]

좁게는 국가의 **노동정책**에 대한 **분석**이며, 넓게는 국가의 노동통제전략 혹은 노동정치체제에 대한 **국가의 개입방식**에 관한 연구

국가의 노동통제와 민주노조운동 : [1987-1992]

| 노중기 |

단기간에 진행된 노동운동의 고양과 위축은 일차적으로 국가의 통제전략의 효율성과 노동운동의 저항의 효율성 간의 함수관계에 의해서 결정된다고 할 수 있다. 국가의 입장에서 그것은 통제의 비용과 이익의 손익계산과 연관된 것이었다.

한국학술정보(주)

오늘날 한국사회에서 민주노조운동은 심각한 구조적 위기 국면을 지나가고 있다. 1987년 여름의 노동자대투쟁 이후 20년은 민주노조운동의 상승기 10년과 하강기 10년으로 구성되어 있었다. 1997년 외환위기 이후 짧지 않은 10년의 수세기를 보내면서 이제는 그 바닥을 모두가 직시하고 있는 듯하다.

이 책에서 필자가 고민했던 것은 전반기 10년이었다. 즉 노태우정권 (1988-1992) 기간 동안 한국 노동정치의 전개과정과 그것의 민주노조운동에 대한 함의였다. 1992년을 전후로 당시 전국노동조합협의회(전노협)의 민주노조운동에 대한 회의가 지식인과 선진 활동가 일부에서 제기된 바가 있었다. 필자는 이 연구를 통해서 당시 '민주노조운동 위기론' 논쟁 형태로 제기되었던 물음에 대해 낙관적인 결론으로 대답하였다. 이후 민주노총 건설(1995), 겨울 총파업 성공(1997), 민주노동당 건설(2000)로 이어지는 운동의 변화 속에서 그 결론은 기본적으로 타당했음이 입증되었다. 결국 '1987년 체제' 10년간의 경험은 노동운동의 발전과정, 상승과정이었음이 밝혀진 것이다. 그 동력은 무엇보다 1987년 노동자대투쟁에서 연원하고 있었다.

전반기 10년에 비하면 후반기 10년 동안 세상은 상전벽해로 바뀌었다. 지금 민주노조는 단순히 이기주의집단을 넘어서서 비리노조, 폭력집단으로 치부되고 있다. 과거 민주투사로 운동을 지도했던 인사 중 상당수는 노동자를 억압하고 배제하는 일에 적극적으로 가담하고 있는 실정이다. 특히 비정규노동자들의 목숨을 건 절규가 계속되고 있지만 정규직 노동자들과 시민들의 냉담과 무시는 여전하다. 최근의 노동정당 제도화와 산별 조직 전환에도 불구하고 상황은 결코 밝지 않다. 결국 민주화 이후 이른바 '민주'정권들에서 노동자들을 옥죄는 노동배제체제는 더욱 더 강고해진 느낌이다.

이런 구조적 상황적 조건 속에서 낙관론을 유지하는 일은 과연 가능한가? 오늘 비정규노동자들의 투쟁은 제2의 노동자대투쟁으로 발전할 것인가? 민주노조들의 세 번째 10년은 과연 성공적인 산별연대조직 건설과 노동계급 정치세력화로 나아갈 것인가? 그리하여 양극화된 한국사회를 진정으로 변혁할 수 있을 것인가? 도대체 답하기 어려운 난제들이다.

그러나 수세기의 깊은 어둠 속에서도 새벽은 어김없이 다가오는 법이다. 지금 KTX, 이랜드 비정규노동자들의 투쟁은 그 어둠을 밝히는 작은 등불이 되고 있다. 이들은 정규직과 비정규직, 노동자와 학생, 시민들, 나아가 노동연구자들을 모아 이끄는 길잡이인지도 모른다. 노동 연구자인 필자로서는 그들의 고난을 성찰하면서 이 자리를 지킬 수밖에 없다. 그 등불을 피해 어둠 속을 헤맬 수는 없기 때문이다.

마지막으로 이 연구에 도움을 주신 많은 분들께 감사드린다. 당시 운동의 현장에 있었던 수많은 현장 노동자들과 활동가, 그리고 동료 연구자들이 그분들이다. 특히 고인이 되신 필자의 스승, 청정 김진균 교수님께 감사드린다. 어려운 출판 작업을 진행해 주신 한국학술정보(주) 관계자 여러분께도 감사의 마음을 전한다.

2007. 10. 노중기

목 차

제 1 장

제 1 장
문제제기와 연구과제

　일반적으로 자본주의사회에서 노동이 차지하는 지위는 특수하고 매우 중요하다. 맑스가 밝힌 바와 같이 자본주의사회의 생산과 재생산은 노동자계급에 절대적으로 의존한다. 그리고 노동자계급은 자본주의사회의 정치변동을 설명하는 핵심적 변수이다. 그들은 동질적인 이해관심을 공유하고 있을 뿐만 아니라 노동조합조직으로 잘 조직되어 있다. 그리고 그들은 여러 가지 방식으로 자본주의적 생산 및 경제일반에 실질적으로 개입할 수도 있다. 그들의 조직적 행위인 노동조합활동과 쟁의행위는 자본주의적 사회구성에서 핵심인 경제적 생산을 위협할 수 있고, 한 사회의 장기적인 사회경제적 발전방향을 결정짓게 된다.

　그리고 노동자계급은 조직된 의사를 정치적으로 표현하는데 그 구체적인 양태와 전개과정은 한 사회의 정치체제의 발전과정을 크게 규정하는 요인이 된다. 서구자본주의사회의 발전경험에서 보면 노동자계급은 자본가계급과 함께 사회의 양대 정치세력으로 주도권을 다투어

왔다. 현대 사회의 대의민주주의 정치체제는 노동자계급의 오랜 투쟁의 산물이었으며, 오늘날 대부분의 사회에서는 이를 국가기구에서 제도화함으로써 그들의 정치적 활동을 보장하고 있다. 특히 노동자계급은 여전히 인구의 다수를 차지하고 있다는 점에서 현대 민주주의체제에서 가장 중요한 행위자의 하나로 존재한다.(Therborn, 1977) 그런데 이와 같은 객관적 조건 및 그 영향력에도 불구하고, 노동자계급은 자본주의사회의 지배적인 계급인 자본가계급에 비해 열세에 처해 있고,(Offe · Wiesental, 1979) 정치적으로도 지배계급으로 등장할 수 없었다.(Przeworski, 1985)

서구의 선진자본주의사회에서 노동자계급이 차지하는 지위와 그 한계는 현대 정치사회학의 중요한 연구대상이었다. 이에 관한 다양한 방식의 설명에서 공통적인 것은 노동자계급과 노동정치를 설명하는 데 있어, 자본주의국가의 개입 및 국가의 노동정책이 차지하는 비중은 결정적이라는 점이었다.

서구자본주의사회와 비교해서 현대 한국사회의 정치변동, 사회변동을 전체적으로 조망해보면 상대적으로 노동자계급의 취약성이 무엇보다 두드러진다. 급속한 자본주의적 산업화에도 불구하고 그동안 노동자계급은 산업화의 객체로서 수동적으로 동원되었을 뿐, 하나의 계급적 주체로서 형성되지 못하였다. 적어도 1980년대 중반까지 그들은 하나의 동질적인 이해를 표출할 수도 없었고, 의미 있는 통일된 계급조직을 만들지도 못하였다. 노동조합은 국가의 직접적인 통제를 받아왔으며, 노동자계급정당형성은 애초에 불가하였다. 그 결과 통일된 노동자계급의 계급행동은 나타날 수 없었으며, 노동정치의 장은 매우 축소되었다. 이와 같은 노동자계급운동 발전의 질곡과 파행은 한국사회 노사관계의 구조적 특수성으로 자리잡게 되었다.(박현채, 1983; 김윤환, 1981; 박덕제, 1985)

특히 한국사회의 노사관계에서는 국가로 대표되는 정치적 요인의 작용이 일차적으로 중요한 의미를 갖고 있었다. 자본축적의 기반이 부재한 상황에서 수출주도의 급속한 경제성장을 이루기 위해서 국가는 오랫동안 저임금정책을 실시하였고, 노동운동에 대한 강한 억압정책을 구사하였다. 그리고 1960년대 이후 고도의 자본주의적 성장은 노동운동의 요구수준을 급속히 고양시켰고, 역으로 이는 더욱 강한 국가의 개입을 불러일으키는 구조적인 악순환을 되풀이하였다.(김경동, 1988: 259-262; 김진균·조희연, 1985)

여기서 1987년 노동자투쟁은 하나의 전환점을 이루었다. 많은 연구자들은 정치민주화와 함께 노동자계급도 이제 정치적·사회적 시민권을 확보하고, 그 역할이 활성화될 것으로 기대하였다. 실제로 1987년부터 1990년까지 노동운동은 노동조합조직을 배가하고 정치적 진출을 모색하는 등 급속히 그 세력을 확대하였다. 특히 파업투쟁으로 대표되었던 노동쟁의가 사회에 미치는 파급력은 크게 증대하였다. 이제 노동운동은 사회적 쟁점으로 대두되었을 뿐만 아니라 정치적으로도 상당한 파급력을 갖게 되었다. 고도의 자본주의적 발전에도 불구하고 권위주의체제의 억압하에서 지체되거나 정지되었던 한국의 노동운동도 새로운 질적인 전환을 이루어나가는 것처럼 보였던 것이다.

그러나 그와 같은 낙관적인 기대는 1990년 이후 곧바로 비관적인 전망으로 바뀌었다. 1989년 이후 국가의 노동통제강화와 함께 노동조합조직의 확대추세는 역전되어 감소추세로 돌아섰으며, 쟁의 건수도 급격히 감소하였다. 양적 성장의 역전현상뿐만 아니라 산업별 노조체제로의 노동조합조직의 질적 발전전망도 매우 불투명해졌다. 새로이 대두된 민주노조세력의 조직적 결집체로 1990년 결성된 전국노동조합협의회는 산별 노조의 건설이라는 애초의 과제는 물론, 노동조합조직으로서의 기본적인 역할을 수행할 수 없을 정도로 위축되어갔다. 또 선거참여, 노동자정치조직의 결성 등 정치적 진출을 위한 몇 가지 모색들이 시도되었으나 대체로 실패로 끝나고 말았으며, 이는 기대되었던 노동자계급의 정치세력화가 여전히 어려운 과제였음을 잘 보여주었다. 요컨대 1987년 이래 역동적인 노동정치와 노사관계는 그 역동성에도 불구하고, 구래의 '특수성'을 여전히 보존하고 있었다.

이와 같은 사태의 전개는 한국의 노동운동 및 노사관계의 제반 조건이 서구의 그것과 판이하게 다른 것임을 다시 한번 확인해 주었으며, 연구자들은 이를 이론적으로 개념적으로 다시금 포착해야 하는 과제를 안게 되었다. 노동운동의 '뒤늦은 성장과 때 이른 침체'(임현진·김병국, 1992) 혹은 '계급세력화의 실패'(최장집, 1992), '노동운동의 위기'(박승옥, 1992; 김형기, 1992) 등으로 표현된 다양한 진단은 1987년부터 1992년까지의 한국노동정치의 특수성을 이론적으로 설명하기 위한 중요한 시도들이었다. 그리고 이들의 문제제기는 노동운동활동가 및 '노동운동의 위기' 규정에 반대하는 일군의 연구자들의 반론(김진균, 1992; 임영일, 1992; 허명구, 1992)과 함께 '노동운동 위기론논쟁'으로 발전하기도 하였다.

논쟁은 확대되지 못하고 중단되었지만 논쟁과정에서 더 깊은 천착이 필요한 몇 가지 중요한 쟁점들이 드러나게 되었다. 위기론의 개념규정의 적실성과 무관하게 일시적이고 제한적이라 하더라도 대중적 노동운동이 급속하게 위축되었고, 그 발전전망이 불투명하게 변화한 것은 명백한 사실이었으므로 이에 대한 경험적 이론적 설명이 요구되었다. 그것은 경제구조의 변동과 민주주의이행으로 대표되는 경제적 요인과 정치적 요인의 관계, 구조적 요인과 행위적 요인 간의 관계, 국가의 노동통제의 성격과 그 변동방향, 특정 구조적 상황적 조건 속에서 행해진 노동자계급의 전략선택 등의 서로 중첩된 주제들로 요약될 수 있다.

본고는 이러한 이론적 실천적 관심에 기초해서 노동정치과정에서 핵심적 지위를 차지하는 국가를 분석하고자 한다. 즉 1987-1992년까

지의 기간을 대상으로 하여 한국의 노동정치, 노사관계의 특수성을
국가의 노사관계에 대한 개입이라는 맥락에서 설명하고자 한다. 따
라서 그것은 좁게는 국가의 노동정책에 대한 분석이며, 넓게는 국가
의 노동통제 전략 혹은 노동정치체제에 대한 국가의 개입방식에 관
한 연구이다.[1]

　기존 연구들이 지적하듯이 한국의 노사관계의 특수성은 국가의 압
도적 영향력(임현진·김병국, 1992; 송호근, 1991; 최장집, 1992; 임영일,
1992; Park Se-Il, 1993)에 있다. 국가주도 자본주의발전과정에서 권
위주의 한국국가의 노동통제 및 노사관계에의 개입은 노사관계전반
을 이해하는 관건이었다.(최장집, 1988) 더욱이 노동문제가 국가의
핵심적 관심사가 되었던 1987년 이후에는 노사관계뿐만이 아니라 한국
사회의 거시적 변동에 있어서도 국가-노동관계, 특히 국가의 노동통제
전략이 중요한 비중을 차지하였다.

　이런 맥락에서 보자면 노동운동 위기론논쟁이 유의미한 결론 없이
서둘러 종결된 배면에도 국가의 문제가 게재되어 있었던 것으로 판
단된다. 한국의 노동연구에서 국가의 문제는 모든 연구자들에게 항
상 상수로서 취급되어 왔지만, 그 상수의 질적 양적 내용이나 여타 변
수들과의 연관에 대해서는 서로 다른 상(像)을 갖고 있었다. 일방에서
는 이를 상수로 전제하고 무시하였던 반면, 타방에서는 그것을 중요
한 설명변수로 파악하고자 하였기 때문에 생산적인 논쟁이 되지 못
하였던 것이다.

　여기서 분석의 주요대상은 국가의 노동통제방식 혹은 통제전략이
다. 단기간에 진행된 노동운동의 고양과 위축은 일차적으로 국가의

---

1) 국가 이외에도 총자본, 개별자본이 노동통제의 주체가 된다. 그러나 이 시기 자본
　의 노동통제는 국가의 노동통제와 내용적으로 결합되어 있었으며, 그 비중이 상대
　적으로 작았다고 판단된다. 1987년 이후 자본의 노동통제의 자세한 내용에 관해서
　는 홍덕률(1991)과 박준식·조효래(1989) 참고.

통제전략의 효율성과 노동운동의 저항의 효율성 간의 함수관계에 의
해서 결정된다고 할 수 있다. 국가의 입장에서 그것은 통제의 비용
과 이익의 손익계산과 연관된 것이었다. 그러므로 이 시기의 국가의
노동통제 전략변화와 그것의 효율성에 대한 평가는 노사관계전반의
변화를 추적하기 위한 기초작업이다.

한편 국가의 노동통제 전략과 그 변동에 대한 연구의 필요성은
1980년대 후반의 노동정치의 역동적인 변화가 민주주의이행의 문제
와 이론적으로 연관되어 있다는 사실에서도 나타난다. 남유럽과 라
틴아메리카의 민주주의이행에 관한 비교연구들은 그 과정에서의 노동
자계급의 역할을 주목하고, 이를 비판적으로 검토한 바 있었다.(Whitehea
d・Schmitter・O'Donnell(eds.), 1986) 그리고 제3세계뿐만 아니라 서구
자본주의체제의 민주주의 확대과정에서도 노동자계급의 역할은 지대
한 것이었다.(Therborn, 1977)

그런데 민주주의이행은 노동자계급 및 노동운동이 이행에서 수행하는
역할이라는 측면에서 뿐만 아니라, 거꾸로 이행 자체가 그 시기의 노동운
동, 노사관계에 결정적인 영향을 미친다는 점에서 분석되어야 한다.(Vale-
nzuela, 1989) 즉 국가의 노동통제 전략은 민주주의이행과 그에 따른 국가
성격의 변화라는 보다 거시적인 정치변동의 상황적 요인과 밀접하게 연관
되어 산출되므로, 이 시기의 노동정책은 독특한 역동성을 담고 있었다.
1988년 국가의 노동정책이완과 곧 이은 억압의 강화, 국가의 노동통제 전
략의 변동, 1987년의 노동3법개정과 1989년의 근로기준법개정, 1990년 이
후 연이은 국가의 노동법개정시도와 실패 등은 모두 민주주의이행의 국가
정치변동과 밀접히 연관된 것이었다.

특히 선거과정에서의 절차적 정당성을 확보한 정권이 행사하는 노
동통제의 구체적 방식은 신체제의 발전과정 및 그 특성을 이해하는
가장 중요한 요소이다. 노동자계급의 경제적 이해를 일정하게 수용
하고 정치적으로 노동자계급을 새로운 정치과정 내로 포섭함으로써

신체제는 민주주의'공고화'로 나아갈 수도 있는 반면, 노동을 배제함
으로써 구조적으로 불안정한 모습을 보일 수도 있기 때문이다. 이런
맥락에서 독특한 유형의 민주화를 경험한 한국사회 국가－노동관계
의 역동적 변화는 그 자체가 중요한 연구과제이다.

또 국가의 노동정책의 전개과정은 1987년의 노동운동의 발전과
함께 더욱 가속화된 한국자본주의의 구조변화를 반영하는 중요한 지
표가 된다. 국가의 노동정책은 노동정치적 요인들과 함께 경제구조
적 요인들에 민감하게 반응하게 된다. 특히 1987년 이후 노동운동의
고양은 1980년대 초반부터 진행되어 오던 한국자본주의의 구조적 위
기를 심화시키는 촉매의 역할을 하였으므로 이에 대응한 국가의 노
력이 이 기간 동안 크게 강화되었다. 임금의 지속적 상승, 인력난 등
고용구조의 변화와 산업구조재편, 근로조건의 변화 및 이를 둘러싼
노동자계급의 요구의 변화 등의 제반 경제구조적 조건들의 변화에
국가는 다양한 노동정책적 수단들을 동원하여 대응하였다.

요컨대 본 연구는 국가의 노동통제 전략의 변화의 양상과 그 효율
성 및 이를 야기한 제반 구조적 요인들을 분석하고자 하였다. 그리
고 이를 통해서 첫 단계의 민주주의이행 이후 국가와 노동을 둘러싼
거시 노사관계의 전개의 실상을 규명하고자 하며, 나아가 이 시기의
노동운동의 부침을 보다 과학적으로 설명하기 위한 근거를 마련하고
자 한다.

본 연구는 서로 연관된 세 가지 구체적인 과제를 풀어가고자 한다.
첫째로 1987-1992년 기간 동안 국가 노동통제 전략의 역동적 전
개과정을 정리하고, 그것에 작용한 내적 요인들을 시기별로 분석하
는 일이다. 3장에서는 국가의 노동정책의 변화에 영향을 미친 구조
적 변수들로서, 경제적 요인과 정치적 요인을 각기 분석한다. 그리고
이를 토대로 4장에서는 구체적인 전개과정을 거시적으로 조망하고자

한다.

둘째로 1987년 이전까지 권위주의정권하에서의 국가의 노동통제 전략과 민주화이행 이후의 노동통제전략의 차이는 무엇이며, 새로운 통제전략은 어떻게 규정될 수 있을 것인가를 해명하고자 한다. '헤게모니적 배제전략'으로 개념화된 새로운 통제방식을 제시하고, 5장에서 이를 자세히 다룰 것이며, 6장에서는 통제에 동원된 국가기구의 성격을 고찰할 것이다.

셋째로 국가의 노동통제에 대한 노동운동의 대응을 고찰함으로써 노동운동위기론이 제기한 문제에 대해 다른 각도에서 일관되게 설명하고자 한다. 여기서는 6공국가의 노동통제의 전개과정이 노동운동의 활동범위를 규정하였고, 노동운동의 위축을 가져왔음을 보여줄 것이다. 그리고 7장에서는 '노동운동위기론'의 해석을 재검토할 것이다.

마지막 장에서는 이런 과제들을 검토하는 가운데 향후 노동정치의 전개 혹은 노동운동의 진로에 대하여 전망하고자 한다. 특히 1993년 문민정부의 출범과 함께 관심을 모으고 있는 이른바 '신노동정책'의 거시적이고 역사적인 의미와 함의를 추론해 볼 수 있을 것이다.

제 2 장

제 2 장
기존 연구검토와 분석틀

이 장에서는 기존 연구를 검토하고, 이를 기반으로 본 연구의 분석틀을 제시하고자 한다. 기존 연구는 대체로 노동통제유형론과 노동정치변동에 관한 연구들로 크게 나누어지며, 이는 1절과 2절에서 각각 다룰 것이다. 3절에서는 분석틀을 구성하기 위해 동원하는 이론적 자원들을 간략히 정리하고, 그 함의를 도출한다. 그리고 4절에서는 본고의 분석틀을 통제유형에 대한 분석틀과 노동통제 전략변동에 관한 분석틀로 나누어 제시할 것이다.

제 1 절 노동통제유형론

6공화국의 노동통제방식에 대한 기존 개념들은 크게 두 가지의 부류로 분류할 수 있다. 그것은 이 시기의 통제방식이 권위주의하의 그것과 얼마나 구별될 수 있을 것인가를 둘러싸고 나누어진다. 최장집(1992), 임영일(1992), 김준(1989), 차성수(1989), 김용기(1989), 박형준(1989) 등은 본질적으로 권위주의하의 통제방식에 변화가 없음을 강조한 반면에, 김형기(1992), 박준식(1992), 허명구(1992), 박승옥(1992) 등은 변화의 추이를 나름대로 규정하고 설명하고자 하였다. 본고에서는 군부 권위주의체제의 노동통제방식으로서 국가조합주의적 통제와 시장기제적 통제, 1987년 이후의 통제방식변화에 주목하는 의사개량화 및 법적 경제주의적 노동통제론 등 기존 논의를 네 가지로 나누어 고찰하고자 한다.

  1) 국가조합주의적 통제: 한국국가의 노동통제를 국가조합주의적 통제로 파악하는 최장집(1988)은 1987년 이후에도 그 내용에 본질적인 변화가 없다고 보았다. 그에 의하면 기존의 국가조합주의체제는 새로운 민주노조들이 대거 출현함으로써 크게 약화된 측면은 있었다. 그럼에도 불구하고 그는 이를 "느슨한 국가조합주의의 지속"으로 파악해야 한다고 주장하였다.[1]
  라틴아메리카와 남부 유럽의 노동통제체제를 한국사회에 적용한 국가조합주의론은 권위주의시기의 국가 노동관계는 물론, 민주주의 이행기인 노정권시기를 설명하는 포괄적인 이론이었다. 그러나 국가조합주의론은 몇 가지 점에서 비판될 수 있다.
  먼저 조합주의의 본질적 특성인 노동조합의 "이익의 기능적 표출과 정책결정과정에 대한 통제된 참여"(최장집, 1985: 184)의 존재여부가 문제로 된다.(송호근, 1991: 297)[2] 한국의 공식노조조직인 한국

---

 1) 혹은 '갈등적 다원주의'라고 부를 수도 있다고 하였다.(최장집, 1992) 그는 여기서 시장기제적 통제와 대비한 국가조합주의적 통제체제의 설명력을 옹호하였다.
 2) 조합주의적 이익대표체제의 핵심은 '아래로부터의 기능적 이익대표과정'이 그 반대

노총은 이익대표체제로서의 기능이 매우 약하였으며, 노동자들의 이익은 조직적 통로보다는 개별기업수준의 단체교섭이라는 통로로 표출되었다. 그리고 노총은 국가의 정책결정과정에 주도적으로 참여할 수 없었을 뿐만 아니라, 상황에 따라 국가정책에 반대하기도 하였다. 그러므로 권위주의체제의 노동통제를 국가조합주의론으로 설명하는 데에는 무리가 있다는 것이다.

반면에 부분적으로나마 권위주의체제에서 한국노총이 통제의 기제로 작용한 것도 사실이라면 여러 가지 통제수단들의 상대적 비중이 문제로 된다. 즉 국가조합주의론은 국가의 물리적 강제력이나 법적 행정적 통제수단에 비해 노동조합조직의 통제효과를 지나치게 강조함으로써 현실의 노동통제과정을 충분히 설명하지 못하였던 것으로 보인다.

다음으로 여러 통제수단들의 상대적 비중문제는 국가조합주의론의 방법론문제와도 연결되어 있다. 국가조합주의적 노동통제론은 통제의 시간적인 변화양상을 '유인과 강제'의 연속선상에서 파악하고자 하였다.(Collier · Collier, 1979; 최장집, 1988) 노동통제의 양상을 유인과 강제의 양적인 연속선상에서 파악할 경우에는 그 질적 변동의 양상에 상대적으로 둔감해진다. 예를 들면 1987년 이후 한국노총은 노동통제의 기제로서의 성격이 크게 약화되었음에도 불구하고, 공식노조의 존재자체로부터 노동통제유형을 규정할 수 있기 때문이다.

마지막으로 국가론의 문제이다. 국가조합주의론은 국가가 시민사회에 권력을 행사하는 매개기제로 노동조합조직을 구체적으로 제시하고 있다는 점에서 의미를 갖는다.(최장집, 1993: 24-27) 그러나 그것은 국가가 특정한 통제방식이나 전략을 선택하게 되는 구조적인 조건들 및 그 계급적 내용보다는 국가와 시민사회의 이익대표체계구

급부로서의 '국가의 노조조직에 대한 공식적 · 법적 인정 및 통제과정'과 결합되었다는 점에 있다.(Schmitter, 1979; Williamson, 1989)

성의 제도적 측면에 주목하기 때문에 국가를 매개로 한 계급과 계층 간의 역동적 상호 작용을 간과하기 쉽다.[3]

요컨대 국가조합주의론은 다양한 통제수단들의 동시적 존재, 국가의 성격변화에 따른 통제방식의 변동에 적절히 대응치 못하는 약점을 갖고 있었다고 할 수 있다.

2) 시장기제적 노동통제: 송호근(1991)은 권위주의하의 국가의 노동통제유형을 국가조합주의적 통제와 시장기제적 통제로 유형화하는 발렌주엘라(Valenzuela, 1989)의 유형 분류를 받아들이고, 한국을 포함하는 동아시아사회의 노동통제유형을 시장기제(market mechanism)로 파악하고자 하였다. 시장기제적 억압은 "노동계급의 조직화를 꾸준히 저지하면서 억압의 단위를 개별기업 내지 개별노동자로 설정하는 억압방식"을 말한다. 통제의 핵심기제는 국가의 개입에 의한 노동시장분절효과의 저지에 기인한다.(송호근, 1991: 310-314) 이와 같은 설명은 라틴아메리카의 국가조합주의를 단순히 적용하던 기존의 노동통제론으로부터 탈피하여 동아시아사회의 특성을 강조하였다는 점에서 진일보한 것이었다.[4]

먼저 통제방식의 유형화에서 시장개념의 사용이 문제로 된다. 시장개념은 매우 포괄적인 개념이므로 통제방식의 특성을 그 자체로서

---

3) 그 결과 역으로 조합주의론은 좌파이론으로부터 우파이론에 이르기까지 다양한 이론적 시각에서 수용되고 있다.(Cawson, 1986; Williamson, 1989; 김수진, 1992) 그것은 스테판(1978)과 같은 절대적 자율성을 가진 베버주의적 국가개념이나 패니취(Panitch, 1980)와 같은 신맑스주의적 국가개념 모두에서 적용되고 있다. 한편 최장집(1988)은 알라비(Alavi, 1972)의 '과대성장국가론'을 적용하였다.
4) 시장기제론은 기본적으로 1987년 이전 시기를 분석대상으로 하였기 때문에 본고의 논의범주를 벗어난다. 그것은 1987년 이후 노동시장이 기업규모별로 분단되었고, 무제한적 시장기제의 작동은 중지되었기 때문이다.(송호근, 1991: 231-237) 그럼에도 불구하고 시장기제적 통제론을 검토하는 것은 필자가 기존 개념들을 토대로 하여 1987년 이후 변화된 통제방식을 개념화하고자 하였기 때문이다.

드러내지 못하는 문제를 안고 있다. '국가억압에 의한 시장기제'적 통제는 초기자본주의의 상대적으로 방임적인 시장기제, 그리고 미국 사회에서 나타나는 시장기제와는 어떻게 구별될 수 있을 것인지가 분명하지 않다. 따라서 시장기제는 특정 국가의 노동통제방식의 구체적 특성을 포착하기 어렵다. 시장의 효과는 다양한 방식의 보다 구체적인 통제기제들이 서로 복합적으로 작용하는 특정의 통제형태의 결과인 것으로 파악되어야 할 것이다.5)

두 번째로 시장기제론은 통제의 주체인 국가에 관한 이론적 설명과 유기적으로 연관되지 못한 것으로 보인다.6) 시장기제론에서 제시하는 '유기체적 국가론'은 한국사회에 적용되기에는 무리가 있다.(최장집, 1989) 이는 국가의 구조적 특성이나 제도적 특성에 의해서 노동통제방식에 변화가 야기된다는 점을 고려하면 중요한 사항이라고 생각된다.

셋째로 시장기제론은 라틴아메리카의 국가조합주의와 동아시아의 시장기제적 억압의 차이를 극명하게 대비하고자 하였음에도 불구하고, 여전히 국가조합주의의 '유인과 억압'의 분석틀을 도입하였다. 시장기제의 시장력과 조합조직을 매개로 한 유인과 강제는 다른 차원의 이념형적 분석틀이므로 하나의 이론으로 유기적으로 연결되기 힘들다. 뿐만 아니라 국가조합주의론과 마찬가지로 유인과 강제의

---

5) 이 점은 시장기제적 통제론이 시장이라는 분류기준 외에 '궁극적인 정치적 목적'이라는 또 다른 통제유형 분류의 기준을 도입하는 것에서도 나타난다. 시장기제론은 한국의 노동통제방식이 '시장기제적'일 뿐만 아니라, 동시에 정치적 목적이란 점에서 '배제적'이라고 본다.(송호근, 1991: 311-313) 이와 같이 정치적 목표의 기준이 도입되는 것은 시장기제라는 개념이 통제의 다양한 차원들을 시장으로 환치하는 데 어려움이 있음을 말한다. 예를 들면 한국노총이 시장기제적 억압체제에서 어떤 역할을 수행했는가에 대해서 분명하게 규정할 수가 없게 되는 것이다.

6) 발렌주엘라(1989)는 시장기제와 국가조합주의 노동통제의 개념구분으로는 부족하다고 하면서 국가의 대노조 온건전략과 강경전략, 대정당(party) 개방전략과 폐쇄전략으로 이를 다시 세분하였다. 이는 시장기제론에서 정치적 변수가 노동통제의 방식과 이론적으로 긴밀히 연결되고 있지 못함을 보여준다고 할 수 있다.

양적 변동에 주목함으로써 통제기제의 질적 변동에 대한 설명으로 나아갈 수 없었다.

결국 시장기제론은 동아시아 국가의 노동통제의 특수성을 날카롭게 포착하였으나, 시장개념의 포괄성으로 말미암아 정치변동에 따른 통제기제의 미시적인 질적 변동을 파악하는 데 취약한 면을 갖고 있었다.

3) 의사개량화 통제정책: 의사개량화정책은 신식민지 국가독점자본주의의 경제적 토대에 조응하는 노동정책이다. 그것은 경제적 양보를 위한 물적 토대가 없는 사회에서 계급투쟁의 진전으로 말미암아 지배체제가 위기에 봉착하였을 때, 일시적으로 그 위기를 극복하기 위해서 국가와 지배계급이 제시하는 노동통제양식이다. 선진자본주의체제의 물질적 양보와 결합된 개량주의와 달리 의사개량화는 물질적 수혜가 매우 제한된 것이라는 점에서 특징적이다. 즉 '최소의 경제적 양보를 통해서 최대의 정치적 효과'를 얻는 정책이다. 그리고 제한된 물질적 양보로 말미암아 의사개량화정책은 노동계급의 도전을 필연적으로 야기하고 그에 대응해서 국가는 다시 억압을 재개한다고 본다.

'의사개량화론'은 1987년 1988년의 노동쟁의와 정치적 위기, 1988년의 완화된 노동억압 그리고 노동계급의 경제적·정치적 동원 및 이에 대응한 1989년 초반기의 억압 재개 등 역동적으로 변화하였던 노동통제의 전개과정을 구체적으로 설명하고자 하였던 시도로 볼 수 있다.(박형준, 1989; 차성수, 1989; 김용기, 1989; 김준, 1989) 그것은 당시의 상황에서 상당한 설명력을 갖는 것으로 생각되었다. 그러나 그럼에도 불구하고 그것은 몇 가지 문제를 동시에 갖고 있었다.

먼저 의사개량화론은 제한된 물질적 양보로 말미암아 국가가 다시 억압을 재개한다고 봄으로써, 민주주의이행 이후 노동통제방식의 변

동을 충분히 설명할 수 없었다.(김준, 1989: 222) 그것은 6공화국 이
후 새로운 노동통제수단들이 다양하게 사용되었던 측면이나, 통제기
제의 미시적 변동을 상대적으로 간과하게 된다.

여기에는 두 가지 상호연관된 인식이 놓여있는 것으로 판단된다.
형식적 민주주의이행에도 불구하고 노정권은 근본적으로 신식민지
파시즘정권이라는 국가의 성격규정이 그 하나이다. 두 번째로 신식
민지 국가독점자본주의의 경제구조가 유의미한 개량을 가능하게 할
축적여력을 확보하지 못하였으며, 이것이 노동통제정책의 성격을 본
질적인 수준에서 변화시키지 못한다는 판단이다. 따라서 노동통제정
책의 변동과 그 내용을 결정하는 것은 궁극적으로 신식민지 국가독
점자본주의의 축적체제, 즉 토대이다.

그러므로 의사개량화론은 경제결정론적 함의를 강하게 갖는다. 여
기서는 미시적이지만 구조적인 정치변동의 의미는 최소한으로 축소
해석될 가능성이 크다.[7] 무엇보다 절차적 정당성을 확보한 정치체제
라는 정치변동이 노동통제방식에 미치는 영향은 포착되지 않는다.
노동통제의 다양한 기제들이 물질적 보상이라는 궁극적으로 경제적
인 기준에 의해서만 판별되므로 이데올로기적 통제기제나 정치적 통
제기제의 의미와 효과는 부차적인 것으로 인식된다.[8]

또 의사개량화론은 '물질적 개량'의 양적인 크기를 노동통제유형
변화의 기준으로 도입하는데, 노동자계급에 대한 개량의 정도를 경
험적으로 측정하는 것은 매우 어려운 일이다.[9]

---

7) 이런 측면은 '의사'(擬似)라는 개념으로 축소평가된다. 물론 의사개량화론은 새로운 노
동통제정책이 추진된 원인으로 한국자본주의의 불황국면으로의 진입, 계급투쟁의 지형
의 변화, 노동운동의 고양 등을 들고 있다. 그러나 변화된 조건에 대한 나름대로의 인
식에도 불구하고, 그것은 통제방식의 질적 변화에 대한 인식으로 나아가지 못하였다.

8) 이런 문제들은 1988년 한 해 동안 전개된 새로운 노동정책의 기조를 이해하는 데에도
반영되었다. 의사개량화론은 1988년 국가가 기회주의적이고 개량주의적인 노동조합을
육성 강화하는 '노동조합주의'정책을 전개한 것으로 파악한다. 본고의 4장을 참고.

9) 예를 들어 노동자계급의 상태 변화의 정도에 관한 기존 연구를 보면 거의 무의미하

결론적으로 의사개량화개념은 국가의 노동통제를 신식민지 국가독점자본주의론의 토대적 조건으로 환원시키는 경향을 갖고 있었고, 그 결과 역동적으로 변화하는 노동통제방식의 구체적 양상을 풍부하게 파악하는 것으로 나아갈 수 없었다.

4) 법적·경제주의적 통제 혹은 자유주의적 통제: 의사개량화가 1989년 시점까지 논의되던 통제유형론이라면, 국가와 자본의 가혹한 '유혈적 탄압'을 경험한 1990년 이후에는 새로운 맥락에서 노동통제를 파악하려는 시도들이 나타났다. 그것은 '법적·경제주의적(혹은 경제적) 통제'였다.(김형기, 1992; 박승옥, 1992; 허명구, 1991, 1992)

김형기(1992: 89-91)에 의하면 1987년 노동자대투쟁 이래 자본과 국가의 노동통제는 '병영적 파시즘적 통제'로부터 온정주의적 '자유주의적 통제'로 변화하였다. 노동3권을 직접적으로 부정하는 파시즘적 통제와 달리 "자유주의적 통제는 노동3권을 법적 형식적으로 인정하지만 자유주의적 법률과 이데올로기를 통해 노동조합활동을 무력화"하는 통제방식이다.[10] 한편 허명구(1992)는 국가가 이전의 폭력적인 방식보다 경제적 방식이나 개입과정의 정당성을 추구하는 법적·이데올로기적 통제방식에 더 치중하고 있다고 분석하였다.

법적·경제주의적 통제는 노태우 정권의 성격변화를 주목하고, 그에 따른 통제방식의 점진적이며 장기적인 변화과정에 대해 서술하고자 하였다는 점에서 여타의 논의와 차이를 보인다.[11]

였다는 견해로부터(의사개량화론), 산업구조조정과 연관된 질적인 변환(백욱인, 1994)에 이르기까지 다양하게 제시되었다.

10) 그리고 이 통제방식하에서 기업수준에서는 "자본의 '헤게모니적 통제=동의에 기초한 통제'형태"가 상당히 확대되었다고 본다. 박승옥(1992)은 김형기의 이와 같은 분석을 대체로 수용하면서 '법적 경제주의적 노동통제'라는 개념을 사용하였다.

11) 노정권 초 중반기의 물리적 국가억압은 점차 법적이고 경제주의적인 통제기제들로 대체되고 있다는 사실 파악, 그리고 국가개입의 성격 또한 이데올로기공세의 일상화를 통해서 "상당한 정도의 국민적 동의 위에서 행사"(허명구, 1992: 121)되는

그러나 법적·경제주의적·이데올로기적 통제론은 지나치게 서술적인 것이라는 문제를 안고 있었다. 그것은 법과 경제 그리고 이데올로기로 대별되는 통제의 다양한 수단들을 서술적으로 기술하였을 뿐, 그 수단들이 상호 작용하면서 작동하는 내적인 연관을 밝히는 것으로 발전하지는 못하였다. 다시 말하면 이들 요소들이 결합하여 이루어내는 노동통제의 총체적 기제를 파악하는 것으로 나아가지는 못하였던 것이다. 그리고 새로운 통제방식하에서도 노동정치의 상황 전개에 따라 여전히 지속되었던 물리적 억압은 새로운 통제방식과 어떤 연관 속에 있는지 분명히 밝히지 못하였다.[12]

제 2 절 노동정치변동에 관한 연구들

6공화국의 노동정치체제변동을 포괄적으로 다룬 기존의 연구들이 주목한 문제는 1990년 이후 급격하게 위축되었던 노동운동 상황이었다. 이들은 '노동운동의 위기'를 설명하는 과정에서 위기를 초래한 구조적 행위적 요인들 및 노동정치의 역동적 변동과정을 이론화하였다.

특징을 보이고 있다는 인식 등이 그러하였다.

12) 그리고 다른 한편에서 이들은 노동자계급에 대한 통제의 중심이 국가로부터 개별자본으로 이행하는 측면(박준식, 1992; 허명구, 1992)이나 산업구조조정이 미치는 기술적 조직적 영향력을 노동통제라는 측면(김형기, 1992; 박승옥, 1992)을 강조하였는데, 필자의 견해로는 이는 지나친 추론으로 보인다. 전자의 경우에는 기업 단위의 통제를 지나치게 강조함으로써, 노정권기간의 국가의 노동통제방식의 변화를 과도하게 강조하였다.(Przeworski, 1989; 노중기, 1994: 128-129; 정이환, 1993) 그리고 후자의 경우에는 산업구조조정의 경제구조적 변화를 직접 통제방식과 연관지음으로써, 양자를 매개하는 요인들을 충분히 고려치 못하였다.

노동운동의 위축은 투쟁방식, 전략노선, 조직방식 등 여러 가지 측면에서 기존의 민주노조진영의 운동노선을 재검토할 계기를 마련하였다. 논쟁의 형태로 진행되었던 당시 논의의 핵심주제는 이른바 '전투적 노동조합주의' 문제이었다.(정승국, 1991; 김형기, 1992; 박승옥, 1992; 최장집, 1992; 임혁백, 1992) 투쟁일변도의 최대강령주의노선에 입각한 전투적 노동조합주의노선은 노동운동을 국민대중으로부터 고립시킴으로써 위기를 자초한 주체적인 요인이며, 가장 근본적인 요인이라는 비판이 그것이었다. 개별적 차이에도 불구하고, '노동운동위기론'은 리더십의 구조, 운동노선, 운동방식을 총체적으로 표현한 '전투적 노동조합주의'의 문제에서 위기의 구체적인 원인을 포착한다는 공통성을 갖고 있다.[13]

한편 이 같은 비판에 대하여 반비판은 노동운동의 위기 자체를 부정하거나, 위기가 있다 하더라도 그것이 전투적 노동조합운동 노선에 기인한 것은 아니라는 점을 강조하였다.(김진균, 1992; 임영일, 1992; 김동춘, 1993b; 최규엽, 1992; 박승호, 1992; 김익진 1992) 본고에서는 기본적으로 후자의 입장에 서서 '노동운동위기론-전투적 노조주의비판'의 논의를 검토하고자 한다.[14]

노동운동의 위기를 진단하였던 기존 논의는 연구자들 간의 약간의 차이를 무시한다면 크게 구조적 위기론과 민주주의이행론의 위기론의 두 가지로 나눌 수 있다.

---

13) 이들이 모두 동일한 표현을 사용한 것은 아니다. 그러나 그 내용에 있어서는 동일한 문제점 혹은 그 중 한, 두 가지 측면을 지적하고 있음을 부인할 수 없다. 전투적 노동조합주의에 관한 자세한 서술은 박승옥(1992)을 볼 것.

14) 본고가 기존의 반비판과 다른 점은 대안적 인식틀을 마련하고자 한다는 점이다. 논쟁에서 반비판을 제시하였던 논자들은 전투적 조합주의의 비판에 소극적인 반대를 제시하였을 뿐, '위기'(그런 것이 있다면)를 설명하기 위한 적극적인 분석을 시도하지는 않았다.(임영일, 1992: 71-74)

1) 구조적 위기론: 구조적 위기론은 축적체제 혹은 경제적 조건의 변동으로부터 노동운동의 '구조적' 위기가 도래하였다는 견해이다.(김형기, 1992; 박승옥, 1992)[15] 여기서는 축적체제의 변동(예속적 포드주의축적체제로부터 예속적 신포드주의축적체제로의 재편성, 기존체제에 수량적 유연성을 결합)이 노동자계급 내부구성의 변화, 노동자들 내부의 생활패턴의 다양화, 개인주의 경향 및 실리적 경향의 강화, 의식편차의 확대라는 주목할 만한 현상을 야기하는 것으로 본다.

그리고 국가의 노동통제양식도 축적체제의 변동에 맞추어 병영적·온정주의적 통제로부터 법적·경제주의적 통제로 전환하였다고 주장한다. 이 같은 변화된 조건에 조응하지 못하는 전투적 노동조합주의 노선의 운동은, 말하자면 '자본의 유연성에 대응하여 노동의 유연성을 발휘하지 못하는 무기력을 드러내고 있는 것'이다. 구조적 위기론은 축적체제변동에 조응하는 새로운 운동노선으로서 진보적 노동조합주의, 사회발전적 노동운동 및 진보적 노사관계를 제시하였다.

이상과 같은 노동운동의 구조적 위기론에 대한 비판은 이미 다양하게 제기된 바 있었다.(김진균, 1992; 임영일, 1992; 허명구, 1992; 강수돌·황기돈, 1992) 비판적 연구들은 주로 축적구조의 변동 및 이에 따른 노동자상태와 의식 변화의 실제, 전투적 노동조합주의 규정의 적실성에 대한 경험적 검증, 국가개입의 효과에 대한 이론적

---

15) 미시적인 생산의 정치변동에 따른 노동운동의 위기를 강조하는 연구로는 박준식(1992, 1993)이 있다. 생산의 정치수준에서의 변동이 이 시기에 존재했음에도 불구하고 필자는 그것이 노동통제체제변동에서 가장 중요한 요인이라고 보지 않는다. 생산의 정치(politics of production)개념이 통제의 미시적 차원에 작용하는 거시적 계급관계, 국가정치의 효과에 주목하는 것임을 전제로 한다면, 여전히 중요하였던 변수는 국가정치 혹은 노동정치적 요인이었다. 경험적으로도 기업단위의 노동통제를 지탱해주었던 것은 국가의 노동통제였다. 다른 맥락에서 비슷한 결론을 내리고 있는 연구로는 정이환(1993)을 참고. 생산의 정치개념을 둘러싼 논쟁에 관해서는 Burawoy(1985, 1989), 신광영(1992), 이정택(1993), Przeworski(1989), Hyman(1987)을 참고.

비판 등 경험적 이론적 문제들에 주목하였다.

그러나 이 같은 이론적·경험적인 문제들 보다 더 중요한 문제는 이들의 논의가 보여주는 구조결정론적인 함의, 즉 방법론과 관련되어 있다. 즉 축적구조의 변동방향이 이미 노동운동의 노선상의 변동방향을 일방적으로 결정하는 것으로 인식되고 있다는 점이다. 여기서 '자본의 유연성 확대'라는 축적구조변동은 노동에게는 주어진(변화될 수 없는) 객관적 조건이 된다. 노동이 할 수 있는 유일한 일은 그것에 '대응'한 유연성을 보여주는 것뿐이며, 이것에 실패할 경우에는 노동운동의 위기가 초래된다. 여기서는 구조와 행위 간의 역동적인 상호 작용이 개입할 여지가 없으며, 계급투쟁의 구조연관은 사라지게 된다.16)

따라서 경제구조와 행위자들의 상호 작용을 매개할 구조화된 정치역학관계가 인과논리에서 적절히 배치되어야 한다. 계급역학관계의 변화를 매개하지 않는 축적체제의 변동이 '새로운 노사관계체제나 정책'으로 귀결될 수는 없는 일이다. 마찬가지로 계급역관계의 조건에 기초하지 않는 노동운동노선의 전환은 매우 어렵다. 역관계의 불균형이 심대할 경우 자본에 대응하는 노동의 유연성 확대는 '자본이 요구하는 노동의 유연성 확대'로 귀결할 것이며, 이는 국가와 자본의 노동정책에 포섭되는 방식의 운동노선과 구별되기 힘들 것이기 때문이다.17)

---

16) 이 점과 관련해서 지적해두어야 할 것은 노동운동의 위기는 거시적인 노사관계의 위기라는 맥락에서 파악해야 한다는 점이다. 즉 그것은 노동의 위기일 뿐만이 아니라, 자본이나 국가의 노동통제의 위기 혹은 노사관계의 불안정을 의미하기도 한다. 더 나아가 이는 근본적으로 축적체제의 위기를 표현한다.(박세일, 1991, 1993: 이원덕, 1992) 그러므로 노동 측에서 보면 위기는 일방적인 수세국면이 아니라, 위기인 동시에 기회인 이중적인 의미를 갖는다. 예를 들어 반대로 노동운동의 위기(하강명제)가 아닌 고양국면(향상명제)이라고 보는 관점으로는 송호근(1994)이 있다. 또 이 시기의 국가-자본관계의 불안정도 이런 맥락에서 파악되어야 할 것이다.(손호철, 1993)

17) 그 결과 노동운동의 운동노선 변화만이 노동운동의 위기를 구제할 수 있는 유일한

요컨대 구조적 위기론의 핵심적 문제는 자본의 논리, 축적구조변동의 논리를 추상적으로 절대화한 것에 있었다고 할 수 있다.(허명구, 1992)

2) 민주주의이행론의 노동운동위기론: 민주주의이행론의 노동운동위기론은 민주주의이행기의 특수성으로부터 노동운동 위기의 원인을 추출하는 설명방식을 말한다.(임혁백, 1992; 최장집, 1992) 이들이 주목하는 핵심적인 논리는 민주주의이행기의 노동운동이 자신의 계급세력화를 달성하고 민주화를 성취하기 위해서는 계급타협적인 온건노선을 걸어야 한다는 점이다.[18] 그것은 타협의 정치가 권위주의 지배블록 내부의 강경파에게 민주주의이행의 역전을 시도할 실마리를 제공치 않고, 피지배연합의 분열을 막을 수 있는 최선의 선택지이기 때문이다.

그러므로 이 논의에 따르면 한국사회에서의 노동운동의 위기는 무엇보다도 노동운동 지도부의 노선 선택의 오류에 기인한다고 파악된다.[19] 권위주의 지배세력에 의한 위로부터의 통제된 민주주의이행이

해결책이 되며, 그것은 전투적 노동조합주의의의 폐기로 집약되었다. 구조적 위기론의 대안적 운동노선인 '진보적 노동조합주의'가 현실적 조건과 괴리된 추상적인 대안이라는 비판을 받았던 것도 이 때문이다.(박승희, 1992)

18) 여기서 논의의 초점은 민주주의이행기라는 특수한 정치적 조건 속에서 노동계급의 전투적 투쟁이 반드시 민주주의이행을 보장하지는 않는다는 우드로우 윌슨 센터의 연구 프로젝트의 잠정적 결론을 한국사회의 노동운동에 적용한 것에 있다.(O'Donnell · Schmitter, 1986) 민주주의이행론자들은 남유럽과 라틴아메리카의 사례를 검토하면서 노동운동이 타협적 노선을 취할 때만이 지배블록 강경파의 민주주의에 대한 도전을 방지할 수 있다고 주장하였다. 이 이론은 민주주의이행기에는 행위자의 합리적 행위선택이 이행의 결과를 산출하는 데 결정적으로 중요한 것이며, 구조적 요인들은 단지 '선택의 구조'로서만 존재한다고 파악하는 합리적 선택이론에 기초하였다. 민주주의이행론에 관해서는 Mainwaring et. al.(eds.) (1990), Valenzuela(1989) 도 참고. 이에 대한 비판으로는 Mainwaring(1990)과 Cumings(1989), 김석준(1992), 김호기(1993b)를 참고.

19) 물론 위기의 원인으로 노동운동의 운동노선만을 들고 있는 것은 아니다. 구체적으로는 그 밖에도 산업구조의 변화(새로운 축적체제로의 전환), 사회세력 간 거시적

라는 불리한 계급역학관계에도 불구하고, 타협보다는 투쟁을 선택한 민주노조 지도부의 최대강령주의가 공안정국을 야기하였고, 이것이 노동운동의 계급세력화를 가로막았다는 것이다.[20] 민주주의이행론이 제시한 대안적 운동노선은 계급타협 모델로서의 신조합주의(임혁백, 1993), 혹은 민주적 조합주의(최장집, 1992)이다.

민주주의이행론에 기초한 노동정치분석은 '민주주의이행정치'가 규정하는 노동운동-국가-자본의 정치역학관계 및 그 조건들을 분석의 중요한 축으로 도입하였다는 점에서 특징적이다. 그러므로 그 것은 '구조적 위기론'의 문제의식을 이어받으면서도 이론적으로 진일보한 것으로 평가된다.[21] 그러나 이와 같은 이론적 진전에도 불구하고 민주화이행론의 노동정치분석은 여러 가지 반론에 부닥쳤다. 특히 '노동운동위기론'으로 귀결되는 분석의 결론과 그 대안으로서의 새로운 노사관계체제의 전망이 그러하였다.[22]

힘의 배분, 정치적 수준 및 노사관계 수준에서의 제도화와 정책방향(국가의 노동정책) 등의 변수들이 언급되고 있다. 이 점에서 이들의 논의는 앞서 구조요인만을 강조하는 논의들보다 한 차원 진전된 것이다.

20) 더 나아가 여기에는 노동운동 지도부의 이러한 선택이 노동운동뿐만이 아니라, 민주화이행의 역전까지도 초래하였다는 적극적인 비판도 포함되어 있다. 즉 노동운동의 급진화는 사회주의체제의 붕괴라는 외적 요인과 결합하여 중간계급들을 보수화시키고 피지배연합으로부터 이탈하게 함으로써, 지배블록 내의 강경파가 득세할 수 있도록 하였다는 것이다.

21) 특히 최장집(1992)의 경우 산업구조의 변동과 같은 경제적 변수뿐만 아니라, 한국 사회 계급정치의 구조적 역학관계와 1987년 이후의 미시적 정치변동 등 복합적인 정치적 변수들을 노동정치의 설명에 동원함으로써 보다 포괄적이고 과학적인 분석을 시도한 바 있었다.

22) 반론은 '최대강령주의', '급진적 리더십', '파업투쟁위주의 경제투쟁' 등으로 요약되는 전투적 노동조합주의규정의 경험적 적실성문제와 국가억압에 대한 이론적 고려의 부재, 대안적 운동노선의 비현실성 등으로 요약될 수 있다. 반론을 제시하는 연구들의 공통분모는 국가의 억압, 주어진 역학관계, 경제적 조건 등으로 말미암아 노동운동의 선택지는 매우 협소한 것이었다는 주장이었다. 자세한 내용은 임영일(1992), 박승희(1992), 허명구(1992)를 참고.
한편 전노협의 운동노선 비판에 대한 위의 반론은 그 경험적 타당성에도 불구하고 매우 소극적인 대응으로 보인다. 왜냐하면 그것은 반비판에만 머무를 뿐 노동운동의 본고에서는 민주주의이행론의 노동운동위기론을 방법론적인 측면에서 고찰하고자 한다. 먼저 민주주의이행론과 결합된 노동운동위기론 또한 앞서 논의한 구조결정론적 함의에서 완전히 벗어나고 있지 못한 것으로 보인다. 즉 운동노선 외의 위기 촉발 요인인 축적구조(산업구조)나 정치구조가 역동적인 것으로 파악되기보다는 행위자들이 적응해야 할 것으로 인식되고 있다는 점이다.

둘째로 민주주의이행론의 위기론에는 구조결정론적 함의와 함께 행위이론적 요소가 매우 혼란스럽게 결합되어 나타났다. 그 이유는 핵심적인 이론적 준거로서 사용되고 있는 민주주의이행론 일반이 갖는 행위이론적 함의가 동시에 내재해 있었기 때문이다. 즉 노동운동의 위기는 한편에서 보면 경제구조나 정치구조의 결정요인에 의해 촉발되는 것처럼 서술되었지만, 다른 한편에서는 이와 같은 구조에 대한 적절한 합리적 선택행위가 없었기 때문에 나타난 것으로 파악되었다.[23]

대표적인 민주주의이행론자인 쉐보르스키(Przeworski, 1986)가 말하는 '선택의 구조'로서의 구조는 행위하는 행위자들의 선택의 범위를 제한한다는 의미를 갖는다. 즉 한국사회의 주변부적 축적구조와 민주주의이행기의 특수한 정치역학관계는 민주노조가 선택할 수 있는 선택지를 제한하고 있으며, 노동운동은 그 한계 속에서만 선택할 수 있을 뿐이다. 따라서 민주주의이행기의 합리적 선택 행위를 분석하기 위해서는 '선택의 구조'가 제시하는 선택지의 가능성과 한계가

전략선택 및 노동정치의 전개에 관한 대안적 전망으로 나아가지 않았기 때문이다. 민주노조운동노선의 변화를 세밀히 고찰하고 있는 것으로는 김동춘(1993a)을 참고.
23) 전체적인 논지에서 보면, 그리고 대안적 모델을 제시한 것에서 보면 이들은 노동운동의 노선에서 가장 중요한 위기의 원인을 구하는 것처럼 보인다. 그러나 국가의 억압이 일차적이라는 모순된 지적을 하고 있기도 하다. 또 때로는 거시적인 축적체제의 변동을 논의하고, 그것으로부터 인과고리를 풀기도 하였다. 이렇게 변수 간의 인과연관이 불분명한 것은 결정적인 문제점이다.

무엇인가를 분명하게 하는 것이 무엇보다 중요하다.[24] 그리고 행위
자들의 역동적인 상호 작용이 경제구조와 축적구조에 미치는 영향과
그에 따른 구조적 변동이 논의에서 고려되어야 할 것이다.

그러나 노동운동위기론에서는 그 같은 '선택의 구조'의 범위나 한
계에 관한 분명한 제한이 없다. 그리고 구조적 제약과 행위자의 선택
지를 연결하는 분명한 인과관계가 제시되지 않았으며, 대신에 위기의
원인으로 몇 가지 변수들이 나열되어 있을 뿐이었다. 이것이 위기의
원인을 파악하는 데 혼란을 야기하였을 뿐만 아니라, 위기에 대해서
매우 비현실적인 처방을 제시하고 있는 이유인 것으로 보인다.[25]

요약하자면 민주주의이행론의 위기론은 노동통제 전략의 변화나 그
것의 결과인 노동운동의 '위기'를 설명하기 위하여 다양한 변수들을
동원하였지만, 그 변수들 간의 관계나 인과연관을 분명히 밝히지 못하
였다. 그 결과 한편에서는 구조결정론의 함정에 빠졌으며, 다른 한편
에서는 노동운동노선의 문제를 강조함으로써 자원론적인(voluntaristic)
함정을 벗어날 수 없었다.[26]

---

24) 물론 이는 매우 어려운 작업이 될 것이다. 쉐보르스키를 비롯한 민주주의이행론 연
구자들도 이 문제를 충분히 해결하고 있는 것으로 보이지는 않는다.(노동운동의 민
주주의이행에 대한 기여와 관련해서 제한된 틀 내에서나마 선택의 구조를 잘 정리한
대표적인 연구로는 Valenzuela, 1989를 참고할 수 있다) 특히 국제정치, 경제구
조 및 거시적 축적구조가 이들의 분석에서는 배제되고 있으며, 아시아사회에 대한
적용일 경우에는 역사적 문화적 전통과 연관된 문제도 중요하게 취급되어야 할 것
이다. 이런 입장에서 민주주의이행론을 비판한 연구로는 Cumings(1989)가 있다.
25) 예를 들어 그것은 '국민대중과 함께하는 투쟁'이 가능한 것이었는지, 가능하였다면
그것은 기존 노총의 운동노선과 얼마나 상이할 것인지, 그리고 그것이 노동대중들
의 요구와 연관해서 유의미할 것인지에 대해서 논의하지 않았다.
26) 이와 같은 이중적인 문제점의 노출은 기존 논의들이 구조와 행위를 결합하는 데
실패하였음을 보여준다.(윤진호, 1993) 한편 이 같은 자원론적인 함의를 극복하고
자 한 연구로는 민주화이행을 연구한 김호기(1993b)와 계급정책으로서의 국가의
교육정책을 분석한 손호철(1993)을 들 수 있다.

제 3 절 이론적 자원

1) 노동통제 전략 개념에 관한 이론적 자원

〈'전략으로서의 국가': 제솝의 국가론〉

본고에서는 국가의 노동통제 전략이 국가의 전략적 프로젝트와 밀접한 연관을 갖는다는 점에서 제솝(Jessop, 1990)의 '사회관계로서의 국가' 혹은 '전략으로서의 국가' 개념을 도입하고자 한다. 전략으로서의 국가개념은 국가에 대한 경제적 결정론이나 절대적 자율성론에 빠지지 않으면서도, 그 계급성을 밝히려는 시도이다. 축적체제와 정치체제로 나타나는 구조적 요인들과 끊임없이 변동하는 '정치적 역학관계'가 국가의 정책실행에 미치는 영향을 고려하기 위해서는 '전략'(strategy)개념의 도입이 요구된다.(김호기, 1993a)[27]

제솝에 의하면 먼저 국가는 자율적인 행위주체이거나 구조의 논리에 기본적으로 제약되어 있는(최종심급에서의 결정) 것이 아니라, 특정 제도와 조직의 복합체로서 규정된다.[28] 그리고 그것은 사회관계 속에서 "사회구성원들에 관한 결정들을 그들 자신의 공동의, 혹은 일반의지의 이름으로 결정하고 강제해야 하는" 기능을 가진 조직체

---

27) 이를 조절이론의 틀에서 파악하면 국가의 전략은 변화하는 축적체제에 대응하여 그에 상응하는 '조절양식'을 구성하는 과정이라고 볼 수 있다.

28) 현대 국가론의 핵심적인 과제는 국가의 사회에 대한 '자율성'을 어떻게 이해할 것인가 하는 문제였다.(손호철, 1989) 이를 둘러싸고 국가의 자율성이 '구조적이고 상대적인' 한계를 가진다고 보는 맑스주의패러다임과 '상대적 자율성 이상의 자율성'을 가진 것으로 보는 (신)베버주의국가론, 국가중심적 국가론(Skocpol, 1985)이 대립하였다. 제솝은 이들 양자 모두에 약점이 있다고 비판하는데, 전자는 구조결정론적이고 환원주의적 오류를 벗어날 수 없고, 후자는 국가와 사회에 관한 잘못된 이원론에 기초하였다는 것이다. 그는 상대적 자율성개념을 포기하고, 후기 풀란차스의 사회관계로서의 국가 개념과 담론분석의 함의를 나름대로 수용하여 '전략적-관계적' 접근을 시도한다.

이다.

사회관계 내에서의 국가의 이와 같은 위상은 국가의 '역설'(paradox)을 야기한다. 국가는 사회구성 내에서 하나의 제도적 앙상블에 불과하지만, 동시에 전체 사회구성의 응집을 유지해야만 한다는 것이다. 따라서 국가는 구조적 결합(structural coupling)을 통해서 자신 이외의 제도들에 개입해야 하며, 그 결합과정에서 사회관계에 대한 '전략적 조정'(strategic coordination)을 시도한다. 이것이 국가의 전략적 측면(축적전략, 헤게모니프로젝트)으로 나타난다.

반면에 국가는 자신의 이해를 갖고 합목적적으로 행위하는 행위주체가 아니다. 국가가 전략을 수립하고 이를 실행하는 것은 실질적 주체로서의 국가능력에 기인하는 것이라기보다는 제도적 앙상블에 내재한 '잠재적 구조적 능력'(전략적 선택성, strategical selectivity)에 기초한 것이다. 즉 국가의 특정 제도, 조직 앙상블은 이미 특정의 방식으로 국가 밖의 사회권력관계를 응축하고 물질화한 결과이다. 이와 같은 국가의 두 가지 측면은 서로 긴밀하게 연관되어 있고, 이것이 그가 말하는 '구조와 전략의 변증법'이다.

이상의 국가 개념에서 국가는 구조화된 계급역학관계가 응축된 물질적 조직적 표현인 동시에, 끊임없이 사회의 응집을 유지하기 위한 전략을 수립하는 제도의 복합체라고 할 수 있다. 그러므로 국가의 노동통제정책은 국가 제도 내에 구조화되어 있는 정치적 역학관계의 표현이기도 하며, 국가의 위기를 극복하기 위한(축적 혹은 사회응집을 이루기 위한) 정치적 전략의 표현이기도 한 것이다.(정치적 전략으로서의 국가)

자본주의국가의 전략은 크게 축적전략과 헤게모니프로젝트로 구별된다.[29] 전자는 헤게모니 자본 분파가 자신의 장기적·경제적 이해

---

29) 제솝은 분석의 수준에 따라 축적전략을 나눈다. 그것은 순수한 생산양식수준에서는 포디즘, 포스트포디즘으로, 국민국가 수준에서는 수입대체, 수출진흥, 수출대체전략으

를 관철시키기 위한 일반적 전략을 의미하는데, 이때 헤게모니분파
는 자신의 장기적 이해를 위해 단기적-조합주의적 이해를 희생시킬
수도 있다. 그리고 그것은 경제적, 초경제적 전제조건들을 갖춘 구체
적 '성장모델'을 규정한다. 후자는 헤게모니계급(혹은 그 분파)이 구
체적 국민-대중적(national-popular) 프로그램으로 지지를 동원하는
전략을 말한다. 여기서 '일반이익'을 옹호하는 국민-대중적 프로그
램은 객관적으로는 그들의 장기적 이익에 봉사하기 위한 목적으로
기획된 것이다.

요컨대 6공화국국가의 노동통제정책 일반은 경제구조와 정치체제
의 탈구 속에서 구조적 위기에 봉착한 국가가 이를 극복하고, 새로
운 단계의 구조적 결합(structural coupling)을 이루어내고자 하는 전
략적 프로젝트의 하위 전략으로 파악할 수 있게 된다. 그것은 국가
의 전략적 기획이 변화함에 따라서 역동적으로 변화하게 되며, 민주
주의이행기와 같이 국가정치의 진폭이 클 때에는 그 변이가 더 커질
것이다.

⟨헤게모니론⟩

그람시의 헤게모니론은 계급지배의 두 가지 상이한 형태인 강제력
과 동의의 균형변화를 추적하고, 이를 검토하기 위한 이론이다. 그람

로 나누어지며, 국제적인 수준에서는 팍스아메리카, 팍스브리타니카전략을 들 수 있
다. 그리고 헤게모니프로젝트의 유형으로는 그람시의 논의를 보완해서 헤게모니 없는
독재(혹은 기동전), 사기 기만 협잡, 수동적 혁명, 두 국민전략, 한 국민전략(팽창적
헤게모니) 등을 제시하였다. 축적전략은 특정 자본(분파)의 장기적인 이익 실현이라
는 경제적 헤게모니의 확보를 위한 것이다. 그러나 이와 같은 경제적 헤게모니는 경
제적 지배의 뒷받침하에서 가장 확실하게 보장되므로 초경제적 권력인 국가의 헤게모
니프로젝트가 중요하게 된다. 하지만 제솝은 축적전략과 헤게모니프로젝트가 항상 상
응해야 한다든가, 반대로 상시적으로 모순적 관계에 있다는 견해(O'Connor, 1973)
를 부인한다. 그는 국가행위에 있어 축적과 정당화 간의 갈등이나 모순을 미리 전제
할 필요는 없으며, 구체적인 수준에서 관계적으로 우연적으로 형성된 특정 헤게모니
프로젝트에 의해서 양자 간의 대립이 동적으로 해소될 수 있다는 점을 강조한다.

시(Gramsci, 1971)에 의하면 현대 자본주의국가는 독점자본주의의 발전과 노동계급대중의 정치적 도전에 따라서 헤게모니의 위기에 봉착하게 되지만, 이것은 반드시 파국적 상황을 야기하지는 않는다. 국가는 경제에 개입하고, 시민사회를 재조직함으로써 위기를 극복하거나 대응하게 되는데, 여기서 나타나는 계급지배의 양식이 '헤게모니'인 것이다.

넓은 의미의 헤게모니란 '서로 다른 계급 및 연관된 세력들을 하나의 특정 계급이나 그 분파의 정치적, 지적, 도덕적 리더십 하에 조직하고 이를 관철하는 것'이라고 정의될 수 있다. 그람시가 강조한 것은 계급지배의 수단으로서의 강제력과 동의, 지배와 도덕적 지도력의 결합양상에 대한 구체적인 분석이었다. 국가는 강압적 기구로서 대중을 자본주의적 지향을 갖도록 강제하는 정치사회와 특정 지배계급이나 분파의 계급이익에 대한 동의를 산출하는 시민사회 간의 균형으로서 파악된다.

먼저 이와 같은 헤게모니개념에서 분명한 것은 강제력이 동의에 본질적인 요소라는 점이다.(최장집, 1989: 18; Buci-Glucksman, 1982: 161-171) 동의는 지배질서에 대한 승인이지만, 그것은 힘, 강제력에 의해 조직화된 승인이며 유도되고 지시된 승인이다.

다음으로 강제력과 동의, 혹은 정치사회와 시민사회의 균형으로서의 국가의 형태를 결정짓는 것은 특정 복합국면에서 작용하는 계급 간의 역관계이다. 각 계급은 물질적 토대에 바탕을 둔 구조적 장기적 사회관계, 정치적 힘의 관계, 물리적 강권력의 힘관계 등 차원에서 독특한 힘의 균형상태에 있고, 이것이 궁극적으로 강제력과 동의의 배합정도 및 국가의 지배형태를 결정짓게 된다.[30]

---

30) 예를 들어 그람시의 헤게모니개념은 강제력과 동의의 균형상태로서의 19세기 이래의 서구 '의회민주제국가'가 힘관계의 변형으로 말미암아 변동하는 동학을 추적하기 위한 것이었다. 노동자계급대중의 정치적 조직화는 계급지배의 기존방식을 위협하였고, 그것은 '국면

한편 제솝(1990: 217-218)은 그람시의 헤게모니개념을 헤게모니행사
에 동원되는 특정 행위프로그램을 의미하는 '헤게모니프로젝트'(hegemonic
project)개념으로 발전시키고자 하였다. 그것은 일반적인 이데올로기적
동의나 지지를 넘어서 특정 전략선택의 영역에서 구체적인 목표를 지
향하는 지도력의 이동을 주목하고자 한 개념이었다.

결국 헤게모니개념은 경제구조와 정치제제의 변동, 국가제도의 변
화-지배블록의 헤게모니역량강화와 결합된 지배형태의 변화를 추적
하기 위한 개념이었다. 노동통제방식 및 그 수단의 동원양식 변화와
관련해서 보면 헤게모니개념은 강제력과 동의의 배합의 구체적 양
식, 이를 변화시킨 동인으로서의 계급역관계의 변동을 보여준다는
점에서 매우 유용한 개념이라 할 수 있다. 더욱이 헤게모니프로젝트
개념은 헤게모니가 구체적인 특정 국면에서 구체적인 국가의 전략적
기획으로 나타나며, 비계급적인(국민대중적) 이해를 동원하여 지배블
록의 장기적 이해를 관철한다는 점에 주목하였는데, 이는 6공화국의
노동통제방식변화와 관련하여 매우 시사적이다.

2) 노동정치변동과 관련된 이론적 자원

〈정치적 선택성과 전략적 선택성〉

오패(Offe, 1972)의 '정치적 선택성'(political selectivity) 또는 '계급
적 선택성'(class-relevant selectivity)개념은 국가의 '계급성'을 논리적
으로 규명하기 위한 개념들이다. 그에 의하면 자본주의국가는 자본
과 노동 사이에서 한편에서는 전체사회의 이익을 대표하여 양자를
중립적으로 중재하는 것처럼 나타나야 하지만, 동시에 그 과정은 자

적 위기를 초래하였기 때문이었다.(Sassoon, 1982: 139-160: 최장집, 1989)

본가계급이나 그 특정 분파의 분파적 이익을 실현하는 과정이어야 한다. 그는 국가의 계급성을 설명하기 위한 기존의 이론들은 이를 국가 외부의 도구로 파악하거나 그 구조적 제약성만을 강조함으로써, 결과적으로 국가의 내적 구조로부터 계급성을 설명하는 데 실패하였다고 보았다.[31]

반면에 정치적 선택성은 국가의 내적 구조로부터 그 계급성을 찾아낸다. "사건을 사건으로 나타나게 하는 선별과정 혹은 그 제도화된 (선택과)배제규칙의 총체"를 뜻하는 선택성은 국가조직의 통상적 절차와 형식적 조직 자체에 내재한 규칙을 말한다. 자본주의국가는 이와 같은 선택-배제의 기제를 통해서 지배계급의 중요한 이익을 선택하거나 상대적으로 중요치 않은 이익을 배제할 수 있다. 정치체제에서 작동하는 선택성은 그 기능 및 작동수준에 따라 구조차원, 이데올로기차원, 과정의 차원, 억압의 차원 등 네 가지로 구분된다. 그리고 선택성은 그 계급적 기능에 따라 조정적(coordinate), 억압적(repressive), 은폐적(disguising) 선택성 등으로 구분될 수도 있다.

이와 같은 '정치적 선택성'의 개념은 노동통제 전략 혹은 노동정책이 기획되어 결정되고 그것이 실행되는 과정차원에서 작동하는 국가의 계급성을 설명해 준다는 점에서 본고의 논의에 매우 유용할 것이다.

이와 함께 선택성개념은 '정치적 전략으로서의 국가' 개념과 결합함으로써 국가의 구조를 분석하는 정태적인 개념을 넘어서 국가의 계급적 실천에 관한 동태적인 분석을 가능하게 해준다. '정치적 선택성' 대신 '전략적 선택성'(strategic selectivity)개념을 제시한 제솝(Jessop, 1990)에 의하면, 국가의 계급성은 국가형태, 구조, 조직에 각인된 것이라기보다는 그것의 계급전략에 대한 함의로부터 나오는 것이라고 주장하였다. 그는 오패의 선택성 개념에 포함되어 있었던 '사회적 관

---

31) 기존의 두 이론은 오패가 영향력이론(influence theory)과 제약이론(constraint theory)으로 부른 도구주의국가론과 구조주의국가론을 말한다.

계로서의 국가'개념을 발전시켜, 국가구조나 조직으로 구조화된 국가
의 전략적 기획 그 자체의 선택성을 '계급성'의 본질로 파악하고자
하였다.

　요컨대 6공국가의 노동통제 전략의 계급성은 특정 시점, 특정 상
황에서 국가가 체계적으로 자본의 특정 이익을 선택하거나 배제하는
것에서 주어진다. 그 계급성은 국가구조에 물화된 형태로 나타나기
도 하며, 국가의 전략적 기획으로 표출되기도 할 것이다. 특히 민주
주의이행 직후 상대적으로 유동적인 계급역관계 속에서 실행된 6공
국가의 계급전략을 분석하는 데 있어 전략적 선택성의 개념은 더욱
유용하다.

　〈민주주의이행론과 전략적 선택이론〉
　민주주의이행론[32]의 핵심적인 관심과 주제는 권위주의체제로부터
절차적 민주주의체제로의 거시 사회변동이었다. 이 이론의 중심적인
이론적 과제는 단기간에 역동적으로 진행되었던 정치변동을 다룰 수
있는 방법론의 개발과 이에 적합한 개념의 개발이었다. 그리고 실천적
인 관심은 민주화의 순조로운 확대, 권위주의로의 역전 가능성의 면밀
한 검토 및 이것의 방지를 위한 대응전략의 검토 등으로 요약된다.

　이런 관심을 반영하여 그들은 정치변동에 관한 기존의 논의를 비
판적으로 검토하였던바, 기존 논의들은 주로 구조결정론적인 거시이
론이라는 한계를 갖는다고 비판하였다. 구조결정론은 그것이 사회문
화적 요인을 강조하는 것이든 계급구조를 강조하는 것이든[33] 모두

---

32) 대표적인 연구로는 오도넬, 슈미터, 화이트헤드가 편집한 민주화연구 시리즈(Whi-
　tehead · Schmitter · O'Donnell(eds.), 1986)가 있으며, 이 논의는 이후 민
　주주의이행연구의 붐을 조성하게 된다. 그리고 그 맥락 위에서 한국사회에 대한 경
　험적 연구, 남미와의 비교, 기존 이론의 적용이 활발하게 진행되었다. 민주주의이
　행 경험의 한 단계를 정리하고, 다음 단계의 문제들을 검토하고 있는 저작으로는
　O'Donnell · Valenzuela · Mainwaring(eds.)(1992)를 볼 것.

주관적 요인이나 민주주의이행에 있어 주체의 능동적인 실천의 중요
성을 파악하지 못한다. 즉 이행과정을 주도하는 다양한 사회세력들
간의 역동적인 상호 작용이 논의에서 배제되고, 이들이 구조의 담지
자만으로 파악됨으로써 민주주의이행 내부의 다양한 쟁점들이나 각
사례의 독특성이 전혀 포착되지 않는다는 점을 비판하였다.

　민주주의이행론은 선택의 구조에 직면한 행위자들의 전략선택을
설명하는 논리로 게임이론적 관점을 차용한다. 게임이론의 틀을 적
용하면 이행에 관여하는 사회세력들은 비용과 이익을 합리적으로 계
산해서 행동하게 되는 합리적 행위자들로 상정된다. 그러므로 민주
주의이행은 일종의 전환의 게임(games of transition)으로 파악된다.

　민주주의이행기 국가의 노동통제 전략을 분석하고자 하는 본고에
서는 이행의 특수성이 노동정책에 미치는 영향에 관심을 집중하고자
하며, 그중에서도 특히 세 가지 점을 주목하고자 한다.34)

　먼저 민주주의이행론은 이행기의 정치변동을 분석하기 위한 일반
적인 분석틀을 제시하고 있다는 점이다. 민주주의이행론은 이행의
단계 및 유형들을 구분함으로써 정치적 행위자들의 미시적인 행위의
조건들이 변화하는 양상을 구체화할 수 있게 해주었다. 두 번째로
형식적 민주화의 중요성을 강조함으로써 민주화에 따른 정치적 지형
의 변화 및 세력관계의 변화를 분석할 수 있는 기틀을 마련하였다.
세 번째로 민주주의이행론은 이행기 노동운동의 전략선택의 가능성
과 한계를 구체화하고자 하였다.

---

33) 전자에는 립셋(lipset, 1981), 달(Dahl, 1971), 헌팅턴(Huntinting, 1984)이
　　그리고 후자에는 배링턴 무어(Barington Moore, 1966), 테르본(Therborn,
　　1977) 등이 포함된다. Przeworski(1986), 성경륭(1993) 참고.
34) 본고의 관심 이외에도 여러 가지를 지적할 수 있을 것이다. 예를 들면 민주주의이
　　행론은 비교사회학적인 방법으로 경험적인 사회변동 비교를 가능케 하는 준거를 마
　　련했다는 점을 들 수도 있을 것이다. 이와 관련해서 한국사회의 민주주의이행과 브
　　라질, 스페인의 경험을 비교한 대표적 연구로 조효래(1994) 참고.

〈계급역관계이론 - 자원동원이론〉

계급역학관계의 분석을 위해서는 국가, 자본 및 노동이 동원하는 자원의 크기에 관한 평가가 필요하다. 그렇지만 짧은 기간 동안 그 관계가 역동적으로 변화하는 과정에서 이를 논의하기란 그렇게 쉬운 일은 아니다. 그것은 역학관계의 변동이 노동이나 국가, 자본이 동원하는 자원의 절대적 크기 변화로 환원될 수 없기 때문이다. 즉 계급 역관계는 제로섬게임이 아니며, 한 계급의 힘의 강화가 반드시 적대 계급의 힘의 약화를 의미하지 않기 때문이다. 결국 계급역학관계에서 핵심적인 논의의 초점은 헤게모니 쟁탈의 문제이다. 그것은 노동계급에게는 다양한 중간계급, 계층들과의 연대의 실현의 문제이고 (Offe & Wiesenthal, 1980), 국가와 자본에게는 이들에 대한 헤게모니 확보의 문제로 나타난다.

본고에서는 계급역관계의 변동에 관한 테르본의 이론화(Therborn, 1980, 1983)를 중심으로 하고, 노동정치의 유형변화를 설명하고자 했던 자원동원이론(Korpi, 1983; Korpi & Shalev, 1979; Esping-Anderson, 1985; Jae Hung Ahn, 1992)을 보완적으로 이용하고자 한다. 먼저 헤게모니역관계의 분석을 위해서 우리는 특정 계급의 내적 역량과 헤게모니역량을 구별해야 한다.

내적 역량(intrinsic strength)이란 권력자원이란 점에서 특정 계급이 동원할 수 있는 계급의 고유한 힘을 말한다. 자본가계급의 경우 그것은 모든 전자본주의적 통제에 대항하여 자본관계를 확산시키는 시장확대 능력(market expanding capacity)으로 구성된다. 그리고 노동계급의 경우에는 이에 대응하는 결합성 혹은 단결력으로 나타나며, 구체적으로는 노동과정에서의 결합성과 '전국적 · 정치적 결합성'의 정도로 규정된다.

반면에 헤게모니역량은 한 계급이 여타 계급들 및 전체사회와 맺는 관계와 실천을 의미한다. 그것은 한 계급이 자신의 적을 고립시키고, 위협하거나 분열시키는 과정에서 자신의 고유한 내적 역량을 사용하는 능력

과 기회로 규정된다. 따라서 헤게모니역량은 내적 역량에 기초하는 것이
지만 그것으로 환원되지 않는다. 지배블록의 헤게모니역량은 무엇보다
헤게모니적 지배기제를 통해서 관철되는데, 그것은 탈구(dislocation), 굴
종(submission), 고립화(isolation)의 기제들로 요약된다.[35]

그런데 내적 역량과 헤게모니역량이 특정한 상황에서 여하히 작동
할 것인가의 문제는 그들이 형성된 시점의 제도화된 행위형식, 즉
그 정치적 형식에 크게 영향을 받게 된다. 민주주의이행기의 역동적
역관계변동을 고찰할 경우, 계급역학은 이런 정치적 제도형식들에
대한 구체적인 분석지표들을 통해서만 분석가능하다. 따라서 국가와
노동이 동원할 수 있는 구체적인 권력자원의 내용 및 그 기제를 구
체화할 필요가 있다.

먼저 자본가계급의 계급역량은 계급국가로서의 자본주의국가의 정
치적 제도형식에 의해서 표출된다.[36] 국가가 동원할 수 있는 권력자
원은 물리적 힘의 제도적 독점, 재정적 자원, 정책결정 및 실행의 수
단인 관료제, 이데올로기자원 등을 들 수 있을 것이다. 이와 같은 국
가의 권력자원은 국가의 성격변화 및 그에 따른 제도적 형식 변화에
따라 증감하게 될 것이다.

노동자계급이 동원할 수 있는 자원은 노동조합조직으로 표현되는
조직적 자원과 노동정당으로 표현되는 정치적·이데올로기적 자원으
로 크게 나누어진다.(Korpi, 1983) 노동계급의 계급역량의 정도는 노
동조합의 조직률, 조직형태, 조직 내부의 통일성, 노동정당의 존재

---

35) 탈구는 지배계급이 자신의 힘을 축적하는 과정을 은폐하거나 부차적인 것으로 위장
함으로써 헤게모니를 강화하는 기제를 말하며, 굴종은 적대계급의 저항의지를 상실
케 하는 기제를 지칭하는데 여기에는 전자본주의적 유제나 패배의 역사적 경험이
중요한 역할을 한다. 그리고 고립화는 한 계급이 적대계급을 가능한 모든 동맹자로
부터 분리시킴으로써 헤게모니역량을 강화하는 것을 말한다.
36) 자본가계급의 계급역량이 국가의 권력자원으로만 표출되는 것은 아니다. 다만 본고
에서는 국가-노동관계를 고찰하고자 하므로, 국가로 물화된 자본가계급의 계급역
량을 문제 삼는다.(Therborn, 1978: 219-228)

여부, 노동정당과 노동조합과의 관계 및 이를 매개로 한 정치적 연합의 성격 등에 따라서 달라질 수 있을 것이다.

제 4 절 분석틀

1) 노동통제 전략 개념에 관한 분석틀

1절에서 기존 연구를 검토하는 과정에서 필자는 세 가지 점에 주목하였다. 그것은 노동통제 전략의 질적인 변동을 포착할 수 있는 개념, 다양한 통제기제들 및 그 분석수준을 고려한 개념, 국가론과 결합할 수 있는 개념이 그것이다. 이들 각각을 다시 정리하면서 새로운 개념화로 나아가기로 한다.

먼저 통제방식의 변화를 포착하기 위해서는 특정 통제기제의 양적인 변화에 주목하기에 앞서 질적인 변화가 없었는가에 주의를 기울여야 한다. 이것은 몇몇 기존의 개념들이 통제방식의 변화를 '유인과 강제'의 정도 혹은 '물질적 개량'의 정도를 연속선상에서 파악함으로써, 그것의 질적인 측면의 특성 및 그것의 변화를 상대적으로 간과하였기 때문이다.

예를 들면 국가 공권력의 물리적 폭력적 개입의 정도 그 자체가 노동통제방식의 특정 기제를 밝혀주는 것은 아니다. 5공화국국가는 물론 6공화국의 노정권이나 김영삼 정권도 그 자체로서는 동일한 물리적 억압을 행사하였다. 그리고 그것의 양적 정도는 시기별, 사안별로 차이를 보였을 것이다. 그러나 그렇다고 해서 그것이 5공화국의 노동통제방식과 6공화국의 노동통제방식이 동일하다고 추론할 수는 없는 일이다. 왜냐하면 그 물리적 억압의 통제수단이 여타의 통제방식과 맺는 연관이 변화할 수도 있으며, 그 효과가 크게 다르게 나타났을 가능성이 있기 때문이다.

그러므로 필자는 노동통제유형이 유무의 문제로 다루어져서는 안된다고 하는 조합주의론(Collier & Collier, 1974; 최장집, 1988)의 주장을 수용하지만, 이를 연속선상에 있는 양적 크기로 환원하는 것에는 반대한다. 구체적인 상황 속의 노동통제방식을 양으로 환원되지 않는 질적 준거에 의해 구별해야만 하며, 그 한계 내에서 부차적으로 양적 크기의 변화를 논의해야 할 것이다.

두 번째로 특정 사회에 대한 구체적인 분석의 수준에서는 서로 환원될 수 없는 다양한 노동통제방식들이 공존할 수 있음을 강조하였다.[37] 시장력에 기초한 통제는 물론이거니와 노동조합조직을 매개로 한 조합주의적 통제방식이나 국가행정기구를 이용한 통제도 가능할 것이다. 그리고 공권력의 동원과 같은 직접적인 물리적 억압뿐만이 아니라 직접적인 물질적 보상에 의존할 수도 있고, 단지 허위적인 이데올로기적 공세에 의해서만 유지될 수도 있는 것이다.

셋째로 한국국가의 노동통제방식에 관해서 연구하기 위해서는 '국가론'의 시각이 통제방식의 개념화에 반드시 포함되어야 한다. 노동통제의 방식이 국가의 성격이나 형태의 직접적인 종속변수는 아니라고 할지라도, 통제의 전개과정에서 개입하는 경제적 정치적 요인들의 복합적인 중층결정의 과정을 구체화하는 것이 매우 중요하기 때문에 국가의 문제는 피할 수 없다.

마지막으로 노동통제 전략 개념을 여타의 노동정책, 노동통제, 노

---

37) 노동통제체제의 이 같은 복합성과 다중성은 많은 연구자들이 이미 강조한 바 있었다. Schmitter(1974), Collier & Collier(1974), Stepan(1978), Koo(1989), Goldthorp(1984), Valenzuela(1989), 최장집(1985, 1988) 참고.

동정치, 노동통제방식 등의 개념들과 구분하는 것이 필요하다. 그것
은 각 개념들이 명료히 구분되지 않기 때문만은 아니다. 본고에서는
이들 개념들을 하나의 위계체제로 구성하고, 그것에 맞추어 구체적
인 분석을 진행하고자 하기 때문이다.

먼저 노동통제(labor control)는 국가의 대노동통제 전략뿐만 아니
라, 총자본과 개별자본의 노동통제를 포함하는 매우 포괄적인 개념
이다. 국가의 노동통제만을 염두에 둔다면 자본주의국가의 대노동전
략과 노동정책은 기본적으로 노동통제 전략, 노동통제정책이 된다.
그 이유는 자본주의국가의 구조적 한계에 기인한다. 즉 (사회적 권
력관계의 물질적 응축이자 그것이 구조화된 형태인) 자본주의국가는
자본가계급의 장기적이고 정치적인 근본이해에 역행하는 정책과 전
략을 실행할 수 없으므로 노자관계의 원활한 재생산에 필요한 노동
통제기능을 반드시 수행한다.

다음으로 노동통제개념보다 더 포괄적인 개념이 노동정치(labor
politics)이다. 노동정치는 생산의 정치(politics of production)와 대비
되는 개념으로서 국가, 자본, 노동 삼자의 정치적 상호 작용 일반을
포괄하는 광범한 개념이다. 여기에는 국가와 자본의 노동통제뿐만이
아니라 노동운동의 저항이 포함된다.(조효래, 1995)

세 번째로 본고의 주요한 관심사인 노동통제 전략은 국가의 노동
통제와 동일한 범주를 갖지만 국가의 전략적 행위를 강조하는 개념
이다. 노동정치과정에서 국가라는 장(場)은 다양한 자본분파, 노동운
동세력들, 국가기구의 구성원들이 자신의 특정한 전략적 기획안을
관철시키기 위해 투쟁하는 영역이 된다. 이들 투쟁들의 총합에 의해
국가의 대노동통제 전략의 윤곽은 드러난다.[38] 그러므로 노동통제

---

38) 이 과정 전체에 대한 사후적인 전략적 계산과 평가는 가능하지만. 그 전략을 일관
되게 기획한 주체는 없는 셈이다. 그런 의미에서 그것은 정치적 계급지배의 '의도
성'을 포함하고 있지만. '특정한 주체에 의해 일관되게 기획된 거시전략'은 아니다.

전략은 국가 내에서 서로 대립하고 상충되며, 공식적 비공식적 형태로 모순적으로 전개된 구체적인 정책들의 총합 및 그것의 의도적·비의도적 효과 일반을 지칭하는 개념이 된다. 그것은 국가기구 내의 특정 주체가 특정 목표를 갖고 합리적으로 구성한 일관된 정책을 지칭하는 노동정책보다 포괄적이라는 점이 특징적이다.

자본주의사회에서 국가의 노동통제 전략은 크게 세 가지의 목적을 갖는다. 그것은 노동력의 사회적 재생산, 노동력의 잉여가치 생산을 위한 제반 사회적 조건의 확충, 노동계급의 계급세력화의 억제 등이다.(김준, 1989: 199)

노동통제 전략은 노동계급에 대한 국가의 전략적 목표와 그 구체적인 기제라는 점에서 두 가지 차원으로 구별될 수 있다. 먼저 전략적 목표는 국가가 노동계급의 요구를 통제하는 전략적 방침, 즉 그 경제적 정치적 이해를 포섭하거나 배제하는 통제전략의 기본구조를 구성한다. 그것은 크게 포섭전략, 배제전략, 방임전략으로 나눌 수 있다. 반면에 통제의 기제는 그 전략적 목표를 달성하기 위해서 국가가 동원하는 통제수단들의 구체적이고 특수한 조합양식을 말한다. '노동통제방식'개념은 국가의 노동통제기제를 서술적으로 표현하는 노동통제 전략 개념의 하위범주이다. 여기에는 국가의 의도적이고 비의도적인 노동통제행위 일반이 모두 포괄된다. 본고에서는 배제전략의 노동통제방식유형을 조합주의적 배제전략, 억압적 배제전략, 헤게모니적 배제전략으로 나눈다.

넷째로 노동정책은 국가기구 및 그 담당자인 국가관료가 특정한 구체적인 정책목표를 갖고 기획하거나 실행한 공식적인 국가정책을 말한다. 노동정책개념은 국가기구 내의 공식적 절차를 거쳐 만들어지며, 그 물질적 제도적 형식을 명확하게 갖는다는 점에서 특징적이다. 노동정책은 국가의 노동통제 전략의 하위범주이며, 그 내용 및 결과는 통제전략의 전략적 목표를 객관적으로 드러내주는 중요한 지

표가 된다. 자본주의국가의 노동정책은 크게 임금정책, 노동력 재생
산정책, 근로기준 보호정책, 노동복지정책 및 노사관계정책 등 5가지
영역으로 나누어진다.(박덕제, 1985: 166-169)

〈분석의 범주와 차원〉

새로운 개념구성의 출발점으로 필자는 먼저 다양한 통제방식 및
통제수단들이 공존할 수 있음에 주목하고, 이를 분석의 범주와 차원
이라는 관점에서 재정리하고자 한다.

첫째 연구의 대상과 관련된 분석 범주의 문제가 고려되어야 한다.
노동자계급에 대한 통제에 관해 연구할 경우, 그것을 위한 분석의 범
주는 매우 다양할 수 있다. 예컨대 그것은 경제구조나 축적구조(Strinati,
1979; lipietz, 1985; 김형기, 1988), 노동과정과 노동시장(Burawoy, 1985;
송호근, 1991)에 대한 것일 수도 있으며, 이익대표체제(Schmitter, 1979),
국가의 대노동조직전략(신광영, 1991), 국가의 형태나 유형(Jessop, 1990;
Birnbaum, 1988), 기업의 노무관리전략(박준식, 1992, 1993)등을 주요한
분석대상으로 할 수도 있다.

그런데 분석범주의 문제에서 어떤 일반적인 기준을 설정하고자 하
는 것은 어려운 일로 보인다. 중요한 것은 어떤 범주의 선험적인 우
월성보다 연구될 특정 연구대상에 그 범주가 적절한가 그리고 그것
이 그 대상의 특성을 규명하는 데 적합한가 하는 점일 것이다. 그러
므로 특정 사회에서 가장 핵심적인 통제의 범주가 무엇인가에 관한
궁극적인 해답은 그 사회의 특수한 제반 조건들 속에서만 찾을 수
있는 것으로 보인다.39)

---

39) 뷰라웨이(1985)의 '생산의 정치' 개념을 둘러싼 상이한 해석들은 바로 이 문제와
연관되어 있다. 그것은 생산의 정치개념이 작업장에서의 노동과정이나 노동시장 분석
에 한정된 개념인가 아니면 거시적인 국가 노동관계를 포괄하고 이를 설명할 수 있는
개념인가 하는 점이다.(신광영, 1991: 이정택, 1992) *Socialist Review*지에 실린
뷰라웨이와 쉐보르스키의 논쟁참고.(Burawoy, 1989; Przeworski, 1989)

[1] 본고는 일차적으로 국가의 노동통제를 분석하고자 하며, '국가의 전략적 기획'을 분석범주로 삼고자 한다. 그것은 '전략으로서의 국가'(Jessop, 1990)라는 독특한 국가이론에 기초한다. 이 국가론은 자본주의국가가 흔히 '상대적 자율성' 혹은 '축적과 정당화의 모순'으로 불리는 독특한 이율배반적 상황 속에 있음을 주목하고, 국가의 행위는 이 같은 상황에 대한 끊임없는 전략적 대응과정으로 파악할 수 있다는 관점이다.

이러한 국가론에 기초해서 보면 노동통제 전략은 국가의 거시적 축적전략 및 그에 상응하는 헤게모니프로젝트의 하위 전략 개념이 된다. 본고가 국가의 노동통제방식을 이와 같이 국가전략 개념으로 파악하는 것은 기존 논의의 취약점이었던 국가론에 기초하고, 통제방식의 역동적 변화에 민감히 반응할 수 있는 개념도구를 마련코자 하였기 때문이다. 전략으로서의 국가개념에서 시민사회 내의 계급역관계 및 사회관계의 역동적 변동은 국가의 전략 변화로 포착된다. 따라서 본고에서 다루는 민주주의이행기의 사회관계변화, 국가성격변화는 국가의 노동통제 전략의 변동을 야기하는 중요한 변수가 된다.

그리고 국가가 동원하는 전략들은 일관된 것일 필요가 없으며, 행위주체에게 의식되지 않을 수도 있고 반드시 성공적이지 않을 수도 있다. 오히려 분석에서 중요한 것은 상호 경쟁적이고 모순적인 각 전략들의 의도하지 않은 결과들이다. 따라서 국가의 노동통제 전략은 어떤 주체가 일관되게 기획한 것이거나, 특정한 논리에 의해 합리적으로 산출되는 것이 아니다. 그것은 국가의 노동정책의 내용 및 그 결과로, 그리고 구체적으로 실행되었던 노동통제방식에 의해 평가되고 재구성될 수 있을 뿐이다. 실제로 행해졌던 국가의 노동통제를 평가하기 위해서는 통제의 '수준'을 구별하는 것이 중요하다.

[2] 두 번째로 통제유형과 관련된 개념들은 서로 상이한 분석수준

의 개념들일 경우가 많다. 예를 들면 '국가조합주의적 노동통제'와
'시장기제적 노동통제' 개념은 동일한 분석차원의 개념들이 아닌 것
으로 보인다. 전자가 특정 자본주의국가의 시민사회에 대한 개입방
식, 보다 구체적으로는 이익대표체제를 매개로 한 거시적 노자관계
의 개념화라면, 후자는 경제적 강제라는 자본주의생산양식의 시장원
리 그 자체가 통제의 기제로 작동한다는 점에 주목한 개념이라 할
것이다.40) 그러므로 본고에서는 노동통제의 분석차원을 자본주의생
산양식의 차원, 국가의 헤게모니프로젝트 차원, 통제에 동원되는 구
체적인 제도적 수단의 차원 등으로 구분하고자 한다.

　여기서 자본주의생산양식의 경제적 강제라는 보편적인 분석차원을
차치한다면, 국가의 노동통제방식은 국가의 시민사회개입방식의 차
원과 동원하는 통제수단들의 차원으로 구별된다.

　국가의 시민사회 개입방식의 분석차원에서 주목해야 할 것은 국가
가 노동계급에 대해 설정하고 있는 전략적 태도 또는 전략적 목표이
다. 즉 그것은 노동조합 및 노동자계급 일반의 경제적 정치적 이해
에 대한 국가의 수용여부이다. 그것은 축적체제, 계급역관계 등의 조
건과 연관된 국가의 거시 헤게모니프로젝트의 내용에 의해 일차적으
로 규정될 것이지만, 구체적으로는 국가 노동 간의 역동적 상호 작
용과정인 노동정치과정을 매개로 나타난다. 본고에서는 국가 노동정
책 및 노동통제방식의 계급적 성격 및 그 내용으로 분석함으로써 국
가의 대노동전략의 내용을 규명할 것이다.

　자본주의국가의 대노동전략은 배제전략(exclusionary strategy), 대
변전략(representation strategy), 방임전략(strategy) 등으로 구별할 수

---

40) 그런 의미에서 시장전략(신광영, 1991)이나 시장기제라는 표현은 적절치 않은 것
　으로 보인다. 자본주의의 시장력에 의존하는(국가의 개입정도가 낮은) 노동통제의
　방식은 오히려 슈미터(1974)의 개념규정과 같이 '다원주의적 통제'나 '방임주의적
　전략'로 개념화하는 것이 더 적합할 것으로 보인다.

있다.[41) 대변전략은 서구자본주의사회의 사회조합주의체제에서 나타나며, 방임전략은 미국과 일본 등의 사례에서 볼 수 있는 다원주의적 노동정치체제와 대응한다. 배제전략은 제3세계의 권위주의체제나 민주주의이행기의 노동정치체제에서 폭넓게 나타나며, 그 내부에서 몇 가지로 하위분류가 가능하다.

가장 낮은 분석수준인 통제수단들의 차원은 국가의 전략적 태도나 목표보다는 그 목표를 위해서 국가가 실제로 동원하는 노동통제방식 및 그 기제가 중요한 분석대상이 된다. 구체적으로 국가의 물리력, 법적 행정적 수단, 이데올로기적 수단, 조직적 수단, 사회보장적 수단 등 통제에 동원되는 각종 통제수단들이 분석의 대상이 된다. 경험적으로 보아 한 사회에는 여러 가지 통제수단들이 복수로 존재하므로 통제수단에 기초한 통제방식분류는 쉽지 않다. 그리고 각 사회에서 여러 통제수단들이 차지하는 비중과 통제수단들 간의 관계는 매우 상이하다. 그러나 통제에 동원되는 핵심적 통제수단과 통제의 기제―각 통제수단들의 상호관계 및 그 위계구성을 준거로 해서 서로 다른 통제방식을 구별해 볼 수 있다.

이 분석수준에서는 동일한 국가의 대노동전략이 서로 다른 구체적인 통제수단이나 통제기제를 매개로 실행될 수 있음에 주목한다. 즉 동일한 배제전략이라 할지라도 동원하는 수단들에 따라서 국가조합주의적 배제전략, 억압적 배제전략, 헤게모니적 배제전략 등의 하위분류가 가능하다는 것이다. 그것은 각 사회에서 동원되는 통제수단들의 구성 및 그 조합방식이 서로 질적으로 상이하기 때문이다.(표 2-1 참고)

국가조합주의적 배제전략에서는 여타 통제수단들에 비해 노동조합 조직과 노동자정당으로 대표되는 조직적 수단이 중심적인 통제수단

---

41) 이러한 개념화는 신광영(1991: 21-24)의 개념틀을 기초로 변형시킨 것이다. 본 고에서는 신광영의 개념 중 '억제전략'(containment strategy)을 제외하였다.

으로 동원되며, 부차적으로 사회보장수단들 및 여타 수단들이 동원
된다. 그리고 억압적 배제전략에서는 물리적 수단들을 중심으로 통
제가 가해지며, 법적 행정적, 이데올로기적 수단들은 부차적인 지위
를 차지한다. 그리고 물리적 통제수단과 여타 통제수단들 간의 관계
는 상대적으로 긴밀치 못하며, 상호 분산적이라는 특징을 갖는다.

〈표 2-1〉 배제전략의 노동통제기제유형 분류

	억압적 배제전략	헤게모니적 배제전략	조합주의적 배제전략
핵심통제수단	물리적 강제수단	이데올로기적 수단	조직적 수단
통제수단들 간의 위계	분산적, 물리적 강제수단 위주의 통제기제	집중적, 이데올로기-법 행정 수단-물리적 수단들 간의 위계체제	분산/집중, 조직-법 행정, 또는 조직-사회 보장수단의 병존

또 물리적 수단, 법적 행정적 수단, 이데올로기적 수단 등의 구별
은 상대적인 의미를 가질 뿐이다. 그것은 특정한 계급역관계, 정치사
회적 조건, 국가의 전략적 방침 등에 따라서 각 통제수단들의 구체
적 내용과 그 효과가 규정될 것이기 때문이다. 예를 들면 헤게모니
없는 지배하에서 각 수단들의 전체 통제방식과의 관계 및 효과는 헤
게모니적 통제 아래에서의 그것과는 크게 달라질 것이다.

요컨대 본고는 국가의 노동통제 전략을 일차적으로는 국가의 대시
민사회개입양식에 의해서, 그리고 이차적으로는 그것에 동원하는 통
제수단들의 구체적 작동양식에 의해서 규정할 수 있다고 본다. 전자
가 축적조건과 거시적 계급역관계에 의해 규정되는 것이라면, 후자
는 국가가 통제수단들을 동원하고, 구사하는 다양한 방식들 및 그
효과들에 의해서 규명될 수 있다.

〈헤게모니적 배제전략〉

이와 같은 범주와 차원에 관한 논의를 통해서 본고에서는 국가의

노동통제를 '억압적 배제전략'과 '헤게모니적 배제전략'으로 새롭게 유형화하고자 한다. 민주주의이행에도 불구하고 6공국가에서 거시계급역관계는 크게 변화하지 않았고, 그에 따라 국가는 노동계급의 정치적 경제적 이해를 배제하는 전략적 기획을 선택한 것으로 보인다. 그것은 제3공화국 이래의 전통적인 노동계급 배제전략이었다.

그러나 동원된 통제수단의 수준에서 보면 그것은 상당한 변화를 보여주었다. 우선 권위주의체제의 '물리적 수단'들은 양적으로 줄지 않았고, 때로 증가하기도 하였다. 그러나 그것들이 전체 통제에서 차지하는 비중이나 역할은 상대적으로 줄어들었다. 그리고 그것을 대신해서 새로이 강화된 통제수단들은 '법적 행정적 수단'과 '이데올로기적 수단'들이었다. 이와 같은 변화의 근원은 형식적 절차적 민주화이행 및 지배블록의 헤게모니역량강화에 있었다. 이런 맥락에서 6공국가의 노동통제 전략을 필자는 '억압적 배제전략'으로부터 '헤게모니적 배제전략'으로의 변동과정으로 파악하고자 한다.[42]

먼저 억압적 배제전략은 헤게모니 없는 지배체제의 노동배제전략 중 한 유형이다. 그것의 가장 큰 특징은 직접적인 물리적 수단을 동원하여, 노동계급의 정치 경제적 이익을 배제하는 점이다. 그리고 그 물리적 억압은 노동조합과 노동정당을 중심으로 한 노동자계급의 조직적 정치적 역량, 즉 내적 역량 제어에 직접 작용한다는 점에서 특징적이다. 여기서 노조나 정당의 일상활동은 금지되거나 엄격히 규제된다. 반면에 이 전략하에서 동원되는 여타의 통제수단들은 부차

---

42) 이 시기 이후의 노동정책이 권위주의의 그것과 비교하여 본질적으로 변화한 것인가를 둘러싸고 다양한 견해들이 있다. 최장집(1992), 임영일(1992), 김준(1989), 차성수(1989), 김용기(1989) 등은 본질적으로 변화하지 않았음을 강조하는 데 반해, 김형기(1992), 박승옥(1992), 허명구(1992), 박준식(1992) 등은 변화의 추이 및 가능성을 주목한다. 크게 보아서 전자는 변화의 양상을 개념화하지 못하고 유형론적인 본질 파악에 머무른다는 점에서, 그리고 후자는 여전히 존재하고 있는 억압적 배제의 측면을 간과한다는 점에서 각기 문제를 안고 있는 것으로 생각된다.

적인 것으로 헤게모니효과를 발생시키지 못하고, 물리적 수단에 의
한 통제를 부분적으로 분식(粉飾)하는 기능만을 수행한다. 예컨대 권
위주의체제에서 반공이데올로기, 가부장제이데올로기와 같은 이데올
로기적 수단의 통제효과는 "이데올로기 자체의 침투·확산력의 효과
이기보다는 그 이면에 자리잡고 있는 강한 물리력" 때문이었다.(임영
일, 1985: 248-249)

   헤게모니적 배제전략은 노동계급에 대한 배제적 국가전략이란 점
에서는 억압적 배제전략과 동일하지만, 배제의 구체적인 방식의 측
면에서 '헤게모니'역량을 동원하고 이데올로기적, 법적, 행정적 수단
들에 크게 의존한다는 점에서 다르다. 여기서 특정적인 것은 노동계
급뿐만 아니라, 중간계급 및 중간계층 일부에 대한 헤게모니를 강화
한다는 점이다. 그러므로 통제의 대상은 단순히 노동계급에 한정되
지 않고, 여타 계급과 계층으로 확산된다.

〈그림 2-1〉 억압적 배제전략과 헤게모니적 배제전략의 통제기제 비교

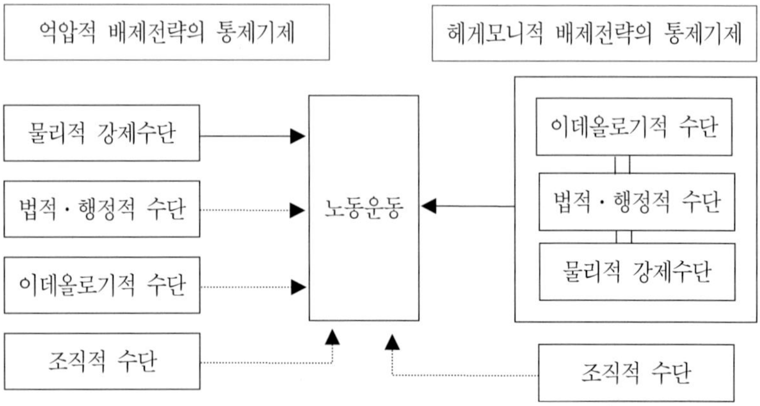

그리고 핵심적 통제수단은 헤게모니를 창출하는 법적·정치적 이
데올로기이며, 물리적 수단은 전체 통제과정에서 최종적으로 이를

마무리하는 역할로 축소된다. 또 국가는 노동자계급의 일상적 활동
에 대해 국가기구가 직접적으로 물리적인 개입하는 것을 자제하는
모습을 보일 수도 있지만, 그것은 여전히 지속될 수 있으며 때론 강
화되기도 한다. 그리고 물리적으로 개입할 때도 국가는 개입의 절차
적·법적 정당성 마련에 부심하게 되고, 가능한 한 최대로 이를 준
비하려는 경향을 갖는다. 결국 이 전략하에서 통제는 노동자계급의
헤게모니역량을 제어하는 것을 매개로 그 내적 역량의 제어로 나아
가는 것으로 볼 수 있다.

2) 노동통제 전략변동에 관한 분석틀

국가의 노동정책 혹은 노동통제 전략은 현상적으로는 행위자로서
의 국가 혹은 제도나 조직의 복합체(손호철, 1991; Jessop, 1990)로서
의 국가와 행위자로서의 노동(계급, 조합운동, 리더십, 대중) 간의 역
동적인 상호 작용 혹은 전략적 행위의 결과로서 나타난다.

그러나 자율적 행위자로서의 국가나 행위자 간의 역동적인 상호 작
용, 혹은 전략적 행위 교환을 강조하는 국가중심론적인 시각(Skocpol,
1985; Katzenstein, 1985; Stepan, 1985) 및 합리적 선택모델의 한계는
분명하다. 반면에 미시적이고 역동적인 노동정치의 변화를 구조의 요
구(혹은 욕구)에 환원시키는 경향이 있는 구조주의 맑시즘도 대안이
될 수는 없을 것이다. (Jessop, 1990; Cammack, 1989; 손호철, 1991,
1993)

그렇다면 국가, 자본과 노동 간의 전략적인 상호 작용을 설명하고
자 하는 본 연구는 마땅히 구조와 행위 간의 관계를 설득력 있게 제
시할 수 있는 이론적인 모델을 설정하여야 할 것이다. 하지만 본 연

구는 구조와 행위에 관한 일반이론을 정립하고자 하지는 않을 것이
다. 그것은 그 작업의 성격 상, 본 연구의 범위를 벗어난 일이 될
것이기 때문이다. 그러므로 여기서는 단지 기존 논의에 대한 검토로
부터 나름대로 노동정치체제의 변동을 설명할 것으로 기대되는 분석
틀과 이론적 자원들을 추출하고, 이를 한국사회에 적용해봄으로써
현상에 대한 설명력을 높이는 데 주력할 것이다.

　노동정치의 변동은 거시적인 사회변동은 물론 미시적인 사회운동
까지도 연관되는 복잡한 현상을 말한다. 그러므로 이를 논의하기 위
해서는 다양한 추상수준의 이론화가 요구된다고 할 수 있다. 국가론
에 관한 앞 절의 논의로부터 우리는 국가의 전략적 행위가 여러 가
지 구조적 변수들의 중첩결정과정인 동시에 노동운동에 대한 전략적
대응이라는 행위변수에 영향을 받는다는 것을 알 수 있었다.

　본고에서는 국가의 노동통제 전략 분석을 위해서는 최소한 세 가
지의 분석차원들을 구별할 필요가 있다고 생각한다. 그것은 경제구
조의 차원(축적체제, 조절양식, 발전전략), 정치구조의 차원(계급역학
관계)의 차원과 국가, 자본과 노동부문(국가의 노동통제 전략과 이에
대응한 노동운동의 전략적 대응)의 전략적 행위차원으로 나누어진다.
이 중에서 본 연구가 해명하고자 하는 직접적인 과제는 국가의 노동
부문에 대한 전략적 행위인 노동통제 전략이다.

　본고는 국가의 노동통제 전략을 설명하는 데 있어 '정치적 전략으
로서의 국가'이론을 적용하고자 한다. 본고가 제시하는 분석틀은 다
음과 같다.

〈그림 2-2: 분석틀1〉

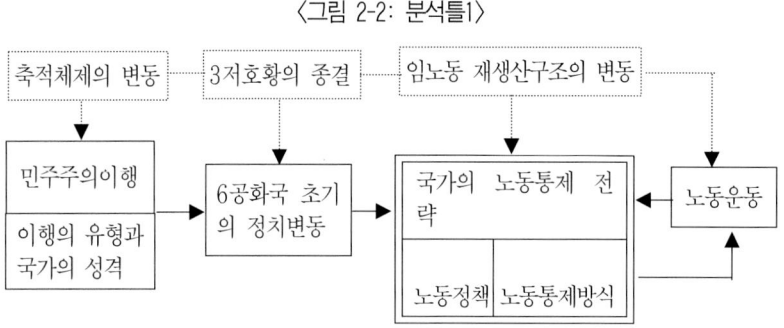

국가의 노동통제 전략과 그 변동을 설명하는 변수들은 구조의 수준에서 민주주의이행에 따른 정치구조적 변수들이 있으며, 행위의 수준에서는 노동운동의 역량 및 저항의 정도가 있다. 여기서 정치적 변수들은 각기 민주주의이행의 유형과 국가의 성격변화, 6공화국 초기의 정치변동이라는 하위변수들로 구별된다. 그리고 축적체제의 변동으로 표현되는 경제구조적 요인은 노동통제 전략변동의 경제적 조건을 형성하는 배경적 요인이 된다.

먼저 축적체제의 변동은 1988년 말 3저호황의 종결과 1989년부터 본격적으로 나타났던 임노동 재생산구조의 변동으로 요약될 수 있다. 1986년부터 1988년까지 진행되었던 사상 초유의 경제성장 이후 상대적으로 위축되었던 경제적 조건은 6공화국 노동통제 전략과 노동정책의 내용에 영향을 미친 배경적 요인이 되었다. 그리고 경제의 급속한 성장에 따라서 경제구조도 크게 변모하였는데, 이런 조건은 1987년 이후의 노동운동의 고양과 시기적으로 연결되어 임노동 재생산구조의 변동으로 귀결되었다. 임노동 재생산구조의 변동은 크게 노동과정의 변화, 노동력재생산구조의 변화, 노동시장구조의 변화로 요약될 수 있다. 이 중에서도 6공화국국가의 노동통제 전략의 내용에 가장 큰 영향을 미친 것은 노동력부족현상으로 나타났던 노동시장구조의 구조적 변동이었다.

자본주의국가의 노동통제 전략은 자본 혹은 지배적인 자본분파의 경제적 이해를 대변하고 있다. 비록 국가가 자본가계급의 장·단기적, 경제적 이해를 항시적으로 대표하거나 반영하는 것은 아니라 할지라도, 자본의 축적에 경제적으로 제도적으로 종속되어 있다는 구조적 조건으로 말미암아 국가는 자본주의적 성격을 탈각할 수 없다. 그러므로 축적체제가 변동하고 기존의 조절양식이 축적체제에 정합적이지 않을 경우, 국가는 특정한 경제정책적 수단을 축적전략의 재구조화를 시도한다. 그리고 그것은 국가의 노동정책이나 통제전략의 내용에 영향을 미친다. 1989년 이후의 상대적인 경기침체와 노동력 부족현상에 대해서 원활한 자본축적에 그 물질적 기반을 두고 있었던 6공화국국가는 민감하게 대응하지 않을 수 없었던 것이다.

다음으로 축적체제의 변동이 배경적 요인이라면 민주주의이행에 따른 정치적 변수들은 국가의 노동통제 전략의 내용과 그 변동양상을 직접적으로 규정한 설명변수이다. 먼저 1987년 6월투쟁으로 시작되었던 정치적 민주화와 그에 따른 국가의 성격변화는 권위주의적 노동통제 전략 및 노동정책을 변화하지 않을 수 없게 한 중요한 계기가 되었다. 그리고 1988년 초 6공화국 정치체제의 성립 이후 1990년 1월 3당합당시기까지 진행되었던 역동적인 정치변동과정 및 그 결과들은 당시 핵심적인 사회적·정치적 쟁점 중의 하나가 노동운동과 노동쟁의였다는 점에서 국가의 노동통제 전략에 직접적으로 영향을 미쳤다.

그런데 이와 같은 정치적 변수들이 국가의 노동통제 전략에 미친 영향은 사회세력관계를 매개로 해서 표출된다는 점에서 특징적이다. 국가의 노동계급에 대한 전략적 태도와 구체적인 노동통제방식의 내용은 국가가 노동계급에 대해 동원할 수 있는 권력자원의 크기와 종류에 의해 일차적으로 규정된다. 따라서 국가의 노동통제를 설명하

는 정치적 변수들은 무엇보다 국가의 권력자원의 크기에 미친 영향
으로, 그리고 국가와 노동계급 간의 세력관계에 미친 영향이라는 점
에서 평가되어야 할 것이다.

이와 같은 관점에서 민주화과정에서 성립된 6공국가는 5공화국 후
반기에 변형된 거시적 계급역관계가 국가제도라는 물질적 형태로 구
조화된 것으로 볼 수 있다. 6공화국국가의 노동통제 전략은 그 출발
점에서부터 이전의 그것과 다른 구조적 조건에서 기획된 것이었고,
그 상이한 계급역관계를 반영한 것이었다. 그리고 1987년 이후에도
거시적 계급역관계는 지속적으로 변형되어 왔다. 그것은 절차적 민
주화 이후의 계급투쟁의 지형이 매우 유동적이었고, 각 계급세력들
및 국가가 이를 변형하기 위한 다양한 전략적 시도들을 실행하였던
것에 기인한다. 이런 변화들은 미시적인 수준에서 민주주의이행과
더불어 진행된 정치변동의 장기효과와 연관된다.

이제 민주주의이행의 유형적 특성 및 국가의 성격변화, 노정권 전
반기의 정치변동과정이라는 두 가지 변수들을 그것들이 각기 국가-
노동의 세력관계에 미치는 영향이라는 관점에서 포괄적으로 정리해
보자.

첫째로 민주주의이행의 유형적 특성은 권위주의체제의 붕괴, 탈각,
개혁의 세 가지로 나누어진다. 각 유형들에 따라 권위주의체제의 자
유화, 민주화의 정도가 달라지며 그것은 새로운 정치체제의 성격을
규정한다. 그리고 새로운 정치체제의 성격에 따라 국가가 노동통제
에 동원할 수 있는 자원의 크기가 결정되며, 계급역관계의 지형이
결정된다. 결국 국가가 선택하는 노동통제 전략 및 노사관계의 틀은
권위주의체제의 개혁의 정도에 밀접하게 연관되어 있다.

그런데 이행의 유형적 특성은 지배세력의 민주화에 대한 태도와
밀접한 관계를 갖지만 그것으로 환원되지는 않으므로 지배세력의 태
도 또한 중요하다. 동일한 개혁유형의 이행과정에서도 지배세력들은

민주화에 대해 서로 다른 태도를 보일 수 있다는 점이다. 즉 정치적 지배세력들은 완전한 민주화를 선호할 수도 있으며, 민주화를 반대할 수도 있다. 그리고 민주화를 수동적으로 수용하지만 가능한 범위 내에서 자유화된 권위주의를 선택할 수도 있다. 이들의 태도에 따라서 노동통제 전략의 성격과 내용은 크게 영향을 받을 것이다.

그리고 민주주의이행의 유형적 특성 및 지배세력의 민주화에 대한 태도와 긴밀히 연관되어 있는 것이 국가의 성격변화 여부이다. 형식적 절차적 민주주의이행의 결과 성립된 국가는 '완화된 독재체제'(dictablanda)일 수도 있고, '제한된 민주주의체제'(democradura)일 수도 있다. 그리고 매우 독특한 이행과정을 경험한 한국사회에서 그것은 권위주의적 본질을 여전히 갖는 것으로 평가될 수도 있다. 국가의 성격변화의 내용에 따라 국가의 노동통제 전략 혹은 통제방식의 구체적인 내용은 상당한 변이의 폭을 갖게 될 것이다.

두 번째로 6공체제 성립 이후의 정치변동 및 그에 따른 미시적 계급역관계변동도 국가의 노동통제 전략의 내용에 영향을 미친다. 민주주의공고화(democratic consolidation)기간으로 표현되는 이 시기의 정치변동은 매우 역동적인 모습을 보이는데, 그것은 이행 이후 지배블록과 노동계급이 처하는 딜레마적 상황과 연관되어 있다. 새로운 체제하에서 국가와 지배블록은 노동계급을 중심으로 한 시민사회세력들의 정치적·경제적 도전에 직면하여 정치적 정당성을 유지해야 하는 한편, 자신의 물적 제도적 기반인 자본의 축적을 안정적으로 보장해야 하는 딜레마에 처한다.

이러한 조건에서 국가는 여러 가지 정치적 수단 및 전략을 기획하여 실행하고, 이를 통해서 딜레마상황을 관리하고자 하게 된다. 그리고 그것은 정치체제의 재편, 계급 계층 간 정치적 타협 및 투쟁 등 복잡한 정치적 지형을 산출한다. 국가정치수준에서 진행되는 제반 정치적 과정은 미시적인 수준에서 각 세력들이 동원할 수 있는 계급역량이나 자원의 크기에 영향을 미치고, 나아가 계급 간의 역학관계를 끊임없이 변동시킨다. 그리고 그것은 정치체제 및 국가기구의 변형을 야기하며, 궁극적으로 국가의 노동통제 전략의 방향과 내용을 규정한다.

마지막으로 행위수준의 변수인 노동운동 또한 국가의 노동통제 전략에 영향을 미치는 설명변수가 된다. 특히 한국의 노동운동은 1987년 여름의 노동자대투쟁 이후 조직적 정치적 역량을 지속적으로 강화하였으며, 1988년 말에 이르면 국가의 노동정책에 대해 적극적으로 대응할 수 있는 행위자로 성장하게 된다. 노동운동은 국가 노동통제의 대상이기도 하지만 국가의 통제전략의 내용과 그 형식을 가늠짓는 주요한 설명변수이다. 즉 국가의 노동통제 전략의 강도 및 통제방식은 노동운동의 도전의 규모나 그 질적 내용에 따라서 변화할 것이기 때문이다.

국가의 노동통제 전략이 계급역학관계의 산물이라고 할 때, 그것은 노동운동의 계급역량 변동과 국가의 권력자원 변동 간의 함수관계로 볼 수 있다. 민주주의이행은 국가와 지배블록의 계급역량을 규정할 뿐만 아니라, 노동운동의 그것도 규정한다. 그러므로 계급역학의 변동은 지배블록의 계급역량변화와 노동운동의 계급역량변화의 상호 작용효과의 결과물이다. 그리고 그 결과물은 국가의 노동통제의 효율성을 결정하여, 노동통제 전략의 구체적 내용을 규정한다.

여기서 반드시 지적되어야 할 것은 계급세력관계가 반드시 영합게임일 필요는 없다는 점이다. 그것은 제로섬(zero-sum)의 구조일 수도 있으며, 정합적(positive-sum)이거나 반합적(negative-sum)일 수 있다. 본 연구의 주요한 관심사 중의 하나는 노동운동의 강화에도 불구하고 국가의 노동통제가 효율적으로 관철된 이유를 설명하고자 하는 것이었다. 이런 맥락에서 본 연구는 정치변동 및 노동운동의 변화에 따른 세력관계변동을 분석의 주요한 과제로 설정하고자 한다.

노동운동의 역량은 그 내적 헤게모니적 역량의 변화로 파악할 수 있으며, 그것은 노동자계급이 동원할 수 있는 조직적 자원과 정치적 자원의 크기로써 측정할 수 있다. 그 구체적인 지표로는 노동조합조직률의 변동추이, 지역별 규모별 노동조합조직의 집중도, 노동조합운동의 연대범위, 정치적 노동운동의 발전(노조-정당관계) 등이 있다. 반면에 노동통제에 동원되는 국가의 권력자원의 크기는 군부 권위주의하에서 비대화되었던 억압적 국가기구의 존속 여부, 민주주의이행 이후의 정당성자원의 크기 및 그와 연관된 이데올로기적 국가기구의 효율성으로 측정해 볼 수 있을 것이다.

한편 1987년부터 1992년에 이르는 기간은 민주주의이행에 따라 정치적 사회적 변동이 심한 시기였다. 그리고 경제구조 또한 사회정치적 요인과 결합하여 그 변화의 속도가 가속화되던 시기였다.

먼저 배경적 요인으로 경제구조적 측면을 보면 1986-1988년의 3저 호황과 그 이후의 경기악화로 이어진 급속한 경기변화, 산업구조의 급속한 변동과 그에 따른 고용구조의 변화, 국제경제체제의 변동과 경제개방화 등 구조적 상황적 조건이 크게 변화하는 모습을 보였다.

정치구조의 측면에서도 1988년 절차적 정당성을 갖는 형식적 민주체제가 성립하였지만 여소야대라는 초유의 정치상황이 전개되었다. 이후 여소야대정국은 5공청산, 중간평가, 공안정국 등 복잡한 정치적 사건들 속에서 혼미를 거듭하였고, 결국 1990년의 3당합당으로 정치체제의 재편으로 귀결되었다. 그리고 이 과정은 단순히 제도권 정치영역에서의 갈등을 넘어서 국가가 계급세력관계의 재편을 적극적으로 모색하는 과정이기도 하였다.

그리고 전략적 행위의 수준에서도 국가의 노동통제 전략의 기조는 1987년 6월과 1989년 12월을 기점으로 하여 두 차례 크게 선회하였으며, 그에 따라 노동운동도 부침을 거듭하였다. 1987년부터 시작된 노동운동의 성장은 1988년 말 전국적 연대의 시작, 1990년 1월 전노협결성으로 정점에 달하였다. 그러나 1989년 초 국가의 통제강화와 함께 노동운동은 상대적으로 위축되었다.

　단기간에 걸쳐 일어난 이러한 변동의 결과, 각 변수들이 국가의 노동통제 전략에 미치는 영향은 시기별로 매우 심한 편차를 보이게 된다. 즉 각 변수들은 구조적으로 중층결정될 뿐만 아니라, 시기별로 그 작용의 성격과 내용이 변화하였던 것이다. 그러므로 변수들이 국가의 노동통제 전략에 미치는 구체적인 영향력을 평가하기 위해서는 이를 소시기별로 구분하여 볼 필요가 있다.

　시기구분이 중요한 것은 무엇보다 민주주의이행기의 정치상황 때문이다. 전체 민주화가 형식적·절차적 민주정권 성립을 기준으로 크게 두 개의 단계로 구분될 수 있다면,[43] 본고가 주목하는 시기는 두 번째 단계이다. 민주주의이행의 두 번째 단계는 첫 단계의 이행의 결과로 정치정세가 매우 불안정하게 된다. 이 시기의 특징은 시민사회 내의 다양한 사회세력, 정치세력들과 권위주의 지배블록 내부의 각종 분파들이 이합집산을 거듭하면서 자신의 경제적 정치적 이해관철을 위해 경쟁하는 것에 있다. 그러므로 정치세력들 간의 상호관계가 변화하고, 그 대립관계에 의해 중요한 정치적 결정들이 내려지게 되면 국가의 노동통제 전략의 상황적 조건은 급변할 수밖에 없게 된다.

---

43) 쉐보르스키(1992)는 민주화를 붕괴, 자유화, 민주주의이행, 경쟁(contestation)의 네 단계로 구분하고, 민주주의이행단계를 다시 권위주의 탈각(extrication)과 민주제도 형성(Constitution)단계로 세분하였다. 그리고 오도넬과 슈미터(1986)는 자유화, 민주화, 사회화(또는 제2의 이행; socialization) 등의 단계를 구분하였다. 본고에서는 형식적 절차적 민주주의에 기초한 정권의 성립을 이행의 '첫 단계'로 파악하고, 그 정권하에서의 민주적 규칙이나 절차, 관행이 안정되게 제도화되는 것을 이행의 두 번째 단계인 민주주의공고화단계로 파악하고자 한다. 쉐보르스키가 말하는 경쟁단계가 바로 공고화단계인 셈이다. 자세한 것은 O'Donnell, Valenzuela & Mainwaring eds.(1992)를 참고.

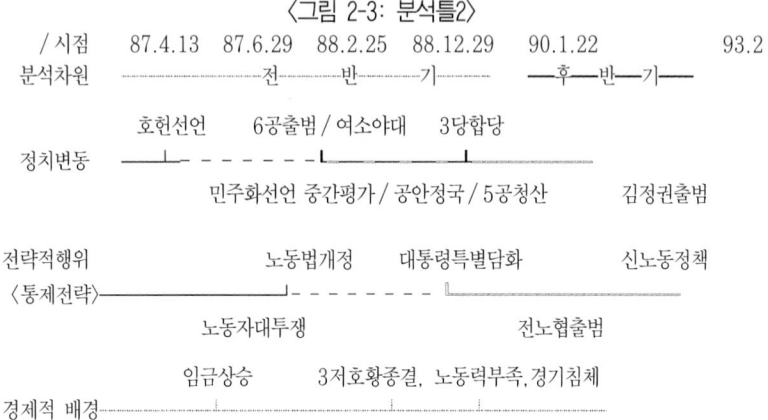

〈그림 2-3: 분석틀2〉

본고에서는 국가의 노동통제의 구조적 조건이 변화한 1990년 1월 22일의 3당합당을 기점으로 하여 전반기의 노동통제 전략과 후반기의 노동통제 전략을 구분하고자 한다.(분석틀2 참고) 이 시점을 기준으로 해서 전반기에는 정치적 변수 및 노동운동변수가 국가의 노동통제 전략 및 노동정책에 미친 영향이 상대적으로 컸으며, 반대로 후반기에는 경제적 배경요인이 중요하였음을 보여줄 것이다. 그리고 두 번째 이행단계의 노동통제 전략을 분석하기 위한 배경으로 1987년 7, 8월 노동자대투쟁으로부터 노태우 정권이 성립한 1988년 2월까지의 과도기기간을 전반기에 포함시키고자 한다.

다음으로 정치구조적 변수가 주요한 설명변수였던 전반기는 그 내부에서 정치적 상황의 전개와 조건들의 변화에 따라 상이한 통제전략 및 노동정책이 실행되었으므로 이들 상황과 조건을 자세히 규명하는 것이 필요하다. 그러므로 정치적 상황이 급변하였던 전반기를 다시 몇 개의 소시기로 구분하여, 각 시기별로 노동정책의 전개를 고찰하고, 이를 설명할 설명변수를 구체화하고자 한다. 소시기는 1987년 6월 6·29선언에서 1988년 2월 6공정권 성립까지의 첫 단계

의 민주주의이행기, 정권출범으로부터 억압강화의 전환점이 된 1988
년 12월 28일 대통령의 민생치안에 관한 특별담화까지의 과도기,
1989년 1월부터 1990년 1월 3당합당에 이르는 통제강화시기 등의
세 단계로 구분된다. 정치적 지형의 변동이 가장 심했던 1989년의
통제강화시기는 다시 중간평가시기, 공안정국시기, 3당합당시기로 구
분하여 보다 세밀히 분석할 것이다.

제 3 장

제 3 장
민주주의이행과 노동정치

　이 장에서는 6공화국국가의 노동통제 전략에 영향을 미친 구조적인 변수들을 정리하고자 한다. 1절에서는 배경변수로서 군부 권위주의체제 이래의 축적체제변동, 노동운동의 성장이 야기한 임노동 재생산구조의 변동내용을 간략하게 서술한다. 2절에서는 본 논문의 핵심적인 설명변수인 민주화시기의 정치구조변동을 검토한다. 구체적으로는 한국사회 민주주의이행의 유형적 특수성을 규명함으로써 6공화국 출범기의 거시적인 계급역학관계를 정리하고자 한다. 그리고 6공 초기 진행된 정치과정들이 미시적인 수준에서 계급역관계에 미친 영향을 간략하게 정리할 것이다. 마지막으로 3절에서는 민주화이행에 따른 6공국가의 성격변화를 고찰한다.

제1절 축적체제의 변동과 노동통제

한국자본주의는 1980년대 후반을 기점으로 하여 급격한 구조적 변동을 경험하게 되었다. 경제구조의 변동은 당시의 사회상황 및 정치적 요인과 결합하여 국가의 노동통제 전략변동에 중요한 배경요인이 되었다. 1980년대 말의 경제구조변동은 1986-1988년 기간의 3저호황 및 1989년 이후의 상대적 불황, 노동력부족사태로 나타난 임노동 재생산구조의 변동, 대 내외적 경제상황의 변동, 노동운동의 성장 등의 몇 가지 계기들을 통해서 표출되었다. 이 중에서도 1987년 여름의 노동자대투쟁에서부터 본격화된 노동운동의 성장은 경제구조적 변동을 가속화시킨 중요한 전환점을 이루었다.

1987년 노동계급의 투쟁은 직접적으로는 민주주의이행으로 표현되는 정치적 정세의 변동에 기인한 것이었다. 그러나 보다 근원적으로 그것은 1970년대 중반 이후 확대되어 온 주변부포드주의축적체제의 내적 모순이 발현한 과정으로 파악할 수 있다.(김형기, 1988; lipietz, 1985; 김호기, 1994) 흔히 '저임금 장시간' 노동체제로 불리는 주변부포드주의체제의 결정적인 약점은 노동계급을 배제하는 억압적 조절양식 및 그것이 결과하는 헤게모니의 위기에 있었다.[1]

새로운 국제분업체제하에서 주변부포드주의체제는 제3수준의 미숙련조립품을 생산하여, 이것을 중심부로 수출함으로써 고도 축적을 달성할 수 있었다. 수출부문은 선진자본주의국가로부터 이전된 포드주의 일관생산체제를 구비하고, 남성 반숙련노동자들을 대규모로 고용하여 수출용 전략상품을 대규모로 생산하였다. 기술종속적이며 불

---

1) 주변부포드주의의 헤게모니위기에 관해서는 lipietz(1985: 190-200)를 참고. 1980년대 축적구조의 변동에 대한 경제학적 분석은 홍장표 외(1989), 김견(1991) 등을 참고.

안정한 해외시장에 의존하였던 대외의존적 축적체제임에도 불구하고, 고축적이 가능하였던 주요한 원천은 억압적 국가에 의해 지지되던 경쟁적 노동시장(노조활동 봉쇄) 및 그 결과인 저임금이었던 것이다.[2]

반면에 포드주의적 생산과정은 대규모사업장에 남성 반(半)숙련노동자를 거대한 규모로 집중시킴으로써 생산직노동자들의 동원역량을 급속히 확장시키는 과정이기도 하였다. 한국사회의 경우 포드주의축적체제는 1970년대 중반 이후 1980년대 후반까지 동남부 해안지역과 경기지역에 중화학공업 남성노동자들을 대규모로 집결시켰고, 이들이 1987년 투쟁을 주도하게 되었다.[3] 특히 포디즘적 축적체제는 거대공장을 연관된 중소기업 또는 하청기업과 하나의 '흐름생산체제'로 연결시키고 있었으므로, 쟁의의 파급효과는 매우 컸다. 노동자대투쟁이 전국적인 규모의 연대투쟁이라는 형태로 쟁의가 진행된 것은 흐름생산체제의 축적체제와 연관된 것이었다. 1987년 노동자대투쟁은 이와 같은 흐름생산체제의 구조적 한계를 명백하게 보여준 사건이었다.(김진균, 1991: 191-218)[4]

그러므로 저임금 장시간 노동조건의 개선과 노조활동 인정을 요구한 노동자대투쟁은 주변부포드주의체제에 대한 노동자계급의 전면적인 저항으로 해석될 수 있다.(표 3-1 참고)

---

2) 그것은 포드주의적 대량 생산체제가 국가의 강력한 노동억압에 의해 지지되었다는 점에서 경쟁적 조절양식과 내포적 축적체제의 불완전한 결합으로 특징지어졌다.(김균, 1991)

3) 1987년 노동자투쟁의 가장 큰 특징 중 하나는 대규모사업장이 밀집한 경남, 경기지역의 거대공단을 중심으로 남성노동자들이 쟁의를 주도하였다는 점이었다. 1987년 9월 현재 1,000명 이상 사업장 342개 중에서 220개 사업장에서 쟁의가 발생하였다. 한국기독교사회문제연구원(1987b)와 전태일기념사업회 편(1991: 103) 참고.

4) 허명구(1991: 102-105), "87년 이후 노동조합운동의 현황과 과제", 전태일기념사업회 편, 『한국노동운동 20년의 결산과 전망』, 세계. 1987년 노동자대투쟁의 특징은 허구적 노동조합주의와의 단절, 대규모 중화학공업 노동자들의 주도, 전국성과 연대성이라는 세 가지로 요약된다.

〈표 3-1〉 1987년 7, 8월 노동자대투쟁의 주요 요구사항

(단위: 건)

	계	임금 수당	근로조건	노조 활동	경영인사	기 타
총 계	14,957	7,518	3,721	1,222	1,224	1,272
노조사업장	8,341	4,104	1,797	892	724	824
무노조사업장	6,616	3,414	1,924	330	500	448

자료: 노동부, "1987년 여름의 노사분규 평가보고", 1988.

노동자대투쟁 이후 축적구조의 변동은 민주주의이행과 함께 노동조합의 시장개입이 제도화됨으로써 더욱 가속화되었다. 민주주의이행과정에서 경쟁적 조절양식을 뒷받침하였던 억압적 국가기구가 약화됨에 따라서, 노동조합은 상당한 자율성을 갖고 임금교섭력을 강화할 수 있게 되었다. 이러한 상황에서 1987년 이후 기업의 임금비용은 급격히 증가하였고, 반대로 자본의 잉여가치율과 이윤율은 급속히 하락하였다. 그리고 1988년 말 국제경제상황의 변동으로 3저호황이 종결됨에 따라 그 하락폭은 배가 되었다.[5]

더욱이 한국자본주의는 상품가치의 실현을 해외시장에 의존하고 있었던 만큼 안정적인 수요확보가 절대적이었다. 그러므로 임금경쟁력이 유지되지 않을 경우, 그것은 해외시장에서의 경쟁력을 약화시키고 나아가 주변부포드주의체제의 구조적 불안정을 야기하게 된다.

---

5) 이윤율과 잉여가치율의 급격한 하락추세는 축적체제의 구조적 변동을 단적으로 보여주는 지표이다. 정건화(1994: 30)의 추계에 의하면 1986년 183.3(1963년 100)으로 정점에 달하였던 잉여가치율은 1987년을 기점으로 급격히 하락하여 1992년에는 129.6으로 떨어진다. 이윤율 또한 1970년대 중반 이래 경향적으로 저하하는 양상을 보였지만 1987년 이후 하락폭이 커지는 현상이 드러났다.(김균, 1991). 이윤율의 급속한 하락은 일차적으로는 노동운동의 도전에 의해 임금비용이 커진 것에 원인이 있었다. 그러나 그것은 1980년대 초 성립된 대량 생산체제가 80년대를 거쳐 확대 강화되면서 초래된 구조적인 위기와 결합된 것이라는 점에서 문제의 심각성이 있었다.(김형기, 1994; 김균, 1991) 즉 포드주의적 대량 생산체제가 확대되면서 잉여가치의 생산방식이 절대적 잉여가치로부터 상대적 잉여가치의 추출로 변화하였고, 이는 자본의 이윤율을 구조적으로 잠식하는 효과를 가져왔던 것이다.

그리고 이 시기에 가중된 몇 가지 외적 조건은 노동계급의 도전과
함께 축적체제의 변동을 보다 가속화시키는 요인이 되었다. 미국 등
중심부자본주의국가의 경제개방요구와 환율 자유화에 의한 원화절상
은 경제구조변동을 심화시킨 또 다른 중요한 요인이었다.

결국 1987년을 기점으로 하여 한국자본주의의 축적체제는 크게 변동
하기 시작하였다. 그것은 자본의 재생산구조와 임노동 재생산구조의
양 측면에서 이중적으로 진행되었다.(김형기, 1994: 126-131) 이 중에서
임노동 존재방식의 변동은 전체 경제정책과의 연관속에서 국가의 노동
정책이 해결해야 할 많은 새로운 문제들을 던져주었다. 임노동 재생산
구조의 변동은 크게 보아서 노동과정의 변화, 노동력재생산구조의 변
화, 노동시장구조의 변화 등 세 가지의 구조변동과정으로 진행되었다.

〈노동과정의 변동〉

노동과정의 변동은 기술적 측면과 사회적 측면으로 나누어 볼 수
있다. 기술적 측면의 변동에서 가장 두드러진 것은 기계화와 자동화
의 진전이었다. 1987년 노동자대투쟁 이래 높아진 임금비용에 대한
자본의 전략적 대응방안은 기계화·자동화를 한층 가속화함으로써
포드주의적 노동과정을 더욱 강화하는 것이었다.

1980년대 초반부터 꾸준히 증가해오던 기계화·자동화의 추이는
1987년을 계기로 그 증가세가 급격히 높아졌다.[6] 이러한 추세는 노

---

6) 기계화·자동화의 추세는 다음과 같다.

〈표 3-2〉 제조업의 기계장비율과 NC화율 변동 추이

	1981	1985	1986	1987	1988	1989	1990	1991	1992
기계장비율	100	120	121	154	182	226	263	305	356
NC화율	7.3	26.9	36.0	36.0	34.9	41.6	43.3	44.2	49.3

주: 기계장비율=기계장치 / 종업원수(1981년 100)
자료: "기업경영분석", 『한국경제지표』.
    한국공작기계공업협회. 김형기(1994)에서 재인용.

동과정상의 기술적 변동을 초래하여 육체노동의 성격과 결합노동자의 내부구성을 변화시켰을 뿐만 아니라, 탈숙련화를 강화함과 동시에 부분적으로 다기능화현상을 불러오기도 하였다.(박준식, 1991) 생산직노동자들의 육체노동은 점차 자동화된 기계를 감시하는 노동으로 변모해갔고, 간접노동분야가 크게 확대되었다. 그리고 결합노동자의 내부구성에 있어서도 기술직·사무직·관리직 노동자와 여성노동자의 비율이 증가한 반면, 남성생산직노동자들의 비중은 점차 축소되었다.(김형기, 1994: 145-148) 한편 자동화와 기계화의 확대는 부분적으로 숙련을 상승시키고 기능적 유연성을 확대시키는 효과를 가져오기도 하였다.[7]

다음으로 노동과정의 사회적 성격 변동에서 가장 두드러지는 것은 기존의 통제체제가 붕괴하였다는 점이었다. 김형기(1988; 1994)가 '병영적 노동통제방식'이라고 규정하였던 주변부포드주의의 유혈적이고 억압적인 작업장통제는 1987년 이후의 노동자의식 고양, 노동조합조직확대 및 대립적 노사관계 출현에 의해 더이상 유효하게 유지되기 어려웠다.

이전까지 노동과정에서의 의사결정에서 일방적으로 지배적인 위치에 있었던 자본에 대항해서 노동자들은 이를 단체교섭이라는 제도적 장치로 대체하고자 하였다. 임금 및 근로조건에 관한 단체교섭이 활발히 확대되는 것과 함께 노동자들은 '초보적인 경영참가'의 요구들을 제기하기 시작하였는데, 그 대표적인 것이 '인사위원회 및 징계위원회 노사동수 참가'였다. 비록 매우 초보적인 형태의 것이기는 하였지만, 이는 노동자들의 요구가 단순한 임금 근로조건 문제를 넘어서고 있음을 보여주었다. 그리고 그것은 기존의 작업장 권력관계에 구조적인 변동이 이미 시작되었음을 의미하였다.[8]

---

7) 자세한 내용은 조형제(1992), 박승희(1990), 이은진(1990)을 참고.
8) 또 이와 같은 작업장 권력관계의 변동은 기업별로 조직된 노동조합조직의 조직강화사업

한편 대 내외적인 구조조정의 압력에 직면해 있었던 자본은 이 같은 작업장 권력관계의 변동에 대해 적극적으로 대응하지 않을 수 없었다. 자본의 대응은 한편으로는 기계화 자동화를 강화하면서, 다른 한편으로는 보다 새로운 조직재편전략을 도입하는 것으로 나타났다. 자본의 조직재편전략은 크게 보아서 기존의 노동조직을 분할하여 그 수량적 유연성을 확대하는 것과 함께 임금체제개편을 시도하고 기업문화운동 등을 활성화하는 것으로 나타났다.

〈노동력재생산구조의 변동〉

노동력재생산구조는 크게 보아 노동력의 물질적 재생산과 이데올로기적 재생산으로 나눌 수 있다.

먼저 물질적 재생산구조에서 두드러진 것은 주변부포드주의에 기반하여 내구소비재의 대량 생산이 확대됨에 따라 1980년대 후반부터 소비양식의 구조적 변동이 나타나기 시작하였다는 점이었다. 정부가 1973년 중화학공업화를 선언한 이후 중공업부문을 중심으로 내구제의 대량 생산체제가 도입된 이래, 한국자본주의는 1980년대 중반까지 고도축적을 이룰 수 있었다. 이 과정에서 한국의 주변부포드주의는 내구소비재의 대량 생산체제를 크게 확장시킬 수 있었고, 그 결과로 국내의 내구재소비시장은 급속하게 성장하였다.(lipietz, 1985)

1987년은 이같이 지속적으로 확대되어 오던 소비규모가 크게 확대되고, 소비양식의 구조적 변화가 나타나게 되는 중요한 사회적 계기였다.9) 대량 생산체제에 기초한 내구재소비의 급속한 증대와 함께

___

의 결과로서 나타나기도 하였다. 새로이 생겨난 민주노조들은 그 조직형태가 태생적으로 기업조직과 중첩될 수밖에 없었고, 이는 노동조합조직의 조직강화작업이 자본의 작업장 의사결정 장악력을 약화시키는 것을 의미하였다. 회사 측의 입장을 충실하게 수행하였던 직장과 반장들이 노조에 가입하고, 노조가 현장장악을 위해 소위원제를 도입하였던 사례들은 그 좋은 예라고 할 것이다. 대표적 사례로 대우조선 노동조합, 현대중공업 노동조합 등을 들 수 있다. 현대그룹노사관계진단연구단(1994: 413-415) 참고.

사회적 개인적 서비스 부문의 소비욕구가 크게 증대하였다. 이 같은 소비양식의 질적 변화는 여가시간 및 노동의 질 향상을 추구하는 생활양식의 변동을 가져왔다. 그리고 이는 노동운동의 고양과 함께 노동시간을 크게 단축시킴으로써 주변부포드주의축적체제의 저임금 장시간노동체제를 변화시키는 또 다른 요인이 되었다.

다음으로 노동자계급의 숙련구성은 1980년대 전반에 걸쳐서 완만하게나마 상승하였다.[10] 그렇지만 주변부포드주의의 축적양식은 국제분업의 제3수준의 미숙련노동에 의한 단순반복노동에 기초한 것이었으므로, 축적체제의 구조적 변동을 추진하기 위해서는 숙련의 고도화가 필수적인 과제로 부각되었다. 이는 노동력에 대한 교육훈련체제의 개혁이 이 시기 국가의 산업구조조정에 있어 핵심적 과제 중 하나였던 것에서 잘 나타났다.[11]

이데올로기적 측면에서의 노동력재생산구조변동을 보면 1987년 대투쟁과 함께 노동자계급의 의식은 정치적 의식 및 사회경제적 의식

9) 이에 관한 자세한 경험적 통계분석은 백욱인(1994), 정건화(1993, 1994)를 참고.
10) 김형기(1994: 149-150)는 숙련구성이 전반적으로 완만하게나마 고도화되고 있다고 결론을 내리는 한편, 그 반대경향인 탈숙련화경향이 동시에 모순적으로 존재하였다고 보았다. 그는 그 이유로 노동자의 평균학력 상승, 직종구성의 변화를 들었다.

〈표 3-3〉 생산직노동자의 숙련도별 구성

(단위: %)

구 분	경험적 숙련			반숙련			미숙련		
연 도	계	남	여	계	남	여	계	남	여
1981	12.6	21.6	6.2	53.5	59.7	48.8	34.1	18.7	45.1
1986	14.1	23.0	5.8	54.4	61.1	48.3	31.5	15.9	45.9
1989	15.3	24.7	6.2	60.1	61.9	58.5	24.8	13.5	35.3
1991	16.3	25.6	6.0	60.9	62.4	59.3	22.8	12.0	34.7

자료: 김형기(1994: 149)에서 재인용.

11) 산업구조조정에 따른 교육훈련체계 개혁방안들에 대해서는 4장의 주69) 참고.

양자 모두에 있어 커다란 변화를 보여주었다. 각종 노동자의식조사에서 나타난 바와 같이[12] 노동자들의 작업장민주주의에 대한 의식, 권리의식, 저항의식은 급격히 상승하였고, 이는 사회민주화와 그에 따른 노동조합조직의 확대라는 객관적 조건에 토대를 둔 것이었다. 의식의 고양은 특정 시점의 정치적 상황이나 노동통제의 강화와 무관하게 대체로 안정적인 추세를 보였다.

특징적인 변화는 대체로 노동자들이 지배이데올로기가 호명하는 자신의 존재조건 및 사회, 정치상황에 대해 일방적으로 종속되지 않게 되었다는 점이었다. 비록 그것이 고도로 통합된 계급의식으로 발전할 수 없었고, 특정한 쟁점에 관해서는 계층별, 집단별로 커다란 편차를 보이기는 하였지만, 기존의 지배이데올로기에 대해서 일관된 비판적 태도를 견지했다는 점은 분명하게 드러났다.

〈노동시장구조의 변화〉

6공화국국가의 노동통제 전략에서 노동시장정책적 대응은 가장 중요한 위치를 차지하였다. 그것은 1980년대 말 가속화된 축적체제의 변동에서 노동시장구조의 변동이 매우 중요한 요인이었음을 말해준다. 노동시장구조의 변화는 크게 보아서 노동력부족현상의 심화, 기업단위노동시장분절현상의 발전으로 나누어 고찰해 볼 수 있다.

먼저, 노동력부족현상이 심화되었다. 1986년부터 1988년까지 한국경제는 3저호황이라는 상황적 조건 속에서 사상 초유의 경제성장을 이룩하였다. 그러나 이와 같은 급속한 경제규모의 팽창은 그 반대급부로서 심각한 노동력공급 부족사태를 야기하였다.

---

12) 1987년 이후 노동자층의 의식변화를 측정한 여러 가지 조사보고서들을 정리하여 그 추이적 총괄적으로 분석한 것으로 임영일·임호(1993)를 참고. 임영일·임호는 1987년 이후 1992년까지 노동자들의 의식수준은 초기에 급상승한 이후, 완만한 곡선을 유지하며 안정화되고 있다고 평가하였다. 한편 노동자들에게 갈등의식과 협력의식이 상호모순적으로 공존하고 있는 현상에 관한 연구로는 김동춘(1993) 참고.

<표 3-4>를 보면 상용근로자 10인 이상 사업체의 노동력부족률은 1991년에 5.48로 1985년의 1.75에 비해서 3배 이상 증가하였다. 또 이를 직종별 숙련별로 세분해서 보면 생산직의 부족률은 같은 기간 동안 약 4배 가까이 증가하였고, 미숙련노동자의 부족률은 5배까지 급격히 증가하였다.[13)]

〈표 3-4〉 상용근로자 부족률 추이

(단위: %)

연 도	전 체	관리·사무 기술직	생 산 직				
			소 계	지도 기능자	숙련 기능자	반숙련 기능자	미숙련 기능자
1983	1.98	0.46	2.95	0.92	2.39	2.56	6.25
1985	1.75	0.88	2.35	1.23	1.99	2.19	4.90
1986	2.30	0.95	3.20	1.26	2.27	3.31	8.34
1987	3.29	1.14	4.79	1.42	3.56	5.30	11.12
1988	3.54	1.15	5.24	2.49	3.94	5.27	12.29
1989	3.21	1.09	4.92	4.05	3.60	5.25	11.82
1990	4.34	1.30	6.85	4.45	5.31	7.92	16.23
1991	5.48	1.34	9.07	5.94	7.32	10.39	20.13
1992	4.26	1.73	6.76	1.74	6.97	6.85	10.86
1993	3.62	1.78	6.04	1.75	5.07	6.35	14.74

주: 1) 상용근로자 10인 이상 사업체의 상용근로자가 조사대상이며 각 년도 3월말 기준.
   2) 부족률＝부족근로자수 / 현재근로자수×100.
자료: 노동부, 『고용전망조사보고서』, 각 년도.
   한국노동연구원, 『KII 노동통계』, 1994.

노동력부족현상은 값싸고 풍부한 노동력공급을 기반으로 고도의 자본축적을 유지해왔던 한국자본주의의 축적구조가 근본적으로 변형되고 있음을 드러내주었다. 1970년대 중반에 무제한적 노동력공급단

---

13) 노동력부족현상을 업종별, 지역별, 규모별로 나누어 자세히 살펴본 연구로는 배무기(1991)를 참고.

계가 제한적 노동공급단계로 이행하기 시작한 이후, 1980년대 초반
에 이르면 노동력수급체제의 구조적 변형은 마무리되었다.(배무기,
1981; 송호근, 1991; 김형기, 1994) 다만, 그것은 1980년대 초반 세
계적인 경기수축상황에서 가시화되지 않았을 뿐이었다. 그러나 노동
력부족현상은 1980년대 말 3저호황과 산업구조조정, 노동자대투쟁
및 민주노조운동의 활성화 등의 상황적 구조적 조건과 맞물리면서
급속도로 현재화하게 되었던 것이다.

한편 노동력부족현상은 기업규모별로 큰 편차를 보였다.(표 3-5 참
고) 500인 이상의 대기업의 경우 1986년에 1.89%에서 1991년에는
2.25%로 부족률이 증가하였지만, 그것은 1983년의 3.0%에도 미치지
못하는 수치였다. 그러나 30인 미만의 사업장의 경우에는 같은 기간
동안 2.0%에서 7.78%로 약 5배의 증가를 보였던 것이다. 따라서 노
동력부족현상은 소규모 영세사업장, 한계사업장에서 보다 심각한 문
제로 나타났다. 한편 대기업의 노동력 수요독점현상으로 말미암아
기업규모별로 노동시장분단현상이 야기될 가능성이 나타났다.

〈표 3-5〉 사업체고용규모별 부족인원 추이(1986-1993)

(단위: %)

전규모	2.30	3.29	3.54	3.21	4.34	5.48	4.26	4.00
10-29인	2.00	3.44	4.98	5.26	7.98	7.78	4.81	7.53
30-99	2.53	3.71	4.75	4.40	5.08	7.17	4.76	4.84
100-299	2.93	4.02	3.86	3.48	4.70	6.49	6.30	4.37
300-499	1.81	2.69	2.47	2.64	3.33	4.87	3.48	2.04
500이상	1.89	2.50	2.03	1.54	1.78	2.25	2.14	1.59

자료: 노동부, 「고용전망조사보고서」, 각 년도.
주: * 1993년은 9월 시점 조사, 나머지는 3월 시점 조사.

기업규모별 노동시장 분단현상을 보여주는 핵심적인 지표는 임금

총액의 추이와 노동이동의 추이이다. 먼저 사업체규모별 임금총액의 변동추이를 보면 <표 3-6>와 같다. 표에 의하면 임금총액의 규모별 격차는 1987년을 기점으로 크게 확대되기 시작하였음을 알 수 있다. 임금격차 확대의 시점 및 그 원인에 관해서는 여러 가지 의견이 나와 있지만,[14] 1980년대 후반에 임금격차가 확대되었으며 그것이 노동시장 분절화를 심화시켰다는 점은 분명하다.

<표 3-6> 사업체규모별 임금총액 추이(비농전산업)

(단위: 천원/월)

연 도	10-29인	30-99인	100-299인	300-499인	500인 이상
1981	194(100)	213(110)	209(108)	218(112)	219(113)
1985	308(100)	314(102)	308(100)	340(110)	344(112)
1986	332(100)	341(103)	338(102)	367(111)	369(111)
1987	360(100)	374(104)	370(103)	404(112)	412(114)
1988	396(100)	408(103)	423(107)	479(121)	499(126)
1989	461(100)	485(105)	508(110)	584(127)	621(135)
1990	549(100)	572(104)	603(110)	698(127)	741(135)
1991	633(100)	676(107)	736(116)	804(127)	892(141)
1992	740(100)	794(107)	841(114)	920(124)	1,019(138)
1993	854(100)	888(104)	921(108)	1,070(125)	1,164(136)

주: 1) 상용근로자 10인 이상 사업체의 상용근로자가 조사대상인 사업체 조사
　　2) 괄호 안은 해당 연도의 30인 미만 사업체를 100으로 한 지수
자료: 노동부, 『매월노동통계조사보고서』, 각호.
　　　한국노동연구원, 『1994년 KII 노동통계』에서 재구성.

---

14) 정이환(1992)과 채창균(1993) 참고. 정이환은 임금격차의 확대가 1987년 이후에 본격화되었다고 보는 반면, 채창균은 기업규모로 파악되는 독점부문과 비독점부문의 순임금격차는 이미 1987년 이전에 이미 확대되고 있었다고 한다. 예를 들어 노동력특성과 기업특성을 통제한 500인 이상의 독점부문과 500인 미만의 비독점부문의 순임금격차는 1980년 12.1%, 1984년 28.3%, 1989년 40.2%였다. 그는 이를 독점의 강화에 따라 나타난 자본이윤극대화논리 및 노동통제의 필요성 등에 기인한 것으로 보아 노동운동요인은 보조적인 것에 불과하다고 해석하였다.

다음으로 기업규모별 노동이동의 추이를 보면 <표 3-7>과 같다. 500인 이상 제조업체 남성노동자의 이직률은 1980년의 4.2%에서 지속적으로 낮아지다가 1990년에 이르면 1.76%로 절반 이상 줄어들었다. 반면에 10-29인 사업장의 이직률은 1980년 7.4%에서 1992년 6.26%로 약간 줄어들지만 상대적으로 변화가 없었다. 이것은 1980년대 중반부터 대규모사업체의 생산직노동자층 내부에서 내부노동시장이 발전되었음을 잘 보여준다.(정이환, 1992: 42)

노동력수급체계의 붕괴와 기업단위 내부노동시장의 발전은 노동시장정책과 관련하여 많은 새로운 정책수요를 창출하였다. 먼저 노동력수급과 관련해서 보자면 그것은 전체 가용노동력의 부족현상에 대한 대응책을 수립하는 것으로 한정되지 않았다. 그 이유는 이 시기의 노동력공급부족이 산업구조조정과 결합되어 나타난 현상으로 산업별 부문별로 그 편차가 매우 컸기 때문이었다. 그러므로 국가의 노동력수급정책은 노동력수입 등 부족노동력을 메우기 위한 정책대안뿐만이 아니라, 노동력재배치, 재교육 및 훈련프로그램의 개발, 고용서비스망의 확충 등 보다 포괄적인 인력정책적 대안들을 포괄하여야만 하였다.

<표 3-7> 제조업 생산직남자노동자의 사업체규모별 연평균 이직률 추이

(단위: %)

	1980년	1985년	1986년	1987년	1988년	1989년	1990년	1992년
전규모	5.8	4.7	4.3	4.6	5.0	4.05	4.11	4.17
10-29인	7.4	6.6	6.3	7.8	8.0	7.02	7.37	6.26
30-99	7.8	6.9	6.3	6.3	8.1	6.97	7.08	6.19
100-299	6.6	5.5	4.9	5.2	6.6	4.96	5.11	4.61
300-499	5.6	4.3	4.1	3.9	3.6	2.87	3.16	3.39
500이상	4.2	2.7	2.5	2.7	2.1	1.73	1.76	2.02

자료: 노동부, 「매월노동통계조사보고서」, 각 년도 12월호.

그리고 기업단위 내부노동시장의 발전은 특정 기업에 소속한 노동자의 다수가 내부노동시장의 규칙에 의해 보호받는 것을 의미하게 되므로 기업의 인력관리가 경직화될 가능성이 커진다. 특히 전투적이고 평등주의를 지향하는 민주노조가 확대되고 있었던 당시의 상황에서 이는 기업의 입장에서는 절실한 과제가 되었다. 1987년 이후에는 사용자의 일방적인 해고권한은 크게 줄어들게 되었던 반면, 고용의 유연성을 늘이기 위한 임시노동자, 사내하청공 등의 주변노동자의 이용은 크게 늘어나지 못하였던 것이다. 또 노동력의 효율적 이용을 위한 배치전환도 노동조합의 저항으로 제약받기 시작하였다. 결국 이상과 같은 노동시장구조의 변화는 노동기준 보호정책, 노동시장 및 고용정책에 있어 새로운 정책적 대응을 하지 않을 수 없는 조건을 만들어내었다.

다음으로 임금정책의 측면에서도 새로운 정책대응의 필요성은 확대되었다. 3저호황과 산업구조조정에 의한 노동시장상황의 변화, 정치적 민주화와 노동조합운동의 발전 등의 복합적 요인에 의해서 6공화국기간에는 고율의 임금인상이 이루어졌다.

기업별 임금교섭체제에서는 임금이 시장적 요인에 의해서 결정되므로 호황기에는 구조적으로 임금상승이 야기될 수밖에 없었다. 그리고 이 시기 임금상승은 기업규모별 노동시장분단의 확대와 함께 이루어졌으며, 그 결과 동종업체 간에 임금인상의 도미노현상이 야기되었고, 대규모사업장을 중심으로 단기간에 급속히 상승하는 추세를 보였다. 특히 노동력부족이라는 노동시장조건은 그 구조적 상승효과를 배가시키기도 하였다. 마지막으로 권위주의체제하에서 임금억제요인으로 작용하였던 국가의 제반 통제기제가 더이상 효율적이지 않게 된 반면, 노동조합운동과 같은 제도적 요인이 임금상승을 자극하였던 것도 중요한 요인이었다.

미시적으로도 기업규모별 노동시장분단은 기업 내 임금체계를 구조적으로 변형시켰다. 호봉승급을 채택한 기업이 늘어나고, 사용자의 인사평가 등이 임금결정의 기준으로 사용되는 비율이 줄어듦으로써 임금의 업무급적성격이 크게 약화되었다. 또 기업 내부의 임금인상이 정률인상보다는 정액인상의 하후상박원칙에 의해서 이루어진 것에 반해서, 승진의 가능성은 여전히 제약됨으로써 기업 내부의 노동자들의 동질성이 확대되었다.(정이환, 1992: 218-220) 이와 같은 '비경쟁적 형태'의 내부노동시장이 자리잡게 된 결과, 동질적인 노동자들의 저항은 더욱더 거세진 반면 임금의 노동통제효과는 크게 약화되었다. 이것은 기업의 생산성을 떨어뜨리고 이윤확보를 위협했다. 그뿐만 아니라 노동자들의 동질화는 베이스업의 기준을 늘이기 위한 노동조합의 임금투쟁을 구조적으로 야기한다는 점에서 국가와 자본의 임금정책에 새로운 과제를 던져주었다고 할 수 있었다.

요컨대 6공화국기간은 축적구조의 변동에 따른 제반 경제정책적 수요가 급증하던 시기였다. 그리고 그에 따라서 경제정책의 하위정책영역인 노동정책수요도 크게 늘어났다. 이 시기 노동정책은 노동과정의 변동, 노동력재생산구조의 구조적 변화, 고용불안의 확산과 새로운 수요의 대두 등 복잡하고 다양한 정책과제들에 부딪혀 있었다고 할 수 있었다.

제 2 절 민주주의이행과 노동정치

민주주의이행은 분석적으로 보아 두 가지 측면에서 6공노동통제전략에 영향을 미쳤다. 먼저 첫 단계 이행의 결과로 출현한 6공체제는 새로운 노동통제 전략의 출현을 예견케 하였다. 6공체제는 형식적 절차적 민주주의체제로서 자신의 권력기반을 정당화하였을 뿐만 아니라, 지배에 동원하는 권력자원이란 점에서도 권위주의체제의 그 것과는 상이할 것으로 기대되었기 때문이다. 그리고 이른바 '민주정권'의 성립과 더불어 지배블록의 계급적 기반이나 속성이 변화할 수도 있었다. 그러므로 이행의 특수성은 노동통제 전략의 전략선택범위를 크게 규정하는 요인이 된다.

다음으로 민주주의이행의 두 번째 단계인 공고화단계에서 나타나는 제반 정치적 과정들이다. 이 정치적 과정들은 단기적으로 그 자체가 노동통제 전략에 상당한 영향을 미칠 뿐만 아니라, 장기적으로 국가와 노동 간의 힘관계를 상당한 정도로 변화시킬 수 있는 조건을 마련한다. 공고화단계의 미시적 정치과정들은 이행의 유형 및 6공체제의 성격에 의해 기본적으로 규정되는 것이지만 그것으로 환원되지는 않는다. 왜냐하면 이행기의 정치적 선택의 폭은 상대적으로 열려 있으며, 국가와 노동의 전략적 선택에 따라서 그것은 노동통제 전략의 내용에 상당한 변이를 가져오기 때문이다.

그런데 민주주의이행의 유형―신체제의 성격 및 이행기의 정치변동이라는 이상의 두 가지 변수들이 국가의 노동통제 전략에 미치는 영향을 구체적으로 파악하기 위해서는 그것이 국가―노동 간의 세력관계를 어떤 방향으로 변화시키는가를 보다 구체적으로 추적할 필요가 있다. 그것은 짧은 기간 동안 역동적으로 진행된 국가의 노동통제 전략선택이 직접적으로는 특정 국면, 특정 시기의 국가―노동세력관계를 반영할 것이며, 위의 두 변수는 그 세력관계의 구조적 틀을 형성할 것이기 때문이다.

그리고 민주주의이행의 정치과정은 국가의 노동통제 전략 전개에서 동원되는 통제수단의 종류와 그 내적 기제에도 영향을 미칠 것이지만, 국가의 시민사회 개입양식 자체에 직접 영향을 미칠 것이다.

이행의 성격에 따라 그것은 양자 모두를 변화시킬 수도 있을 것이며, 그중 하나만을 변화시킬 수도 있을 것이다.

또 민주주의이행의 사회변동과정은 노정권시기 전 기간에 걸쳐 국가의 노동정책과제를 일반적으로 규정할 뿐만이 아니라, 그 내부에 소시기별로 서로 다른 과제를 제출한다는 점에서 중요하다. 이것은 민주주의이행기의 정치적 지형이 매우 역동적으로 변화한다는 특징을 갖고 있으며, 이에 따라 노동정책적 과제 및 수행도 매우 가변적일 수밖에 없기 때문이다.

이 절에서는 한국사회 민주주의이행과 연관된 이상과 같은 정치적 변수들을 고찰하고자 한다. 그 과정에서 민주주의이행이 야기한 계급역관계의 변동과정을 특정화하고자 하며, 국가의 노동통제 전략에 작용한 여러 가지 정치적 요인을 구체적으로 다룰 것이다.

1) 한국사회 민주주의이행의 유형적 특성

1988년 2월 성립된 노태우 정권은 한국의 민주주의이행의 독특한 과정의 직접적인 산물인 동시에 첫 단계이행[15])의 유형적 특성을 모두 담지하고 있었다. 그리고 유형적 특징들과 함께 군부 권위주의체제의 정치적 역학관계 및 이를 뒷받침하는 제도들의 변화 양상들의 특정한 조건 또한 노태우 정권시기의 국가정치 및 노동정치를 규정하는 요인이 된다. 이행의 유형과 이행기의 정치적 역학관계라는 점에서 한국사례는 매우 예외적이고 특수한 사례에 속한다. 그러므로 민주주의공고화 단계의 노동정치의 전개를 고찰하고자 할 경우, 한

---

15) 민주화에 대한 본고의 분석은 1987년에서 1992년에 이르는 노정권기간으로 제한하고자 한다. 1993년 이후의 민주화에 대한 분석은 김진균(1993)을 참고.

국사회에 독특한 이행의 유형적 특성과 그것에 기초한 정치적 조건을 하나하나 꼼꼼히 따져보는 일이 필요하다.

권위주의체제로부터 민주주의체제로 이행하는 과정에서 권위주의 정부의 붕괴, 대의제 민주정부의 설립이라는 이행의 첫 단계와 설립된 민주체제의 지속적인 유지 및 공고화의 단계는 상이한 정치적 조건에 놓여있다. 우선 국가의 정치적 전략에서 핵심적인 과제가 달라진다. 그것은 전자의 경우에는 권위주의정권의 저항을 제어하면서 민주적 절차에 기반한 정부를 수립하는 것인 반면에, 후자의 경우는 새로운 정부에 참여하는 여러 세력들 간의 경쟁과 갈등을 안정적인 제도적 과정으로 포섭하는가 하는 일이 된다.

여기서 공고화단계의 과제는 일종의 딜레마상황이라고 표현된다. 한편으로 민주정부 성립 이후의 분열과 경쟁이 지나치게 빠르거나 심각한 상황으로 진행되면 절차적 민주주의 그 자체가 위협받게 된다. 반대로 갈등과 경쟁이 없거나 지나치게 약하다면 그것은 더이상 민주적 대표체계가 아니라는 것이다.[16] 그러므로 절차적 민주체제로서의 국가는 도전연합의 저항수위를 일정하게 제한하면서도, 동시에 이들의 요구를 부분적으로나마 허용치 않을 수 없게 된다.

이행기 노동정치의 역동적인 관계는 바로 이 점에 기인한다. 이행기국가는 권위주의하에서 억압되었던 노동운동에서 제기되는 다양한 요구들을 일정부분 수용치 않을 수 없지만, 동시에 그것이 이행자체를 위협하여 정치체제의 급격한 변동을 야기하지 않도록 통제해야 하는 이중적인 부담을 안게 된다. 노동운동의 경제적 요구는 자본가계급이 허용하는 범위 내로 제한되어야 하며, 그 정치적 요구는 이

---

16) Prszeworski(1992)를 볼 것. 여기서 한국은 지나치게 분열이 빨랐던 대표적인 사례에 속한다. 그는 여기서도 딜레마의 탈출구를 정치적 협약(pacts)에서 찾는데 그에 의하면 이 같은 타협책이야말로 그 성패가 불확실한 게임인 민주적 경쟁에 참여하는 세력들에게 모두 혜택을 주거나, 최소한 미래의 보상에 대한 희망을 제공함으로써 민주주의체제를 공고화하는 유일한 방법이라는 점을 강조한다.

행기국가의 정치체제를 근본적으로 위협하거나 보수세력의 반민주적인 저항을 야기하지 않아야 한다는 것이다.

민주주의이행론에서 말하는 바와 같은 딜레마적인 상황이 라틴아메리카나 여타 이행사례에서 타당하다면, 한국의 이행과정은 매우 예외적이고 특수한 상황이 된다. 즉 한국의 경우에는 많은 관찰자들이 지적하듯이 매우 격렬한 정치적 갈등을 수반하는 과정이었음에도 불구하고, 형식적 민주화의 기본적인 틀은 지속적으로 유지되고 강화되어 왔기 때문이다. 그리고 시민사회 내의 사회적 갈등이 증폭되었음에도 불구하고 민주적 개방 이후의 정치과정이 상대적인 안정을 유지하였던 것이다. 특히 3당합당 이후에 그것은 더욱 분명하다. 민주주의공고화단계의 정치적 딜레마, 한국사회 첫 이행의 불완전한 성격 및 이에 대한 시민사회의 도전 등의 요인을 고려하면, 이러한 틀의 지속은 한국사회의 독특한 역사적 산물로서 유형화될 수 있을 것이다.17)

경제적 배경요인과 세계체제의 규정력과 같은 외적 조건 등을 제외한다면, 그것은 민주주의공고화를 둘러싼 정치적 사회적 조건에 기인한다고 볼 수 있다. 즉 국가가 노동운동의 요구를 수용하는 폭과 정도를 결정하는 것은 역사적 조건과 연결된 정치적 사회적 요인으로 볼 수 있다는 것이다.

본고에서 제시하고자 하는 한국사회 이행기의 특수성, 그 정치적 사회적 조건의 요체는 국가와 시민사회18) 혹은 국가와 노동계급 간

---

17) 최장집(1993: 315-332)은 관료부패의 확산, 정치엘리트와 부르조아계급의 대립 균열 심화, 집권당 내부의 권력 누수, 정부 여당의 불협화음 등의 정치적 비효율성과 무역불균형의 급등, 수출 저하, 물가 부동산가격 폭등이라는 경제적 침체에도 불구하고 정권이 상대적 안정기를 구가한 이유로 다음의 네 가지를 들고 있다. 먼저 지속적인 경제성장이 정권 안정의 물적 자원을 공급하였다. 그리고 노동계급과 중간계급의 정치동맹이 6·29, 공안정국, 91년 5월투쟁 등을 계기로 와해되었다. 셋째로 지역감정으로 제도권 내의 정당정치인과 재야 운동세력 간의 분열이 야기되었으며, 마지막으로 북한과의 대립이 민주화 이슈를 중층결정, 희석시켰다는 것이다.

18) 시민사회는 계급적 경제사회 및 국가와 이중적으로 연관되어 있는 영역이자 매카니

에 주어진 정치적 역학관계가 매우 불균형적이었다는 점에 있다. 시민사회의 재활성화를 계기로 해서 크게 강화된 노동운동의 도전에도 불구하고, 정치적 지배세력이 권위주의로의 복귀를 서둘기보다는 형식적 민주화라는 주어진 국가정치의 틀을 유지할 수 있었던 근본적인 동력은 무엇인가. 그것은 무엇보다 이행기의 역동적인 역학관계 변동 속에서 국가의 우위가 의연히 유지되었을 뿐만 아니라 강화되기까지 하였기 때문이었다. 이행기의 여러 정치적 사회적 조건들 속에서 국가는 정치적 헤게모니를 장악할 수 있었으며, 군부 권위주의의 강압적 지배체제로 복귀하지 않고서도 체제를 유지할 수 있었다는 것이다. 이러한 가설적 논의를 민주주의이행론의 맥락에서 보다 구체화하기 위해서는 보다 분석적인 논의가 필요하다.

여기서는 그 조건들을 분석적인 수준에서 첫 이행의 유형 및 권위주의 지배세력의 민주화에 대한 태도, 권위주의체제의 역사적 경험과 신체제[19]의 초기정책 및 정당성, 정치갈등의 정도, 사회적 갈등의 정도, 신정부의 군부 통제라는 다섯 가지 차원으로 나누어 고찰해본다.(Valenzuela, 1992) 이 변수들은 새로이 성립한 6공체제의 성격을 규정하고 민주주의공고화의 진로를 결정하게 될 것이다.

① 첫 단계이행의 유형 및 권위주의 지배세력의 민주화에 대한 태도:
대의제 민주정부를 구성하는 이행 첫 단계의 유형이라는 점에서

___

즘이다. 생산의 영역인 계급적 경제사회와 대비되는 시민사회는 소비문화 여가생활의 장이다. 그리고 국가와 관련해서 그것은 국가권력을 정당화하거나 비판하는 정치적 헤게모니가 창출되는 장이기도 하다. 유팔무(1993, 1995) 참고. 시민사회개념에 대해서는 한국사회학회 편, 『한국의 국가와 시민사회』, 한울, 1992와 한국산업사회연구회편, 『경제와 사회』 1991 겨울호 참고.
19) 일반적으로 첫 단계 이행의 결과로 성립된 정치체제를 지칭한다. 그것은 형식적 절차적 민주주의 최소한의 요건 중 핵심인 정권의 창출에 있어 형식적인 정당성을 구비하는가의 여부에 따라 결정될 것이다. 하지만 그것이 형식적 민주주의의 다양한 내용들을 모두 포괄하고 있는가는 별개의 문제이다.

보면 1987년 한국의 경험은 퇴장하는 권위주의 지배세력의 권력이
거의 손상받지 않은 상태로 이행이 진행된 사례에 속한다. 그리고
권위주의체제의 형식적 규칙 및 제도 또한 거의 제거되지 않고 이행
기정치체제가 성립한 개혁(reform) 사례이다.[20]

〈표 3-8〉 권위주의지배로부터 민주주의로의 이행의 유형

변동의 유형 권위주의엘리트의 태도	붕괴, 패배 혹은 철수	탈 각	개 혁
완전한 민주화 선호	체코슬로바키아 (1989)	동독(1990) 페루(1980) 브라질(1945)	스페인(1975-76) 헝가리(1989)
민주화를 수용하나 자유화된 권위주의 선호	아르헨티나(1983) 콜롬비아(1958)	베네주엘라(1958) 아르헨티나(1973)	폴란드(1989) 브라질(1980s) 한국(1987)
민주화 반대	그리스(1974) 폴투칼(1975) 독일, 일본(1945) 루마니아(1989)	우루과이(1985)	칠레(1990)

개혁유형은 연속적인 그리고 위로부터 엄격히 통제된 유형의 이행
을 의미한다. 붕괴(collapse), 패배(defeat), 탈각(extrication) 등의 여타
단절적 이행유형들과 달리 개혁유형은 이행 초기 권위주의 지배블록
이 도전연합으로부터 결정적인 정치적 패배를 경험치 않고, 자신의
지배력을 온존시킨다는 점에서 특징적이다. 즉 그것은 권위주의지배
자가 자신에게 가장 유리한 이행조건을 반대세력에 부과할 수 있는

───────────────

20) 발렌주엘라는 퇴장하는 권위주의세력의 권력유지가 완전히 종식되는 경우를 패배
혹은 붕괴(defeat or collapse)에 의한 이행유형으로, 그리고 권력이 상당부분
유지된다 하더라도 권위주의지배의 형식적 규칙들이 손상되는 경우를 탈각
(extrication)으로 유형 분류하였다. 그리고 이를 다시 마지막 권위주의지배엘리
트의 민주화에 대한 태도에 따라 완전한 민주화지향, 민주화를 수동적으로 수용치
만 자유화된 권위주의 선호, 민주화반대로 나누었다. 이로부터 9가지 유형 분류를
시도하였다.(Valenzuela, 1992: 73-78)

이행의 유형인 것이다. 여기서는 민주화에 따른 형식적 절차적 요건의 구비도 매우 제한적이며, 신정부의 수립에도 불구하고 국가관료나 정치엘리트의 연속성이 유지되고, 그들은 실질적인 권력을 그대로 보유하게 된다. 일반적으로 개혁유형의 이행에서 권위주의지배자가 민주화를 선호할 경우, 즉 온건파 내지 초온건파가 이행을 주도할 경우 민주화는 가장 확실하게 보장될 수 있다.

그러나 개혁적 유형이라 하더라도 이행을 주도하는 정치세력들이 민주화를 선호하기보다는 '자유화된 권위주의'를 선호하는 경우에는 민주주의의 공고화는 매우 어려운 과정으로 귀결될 수밖에 없다. 그것은 권위주의하의 지배세력의 민주화에 대한 태도가 중요한 것은 같은 개혁유형에서도 이행과정에 커다란 차별성을 보이기 때문이다. 이행주도세력들은 기본적으로 여러 가지 법적 조직적 장치들을 유지, 창출하여, 이행이 자신의 이해를 침해하지 않도록 제한하려 할 것이지만, 이행사례에 따라 그 편차는 매우 크다.21) 이때 문제로 되는 것은 새로운 제도와 과정에 참여하는 정치권력의 상대적인 역관계 및 구조 그리고 그것을 지탱할 지속적인 민주화에로의 압력의 존재 여부이다. 이들 변수들의 향방에 따라서 이행주도세력들의 민주화에 대한 태도가 차이를 보일 것이며, 궁극적으로 민주주의공고화의 전개과정 및 그 내용이 좌우될 것이다.

한국의 민주주의이행의 개혁적 성격은 1987년 6월의 이른바 '6·29민주화선언'에 집약되어 있었다. 그것은 권위주의 지배세력의 관리하에 민주주의이행을 실시하며, 신체제로의 이행 및 그 성격을 결정짓는 제반 정치과정 및 결정에 권위주의 지배세력들이 직접적으로 개입한다는 점을 핵심내용으로 한 것이었다. 그 결과 실제로 민주주의이행과정에서 결정적인 역할을 하였던 재야세력이나 노동운동세력

---

21) 동일한 개혁유형에 속하는 스페인, 브라질, 한국의 사례에 관한 자세한 분석으로 조효래(1995)를 참고할 수 있다.

은 철저하게 배제되었으며, 6공체제의 민주적 성격은 최소한으로 축
소되었다. 국가보안법과 노동법상의 제반 악법조항 등이 유지되었고,
안기부, 보안사, 경찰 등 억압기구들도 손상받지 않은 채 6공체제로
이관되었다.

그리고 같은 개혁유형의 한국의 권위주의 지배블록은 신체제에서
도 그들의 정치적 지배력을 거의 손상받지 않을 수 있었다. 그들은
민주주의이행에 대한 신념과 의지가 없었던 상황에서 정치적 위기의
탈출수단으로 '민주화'를 선택하였을 뿐이었던 것이다.(성경륭, 1993)

앞으로 자세히 고찰하겠지만 한국의 민주주의이행이 강경파가 주
도하는 개혁유형이었다는 점은 공고화단계의 노동정치 전반을 규정
하는 요인으로 작용하였다. 이들은 절차적 민주화를 부정한 것은 아
니었지만 민주화의 내용과 형식을 자신들의 이해범위 내에서 제한하
고자 하였으며, 통제된 민주주의이행을 위해 그 범위를 벗어나는 세
력들에 대해서는 강경한 억압을 행사하였던 것이다.

② 권위주의체제의 역사적 경험과 노정권의 초기정책:

대개 새로이 출범한 민주정부는 '역의 정당화'(inverse legitimation)
를 통해서 정당성을 확보하려는 경향을 갖는다. 역의 정당화는 권위
주의하의 경험이 혹독한 것일수록 이행체제의 정당성이 상대적으로
더욱 강화되는 것을 말한다. 권위주의체제의 역사적 경험에서 비추
어 보면 한국의 권위주의는 상대적으로 성공한 권위주의유형에 속한
다.(최장집, 1993) 성공하였다고 하는 것은 권위주의하의 경제적 성
취의 정도, 실질소득 상승이나 부의 균형적 분배의 정도가 상대적으
로 높았음을 말한다. 그러므로 한국의 경우 이행정부가 역의 정당화
를 통해서 정당성을 제고할 여지는 적었던 것으로 볼 수 있다.

한국의 사례와 같이 권위주의경험이 상대적으로 덜 부정적인 것으
로 대중에게 각인된 경우, 즉 권위주의체제가 경제적으로나 정치적

으로 일정한 성취를 이루었을 경우에는, 그 경험이 민주주의이행기 정치에 부정적인 영향을 미치기 쉽다. 이것이 오도넬(1992)이 말하는 '성공의 역설'(paradoxes of success)이다. 즉 공고화 과정에서 경쟁하는 정치세력들 중 권위주의지향을 갖는 세력들은 이행기의 사회적·정치적 갈등을 빌미로 하여, 대중들에게 권위주의체제하의 성취에 감정적으로 호소할 수 있게 되며, 그 결과 민주화는 위협받기 쉽다는 것이다.

대표적인 성공사례였던 한국에서 성공의 역설은 민주주의이행을 어렵게 하는 조건이 된다. 그러나 동시에 한국사례에서 신체제의 지배세력들은 권위주의 지배세력들의 한 분파였으므로, 덜 부정적이었던 권위주의체제의 경험은 국가의 시민사회에 대한 구조적 지위를 더욱 상승시키는 효과를 초래하였다. 즉 이행체제의 지배세력들은 상대적으로 성공적이었던 권위주의경험을 이행기의 경제적·사회적 갈등과 대비함으로써, 그것을 시민사회의 도전을 제압하는 수단으로 사용할 수 있게 되었던 것이다. 6공국가는 이를 특히 일부 여론주도층과 중간계급 상층의 보수적 심리를 자극하는 전략적 자원으로 이용하였다. 예를 들어 6공정권이 1989년 상반기 이래 경제위기 이데올로기를 체제관리와 노동통제의 중요한 이데올로기적 자원으로 동원할 수 있었던 것은 이와 같은 역사적 경험 때문이었다.[22]

다음으로 역사적 경험이라는 점에서 머지않은 과거에 안정된 민주주의 혹은 공고화된 민주주의체제가 존재했을 경우에 두 번째 이행은 보다 순조로울 것이다. 반대로 과거 민주정권의 경험이 후견정치

---

22) 일반적으로 성공의 역설은 민주화이행을 어렵게 하는 요인으로 논의되었지만, 한국의 경험에서는 그 반대의 측면을 갖고 있었다. 즉 성공의 역설은 순조로운 민주주의공고화를 가로막은 측면 외에, 신체제의 강화를 위한 중요한 수단으로 사용되었고 그 결과 국가의 구조적 지위를 크게 상승시킴으로써, 그리고 그것을 통해서 지배블록이 절차적 민주체제를 붕괴시킬 필요성을 감소시킬 수 있었다는 점에서 다시 한번 역설적인 의미를 갖는다. 말하자면 역설의 역설인 셈이다.

나 쿠데타 혹은 극심한 혼란에 빠져들었을 경우에는 공고화는 어렵
게 된다. 이런 일반적인 논리에 의하면 한국사회의 민주화는 매우
어려운 과제임이 분명하다. 한국 현대사에 있어 형식적 절차적 민주
주의체제의 경험은 30여 년 전 1960년에서 1961년까지 제2공화국의
짧은 기간 동안에만 존재했기 때문이다.23) 그리고 그 경우에도 이후
정권들의 체계적 홍보 선전에 의해 대중수준에서는 민주주의가 극심
한 데모나 통일지상주의로 각인되어 왔다.

  셋째로 과거 권위주의하에서 정치적 상징의 분열이 존재했을 때
그리고 경쟁하는 각 정파가 이를 고집하였을 경우, 민주주의공고화
는 어렵게 될 것이다. 권위주의 지배과정의 중요한 지배기제였을 뿐
만 아니라, 이행기 한국사례에서 확대되고 심화된 대표적인 정치적
분열로 지역분열이 있었다. 한국에서 지역주의문제는 이행의 첫 단
계에서 더 강화되었고, 이후 민주주의공고화 과정에서 그것은 지속
적인 정치쟁점으로서 분열과 대립의 축이 되어왔다. 1888년 4월 총
선의 결과로 나타난 여소야대의 정국, 1988-1989년 5공청산정국에서
의 광주문제, 1990년의 3당합당, 1991년의 지역자치체 선거, 1992년
의 총선과 대선 등 모든 정치적 과정에서 지역주의는 민주주의의 쟁
점들을 중첩결정하였고 변질시켰다.(최장집, 1992)24)

  넷째로 새로 성립된 정권의 초기 정책의 성공적 수행 여부도 대중
의 민주정권에 대한 정치적 지지에 커다란 영향을 미친다. 새 정부
가 대중의 기대수준을 지나치게 높이지 않으면서도 대중들의 기본적

---

23) 한국사회에서 절차적 민주주의체제의 기간을 이승만 정권시기나 1963-1971년
   시기로 확장해서 설명하기는 어렵다. 이승만 정권하에서는 체계적인 관권개입 부
   정선거와 헌법의 자의적 해석이 되풀이되었으며, 60년대 박정권은 군사쿠데타정권
   으로 군정의 연장선 위에 있었기 때문이다. 이 두 시기는 법적 제도적 절차와 그
   실행 간의 커다란 괴리로 특징져질 수 있다.
24) 지배블록은 지역주의를 이용하기도 하였지만, 그것의 부수적 효과에 의해 위협받기
   도 하였다. 대표적인 사례는 여소야대 국면의 형성과 그에 따른 정치적 갈등 그리
   고 5공청산의 문제로 제기된 광주민주화항쟁의 처리문제를 들 수 있다.

인 요구를 충실하게 충족시킬수록 민주주의이행은 순조로울 것이다. 한국의 노정권은 특별히 대중의 기대 수준을 높이는 정책을 실시하지는 않았지만, 최소한의 기대수준에도 못 미치는 초기정책을 실시함으로써 민중부문의 광범한 저항에 직면하게 된다. 6공정권은 노동자계급의 요구를 1987년의 노동법개정으로 봉인하고자 하였으며, 시장개방을 앞둔 농민들의 생존권을 보호하기 위한 실효성 있는 정책들을 거의 실시하지 않았다.

요약하자면 권위주의체제의 경험과 이행체제의 초기정책의 변수들은 그 효과가 일정하지 않았다. 그러나 전체적으로 보아 이상의 변수들은 한국사회의 민주주의이행을 어렵게 한 요인들로 정리될 수 있다. 그렇지만 그것은 민주화의 역전을 불러오지 않았는데, 그 이유는 과거의 경험이 국가-노동관계에서 국가의 구조적 지위를 상승시키고 그 역량을 강화하는 방향으로 작용하였기 때문이었다.

③ 제도화된 정치영역에서의 갈등의 정도:

제도화된 정치영역에서의 대립과 갈등이 심할수록 민주주의공고화는 매우 어렵게 될 것이다. 여기서 핵심적인 질문은 궁극적 가치나 직접적인 정책 차원의 합의가 아니라[25] 절차와 관련된 문제이다. 그것은 정치적 과정과 절차에 모든 정치세력들이 포괄되는가, 그것에 반민주적 규칙들과 제도들이 얼마나 온존하는가, 정권 창출의 경쟁이 영합게임인가 아닌가 하는 점들이다. 새로이 출범한 정권이 경쟁하는 정치세력들로부터 정치과정에 대해 상당한 정도의 합의(consensus)를 얻을 수 있는가는 물론 첫 번째 이행의 성격 및 초기 정권의 정책방

---

25) 궁극적 가치의 차원이나 직접적인 정책실행의 차원에서도 6공정권이 합의의 기반을 갖고 있었다고 할 수는 없다. 6공정권 초기에는 여소야대의 국면에서 야당의 합의를 끌어낸 정책결정을 할 수 없었고, 그 결과 정책실행의 효율성은 극도로 약화되었다. 그리고 궁극적 가치의 측면에서도 재야의 정치세력들과의 합의는 원천적으로 불가능한 것이었다.

향에 크게 의존할 것이다.

1988년 성립된 6공화국은 규칙이나 절차의 측면에서 모든 정치세
력들을 포괄하지도 못하였을 뿐만 아니라 반민주적 규칙과 제도들을
그대로 유지하였으며, 대통령직선제라는 영합게임의 틀을 벗어나지
못하였다. 초기에 형성된 4당의 여소야대체제하의 신체제는 매우 불
안정한 정치적 상황에 노출될 수밖에 없었고, 정치적 대립과 갈등은
정권의 기반을 위협하는 수준에 이르렀다. 형식적 대의제체제가 형
성되어 있었지만 핵심적 정책결정과정에서 야당은 배제되어 있었으
며, 취약한 정치적 대표체계하에서 제도권 밖에 존재하고 있었던 정
치세력들인 소위 재야는 정권의 형식적 정당성마저 부인하고 저항하
였다.

광주민주화항쟁과 연관된 5공청산, 대통령공약상의 중간평가, 노동
쟁의의 폭발에 대한 정치적 대응, 공안정국, 반민주악법의 개폐 등으
로 이어진 지속적인 갈등 및 정치적 대결은 새로운 정치과정의 절차
에 대해 거의 모든 정치세력이 반발한 결과였다. 1988년과 1989년
두 해 동안 정치과정에서 중요한 과제로 제기된 이들 현안들은 제도
권 내부의 정치세력들 간의 원칙 없는 정치적 담합에 의해 비민주적
인 방식으로 처리되었다. 각 정파들은 자파의 직접적인 이해관계를
기초로 행위하였고, 정치과정의 결과가 자신의 이해관계와 반할 때
에는 그 절차적 정당성을 전혀 인정하지 않는 상황이 되풀이되었다.
결국 정치세력들 간의 합의의 수준은 매우 낮았으며, 민주주의의 확
대는 어려운 상황이었다.

여기서 정권은 권위주의로의 회귀, 일부 야당을 정권에 포괄하는
제도권정치제제의 재편, 적극적인 민주화를 통한 공세로의 전환, 현
상의 유지 등의 선택지 중에서 3당합당 및 내각제 밀약이라는 정치
적 담합을 선택하였다. 제도권정치영역에서의 갈등을 집권당 내부로
끌어들이는 미봉책이기는 하였지만,(임영일, 1992b) 이 과정에서 6공

정권은 경쟁하는 정치세력들 간의 합의의 폭을 확대할 수 있었고, 정치적 정당성을 크게 제고시킬 수 있었다. 그리고 그 결과 민주주의의 공고화를 위한 민주주의의 확대와 심화는 일시적으로 봉쇄되었지만, 대의제 민주주의의 형식적 틀을 유지할 수 있는 기반을 확보하게 되었다. 따라서 3당합당 이후에도 민주주의의 공고화를 위한 토대는 구축되지 않았다고 할 수 있으며, 정치적 갈등은 잠재화되거나 장기화되는 결과를 초래하였다.

④ 사회적 갈등의 정도:

사회적 갈등의 적절한 관리는 권위주의체제의 자유화 이래 확대되어 온 시민사회의 경쟁과 갈등을 민주체제 내로 흡수한다는 점에서 민주주의 확대의 중요한 요건이자 산물이라 할 것이다. 여기서 사회적 갈등의 내용과 폭을 결정하는 요인은 사회조직의 운동자제 능력이나 전략선택 여부가 아니라, '사회적 요구를 처리하는 장치'의 존재 여부이다.[26] 국가가 이 장치를 구비하고 있을 경우 사회적 갈등은 최소화될 것이며, 따라서 민주주의의 확대와 심화는 순조로울 수 있을 것이다.

이것은 크게 네 가지로 구분되는데 사회조직들의 요구를 수렴하는 새로운 국가제도 기구의 구성, 집단행동을 통제할 수 있는 사회조직의 설립과 활성화, 경쟁하는 집단들이 상호 공감할 수 있는 과정과

---

26) 발렌주엘라는 이행의 첫 단계에서는 오도넬과 슈미터(1986)가 주장하는 바와 같은 사회조직의 전략선택 및 대중통제능력이 이행의 성공을 위해서 중요한 것이었지만, 다음 단계에서는 민주주의공고화의 정의상 이러한 정치적 동기를 가진 운동의 억제, 그 자체를 제거하는 것이 요구된다고 정확하게 지적하였다.(Valenzuela, 1992: 1989) 여기서 핵심적인 논점은 민주주의공고화는 사회세력들의 타협전략에 의해서가 아니라, 그것을 가능케 하는 구조적 상황적 조건에 따라 규정된다는 점이다. 즉 국가와 시민사회를 연결시키는 적절한 제도적 장치가 존재하는가의 여부에 달렸다는 것이다. 결국 그 장치의 존재 여부는 첫 이행의 성격 및 신체제의 성격 그리고 공고화단계에 개입하는 사회세력들 간의 역학관계와 밀접한 관련을 갖는다.

절차의 구비, 사회집단과 정치지도자들 간의 연계 등이 필요하다. 제도적 장치들의 구비 문제는 역시 앞서 논의한 첫 이행의 성격 및 신정부의 정책방향, 사회세력과의 관계, 권위주의의 유산의 내용 등에 크게 의존할 것이다.

우선 한국사회의 사회적 갈등의 처리과정은 민주주의이행론이 이론의 준거로 삼는 유럽이나 라틴아메리카와는 크게 다르다.(Cummings, 1989) 첫 이행 이후에도 새 정부는 사회세력들의 요구를 수렴하는 새로운 국가기구를 구축하기보다는 기존의 권위주의정권의 통제장치들을 유지하려는 태도를 보여주었다. 농민운동, 학생운동, 노동운동 등 제반 시민사회조직들에서 표출되었던 요구들에 대해 국가는 억압과 통제의 수위만을 조정하였을 뿐, 이들의 요구를 조직적으로 수렴하는 노력을 거의 보이지 않았다. 예컨대 농산물수입에 따라 절박한 요구를 갖고 있었던 농민들의 시위에 대해 국가는 폭력집단으로 규정하고 위로부터의 일방적인 정책결정만을 강요하였다.[27] 노동운동과 관련해서도 '국민경제사회협의회'와 같은 '사회적 합의'기구를 도입하는 듯이 보였지만, 그것은 위로부터 급조된 임금억제기구나 노동통제기구에 불과하였다.

그리고 사회조직들이 스스로 조직을 설립하고 그 조직원들을 통제할 수 있는 제도적 장치는 권위주의체제 이래로 극도로 제한되어 왔으며, 첫 이행 이후에도 의연히 유지되었다. 국가가 노동운동, 농민운동, 학생운동 등의 자율적 조직화의 움직임을 적극적으로 억압한 것은 그 대표적인 사례가 될 것이다.

다음으로 시민사회 내부에는 경쟁하는 사회집단들이 공감할 수 있는 제도적 절차가 전혀 준비되어 있지 못했으며, 새 정부는 공정한 중재자로 개입할 의사도 능력도 갖추고 있지 못하였다. 또 시민사회

---

27) 1989년 연초 농민단체들의 여의도집회에 대한 국가의 대응은 그 좋은 예가 된다.

의 급속한 팽창에도 불구하고, 시민사회의 다양한 세력들과 정치지도
자들 및 정치적 기구들 간의 연결은 부재하였으며, 정당구조는 권위
주의 이래의 붕당체제라는 왜곡된 상태를 여전히 벗어나지 못하였다.

전체적으로 보면 이와 같은 독특한 국가-시민사회의 구조는 여러
연구자들이 지적하듯이 국가부문이 시민사회를 압도해왔던 한국의
고유한 사회현상이라고 할 수 있을 것이다.[28] 한국현대사를 전체적
으로 보면 국가는 시민사회 내부의 정치적 사회적 균열을 정치과정
을 통해서 제도화하고 흡수하기보다는 억압하고 배제하는 방식으로
처리해왔다. 시민사회 내의 각 수준의 조직들은 민주적 과정에 거의
참여할 수 없었으며, 만성적인 조직적 미성숙상태를 벗어나기 힘들
었다. 이와 같은 역사적 구조적 조건들은 첫 단계 민주주의이행 이
후에도 크게 변화하지 않았던 것이다.

결국 사회적 갈등의 제도화 수준이 매우 낮고, 이행기 국가가 이
를 수용할 태도를 보이지 않는 6공의 상황에서 민주주의공고화는 한
층 어려울 수밖에 없었다. 이것은 첫 이행의 유형, 국가-시민사회의
구조적 관계, 특히 계급역관계와 연관되어 있었던 정치체제의 구조
적 상황적 조건에 기인하였다.

⑤ 군부에 대한 통제:

마지막으로 신체제의 군부에 대한 통제의 문제이다. 권위주의하에
서 크게 성장해온 군부는 일반적으로 첫 단계 이행의 민주정부 수립
이후에도 상당한 자율성을 누리게 된다.[29] 물론 권위주의체제 지배

---

28) 이를 송호근(1991)은 '무적의 국가'로 비유하였고, 최장집(1992)은 '과대성장국가'
   개념으로 포착하였다. 그리고 커밍스(Cumings, 1989)는 '오랜 권위주의전통',
   '대내적으로 막강한 국가' 등으로 규정하였다. 한국 시민사회 형성의 특수성에 대하
   여 간략하게 정리한 것으로는 유팔무(1993: 266-271 참고).
29) 민주화과정에서 군부가 자율성을 누리는 이유에 대한 자세한 분석은 Przeworski
   (1992: 131-135)를 참고.

블록의 핵심적 요소였던 군부의 자율성이 높으면 민주주의의 공고화
는 어려워진다.

먼저 6공체제하에서 군부는 형식적 정당성을 갖는 신체제에 대해
적대적인 세력이라고 할 수 없었다. 하나회를 중심으로 한 군부 내
의 강경파들이 노태우 정권 및 신체제의 정치과정과 정책방향에 대
해 지속적으로 문제제기를 시도한 것은 확인되는 바이지만,30) 9.9인
맥으로 대표되는 새로운 군부지도부는 기본적으로 노태우 정권의 정
치적 기반이었다. 즉 노정권하에서 군부는 하나회와 9.9인맥 간의 내
부 분열의 결과로 약간의 자율성을 누렸을 뿐, 통제의 문제를 야기
한 집단은 아니라고 할 수 있었다.

민주주의이행론에서 주장하는 바와 같이 민주주의이행정치에서 군
부의 쿠데타 가능성이 차지하는 비중은 매우 크다. 그러나 한국의
민주주의이행에서는 군부가 잠재적인 위협세력이기는 하였지만, 이
행론이 설정하고 있는 것과 같은 현재적인 민주화 위협세력으로 동
원되었던 적은 없었다.31) 반대로 6공정부는 집권초기부터 군지도부
를 체계적으로 교체하여 군부를 통제하고, 가능한 범위 내에서 군부
를 정치적 과정에서 배제하고자 하였다. 이것은 광주민주화항쟁 처
리문제에서도 나타나는 바와 같은 군부개입에 따른 정치적 비용을
부담하지 않고자 하였던 지배블록의 선택을 보여주는 것이었으며,
동시에 군부를 동원치 않고서도 정치적 주도권을 장악할 수 있다는
자신감을 보여준 것으로 해석할 수 있다.

---

30) 육사교장이었던 한 장군이 1989년 3월 노태우 대통령에게 노골적인 불만을 표출
한 것은 잘 알려진 사실이다. 이는 군부 내 전두환 인맥의 지도부가 노태우 정권
에 대해 상당한 불만을 가졌음을 보여주는 사건이었다.
31) 1984년 이래 이행의 전 과정에서 군부의 동원이 구체적으로 검토되었던 시기는
1987년 8월의 노동자대투쟁 때뿐이었다.(월간조선, 1992년 2월호) 그리고 1989
년 초부터 공안정국에 이르는 기간 동안 군부의 동요를 추측할 수 있는 여러 가지
정황이 조성되었지만 이를 확인할 수 있는 확실한 증거는 없었다.

　이와 같은 6공정부의 군부에 대한 태도는 보다 한국사회의 구조적 변동이라는 거시적인 조건들과 연결되어 있었다. 4·19와 10·26이 군부의 쿠데타로 귀결되었던 것과 달리 1987년의 제한된 민주화가 군부의 재등장으로 귀결되지 않은 것은 일반국민의 오랜 군부통치에 대한 불만의 고조, 독점자본의 억압적 국가기구에 대한 자율성 증대, 미국의 대외정책의 변화 등과 같은 역사적이고 구조적인 조건의 변동 때문이었다. 1987년 6월 민주화투쟁에서 나타났던 일반시민, 학생, 노동자 등 국민의 저항 수준은 군부개입의 정치적 부담을 크게 높여놓았으며, 자본 역시 군부개입이 불러올 정치적 사회적 혼란을 원하지 않고 있었다. 뿐만 아니라 1980년대 중반 이후 미국의 제3세계 정책기조는 이전의 군부독재정권을 지지하던 정책으로부터 민간정권 성립을 지지하는 정책으로 크게 선회하였던 것이다.

　결국 군부의 통제문제 역시 한국사회의 역사적 조건과 연결되는 이행의 유형과 6공체제의 성격 문제와 연결되어 있었으며, 궁극적으로 이행기의 특수한 정치역학을 반영하는 것이었다.

　지금까지 민주주의공고화 단계의 정치상황을 규정하는 제반 요인들을 자세하게 검토해보았다. 한국사회의 민주주의 심화는 전체적으로 보아 매우 어려운 과정이 될 것임을 충분히 알 수 있었다. 한국사회 민주주의이행유형의 특수한 성격과 집권세력의 민주화에 대한 전략적 태도, 그리고 기타 제반 정치사회구조적 조건들도 순조로운 민주화이행을 방해하고 있었던 것이다. 이런 요인들로 말미암아 한국의 민주화는 '탈권위주의화와 민주화의 불일치'현상이 나타나게 되었다.(최장집, 1993: 372) 그리고 이 기간의 예외적인 '안정' 또한 민주주의공고화에 따른 시민사회와 국가의 정합적 관계에 기초한 것이 아니었다. 그것은 시민사회 내의 민주화요구를 억압하고, 절차적 민주주의의 형식을 매우 제한적으로 도입함으로써 최소한의 체제변

화로 민주주의이행을 봉합하는 '제2의 이행'의 중단일 뿐이었다.32)

이미 언급한대로 한국사회의 민주주의공고화 단계의 봉합 혹은 중단은 계급역관계의 턱없는 불균형 또는 국가 시민사회의 비대칭관계에 그 근본적 원인이 있다. 이를 좀더 구체화하기 위해서는 계급역관계의 변동의 구체적 내용들을 위의 변수들을 통해서 자세히 분석할 필요가 있다. 그것은 민주주의공고화의 어려움이 노동통제정책의 전개와 어떻게 연관되는가를 파악하기 위해서는 앞의 변수들이 계급역관계에 미치는 영향을 구체화해야 하기 때문이다. 이런 맥락에서 우리는 변수 국가의 자원동원 및 정책실행 역량을 크게 고양시킨 요인들로 이행의 유형 및 지배엘리트의 민주화에 대한 태도, 권위주의체제의 경험, 군부에 대한 통제를 고찰할 것이며, 그것을 제약한 것으로 정치적 사회적 갈등 요인을 살펴본다.

2) 민주주의이행기의 계급역관계변동

먼저 새롭게 등장한 노태우 정권은 권위주의체제의 지배권력을 거의 손상받지 않고 새로운 국면에 대처할 수 있었다.

1987년 상반기에 일시적으로 와해되었던 억압기구들은 이미 1987년 9월 노동자대투쟁의 확산을 억압하는 단계에서 다시 부활하였으며, 1989년 봄의 공안정국을 계기로 더욱 강화되기까지 하였다. 그리고 권위주의 집권세력들은 5공청산이라는 정치적 과정을 통해서 강경파일부를 배제하였지만, 전체적으로 보아 커다란 손상을 입지

---

32) 임영일(1992b) 참고. 한편 최장집(1993)은 이것을 경제적 이행이라고 부른다. 그러나 공고화단계의 이행은 경제적 쟁점으로만 국한될 수 없다. 한국사회에서 이를 경제적 이행으로 지칭할 경우에는 노동계급의 정치적 요구나 제도개혁의 요구가 이행의 과제로부터 배제될 것이다.

않고 6공의 집권세력으로 탈바꿈하였다. 단적으로 말하면 권위주의 체제의 핵심적 권력자원이었던 물리적 억압기구들, 인적 자원이 그대로 6공정권에게 인계되었던 것이다. 이것은 민주화의 확산에 부정적인 태도를 가졌던 집권세력이 특정한 정치적 상황하에서 필요하다면 언제라도 사용할 수 있는 권력자원이었다. 이와 같이 6공시기 동안의 노동통제정책 전개는 권위주의하에서 노동운동을 강하게 억압하였던 정책수단들이 엄존하였던 객관적 조건하에서 진행되었다.

그렇지만 지배블록의 권력자원확충이란 점에서 보자면 더 중요한 요인이 지적되어야 한다. 그것은 권위주의지배연합의 한 분파가 1988년 대통령선거에 의해 합법적이고 '민주적인' 방식으로 정권을 장악하였다는 점이다. 즉 권위주의체제의 아킬레스의 건이었던 정당성 부재 문제를 권위주의세력 내부로부터 해결하였다는 사실은 권력의 정당성자원을 크게 강화한 의미를 갖는다.[33] 이것이 형식적 민주주의를 확보라는 첫 번째 이행의 가장 중요한 의미였다. 6공국가가 새로운 권력자원으로 확보한 정당성자원은 직접적으로는 두 가지 측면에서 정당성이 강화된 것으로 요약된다. 그것은 대통령직선제로 표현되는 권력 성립과정에서의 정당성과 의회기구로 대표되는 정치적 결정과정에서의 절차적 정당성이다.

새로이 집권한 노태우 정권은 대통령선거와 총선거에서 드러났던 취약한 정치적 지지기반을 확대하고 강화하기 위해서 정당성자원을

---

33) 송호근(1993)은 다른 맥락에서의 분석이기는 하지만 마찬가지로 정당성문제를 지적하고 있다. 한편 이 점은 앞서 언급하였던 '역의 정당성'문제와 비교해 보면 그 의미가 분명히 드러난다. '역의 정당성'논의는 신체제를 권위주의하의 경제적 성공이라는 문제 및 그것의 정당성효과로 파악하지만, 필자의 생각으로는 그것은 더 확대되어야 한다고 본다. 즉 발렌주엘라와 오도넬이 주장하는 것처럼 성공의 딜레마가 공고화단계에서 중요한 것이 아니라, 그것과 함께 대의제 민주주의의 형식적 틀에 기초해서 권력을 출범했다는 것 자체가 갖는 정당성의 측면이 더 강조되어야 할 것이다. 결국 한국사회에서 '역의 정당성'은 정권이 정책실행에 있어 저항을 제어할 수 있는 이데올로기자원이 강화된 것 이상의 의미를 갖지 않는다고 할 것이다.

확대하는 정치적 전략을 사용하였다. 대통령선거과정에서부터 노정
권은 반민주적인 이전 정권과의 차별성을 강조하였으며, 집권 이후
에도 총선에서의 공천과정, 친인척비리 등 5공비리의 부분적인 처벌,
국정감사의 부활, 5공청산 청문회 등의 제반 정치적 과정들을 통해
서 '민주정권'의 이미지를 창출하는 데 집중하였다. 그 결과 새 정권
은 매우 제한된 것이기는 하였지만, 새로운 지배체제의 이미지를 일
정하게 구축할 수 있었다. 그리고 1988년 4월의 총선거에서 야당이
예상 밖의 승리를 거두게 됨에 따라서 권위주의체제에서 유명무실하
였던 의회기구가 크게 활성화되었다. 이것은 노태우 정권의 정치전
략에 의해 의도된 것은 아니었지만, 형식적 민주주의체제의 이미지
를 제고하는 데 상당한 기여를 하였다.

오랜 권위주의적 지배기간 동안 역학관계라는 측면에서 국가의 압
도적인 우위에도 불구하고, 한국사회에서 국민대중의 저항이 주기적
으로 분출하였던 것은 이 같은 정당성의 부재 때문이었다.34) 따라서
정치적 정당성이 새로운 권력자원이었던 것은 무엇보다 헤게모니적
지배의 가능성이 열렸다는 적극적인 의미에서 그러하다. 새로이 집
권세력이 확보한 정당성자원의 무게는 기존의 국가-시민사회 세력
균형을 변형시키고, 장기적으로는 지배블록의 시민사회에 대한 헤게
모니를 가능케 하는 것이었다. 민주주의이행이 단기적으로 완전한
헤게모니효과를 발생시킬 수는 없겠지만, 이를 위한 중요한 제도적
형식을 구비한 것은 분명한 변화였다고 할 수 있다.

요컨대 노정권은 권위주의체제로부터 전수된 강한 물리력과 더불
어 새로운 헤게모니역량을 확보함으로써, 배제적인 노동통제 전략을
관철시킬 수 있는 양날의 칼을 모두 갖추었던 것이다.

그러나 첫 이행 직후의 정치적 지형과 조건들은 객관적으로 증강

---

34) 1961년의 4·19혁명, 1979년과 1980년의 부마항쟁과 광주민주화항쟁, 1987년의 6월
민주화투쟁이 그 대표적인 사례들일 것이다. 유팔무(1993:), 최장집(1993: 304).

되었던 국가의 권력자원의 사용을 크게 제약하고 있었다. 여기에는 첫 이행의 유형적 특성으로 말미암아 야기된 정치적 사회적 요인들 외에도 6공체제초기의 특수한 정치적 지형 및 정치과정이 포함된다. 즉 첫 이행에도 불구하고 신체제는 정치적 갈등의 문제와 사회적 갈등의 문제를 전혀 해결하지 못했을 뿐만 아니라, 총선에서 과반수의 석을 확보하는 데 실패하고, 노동운동을 중심으로 한 사회운동이 급속히 세력을 확장함으로써 그 활동의 폭이 크게 제약받지 않을 수 없었던 것이다.

먼저 정치적 갈등은 이행기국가의 전략적과제와 깊이 연관되어 있었다. 물리력과 절차적 정당성을 구비한 국가권력이 이행의 공고화단계에서 추구한 전략적 과제는 크게 보아 두 가지였다. 그 하나는 이행기에 일시적으로 와해되었던 지배블록의 응집력을 재구축하고 정국의 주도권을 장악하는 것이었다. 그것은 급속하게 성장하고 있었던 노동계급을 비롯한 시민사회 내부의 도전세력들에 대한 정치적 지배력을 공고히 하고 이들의 다양한 경제적 요구를 적절하게 제어하는 과제와 연결되어 있었다. 다른 하나는 새로운 체제가 정치적으로 안정될 수 있도록 국가-시민사회관계를 재정립하여 제도화하고, 장기적으로 지배블록의 계급적 이해를 따라 산업구조조정으로 표현되는 축적체제의 재편을 이루어내는 일이었다.[35]

물론 이 두 가지 과제는 상호 결합되어 있으며 내용적으로 중첩되

---

35) 민주주의이행론에서는 이행기의 불확실성으로 인해 계급적 이해는 전략선택에 상대적으로 중요하지 않다고 본다.(Przeworski, 1986) 그렇지만 본고에서는 계급적 이해(class interest)는 여전히 중요하다고 본다.(Mainwaring, 1992) 특히 한국사회의 민주주의 확대단계에 있어 국가-시민사회의 재구조화의 거시적 전략선택, 그에 따른 사회세력들의 포섭과 배제방식을 결정하는 데에는 정치적·전략적 태도보다는 계급적 이해관계가 더 중요하였다. 왜냐하면 이행 초기단계와는 달리 직접적인 권력의 형태가 결정되었고, 그만큼 불확실성이 줄어들었다. 그리고 국가는 시민사회의 성장에도 불구하고 새로운 권력자원을 확보하여 전략적 선택의 폭을 넓혔기 때문이다.

어 있는 과제였다. 전자를 단기적이고 정치적인 과제라고 한다면, 후
자는 장기적이고 경제구조적인 과제라고 할 것이다. 중첩된다고 하
는 것은 단기적인 경제적 필요성과 단기적인 정치적 대응이 결합될
수도 있고, 나아가 장기적인 과제 해결의 한 부분일 수 있기 때문이
다. 예를 들면 1989년부터 한국의 국가는 급속히 확대되던 경기하락
과 임금상승에 대응하기 위해서 강력한 노동쟁의통제, 임금통제를
시작하였는데, 이 같은 경제적 대응은 당시의 정국 장악의 과제와
밀접히 연관된 것이었다. 그리고 그것은 장기적인 경제정책적 과제
와 연속선상에 있는 것이었다. 이를 굳이 나눈 이유는 본고의 관심
에 따라 국가의 정책방향선택에 있어 시계열별로 변화하는 양상을
구체적으로 포착하고 그것의 주요한 측면을 부각시키기 위해서이다.

1988년에 대통령직접선거의 '민주적 절차'를 거쳐 성립된 6공정권
은 1990년 초까지의 집권 전반기에는 단기적인 과제, 즉 정국의 주
도권장악을 위한 정치적 과제에 집중할 수밖에 없었다. 그것은 구체
적으로 여소야대정국과 5공청산의 문제라는 두 가지 쟁점으로 가시
화되었다.

대통령선거에서 승리하였음에도 불구하고 노정권은 정권출범 직후
실시된 총선거에서 과반수의석을 확보하지 못함으로써 정책실행 및
정국운용에서 커다란 어려움에 봉착하였다. 사실 여소야대의 국면이
정국운용에 큰 장애가 된 것은 제도권정치 내부의 강력한 반대세력
의 존재라는 문제만은 아니었다. 오히려 문제는 시민사회의 저항이
제도권 야당이라는 통로를 통해서 끊임없이 정치적 쟁점으로 전화하
였다는 점이었다. 야3당은 대통령제 권력구조라는 영합게임에서 보
다 유리한 고지를 장악하기 위해서 경쟁적으로 시민사회 내의 급진
적 사회세력들을 동원하였던 것이다. 이러한 메커니즘에 의해 시민
사회의 계급적 요구는 국가 내부의 정치로 계속 환류해 들어왔고,
정권의 계급적 기반마저 위협하는 효과를 야기하였다.[36]

그리고 그것은 형식적 정당성의 확보라는 지배세력의 권력자원이 거꾸로 자신을 위협하는 기제로 전화하는 것을 의미하였다. 즉 6공은 절차적 합법성을 지배의 이데올로기로 내세운 정치체제였으므로 마찬가지로 합법적 절차에 의해 형성된 여소야대 정치지형 속에서 정책결정과 실행에 있어 효율성을 발휘하기 어려웠던 것이다. 따라서 앞서 국가의 헤게모니역량을 강화한 것으로 평가한 체제의 절차적 합법성은 정치적 헤게모니가 확보되지 않는 상황에서는 곧바로 지배의 위기로 연결될 수 있는 양면적인 것이었다.

그러므로 6공정권이 자신의 계급적 기반을 강화하고, '민주'체제에서의 정치적 주도권을 확보하기 위해서는 여소야대의 기형적인 제도권정치를 개편하는 것이 무엇보다 급선무였다. 1990년 1월의 3당합당은 이런 의미에서 노정권이 자신의 정치적 주도권을 확보하는 것을 의미하였으며, 지배블록의 내부균열을 치유한다는 의미를 갖고 있었다.

또 다른 한편에서 5공청산문제는 민주화정권으로서의 노정권의 정당성자원효과를 결정적으로 제약하는 의미를 갖는다. '개혁'유형의 이행으로 말미암아 노정권은 야당과 시민사회 내의 세력들로부터 그 권위주의적 성격에 관해 집중적으로 공격받게 되었다. 군부 권위주의로부터 연원하는 여러 가지 정치적 사회적 모순들로부터 신속하게 자유로워지지 않고서는 다시금 체제의 정당성을 상실할 가능성마저 존재하였다. 이와 같은 정치적 조건하에서 노정권은 권위주의 강경파를 배제하기로 결정하였다. 그리고 극단적인 보수세력인 권위주의 강경파에 대한 공격은 이행과정에서 분열되고 타격받았던 지배세력

---

36) 대자본가계급의 노태우 정권의 초기 정책에 대한 불만과 항의는 잘 알려진 사실이다. 그중에서도 특히 1988년의 노동정책, 1989년의 토지공개념정책을 비롯한 경제정책에 대해 대자본은 크게 반발하였다. 노정권의 노동정책 일반에 대한 대자본의 태도에 대해서는 5장을 참고할 것.

내부의 역학관계를 재편하는 의미도 동시에 포함하였다. 1988년 하반기에 뜨겁게 진행되었던 5공청문회는 실로 이와 같은 차가운 계산 위에서 전략적으로 준비된 것이었다.

그러나 5공청산은 본질적인 제약을 갖고 있었다. 그것은 노태우 정권의 권력기반이 군부 권위주의 지배블록의 연장선상에 있었기 때문이었다. 따라서 5공청산의 과정은 지배블록 구성세력의 변동과 관련된 본질적 내용을 담은 것이라기보다는 대중에 대한 이데올로기공세의 의미를 넘어서지 못하였다. 그리고 그것은 최종적으로 제2야당과 제3야당을 지배블록으로 포섭하는 정치적 거래를 통해서 미봉될 수밖에 없었다. 결국 5공청산의 문제도 제도권정치구조의 재편을 통해서만 일정하게 해결될 수밖에 없었던 것이다.[37]

다음으로 6공국가의 지배역량은 이행기의 사회적 갈등에 의해서 더욱 제약되었다. 민주주의이행이라는 거시적 관점에서 보면 정치적 갈등이 야기한 국가전략선택의 제약조차도 시민사회 내부의 갈등과 긴밀히 연관되어 있었으며, 본질적으로 그것으로부터 야기되었다. 앞서 언급하였듯이 5공청산 논란과 여소야대기간의 정치적 대결은 시민사회 내부로부터 강화되어 왔던 보다 심도 있는 민주화확대의 요구가 제도권정치영역에 반영된 것이라고 볼 수 있다. 노동운동을 비롯한 민중운동의 경제적 정치적 요구는 지배블록의 경제적 이해를 직접 침해하였을 뿐만 아니라, 권력의 정당성기반을 여전히 정치적 쟁점으로 부각시키는 결과를 초래하였다. 따라서 반대야당의 도전을 수습, 처리하면서도 국가는 시민사회 내의 갈등처리라는 더욱 중요한 문제를 염두에 두지 않을 수 없었다.

---

37) 5공청산이 최종적으로 마무리된 것은 합당을 앞둔 1989년 12월 말 전두환의 국회 증언을 통해서였으며 이는 합당의 전제조건이었다. 야당들은 그들의 대정부공세에서 가장 중요한 무기였던 5공청산을 야당의 지배블록참여. 정권획득경쟁에서의 기반마련이라는 당근과 교환하였으며, 반대로 지배블록은 3당합당을 통해서 최대의 약점이었던 권력의 뿌리문제를 해결하고 나아가 여소야대 국면을 돌파할 수 있었다.

특히 노동운동의 계급역량은 장기적인 군부지배기간 동안 억압되어 왔던 것에 반하여 단기간에 급속히 성장하는 모습을 보였다. 1987년 노동자대투쟁 이후 새로이 등장한 '민주노조'세력은 약 1년 남짓한 기간이 지난 1988년 말에 이르면 단위사업장 노동조합의 민주화, 지역노조협의회의 지역적 연대강화 등을 마무리하고, 전국적인 대중적 연대조직 건설작업을 본격적으로 시도하기에 이르렀다. 그리고 노동운동의 요구내용도 임금, 근로조건을 중심으로 한 경제적 요구로부터, 1988년 중반 이후의 노동법개정 등의 정책적 정치적 요구로 발전하는 모습을 뚜렷이 보여주었다.

이와 같이 노동운동을 중심으로 한 시민사회세력들의 확장을 제어하는 일은 대자본가계급의 이해를 대변하는, 그리고 본질적으로 민주화의 확대, 심화에 적대적이었던 6공체제에는 무엇보다 중요한 정치적 과제였을 뿐만 아니라 신체제의 안정적 유지에 관건적 요소였다. 특히 1989년부터 1990년에 극심하게 강화되었던 노동운동에 대한 억압은 대통령직선제라는 최소한의 절차적 민주주의로 민주주의이행을 봉합하고자 하였던 지배블록의 전략적 방침을 분명하게 표현하였다. 그리고 그 작업을 위해서는 제도권정치의 개편에 의한 범집권연합세력의 확대와 병행하여 극단적 강경파의 제어가 필요하였으며, 이 과제는 초반기 정치과정에서 핵심적인 쟁점이었던 5공청산작업과 보수대연합으로 최종적으로 마무리되었다.

요약하자면 민주주의이행기 한국사회의 노동정치는 첫 이행의 특수성으로 말미암아 권위주의 지배블록이 해체되거나 약화되기보다는 그것을 재편하고 강화하는 방향으로 변동하였다. 즉 이는 권위주의체제 이래의 시민사회에 대한 국가의 압도적 세력우위라는 기존의 세력관계에 커다란 변화를 주지 못하였던 것이다.

'개혁'유형의 첫 단계 이행은 권위주의국가의 권력자원을 부분적으로 손상시켰지만 대체로 유지하도록 하였으며, 절차적 정당성을 부여함으로써 그 헤게모니역량을 강화하는 방향으로 귀결되었다. 그러나 이행의 특수성은 동시에 정치적 갈등이나 사회적 갈등을 증폭시키는 결과를 초래하였고, 이것은 6공초기의 국가정치가 매우 역동적으로 변동하도록 규정한 주요한 요인이 되었다. 따라서 신체제 성립 직후 객관적으로 형성된 계급역관계는 정권 전반기 동안 매우 유동적인 상태였으며, 이 시기 국가의 전략적 행위는 이를 지배블록의 이해에 부합하도록 안정화하는 것에 집중되어 있었다. 그것은 이행과 함께 객관적으로 주어졌던 세력관계의 우위를 구체적인 정치과정에서 실현하고 제도화하는 과정으로 파악할 수 있다.

결국 첫 단계의 민주주의이행은 6공국가로 하여금 노동계급의 정치적·경제적 이해를 가능한 범위 내에서 최대한 배제하는 전략적 과제를 실행하도록 규정하였다고 할 수 있다. 그리고 이는 1990년까지의 정권 전반기의 노동정책과제가 무엇보다 노동배제적인 노사관계정책으로만 협소화될 수밖에 없었던 조건을 창출하였다. 특히 전반기 내부에서도 1988년까지 국가는 상대적으로 방임적인 노동정책을 실행하지 않을 수 없었으며, 본격적인 노사관계개입을 자제하지 않을 수 없었다. 이 점 역시 민주주의이행기의 노동정치라는 정치적 요인을 고려치 않고서는 설명할 수 없을 것이다.

마지막으로 지적해야 할 것은 이와 같은 역관계변동이 국가의 노동통제 전략에 미친 영향을 정확하게 평가해야 한다는 점이다. 즉 역관계변동은 국가의 권력자원 강화와 노동운동의 계급역량강화 간의 상대적 힘의 균형 변화를 면밀히 추적하는 것이어야 한다. 이 시기 양자의 권력자원이 영합적 관계로 변하기보다는 정합적인 관계로 모두 증가하는 모습을 보였기 때문에, 국가의 권력자원 증대는 노동운동의 저항역량 성장과 비교해서 그 상대적 증감의 정도가 판단되어야 한다는 것이다. 그리고 그것은 노정권 초반기의 정치변동과 밀접하게 연관되어 변화하는 모습을 보였다. 그러므로 본고에서는 4장

에서 노정권 초반기의 정치변동과정을 자세히 설명하면서 권력자원
의 상대적 크기를 평가하고 그 변동 추이를 파악하고자 한다.

제 3 절 민주주의이행과 6공국가의 성격변화

첫 단계이행의 유형적 특수성문제는 6공정치체제 일반이나 6공국
가의 성격규정의 문제와 깊숙이 연관되어 있다. 정권출범과정에서
형식적 절차적 정당성을 확보하였다는 사실에도 불구하고, 노태우
정권기간의 국가성격을 규정하는 것은 쉬운 일이 아니다. 그것은 이
행의 특수성으로 말미암아 국가의 부르조아민주주의적 성격이 매우
제한적이었기 때문이다. 그리고 1989년부터 본격화되었던 시민사회
에 대한 강력한 억압기를 지나면서, 그리고 3당합당이라는 새로운
정치구조의 개편과정에서 그것의 권위주의적 속성은 더욱더 강화되
기까지 하였기 때문이었다.

노정권시기의 국가성격 파악에 대해서는 크게 두 가지의 견해가
대립되어 왔다. 그 하나는 '제한된 민주화'(democradura)라는 개념으
로 비록 여러 가지 내적 한계를 갖는 것이기는 하지만, 근본적으로
부르조아민주주의체제 혹은 대의제체제로의 성격변화가 있었다고 파
악하는 입장이다.[38] 그것은 이 견해가 근본적으로 민주주의개념을
절차적 형식적 민주주의로 제한하고 있는 민주주의이행론의 분석틀
에 의존하기 때문이라고 할 수 있다.

---

38) 대체로 민주주의이행론에 기초해서 노정권의 성격을 파악하는 연구자들이 지지하는
    입장이라 할 수 있다. 임혁백(1992), 한국사회연구소(1989), 성경륭(1993) 등이
    여기에 속한다. '제한된 민주화'의 개념에 대해서는 오도넬과 슈미터(1986)를 참고.

　다른 하나는 민주주의체제로서의 성격보다는 권위주의가 다소간 완화된 체제로 파악하는 시각이다. 이 입장에는 여러 가지 견해가 있고 각각의 견해가 사용하는 개념도 서로 다르지만, 그들이 모두 강조하는 바는 신체제가 군부독재정권으로서의 성격 및 계급독재적 성격을 내용적으로 탈각하지 못하였다고 하는 점에 있다.39) 이들은 노정권이 권위주의체제의 지배세력으로부터 인적 자원과 물적 자원을 공급받았다는 점과 계급역관계의 구체적 전개과정에서 동일한 계급적 정책을 답습하였다는 점에 주목하였다.

　이상과 같은 대립된 견해에서도 드러나듯이 6공정치체제의 성격규정에 어려움이 있는 것은 분명한 일이다. 어려움은 단지 6공국가의 권력기원이 5공체제에 있다거나 지배블록의 인적 구성이 5공과 전혀 다르지 않았으며, 그 정치적 실천, 계급적 전략의 내용도 과거의 것과 동질적인 것이라는 점에서만 찾을 수 있는 것은 아니다. 오히려 그것은 무엇보다 한국사회의 역사적 특수성에 그 뿌리를 두고 있는 것처럼 보인다.

　국가가 과거 사회세력관계의 물질적 응축으로 규정된다는 점을 고려하면 한국의 국가는 한국사회의 근현대사에서 점철되었던 대립과 갈등의 응축물이라고 볼 수 있다. 즉 한국의 국가는 일본제국주의 지배하의 민족적 갈등과 투쟁, 해방정국의 첨예한 계급적 대립 그리고 냉전체제의 최전방기지에서 일어난 동족 간의 대규모 살상전쟁을 경험한 한국사회의 역사적 경험이 중층결정되고 물화되는 과정에서 성립되었다. 그리고 그것은 전쟁 이후 30여 년 동안 지속된 체제대

---

39) 민주주의이행론의 개념 규정을 적용하는 경우로는 최장집(1993)과 임현진(1993)을 들 수 있다. 최장집은 민주주의이행론의 개념 규정에 따라 '완화된 독재(dicta-blanda)'로, 임현진은 '자유화된 권위주의 정권의 틀 안에서 민주화를 수용하는 유형'으로 규정하였다. 그리고 신식민지 국가독점자본주의론에서는 노정권의 현상적인 변화에도 불구하고, 신식민지국가독점자본주의의 상부구조, 즉 신식민지 파시즘의 본질적인 성격에는 변화가 없다고 보았다.(한국산업사회연구회, 1989: 김세균, 1991)

립과 함께 확대발전된 분단모순을 토양으로 해서 자라났으며, 급속한 종속적 자본주의발전과정에서 야기되는 계급갈등을 억압하기 위한 핵심적인 제도장치로서 확대재생산되었던 것이다.

특히 분단상황이 40여 년 이상 지속되면서 한국의 사회상황은 반공의식, 분단구조에 의해 지속적으로 재구조화되어 왔다. 특히 6·25전쟁을 거치면서 보수적 세력 이외의 좌익세력 뿐만 아니라 민족주의 중도파세력들까지도 정치과정에서 완전히 배제되었다. 이후 노동계급과 노동운동에 대한 부정적 관념이 일반화되었고, 중간계급 계층들의 체제동조적 정치성향은 사회운동의 가능성을 크게 제약하였다. 또 분단상황은 정치체제의 성격에도 크게 영향을 미쳐 국가기구를 과잉비대화시켰다. 남북 간의 체제대립에 따라서 군부, 정보기구, 행정기구 등의 억압적 국가기구가 시민사회의 발전정도에 비해 지나칠 정도로 팽창하는 구조적 탈구현상을 정착시켰던 것이다.(김진균·조희연, 1985: 422-433)

그러므로 한국의 국가가 갖고 있는 억압성은 한국사회모순의 역사적 전개과정과 결과로부터 기인하는 것이었고, 제도적 형식의 변화로 일거에 제거될 수 있는 성질의 것이 아니었다. 그리고 억압성과 계급성은 분단구조가 오랜 기간 동안 재구조화해 온 시민사회 내부의 계급역관계에 의해 지지되고 있었으므로, 분단구조와 계급적 기반의 구조적 변동 없이는 완전히 제거될 수 없었다. 결국 1987년의 형식적 절차적 민주주의이행 그 자체에 의한 한국국가의 성격변화는 기본적인 제약이 있을 수밖에 없었다.

그러나 민주화의 실질적 진전이라는 관점에서 제기될 수 있는 이같은 한계 내에서나마 민주주의이행이 야기한 국가성격의 변화 및 그 가능성을 추적하는 것은 중요한 일이 된다. 그것은 제한적인 정치제제의 제도변화가 5공 말기의 사회적 세력관계변동의 물질적 표현이었을 뿐만 아니라, 민주주의의 실질적 확대를 위한 객관적 가능성을 상당한 정도로 열어놓았다는 점에서 그러하다. 즉 매우 제한되고 형식적인 수준이기는 하지만 사회세력들의 정치과정에 대한 참여를 원칙적으로 허용하지 않을 수 없게 됨으로써,40) 이후의 사회적 세력관계와 정치체제의 새로운 변화가능성을 제시하였기 때문이다.

이런 맥락에서 노정권기간으로 제한하지 않고 김정권을 포함하는 6공화국기간 전반에 관통하는 국가성격 규정을 염두에 둔다면,41) 한국국가의 성격에는 상당한 변화가 있었음을 부인하기 힘들다. 여기서 강조할 점은 국가형태-보다 정확하게는 정치체제-를 정확하게 규정하기 위해서는 계급역관계 속에서 실행되는 국가의 정치적 이데올로기적 실천만을 보아서는 안 되며, 그 계급지배의 물질적 기반인 국가제도의 변화양상도 파악해야 한다는 점이다.42)

6공체제는 정치적 실천에 있어 권위주의적인 권력행사방식을 의연히 유지하였다는 점과 더불어 국가제도의 형식이 상당히 변화하였다는 양면성을 갖는다고 할 수 있다. 국가제도의 형식변화는 선거절차를 통한 합법적 집권과정만을 지칭하는 것은 아니다. 그밖에도 노정

---

40) 물론 여기에서 노동자계급은 제외된다. 노동자계급의 정치세력화는 노동법 등에 의해 제도적으로 봉쇄되고 있었다.

41) 조희연(1993, 1994)은 민주주의이행론의 시각에서 노정권을 '연성군부정권' 혹은 '의사군부정권'으로 보고, 김영삼 정권을 부르주아민주주의체제로 파악하였다. 여기서 그가 주목하는 것은 노정권의 이행기적, 과도기적 성격이었다. 그는 6공화국 정치체제의 성격을 부르주아민주주의로의 이행이라는 관점에서 보고자 하였다. 즉 군부독재정권으로서의 노정권과 부르주아민주주의체제로서의 김정권의 차이보다는 민주주의이행기정권이라는 동질성을 강조하였다. 그런 의미에서 질적 단절은 1987년의 첫 단계 이행에서 이루어졌다고 본다.

42) 제숍(1990, 1985)에 의하면 국가에 대한 분석은 사회 정치세력의 균형 작동방식만이 아니라 국가의 '특징적 제도 형태' 혹은 '국가의 구조결정' 형태에 대한 분석을 포함하여야 한다. 그것은 정치체제의 성격이 그 계급적 본질로만 환원해서 규정될 수 없음을 의미한다. 이 점은 김일영(1993: 244)에 의해서도 확인되는데, 그는 정치체제의 형태 파악을 위해서는 특정 국가의 구체적인 조건을 확인해야 한다고 하면서 네 가지 조건을 제시하였다. 그 네 가지 조건은 정권의 등장과정, 파워블록의 구성, 정책, 정치 제도이다. 이 중 등장과정과 정치제도는 제숍이 말하는 국가의 제도형태라고 하는 구조적 조건과 동일한 것이다.

권기간 동안에는 지방자치제가 제한된 수준에서나마 실시되었고, 1988년 1989년에 불과하지만 여소야대 국면이 형성되어 대의제기구가 활성화되기도 하였다. 그리고 무엇보다 국가기구들의 정책실행과정이 절차적 정당성을 추구하는 것으로 변화하는 모습이 뚜렷이 나타났던 것이다.[43]

본고에서는 노정권을 부르주아민주주의체제로의 이행기적 체제라고 파악하고, 그에 따라 노정권의 지배전략의 변화 가능성을 검토하고자 한다. 5공화국까지의 군사파시즘 혹은 신식민지파시즘체제하에서 지배는 '헤게모니 없는 예외적 국가형태' 속에서 이루어졌다. 그러나 민주주의이행으로 말미암아 노정권은 최소한의 형식적 정당성을 갖춤으로써 그 지배방식에는 상당한 변화가 가능하게 되었다.

예를 들어 3당합당은 이런 맥락에서 다시금 이해될 필요가 있다. 3당합당은 단순히 지배블록이 체제의 위기에 직면해서 지배를 공고히 하기 위한 정치적 기만으로 해석하거나 혹은 민중부문의 거센 도전에 직면한 지배블록이 그 내부의 역관계를 공세적으로 변화시켜나간 것만으로 이해되는 경향이 있었다. 아니면 그것은 단순히 보수대연합으로 규정되어, 정치사회 내 제도권정치세력 간의 이합집산으로 해석되기도 하였다.

그러나 3당합당은 권위주의하에서 불가능하였던 헤게모니자원의 확충이라는 관점에서 재해석할 필요가 있다. 즉 정치체제의 제도적 성격변화는 지배권력으로 하여금 제도권 야당세력을 지배블록의 일부로 포섭할 가능성을 제공하였고, 그 결과 지배블록은 자신의 '정치적·지적·도덕적 리더십'을 확대하는 효과를 가져올 수 있게 하였던 것이다. 그뿐만 아니라 합당이라는 정치적 거래를 통해서 6공

---

43) 1988년 정기국회에서 부활된 국정감사는 절차성을 강화한 중요한 제도적 장치였다. 노동정책결정 및 실행에서 나타나는 절차적 정당성 강화의 구체적 내용은 5장을 참고.

체제의 권위주의체제와의 연속성을 일정 정도 불식시킬 수 있었으며, 여소야대의 정치지형을 재편하여 정치적 주도권을 잡을 수 있게 되었다. 결국 그것은 장기적인 지배체제의 안정화 및 지배블록의 헤게모니강화로 연결되었다. 김영삼 정권을 부르주아민주주의체제라고 파악할 수 있다면, 그 헤게모니적 지배의 가능성은 이미 노정권기간에 마련되었던 셈이다.44)

비록 지배블록의 헤게모니적 지배전략이 완전한 것이거나 성공적인 것이 아니었다 할지라도, 그리고 그것이 지배의 중심적인 수단이 아니었다고 할지라도 그것으로의 이행가능성을 추적하는 것은 매우 중요한 과제가 된다.45) 왜냐하면 거시적인 수준에서 체제의 부르주아민주주의체제로의 이행은 장기적으로 이를 보다 강화할 것이기 때문이다.

한편 노태우 정권의 이와 같은 헤게모니적 지배의 측면에 주목한 일군의 연구들은 제숍의 '두국민전략'(1990; two-nation strategy)개념을 수용하여 한국사회에 적용하고자 하였다.46) '두국민전략'은 그람시의 지배방식에 관한 통찰력을 확대하여 발전시키고자 하는 시도였다. 그는 그람시의 헤게모니론의 문제점을 지적하면서도 헤게모니적 지배의 유형을 세분화하고자 시도하였던 것이다.47) 분파적 특수이익

---

44) 조희연(1994: 280-294)의 3당합당에 관한 분석 참고. 또 한편 그는 김영삼 정권의 지배방식을 기술하면서 그것을 '의사(擬似)헤게모니적 지배'라고 개념 규정하였다. '의사헤게모니적 지배'는 "군사정권과 달리 (국민적 담화의)언술적 차원에서의 자기정당화 기제를 발전"시키는 측면을 주목한 개념이었다.(조희연, 1993: 146-147) 이와 같이 그는 김영삼 정권의 헤게모니적 지배방식을 정확하게 지적하였지만, 노정권기간의 지배방식에 그 단초가 있었음을 분명히 하지 않았다. 필자의 생각으로는 3당합당은 '사회질서의 안정과 민주화의 달성'이라는 국민적 담화를 배경으로 한 지배블록의 '정치적 지도력 구사'로 해석되어야 할 것이다.
45) 노정권의 지배양식 변화에 관한 개괄적인 기술로는 고성국, "노정권 파시즘체제의 본질을 밝힌다", 월간 『말』 1991년 6월호 참고.
46) 손호철(1992), Myung-Rae Cho(1991), 노중기(1994), 김호기(1994)를 참고. 필자는 본고에서 두국민전략 개념을 한국사회에 적용할 수 있다는 기존의 견해를 철회한다.

을 표현하고 있는 헤게모니가 보편적 지지를 얻는 것은 불가능하다
는 그람시의 개념에 기초해서 그는 헤게모니개념을 팽창적 헤게모니
(expansive hegemony)와 두국민전략으로 나누었다. 두국민전략하에서
헤게모니는 전략적으로 중요한 사회의 한 부문에 대해서는 팽창적
헤게모니전략(expansive hegemonic strategy)을 사용하고, 다른 한 부
문에 대해서는 수동적 혁명(passive revolution)의 전략을 사용하는 것
을 말한다. 즉 이 전략하에서 국가와 지배블록은 피지배민중부문을
전략적으로 두 개의 부분으로 분할하고, 한 부분의 동원을 위한 물
질적 비용을 다른 부문에 전가하는 지배방식을 구사하게 된다는 것
이다. 두국민전략으로 분류될 수 있는 대표적인 역사적 사례로서 제
솝은 파시즘과 영국의 대처리즘을 들었다.

그러나 노정권기간의 6공화국체제를 두국민전략으로 파악하는 데에
는 여러 가지 문제가 있다. 먼저 노태우 정권이 중간계급들을 이데올
로기적으로 동원하여 노동자계급을 배제하는 방식의 지배전략을 사용
하였다는 사실을 주목할 경우 두국민전략의 가능성을 엿볼 수 있다.
그러나 두국민전략은 체제에 포섭되는 '하나의 국민'에 대해 지배체제
가 팽창적 헤게모니를 구사함으로써, 그들의 대중적 참여를 유도할 수
있는 '합의적 프로그램'을 전제로 한다.(Jessop, 1990: 211-214) 노태우
정권이 이와 같이 중간계급에 대해 팽창적 헤게모니를 확보하였다고
보기는 어렵다.[48]

---

47) 넓은 의미의 헤게모니는 "서로 다른 계급관련된(class-relevant) 세력들을 한 특정
계급이나 계급 분파의 정치적 지적 도덕적 리더십"하에 조직하고 호명(interpellation)
하는 것을 말한다. 제솝에 의하면 이 지도력 행사의 관건은 국가가 특정 헤게모니프로
젝트를 발전시킬 수 있는가에 달려있다. 국가는 '국민-대중적' 정책 프로그램과 담화
로 구성되는 헤게모니프로젝트를 매개로 자본주의적 착취관계를 유지하고 자신의 지배
를 유지하게 된다는 것이다. 제솝의 그람시에 대한 평가는 1980년대 초 중반 '대처주
의'(Thatcherism)에 관한 이론적 설명과정에서 진행된 홀(Stuard Hall)과의 논쟁
을 참고.(*NIR*, 149, 151, 153 참고)
48) 노정권의 군부 권위주의적 속성에 대한 끊임없는 논란이 이를 근본적으로 가로막고

이러한 차이들은 대처리즘의 영국사회와 노정권의 한국사회의 거
시변동의 의미를 고찰하면 보다 분명해진다. 대처리즘이 '한국민전
략'의 복지국가체제로부터 헤게모니의 범위와 내용을 축소시켜 '법
과 질서'로 표현되는 '억압적 요소'(force)를 강화시키는 방향의 체제
변화인 반면에, 6공화국의 정치체제는 '헤게모니 없는 지배', 물리적
폭력에만 의존하던 체제로부터 '법과 질서'로 표현되는 '헤게모니적
요소'를 확대 강화하는 역의 이행과정이었던 것이다.[49] 요컨대 6공
화국의 노동통제에서 법과 질서의 정치이데올로기가 핵심적인 역할
을 수행하였다는 점은 그것의 강제적(coercive) 측면에서 보다 헤게
모니적 측면에서 이해되어야 한다는 것이다.

이를 그람시의 지배방식에 관한 분류로부터 보자면, 양자 모두가
'팽창적 헤게모니-수동적 혁명-기동전(war of manoeuvre)'의 스펙트
럼에서 수동적 혁명의 하위형태들로 분류되지만 그 성격은 정반대라
고 할 수 있다. 제숍은 수동적 혁명의 하위형태들을 '두국민전략·본래
적 의미의 수동적 혁명-물리력·사기·매수(force fraud corruption)'
등으로 세분하였는데, 대처리즘은 두국민전략으로 수동적 혁명 요소
와 팽창적 헤게모니의 요소를 동시에 갖는다. 반면에 6공의 정치체제
는 물리력·기만·매수와 본래적 의미의 수동적 혁명 사이에 위치지울
수 있을 뿐이라는 판단이다.[50]

있었다. 다만 3당합당 이후의 정세변화는 노정권의 정치적 지도력을 상당 정도 강
화한 것으로 볼 수 있을 것이다.

49) 따라서 동일한 '법과 질서'(law and order)의 이데올로기, 제도들은 상이한 정치체
제, 복합국면에서 다른 이데올로기적 효과를 산출한다고 할 것이다. 즉 '자본축적단
계'나 '국가형태'의 변화에 따라 부르주아헤게모니의 접합에서 법, 경찰, 법기구 등의
역할은 상대적으로 변화하게 된다.(Hall et.al., 1978) 대처정부가 성립하기 이전
인 1970-1973년까지 영국에서는 '법과 질서'의 대대적인 캠페인이 있었는데 이는
불완전한 '한국민전략'으로부터 새로운 헤게모니프로젝트로의 이행의 전주곡이 된다.

50) 그람시의 헤게모니개념 사용은 매우 혼란스럽다.(Anderson, 1980) 제숍은 그람
시가 두 가지의 의미로 헤게모니개념을 사용하였다고 보았다. 그 하나는 강제적 규
율의 부과로서의 '지배'(dominance)와 대비되는 능동적 동의로서의 '헤게모니'개

수동적 혁명이 팽창적 헤게모니와 구별되는 것은 국민-대중적 목표를 추구하는 데 있어 대중적 참여를 가능케 하는 '합의적 프로그램'이 부재하다는 점이다. 노정권기간의 6공체제는 중간계급을 일시적으로 이데올로기적으로 동원하였을 뿐, 어떤 종류의 합의적 프로그램도 제시하지 못하였다고 볼 수 있다. 그리고 중간계급은 노동계급 배제에 합의한 것에 대한 어떤 물질적 보상도 받지 못하였던 것이다. 따라서 적어도 노정권기간의 정치체제에 대해 두국민전략 개념을 적용하는 것은 지나친 비약이라도 할 수 있다. 오히려 노정권의 지배체제는 헤게모니 없는 지배로부터 부분적으로 수동적인 개혁을 통해 사회체제를 전환해나가는 과정으로 파악할 수 있을 것이다. 그것은 헤게모니적 지배의 영역과 내용을 확대하고 제도화하는 과정이기도 하였다.

요약하자면 본고는 노정권기간 국가의 성격을 부르주아민주주의체제로의 이행과정에 있는 과도기적 국가로 파악하고자 한다. 그것은 한편에서는 권위주의적 지배방식을 여전히 유지하였지만, 다른 한편에서는 헤게모니적 지배의 가능성을 부분적으로나마 보여주었다.

이와 같은 국가성격의 변동은 6공국가의 노동통제 전략이 갖는 복잡성과 특수한 성격을 이해하는 데 있어 중요한 요소가 된다. 1989년 이후 6공국가의 노동통제는 권위주의적 통제방식과 통제전략에 크게 의존하였으면서도 동시에 새로운 측면을 갖고 있었다. 권위주의시기보다 더 빈번한 물리적 강제력의 동원이 있었던 한편, 무노동무임금 경영권 인사권 이데올로기공세 등과 같은 새로운 통제수단들의 동원도 본격화되기 시작하였다. 그리고 권위주의시기 노동통제에서 상대적으로 부차적인 지위를 차지하였던 법적 행정적 통제수단들과 이데올로기적 통제수단들이 새로이 조명되기 시작하였고, 그 통

념이다. 다른 하나는 팽창적 헤게모니-수동적 혁명-물리력 사기 매수-강제의 개념도식이었다.(Jessop, 1985: 92-93)

제의 효력도 크게 변화하기 시작하였던 것이다.

　6공화국시기 노동통제의 이러한 복합적 성격은 헤게모니 없는 독재체제로부터 부르주아민주주의체제로의 이행이라는 거시적인 체제변동과정으로부터 이해할 때 그 성격이 분명해진다. 국가는 권력 성립과정에서 절차적 정당성과 이행 초기에 이루어진 약간의 개혁을 새로운 권력자원으로 전화시켜 노동통제에 적극적으로 동원할 수 있게 되었던 것이다. 국가권력의 권위주의적 성격이 부분적으로 약화되면서 국가는 노동통제의 정당성을 제한된 수준에서나마 주장할 수 있게 되었다. 그 결과 군부 권위주의체제로부터 기원하는 통제장치들은 효력을 배가할 수 있었고, 새로운 통제수단들은 커다란 정치적 비용을 지불하지 않고서도 도입될 수 있었다. 새로운 통제수단들 중 특히 권위주의적 노동통제에 적대적이었던 중간계층 일부를 노동통제에 동원할 수 있었던 것은 중요한 변화였다.

　이와 같이 6공체제의 성립과 함께 주어진 객관적 상황의 변동은 탈권위주의적 노동통제 전략의 등장을 예상케 하는 것이었다. 그러나 노정권기간 국가의 노동통제 전략은 근본적으로 권위주의적 배제전략의 틀을 벗어날 수 없었는데, 그것은 구체적인 통제전략의 전개는 거시적인 정치체제의 성격변화를 일방적으로 반영하는 것이 아니기 때문이다. 즉 그것은 구체적인 정치상황의 전개 및 국가권력의 계급적 속성, 계급역학관계의 변동 등 보다 복잡하고 미시적인 변수들에 의해 영향을 받는다. 따라서 노정권시기 국가의 노동통제 전략에서 우리가 주목해야 할 것은 권위주의적 노동통제와 비교해서 그 연속성의 측면과 단절성의 측면을 구체적으로 추적하여 분석하는 일일 것이다.

제4절 소 결

이 장에서는 6공국가의 노동통제 전략에 영향을 미친 배경변수로 축적체제의 변동에 따른 임노동 재생산구조의 변동을 고찰하였으며, 설명변수로 민주주의이행의 유형적 특성과 새 정권 초기의 미시적인 정치변동을 살펴보았다.

먼저 1980년대 초부터 시작되었던 한국자본주의 축적구조의 변동은 1987년 노동자대투쟁 및 국내외적 경제상황의 변동으로 말미암아 6공화국 성립 이후 크게 심화되었다. 6공국가는 이에 대응하여 경제 개방, 산업구조조정 등 경제정책적 처방을 강화하게 되었다. 이 과정에서 야기된 임노동 재생산구조의 구조적 변동에 대응한 노동정책의 수립과 실행이 국가의 당면한 정책과제로 크게 부각되었다. 새로운 정책수요를 야기한 임노동구조의 변동 내용은 노동과정의 측면에서 기술적 성격변화, 기존의 작업장 노동통제양식의 퇴조로 나타났으며, 노동력재생산구조의 측면에서는 노동력의 물질적 이데올로기적 재생산구조가 변화하는 것으로 요약되었다. 그리고 노동시장구조의 측면에서는 노동력수급체계의 왜곡 및 이에 따른 노동력부족현상과 기업규모별 노동시장분절이 심화된 것을 들 수 있었다.

다음으로 민주주의이행에 의한 정치구조적 변수는 분석적으로 크게 두 가지로 나눌 수 있었다. 그것은 첫 단계 민주주의이행의 유형적 특성과 6공국가의 성격변화라는 변수와 6공체제 성립 후 공고화 단계의 미시적이고 역동적인 정치변동이라는 변수로 구별된다. 이 두 가지 변수들은 국가의 권력자원의 크기에 영향을 미쳤다. 한국의 6공화국국가는 권위주의체제의 국가기구와 제도, 인적 자원을 그대로 유지하였을 뿐만 아니라, 체제성립의 절차적 정당성을 둘러싼 헤게모니적 역량을 강화함으로써 객관적인 역량이 크게 확대되는 모습을 보였다. 특히 노정권 전반기의 역동적인 국가정치변동과정은 국가의 권력자원을 축소하기보다 이를 크게 확대하는 방향으로 진행되었다는 점에서 특징적이었다. 그리고 이 두 가지 변수들은 그것이 국가의 노동통제 전략에 미친 영향이 시기별로, 그리고 정책사안별로 매우 상이하였다는 점에서 특징적이었다.

임금정책, 노동시장정책, 근로기준정책, 사회보장정책 등의 산업구조조정정책과 긴밀한 연관이 있었던 정책과제들은 노정권 전반기 동안에는 상대적으로 크게 부각되지 못하였다. 그 이유는 이 정책과제들이 민주주의이행기의 노사관계정책과제에 비해서 상대적으로 부차적인 것이었기 때문이었다. 즉 지배블록의 관점에서 보면 일차적으로 민주주의이행과정에서 변화된 계급역관계에 정치적으로 대응하고, 정치적 주도권을 장악하는 과제가 더욱 시급했다는 점이다.

제 4 장

제4장
6공화국 노동통제 전략의 전개

제1절 문제제기

한국사회에서 본격적인 자본주의적 발전이 진행된 1960년대부터 1980년대 중반까지 국가의 노동통제 전략 및 노동정책은 그 유형을 어떻게 특정화하든지 간에[1] 상대적으로 매우 일관되고 안정적인 모습을 보여주었다. 그러나 1980년대 후반 이후 별로 길지 않았던 노태우 정권 집권기간 동안 국가의 노동통제 전략은 민주주의이행의 정치변동과 함께 급변하기 시작하였다.

1987년 여름의 노동자대투쟁 이후 국가-노동 간의 노동정치는 이

---

1) 산업화가 본격적으로 진행된 이래 30여년이라는 긴 기간 동안 노동통제정책의 유형에 있어 유의미한 질적 변화나 단절이 없었다는 것은 분명한 일이다. 이 기간 동안의 국가의 노동통제에 관한 자세한 분석은 최장집(1986), 한국기독교사회연구원(1987), 이우현(1988), 송호근(1991) 등을 참고.

전과는 다른 질적인 변화를 예측케 하는 역동적인 것이었다는 점에서 특징적이었다. 예를 들어 노사관계정책에 있어 자율적 노사관계가 오랜 권위주의적 억압 이후 처음으로 표방되었는가 하면 어느새 다시 억압으로 회귀하였고, 노동악법을 부분적으로 개선하였는가 하면 곧이어 새로운 통제수단들이 기존의 억압적 제도와 함께 등장하기도 하였다. 또 오랫동안 유지되었던 임금가이드라인이 일시적으로 철폐되기도 하였지만, 새로운 방식의 임금가이드라인이 범정부적 차원에서 재추진되기도 하였던 것이다.

그리고 이 시기 노동운동의 급속한 성장도 전례가 없는 것이었다. 노동운동은 짧은 기간 동안 국가와 자본으로부터 자주적인 노동조합 조직을 전국적 규모로 조직하였으며, 국가의 노동정책에 대해 전에 없던 강한 저항력을 보여주었다. 가장 특징적인 것은 이제 노동운동이 처음으로 노동정치 및 국가정치에 중요한 하나의 행위자로 등장하였으며, 그 추세는 역전될 수 없는 것처럼 보였다는 점이었다.

이 같은 역동적 변화를 우리는 무엇으로 설명할 수 있을 것인가. 자본주의사회에서 국가의 노동통제 전략변동은 복잡한 정치적 · 경제적 · 이데올로기적 요인들이 복잡하게 상호 작용한 결과임은 이론의 여지가 없을 것이다.

그것은 무엇보다 노동정치와 국가정치(labor politics and state politics)의 밀접한 연관성에 기인하는 것이다.[2] 예컨대 1987년의 대투쟁조차도[3] 민주화를 촉발한 6월 시민대항쟁을 고려하지 않고서는 이해할 수 없다. 그러므로 일차적인 민주화, 즉 형식적 절차적 민주주의를 기반으로 해서 성립한 노태우 정권기간의 노동통제 전략을 연

---

[2] 신광영(1991) 참고. 그는 한국사회의 노동정치는 국가정치에 종속된 특징을 갖는다고 논하고 그 이유를 나름대로 추정하였다. 한편 국가정치와 노동정치의 개념에 관해서는 앞의 글과 Burawoy(1985)를 참고.

[3] 성경륭(1993), 최장집(1992), 임혁백(1992) 등을 참고. 동시에 필자는 그 역의 과정, 즉 노동정치가 민주주의이행에 미친 영향도 중요하다고 본다.

구하기 위해서는 민주주의이행기의 국가정치와 노동정치의 내적 연관성을 밝히는 작업이 필수적으로 요구된다고 할 것이다.

노태우 정권기간 동안 국가정치는 매우 역동적인 변동을 경험하였다.[4] 유래 없는 여소야대의 국면이 형성되기도 하였으나, 그것은 2년을 넘기지 못하였다. 1990년 초의 3당합당으로 정치지형은 급변하였던 것이다. 그리고 30여년 만에 지방자치제가 실시되었던 시기이기도 하였다. 이와 함께 국회로 대표되는 대의제기구가 불완전하나마 일시적으로 활성화되었던 것도 중요하게 취급되어야 한다. 요컨대 본고는 일차적으로 국가의 노동통제 전략이 전개된 구체적 양상과 그것의 내적 동학을 민주주의이행기의 국가정치와의 연관 속에서 파악하고자 한다.

다음으로 노동통제 전략은 그 성격상 경제적 조건과 밀접한 연관을 갖고 실행된다는 점이 간과될 수 없다. 구체적으로 이 시기에는 노동운동의 급속한 성장과 함께 고율의 임금인상이 계속되었으며, 그 반대급부로서 생산직노동자의 고용이 축소되고 인력난이 심화되었다. 그동안 군부 권위주의체제에서 안정된 경제적 조건에 안주하던 자본이 느낀 위기감은 유래가 없는 것이었으며, 이는 곧 국가의 노동정책에 직접적으로 반영되었다. 또 1986-1988년까지 한국자본주의는 소위 3저호황을 맞아 급속히 성장하였지만, 1989년부터 상황은 급격히 반전하였다. 1989년부터 1993년까지 이어진 경기후퇴가 문제로 되었던 것은 그것의 양적인 크기보다도 질적인 측면 때문이었다. 이미 1980년대 초 중반을 지나오면서 두드러지기 시작한 한국자본주의의 축적구조변동이 국가전략 수준에서 가시적으로 나타났던 것이

---

4) 6·29선언, 노동자대투쟁, 대통령선거, 6공정부의 성립, 총선과 여소야대정국, 5공청문회, 공안정국, 3당합당, 지자체선거로 이어지는 이 시기의 국가정치는 마치 19세기 프랑스의 2월혁명으로부터 루이 보나파르트의 쿠데타에 이르기까지의 정세를 연상시킬 만큼 역동적인 것이었다.(Marx, 1973a)

바로 이 시기였던 것이다.

한국사회의 노동통제 전략이나 노동정치의 전개에 있어 국가정치와 경제구조의 영향에 관한 이 같은 논의가 새로운 것은 아니다. 그러나 기존 연구들의 경우 양자의 관계를 불분명하게 설정하거나, 구체적인 노동정치의 전개에 있어 그 개입방식의 특정화에 이르지 못한 것으로 보인다. 혹자는 양자의 차원을 분석적으로 구별하지 않고 어느 한 차원에 논의의 초점을 집중하는가 하면, 다른 연구자들은 두 개의 상이한 차원의 변수들을 단지 나열하기도 하였다.[5] 필자는 기존 논의의 한계를 극복하기 위한 방법으로 변수들을 분석적 차원에서 분명하게 구분하고, 이를 구체적인 사건전개와 정책대안에서 확인하여 그 특징을 검토하고자 한다.

그리고 노동통제 전략의 전개에 작용하였던 요인들을 분석적으로 고찰하는 작업은 노동통제 전략의 전개과정을 시기별로 구분하고 각 시기의 특징적 면모를 추출하여, 그것에 작용하였던 요인들의 비중을 평가하는 작업과 긴밀히 연관되어 있다.[6] 그것은 민주주의이행기의 각 국면에서 작용하는 요인들의 상대적 비중을 평가하고 이들이 서로 상호 작용하는 구체적인 양상의 변화를 추적할 수 있게 해 주기 때문이다. 그러므로 본고에서는 1987년에서 1992년까지의 기간을 몇 개의 소시기로 세분하고, 시기별로 가장 핵심적인 요인들을 추출하여 노동통제 전략전개의 구체적 과정을 이론적으로 설명하고자 할 것이다.

마지막으로 이 장에서는 국가의 노동정책들을 분야별로 간략하게

---

5) 전자로는 김형기(1992), 박승옥(1992), 임혁백(1990) 등을 들 수 있으며, 후자에는 최장집(1992), 임혁백(1993) 등을 들 수 있다. 이에 관해서는 노중기(1994)를 참고.

6) 복잡한 사회현상을 연구하는 데 있어 시기구분의 중요성은 재론의 여지가 없는 일이다. 이에 관한 좋은 예로는 영국의 대처리즘을 설명하는 기존 연구들에 대한 Jessop(1988: 1-56)의 비판적 평가와 대안적 방법론이 있다.

정리함으로써 국가의 대노동통제 전략의 전략적 목표가 무엇이었는지를 분석할 것이다.

먼저 경제구조적 요인들은 장기 지속적으로 작용하고 이차적으로 작용하는 반면에, 정치구조적 요인들은 상대적으로 단기 지속적이며 일차적으로 작용한다고 파악한다. 즉 국가의 대노동전략선택은 일차적으로 정치적 헤게모니 확보에 치중하며, 경제구조적 요인에 대한 대응은 이것이 확보된 이후, 혹은 이것에 장애가 되지 않는 범위내에서 비로소 시도된다는 것이다. 보다 직접적으로 말하자면 본고는 노태우 정권기간의 국가의 노동정책을 전반기에는 민주주의이행기 정치과정 및 노동운동의 폭발에 대한 정치적 대응의 산물로, 그리고 후반기에는 그 성과 위에서 경제구조적 요구에 조응하는 새로운 노사관계체제를 구축하기 위한 노력으로 파악한다.

다음으로 이행기 정치구조적 변수들은 노정권 전반기의 미시적이고 역동적인 정치변동의 과정을 매개로 해서 국가와 노동 간의 세력관계의 지형을 특정한 방식으로 규정하였다. 구체적으로 이행의 특성, 신체제의 성격, 전반기 정치과정 등의 요인들은 국가와 노동 간의 세력관계를 질적으로 변화시키지 못하였으며, 국가의 대시민사회 우위는 여전히 유지되었다. 그뿐만 아니라 이행기의 정치변동과정에서 국가는 정치적 주도권을 확실하게 장악하였으며, 이를 기반으로 하여 노동계급의 이해를 배제하는 노동통제 전략을 구사할 수 있게 되었다. 이러한 배제전략은 이 시기 국가의 여러 가지 노동정책들이 노동계급의 정치적 경제적 이해에 반하는 것이라는 점에서 분명히 확인될 수 있었다.

요컨대 이 장에서 필자는 6공국가 노동통제 전략의 기조가 '배제전략'으로 나타나게 되는 구조적·상황적 조건들을 구체적으로 밝히고, 노동통제 전략 및 노동정책의 전개과정과 그 내용을 전체적으로 조망하고자 하였다.

제 2 절 전반기 노동통제 전략: 1987.6-1990.1

　노정권 전반기의 노동통제 전략은 정치변동의 과정과 함께 역동적으로 변화하였다. 한국사회 민주주의이행기의 정치변동은 몇 개의 단계로 구분될 수 있다. 1984년부터 1987년 6월까지의 자유화시기, 6·29선언으로부터 1988년 2월 6공정권의 성립에 이르는 민주화이행의 첫 단계 및 그 이후의 공고화단계가 그것이다. 여기서 각 단계 내부에서 소국면들이 구분될 수도 있다. 본 논문의 연구대상시기인 공고화단계는 1990년 1월의 3당합당을 축으로 크게 두 개의 시기로 나눠지는데, 그것은 합당이 민주화과정에서 질적 변동을 초래하였기 때문이다.[7] 필자는 1990년 1월을 전환점으로 국가의 노동통제 전략을 크게 전반기와 후반기의 두 시기로 나누고자 한다.

　전반기의 노동통제 전략의 전개과정을 보면 억압적 국가전략이 일방적으로 관철될 수만은 없었음을 알 수 있다. 실제로 국가권력은 절차적 민주주의체제의 출범과 함께 객관적으로는 시민사회를 압도할 수 있는 자원동원 능력을 갖추었으면서도, 동시에 그 첫 이행의 특수성으로 말미암은 제약하에 놓여있었다. 따라서 전반기의 노동정치는 국가정치수준에서 발생한 정치적 갈등과 시민사회의 도전을 국가가 관리, 통제하는 과정과 긴밀히 연관될 수밖에 없었다. 여소야대 정국, 5공청산, 중간평가, 노동운동을 중심으로 한 기층민중운동의

---

7) 최장집(1993)에 의하면 한국사회 민주주의이행의 특성은 공고화 과정이 변형되고 천연된 점에 있었다. 그 정점이 3당합당이었다. 예컨대 1993년 출범한 김영삼 정권의 주요한 지배이데올로기가 민주화개혁이라는 점은 지연되고 봉합된 한국민주주의공고화의 특성을 반영하는 것이다. 한편 현상적인 수준에서 보자면 노동통제 전략의 변화가 구체적으로 드러난 것은 전국노동조합협의회의 1990년 5월총파업 이후였다. 그럼에도 불구하고 본고에서 3당합당을 시기구분의 기준으로 삼는 것은 정치구조적 수준에서 역관계의 변동이 이루어진 시점을 주목하였기 때문이다.

도전, 통일운동의 급속한 확산 등에 대한 국가의 대응과정은 곧바로 노동정치의 과정과 연계되었던 것이다. 이와 같이 전반기의 노동정치, 노동통제 전략 전개는 다시 국가정치와의 연관 속에서 소시기별로 매우 복잡하고 상이한 진행과정을 보이게 되었다.

많은 연구자들이 지적하였듯이 국가는 1988년 12월 말 노태우 대통령의 '민생치안에 관한 특별담화'를 전반기의 노동통제 전략변동의 중요한 계기로 삼았다. 1988년의 노동정치는 상대적으로 자율적이었고 국가개입이 완화된 시기였다는 점에서 독특한 시기였다. 1988년까지의 노동통제 전략도 국가정치와 긴밀한 연관하에서 진행되었지만, 전반기 노동정치의 성격이 보다 분명해진 것은 억압이 극적으로 강화된 1989년 기간 동안이었다. 그리고 1988년 노동정치의 구조적 배경은 1987년 첫 단계 민주주의이행이었다. 민주주의이행정치는 6공체제 성립초기의 노동정치를 규정한 가장 중요한 요인이었다.

그러므로 본고에서는 노태우 정권 전반기의 노동정치를 다시 6공체제의 성립시점인 1988년 2월 말과 노동통제 전략이 급격히 반전된 1988년 12월 말을 기점으로 해서 세 개의 소시기로 나눌 것이다. 여기서 우리가 특별히 주목하고자 하는 것은 각 소국면의 노동정책 전개의 전체적 양상과 그것의 내적 동력, 특히 국가정치와 노동정치의 상호관계이다.

⟨1987.6-1988.2⟩

먼저 1987년 6월투쟁으로부터 노태우 정권이 성립한 1988년 2월 말까지의 첫 단계 이행기간의 노동통제 전략은 민주주의이행기의 정치변동에 직접적으로 종속된 변수였다.

민주주의이행의 결정적 계기였던 6월투쟁과 그것에 의한 지배블록의 직선제개헌수용은 권위주의적 노동통제수단들을 일시적으로 무력화시켰다. 권위주의하의 '억압적 노동배제'를 뒷받침하였던 가장 중요한 통제수단이었던 물리력의 동원이 '민주화선언'으로 일시적으로 불가능하게 된 상황은 곧바로 7월과 8월의 노동자대투쟁을 야기하였다. 물리적 억압수단을 일시적으로 상실한 지배블록의 계급자원동원 능력은 크게 약화되었고, 이는 기존 계급역관계의 일시적인 와해를 초래하였던 것이다. 따라서 노동자대투쟁은 직접적으로는 6월 시민항쟁과 긴밀히 연결되어 나타난 것으로 볼 수 있다.

그러나 본질적으로 보자면 노동자계급의 저항은 6월 시민항쟁의 내적 동력 중 하나였으며, 그 연장선 위에서 나타난 것이었다. 즉 노동자들의 투쟁이 약 한 달 동안의 시간 편차를 두고 일어났고, 특히 6·29선언 이후에 본격적으로 시작되었다는 이유로 단순히 이를 시민항쟁에 무임승차한 것으로 해석해서는 안 된다는 점이다.

먼저 1984년 자유화조치 이후 대중투쟁의 차원에서 노동운동의 잠재력은 꾸준히 표출되어 왔다. 1980년 등장한 신군부정권은 정치적 노동운동과 대중적 노동조합운동을 모두 강하게 억압함으로써 노동운동은 전반적으로 침체에 빠져들게 되었다. 그러나 동시에 억압의 결과로써 노동운동의 일부세력은 비공개 지하운동으로 운동방식을 전환하였고, 이들은 대중적 노동운동의 잠재적인 역량을 꾸준히 확대해왔다. 1984년의 대구택시파업, 1985년의 구로동맹파업이나 대우자동차파업은 노동운동이 학생운동과 함께 군부독재체제를 위협할 수 있는 중요한 사회세력으로 꾸준히 성장해 왔음을 보여주었다. 특히 이 시기 대중적 노동운동은 1970년대 말 이후 포디즘적 축적체제에 의해 동원된 대규모 중공업사업장의 남성 반숙련노동자들을 중심으로 한 것이었다. 이것은 여성노동자 중심의 1970년대 '민주노조운동'과는 질적으로 구별되는 모습이었다.

그리고 구로동맹파업의 결과로 결성된 서울 노동운동연합 및 여타 정치적 노동운동조직들은 노동운동이 반독재 정치투쟁의 전면에 나서게 되는 중요한 계기가 되었다. 이들 정치적 노동운동세력은 군부

독재체제에 공개적으로 저항함으로써 국민대중들의 민주화요구를 고
양시키고 확산시키는 역할을 수행하였다. 이후 1986년부터 정치적
노동운동조직에 대한 국가의 억압이 강화됨으로써 노동운동의 급속
한 성장은 지체되었으나, 노동운동의 역량축적이 중단된 것은 아니
었다.8)

이런 사정은 학생운동과 함께 노동운동이 6월항쟁의 중요한 배경
세력이었음을 의미한다. 6월항쟁은 6·10민정당 전당대회를 계기로
서울 및 대도시지역으로부터 시작되었고 주로 학생 및 화이트칼라층
에서 시작하였다. 그러나 그 전개과정에서는 투쟁지역이 울산, 마산,
창원, 인천, 성남, 안양 등지로 확대되었으며, 노동자·농민·영세상
인 등 기층민중의 참여가 확산되는 양상을 보였다. 그리고 시민항쟁
이 노동자계급에까지 확산되던 6월 말의 시점에서 지배블록이 민주
화선언을 급히 발표하였던 것도 노동운동의 이와 같은 현재적 잠재
적 역량을 평가하지 않을 수 없었던 결과였다.9)

한편 6공국가의 노동통제 전략이란 점에서 우리가 주목해야 할 것
은 노동자대투쟁의 원인이라기보다 그것에 대한 국가의 대응과정이
다. 노동자대투쟁에 대한 국가와 자본의 대응 및 그 투쟁의 마무리
과정은 이 시기 노동통제 전략의 특징을 잘 보여줄 뿐만 아니라, 그
이후의 노동통제 전략을 이해하는 데 중요한 의미를 가지고 있었기
때문이다.

국가와 자본은 노동자대투쟁의 투쟁 수위가 초기의 노동조합조직
화를 넘어서서 점차로 높아지자 여러 가지 대응책 마련에 분주하게

---

8) 1980년대 노동운동에 대한 개괄과 평가는 전태일기념사업회 편, 『한국노동운동 20
   년의 결산과 전망』, 세계, 1991 참고.
9) 기독교사회문제연구소 편(1987a, 1987b)과 허명구(1991: 105-109), "87년 이
   후 노동조합운동의 현황과 과제", 전태일기념사업회 편, 앞의 책을 참고. 성남지역
   의 가두시위 상황을 분석한 정부 측 자료는 6월 19일 이후에는 노동자들이 시위를
   주도하였다고 보고하였다. 자세한 내용은 월간 『말』, 12호 참고.

나서게 되었다. 먼저 민정당과 정부는 7월 말 노동관계법개정방침을 급히 합의하여 확정하였다. 개정안은 노조설립요건을 크게 완화하는 대신, 3자개입 정치활동금지 등의 핵심통제조항은 여전히 유지하는 것을 골자로 하고 있었다.[10]

7월 한 달은 대중적인 노동자대투쟁이 확대되는 가운데 위기를 느낀 국가와 자본이 전술적 후퇴의 마지노선 설정에 대한 막후조정에 분주했던 기간이었다. 호헌지지성명[11]으로 존재기반이 크게 위협받았던 노총은 7월 7일 재빨리 '헌법 및 노동법개정에 대한 청원'과 노동법 '개정안'을 제출하였으며, 이에 대해 자본은 곧바로 노총의 개정안에 반대하는 청원을 역시 제출하였다. 이때로부터 7월 말까지 약 20일 동안 국가와 자본은 일차적으로 개정노동법의 윤곽에 대해 합의했던 것으로 보인다.

국가의 노동법개정방침 결정과정은 그것이 노동자대중투쟁에 대응한 선점전략이었다는 점 외에도, 또 다른 중요한 의미를 담고 있었다. 그것은 지배블록이 정치활동금지와 제3자개입금지, 국가보안법과 같은 핵심적인 억압적 통제기제들을 그대로 유지할 것임을 분명히 하였다는 점이다. 실로 권위주의하에서 노동계급의 민주적 권리를 제약했던 핵심적인 조항들에 대한 개정을 민주화선언 직후에 이렇게 부인할 수 있다는 사실 그 자체가 한국사회 민주화의 특수성을 잘 보여주었다.

그리고 8월 초 정부는 긴급대책회의를 통해서 새로운 노동정책의 골격을 이룰 몇 가지 방침을 발표하였다. 여기서 정부는 한편으로 노동분쟁에 개입을 자제하고 조정자로서 중립적인 역할을 할 것을

---

10) 자세한 내용은 중앙일보, 1987.7.30일자와 8.6일자를 참고.
11) 한국노총이 군사정권의 헌법불개정방침(4. 13호헌조치) 발표 직후, 이를 지지하는 성명을 발표한 것을 말한다. 군사정권의 이 호헌조치는 6월시민항쟁을 불러일으킨 직접적인 원인이었다.

밝혔지만, 역시 현행법을 벗어나는 '불순·과격·폭력'쟁의에 대해서
는 엄단할 것임을 동시에 천명하였다. 국가는 노동쟁의가 자본이 수
용할 수 있는 선을 넘어서거나 정치적 부담으로 작용할 수 있는 수
준에 이르면, 언제라도 개입할 것임을 이미 노동자대투쟁 초기에 분
명히 밝혔던 것이다. 그리고 이와 같은 국가의 정책방침은 그 이후
에 일관되게 유지된 것으로 보인다.

　이를 구체적으로 보면 8월 5일 정부는 노사분규해결 3원칙으로
자주-자결-자치를 제시하는 한편, 폭력·파괴행위에 대해서는 강력
히 대처하겠다고 발표하였다. 이어서 8일 노동부 장관은 인터뷰에서
노동부가 직접 간접적인 개입을 않겠다고 하면서도, 외부세력개입에
대해서는 철저히 차단하겠다고 말하였다. 이와 같은 국가의 정책방
침은 8월 10일의 정부 노사분규대책, 8월 11일의 노동부 장관 담화
문, 민정당 총재의 담화문, 8월 12일의 총리주재 긴급대책회의, 8월
19일 청와대 노사분규대책회의, 치안본부장의 노사분규대책 등 연이
어진 대책발표에서도 지속적으로 확인되었다. 그리고 이 시기 동안
정부 산하 경제부처들은 노동쟁의가 발생하였던 기업들을 지원하는
지원대책들을 속속 발표하기도 하였다.

　한편 당시 대통령직선제 헌법개정을 협상 중이었던 야당세력은 8
월 10일 노동쟁의에 대한 입장을 표명하였다. 여기서 두 야당지도자
들은 한결같이 노동자들이 과격하고 폭력적인 행동을 삼가고 평화
적으로 문제를 해결할 것을 촉구하면서, 과격 폭력이 민주화에 역기
능적으로 작용하게 될 가능성에 대해 우려를 표명하였다.[12]

　민주주의이행에 참여하고 있었던 대표적인 정치세력이었던 야당지
도자들의 이러한 입장은 이 시기의 노동통제정책 전개에 있어 결정
적으로 중요한 의미를 갖는다. 민주주의이행과정에서 노동계급의 과

---

12) 김영삼 민주당 총재와 김대중 민주당 상임고문의 발표문을 참고.
　　(중앙일보, 1987.8.10)

도한 동원은 군부나 권위주의 강경파의 반동을 불러올 가능성이 있음은 잘 알려진 사실이다. 그리고 당시 국가와 자본, 특히 노동자대투쟁에 대한 언론의 반공이데올로기공세는 그러한 분위기를 한층 고조시켰다.[13] 당시 언론의 반공이데올로기공세는 '좌익폭력세력이 사주하는 노동쟁의가 격화되면 민주화 자체가 어렵다'는 논리를 주축으로 하고 있었으며, 이는 야당세력을 노동운동으로부터 분리시키려는 명백한 목표를 가지고 있었다.

비록 군부보수세력의 재등장이 극히 어려웠던 상황이었지만, 권력획득경쟁에 몰입하였던 야당엘리트들은 지배블록의 요구에 순응하여, 노동자투쟁의 확산을 통제하는 방향으로 손쉽게 태도를 바꾸었다. 민주화 초기에 노동자계급의 투쟁을 지지하고 지원하였던 야당세력의 이와 같은 태도 변화는 우선 독특한 이행유형으로부터 설명할 수 있다. 한국사회의 민주화는 구지배세력이 정치적 지배력을 여전히 유지하는 상황에서 진행되었으므로 야당세력들의 노동운동 자제요구는 더 절실한 것이었다. 그들은 이미 민주화과정에서 상당한 정치적 실익을 확보하고 있었으므로, 자신들이 주도하는 형식적 민주주의체제의 성립을 위협하는 어떤 움직임에 대해서도 반대할 준비가 되어있었다.

그렇지만 문제는 야당세력들이 스스로 노동쟁의의 확산을 통제할 수 없다는 점에 있었다. 그들은 노동운동을 통제할 어떤 조직적 이념적 수단도 갖고 있지 못하였던 것이다. 노동운동통제를 위한 중앙집중적인 노동조직체제는 부재했으며, 전국적인 지도부는 노동자들의 공격대상이었던 한국노총 이외에는 존재하지도 않았으므로 제도권정당의 노동운동통제는 조직적으로 불가능하였다. 그리고 정치적

---

13) 실제로 군부강경파에서는 8월 말 군대의 동원을 고려하였다. 월간조선, 1992.2월호를 참고. 이론적 논의로는 O'Donnell & Schmitter(1986), Valenzuela(1989)를 참고.

이념으로 보면 야당세력들은 노동자계급의 이익을 대표하기보다는, 자본가계급의 이익을 옹호하였던 매우 보수적인 정치세력이었다.[14)

따라서 야당지도자들은 노동계급을 제어하기 위해서 권위주의체제의 물리력에 의존할 수밖에 없었고, 국가와 자본의 기본입장이었던 억압적 개입에 동의하지 않을 수 없었던 것이다. 결국 첫 단계의 이행에서 정치적 '타협'은 노동계급을 억압하는 노동정책에 대한 '합의'로 손쉽게 귀결되었다.

그리고 집권세력 내부의 온건파였던 여당의 지도부들도 동일한 상황에 있었다. 당시 온건파들은 노동쟁의의 확대를 빌미로 한 강경파의 군대동원 계획을 제어하는데 역량을 집중하였다. 이들도 야당세력과 마찬가지로 여야합의개헌에 의한 순조로운 정권교체만이 자신들의 정치적 이해를 보장한다는 점을 잘 알고 있었다. 그들은 야당의 협조를 요구했고, 이를 배경으로 강경파를 설득하는데 성공하였다. 그들의 논리는 민주화에 참여하는 정치세력들의 노동문제에 대한 견해가 일치하는 상황에서 군대의 동원은 불필요하고, 그 비용이 너무 크다는 것이었다. 그 대안은 경찰력을 무제한으로 동원하여 노동운동을 억압하는 방안이었다.[15)

14) 한국의 제도야당이 기본적으로 지주계급과 자본가계급으로부터 형성된 보수적인 정치세력이라는 것은 잘 알려진 사실이다. 그리고 한국 제도권정치의 중요한 특징은 금권정치였다.(최장집, 1993) 특히 영합게임인 대통령선거를 앞두고 있었던 이들이 대자본의 이해에 기본적으로 반하는 정치적 선택을 하는 것은 거의 불가능하였다.

15) 8월 25일 긴급당정회의에서는 지배블록 내 온건파들이 모여 민주화의 정치일정과 노사문제 대책을 심도 있게 논의하였다. 이들의 군대동원불가론은 약간의 논란 끝에 청와대의 재가를 얻어 관철되었고, 울산지역에 대한 위수령 선포 대신에 8월 27일 김정렬 국무총리담화가 발표되었다. 이 담화는 노동쟁의에 대한 정부의 무제한적 공권력개입을 선언하는 의미를 갖는다. 같은 날 위장취업자를 포함한 좌경세력 60여 명을 수사하고 있다는 발표가 있었으며, 28일 검찰과 경찰은 좌경관련 1,600명을 수사하고 있다고 발표하였다. 또 옥포 대우조선 노동자 이석규사망사건과 현대그룹 노동자 울산시청난입사건을 계기로 해서 공안, 치안당국의 억압적 노동분쟁 개입은 그 최고조에 도달한다. 월간조선(1992년 2월호) 및 중앙일보(1987.8.27) 참고. 한편 9월 5일 여당과 야당은 폭력시위 자제를 촉구하는 성명

이런 정치적 배경하에서 정부는 8월 동안 격화되었던 울산현대그룹쟁의에 대해 일시적인 중립적 중재노력을 보이기도 하였지만, 중순 이후 본격적으로 물리적 억압의 강도를 높여 나갔다. 그 결정적인 계기는 8월 말의 대우조선 사망노동자 장례식과 9월 초 현대그룹 노동자들의 울산시청 점거사건이었다. 사상 유래 없이 폭발적으로 전개되었던 1987년 여름의 노동자대투쟁은 이렇게 강력한 국가의 억압에 의해 9월 초순 쉽게 종결되었다.

민주주의이행정치의 규정성은 그 이후 노정권기간의 노동정치의 틀을 이루는 노동법개정과정에서도 그대로 관철되었다. 대투쟁 초기에 이미 내부의 방침을 확정했던 국가와 자본은 억압이 강화되고 노동정치의 정세가 유리하게 진행되자 이를 쉽게 관철시킬 수 있었던 것이다. 그리고 나아가 국가는 자본의 이해가 걸린 핵심적인 통제장치들을 새로이 도입하려는 시도까지 하기에 이르렀다.[16) 그 결과 여야 간의 입장 차이에도 불구하고, 군부 권위주의하의 핵심적인 노동통제장치들은 11월 말 개정된 노동법에서도 그대로 유지되었던 것이다.[17)

이렇게 이 시기의 노동통제정책을 규정한 요인은 기본적으로 민주화라는 정치적 요인이었다. 민주주의이행의 첫 단계인 6·29선언에 의해서 계급역관계의 일시적 불균형이 초래되었고 그것에 의해

을 같은 날 발표하기도 하였다.(한국일보, 1987.9.5)

16) 노동부는 9월 초 노동자대투쟁 이래 자본의 중요한 요구였던 무노동 무임금 원칙의 제도화 방침을 시사하기도 하였다.(한국경제신문, 1987.9.10) 이 시기 자본의 요구는 이 해 여름 제출된 경영자총협회의 건의안에서 잘 나타난다. '노동법의 권위회복과 노사자율 교섭풍토 조성을 위한 경영계의견'이라는 건의안에는 요구사항으로서 무노동 무임금 원칙의 명시, 정부의 긴급조정권 발동, 불법쟁의에 대한 민 형사상 책임추궁, 노동조합대표성 분쟁에 대한 정부의 개입, 노동조합의 부당노동행위조항의 명시 등 공격적인 내용이 주를 이루고 있다.(한국경영자총협회, 1987)

17) 1987년 개정노동법은 민정당(정부)과 노총의 안이 대폭 수용된 채로 야당의 특별한 반대 없이 통과되었다.(김준, 1989) 권위주의의 노동억압장치로 여전히 유지되었던 조항 중 대표적인 것은 흔히 '4대악법조항'으로 불리는 복수노조금지조항, 공무원 교사 단결금지조항, 제3자개입 금지조항, 정치활동 금지조항 등이다. 이 중 제3자개입 금지조항은 자본 측의 요구에 따라 더 강화되기까지 하였다.

노동자계급의 역동적인 동원이 시작되었다. 그러나 동시에 '개혁적' 유형의 통제된 이행과정에서 국가와 자본 측은 권위주의하의 억압적 수단들을 폐기하지 않고 유지할 수 있었으며, 그것은 노동자대투쟁에 대한 억압을 계기로 해서 다시금 전면적으로 재등장하게 되었다.

여기서 제도언론의 노동운동에 대한 대대적인 이데올로기공세는 억압적 국가기구의 재등장을 정당화해준 중요한 배경이었다. 제도언론은 6월항쟁에 이르는 시기까지 반독재운동에 일정한 기여를 하였다고 평가될 수 있었지만, 7, 8월 노동자대투쟁에 대해서는 정반대의 태도로 일관하였다.[18] 노동자계급의 민주적 요구들은 민주화에 역행할 뿐만 아니라, 경제위기를 초래한다는 것이 언론의 이데올로기공세의 주요 내용이었다. 그리고 더 나아가 8월 말 이후, 언론은 정부의 공식방침에 따라 노동자들을 폭도로 취급하고 노동쟁의는 반체제 불순세력들이 사주한 것이라고 보도하였다.

보수야당과 언론의 노동자계급에 대한 공세는 그것이 일부 중간계급의 정치적 의식에 결정적으로 영향을 미칠 수 있었다는 점에서 매우 중요하게 취급되어야 한다. 언론의 노동쟁의에 대한 이데올로기적 매도와 왜곡보도[19]는 공권력의 무제한적인 사용을 정당화하였을 뿐만 아니라, 계급역학관계를 재역전시키는 중요한 출발점을 이룬다. 노동계급이 민주주의이행을 추동하는 중심적인 세력이 아니라, 사회혼란을 불러일으키면서 이행을 위협하는 세력이라는 이데올로기적 각인이 이 때로부터 시작되었던 것이다. 그리고 중산층으로 불리는 중간계급 상

---

18) 제도언론의 태도가 이와 같이 급변한 것은 노동운동이 요구하는 민주화가 대자본으로 성장하였던 언론자본의 이해를 직접적으로 침해하는 것이었기 때문이다. 1980년대 언론자본의 급속한 성장과정 및 그 정치적 태도에 대해서는 김해식(1993)을 참고.

19) 일례를 들면, 9월 5일 임시국무회의에 대한 보도태도를 들 수 있다. 당시 전국경제인연합회의 전무가 국무회의 석상에서 과격폭력쟁의에 대한 보고를 하는 이례적인 자리가 마련되었는데, 그것은 언론의 대규모 이데올로기공세를 위해 의도적으로 준비된 행사였다. 여기서 제시된 쟁의양상들은 대체로 과장된 것이거나 왜곡된 사실들이었다.(동아일보, 1987.9.5; 월간 『말』, 1987년 10월호 참고)

층을 이데올로기적으로 동원함으로써 노동계급을 통제하는 새로운 노동통제방식의 원형도 이 기간에 시작하였다고 볼 수 있다.[20]

1987년 6·29로부터 12월의 대통령선거에 이르는 노동정치변동은 6공기간의 노동정치변동을 축약해놓은 것이라 할 수 있다. 지배블록의 일시적인 정치적 헤게모니 상실, 형식적 민주주의의 확대와 노동계급의 폭발적 동원, 이데올로기공세를 주축으로 한 세련된 통제방식의 구사와 억압의 확대, 국가와 자본의 주도권장악 및 이에 기초한 법제화 제도도입의 시도가 모두 유사하였던 것이다.

마지막으로 9월 이후 시기의 노동통제 전략은 대규모의 노동쟁의가 제압된 가운데 상대적으로 자율적인 노사관계를 허용하는 선에서 실시되었다. 그 이유는 무엇보다 대통령선거를 앞둔 시점에서 억압적인 노동정책의 유지나 강화가 득표전략에 도움이 되지 않을 것이라는 지배블록의 판단 때문이었다. 그 결과 1987년 겨울 동안 노동정치는 전면적인 대결을 앞둔 짧은 휴지기간으로 들어갔다.

한편 폭발적인 노동자대중의 동원과 강력한 국가억압의 재개로 노동정치정세가 반전되는 역동적 과정 속에서도 1987년 하반기에 노동계급은 조직역량강화를 위한 중요한 약진을 할 수 있었다.[21] 그것은 단위 노동조합의 조직과 지역수준의 연대조직의 결성이라는 두 가지 측면에서 두드러졌다. 1987년 6월부터 12월까지 1,300여 개의 신규 단위노조가 결성되었으며, 조합원 수는 23만여 명이 증가하였다. 그리고 이들 신생 민주노조들 간의 지역적 연대사업이 9월 이후 활발히 진행되었고, 그것은 지역노동조합협의회라는 민주노조연대조직으

---

20) 물론 권위주의체제에서도 국가는 중간계급을 이데올로기적으로 동원한 노동통제를 시도하였다. 그러나 이데올로기의 헤게모니효과란 점에서 이 시기의 그것은 이전 시기의 것과 구별되어야 한다. 본 논문의 6장 참고.

21) 전태일기념사업회 편(1991: 111-149), 기독교사회문제연구원 편(1988: 83-92), "노동운동의 조직적 연대강화", 『노정권의 출범과 민족 민주운동의 진로』(기사연리 포트 6호), 민중사 참고.

로 발전하기 시작하였다. 1987년 12월 결성된 마산창원지역노동조합
총연합을 필두로 한 지노협의 조직과 연대활동은 노동계급의 내적
역량이 성장하는 과정에서 중요한 전환점을 이루었다.

〈1988.3 - 1988.12〉

대통령선거에서 승리한 노태우 정권의 제6공화국은 1988년 2월
25일 출범하였다. 선거에서의 승리는 야당세력의 분열 및 지역주의
에 기반을 둔 것이었으며, 군부독재체제의 수혜계층을 결집함으로써
달성될 수 있었다.

노태우 정권의 집권 초반 1년여의 기간은 노동통제정책의 전개라
는 점에서 매우 특수하고 미묘한 시점이었다. 이 시기의 노동통제는
형식적이었으나마 국가가 노사관계에 대한 개입을 상대적으로 자제
하고 중립적인 태도를 취하고자 하는 모습이 두드러졌던 시기였
다.22) 이 같은 변화는 특히 이전 시기까지 노동통제를 전담하였던
억압적 국가기구가 통제의 전면에서 후퇴하고, 노동행정 주무부처인
노동부와 국회노동위원회의 정책결정 및 참여가 활발했던 것으로 표
출되었다.

먼저 집권 초기 노동통제정책 전개의 구체적인 양상을 살펴보면 가
장 두드러진 것으로 국가는 노동조합의 결성과 그 일상적인 활동에
있어 가능한 범위 내에서 자율성을 보장하고자 하는 자세를 뚜렷하게
보여주었다.23) 그것은 권위주의체제의 노조불인정정책으로부터 노동
조합조직을 인정하는 커다란 정책전환을 의미하였다.(홍덕률, 1991:
238) 정부는 비록 불법적이거나 경제적 사회적 파급력이 컸던 쟁의와

---

22) 이 시기의 노동정책 전개의 구체적 양상과 그것에 대한 몇 가지의 평가를 담고 있
는 연구로 김준(1989)이 있다.
23) 노동부, "노동조합업무처리지침", 1988.3을 참고. 새 정권의 노동행정방향을 포괄
적으로 규정하고 있는 이 지침에서 노동부는 노사관계행정의 기본방향으로 노사문
제의 자율해결을 특히 강조하였다.

급진적 운동노선에 대해서는 분명하게 선을 그었지만, 합법적이고 일상적인 노동조합의 활동에는 개입하지 않는 자세를 취했다.

정부기구 내에서도 노동부는 특히 중립적인 자세를 취하고자 하였던 것으로 보인다. 이는 과거 노동부가 '노동통제부'의 위상을 가졌던 것에 비교하면 매우 놀라운 일이었다. 노동부는 쟁의에 대한 개입을 상대적으로 자제하였고, 노동정책사안에 대해서도 비교적 신중하게 접근하였다.

개입을 자제하였던 대표적인 사례를 들어보면 6월 18일 상공부의 현대자동차쟁의에 대한 긴급조정권 발동 요구를 노동부가 거부하였던 것, 6월 초 창원 현대정공노조가 최고경영자를 감금하였음에도 불구하고 도청이 경고 서한만을 발송한 일 등을 들 수 있을 것이다. 그리고 6월의 대우조선파업에 대해서 상공부가 긴급조정권발동을 요구하였을 때, 노동부는 이를 거부하기도 하였다. 또 당시 입안 중이었던 사내근로복지기금법의 경우 사용자단체들의 강한 반대에도 불구하고, 노동부는 이를 관철할 것임을 분명히 천명하기도 하였다.[24]

그리고 노동부는 이 시기 동안 노사 간에 주요한 쟁점이 된 사안에 대해서도 과거와는 사뭇 다른 태도를 취하였다. 먼저 권위주의하의 핵심적 통제수단들이었던 블랙리스트나 관계기관대책회의에 의한 통제를 제도적으로 폐지하겠다고 밝힌 것은 중요한 정책 변화였다.[25] 이는 명백한 법적 근거 없이 국가가 노동운동을 억제하기 위해서 개입하였던 과거의 관행을 중지하겠다는 것으로 받아들여졌다.

---

24) 한국일보 1988.6.18일자 및 한겨레신문 1988.8.23일자를 참고. 이 밖에도 노동부는 4월 12일 파업 중 임금지급문제로 직장폐쇄에 돌입하였던 대우조선에 대해 이를 철회하고 노사가 합의할 것을 권유하였으며, 4월 30일에는 임금교섭에 불성실한 사업주를 처음으로 입건하기도 하였다. 이어서 5월에는 노조 위원장을 납치하는 부당노동행위를 한 현대건설을 입건하였다. 그리고 6월 말에는 대규모 쟁의가 발생한 현대건설, 현대중공업, 대우자동차, 서울지하철공사에 대해서 특별 정밀 근로감독을 실시한다고 발표하였고, 기업주의 구사대동원을 규제하기도 하였다.
25) 자세한 내용은 국회사무처(1988)를 참고.

그리고 노동부는 사용자의 부당노동행위에 대해서는 엄중히 대처할 방침임을 지속적으로 공표하였다. 실제로 당시 사용자에 의한 대표적인 부당노동행위로 사회적 쟁점이 되었던 구사대폭력이나 위장폐업에 대해서 노동부는 불법행위임을 명백히 하고 해당 사업주를 입건하기도 하였다.26)

억압적 국가기구의 역할이 축소되고 노동행정에서 노동부의 역할이 커진 것과 함께 이 시기에는 국회의 역할이 두드러지게 나타났다. 1988년 4월 총선으로 구성된 13대 국회에서는 노동위원회가 처음으로 독자적인 상임위원회로 구성되었다. 당시 여소야대의 정국에서 야당들은 집권여당을 공격하는 정치적 연합을 형성하였는데, 국가의 노동행정을 다룬 노동위원회는 그 중요한 제도적 창구로서 기능하였다. 그것은 5공청산의 문제와 함께 노동문제는 6공체제의 가장 큰 약점이었기 때문이었다. 특히 13대 국회에서 재도입된 국정감사에서 노동위원회의 활동은 여타 상임위원회에 비해 두드러진 것이었다.

국회노동위원회는 권위주의체제의 제도와 정책실행의 틀을 크게 벗어나지 못하였던 노동행정 전반을 감시하고 비판하는 기능을 수행하였다. 그중에서도 가장 중요한 것은 노동관계법들의 개정작업을 본격적으로 추진한 점이었다. 노동위원회가 1987년 11월 개정된 개정노동법체제를 채 1년이 지나지도 않은 시점에 다시 개정하고자 했던 것에는 몇 가지 이유가 있었다. 우선 일상적인 행정감시 및 시정요구들이 노동부를 비롯한 6공국가의 철저한 비협조로 말미암아 거의 무의미한 것으로 드러났기 때문이었다. 그리고 야당세력들이 정

---

26) 물론 노동부의 방침이 일선 행정기관에서 철저하게 실행되지는 않았다. 대체로 지방부서에서는 구사대폭력을 여전히 방관하였고, 때로는 사업주의 편에 서서 이를 조장하기도 하였다. 한겨레신문 1988.5.22일자 신문, 노동부 "최근 주요노사문제보고"(국회제출자료), 1988.6.5 및 중앙일보 1988.11.24일자 참고.

부를 공격하기 위한 수단으로 노동운동을 적극적으로 동원하는 전략을 사용하였던 것도 노동관계법개정을 적극적으로 추진하였던 중요한 이유였다.[27]

요컨대 이 시기 국가의 노동통제 전략은 권위주의시기나 이전 시기의 그것에 비해서 크게 그 방향을 선회하였다는 점에서 특징적이었다.

그러나 1987년 하반기의 경험에서 우리가 이미 확인하였듯이 6공체제의 지배세력은 계급적으로 독점대자본의 이해를 대변해왔던 전통적인 지배세력이었으며, 노동계급의 도전과 민주화의 진전에 대해 매우 적대적인 세력이었다. 그리고 이들은 첫 이행의 성격으로 말미암아 억압적 국가기구들을 대체로 손상받지 않은 채로 이어받았다. 특히 국가의 억압적 기구들과 제도들은 첫 이행과정에서도 노동계급의 도전을 제어하는 데 있어 매우 효율적이라는 것이 노동자대투쟁의 경험 속에서 확인된 바 있었다.

더욱이 6공국가는 이전 정권들이 갖지 못하였던 중요한 권력자원을 새로이 확충하였다. 대통령직선제를 통해서 집권했다는 사실은 정책실행에 있어 정당성의 자원을 배가할 수 있는 의미가 있었기 때문이었다. 그리고 집권 직전에 개정된 개정노동법은 여야가 합의로 통과시킨 것이었고, 다수의 중요한 통제수단들이 여전히 구비되고 있었다. 여러 가지 법적 물리적 통제수단들을 갖고 있었음에도 불구하고, 그리고 노동계급의 도전에 대해 명백히 부정적인 견해를 갖고 있었음에도 불구하고, 이 시기 정부의 노동통제정책이 상대적으로 매우 온건하거나 중립적이었던 이유는 무엇인가.

기존의 연구들은 이를 정권의 '의사개량화정책' 또는 전략으로 설명하였다.(김준, 1989; 박형준, 1989; 김용기, 1989; 차성수, 1989; 한국산업사회연구회, 1989; 홍덕률, 1991) 이 설명방식은 지배계급이

---

27) 노동법개정, 노동관련 국가기구에 대한 자세한 분석은 본고의 5장을 참고.

서구의 개량주의적 노동정책을 실행할 수 있는 물적 토대가 없는 상황에서, 국가가 계급투쟁의 고양에 대응하기 위해 약간의 물적 양보와 함께 허구적으로 개량 이데올로기를 유포하는 통제방식이라는 점을 강조한다. 그것은 '최소의 경제적 양보를 통한 최대의 정치적 효과'를 추구하는 전략이라는 것이다. 따라서 여기서 강조되는 것은 경제적 토대의 취약성에 의한 구조적 제약효과이다.[28]

반면에 본고는 국가의 노동계급에 대한 배제전략의 기조는 자본의 물적 기반이나 축적 여부와 관계없이 크게 변화가 없었다고 본다. 객관적으로 보면 1987년 노동자대투쟁에서 나타난 바와 같이 흐름생산체제하에서 억압적인 통제방식을 고수한다는 것은 노동저항의 효력을 배가하는 측면에서 많은 문제를 안고 있었던 것이 사실이었다. 그리고 3저호황에 의한 물질적 양보의 여력을 독점자본이 일정 정도 보유했던 것도 노동통제 전략의 기조를 변화시킬 수 있는 조건이 될 수 있었다. 그러나 1987년 노동자대투쟁에 대한 대응에서 분명하게 드러났듯이 국가와 자본은 배제전략의 기조를 바꿀 의사가 없었다. 그것은 국가와 자본의 권력자원과 계급역량이 압도적인 상황에서 경제적 비용을 자발적으로 지불할 필요는 없었기 때문이다. 즉 가능한 한 국가와 자본은 경제적 양보라는 비용을 지불치 않고 노동을 통제하고자 하였던 것이다. 그럼에도 불구하고 국가의 노동 배제정책이 완화되거나 일관되지 못하였던 것은 이 시기의 독특한 정치적 요인에 기인하는 것이었다.

그리고 노동부의 노사관계정책의 수사와 국가 및 자본의 실질적인 정책의도, 즉 전략적 방침은 구분되어야 한다. 즉 국가와 자본이 진지하게 자율적인 노사관계를 허용할 것을 결정한 적은 결코 없었다

---

28) 김준(1989: 214-217)은 이를 세 가지의 구체적인 요인으로 정리하였다. 그에 의하면 노동정책변화의 원인은 1)국가독점자본주의의 고도 축적에 의한 약간의 물적 토대 및 양보의 여력 2)노동계급의 역량 증대 3)변화된 계급투쟁의 지형으로 요약된다.

고 보아야 한다. 예를 들어 노동부는 1988년 2월 노동조합업무처리
지침에서 건전한 노조를 육성하는 것을 노사관계행정의 기본방침 중
하나로 제시한 바가 있었다. 그러나 이를 지나치게 확대해석해서 서
구의 '노동조합주의' 운동노선을 육성할 의도를 가진 것으로 해석하
는 것은 잘못이라는 점이다.

먼저 '자율적 노사관계'의 정책방향과 달리 이 시기 동안 국가와
자본은 한편으로는 쟁의 사안별로 필요에 따라서 적극적으로 개입하
였으며, 다른 한편으로는 끊임없이 새로운 통제의 수단들을 제도화
하고자 시도하였다.

노동부는 5월초 「노사관계질서 저해행위 처리에 관한 특별지침」을
전국지방관서에 시달하여 쟁의행위의 한계를 엄격히 제한하였으며,
대우조선 파업이 본격화된 5월 말에는 관계장관대책회의를 열어 불
법노사분규에 대한 강경대응을 천명하였다. 6월에는 장관회의에서
노동쟁의를 국민경제위축의 주요인으로 규정하고 불법쟁의에 대해서
는 엄중 대처할 것임을 밝혔다.[29]

그리고 6월 중순에 노동부는 파업기간 중 노조원에 대한 임금지급
불가를 행정지침으로 공표하여, 무노동 무임금을 제도화하려고 시도
하였다.[30] 무노동 무임금 지침의 재론은 당시 관심의 초점이었던 거
제 대우조선의 파업이 파업 중 임금지급을 둘러싸고 진행된 것이라
는 점을 고려하면, 단위사업장쟁의에 국가가 직접 개입하는 것을 의
미하였다. 그리고 특히 8월 서울지하철노동조합의 쟁의에 대해서는
최고 권력기구인 대통령이 중심이 되어 범정부적인 노동통제를 체계
적으로 기획하기도 하였다.[31]

---

29) 경제기획원, "최근 경제동향 분석 및 전망 — 노사분규 영향을 중심으로"(관계장관회
   의자료), 1988.6.14.
30) 노동부의 무노동 무임금 지침은 노동운동의 반발에 따라 철회되기도 하였다. 그러
   나 이 문제에 관한 노동부의 내부입장은 변함없었던 것으로 보인다. 한겨레신문
   1988년 5월 17일, 6월 15일, 7월 21일자 참고.

무노동 무임금 외에도 국가는 새로운 통제수단들을 개발하였는데 대표적인 것이 방위산업체지정과 해고근로자의 조합원자격 불인정이었다. 먼저 상공부는 6월 17일 쟁의가 불가능한 방위산업체의 범위를 매우 포괄적으로 지정하였다. 이는 1987년 이후 노동운동에서 주도적 역할을 수행하였던 대규모사업장의 노동운동을 통제하고자 하는 목적을 갖는 것이었다. 그리고 11월 노동부는 해고효력을 다투는 근로자의 조합원자격을 인정치 않는 유권해석을 시달하였는데, 이는 현행 노동법의 명문조항을 부인하는 새로운 통제수단이었다.[32]

더욱이 중앙부서의 공식적인 정책방향은 하부 행정기관의 구체적인 정책실행과는 커다란 괴리가 있었다. 노동부와 내무부 소속의 말단 행정기관에서는 과거의 권위주의적 노동통제의 관행이 그대로 실행되고 있었고 그것은 매우 편파적인 것이었다.[33]

이와 같은 1988년도 노동정책실행의 양면성은 국가의 노동정책 기조가 일관되게 관철될 수 없었음을 단적으로 보여준다. 그리고 그 비일관성의 배후에는 노동통제를 강화하고자 한 국가와 자본의 전략이 여러 가지 정치적 요인들에 의해 굴절되거나 은폐되어야 했던 정치적 배경들이 놓여 있었다. 사실 국가는 민주주의이행기의 정치적 조건과 자본의 노동통제강화요구[34] 사이에서 부단하게 동요하고 긴

---

31) 당시 청와대에서는 서울 시장, 지하철공사 사장, 대통령비서실, 안기부 및 보안사 담당관이 참여하는 관계기관대책회의가 개최되었다. 여기서는 파업투표의 결과를 사전에 조작하기 위한 여러 가지 계획들이 추진되었다. 회의 결과 파업대책에는 서울지검, 지방노동청, 안기부, 보안사, 서울시경, 국방부, 문공부, 교통부 등이 동원되었다. 전국노동운동단체협의회, "현정권의 노조파괴공작에 대한 긴급보고", 1988.11.12 및 양대석, "폭로! 지하철노조 파괴공작", 월간 『말』 1988년 12월호 참고.
32) 풍산금속 해고노동자에 대한 노동부해석을 말한다. 한겨레신문 1988.11.8일자 참고.
33) 삼성중공업의 노조설립신고에 대한 거제군청의 업무처리는 그 대표적인 사례라 할 것이다. 동아일보 1988.4.12일자 참고.
34) 자본 측 요구의 긴박성은 일차적으로 이 시기 그 수위가 높아졌던 전경련 회장단의 정치적 발언과 경총의 건의 청원 등과 같은 집단적이고 직접적인 영향력행사에서 확인할 수 있다.(한국경영자총협회, 1988, 1989) 그리고 자본 측의 드러나지 않는 간접적, 개인적 영향력행사 또한 치열하였을 것임은 쉽게 짐작할 수 있는 일이다.

장하는 모습을 보였던 것이다. 이 시기의 노동정책을 굴절시켰던 요
인들은 다음의 몇 가지 요인들로 정리될 수 있다.

첫째로 민주주의이행의 첫 단계를 막 지난 노정권으로서는 민주화
의 언술과 양립할 수 없는 억압적 노동정책을 정권초반기에 곧바로
실시할 수 없었다. 이른바 '민주정권'의 출범 초기부터 노동에 대한
억압을 강화하는 것은 형용모순적인 것이었고, 그 자체로서 민주정
권의 정당성기반을 크게 잠식할 수 있었다는 점 때문이었다. 즉 노
정권으로서는 노동통제강화를 위한 정치적 사회적 여건을 조성하는
데 상당한 시간이 필요하였던 것이다.

특히 집권과정에서 대통령이 약속하였던 여러 가지 공약사항들은
정권의 노동정책실행을 크게 제약하였다. 치열한 대통령선거과정에서
노태우후보는 자신만이 '안정된 민주주의'를 가져다 줄 수 있다고 선
전하였고, 자신의 민주인사로서의 이미지를 단기간에 창출하였다. 그
리고 그는 승리를 위해서 자신이 실행할 의사가 없거나, 실행 능력이
없었던 선거공약들도 제시하지 않을 수 없었다. 예를 들면 정치공약
으로는 중간평가가, 그리고 경제공약으로는 금융실명제, 토지공개념
의 실시 등이 바로 그러하였다. 이런 공약들은 6공체제의 민주화확대
의지를 표현한 것이었으므로 노동배제전략의 실행과 배치되는 것이
었다. 특히 중간평가공약은 노동자계급에 대한 배제전략을 집권 초반
기에 실시하지 못하게 한 중요한 정치적 이유가 되었다.

둘째로 노정권은 자신이 집권하는 데 있어 결정적인 역할을 하였
던 '지역주의'문제로 말미암아 집권 이후 정국 운영의 중대한 약점
을 안게 되었다. 대통령선거와 달리 지역단위의 대표자를 선출하는
4월 국회의원선거에서 6공정권은 과반수 의석을 확보하는 데 실패하
였던 것이다. '여소야대' 국면에서의 강력한 반대야당의 존재는 억압
적인 정책실행을 매우 어렵게 하였다. 예컨대 1988년 하반기의 국정
조사에서 야3당은 정부의 무리한 노동정책에 대해 강력한 비판을 제

기하였고, 이는 국가의 노동정책실행을 어렵게 하는 효과를 초래하였다.[35] 특히 1988-1989년의 노동법개정과정에서 집권여당은 야3당의 공세에 속수무책이었으며, 대통령은 거부권행사로 현행법을 고수하지 않을 수 없었다.

셋째, 노정권은 지배블록 내부에서도 일관된 노동통제 전략을 수행할 수 있는 정치적 헤게모니를 충분히 장악하고 있지 못하였다. 구체적으로 말하자면 6공국가의 노동배제전략은 권위주의 5공정권과의 인적·물적 연계로 말미암아 크게 제약받고 있었던 것이다. 노정권은 권위주의 강경파의 보호 아래 집권에 성공하였으나, 바로 이러한 사실 때문에 자신의 노동통제 전략의 정당성을 내세우는 데 한계를 갖고 있었다. 그러므로 노정권은 우선적으로 지배블록 내부에 강한 세력으로 존재하였던 권위주의 강경파들을 제거하는 작업에 매달릴 수밖에 없었다.

이런 문제들은 5공청산이라는 정치적 쟁점으로 나타났다. 5공청산의 문제를 극복하지 않고서는 성립과정의 절차적 민주주의라는 정당성자원의 효용은 크게 낮아질 수밖에 없었다. 그리고 그만큼 노동정책의 절차적 정당성 또한 크게 제약받았다. 또 노정권은 집권과정의 절차적 정당성을 제외하면, 권위주의하의 정치제도와 기구들을 그대로 유지하고 있었다. 야당세력들이 이를 정치적 공세의 중요한 수단으로 삼음에 따라 이를 둘러싼 정치적 갈등은 지속적으로 심화되었고,[36] 이는 배제전략의 실행에 중요한 걸림돌이 되었다.

권위주의세력과의 형식적 단절작업은 앞서 언급하였던 민주정권으로서의 정권의 정체성 확보와 헤게모니 획득을 위한 가장 선차적인

---

35) 야3당이 문제 삼았던 이 시기의 쟁점으로는 노동통제정책 실행기구였던 관계기관대책회의의 합법성에 대한 공격, 노동입법의 왜곡된 해석 및 집행에 대한 비판, 노동행정기구의 편파성 지적 등을 들 수 있다. 국회사무처(1988, 1989, 1992b) 참고.
36) 노동문제에 관련해서는 군부 권위주의체제에서 중요한 통제기구였던 '관계기관대책회의'에 대한 야당의 공격을 들 수 있을 것이다. 자세한 내용은 5장을 참고.

작업이었던 것이다. 그러나 이런 의도로 1988년 하반기에 시작되었던 5공청산작업은 야당세력의 비협조와 시민사회 내부로부터의 강력한 저항에 부닥치게 되었고, 정권 초반기의 정당성을 끊임없이 위축시켰다.[37] 자신의 독자적이고 안정적인 권력기반을 짧은 기간 동안 확보하고자 하였던 국가정치에 노동정치적 요구나 정책적 요구는 부차적인 것으로 종속되었던 것이라 할 수 있다.

넷째로 1988년은 건국 이래 가장 커다란 국제적 행사였던 올림픽이 예정되어 있었던 시기였다. 올림픽의 성공적인 개최는 정권의 정당성과도 연관된 것이었다. 한편에서 올림픽 개최가 당시의 노동쟁의를 일시적으로 중단시키는 통제의 기제로 사용되기도 하였지만,[38] 전체적으로는 억압적인 노동정책실행을 어렵게 한 또 하나의 요인이 되었다.

마지막으로 위의 요인들과 함께 노동운동을 비롯한 기층민중운동의 성장 자체가 일관된 노동정책의 실행을 어렵게 한 배경요인이었다. 1987년 이후 노동자계급을 비롯한 사회세력들의 조직화는 급속도로 확산되었고, 그것은 시민사회의 권력자원 동원능력을 단기간에 급격히 증가시켰다. 이는 권위주의하에서의 노동통제와는 달리, 통제의 비용이 크게 증가하였다는 것을 의미한다. 따라서 여소야대 등의 불리한 정치정세 속에서 노정권이 대중노동운동의 상황을 짧은 기간

---

37) 야당세력들은 5공청산의 처리를 대가로 상당한 반대급부를 요구하였고, 이를 둘러싼 정치적 갈등은 1989년 하반기까지 지속되었다. 그럼에도 불구하고 1988년 하반기의 5공청문회는 노정권의 차별성을 부각시키는데 부분적인 성과를 가져다주었다. 그리고 이것은 연말의 노동정책 급선회를 위한 중요한 수순으로 기획되었던 것으로 보인다.

38) 정부는 올림픽 개최를 한 달 여 앞두고 소위 평화구역이라는 것을 선포하고 노동쟁의의 제한을 시도하였다. 당시 쟁의가 발생하였던 서울지하철공사 노동조합의 경우 이 조치에 의해 직접적인 통제를 받게 된다. 하지만 당시 지하철노조에 대한 국가의 태도는 1989년 봄의 지하철파업에 대한 공권력투입과 비교하면 상대적으로 온건한 것이었다.

에 역전시키기는 매우 어려웠다.[39)

요컨대 1988년의 노동통제 전략의 전개를 규정하였던 것은 일차적으로는 정치적인 요인들이었다는 점이다.[40) 국가의 노동정책이 자율과 개입의 양 극단을 어떤 기준 없이 배회하였다면, 그것은 이 시기의 국가정치의 독특함에 기인하는 일시적이고 부차적인 것에 불과한 것이었다. 이를 국가정책이 경제적 노동조합주의 육성으로 전환되었다고 해석하는 것은 피상적인 판단일 것이다.[41)

마지막으로 1988년 한 해는 정부의 노동정책변화에 따라 노동운동이 급속히 내적 헤게모니적 역량을 강화한 시기였다. 국가의 노동운동통제가 상대적으로 약화된 상황에서 노동조합은 1987년 말 4,086개에서 1988년 말에는 6,142개로 약 2,000여 개 이상이 증가하였으며, 조합원 수는 1년 동안 45만여 명이 증가하여 170만으로 늘어나게 되었다.

그리고 이 시기에는 노동운동의 수평적 수직적 연대활동이 크게 강화되었던 시기였다. 먼저 수평적 연대의 강화는 지역단위 연대기구인 지역노조협의회가 서울(1988.5), 인천(1988.6), 경기남부(1988.12) 등으

---

39) 실제로 1988년부터 1989년 공안정국까지의 짧은 기간 동안 노동부 장관이 두 차례나 교체된 것은 이 시기 국가의 노동정치 운영 및 정책실행의 어려움을 잘 보여준다. 그중에서도 특히 반대야당의 공세는 정책실행에 있어 결정적인 걸림돌이었다.(인터뷰자료)

40) 자본의 양보가능성이라는 경제적 요인의 작용을 부인할 수는 없겠지만 일차적으로는 정치적 요인이 중요하였다. 예를 들어 자본은 1988년 동안 지속적으로 국가의 노동억압의 강화를 요구하였고, 노동법개정작업과정에서는 거의 필사적인 저항을 전개하였다. 그리고 국가도 이 기간 동안 자본의 요구를 반영한 노동정책 변화를 끊임없이 모색하였던 것이다. 김준(1989)이 지적하였듯이 자본은 경제적 양보를 통제의 기제로 삼지는 않았으며, 국가 또한 자본의 직접적 이해에 반하여 행위할 수 있는 자율성의 폭이 크지 않았다.

41) 실제로 노동부의 정책기획 및 실행 담당자 수준에서는 이 시기 노동정책의 기본방향을 둘러싼 논쟁과 대립이 존재했던 것으로 보인다.(인터뷰자료) 노동부가 공개한 공개자료들에서 유래 없이 '민주와 자율', '노동조합주의'의 수사가 많이 동원된 것도 우연한 일은 아니었다. 하지만 이를 국가정책의 전략적 변화로 오인해서는 안 될 것이다. 특히 국가기구 내에서 매우 주변적이었던 노동부의 위상이 고려되어야만 한다.

로 확산되는 것으로 나타났다. 수직적 연대강화는 비생산직노동자들을 중심으로 한 업종별 노동조합조직의 결성이 확산되는 양상으로 나타났다.[42]

수평적 수직적 연대강화에 따라 이 시기의 노동운동은 연대의 범위가 전국적 수준으로 확대되고, 노동계급의 계급적 이해를 정치적으로 표출하는 단계로 나아가게 되었다. 1988년 하반기에 민주노조들은 1987년 개정노동법을 재개정하기 위한 '노동법개정투쟁'을 전국적으로 전개하였으며, 그 결과로써 '노동악법개정 전국노동자대회'(11.13)와 '지역 업종별 노동조합대표자회의'(12.22)를 조직할 수 있었다. 전국적으로 3만 5천여 노동자가 집결한 노동자대회에서는 노동자들이 처음으로 전국적 수준에서 동일한 정치적 요구를 제시한 집회였으며, 그 결과가 노조대표자회의로 연결되었던 것이다.[43]

노동자계급의 요구가 정책적·정치적 요구로 확대됨에 따라서 이 시기에는 정치적 노동운동조직이 노동조합운동으로부터 분화하는 특징적인 양상이 나타났다. 1988년 3월 울산현대엔진노동조합의 쟁의 과정에서 결성된 '노조탄압저지 전국노동자공동대책위원회'(3.11)가 그것이다. 공대위는 이후 '전국노동운동단체협의회'(1988.7)라는 상설 조직체로 발전하였는데, 이 조직은 전국수준의 노동조합운동의 과제와 함께 노동자계급의 정책적·정치적 요구를 결집하여 추진하는 위

---

42) 주로 일반 사무직, 연구 전문직, 서비스 판매직 노동조합들의 협의체, 연맹체로 결성되었다. 그 시작은 1987년 12월 결성된 병원노동조합협의회(후에 노동조합연맹으로 조직개편)였으며, 1988년에 결성된 조직으로는 사무금융노동조합연맹(1988.11), 외국기업노동조합협의회(1988.12), 건설노련(1988.12), 연전노협(1988.7), 민출노협(1988.1), 언론련(1988.4), 대학노협(1988.2), 유통노협(1988.6) 등이 있었다. 그리고 이 시기에는 그룹별 노동조합협의회의 결성도 활발하였다. 전태일기념사업회 편(1991: 112-113), 전국노동운동단체협의회 편(1988: 57-147), "상반기 노동운동의 현황" 참고.

43) 1988년 하반기 노동법개정투쟁에 대해서는 전국노동운동단체협의회 편(1988)과 한국기독교사회문제연구원 편(1988c), "88년 노동법개정투쟁", 『5공청산과 악법 개폐투쟁』, 민중사 참고.

상을 갖고 있었다.[44]

노동운동의 비약적 성장은 1988년 말 노정권이 노동통제를 강화
하게 된 직접적인 원인이 되었다. 노정권은 5공청산 국회청문회가
끝난 직후인 12월 28일 대통령특별담화를 통해서 노동통제를 공식적
으로 표명하였다.

〈1989.1-1990.1〉

세 번째 시기인 1989년은 6공화국 노동통제 전략의 기조가 분명
하게 드러났으며 정치적 과정과 밀접하게 연관되어 진행되었다는 점
에서 가장 중요한 시기였다. 특히 그것은 1990년 1월 3당합당이라는
정치체제개편과정으로 완결되는 새로운 노동통제체제로 나아가는 과
정에서 매우 역동적인 모습을 보였다는 점에서 자세한 분석을 필요
로 한다.

구체적으로 보면 이 시기는 매우 복잡한 정치적 과정으로 점철되
어 있었다. 우선 노동운동, 농민운동, 중간층운동 등 기층민중운동의
고양은 전체 정치과정을 규정한 기본적인 변수였으며, 특히 노동정
치는 제반 정치과정과 밀접히 연관되어 있었다. 그리고 제도권정치
영역에서는 여소야대정국의 연장선 위에서 중간평가, 보궐선거, 공안
정국, 5공청산, 보수대연합 등과 같은 중요한 정치적 주제들을 둘러
싸고 정파들 간의 경쟁과 이합집산이 끊임없이 되풀이되었다. 여기
서 국가의 노동통제 전략은 이 양자의 정치과정을 연결하는 핵심적
인 고리였다.

<표 4-1>은 이 시기의 중요한 정치적 사건, 국가정책, 노동운동을

---

44) 전국노운협은 이후 노동조합대표자회의와 전국노동조합협의회(1990.1) 등의 노동
조합 전국조직 결성에 주도적인 역할을 수행했을 뿐만 아니라, 전 국민족민주운동
연합 등 정치조직 결성에서도 핵심적인 역할을 수행하였다.(전국노동운동단체협의
회 편, 『노동운동』(월간), 각호: 전국노동운동단체협의회 편, 1988, 1989 참고)

국가정치와 노동정치로 구분하여 정리한 일지이다. 그리고 이 시기
는 국가정치의 역동적인 전개와 연관하여 중간평가시기, 공안정국시
기, 5공청산과 3당합당시기 등 세 개의 소시기로 다시 세분된다.

① 중간평가시기(1989.1-1989.3)

6공국가는 1989년 초부터 노동운동에 대한 통제를 급작스럽게 강
화하기 시작하였다. 이와 같은 신속한 선회는 국가의 노동억압정책
이 국가정치의 일관된 계획구도하에서 하위정책수단으로 동원된 것
임을 반증한다.

1988년 12월 28일 '민생치안에 관한 특별담화'에서 대통령은 사회
질서와 치안을 위협하는 모든 불법행위에 대해 엄단할 것임을 분명
히 하였는데, 그 일차적인 대상은 민주노조운동이었다. 1989년 1월
2일 신정연휴 중에 이루어진 풍산금속 안강공장에 대한 대규모의 공
권력투입은 국가의 대노동전략변화를 단적으로 보여주는 것이었다.
1988년 중에도 노정권은 수차례에 걸쳐 불법쟁의에 대한 단호한 대
처를 천명하곤 하였지만, '민생치안에 관한 특별담화'는 분명한 정치
적 목표 위에서 구체적인 정치적 전략으로 계획되었고, 즉각 실행되
었다는 점에서 이전의 것들과 명백히 구별된다.[45]

---

45) 예컨대 1988년 6월 22일 국회 국정보고에서 총리는 노동운동을 포함한 체제전복활
   동에 대한 단호한 대처의지를 표명하기도 하였다.(조선일보, 1989.6.23일자 참고)
   한편 특별담화는 노동운동을 좌익운동으로 규정한 12월 23일의 '국가안전보장회의'
   와 26일 법무장관의 '전국검사장회의 지시사항'을 종합하는 의미를 갖고 있었다.

〈표 4-1〉 1989년의 국가정치와 노동정치

	국가정치	노동정치
중 간 평 가 기	−대통령, '민생치안에 관한 특별 담화' 발표(1988.12.28) −정부, 여의도농민시위 강경대응 (1989년 2월) −노태우 김대중 회동, 평민당의 중간평가 협조 확인(3.8) −김용갑 총무처장관 사퇴(3.14) −노무현 의원 의원직사퇴서 제출(3.17) −대통령, 중간평가유보 발표(3.20) −육사교장 민병돈 파문(3.21) −안기부, 문익환 목사평양방문 발표(3.25)	−풍산금속노동조합 안강공장 지부에 대한 공권력투입(1989.1.2) −현대그룹 노동조합간부 테러사건 (1.8) −대통령, 지하철파업에 대한 강경 대응 지시(3.9) −지하철파업 및 공권력투입(3.16) −대통령주재 공안관계장관회의(3.22) −노동관계법에 대한 대통령거부권행사, 현대중공업파업지부 55명 해고(3.24) −현대중공업 노동조합에 대한 공권력투입 (3.30)
공 안 정 국 기	−공안합동수사본부 발족(4.3) −대통령주재, '민주주의체제 전복세력에 대한 관련부처 대책회의'(4.6) −동해보궐선거 후보매수사건(4.12) −안기부, 문익환 목사 구속(4.14) −야당3총재 회동, 좌익인정 노동운동폭력 정치투쟁 반대 등 8개항 합의(4.26) −대통령 특별담화 '국민에게 드리는 말씀'(5.3) −대통령주재 '시국대책긴급회의'(5.9) −이철규 사망사건(5.12) −공안합동수사본부 해체(6.19) −안기부, 서경원 의원 방북 발표(6.28) −안기부, 임수경 방북 발표(6.29) −검찰, 김대중 총재 국가보안법 위반혐의 입건 조사(8.22)	−현대그룹 노동자와 울산시민, 대규모 시위(3.30-4.6) −정부, '공안, 노동관계부처 차관회의'(4.4) −공안합동수사본부, 재야 노동단체 일제 수색(4월 중) −총리주재, '노동대책관계장관회의': 노동부 장관 담화발표(4.14) −경찰, 민주노조 측의 5·1절 여의도 집회 원천봉쇄(4.30) −민주노조, 5월총파업(5.1) −전국교직원노동조합 결성(5.28) −부총리, '하반기경제종합대책'발표(6.20) −대우조선 노동조합 파업돌입(6.23)
3 당 합 당 기	−여야영수회담(12.15) −전두환 전대통령 국회증언(12.31) −3당합당(1990.1.22)	−6부처장관, '산업평화조기정착을 위한 관계부처회의'(10.27) −노동부, '노사관계안정종합대책'(10.30) −대검찰청, 노동현장침투 좌익색출 지시(11.11) −경제기획원 장관, '경기종합대책' 발표, 총리주재 '치안관계장관회의'(11.14) −경제장관회의, '경제위기' 선언(12.9) −전국경제단체협의회 발족(12.24) −대통령주재 '경제난국극복을 위한 특별보고회의'(12.22) −대통령주재 '산업평화조기정착을 위한 대책회의'(1990.1.20) −전국노동조합협의회 결성(1.22)

'노사자율'을 표방하던 국가의 노동통제 전략이 개입전략으로 급격히 선회한 것은 먼저 정치상황이 부분적으로 변화하고 이에 따라 국가의 정치전략이 급격히 변화한 것의 결과였다. 먼저 신체제 성립 이후 약 1년여의 기간이 지나갔고, 1988년 한 해 동안 노동쟁의가 급격히 확대된 결과 국가가 개입할 수 있는 정치적 여건이 조성되기 시작하였다. 그리고 올림픽을 성공적으로 마쳤을 뿐만 아니라 5공청문회를 통해서 군부 권위주의세력 중 강경파 일부를 제거하였고, 이 과정을 대규모로 홍보하는 정치적 절차의 한 단계를 마무리 지었다. 특히 5공청문회는 그 효과가 매우 제한적인 것이기는 하였지만 체제의 정당성을 부분적으로 강화하였다. 그것은 6공화국 집권세력들의 5공 권위주의 지배세력과의 차별성을 제고시켰다는 점에서 국가가 자신의 적극적인 정치전략을 실행하기 위한 사전작업으로서 중요한 의미를 가졌던 것으로 보인다.

다음으로 1년 동안 국가개입이 크게 제한되었던 결과, 노동자계급의 조직적·정치적 역량이 크게 강화된 것은 보다 중요한 구조적 조건을 마련하였다. 노동조합조직률의 급속한 상승과 조직력의 강화는 곧바로 임금상승으로 이어졌다. 그리고 단위조합 간 연대가 활발히 진행되어 지역노조협의회 등의 연대조직으로 발전하였고, 이는 궁극적으로 노동조합조직체제의 개편을 요구하고 있었다. 이 같은 노동운동의 역량강화는 당시의 여소야대정국과 결합하여 국가와 자본가계급이 허용할 수 없었던 제도개혁투쟁, 즉 노동악법조항의 철폐투쟁으로 발전하기도 하였다. 특히 노동법개정에 대한 자본가계급의 반발은 이 시기 국가의 전략선택을 결정적으로 규정하였던 것으로 보인다.[46)]

그러나 다른 한편에서 보면 국가가 노동통제 전략을 급작스레 변

---

46) 자세한 내용은 본 논문의 5장을 참고.

경치 않을 수 없었던 보다 직접적인 이유가 있었다. 그것은 올림픽 직후로 설정되어 있었던 중간평가정국에 대한 정치적 대비작업의 일환으로 노동통제강화가 구상되었다는 사실이다.

1989년 초반기의 정치상황에서 핵심적 쟁점이었던 중간평가는 사실 매우 미묘한 문제였다. 중간평가는 치열한 정치적 공방과정을 필연적으로 수반하면서 그 승패여부와 관계없이 정권의 정치적 정당성을 크게 잠식할 것이 예상되었다. 그렇지만 동시에 그것은 대통령선거공약사항 중 핵심사안으로 이미 그 실시를 여러 차례 확인한 바 있었던 사안이었던 만큼 쉽게 철회할 수도 없는 뜨거운 감자와도 같은 것이었다. 반면에 중간평가에 대한 야당의 입장은 분열되었다. 제1야당이었던 평민당은 단순한 정책평가로서의 중간평가는 받아들였지만, 정권의 신임문제로 나아가는 것은 반대하였다. 반면에 민주당은 이를 정치적 주도권장악을 위한 수단으로 파악하고, 정권의 진퇴를 걸고 평가받을 것을 주장하였다. 이와 같은 상황에서 노동쟁의에 대한 대규모 이데올로기공세와 강력한 통제는 중간평가를 회피하기 위한 명분축적용으로 썩 어울리는 것으로 파악되었고, 국가는 정치전략의 일환으로 노동통제를 강화하기 시작하였던 것이다.

요약하자면 급격한 전략선회로 나타난 첫 번째 소시기의 노동정치구조는 장, 단기적 정치적 목적을 위해서 국가가 전략적으로 노동통제를 강화하였다는 점에서 특징적이었다. 직접적으로는 중간평가유보를 위한 사전정지작업으로서 노동통제가 강화되었으므로 노동통제강화는 무엇보다 단기적인 정치적 목표를 위해 수단으로 동원된 것으로 파악된다. 이러한 특징을 이 시기에 있었던 몇 가지 쟁의사례에 대한 국가개입의 구체적 과정을 통해서 살펴보자.

먼저 1989년 1월 2일 풍산금속 안강공장 노조지부에 대한 경찰력 투입은 국가기구의 정점에서 사전에 계획된 시나리오에 기초해서 이루어진 사건이었다.[47] 국가는 몇 십 명의 농성노동자를 체포하기 위해 전국에서 동원된 수천 명의 진압경찰을 투입하였을 뿐만 아니라, 이 과정을 언론을 통해서 대대적으로 홍보하였다. 이것은 풍산금속에 대한 진압경찰투입이 쟁의의 해결보다는 다른 정치적 효과를 노린 것이었음을 말해준다. 즉 국가는 방위산업체인 풍산금속에서의 쟁의를 의도적으로 확대함으로써 노동자가 국가안보를 위협하고 있다는 식의 이데올로기공세를 위한 계기로 활용하였던 것이다. 그리고 이를 통해서 정국의 주도권을 장악하고자 하였다.

1989년 2월 18일에는 공식적인 범정부차원의 '노사·학원 관계 장관대책회의'가 6공화국 들어 처음으로 개최되었는데, 이는 실질적인 관계기관대책회의였다. 이 회의에서는 상반기의 학원, 노동자, 재야의 연대임금투쟁에 대한 대책이 논의되었으며, 참석자는 청와대비서실장, 내무부장관, 법무부장관, 문교부장관, 국방부장관, 노동부 장관, 문공부장관, 안기부장, 치안본부장 등이었다. 그리고 3월 7일에는 부총리주재로 노동관계장관회의가 개최되었으며, 노조의 불법행위에 대한 단호한 대처방침이 확인되었다. 1989년 들어 나타난 이와 같은 억압적 국가기구들의 재등장은 국가의 노동통제 전략의 분명한 변화를 보여준 동시에, 직접적으로는 당시 진행되고 있었던 쟁의사안과 쟁점들에 대한 대응이 국가전략차원에서 지속적으로 검토되었음을 보여주었다.

국가의 대노동공세 강화의 의미가 보다 뚜렷해진 것은 3월의 서울지하철노조의 파업과 울산현대중공업노조 파업에 대한 국가의 대응에서였다. 두 노동조합의 파업 모두 국가기간산업의 거대 핵심 사업장에서의 파업이었으므로 국가가 개입할 수 있는 객관적인 조건을

---

47) 당시 경주지방노동사무소에는 청와대의 비서관이 관계기관대책회의를 개최하였으며, 공권력투입의 전과정을 지휘하였음이 밝혀졌다.(국회사무처, 1989) 그리고 국방부는 1988년 말 대통령담화 직후 내무부에 공권력투입을 공식적으로 요청하는 절차를 취한 것으로 밝혀졌다.

갖추고 있었다. 그렇지만 국가의 노동쟁의 대책을 보면 그것은 단위
사업장에 대한 쟁의규제를 넘어서는 범정부적 차원의 과잉대응이었
다는 점에서 일상적인 쟁의대책과는 분명히 구별되었다. 즉 이들 사
업장에 대한 국가의 개입과정은 그것이 중간평가의 유보라는 정치적
목표를 위해 준비되고 조정된 것임을 분명히 보여주었다.

1989년 지하철쟁의는 1988년 상반기에 노조 측과 공사 측이 합의
한 직제개편안을 공사 측이 이행치 않았던 결과로 발생하였으므로
쟁의의 명분에서 노조 측은 절대적인 우위에 있었다. 순조롭지는 않
았지만 협상이 마무리되어 가던 시점에서 지하철쟁의에서 공사 측의
갑자기 태도가 돌변하였는데,(조선일보, 1989.3.16) 그것은 3월 9일
대통령이 서울시 연두순시에서 강경대응을 지시했던 것에 기인한다.
이후 서울시와 공사 측은 의도적으로 협상을 결렬시키고, 서울시 지
방노동위원회의 직권중재로 넘겨 불법파업을 유도하였다.[48]

노조가 파업에 돌입한 3월 16일 이후 국가와 언론은 경찰력투입
과 함께 파업에 대한 강력한 이데올로기공세를 전개하였다. 그것은
주로 ‘공익담론’을 중심으로 한 ‘법과질서 이데올로기’를 동원하는
방식으로 진행되었는데, 노동조합의 쟁의로 말미암아 시민들이 피해
를 입고, 사회적 혼란이 조성된다는 것이었다.

1988년 말부터 계속된 현대중공업노조 파업의 경우에도 국가가 노
동쟁의를 전략적 목적을 위해 이용하였음이 분명하게 드러났다. 1월
8일 노조간부들에 대한 공권력-자본의 조직적인 테러행위 이후 회사
측은 수차례에 걸쳐 폭력사태를 의도적으로 유발시켰다. 이 과정에서
국가와 회사 측은 노동쟁의의 성격을 불법 폭력사태로 의도적으로
변질시킴으로써 경찰력투입을 위한 절차와 수순을 밟아나갔다.[49]

---

48) 지하철쟁의에 대한 정부의 대응이 중간평가 취소를 위한 사전공작이라는 주장은 국
회노동위의 이해찬 의원 발언(국회사무처, 1989)과 정윤광 노조 위원장의 인터뷰
참고.(한겨레신문, 89.3.17)

그리고 당시 현대중공업쟁의는 비공식노조였던 파업지도부가 요구하였던 총회소집권자 지명을 국가가 기피함으로써 쟁의를 의도적으로 연장시켰다. 결국 행정당국(울산시)의 적극적인 노동행정 처리가 있었다면, 합법적인 방식으로 처리될 수 있는 성질의 쟁의를 국가는 전략적으로 지연시켰던 것이다. 그것은 국가가 쟁의의 격화를 유도하고 경찰력을 투입하는 전략을 이미 세워놓았으며, 그 수순에 따라 상황을 통제하고 조정하였음을 보여주었다.

이러한 일련의 사태의 진행은 직접적으로 보면 당시 핵심적인 정치쟁점이었던 중간평가문제의 처리와 깊이 연관되어 있었다. 당시 집권세력은 노태우 김대중회동(3월 8일)을 통해서 이미 제1야당의 중간평가 연기협조 약속까지 받아놓은 상태였지만, 3월 초까지 신임연계 중간평가 실시방침을 계속 공언하고 있었다.(3월 12일 당정협의) 이러한 상황에서 정권의 의도대로 중간평가를 유보, 또는 취소하기 위해서는 무엇보다 국민대중을 설득하기 위한 여론조성이 절실하게 요구되었다. 이 과정에서 지하철쟁의와 현중쟁의에 대한 강경대응전략이 동원되었으며, 노동쟁의는 전략적으로 사회안정 저해세력과 좌경폭력세력에 의해 사주된 것으로 조작되었다. 3월 20일 발표된 중간평가 유보선언에서 대통령은 중간평가 유보의 첫 번째 이유로 노동운동을 중심으로 한 '좌익폭력세력의 폭력파괴행동'을 꼽았다.

그럼에도 불구하고 중간평가시기 국가의 노동통제강화는 여전히 상당한 제약 아래에서 진행될 수밖에 없었다. 그것은 노동운동진영

---

49) 3월 16일 회사 측은 노조의 폭력행사를 이유로 공권력투입을 요청하였으며, 같은 날 검찰은 파업노동자의 폭력 불법행위를 전원구속수사로 엄단하라고 지시하였다. 그리고 3월 21일 회사 측 서태수 노조는 파업지도부 34명을 제명하였으며, 회사 측은 3월 24일 파업지도부 55명을 전격 해고함으로써 공권력투입을 위한 절차적 수순을 마무리하였다. 전체과정에 대해서는 이수원(1994)과 국회노동위원회의사록(1989)을 참고.

이 강력히 저항하였을 뿐만 아니라, 그것이 다시 거대야당들의 정치적 공세로 연결됨으로써 통제의 비용이 여전히 컸기 때문이었다. 예컨대 1월 8일 현대그룹 노동조합간부에 대한 공권력-회사 측의 테러와 3월 말의 근로기준법개정은 그 좋은 사례였다.

1·8테러사건은 국가권력과 회사 측이 주도면밀하게 준비한 노동자들 간의 폭력사태 조작사건이었다. 정부는 이를 통해서 공권력이 개입할 수 있는 법적 명분과 여론형성을 의도하였다. 그렇지만 사건 직후 그 진상이 공개되고 국회차원의 진상조사가 이루어짐에 따라 정부는 상당한 정치적 타격을 받지 않을 수 없었다. 그리고 그 정치적 파장으로 이후 현대중공업파업에 대한 정부의 개입은 상당히 지연될 수밖에 없었다. 그리고 3월 말 국회를 통과한 개정근로기준법은 개악된 것이라기보다는 개선된 것이라는 점에서 이 시기 국가의 노동통제 전략의 한계를 보여주었다.[50]

이러한 점은 국가-노동 간의 세력관계의 균형이 중간평가시기 뿐만 아니라, 중간평가의 무기연기가 확정된 후에도 크게 변화하지 않았음을 말해준다. 노동정치의 관점에서 보면 정부는 여전히 노동운동을 완전히 통제하지 못하였으며, 국가정치의 관점에서 보면 중간평가 무기연기라는 정치적 성과에 만족할 수 없는 상황이었다. 중간평가는 노정권을 중심으로 지배블록이 재규합한다는 의미를 일차적으로 갖고 있었다. 그렇지만 야당들 간의 정치적 균열은 제한된 성격의 것이었으며, 유동적인 정치상황의 전개과정에서 곧 회복될 수 있는 성질의 것이었다. 따라서 여소야대정국의 구도는 여전히 유지되고 있었다고 할 수 있다. 또 6공체제 내에 아직도 강력한 분파로

---

50) 근로기준법개정은 1989년 초까지 유지되었던 여소야대정국하에서 제기된 노동의 요구를 최소한으로 수용함으로써 노동운동의 요구를 일정 선에서 봉쇄한다는 의미와 함께, 노동통제강화에 대한 반대급부로서의 의미를 갖고 있었다. 따라서 근기법의 개정은 노동운동의 요구에 국가와 자본이 양보하였다는 의미와 함께 공세로의 전환을 위한 사전정지작업의 성격을 동시에 갖고 있었다고 보아야 한다.

남아있었던 5공정권의 보수세력과 군부강경파의 불만도 처리되지 못하고 있었다.[51] 그리고 중장기적 과제였던 노동운동에 대한 통제력회복의 과제가 여전히 숙제로 남아있었다.

따라서 국가는 3월 말 이후 정치적 목적을 갖는 노동통제를 한층 더 강화하였다.[52] 그것은 장기적으로는 노동운동에 대한 통제력회복으로 작용할 것이었지만, 직접적으로는 임금투쟁기의 노동운동을 제어하고 이를 통해서 정치적 주도권을 장악하기 위한 수단으로서의 의미를 강하게 갖고 있었다. 이와 같은 상황에서 3월 25일 안기부가 발표한 '문익환 목사의 평양방문'사건은 정세를 급격히 반전시켰다.

② 공안정국시기(1989.4-1989.8)

공안정국시기는 일련의 방북사건을 계기로 해서 공안문제가 정치·사회적으로 핵심적인 쟁점이 되었던 시기이다. 3월 말 문목사의 방북사건이 발표된 직후 4월 3일 공안합수부가 설치되면서 국가정치와 노동정치의 정세는 급변하기 시작하였다.

공안정국기의 노동정치 전개과정을 구체적으로 고찰하기 전에 먼저 공안정국기의 도래가 돌발적으로 나타난 몇 차례의 방북사건이나 당시의 노동쟁의의 전투성에 기인한 것으로 설명될 수 없다는 점이 지적될 필요가 있다. 6공국가는 이들 사건들을 의도적으로 과장하고 대규모의 반공이데올로기공세를 매개로 확대시켰는데, 이 과정에서

---

51) 3월 14일 극우강경파로 알려진 총무처장관이 돌연 사퇴를 표명하였고, 3월 21일에는 군부강경파 육사교장이 졸업식에서 대통령에 대해 공개적으로 불만을 표시하였다. 이 시기 강경파의 정치적 반발에 대해서는 권영기, "우익이 뛰고 있다", 『월간조선』 1989년 5월호 참고.

52) 3월 22일 대통령주재로 열린 공안관계장관회의에서 정부는 '순수한 노사관계차원을 떠나 자유민주주의체제전복을 기도하는 불법 폭력노사분규에 대해서는 공권력을 동원'할 것임을 천명하였고, 이를 위해서는 폭력세력에 대해서는 M16소총 등의 무력사용도 불사할 것임을 밝혔다. 특기할 것은 이 회의에서부터 '5·1총파업설-계급혁명기도설'을 정부가 본격적으로 유포하기 시작하였다는 점이다.

는 시민사회 내의 관제 우익단체들이 계획적으로 동원되기도 하였다. 이는 공안정국이 국가의 전략적 기획하에서 '만들어진' 정치적 상황임을 뜻한다. 따라서 공안정국의 도래는 정치적 주도권을 장악하기 위한 이전 시기의 노정권의 정치전략의 변화로, 더 나아가서 이런 전략변경을 가능케 한 이행기의 구조적 역학관계로부터 설명되어야 할 것이다.[53]

처음에 공안합동수사본부는 3월 22일 좌경세력척결이라는 대통령 지시에 따라 학생운동과 노동운동에 대한 수사를 목적으로 기획되었던 한시적 수사기구로 기획되었다. 그러나 3월 25일 문목사방북이 발표된 이후, 4월 3일 출범한 공안합수부의 수사영역은 노동운동, 학생운동으로부터 제도권정치영역으로 크게 확대되었고, 정치과정 전체를 주도하는 핵심적인 요인이 되었다. 그것은 문목사의 방북사실을 제1야당의 당수가 알고 있었을 뿐만 아니라, 약간의 자금까지 지원하였던 것이 밝혀졌기 때문이었다.

그 성격이 확대된 공안합수부의 설치로 공안정국은 본격적으로 전개되었고, 그것은 노동운동에 대한 강한 통제를 동반하였다. 방북사건 직후였던 3월 30일 정부는 현대중공업파업에 대해 전격적으로 경찰력을 투입하였다. 그러나 경찰력동원은 노동자들과 시민들의 강력한 반발에 부딪쳤고, 파업은 울산지역 전체의 대규모 시위로 확산되었다. 현대중공업에 대한 강제진압이 전국적인 연대투쟁으로 발전할 기미를 보이자, 정부는 통제의 강도를 다시 높였다. 4월 4일의 '공안·노동관계부처차관회의', 4월 6일의 대통령주재 '민주주의체제 전복세력에 대한 관계부처대책회의', 4월 13일 공안합수부의 '노사분규대책', 4월 15일 총리주재 '노동대책관계장관회의' 등 일련의 범정부

---

53) 이 시기 우익단체들의 조직과 활동내용에 대해서는 이선민, "우익행동단체연구", 『월간조선』 1989년 10월호 참고. 그리고 공안정국과 정계개편의 연관성에 대해서는 신준영, "공안정국 노림수 정계개편 공작", 월간 『말』 1989년 8월호 참고.

적인 대책들을 통해서 국가는 노동운동을 '5·1일 총파업을 획책하는 좌익폭력혁명세력'으로 규정하고, 치열한 이데올로기공세와 함께 대규모의 물리력을 동원하여 노동운동의 저항에 대응하였다.

4월 동안 지속적으로 강화되었던 노동통제는 본격적인 임금투쟁기로 접어든 5월 초 한층 더 강화되었다. 정부는 대학구내로 진입하던 진압경찰 다수가 사망한 부산 동의대사태를 그 계기로 삼았다. 사건 즉시 대통령은 비상조치를 검토한다는 특별담화를 발표하였고, 다시금 노동운동 일반을 폭력집단으로 규정하였다. 그리고 정부는 5월 9일 대통령주재 시국대책 긴급회의와 임시각의를 통해서 방위산업체 파업에 대한 군인력투입,54) 재야 노동운동인사에 대한 수배 및 사전 영장 발부 등 더 강도 높은 후속조처들을 속속 내놓았다.

요컨대 4, 5월의 공안통치기간의 노동통제는 특정 노동쟁의를 단순히 좌경폭력세력으로 규정하는 것을 넘어서서, 전체 노동운동을 친북한세력으로 연결짓는 헤게모니접합에 기초하고 있었다. 그것은 노사관계를 남북한 간의 체제대립관계로 전치시키는 헤게모니적 탈구과정이었다. 이러한 이데올로기공세는 국민대중의 정서 속에 깊이 뿌리박고 있었던 레드콤플렉스를 자극하는 효과를 갖고 있었으며, 특히 중산층으로 일컬어지던 중간계급 일부를 의도적으로 노동통제에 동원하는 것을 목적으로 하였다.55) 지하철노조와 현대중공업노조의 파업으로 시작된 국가와 노동운동 간의 대회전은 대규모 반공·반북 이데올로기공세와 함께 동원된 국가의 강한 물리력으로 제압되고 말았던 것이다.

한편 5월 12일 발표된 이철규 사망사건이 새로운 정치적 쟁점으

---

54) 노동쟁의조정법(제15조)은 쟁의 중 대체인력의 투입을 금지하고 있다.

55) 공안정국시기의 이데올로기공세가 중간계급에 미친 정치적 효과에 대한 간략한 기술은 이혁, "그날의 중간층, 어디로 가고 있나", 『월간중앙』 1989년 6월호와 오연호, "노정권의 중간층 포섭전술", 월간 『말』 1989년 7월호 참고.

로 떠오르고, 공안통치에 대한 반발이 거세어지면서 공안정국은 짧은 소강상태에 접어들었다. 그리고 6월 19일에는 공안합수부가 공식적으로 해체되었다. 그러나 6월 23일의 대우조선파업, 6월 28일 안기부의 서경원 의원 방북사건 발표, 6월 29일 전대협 대표 임수경의 방북사건 등을 계기로 다시 공안정국은 활성화되기 시작하였다. 특히 7월 이후 다시금 재개되었던 공안정국은 임금투쟁이 마무리되던 시점에서 진행되었기 때문에 그것의 전략적 목표가 야당세력의 분할지배에 집중되어 있었다는 점에서 특징적이었다.

공안정국은 직접적으로 보면 노동운동에 대한 통제강화의 중요한 계기였지만, 그것이 야3당에 미친 정치적 효과도 노동통제 전략의 전개란 점에서 매우 중요한 의미를 갖고 있었다. 공안통치는 일차적으로 국가정치수준에서 야당을 위축시키고 분할지배하는 수단으로 동원되었다.[56] 그러나 노동정치수준에서 보면 그것은 야당이 노동운동에 대한 기존의 지지와 동원정책을 포기하고 소극적인 방관자로 일관하지 않을 수 없게 만들었고, 노동운동에 대한 국가의 억압을 용인하도록 유도하는 중요한 매개체였다.

공안정국-노동통제강화의 정치상황에서 야당들은 그들의 정치적 피해를 최소한으로 줄이기 위해서 국가의 노동통제를 용인하였고, 때로는 동조하기 시작하였다. 현대중공업파업에 대한 공권력투입시기까지 6공의 노동통제를 강력하게 비난하던 야3당은 공안정국이 본격화된 상황에서 실시된 동해보궐선거에서 노동운동의 폭력과 제3자 개입을 비판하기 시작하였다. 공안정국의 최대의 피해자였던 평민당 총재는 4월 20일 '5월 한 달간 파업자제'를 촉구하며 노동운동을 공격함으로써, 자신의 정치노선의 결백성을 인정받고자 하기도 하였다. 정부와 노동운동 간의 대립이 가장 첨예하였던 4월 말 야3당 총재들

---

56) 이영석, "노정권 강성반격의 노림수", 『월간중앙』 1989년 6월호 참고.

이 노동운동의 정치투쟁을 반대하고, 노동운동 내부의 좌익 존재를 인정한다고 밝힌 것은 노동운동과 제도권야당이 완전히 대립적인 관계로 들어섰음을 의미하였다.[57]

 다음으로 공안정국시기 야당들의 균열은 공안당국이 제1야당이었던 평민당의 총재를 직접적인 수사대상으로 설정하고, 이를 야당들에 대한 분할지배의 수단으로 적절히 활용한 것에 기인하였다.[58] 따라서 그것은 중간평가시기의 평민·공화 대통일민주당의 구도에서 통일 민주·공화 대평민당의 구도로 발전하였다. 중간평가시기에 일차적으로 분열하였던 야당들은 4월 초 동해보궐선거 매수사건에서 크게 위축되었던 통일민주당이 평민당에 대한 공안수사에 적극적으로 동조함으로써 결정적으로 분열하게 되었다. 야당들의 분열은 무엇보다 여소야대의 정치지형의 붕괴를 의미하였고, 나아가 보수대연합의 정계개편의 구도를 내용적으로 획정하는 효과를 가져왔다. 따라서 여소야대정국의 붕괴는 1988년의 노동정치구조가 더이상 효력을 발휘하지 못한다는 것을 의미하였고, 국가의 권력자원동원에 핵심적인 정치적 장애물이 제거된 것을 뜻하였다.

 한편 공안정국은 노동운동에 대한 물리적·법적 제재의 강화뿐만 아니라, 철회되었던 임금억제기구를 재도입하는 중요한 계기가 되기도 하였다. 3저호황의 종결에 따른 상대적 불황이 시작됨에 따라 노동운동은 경기후퇴를 야기한 주범으로 정부주도의 여론으로부터 집중적으로 비난받았다. 임투시기에 나온 이 같은 비판은 국가의 노동

---

57) 이러한 적대성은 6월 말 대우조선 노동조합의 파업에 대한 야당들의 비판에서 다시 확인되었다. 대우조선파업에 대한 야당의 태도에 대해서는 한국일보, 1989.6.24를 참고.

58) 공안당국의 평민당에 대한 공격은 6월 28일 서경원사건에서 급속도로 진전되었다. 8월 22일 안기부와 검찰은 최종적으로 김대중 총재를 국가보안법상의 불고지죄로 입건하여 조사했는데, 이는 향후의 정계개편이 평민당을 배제하는 형태로 진행되는 결정적인 계기가 되었다. 동해보궐선거 매수사건을 둘러싼 야당의 분열은 조선일보, 1989.4.15일자 참고.

통제 전략에서 매년 되풀이되는 일상적인 것이었지만, 1989년 봄의 그것은 공안정국과 결합하여 보다 강화된 모습을 보였다.

1988년 말부터 보수언론들이 주장하기 시작한 '노동운동-경제위기설'이 본격화된 것은 공안정국의 한파가 한차례 몰아친 다음인 1988년 6월 19일의 '하반기 경제종합대책'에서였다. '하반기 경제종합대책'은 상반기 중 공안통치와 공권력투입에 의존해서 진행되던 노동통제 전략이 보다 세밀한 계획을 갖고, 다양한 제도적 통제수단들을 통해서 확대되는 출발점을 이룬다.

그중에서도 특히 정부는 권위주의하의 핵심적인 노동통제수단이었던 임금가이드라인정책을 재도입하겠다는 의사를 처음으로 분명히 밝혔다. 임금가이드라인제도는 1989년 하반기부터 1992년까지의 노동정치에서 국가의 가장 중요한 전략적 목표였던 임금통제의 핵심적인 제도적 장치였다. 그것은 이른바 '민주정권'으로서의 6공정부가 1988년 한 해 동안 실시했던 '노동민주화'의 내용을 실질적으로 부인하는 것이었고, 계급정책으로서의 성격이 분명한 사안이었다. 그런 만큼 그것은 공안정국이라는 정치적 지형이 아니었다면 도입하기 힘든 것이었다.

결론적으로 공안정국시기의 특징을 정리하면 다음과 같다. 먼저 이전까지 단기적인 정치적 목적을 위해 수단으로 동원되던 노정권의 노동통제가 공안정국의 정치과정과 맞물려 급속히 강화되었던 점이 특징적이었다.

정부는 중간평가시기와는 달리 정치적·사회적 비용을 크게 의식하지 않고, 노동통제를 강화할 수 있게 되었다. 현대중공업 노동조합의 파업, 대우조선 노동조합 파업을 필두로 한 임금투쟁 사업장에 대한 대규모 물리력동원과 전국교직원노동조합에 대한 대규모 이데올로기공세 및 조직와해공작은 공안정국을 배경을 업고서만 가능한 것이었고, 그 통제효과를 최대한으로 확대할 수 있었다. 또 공안정국의 여파 속에서 노동통제의 제도적 장치들이 새로이 도입될 수 있는 정치적 공간이 마련되었던 것도 중요한 변화였다.

그리고 공안정국의 노동통제과정에서는 노동계급의 경제적·정치적 이해를 완전히 배제하는 노동배제전략이 완성되었다. 특히 노동통제방식에 있어서는 물리력과 이데올로기적·법적·행정적 수단이 적절히 결합되었으며, 그 통제효과는 배가 되었다. 그리고 중간계급을 이데올로기적으로 동원하는 헤게모니적 통제방식이 정형화되었다는 점도 특징적이었다. 이데올로기의 내용도 반공이데올로기로부터 경제위기 이데올로기로 확대되었다.

마지막으로 지적할 것은 공안정국이라는 정치적 변수가 노동정치의 구조적 지형을 크게 변형시켰다는 점이었다. 노동정치의 구조변화는 국회의 위축과 억압적 국가기구의 재등장 및 강화로 요약된다. 이행기 동안 크게 위축되었던 공안기구와 치안기구들은 공안정국기의 공안합수부로 재등장하였고 강화되기까지 하였다. 또 이들 억압적 국가기구들은 이후에도 일상적으로 노동정치에 개입할 수 있게 되었다. 그리고 1년 남짓 활성화되었던 국회는 야당의 분열로 말미암아 크게 약화되었고, 노동정치에 대한 영향력을 거의 상실하였다.[59] 이러한 변화는 노동운동역량을 상당히 위축시켰고, 궁극적으로 노동운동으로 하여금 새로운 활로를 모색치 않을 수 없도록 만들었다.

③ 3당합당 시기(1989.9-1990.1)

마지막 시기는 공안정국시기에 변화된 국가정치지형, 노동정치지형을 정치체제 내에 제도화하는 시기로 그 귀결점은 1990년 1월 22일의 3당합당이었다. 1989년 9월 들어 정기국회가 다가오고 야당에 대한 공안수사가 일정 수준에서 정리됨에 따라서 공안정국은 끝날

---

59) 지해범, "악법개폐 실종의 내막", 『월간조선』 1989년 9월호 참고.

수밖에 없었다. 실로 공안정국은 5공체제의 권력속성과 지배블록을 그대로 이전받았던 6공국가로서도 예외적일 정도로 억압적인 시기였으며, 그만큼 일상적으로 유지될 수 있는 것은 아니었다.

노정권은 공안정국을 거치면서 정치적 주도권을 장악하고 자신의 노동통제 전략을 구체화할 수 있는 계급세력관계의 지형을 형성해나갔지만, 그것은 최종적인 마무리작업을 필요로 하고 있었다. 즉 안정적인 노동통제 전략을 실행할 수 있기 위해서는 공안정국의 정치구도를 일상화하고, 이를 제도화하는 것이 요구되었던 것이다.

여전히 유동적인 정치상황은 국가정치의 수준에서 여전히 5공청산의 문제가 완전히 해결되지 않은 채 남아있었다는 사실에서 나타났다. 그리고 노동정치의 수준에서는 노동운동에 대한 통제가 여전히 중요한 과제로 남아있었다는 사실로 표출되고 있었다. 야당들은 5공청산문제 중 인적 청산의 쟁점을 여전히 정치적으로 부각시키고 있었다. 그리고 노동운동진영은 상반기의 강력한 노동배제전략에 조직적으로 대응하기 위해서 노동조합조직의 전국적 연대기구 건설을 더욱 가속화하였다. 그리고 일시적인 통제강화에도 불구하고 안정적인 노동통제를 보장할 노동통제수단들은 미비하였으며, 새로운 노사관계의 제도적 장치들은 마련되지 못하고 있었다.

그러므로 이 시기 국가의 전략적 과제는 이중적인 것이었다. 즉 국가정치수준에서는 정치적 주도권을 장악하기 위해서 야당과의 협상을 마무리 짓는 과제가 있었다. 그리고 노동정치수준에서는 노동운동의 전국적 연대를 사전에 제어하기 위해서 노동통제장치를 제도화하고, 이 과정에서 다양한 새로운 통제수단들을 개발할 필요가 있었다. 특히 이 시기에 국가는 악화된 경기상황과 자본의 요구를 반영하여, 1990년 임금투쟁에 대비한 임금억제장치 마련에 전력을 투구하였다. 그리고 이 시기 국가의 노동통제강화는 국가정치와 경제정책 양자와 밀접한 연관하에 이루어졌다.

먼저 공안정국시기의 하반기 경제종합대책 이래로 경제－노동대책
들이 크게 늘어났다. '산업평화조기정착을 위한 관계장관회의'(10.27),
노동부의 '노사관계안정화종합대책'(10.30), '경제전반의 현황과 향후
전망'을 보고한 청와대회의(11.8), 부총리의 '경기종합대책'(11.14), 경
제장관회의(12.9) 및 임시국무회의(12.11), 대통령주재 '생산성 배가 대
책회의'(12.4), 대통령주재 '경제난국극복을 위한 특별보고대회'(12.22),
대통령주재 '산업평화조기정착을 위한 대책회의'(1990.1.20) 등 각종
경제대책회의 및 정책대안들이 이 시기에 집중되었다. 이 회의들은 공
식적으로 경제대책회의였지만, 그 핵심적 내용으로 임금억제, 노동쟁
의억압 등의 노동대책이 포함되어 있었다.

그중 한 사례를 살펴보면 11월 14일에 경제기획원 장관은 '경제사
회 안정과 경쟁력을 높이기 위한 당면대책'이라는 경기종합대책을
발표하였다. 대책의 주요골자는 당시의 경제상황을 '위기'국면으로
규정한 바탕 위에서 금리를 1% 인하하고 여신규제를 완화하는 것이
었다. 이와 함께 경제기획원 장관은 불법노동쟁의에 초동단계에서
강력히 대응키로 하고 신속히 공권력을 투입하겠다고 선언하였으며,
국민경제사회위원회라는 임금가이드라인 정책실행기구의 구성방침을
재확인하였다. 이와 같이 이 시기의 경제대책은 곧 노동대책을 의미
하는 것이었다.

내용적으로 보면 하반기 경제－노동정책의 핵심은 노동쟁의에 의
한 고율의 임금인상을 억제하자는 것이었다. 그러나 더 본질적으로
보자면 그것은 민주주의이행기의 경제개혁 및 이에 대한 대통령선거
시의 공약을 포기하거나 역전시키는 것을 의미하였다. 특히 여기에는
노동계급에 대한 배제전략이 국가의 전략방침으로 분명하게 포함되
어 있었다. 따라서 이 시기 노동정책은 단순히 임금정책이라기보다는
경제 전반의 운용과 연관된 국가정치의 하위 정책수단이었다.[60]

다음으로 3당합당 시기에는 노동통제를 위한 여러 가지 제도적 장

치가 속속 도입되었다. 임금가이드라인의 재도입 및 임금결정기구의
구성, 무노동 무임금 원칙과 경영권 인사권 수호원칙의 제도화, 노동
부의 행정조치를 통한 불법 쟁의행위 유형의 명시적 규정 등이 그
중요한 것들이었다. 뿐만 아니라 이 시기에 국가는 자본가계급의 대
노동 단일전선 조직체인 '전국경제단체협의회'를 정부주도로 결성하
였다. 전국경제단체협의회는 국가 노동통제의 외연을 자본가계급조
직으로 확산시킨 것이었다. 이 밖에도 이 시기에는 이미 예정되어
있었던 '전국노동조합협의회' 결성에 대한 대응방안들도 연속적으로
발표되었다.

그러나 표면적으로 국가정책이 경제-노동정책에 집중해있던 이
시기에 지배블록의 핵심적인 관심사는 노동문제라기보다 정개개편이
라는 국가정치의 과제였다.[61] 즉 표면적으로는 경제위기 이데올로기
와 반공이데올로기를 유포하고 노동운동에 대한 통제를 크게 강화하
였지만, 내면적으로는 정치적 헤게모니를 안정화하기 위한 제반 공
작들이 본격화되고 있었던 것이다. 이는 노동통제의 강화가 현상적
으로는 경제위기에 대한 대응인 것처럼 보였지만, 본질적으로는 정
치역학관계의 전면적 재편을 노리는 정치적 과정과 긴밀히 연관된
것을 반증한다.

돌이켜보면 첫 이행 이후 확대된 노동운동의 조직적 · 정치적 역량

---

60) 10월 27일 정부는 '산업평화조기정착을 위한 관계장관회의'를 통해 공권력투입 방
침을 발표하였고, 11월 11일에는 전국공안부장검사회의에서 노사분규에 대한 검찰
권 행사 5대원칙이 발표되기도 하였다. 또 11월 14일에는 치안관계장관회의에서
집단행동에 대한 강력대응 방침이 다시 확인되었고, 12월 19일의 경제장관회의와
12월 22일의 '경제난국 극복을 위한 청와대 특별 보고회'에서는 노동쟁의억제에
목표를 둔 경제정책방향 및 제반 실행 계획이 보고되었다. 1989년 하반기 이래의
경제-노동정책은 1990년 1월 20일 청와대에서 대통령주재로 열린 '산업평화의
조기 정착과 임금안정을 위한 대책회의'에서 최종적으로 마무리되었다.

61) 권영기, "3당합당 비사", 『월간조선』 1992년 9월호; "민자당, 왜 나왔나", 『월간중
앙』 1990년 3월호 참고. 그리고 야당과의 막후협상은 이미 중간평가정국에서부터
본격화되었다.(오병상, 1995)

강화, 1988년 말부터 악화된 경제상황, 야3당 노동법개정안의 국회
통과 및 대통령거부권행사로 이어지는 정세에서 독점대자본의 위기
의식은 1989년 상반기에 최고조에 도달하였다. 그리고 1988년 말에
노동정책기조가 급선회하게 된 배경에는 이러한 지배계급의 위기의
식이 놓여있었다. 그러나 자본의 불만은 국가의 노동정책뿐만이 아
니라 정치전략 자체를 변화시키는 동인이 된다. 여소야대 국면을 그
대로 유지하면서, 장기적으로 노동운동 및 사회운동을 통제하는 것
은 거의 불가능하였던 것이다. 그러므로 노정권은 최우선적 과제였
던 정국의 주도권 확보를 위해서 한편으로 정개개편을 추진하면서
도, 다른 한편으로는 직접적, 단기적으로는 경기후퇴에 대한 타개수
단을 마련하고, 독점자본의 요구를 수용치 않을 수 없었던 것이다.[62]

그리고 1989년 전 기간 동안 노정권의 노동통제정책은 국가정치
의 계급역학관계 변화와 긴밀히 연관된 것이기도 하였다. 공안정국
과 전노협결성을 계기로 이들을 좌경, 체제전복세력으로 규정하고,
노동운동에 의해 경제가 위기에 빠졌다는 이데올로기를 유포한 것은
노동계급을 고립화시키겠다는 분명한 의지를 보인 것이다. 주지하다
시피 좌경이데올로기나 경제위기설에 대해 가장 민감한 반응을 보였
던 집단은 중간계급 상층이었다. 노동자대중은 군부 권위주의체제
이래로 대규모 이데올로기공세의 계급적 성격을 매우 분명히 인식하
고 있었지만, 그것이 야기하는 통제력에 저항할 수 있는 역량을 갖
추지 못하여 묵종하고 있었을 뿐이었다. 반면에 상층 중간계급은 고
도의 자본주의적 발전과정에서 수혜받은 계층으로서 그들의 기득권

---

62) 3당합당의 이면에 독점자본가단체인 전국경제인연합회가 있다는 사실은 공공연한
비밀에 불과하다. 그리고 민자당이 결성된 직후였던 1990년 3월 17일 개혁적 성
격의 경제부총리(조순)가 사퇴하고, 보수적 경제부총리(이승윤)가 기용된 것은 우
연한 일이 아니었다. 새로운 경제각료들이 입각해서 가장 먼저 실시하였던 정책은
금융실명제의 (무기한) 유보와 토지정책의 후퇴였다. 자세한 내용은 방문신, "독점
재벌과 이승윤 경제팀", 월간 『말』, 1990년 5월호 참고.

이 침식되는 것에 대해 강한 저항감을 갖고 있었다.

이런 의미에서 이 시기 노동통제정책은 노동운동에 대한 정책이기에 앞서 중간계급에 대한 통제정책이었다고 할 수 있다. 이미 6·29선언과 노동자대투쟁기간에 일차적인 분열을 경험하였던 일부 중간계급과 노동계급의 연대는 1989년의 노동억압을 거치면서 분열의 골이 크게 깊어졌다. 그리고 중간계급의 이데올로기적 동원은 지배블록의 헤게모니역량을 크게 강화시킴으로써, 계급역관계의 균형을 완연하게 바꾸어 놓았던 것이다. 국가는 이를 매개로 해서 이행기의 정치적 갈등과 사회세력들의 도전에 의해서 제약되어 있었던 여러 가지 권력자원을 제약 없이 동원할 수 있게 되었다.

1990년 1월 22일의 3당합당은 국가가 자본의 계급이익을 실현하기 위해 1989년 한 해 동안 시도한 정치적 사회적 과정 전체의 귀결이었다.

먼저 3당합당은 상대적으로 정치적 성향이 온건하고 자본에 타협적이었던 야당세력을 지배블록 내로 끌어들임으로써 여론주도층 중간계급들을 체제 내로 포섭하는 의미를 갖는다. 이 과정에서 지배블록은 지역분할의 여소야대 제도권정치구조를 개편할 수 있었고, 권위주의체제로부터 기원하는 인적·물적 연속성을 희석시킬 수 있었다.[63]

그리고 3당합당은 6공국가의 계급적 지지기반을 크게 확대한 것으로, 나아가 정치적 정당성을 완결한 것으로 해석된다. 지역대표체제로 구성되어 있었던 당시의 대의제체제에서 지배블록은 대구·경북지역을 중심으로 한 협소한 지역적 지지기반을 부산, 경남, 충청권으로 확대할 수 있었다. 계급적으로도 3당합당체제는 중간계급 중 보수적인 특정 부분들을 체제지지세력으로 포섭하는 효과를 가져왔다. 결국 3당합당은 1989년 전체에 걸쳐 진행된 계급역관계 균형 변동

---

63) 3당합당 직전이었던 1989년 연말 여야는 전두환 전대통령의 국회증언에 합의하였고, 5공청산의 최종 수순을 밟았다.

을 완결 짓는 의미를 갖고 있었으며, 이는 헤게모니적 배제전략을 안정적으로 실행하기 위한 기본적인 토대를 마련하였다.

3당합당의 내용이 구체화됨에 따라서 6공국가는 1989년 하반기부터 강력한 임금억압과 전노협결성에 대한 와해공작 등 당면한 노동통제정책과제들을 효율적으로 실행할 수 있었다. 3당합당기에 야당들은 국가의 노동배제정책들이 그 강도를 급격히 높였음에도 불구하고, 이에 대해 유의미한 반응을 전혀 보이지 않게 되었다. 그것은 이미 1989년 9월 시점에서 정계개편의 기본골격이 마련되었고, 합당에 참여한 두 야당이 6공국가의 노동억압을 용인하는 태도로 자세를 전환하였기 때문이었다. 1989년 연말 영수회담에서 여야 정당대표들은 합의문을 통해서 정치적 폭력적 노동운동을 반대한다는 입장을 공동으로 천명하기도 하였다.[64] 3당합당이 발표되던 1990년 1월 22일에 개최되었던 전국노동조합협의회 결성대회에 대해서 노정권이 강한 물리적 억압을 마음대로 행할 수 있었던 것도 이 때문이었다.

마지막으로 3당합당과 민주주의이행기의 노동정치 및 계급역관계의 관계를 고찰해보면, 그것은 이행정치에서 객관적으로 형성되었던 계급역관계의 변동을 최종적으로 실현한 것으로 해석할 수 있다. 이 문제는 1989년 들어 6공국가와 지배블록이 노동운동 통제전략의 강화와 정계개편을 이룰 수 있었던 원동력이 어디에서 기원하는 것인가의 문제와 연관된다. 즉 1988년까지 노동운동을 비롯한 사회운동의 급속한 성장과 여소야대의 정치적 상황이 1989년 들어 급격히 반전되었고 최종적으로 3당합당으로 귀결된 것은 단순하게 공안정국의 우연성이나 사건조작, 또는 국가의 전략적 선택으로 설명할 수

---

64) 12월 15일 노태우 대통령, 김대중 평민당총재, 김영삼 민주당총재, 김종필 공화당 총재가 모인 영수회담에서는 5공청산을 위한 11개항의 합의문이 발표되었다. 그중 11번째 항목은 "특히 노사 간의 문제는 …… 불법이나 폭력행위를 일체 배제토록 한다"는 내용으로 되어있었다. 황석호, "정부·경단협·전노협·노총이 벼르는 90년 임투", 월간 『옵서버』, 1990년 2월호 참고.

없다. 그것은 무엇보다 첫 단계의 민주주의이행의 특성과 신체제의 성격변화로부터 기인하는 객관적인 계급역관계변동으로부터 이해해야 할 것이다.

1989년의 국가정치와 노동정치를 뒷받침하였던 것은 신체제에서도 강고히 유지되었던 억압적 국가기구, 통제제도와 국가의 헤게모니역량 확대였다. 경찰, 안기부, 군대 등의 정보기구·폭력기구와 억압적 노동관계법은 국가의 노동통제 전략선택을 규정하였으며, 1989년 봄의 대규모 노동억압을 성공시켰던 직접적인 권력자원이었다. 그리고 이들 권력자원은 노동통제가 국가정치의 수단으로 사용될 수 있게 함으로써 공안정국을 가능케 하였고, 그 강도와 수위를 적절하게 조절할 수 있도록 정보와 물적 자원을 공급하기도 하였던 것이다. 더불어 첫 이행 이후 강화된 국가의 헤게모니역량은 노동통제와 공안정국 조성에 있어 이데올로기자원의 효력을 크게 배가시켰던 것으로 볼 수 있다.

1989년의 노동통제과정을 개괄하면 국가는 노동운동에 대한 억압을 강화함으로써 정치적 주도권을 장악하고자 하였던 것으로 볼 수 있다. 그리고 다시 강화된 정치적 주도권은 노동계급에 대한 보다 심화된 통제를 가능하게 하였던 것이다. 노동통제는 정치과정에 수단으로서 선택되었을 뿐만 아니라, 역으로 국가의 정치전략의 전략적 목표이기도 하였다. 국가의 거시정치전략의 전개과정에서 노동운동에 대한 통제와 정치적 주도권의 확보 및 정계개편은 쌍방을 나선형적인 구조로 강화하였다.65)

이 점은 권위주의체제에서의 노동정치와 매우 상이한 것으로 새로운 노동정치체제의 중요한 특징이었다. 권위주의하의 노동문제 혹은

---

65) 오연호, "노정권의 탄압목적지와 정계개편구도", 월간 『말』 1989년 6월호.

노동억압은 대체로 정권에 정치적 부담이었고, 정당성을 약화시키는 요인으로 작용하였다. 반면에 형식적 민주화 이후의 그것은 정치적 부담인 동시에 정권을 유지하고 강화하기 위한 정책적 수단이나 전략적 부문으로서 자리잡기 시작하였다. 이러한 변화는 제한적인 것이기는 하였지만 신체제가 절차적 정당성을 강화할 수 있었으며, 그것에 기초해서 헤게모니역량을 점차 강화할 수 있게 되었다는 점에서 기인한다. 즉 군부 권위주의체제에서는 국가가 노동통제과정에서 계급적 성격과 폭력적 성격을 은폐할 수 없었던 반면, 6공국가는 매우 제한적인 형태로나마 일부 중간계급을 포함한 보수적 국민대중에 대해 국가개입의 당위성과 필연성을 호소할 수 있게 되었다는 점이다.

그러나 이 과정은 제도권정치과정 내부에서의 정치적 주도권을 장악하는 문제와 깊이 연결되어 있었다. 그것은 1988년이 노동정치에서도 나타났듯이 여소야대의 정치지형이 국가의 민중운동에 대한 통제를 구조적으로 제약하고 있었기 때문이었다. 그러므로 6공화국국가가 정치적 주도권을 장악하기 위해서는 여소야대정국의 재편이 필요했고, 그것은 야당이 요구하는 중간평가와 5공청산의 정치적 쟁점을 주도적으로 해결하는 것을 전제로 하지 않을 수 없었다. 중간평가와 5공청산은 기층민중운동과 야당의 요구라는 점 외에도 '민주체제'로서의 6공체제가 자신의 권력기반을 권위주의강경파로부터 분리하여 자립화하는 데 필수적인 것이기도 하였다. 그리고 이 두 가지 정치과정은 보수대연합을 위한 정치적 거래과정이었으며 궁극적으로 정계개편으로 귀결되어야만 하였다. 그것은 안정적인 정치적 주도권을 장악하기 위해서는 정치적 주도권을 제도적인 수준에서 확보해야만 했기 때문이다.

요컨대 이 시기 노동통제 전략의 전개는 복합적인 정치적 변수들에 직접적으로 종속된 변수로 파악할 수 있다. 국가의 노동통제는 그 성격상 부분적으로는 경제적 변수에 종속되지 않을 수 없지만,

위에서 본 바와 같이 이 시기의 그것은 정치적 변동과 나선형적으로 상호 작용하였다. 국가 내의 지배블록은 민주주의이행기의 정국의 헤게모니 장악과 자본의 단기적 이해 실현을 위해서 노동운동을 배제하는 전략을 선택하였다. 그리고 그 과정은 동시에 정계개편의 중요한 수단 혹은 기반으로 사용되기도 하였다. 또 반대로 노동운동에 대한 억압을 매개로 하여 변화된 정치역학관계는 정권 후반기에 보다 일관된 배제전략을 실행할 수 있는 기반을 마련하였던 것이다.

마지막으로 1989년의 노동계급의 역량변동을 보면, 국가의 통제강화에도 불구하고 노동운동은 성장세를 여전히 유지하는 모습을 보여주었다. 1989년 말 현재 노동조합의 수는 7,883개로 1988년 말에 비해 1,700여 개 증가하였으며, 조합원 수는 193만 명으로 20만 명이 증가하였다. 이와 같은 수치는 그 증가세의 둔화에도 불구하고, 이 시기 동안 노동계급의 계급역량 성장추세가 여전히 유지되었음을 보여준다.

특히 노동운동진영은 상반기 대규모사업장에 대한 공권력투입, 공안정국기의 통제강화 등 국가의 통제강화를 조직발전의 중요한 계기로 이용하였다. 1989년 전 기간 동안 지역업종별 노동조합대표자회의 산하에 조직된 '전국노동법개정 및 임금인상 투쟁본부'를 중심으로 한 연대투쟁이 활발히 이루어졌으며, 4월에는 각 지역단위로 지역노조협의회가 주도하는 지역총파업이 전개되기도 하였다.66) 그렇지만 무엇보다 두드러진 조직역량강화의 계기는 전국노동조합협의회를 결성하기로 한 데 있었다.

노동운동진영은 국가의 노동통제가 크게 강화된 공안정국기간에 전노협결성을 결정하였고, 1989년 하반기에 국가의 강한 억압 속에

---

66) 부천지역 49개 노조의 지역총파업(4.15), 서울지역노동조합협의회의 1일 총파업(4.20), 인천지역노동조합협의회의 1일 총파업(4.20) 등이 있었다. 그리고 하반기에는 마산창원지역 노동조합총연합 노동자들의 가두투쟁이 전개되기도 하였다.

서도 단기간 내에 조직결성을 이룰 수 있었다.[67] 이러한 사실은 1989년 동안에도 노동운동의 역량이 여전히 증가하고 있었음을 반증하는 동시에, 노동운동의 역량이 1987년 이래 노동조합조직의 양적 성장단계를 지나 질적인 성장을 이루어가고 있음을 보여주었다. 전노협의 결성은 지역 업종별 연대의 최종적 단계였다는 점에서 연대의 범위가 전국적 규모로 확대된 것을 의미하였다. 그것은 노동자계급이 노동정치과정에서 비로소 독자적인 조직적 행위주체로 성장하였음을 말한다. 그리고 전노협의 결성은 한국 노사관계체제의 기초적 틀인 기업별 노조체제를 변화시키기 위한 작업이 본격적으로 시작되었음을 의미하였다.

요컨대 1989년의 계급역관계는 노동통제에 동원되는 국가의 권력자원이 크게 증가하였으나, 동시에 노동자계급의 계급역량도 증대되었던 것으로 정리될 수 있다. 그 결과 1989년은 계급역관계에서 일종의 미묘한 균형상태를 이루었으며, 역관계의 균형이 변동하는 임계점을 지나고 있었던 것으로 보인다.

제3절 계급역관계와 통제효율성의 변동

전반기의 급격한 정치변동을 거치면서 국가는 노동통제에 동원할 수 있는 권력자원을 크게 강화하였다. 시기적으로 국가의 권력자원

---

67) 전노협결성이 결정된 것은 1989년 7월 지역 업종별 노동조합대표자회의(성남)에서였다. 이후 10월 22일 대표자회의에서 결성준비작업의 일정이 최종적으로 확정되었고, 11월 22일 전국노동자대회, 12월 27일 전노협창립준비위원회 결성대회를 거쳐 1990년 1월 22일에 창립대회가 치러졌다.

강화가 현실화되었던 것은 1989년부터였으며, 그것은 1990년 상반기 3당합당 직후에 정점에 달하였다.

먼저 국가는 민주주의이행에도 불구하고 억압적 국가기구를 유지하였으며, 1988년의 과도기와 1989년의 정치변동과정에서 이를 노동통제의 전면에 재도입할 수 있었다. 여기에는 권위주의체제로부터 이전되었던 각종 법적·행정적 수단들과 물리적 강제수단 등이 포함되었다.

다음으로 노정권은 그 이전의 군부독재정권이 가질 수 없었던 정당성자원을 새로이 획득할 수 있었다. 노정권은 국민의 직접선거에 의해 절차적 정당성을 갖춘 권력이었으므로 통제정책실행에 있어 이전 정권이 부담해야 했던 정치적 비용을 상당 정도 덜 수 있었다. 집권 첫 해에 5공화국 권력과의 연속성, 여소야대정국 등의 정치적 조건 속에서 정당성자원은 노동통제에 동원될 수 없었으나, 1989년 이후 상황은 크게 변화하였다. 1989년 중간평가기, 공안정국기, 3당합당기의 정치변동을 거치면서 지배블록은 국가정치에서 주도권을 장악하였고, 이는 노동통제에 동원되는 정당성자원의 효력을 배가하게 되었다. 1990년 1월의 3당합당은 그 귀결점으로서 효율적인 노동통제를 가능케 하는 정치적 조건을 마련해 주었다.

마지막으로 1989년 이후의 경제상황 악화, 국제정세의 변동 등의 배경적 요인들도 국가의 이데올로기적 권력자원을 강화하는 요인이었다.

그러나 이상과 같은 국가의 권력자원 확대가 곧바로 노동통제의 효율성을 높이는 것은 아니다. 그것은 노동통제의 효율성이 국가의 권력자원 변동뿐만이 아니라 노동운동 역량 변동에 의해서도 영향을 받기 때문이다. 따라서 1989년부터 본격화되는 6공국가의 노동배제 전략을 설명하기 위해서는 국가와 노동 양자의 권력자원 변동의 상대적 추이를 고찰해야만 할 것이다.

노동계급의 계급역량 변동은 노동조합조직역량의 양적 변동, 노동조합조직의 집중성의 정도, 노동조합운동의 연대의 범위, 정치적 노동운동의 발전정도 등의 구체적인 지표들로서 파악할 수 있다.

먼저 노동운동의 조직적 역량의 변동을 보기 위해 조합 수, 조합원 수 및 조직률의 추이를 살펴보자. <표 4-2>에서 보면 노동조합의 조직역량의 변동양상은 1989년을 기점으로 하여 크게 변화함을 쉽게 알 수 있다. 1989년까지는 노동운동의 조직역량이 폭발적으로 확대되었으나 이후에는 정체 내지 하락하는 양상이 분명하게 나타났던 것이다. 노동조합의 수는 1989년 7,883개로 상대적으로 변동이 없던 5공화국기간에 비해 짧은 기간 동안 약 3배에 가깝게 증가하였으나, 이후 1992년까지 350여 개가 줄어들었다. 또 조합원 수도 1987년 대투쟁 직전의 105만 명에서 1989년에는 193만 명으로 약 두 배가 증가하였지만, 이후 1992년까지는 20여 만 명이 줄어들게 되었다.

그리고 권위주의억압하의 5공기간 동안 노동조합조직률(A)은 노동자대투쟁 직후의 14.7%까지 5.4%가 하락하였지만, 1989년에 이르면 그것은 23.4%로 8.7%나 증가하게 된다. 그러나 이후 1992년에 그것은 18.5%로 다시 4.9%나 하락하게 되는데, 그 하락의 폭은 증가분의 절반을 상회하는 것이었다. 따라서 1990년 이후의 노동운동의 조직적 기반은 절대적인 수치에 있어서는 큰 변화가 없다 하더라도 실제로는 상당히 위축되었다고 할 수 있을 것이다.

〈표 4-2〉 노동조합 수, 조합원 수 및 조직률 추이

(단위: 개, 명, %)

년 도	노동조합 수(개)			조합원 수(명)	조직률(%)		
	산별연맹	단위노조	계		A	B	C
1980	16	2,618	2,635	948,134	20.1	14.7	21.0
1987.6.30	16	2,725	2,742	1,050,201	14.7	11.7	15.7
1987.12.31	16	4,086	4,103	1,267,457	17.3	13.8	18.5
1988	21	6,142	6,164	1,707,456	22.0	17.8	19.5
1989	21	7,861	7,883	1,932,415	23.4	18.7	19.8
1990	21	7,676	7,698	1,886,884	21.7	17.4	18.4
1991	21	7,634	7,656	1,803,408	19.8	16.0	17.2
1992	21	7,505	7,527	1,734,598	18.5	15.1	16.4

주: 조직률 A=조합원 수÷비농가상시고×100
　　조직률 B=조합원 수÷총피용자×100
　　조직률 C=1980년은 조합원 수÷(상시고-공무원-사립학교교원)×100
　　　　　=1987년 이후는 조합원 수÷(상시고+일용고-공무원-사립학교교원)×100
　　조직률 C는 노동부집계방식
자료: 한국노동연구원, 『KII 노동통계』, 1994.

　　두 번째로 노동조합조직의 집중성은 지역별 집중도와 기업규모별 집중도로 나누어 볼 수 있다. 지역별 집중도는 노동운동의 기반이 되는 지역단위 조직역량을 살펴볼 수 있는 지표이며, 기업규모별 집중도는 기업별 노조체제에서 노동운동의 기본 단위인 단위 노동조합의 크기를 고찰하는 지표이다.

　　먼저 지역별 집중도를 보면 노동운동의 기반이 되었던 경인지역 및 경남해안지역을 비롯한 공업단지의 노동조합조직률은 1987년 이후 크게 높아졌다. 울산지역의 노동조합조직률은 1987년 6월의 14.8%에서 1990년 3월에는 51.4%로 증가하였으며, 1989년 말 현재 포항지역과 창원공단의 조직률은 각기 67%와 70%에 이르렀다.(이상철, 1992: 75, 121, 167)

　　다음으로 기업규모별 조직률을 보면 1990년의 시점에서 대기업의 조직률은 이미 상당한 정도에 도달하였음을 알 수 있다. <표 4-3>을

보면 500인 이상 1,000인 미만 사업장의 경우 노조가 조직된 사업장
은 66.7%에 이르며, 1,000인 이상 사업장의 경우에는 거의 100% 노
동조합이 조직되어 있었다.

〈표 4-3〉 기업규모별 노동조합조직률(1990)

(단위: 개, %)

기업규모	사업체수(A)	노조수(B)	B / A × 100
10-29인	48,695	652	1.3
30-99인	25,646	2,854	11.1
100-299인	6,437	2,656	41.3
300-499인	1,026	556	54.2
500-999인	703	469	66.7
1,000인 이상	416	415	99.8

자료: 노동부, 『노동통계연감』, 1992
한국노동연구원, 『KLI노동통계』, 1992에서 작성.

1990년 시점에서 나타나는 이와 같은 높은 노동조합조직의 집중
성은 1990년 이후의 노동조합조직역량의 수평적 확대가 이미 한계에
도달하였음을 여실히 보여준다. 이런 상황을 잘 보여주는 것이 대규
모 중화학공단지역 내의 규모별 조직률이다. 일례로 1990년 창원공
단의 규모별 조직률은 100인 미만 사업장(184개소)이 50%, 100-300
인 미만의 사업장(51개소)이 62%인 반면, 300인 이상의 중대규모사
업장(47개소)은 79%에 이르렀다. 노동운동역량의 잠재력이 큰 중화
학공업 공단지역의 대규모사업장의 조직률이 80%에 가깝다는 사실
은 이후 더 이상의 양적 조직역량 확대가 힘들다는 사실을 보여준
다.(이상철, 1992: 167)

셋째로 계급적 단결의 질적 발전의 추이에서도 이와 같은 급격한
반전의 양상이 나타났다.[68] 노동운동의 질적 발전의 문제는 이 시기
노동운동을 주도하였던 이른바 민주노조조직의 조직적 발전의 정도

와 노동자계급의 정치세력화의 여부를 고찰함으로써 간접적이나마 그 상황전개를 평가할 수 있을 것이다.

1987년 노동자대투쟁 이래 1990년 상반기까지 민주노조들은 연대와 단결의 수준을 지속적으로 높여왔다. 1987년 말 마산·창원 지역의 마창노련을 필두로 해서 전국의 각 지역에는 '지역노조협의회'라는 지역단위 연대조직이 구축되었으며, 업종별 연대도 활발하게 이루어져 1989년 5월에는 '업종회의'가 출범하기도 하였다.

1990년 1월 결성된 전국노동조합협의회(전노협)의 결성은 이와 같은 연대와 단결의 상징이었고 그 가시적인 성과라고 할 수 있었다. 1989년 하반기 이래 본격화된 국가와 자본의 탄압 속에서 출범한 전노협은 화이트칼라 민주노조를 대표하는 업종회의소속노조들이나 대기업노조들을 포괄하지 못하였음에도 불구하고, 민주노조의 조직적 단결을 대표하고 있었다. 그리고 무엇보다 전노협은 스스로를 '산별노조체제로의 이행을 준비하는 과도기적 조직형태'였다는 점에서 산별노조로의 조직발전의 전망을 구체화하는 것으로서의 의미를 갖고 있었다.

그러나 <표 4-4>에서 볼 수 있듯이 전노협의 조직적 기반은 결성 이후 한 해 동안 급격히 약화되어 조합 수와 조합원 수의 절반가량이 줄어들었다. 산하 조직의 감소는 그 자체로서도 중요한 것이었지만 전노협이 조직보존에 집중할 수밖에 없는 상황이 조성됨으로써, 일시적으로나마 '산별노조'로의 조직발전이 봉쇄되었다는 점에서 노동운동의 질적 발전의 추이가 역전된 것으로 볼 수 있다.[69]

___

68) 노동운동의 질적 발전을 지표화하는 것은 쉬운 일이 아니다. 왜냐하면 그것을 위해서는 노동자계급의 의식변화, 노동조합조직 및 상급조직의 조직활동, 정치적 영향력 등등에 대한 평가가 전제되어야 하기 때문이다. 본고에서는 예증의 수준에서나마 이를 논의해 보기로 한다.

69) 조직발전전망이 다시 주요한 운동과제로 떠오른 것은 1992년경이었다. 1991년 하반기와 1992년 국가자본 주도의 노동법개정에 반대하여 전노협, 업종회의, 대기업

또 지역연대조직이었던 지역노조협의회의 상황도 크게 다르지 않
았다. <표 4-4>의 지역별 상황은 전노협결성에 주도적으로 참여하였
던 '지역노조협의회'의 상황을 간접적으로 보여주고 있다. 지역의 조
직보존 정도는 큰 편차를 보이고 있지만, 대체로 거의 모든 지역의
조직역량이 크게 훼손된 것으로 나타났다.[70]

<표 4-4> 전노협의 조직력 변동

(단위: 개, 명)

	노동조합 수		조합원 수	
	1990.1.22	1991.3.31	1990.1.22	1991.3.31
계	456	238	166,307	91,572
지 역	424	228	163,108	90,173
업 종	31	10	3,199	1,399

자료: 한국노동연구원, 『분기별 노동동향분석』, 1991 1／4분기, p.45.

마지막으로 정치적 노동운동의 발전추이를 보자. 노동자계급의 정
치세력화는 여러 가지 방식의 기제들을 통해서 이루어지지만, 기본
적으로 이익대표를 통한 영향력행사 등의 간접적인 방식과 직접적인
정치참여의 사례들을 고찰할 수 있을 것이다.

___

노조 등이 주체가 되어 연대투쟁조직인 '공대위'를 결성한 것이 그 계기였다. 그리
고 국제노동기구 가입에 따라 노동법개정의 필요성이 가시화되고 정권교체기의 노
동정책변화의 기대 등이 작용하기도 하였다. 그러나 결국 이는 노정권의 노동법개
정방침 연기로 무산되고 조직발전의 본격적 추진은 김영삼 정권시기에 들어와서
이루어지게 되었다.
한편 1990년 하반기 전노협이 국가의 억압으로 약화되던 시점에서 등장하여 노조
조직발전의 새로운 활력을 불어넣을 것으로 기대되었던 '대기업노동조합연대회의'
또한 1991년 1월 국가의 강력한 탄압으로 활동이 곧바로 정지되고 말았다.
70) 대표적인 지역노조협의회인 마창노련의 당시 상황은 이재현, "마창지역노동운동의 위
기", 월간 『말』 1990년 5월호 참고. 지역별 편차는 중소기업 밀집지역과 중-대규모
중공업지역의 차이로 대별된다. 대구 광주 대전 부천 등에서 조직력은 크게 약화된
반면, 마창 인천 경기남부 등은 상대적으로 조직력이 보전된 것으로 나타났다.(김
동춘, 1993)

제도권정치영역에 대한 영향력행사의 대표적인 사례로는 노동법개
정과정을 들 수 있다. 1988-1989년에 걸친 야3당 주도의 노동법개정
과정에서 노동운동은 상당한 정도의 영향력을 행사할 수 있었고, 근
로기준법의 개정이라는 약간의 성과도 거둘 수 있었다. 그러나 1990
년 3당합당 이후 노동자들은 법개정과정에서 단지 부정적인 방식으
로만 영향력을 행사할 수 있었을 뿐이었다.

〈표 4-5〉 친노동자정당의 득표 현황

13대 총선거 (1988.4)	광역의회 선거 (1991.6)	14대 총선거 (1992.3)	1992년 대통령선거 (1992.12)
한겨레당 1.28% (25만) 민중의 당 0.33% (6만 5천)	민중당 0.8% (12만 5천)	민중당 1.5% (31만 9천) 민중후보누계* 2.15% (44만 8천)	민중당 1.0% (23만 8천)

주: 괄호 안은 득표수.
  * 민중후보전체는 민중당(51명), 전국연합(6명), 민중회의(3명), 민정추(6명),
    노동자 후보(4명) 등으로 구성됨.
  자료: 「민중회의소식」, 제11호. 손호철(1993)에서 재인용.
    각 일간신문.

노동운동의 선거참여의 경우 상황은 더욱 나빴다. 1987년의 대통
령선거, 1988년 13대 총선거, 1991년의 지자제선거, 1992년의 14대
총선거와 대통령선거 등 모든 선거에서 노동운동의 정치적 진출은
미미했다.(표 4-5 참고) 그리고 선거과정에서 정치적 노동운동세력
내부에 상당한 분열이 나타나기도 하였다. 특히 지식인 출신의 정치
적 노동운동조직들의 심각한 분열은 장기적인 정치세력화 과정에서
해결해가야 할 여러 가지 심각한 문제점들을 드러내주었다.(임영일,
1992; 손호철, 1993)

이상의 논의를 요약하자면 1987년 이후 급속하게 성장하던 노동

계급의 계급역량은 국가의 통제강화에도 불구하고, 1989년 시점까지는 그 상승추세를 유지하였던 것으로 보인다. 그러나 1990년 상반기 이후 그 추세는 크게 바뀌어 상당하게 둔화되거나 거의 지체되는 모습을 보여주었다.

〈그림 4-1〉 6공화국 노동통제효율성의 변동 추이

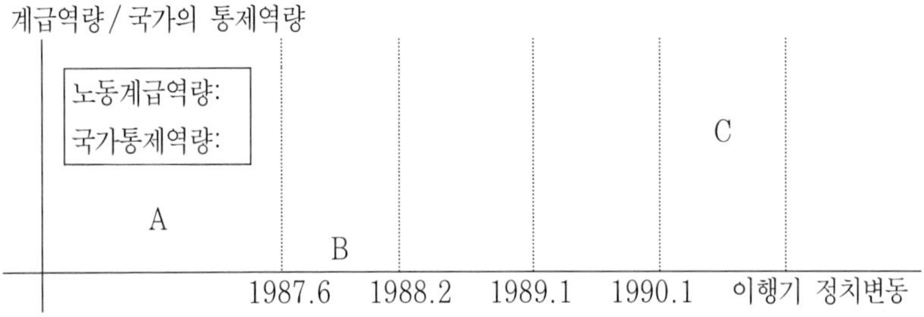

계급역량 / 국가의 통제역량

노동계급역량:
국가통제역량:

A

B

C

1987.6   1988.2   1989.1   1990.1   이행기 정치변동

<그림 4-1>은 노동계급의 역량강화와 국가의 권력자원 증가의 상대적인 추이를 소시기별로 나타낸 것이다. 대체로 6공정권 성립 이후 노동계급과 국가의 권력자원은 모두 증가하였고, 정합적인 방향으로 변동하였다. 그렇지만 그 증가의 폭은 시기별로 매우 다른 모습을 보였다. 1987년 이후 상당한 정도로 감소하였던 국가의 통제역량은 1988년 동안 크게 변화하지 않았으나, 1989년부터 1990년 1월까지 급속히 증가하였다. 특히 1989년의 증가속도는 같은 시기 노동계급역량의 증가율을 크게 상회하였다. 그 결과 1989년 중반의 일정 시점에서 세력관계의 역전이 있었던 것으로 보인다.

통제의 효율성이라는 측면에서 보면 1987년 이후 1988년까지 B국면은 효율성이 매우 낮은 시기였다. 국가의 통제효율성 저하는 이 기간 동안의 노동운동 역량증가를 초래했으며, 이는 1989년 이후 국가가 적극적인 노동통제를 시도하는 중요한 배경을 이루었다. 1989년의 정치변동 및 노동통제강화 및 통제방식의 변화와 함께 C국면

에서 통제의 효율성은 다시 증가하게 되었다.

이와 같은 국가의 노동통제 효율성증가는 1990년 상반기 전노협에 대한 국가의 전면적인 통제와 현대중공업 노동조합과 KBS 노동조합 파업에 대한 국가의 경찰력투입과정을 거치면서 보다 구체적으로 현실화되었다. 민주노조진영에서 최대한의 조직역량을 동원하여 국가의 통제에 맞선 이들 상반기쟁의 이후로 노동계급의 저항역량은 크게 약화되었으며, 1991년과 1992년 노동운동은 상당하게 위축되었다.

〈표 4-6〉 원인별 노동쟁의발생 추이

(단위: 건, %)

1980	38	–	369	407
1985	84	–	181	265
1986	75	15(5.4)	186	276
1987	2,613	170(4.5)	966	3,749
1988	946	328(17.5)	599	1,873
1989	742	426(26.4)	448	1,616
1990	167	49(15.2)	106	322
1991	132	56(23.9)	46	234
1992	134	49(20.9)	52	235

주: * 기타는 체불임금, 휴폐업 및 조업단축, 해고, 부당노동행위, 근로조건개선 등의 항목으로 구성됨. 그리고 기타의 1980년과 1985년은 단체협약 관련 쟁의 포함.
자료: 한국노동연구원, 『KII노동통계』, 1994에서 작성.

1990년 이후 국가의 노동통제역량 회복을 단적으로 보여주는 지표는 노동쟁의 발생건수의 변동 추이이다. 1987년의 폭발적인 쟁의발생 이후 1989년까지 1,600여 건을 상회하는 쟁의가 발생하였으나, 1990년부터 그 수는 급속히 감소하여 2-300건에 머물게 되었다. 이러한 수치는 5공화국의 권위주의하의 쟁의발생건수와 비교해서 그리 차이가 없는 것이었으며, 1990년 이후 노동운동의 위축상황을 단적으로 보여주었다.

제 4 절 후반기 노동통제 전략: 1990.2–1993.2

노태우 정권 후반기의 노동통제 전략은 민주주의이행기 동안 형성되었던 국가정치의 제반 요인들이 일정하게 정리된 기반 위에서 실시된 것이라고 볼 수 있다. 지배블록은 3당합당으로 국회를 거의 완전하게 장악할 수 있게 되었고, 국가는 1989년 말과 1990년 상반기의 통제강화를 통해서 대중적 노동운동을 위축시키는 데 성공하였다.

그러므로 후반기는 전반기의 통제강화라는 맥락은 기본적으로 유지하였지만, 통제전략의 내적 동인이라는 점에서 커다란 변화가 있었다. 즉 이 시기 노동통제 전략의 내적 동력은 단기적이고 정치적인 것보다는 장기적이고 경제구조적인 요인으로부터 발원하였던 것이다. 물론 이 시기 동안에도 중요한 정치과정들이 있었으며, 그중에서도 민자당 내부의 권력쟁탈, 1991년의 지방자치체 선거, 1992년의 총선거 및 대통령선거 등이 중요하였다. 그러나 이러한 정치과정들은 이전 시기의 정치적 갈등에 비하면 상대적으로 찻잔 속의 폭풍과 같은 것이었다.

후반기의 노동통제 전략의 구체적 양상은 분석적으로 두 가지의 요인에 의해 추동되었다. 그 하나는 민주주의이행기 동안 와해되었던 권위주의적 노동통제체제를 대신하여 '형식적 민주주의 속에서의 노동통제체제'를 제도화하는 것이었다. 이는 이미 1990년까지 노동억압의 과정에서 개발되었던 여러 가지 새로운 노동통제기법들을 제도화하는 것을 포함한다. 그리고 다른 하나는 변화된 경제적 환경 속에서 산업구조조정을 수행하는 데 있어 적합한 장기적이고 안정적인 노사관계체제를 개발하는 일이었다.

이 두 가지 요구가 근본적으로 각기 정치적 요인과 경제적 요인에 기초한 것이었다고 한다면, 이 시기의 특징은 전자보다는 후자에 비중이 컸던 점이라고 할 수 있다.[71] 그것은 물론 3당합당에 의한 정치적 헤게모니의 강화, 국가의 노동통제와 노동운동의 위축에 따라 노동운동에 대한 억압이나 정치적 대응의 요구가 크게 감소한 것에 기인한다. 그리고 이에 따라 국가의 노동통제 전략은 경제적 요구에 보다 민감하게 반응하였던 것이다.

이 시기의 한국경제는 대 내외적으로 급변하였던 경제정세에 발맞추어 구조조정을 서두르고 있었던 시기였다. 대내적으로는 민주주의 이행에 따른 노동운동의 고양과 임금상승, 구조적인 노동력수급 불균형현상 등이 본격적으로 나타나기 시작하였으며, 대외적으로는 사회주의들의 붕괴, 새로운 국제교역질서의 모색을 위한 협상(우루과이라운드협상) 및 선진국의 시장개방요구 등 범세계적인 경제체제변동의 여파가 한반도에 직접적인 영향을 미치고 있었다. 그러므로 노동정책은 상대적으로 노사관계정책보다는 임금정책, 고용정책, 근로기준정책, 사회보장정책 등 경제정책과 긴밀히 연관된 정책분야에 집중되었다는 점에서 특징적이었다. 특히 임금비용의 급상승과 초유의 노동력부족사태를 맞이한 국가와 자본은 임금과 고용정책 및 근로기준정책부문에서 속속 새로운 정책대안들을 제시하였고 실행하였다.

새로운 노동통제 전략의 제도화에 있어 경제적 요인의 중요성이 가장 두드러진 정책 사례들은 여러 가지 측면에서 나타났다. 예를 들면 1991년에 발표된 '제7차 5개년 경제개발계획' 중 '노동부문계획'은 이를 잘 보여준다. 1992년부터 1996년까지 실시될 경제개발계획에서 노동부문의 계획은 한국경제의 핵심적 과제이었던 산업구조조정을 통한 경쟁력강화에 종속적인 지위를 차지하였다. 여기서 '계획'은 기업별 교섭의 한계를 극복하는 것을 주요한 과제로 제시하였는데, 구체적인 방안으로는 정책연구과제로서 중앙조직 간의 교섭을

---

71) 6공정권의 실세 중 한사람이었던 최병렬 노동부 장관은 1992년 6월 국방대학원의 특강에서 노동정책이 국가정책 중에서 중요한 전략적 위치에 있다고 강조하고, 그 과제로서 '노사관계법 및 제도의 합리적 개선'을 제시한 바 있었다.

위한 교섭준거 마련, 업종 및 지역별 공동교섭의 확대 추진, 교섭관행의 정착 유도 등이 있었다.

경제개발계획에서 일차로 규정된 노동통제 전략은 다음 해인 1992년 9월에 발표된 '신노동정책'으로 보다 구체화되었다.[72] 신노동정책의 정책방향은 "산업화 초기의 외연적 압축성장단계에서 형성된 기업경영체계를 …… 더 효율화 전문화하고 …… 개선함으로써 한국자본주의의 역동성을 지속적으로 확보"하자는 데 있었다. 그리고 생산적 노사관계 형성을 위한 과제로서 상급노동단체의 강화, 노조운영의 전문성 강화, 단체교섭 대상의 전환 등을 제시하였다.

이와 같은 새로운 노사관계제도의 구축을 위한 시도들은 이 시기 동안 양산되었던 관변 노동연구단체의 연구물들로 나타나기도 하였다. 많은 연구자들이 다양한 주제들을 대상으로 연구보고서를 제출하였지만, 그들의 주제는 모두 산업구조조정과 경제 사회구조변동에 따른 장기적 노사관계제도 및 임금제도개편이라는 점에서 일치하였다. 예를 들어 노동부산하 한국노동연구원(KII)은 새로운 노사관계체제의 정립을 위한 4가지 과제를 제시하였는데, 그것은 노동법개정, 노사정 중앙협의기능 제고, 노동조합의 정책 참여 등이었다.[73]

이 절에서는 3장에서 제시하였던 경제구조변동과 연관해서 노동정책분야별로 국가의 노동통제 전략의 구체적 내용을 검토하고자 한다. 먼저 국가가 설정한 노동정책과제들을 정리한다.[74] 그리고 이를

---

72) 노동부, "신노동정책", 1992.9.
73) 이원덕, "국가경쟁력강화를 위한 노동의 역할", 한국노동연구원 개원 4주년 기념토론회 『경제사회발전과 노동』, 한국노동연구원, 1992.8.25.
74) 물론 여기서 정리할 정책과제들은 객관적으로 확인된 '과제'일 뿐이므로 이것이 모두 구체적 정책결정이나 실행에 반영되지 않았음은 자명한 일이다.
   본고에서 정리한 노동정책과제들은 주로 노동부산하의 전문연구기관인 노동연구원의 정책연구 및 정책제안과 노동부에서 공식적으로 발표한 노동정책계획안 등을 기초로 하였다. 그 주요한 것들로는 "노사관계 안정화방안"(노동부, 1988.5.25), "노동행정의 중장기발전방향"(노동부, 1988), "노동관계법의 제문제에 관한 정책협의회"(1988.9),

구체적인 정책실행과 비교하여 분석함으로써, 6공노동정책의 정책효율성을 평가하고 노동배제전략의 계급적 성격을 밝힌다.

〈임금정책〉

임금정책의 정책과제는 크게 보아 고율의 임금상승추세를 반전시키는 임금억제정책과제와 약화되고 있는 임금의 생산성제고기능을 강화하기 위한 임금체제개편의 과제로 나눌 수 있다. 이것은 한 연구자의 표현과 같이 '계층 간 임금격차는 축소하고 계층 내부의 임금격차는 확대하는' 것을 의미하였으며,[75] 전자가 단기적인 과제였다면, 후자는 장기적인 과제였다고 할 수 있었다.

먼저 임금억제는 무엇보다 물가정책이나 국제경쟁력의 유지 등과 같은 경제정책적인 측면에서 입안되었는데, 그 근본적인 동인은 앞서 본 바와 같이 주변부포드주의의 축적체제하에서 임금비용의 상승은 곧바로 이윤율의 하락에 의한 축적위기를 야기한다는 점이었다. 6공화국국가의 임금억제정책을 대표하는 정책대안은 폐기되었던 임금가이드라인을 다시 도입하는 것이었다.

새로이 도입된 임금억제정책은 기업규모별로 임금억제를 차별화하는 것이었다는 점에서 권위주의하의 그것과는 상당히 다른 것이었다. 그 이유는 1987년 이후의 임금상승의 주요한 요인 중 하나가 노동조합의 대중적인 투쟁이었고, 기업별 교섭체계하에서 상대적으로 교섭력이 컸

"90년대의 바람직한 노사관계"(노동부, 1989.11.2), "90년대 노동정책의 방향과 과제"(한국노동연구원, 1990 .3), "경제의 제2도약을 위한 노사관계정책방향"(한국노동연구원, 1990 .5), "제7차 경제사회발전 5개년계획 노사관계부문 계획(안)"(노동부, 1991), "임금제도의 문제점과 개선방안"(한국경영자총협회, 1991.10.24), 『한국의 임금구조 및 임금체계의 현황과 정책과제』(한국노동연구원, 1991.6), "고용보험제도 도입에 대한 검토"(한국노동연구원, 1991.6.12), "제7차 경제사회발전 5개년계획 노사관계부문계획"(노동부, 1992), 『경제사회발전과 변동』(한국노동연구원, 1992.8), "신경제 5개년계획 노사관계재정립부문계획"(노동부, 1993) 등이 있다.

75) 박영범, "한국의 임금구조와 임금체계의 현황과 정책과제", 한국노동연구원, 1991.6.

던 대기업이 임금인상을 주도하였기 때문이었다. 따라서 기업규모별 임금격차가 확대되는 상황에서 임금억제정책은 전체 노동자계급의 임금을 억제하는 수단이기도 하였지만, 동시에 규모별 임금격차의 확대가 야기하는 제반 부정적인 효과를 통제하는 수단으로 입안되었다. 규모별 임금격차의 축소 이외에도 국가는 성별임금격차의 해소 또한 강조하였는데, 그것은 노동력공급 확대정책과 연관되어 추진된 것이었다.

다음으로 임금억제의 또 다른 중요한 수단으로 노총과 경총 간의 임금인상률 사전합의 및 성과배분제가 기획되었다. 합리적 임금결정의 제도적 장치 마련이라는 명목으로 도입이 추진된 노총·경총 합의는 서구의 사회적 합의와는 질적으로 다른 것이었다. 그것은 임금억제를 위한 이데올로기적 통제수단의 의미를 크게 벗어나지 못하였다. 성과배분제 또한 생산성향상과 임금안정을 동시에 추구한 것이었지만, 임금억제의 목적이 더욱 중요한 것으로 평가된다.

이 밖에도 임금삭감의 방법으로 국가와 자본은 근로기준법상의 몇몇 법정수당을 폐지하려는 시도를 하기도 하였다.

반면에 임금체제의 개편은 기업 내부 노동시장이 발전하고 있었던 독점대기업을 주요한 대상으로 하는 것이었고, 임금격차를 확대하는 방향으로 설정되었다. 그것은 고부가가치산업의 육성 및 그에 따른 노동과정상의 구조적 변화에 대처하고, 변화된 노동시장구조하에서 생산성을 높이기 위한 수단으로 고안된 것이었다. 그러므로 임금체제의 개편은 숙련의 향상, 고용 및 인사관리구조의 개편 등 노동력의 기능적 유연성을 확대하는 제반 정책들과 긴밀하게 연결되었으며, 생산성을 높이는 핵심적인 정책수단으로 부각되었다.

기존의 연공급적 임금체계를 보완하고 대체할 대안적 임금체계는 업무능력을 임금지급의 기준으로 파악하는 직능급제 임금체제였다. 직능급제 임금체계는 직위승진과 함께 직능승격에 의해 급여보상기회를 확대하고, 직무수행능력과 임금이 연계되어 장기근속화, 고학력화, 다능공화, 전문화 등을 유인하는 장점을 가진 것으로 평가되었다.[76] 그러나 그것은 본질적으로 노동자들 간의 경쟁을 제도화함으로써 노동력이용의 효율성을 높이고, 약화된 작업장 통제를 다시 확보하고자 하는 시도였다.

6공국가의 임금억제는 1989년 하반기의 노동억압과 함께 시작되었으므로 그것은 전반기 노동정책과 연결되어 있었다. 반면에 임금체제의 개편은 1990년 이후 본격적으로 논의되었으며 구체적인 정책수단이 가시화된 것은 1991년 하반기 이후였다.

1989년 상반기까지 노정권은 '자율적 임금교섭'과 권위주의적 통제방식인 임금가이드라인의 철폐를 임금정책의 기본 정책방향으로 제시하면서, 이를 체제개방의 중요한 성과로 선전하였다. 그러나 이와 같은 자유화정책은 1989년 상반기의 공안정국을 지나면서 급격하게 변화하였다. 그 시발점은 1989년 5월 KDI에서 작성한 "임금과 국민경제"라는 보고서였다. 보고서의 핵심논지는 임금상승이 경제위기를 야기한 주요한 요인임을 지적하고 임금가이드라인의 재도입을 주장한 것이었다. 공안정국기에 정치적 의도를 갖고 만들어진 이 보고서의 구상은 다음 달 정부가 발표한 "하반기경제종합대책"에서 임금가이드라인 재도입방침 확정으로 현실화되었다. 이후 임금정책은 국가의 노동정책에서 핵심적인 지위를 차지하게 되었다.

1989년 상반기 하반기 경제종합대책으로부터 재도입되기 시작한 임금가이드라인정책은 1990년과 1991년 임금정책에서 '한 자릿수 임금억제'로 나타났고, 1992년에는 '총액임금제'로 발전하였다. <표 4-7>에서 볼 수 있는 바와 같이 6공국가의 임금억제정책에서 가장 두드러지는 특징은 국가의 전체 행정조직을 총동원하여 임금억제에 주력하였다는 점과 통제의 정도가 매년 강화되었다는 점을 들 수 있다.

---

76) 한국경영자총협회(양병무 외), "임금제도의 문제점과 개선방안", 1991.10.24.

<표 4-7> 6공국가의 임금가이드라인정책

1990년 한 자릿수 억제정책	-개요: 공기업 5% 이내 억제, 민간기업 한 자릿수(생산성향상 수준 이하) 임 금인상 유도 -선도부문 대상사업장 지도: 정부출연기관(37개소), 정부투자기관(24개소), 30대 그룹 주력기업, 지역별 임금교섭선도기업에 대해서 감독관 파견 및 임금 교섭 지도 -지도내용: 해당부처별 적정임금 결정지도 　정부투자 출연기관; 경제기획원-예산범위, 물가상승률 　30대 그룹 기업; 상공부 등-생산성을 고려한 임금인상 　금융업종; 재무부-물가상승률
1991년 한 자릿수 억제정책	-개요: 공기업 5-7%, 민간기업 한 자릿수 임금인상 유도 -선도부문 대상사업장 지도: 임금교섭 파급영향이 큰 공공부문, 대기업, 서비 스 업종 등 고임업종 300여 사업장에 감독관파견 및 임금상황표작성을 통한 집중관리
1991년 한 자릿수 억제정책	정부투자 출연기관: 경제기획원-예산범위 국민경제 여건 　금융기관: 재무부-예산범위 국민경제 여건 　30대그룹 주력기업: 상공부 등-규모별 임금격차 해소, 사회적 책임의식에 기 초한 자발적 임금자제 　지역 선도기업: 노동부-임금격차 해소, 임금자제 -상시근로자 100인 이상 사업장 임금계도 　30대그룹 기업: 주력기업, 관할 부처(건설부, 보사부, 교통부, 상공부) 　공단업체: 상공부, 시도 　임금교섭 취약업종: 업종관련 부처 -기타: 임금협약 유효기간 연장(1년에서 3년으로) 성과배분 업적급 임금제도 확산
1992년 총액 임금제	-개요: 상시근로자 500인 이상 사업체(서비스업은 300인 이상), 시장지배적 사업자 전체, 정부투자 출연기관 총액 기준 5% 이내 임금인상 중점관리, 　　 : 500-300인 대기업 총액기준 5% 이내, 개인 고소득자 임금동결 권장, 민간대기업 신입사원 초임 동결 -지도기관: 업종별 소관부처 역할 분담 　중점관리 대상업체; 재무부, 상공부, 동자부, 건설부, 보사부, 교통부, 공보처 등 업종 관련부처 　정부투자 출연기관: 경제기획원 　지방공기업: 내무부 　100인 이상 전사업체 임금타결 통계 파악: 노동부 -점검방법: 관계부처 합동점검, 각종 제재 및 우대조치 -기타: 성과배분적 변동상여제도 활용 권장, 임금체계합리화 지도(생산직 직능 제 권장, 임금구성항목 정비 단순화)

자료: 노동부, "임금인상 지도지침", 각 년도.
　　경제기획원, "91년 경제안정을 위한 노사관계 대책", 1990.12.

경제기획원을 비롯하여 거의 모든 정부부처가 직접적인 임금관리
기구로서 행정력을 동원하였을 뿐만 아니라, 그것은 민간대기업으로
확장되기도 하였다. 즉 국가는 경제단체들의 협의회를 국가주도로
급조하여, 여기서 경영 측의 가이드라인을 작성하게 했다. 그리고 나
아가 직접ㆍ간접적인 영향력행사를 통하여 민간대기업의 임금인상률
을 직접 결정하기도 하였던 것이다.[77] 그리고 임금통제의 방식도
1991년 가이드라인 적용대상업체와 관리주체의 세분화하고 업적급을
도입하는 등 치밀하게 발전하였으며, 그것은 1992년의 총액임금제
실시로 더욱 세련된 모습으로 나타났다.

그러나 여러 연구자들이 평가하였듯이 6공국가의 임금억제정책은
그다지 성공적이지 못하였다.(송호근, 1994; 남기곤, 1993; 이선, 1992)
직접적인 임금억제효과라는 점에서 보면 국가의 임금억압이 상당한
효과를 가져 온 것은 부인할 수 없는 일이지만, 국가가 제시했던 임금
인상 상한선은 결코 달성될 수 없었다.[78] <표 4-8>을 보면 명목임금
상승률은 정부의 임금가이드라인 목표보다 매년 10%가량 높았다. 그
뿐만 아니라 억압적인 국가개입으로 말미암아 치러야 했던 부정적인
비용은 양적인 임금억제의 효과를 무산시킬 만큼 컸던 것이다.

매년 새로운 임금통제방식이 개발되었던 것도 권위주의하에서 실행

---

77) 경단협 임금가이드라인 결정을 둘러싼 진통에 관해서는 한국일보 1990.2.6일자
참고. 1989년 12월 14일 정부는 임시국무회의에서 3급 이상의 고위공무원의 임
금을 동결하는 결의를 하였고 이후 이는 민간대기업으로 확산되었다. 이 같은 임금
동결캠페인은 국가와 민간대기업의 사전조율 위에서 이루어진 것이므로 이는 행정
력이 확장된 것으로 볼 수 있다. 그리고 1992년 정부는 민간대기업의 고소득자와
신입대졸사원의 임금을 동결한다는 '임금지침'을 발표하기까지 하였다.

78) 임금은 매우 복잡한 요인들에 의해 결정되므로 국가 임금억압의 상대적 비중을 평
가하는 것은 불가능한 일이다. 다만 당시의 노동시장상황, 노동조합운동의 정도를
고려해 볼 때 상당한 억제요인으로 작용하였을 것임을 추측할 수 있을 뿐이다.(주
간노동자신문, 1991.1.19) 이 점에서 역으로 국가의 임금억제정책의 효과를 지나
치게 평가하여 남미의 임금억압정책과 동일시하는 일부 기존 연구에 대해 비판을
한 송호근(1991: 1994)의 견해는 적절하다.

되었던 가이드라인정책이 안고 있는 내재적 문제점들을 최대한 줄이고자 하는 노력이었다. 예를 들어 1990년과 1991년 시행되었던 한 자릿수임금억제정책에 대해서 개별기업의 자본과 노동은 기본급 외에 여러 가지 수당을 신설하거나 공식임금인상률 이외에 비공식적인 임금협약을 맺는 방식으로 대응하였다. 그 결과는 타결율을 크게 상회하는 임금부상으로 나타났다. 이것은 국가의 오랜 임금정책목표였던 기본급 비중의 상향조정에도 역행했을 뿐만 아니라, 가이드라인정책의 효과를 크게 잠식하는 결과를 초래하였다. 1992년의 총액임금제 및 성과배분제는 이 같은 임금체계의 왜곡을 방지하고 가이드라인의 효과를 강화하기 위한 수단으로 도입되었지만, 그 효과는 불분명하였다.

〈표 4-8〉 6공국가의 임금억제정책 관련 지표(1987-1992)

(단위: %)

연 도	소비자물가	생산성상승률	타결율	명목임금상승	실질임금상승	정부GI	경총GI	노총GI	전노협GI	임금부상률	정부실패율
1982-1986	3.6	9.5	–	10.6	7.0	*6.0	5.7	17.8	–	–	*-5.0
1987	3.0	8.3	17.2	10.1	7.1	–	7.0	27.0	–	-7.1	–
1988	7.1	12.4	13.5	15.5	8.4	–	8.5	29.3	–	2.0	–
1989	5.7	10.4	17.5	21.1	15.4	9.0	12.9	26.8	–	3.6	-12.1
1990	8.6	16.1	9.0	18.8	10.2	9.0	7.0	20.5	23.3	9.8	-9.8
1991	9.3	16.4	10.5	17.5	8.2	7.0	7.0	17.5	26.4	6.9	-10.5
1992	6.2	P12.3	6.5	15.2	9.0	**5.0	6.7	15.0	25.4	8.7	–
1987-1992	6.15	12.65	12.36	16.36	9.71	7.5	8.18	22.68	25.03	3.98	-10.8

주: 정부실패율=정부가이드라인-명목임금상승률, 임금부상률=명목임금상승률-타결율, 생산성상승률은 생산직노동자 기준의 물적노동생산성지수.
*은 1983년의 정부가이드라인(GI), 정부실패율.
**은 1992년 총액임금대상업체에 한정된 가이드라인.
자료: 송호근(1994: 165)을 수정 보완.
한국노동연구원『KII노동통계』, 1991, 1992, 1994.
전국노동조합협의회, 『사업보고서』, 각 년도.

임금가이드라인에 의한 임금억제정책의 여러 가지 제반 문제들의
핵심은 기업별로 이루어지는 임금교섭체제하에서 국가의 행정적 개
입에는 근본적인 한계가 따른다는 점에 있었다.[79] 즉 일종의 소득정
책(income policy)인 임금가이드라인이 최소한의 효과라도 발휘하기
위해서는 임금상한선을 조직적으로 강제할 수 있는 교섭체계 및 노
동조합조직체계가 요구되는 것이기 때문이다. 이 시기 정부가 추진
하였던 '업종별 공동교섭의 확대', '패턴교섭의 도입' 등은 기업별
체제를 기본적으로 유지하면서 임금억제를 가능케 하려는 시도로 볼
수 있을 것이다. 그러나 그러한 시도들은 대체로 성과 없이 끝나고
말았다. 보다 세련된 임금가이드라인제도였던 총액임금제도 이 점에
서는 예외일 수 없었다.

기업별 노조가 개별 사업장 단위로 교섭하는 한국의 임금교섭체제
에서 국가의 행정적인 임금규제는 그 내재적 한계가 분명하였다. 즉
공식적인 상급단체였던 한국노총은 산별 노조조직이 아니었을 뿐만
아니라, 하부의 단위 노동조합에 대한 통제력을 거의 상실하고 있었
던 것이다. 그 결과 노동조합이 가이드라인에 대해서 강하게 반발하
는 상황에서 실행된 행정조치들은 약간의 임금통제효과를 가져왔지
만, 그 반대급부로서 노동조합이 국가의 노동정책에 강력히 저항하
는 결과를 초래하였다. 노동운동의 저항은 1989년부터 강화된 노동
억압의 연장선상에서 일시적으로는 크게 문제되지 않을 수도 있었지
만, 장기적인 노사관계에 상당한 부정적 효과를 야기하지 않을 수
없었다.

---

79) 이선(1993), 남기곤(1994) 참고. 한편 남기곤은 총액임금제가 자본 측에 질곡으
로 작용하였으므로 자본조차 반대하였다고 주장하였다. 실제로 1991년 말 30대재
벌은 반대의사를 표명하기도 하였다. 그러나 이를 자본 측이 총액제를 반대하였던
것으로 해석할 수는 없다. 반대로 자본은 1992년 임금협상시기에 총액제를 적극
수용하였고, 이후 총액제의 결과에 대해서 매우 긍정적으로 평가하였다. 전국경제
단체협의회, "총액임금제의 평가와 성과배분제도 실태조사", 1992.12.

다음으로 임금체제개편과 관련된 정책실행을 보면 임금억제가 임금가이드라인정책의 실행이라는 뚜렷한 정책수단을 갖추고 있었던 반면, 임금체제의 개편은 그 작업의 성격상 그렇지 못하였다는 점이 특징적이었다. 직능급체제로의 전환을 장기목표로 하였던 임금체제개편은 기업별 노조체제의 노사관계에서는 개별 사업장 단위의 임금지불체제를 변화시켜야만 도입될 수 있었으므로 어떤 획일적인 기준이 적용되거나 지시될 수 없다는 점이다. 즉 연공급에 직무급의 '승진, 승격분리 운영원칙'과 '인사고과 승급제도'를 결합시킨 직능급을 도입하기 위해서는 기본급＋제반수당＋상여금으로 구성된 임금의 각 부분들을 흡수하고 통합하여 정리해야 할 뿐만 아니라, 엄격한 직능평가를 할 수 있는 인사고과제도를 갖추어야 한다.

그리고 이 체제변화의 구체적인 내용은 기업의 제반조건에 따라서 매우 상이해 질 수밖에 없다. 즉 업종, 산업, 기업규모, 기술수준, 지불능력 등의 차이에 따라 매우 다양한 조건에 처해 있는 개별기업에 대해서 어떤 일률적인 기준이 제시될 수 없다는 점이었다.[80] 예를 들면 총자본과 국가의 정책방향은 직능급이라 할지라도 개별기업의 사정은 그와 반할 수 있었던 것이다. 또 강한 민주적 노동조합이 존재하는 경우 그 작업은 더욱 어렵게 될 지도 모르는 것이었다. 따라서 임금체제개편의 경우 국가의 정책실행은 임금억제와 같이 강제적인 수단을 동원할 수 있는 성질의 것이 아니었다.

이런 조건에서 국가가 임금체제개편을 위한 기본적이고 기초적인 중요한 정책수단으로 동원한 것이 총액임금제였다. 총액제는 일차적으로 임금억제의 수단으로 동원된 것이기는 하였지만, 그 밖에도 장기적인 임금체제개편의 기초작업이라는 성격도 갖고 있었다고 할 것이다. 즉 총액임금제는 민주화시기 고율의 임금인상분을 회수한다는

---

80) 한국경영자총협회(양병무 외), "임금제도의 문제점과 개선방향"(세미나자료), 1991.10.24, pp.150-200 참고.

의미를 일차적으로 갖지만, 장기적으로는 임금체계를 개편하기 위한 기본적인 정책수단으로 설정되었다.[81]

한국의 연공서열제는 권위주의시기 동안 임금억제를 가능하게 하는 유용한 임금체계였다. 그것은 노동조합에 대한 거의 완벽한 통제에 기초해서 노동조합의 교섭력이 매우 취약하였을 뿐만 아니라, 1990년의 시점과 비교해서 상대적으로 노동시장의 압박이 적었기 때문이기도 하였다. 그러나 노동운동이 확대되고 노동시장상황이 변화하는 조건 위에서 기존의 연공서열제는 그 장점을 상실하였다. 국가의 임금억제의 효과가 제약될 수밖에 없고 노동시장상황이 악화된 상황에서, 그것은 생산성으로 전환되지 않는 '불합리한 임금인상'을 초래하였던 것이다. 이와 같이 총액임금제의 성과급으로서의 성격은 장기적으로 한국의 임금체제를 직능급제나 연봉제로 전환해야 생산성 경쟁이 가능하다는 경제적 논리에 의해 뒷받침된 것이었다.

임금체계개편의 수단으로서 총액임금제가 제시하였던 내용은 크게 임금구성항목의 정비 및 단순화, 불합리한 교섭관행의 시정 지도, 생산직을 위한 합리적 직급체계 설정 권장, 성과배분적 변동상여제의 도입 등 네 가지로 구분된다.[82]

먼저 임금구성항목의 정비를 보면 이는 주로 방만한 임금구성항목들, 특히 각종 수당들을 통폐합하여 수당의 종류를 감축하고 단순화하는 작업이었다. 전통적으로 기본급에 대비하여 지나치게 컸던 각종 수당의 상대적 비중은 한 자릿수 임금억제정책에 의해 더욱 증대

---

81) 최병렬 노동부 장관은 1991년 총액임금제를 입법화하기 위한 노동법개정을 추진하였으나 총선을 앞둔 민자당으로부터 강력한 반대에 부딪쳤다. 그는 만약 정치논리에 따라 총액임금제 법제화가 불가능하다면, 이를 행정적 수단을 통해서라도 반드시 관철할 것이라고 주장하였고 이를 실행하였다. 그리고 그는 총액임금제가 국가 경쟁력강화-산업구조조정을 위해 필수적인 것임을 강조하였다.(월간 『노사광장』 1991년 11월호)

82) 노동부, "1992년 임금교섭지도지침", 1992. 2, pp.8-10 참고.

하였다.(경총, 1991: 72-90) 이는 임금구성항목을 매우 복잡하게 하였을 뿐만 아니라, 임금상승이 생산성향상효과로 연결되지 못하는 '비합리성'을 안고 있었다. 그러므로 국가와 자본은 임금구성항목 수당의 임금보조기능을 정상화하여, 고정수당부분을 최소화하고 변동수당부분으로 전환하는 등 수당체계를 개편하고자 하였던 것이다. 이는 직능자격제 임금제도의 도입을 위한 기초작업이 된다.

그리고 임금구성항목 중 또 다른 중요한 부분인 상여금제도도 개편하고자 하였다. 총액임금제는 연말의 성과급제와 연계되어 실시되었는데, 이는 한국의 기존 임금체계인 연공서열제를 크게 수정한다는 중·장기적인 목적을 갖는 것이었다. 각종 수당과 마찬가지로 상여금의 비중도 1987-1991년 기간 동안 증대하였지만 그것은 인사고과나 업적평가와 연계되지 않은 것이었다. 따라서 고정급화되어 있는 상여금을 성과배분적 변동급으로 전환하는 것은 직능급제로의 전환을 위한 한 수순이었다.

불합리한 교섭관행의 시정에서 강조된 것은 분리되어 있었던 임금협약과 단체협약의 교섭을 통합하는 것이었다. 그것은 단체협상에서 결정되는 각종 수당 및 상여금의 지급결정을 임금교섭으로 통합함으로써, 임금구성항목을 단순화하자는 의도를 갖고 있었다.

마지막으로 생산직의 직급체계를 직능제로 변화시키는 것은 권장사항으로 설정되어 있었다. 이는 총액제가 궁극적으로는 직능제를 지향하는 임금개편의 기초작업이었지만 당장에 강제할 수 있는 사항은 아니었음을 보여준다.

요컨대 1989년 하반기 이후 노태우 정권의 임금정책은 임금억제와 함께 임금체계개편이라는 두 가지 목표를 갖고 있었으며, 1992년의 총액임금제는 이 두 가지 과제를 동시에 실행하고자 하였던 핵심적 정책수단이었다. 여기서 6공국가의 노동정책의 내적 동인을 문제삼는 본고의 관점에서 볼 때, 두 가지 과제의 성격을 분명히 구별하는 것이 필요하다.

즉 한 자릿수임금억제정책으로부터 총액제임금정책으로의 이행은 단기적인 임금억제 만이 아니라, 중·장기적인 임금체제개편이 국가 노동정책의 중요한 과제로 등장하였음을 보여주는 것이기 때문이다. 말을 바꾸면 행정력 물리력에 기초한 단순한 임금가이드라인의 강제는 더이상 효율적이지 못하며, 그것에 따르는 비용이 지나치게 높아졌다는 점을 국가가 분명히 인식하고 있었다는 점이었다. 가이드라인에 의한 임금억제는 형식적 민주화의 진전에 따라 그 비용이 크게 증가한다는 문제를 안고 있었다. 그뿐만 아니라 그것은 노동시장구조의 변화와 같은 경제구조적 조건과 더 이상 조화될 수 없었다.

따라서 1989-1991년까지의 한 자릿수임금정책과 1992년의 총액임금제는 임금억제정책으로서의 동질성과 함께 그 내적 동인의 차이점이 분명하게 구별되어야 한다. 전자가 단기적인 민주화시기 노동정치의 산물이라고 한다면, 후자는 그것과 함께 보다 장기적이고 경제적인 산업구조변동에 따른 국가의 노사관계재편의 일환이었다는 점이 그것이다.

〈노동시장정책〉

노동시장정책은 1990년을 계기로 해서 노동조합운동이 하강곡선을 긋기 시작하면서 국가의 최우선적 과제로 부각되었다. 그것은 일차적으로는 이미 3저호황이 종결되었던 1989년부터 확대되었던 인력수급 불균형문제가 1990년에 이르러 심각한 상태로 발전하였기 때문이었으며, 국가가 보다 시급한 과제였던 노동운동통제에 매달려야 했기 때문이었다. 그렇지만 보다 장기구조적인 관점에서 보면 인력수급 불균형문제는 축적구조의 변동 및 산업구조조정정책의 실시와 관련된 것이기도 하였다.

인력부족은 저임금·장시간노동의 사양산업을 중심으로 한 것이었지만, 국민경제수준에서 보면 수출에서 전통적인 노동집약적 부문이 갖는 비중이 여전히 컸기 때문에 중요한 문제였다. 그리고 그것은 여타 기업이나 산업에 대한 파급력을 무시할 수 없는 상황이었으므로 전체 자본의 사활이 걸린 문제이었다. 또 다른 한편에서 저임금·저학력 부문의 인력부족과 함께 고학력 실업자군의 확대도 사회적으로 커다란 문제를 야기하였다. 실제로 이 기간 동안의 여러 조사 결과에 따르면,[83] 기업경영에 가장 커다란 애로는 노동조합운동이 아니라 인력부족이라는 점이 지속적으로 지적되었고, 이는 국가의 노동통제정책에도 그대로 반영되게 되었다.

이 시기의 인력부족사태는 사실상 복합적인 원인을 갖는 것이었다. 단기적으로 보면 1987년부터 1991년에 이르는 고율의 임금상승이 그 주요한 요인이었다.[84] 그러나 3장에서 본 바와 같이 장기적으로 보면 한국자본주의는 이미 1980년대 초·중반 이래로 국제분업구조의 변동과 경제구조의 개방화, 선진화라는 객관적 요구에 직면해 있었다. 전통적 수출부문이었던 노동집약적 사양산업은 늘어갔으나 새로운 대체산업의 발전은 지체되었다. 대외개방적인 한국자본주의의 가격경쟁력은 일시적으로 3저호황에 가려 있었지만 크게 약화된 상태였다. 정치변동에 따른 임금상승은 단지 이러한 구조적 요인을 증폭시킨 것뿐이었다.

1988년 말 이후 불황기의 도래와 산업구조조정에 의한 한계산업의 퇴출현상이 본격화됨에 따라서, 생산직노동력 부족현상이 본격화

---

83) 대표적인 것으로 한국경영자총협회가 매년 조사하는 "임금인상요인조사"를 들 수 있다.
84) 1987년부터 1991년까지 기업별 체제하에서의 격렬한 임금투쟁은 필연적으로 기업규모별 임금격차를 크게 확대하였다. 더욱이 1990년과 1991년의 한 자릿수 임금정책은 편법인상에 대한 특별한 대책 없이 인상률의 억제만을 고집함으로써 임금구조를 더욱 악화시킨 결과를 초래하였다. 기업규모별 임금격차는 산업구조조정기의 고용불안을 크게 악화시켰던 것이다. 그러므로 기업규모별로 총액인상률을 통제하는 임금억제는 고용안정이라는 부수적이지만, 중요한 효과를 염두에 두고 있었던 것이라 할 수 있다.

되고 노동력수급체계의 불균형이 심화되기 시작하였다. 이와 같은 노동시장상황이 곧바로 노동정책으로 표출되기 시작하였는데 그 최초의 정책안은 당시 급진적으로 실시되었던 석탄산업 합리화정책에 따라 양산되었던 실업자들에 대한 대책이었다.[85] 그리고 12월에 노동부는 인력개발공단 설립, 고용보험제 실시 검토, 인재파견사업 추진, 중고령자 고용촉진법 제정 등 보다 새로운 노동정책대안들을 내놓기 시작하였다.(한국일보, 1988.12.22) 그렇지만 국가의 노동시장정책이 보다 분명히 드러난 것은 1990년 이후의 일이었다.

1990년 상반기 동안 국가는 한편으로 전노협 및 민주노조세력에 대한 노동통제에 주력하면서도 다른 한편으로는 새로운 노동시장정책 수립에 골몰하였다. 그리고 그 성과물들은 1990년 하반기부터 본격적으로 발표되기 시작하였다. 그해 12월 4일 상공부가 제출한 '유휴인력 활용방안'이라는 고용정책안은 그 첫 출발점이 되었다. 그리고 이후 속속 정책안들이 발표되었는데, 그중 중요한 것들로는 1990년 12월 경제기획원이 청와대에 보고한 '91경제안정을 위한 노사관계 및 건설인력 수급 안정대책', 1991년의 '7차 경제개발 5개년계획' 중 '노동부문계획'의 한 부분이었던 '인력개발부문' 계획[86]과 경제기획원의 '제조업경쟁력강화대책'(1991.3), '경제안정과 산업경쟁력제고대책'(1992.1), '산업평화종합대책'(1992.3) 및 상공부의 '최근의 산업인력동향 및 대책' 등 경제부처 주도의 노동시장정책안들이 속속 제출되었다.

6공국가가 기획하고 실행하였던 노동시장정책들은 크게 인력수급

---

85) 노동부, "노동행정방향", 1989.5.16(국회보고자료). 또 1989년 10월 탄광업계는 해외인력수입을 정부에 건의하였고, 동력자원부는 이를 긍정적으로 검토하기도 하였다.(동아일보, 10.30일자)

86) 7차 5개년계획의 노사관계부문계획에는 '인력개발부문'이라는 것이 따로 작성되어 있었으며 그것은 이후 김영삼 정권의 '신경제계획'안에도 마찬가지였다. 6공기간 중 제시된 여러 가지 정책대안들을 포괄적으로 정리하고 장기적인 노동시장구조개편안을 포함하고 있었던 '인력개발부문안'은 전체 노동정책 및 경제정책에서 노동시장정책이 갖는 특별한 중요성을 보여준다.

의 구조적 불균형을 해소하는 과제와 노동력의 수량적 유연성 및 기능적 유연성(numerical and functional flexibility)을 확대 강화하는 문제로 나누어진다.[87] 노동력의 수급불균형은 단기적인 노동력부족의 문제와 함께, 산업구조조정에 따른 효율적인 노동시장 구조재조직의 과제를 동시에 해결하지 않으면 완전히 해소될 수 없는 구조적인 것이었다. 따라서 국가의 노동시장정책은 서로 연관된 이중의 과제를 동시에 해결치 않을 수 없었다.

노동력공급 확대대책은 노동력공급의 측면에서 가용한 노동력풀을 확대함으로써 생산직 노동력부족현상에 대처하고자 한 것이었던 반면, 노동력유연성 확대정책은 노동력수요의 측면에서 기업 내부의 노동력 이용의 효율을 활성화하는 제반 정책들로 구성되었다. <표 4-9>는 6공화국국가가 제시하였던 노동시장정책과제의 개요를 요약한 것이다.

<표 4-9> 6공의 노동시장정책과제

노동력공급 확대대책	노동력유연성 확대대책

-직업안정서비스 기능의 확충
  고용보험제 실시
-산업인력양성 공급확대(교육부)
-여성노동의 고용확대
  탁아소시설의 확충
-고령노동의 고용확대
  기업의 임금 고용관리변화
-직업훈련체계의 확대개편
  직업훈련제도의 개편
-외국인노동력 수입
-보충역 군병력 제조업 투입
-중소기업근로자의 고용안정대책
  국방, 주택, 교육 등 각종 혜택
-소비성서비스업에 대한 규제강화
	-직능제 인사 임금관리체계 도입
	-다기능공의 양성
	  고용 임금관리의 개편을 통한 장기근
	  속 유도
	-의사결정에서의 근로자 참여 유도
	  노사협의회제도의 재정립
	  QWl, 노동의 인간화, 공동결정 등
	-근로자파견제도의 도입
	-시간제 근로자제도 도입
	-해고요건 완화

87) 어수봉, "제조업 인력이탈의 원인과 대책", 한국노동연구원, 『경제사회발전과 노동』 (개원 4주년 기념토론회), 1992.8.25.

먼저 노동력공급 확대대책의 정책대안들은 기존 노동력공급구조를 강화하는 방안과 새로운 노동력풀을 개발하는 것으로 구성되어 있었다. 직업안정서비스의 확충, 직업훈련체계의 확대개편, 산업인력양성 공급확대 등은 기존의 노동력창출기제를 더욱더 확대 강화하는 것이었던 반면, 여성노동, 고령노동의 고용확대, 외국인노동력수입 등은 새로운 노동력풀을 개발하는 정책대안이었다. 여기서 6공기간 중 정책적 비중이 더 컸던 것은 후자라고 할 수 있는데, 그것은 기존의 노동력공급체계로서는 이미 노동력수급불균형이 구조적으로 극복될 수 없었기 때문이었다.

특히 '유휴인력활용방안'이라는 명칭으로 이 시기 노동력공급확대에서 가장 핵심적인 정책대안으로 제시되었던 것은 여성노동력과 고령노동력의 고용촉진이었다. 그것은 가장 심각하였던 저임금생산직 부문에 대한 노동력공급을 가능케 하고, 그 규모도 매우 크다는 점에서 매력적인 정책대안이었다. 그리고 여러 가지 사회적 정치적 비용부담을 피할 수 없는 외국인노동력수입과 비교하면 그것은 상대적으로 비용부담이 거의 없었을 뿐만 아니라, 가족구조, 인구구조의 변동, 생활양식의 변화 추세에 부응하는 것이었으므로 그 정책적 효과는 더욱 클 것이 예상되었다.

그러나 여성노동과 고령노동의 고용을 확대하기 위해서는 탁아시설의 확충, 직업안정기능의 강화, 법제적 제도적 요건의 구비 등 여러 가지 준비작업이 필요하였다. 남녀고용평등법의 제정 및 개정, 고령자 고용촉진법의 제정, 고용보험제 실시방침확정(1992) 등을 통해서 정부는 이러한 준비작업을 지속적으로 추진할 수 있었지만, 그것의 효율적 실시를 위한 관건은 노동관계법에 시간제 근로자제도를 도입하는 문제로 귀결되었다.[88] 그것은 여성노동과 고령노동의 저임

---

88) 상공부 산업정책국, "유휴인력 활용방안", 1990.12.4 참고.

금 노동력풀로서의 이점이 이들을 비정규 시간제 근로자로 고용하는
데에서 나올 수 있었기 때문이었다. 즉 국가는 이들에 대해서는 근로
기준법상의 해고 제한, 해고예고 제한, 퇴직금제도, 시간외근로, 연차
유급휴가 등 여러 가지 보호장치들을 배제함으로써, 저임금 노동력풀
을 창출하고 노동력의 수량적 유연성을 확대하고자 하였던 것이다.

결국 노동력공급 확대정책의 성패를 결정짓는 중요한 준거 중 하
나는 시간제 근로자제도의 도입이었고, 그것의 최종적 완결은 노동
법 및 노사관계제도의 재편이었다.[89] 즉 노동시장정책은 노사관계정
책과 긴밀히 연관되어 있었다는 점이다. 이런 맥락에서 6공국가의
노동법개정 및 시간제 근로자법 제정이 성공치 못하였다는 것은 매
우 시사적이다. 6장에서 자세히 고찰하겠지만 노동법개정이 주로 정
치적인 이유로 실패함에 따라서 국가는 노동부의 행정적 조치로서 시
간제 근로자제도를 도입하는데 머무르고 말았는데,[90] 이는 이 시기 노동
시장정책에 관한 한 국가의 정치적 요구와 경제적 요구가 서로 정합
적이지 못하였음을 보여주는 또 하나의 사례라고 할 것이다.

한편 기존 노동력창출기제를 더욱 발전시키는 정책안에서 중요하
였던 정책사안은 1995년에 고용보험제를 도입하기로 확정한 것이었
다. 6공국가가 기획하였던 고용보험제는 실업급여의 지급을 통한 노
동자생계보호라는 사회보장적 차원보다는 고용안정사업과 직업능력
개발사업 등에 치중하여 기획된 점에 그 특징이 있었다. 이는 기존
에 매우 취약하였던 고용정보의 생산, 직업상담, 취업알선, 고용조정
등 고용안정의 제반 사업들과 직업훈련 및 재훈련, 실업자 재훈련
등의 직업능력개발사업을 고용보험제도로 통합 관리하고자 한 것이

---

89) 1991년 하반기 최병렬 노동부 장관이 시도한 노동법개정에서 시간제근로제도의 근
　　로기준법상 근거규정 마련은 총액제근거도입과 함께 근로기준법개정의 핵심사안이
　　었다. 노동부, "노사관계의 새로운 지평을 열어야 한다", 1991.9.
90) 노동부, "시간제 근로자의 근로조건보장에 관한 지침", 1992.1.

었다.

다음으로 노동력유연성 확대대책은 크게 수량적 유연성 확대대책과 기능적 유연성 확대대책으로 나누어진다. 이 중에서 6공국가의 노동시장정책의 중점이 주어졌던 것은 수량적 유연성의 확대였다.

대표적인 기능적 유연성 확대대책이었던 직능제 인사관리제도의 도입은 임금정책에서 본 바와 같이 근본적인 한계를 가진 것이었고, 그 결과 직능자격제로의 고용관리 재편을 통해서 장기근속을 유도하고 다기능공을 양성한다는 계획도 제약될 수밖에 없었다. 7차 5개년 계획에 제시된 기능적 유연성 확대대책은 '기업고용관행의 개선유도' 및 '기능장려정책의 추진'의 두 가지로 구성되어 있었는데 그 구체적인 내용은 매우 빈약하였다. 전자는 학력위주 인사기준의 개선, 기업 내 숙련형성의 기회제공, 장기근속 기업고용관행을 '유도'하는 것으로 구성되어 있었으며, 후자는 기능장려법 시행령의 개정을 통한 우대분위기조성을 주 내용으로 하였을 뿐이었다.[91] 마찬가지로 근로자참여제도 또한 기존 노사협의회제도의 재정립이나 노동의 인간화, 공동결정 등의 정책수단으로 구성되어 있었으므로 실질적인 정책실행에 있어 새로운 내용이 거의 없었다고 할 수 있었다.

반면에 수량적 유연성의 확대대책의 경우에는 그것이 노동력공급 확대대책과 연관되었던 만큼 시간제 근로자제도와 근로자파견제도의 도입, 해고요건의 완화 등 새로운 가시적인 정책수단들을 통해서 구체적으로 추진되었다는 특징을 갖는다. 근로자파견제도는 기업의 정규근로자를 파견업체에 소속된 파견근로자로 대체하는 것으로서 정부는 1991년부터 지속적으로 법제화를 시도하였다. 근로자파견제도

---

91) 기업 내 숙련형성을 위한 대표적인 제도인 사내직업훈련제도는 기업의 외면으로 말미암아 6공기간 동안에도 그 내용이 점점 부실해졌다. 중앙일보 1991.7.31일자 기사(「직업훈련-문제점과 현황」) 참고. 그러므로 6공국가가 제시한 기업 내 숙련향상 및 다기능공 양성대책은 획기적인 새로운 대안을 갖고 있지 못하였다는 점에서 기존의 정책들을 답습한 것 이상의 의미를 갖지 못하였다.

는 임금비용을 절감하는 수단이기도 하지만 주변적 보조적 업무에서 고용유동성을 확대함으로써 고용의 수량적 유연성을 늘이는 효과를 가져온다. 그리고 이 부문에 주로 여성 고령노동자를 투입하여 유휴인력을 활용하는 의도도 포함하고 있었다.

그러나 근로자파견제도의 도입은 시간제 근로자제도의 도입과 본질적으로 동일한 문제를 안고 있었다. 즉 현행의 직업안정 및 고용촉진에 관한 법률에서 금지하고 있었던 근로자공급사업을 합법화하는 법개정이 필요하였던 것이다. 중간착취, 강제근로, 고용불안 등 여러 가지 폐해들이 예측됨에 따라 노동운동세력은 제도의 도입에 강하게 반발하였다. 이런 상황에서 국가가 이를 법제화하는 것은 상당한 비용부담이 필연적이었던 것이다. 더욱이 근로자파견업은 불법적인 것이기는 하였지만 '인력리스업'이라는 명칭으로 이미 전국적으로 성업 중이었으므로 법제화의 현실적 필요성은 반감되었던 것이다. 결국 시간제 근로자제도가 노정권하에서 법개정이 아니라 행정적 조치로서 실행되었던 것과 유사하게 근로자파견제도는 국가의 묵인하에 반합법화되었고, 명시적인 입법화는 1993년 이후의 과제로 연기되게 되었던 것이다.[92]

해고요건의 완화도 자동화 등 산업구조조정에 따른 잉여노동력의 배출을 위한 중요한 제도적 장치였으나, 국가는 이를 법원의 판결과 행정적 조치로 상대적으로 손쉽게 해결하였다. 노동부는 1991년 12월 12일의 대법원 판결에 기초해서 기존의 정리해고요건을 크게 완화하는 지침을 하달하였다.[93] 이 지침에 따르면 도산, 경영악화로 인

---

92) 정부의 추산에 의하면 인력리스업의 현황은 1991년 말 현재 1천여 업소에 10-15만 명이 고용되어 있었다고 한다. 인력리스업상황 및 노동 측의 반대에 대해서는 한국일보 1991.11.11일자 및 동아일보 1992.2.9일자 참고. 1993년 근로자파견업법(가칭)의 제정방침은 7차 5개년계획 및 신경제계획에서 주요한 정책사항 중 하나로 확정되었다.
93) 노동부, "경영합리화 등 기업사정으로 인한 해고요건 보완", 1991.1.

한 사업중지에 따른 정리해고의 기존 사유 이외에도 신기술도입, 작업형태의 변경 등 기술혁신 및 산업의 구조적 변화에 따른 해고도 합법적인 것으로 규정되었다.

마지막으로 1990년 이후 본격화되었던 6공국가의 노동시장정책의 특징을 간략히 요약해보자.

먼저 그것은 변화된 계급역관계의 기초 위에서 자본의 요구를 일방적으로 수용한 경제정책의 일환으로써 추진되었다는 점에서 매우 특징적이었다. 민주화시기의 임금상승과 산업구조조정의 효과가 상호 결합해서 야기한 노동력수급의 불균형은 경영 측으로서는 매우 긴급한 문제였다. 이에 대해 국가는 단기적으로는 인력공급의 규모를 확대하고 장기적으로는 산업구조변화에 조응하는 보다 유연한 인력수급체계를 제도적으로 마련하게 되었다. 그 결과 노동정책은 경제기획원, 상공부 등의 경제부처에서 기획한 '자본의 산업경쟁력강화'라는 대명제에 철저하게 종속되었던 것이다.[94]

다음으로 국가는 매우 강력하게 노동시장구조의 재편을 위한 정책을 개발하여 실시하고자 하였으나, 그것은 극히 제한적인 수준에서만 실행될 수 있었다. 이 시기 동안 국가는 고용보험제의 실시, 해고요건의 완화, 외국인노동자의 수입 등 여러 가지 정책사안들을 관철하였지만, 반대로 시간제 근로자제도 및 근로자파견제도 등의 신속한 법제화와 같은 핵심적 정책사안들을 실행할 수 없었다. 그것은 노동을 배제하는 국가전략 위에서 진행된 노동시장정책이 기본적으로 노동운동의 강한 저항을 받을 수밖에 없다는 점에 기인한다.

---

94) 1991년 초 발표된 경제단체협의회의 노동시장정책건의사항은 6공국가의 핵심적 정책사안들과 거의 완전히 일치하였다. 예외적인 정책건의 사항은 제조업의 자동화 투자확대를 위한 금융지원 확대, 기업 내 강제직업훈련제도 개선뿐이었다. 전국경제단체협의회, "제조업 고용실태와 인력난 대처방안", 1991.1.

〈노동기준 보호정책〉

세 번째로 노동기준 보호정책의 경우에도 새로운 정책수요는 크게 늘어났다. 그것은 변화된 시대상황, 경제구조에 대응해서 근로기준을 자본의 요구대로 현실화하는 과제와 노동시장정책안들과 임금정책안들을 실행하기 위해서 근로기준법조항들을 개정하는 과제가 중첩되었기 때문이었다. 변형근로시간제의 도입, 임시직과 시간제노동자 근로제도의 도입을 위한 법조항 개정, 휴업수당 월차수당 등 법정수당의 삭제 또는 하향조정 등이 그 대표적인 것들이었다.

1950년대 초에 입안되었던 근로기준법은 1970, 1980년대를 거치면서 노사관계법 중에서도 상대적으로 개선되었던 법률이었지만, 군부권위주의체제에서 그것은 노사관계를 규제하는 법률로서 거의 기능하지 못하였다. 이 같은 상황은 1987년 이후로 크게 변화하였다. 근로기준은 노동자들의 요구를 부분적으로 반영하여 개선된 1989년 근로기준법개정에 따라 강화되었으며, 노동운동의 고양으로 근로기준은 단체교섭과정에서 중요한 쟁점사항으로 부각되기 시작하였다. 이러한 변화에 대해서 자본은 선진국과의 경쟁이 당면한 과제인 상황에서 현행 근로기준법이 지나치게 노동자를 보호하고 있다고 지속적으로 불만을 표출하였다. 1990년 이후 노사 간의 힘관계가 변화함에 따라 근로기준제도의 전면적 재편은 국가의 노동통제정책에서 핵심적 과제로 떠올랐다.

요컨대 국가는 변화된 사회적 경제적 조건에 발맞추고, 자본 측이 요구하는 축적조건의 개선 및 산업구조조정의 일환으로 근로자보호기준을 대폭 완화해야 하는 과제에 직면하였다고 할 수 있었다. 그것은 '사업의 규모별, 업종별, 고용형태별로 근로시간, 휴일휴가, 가산임금, 퇴직금제도' 등의 법정근로기준을 근본적으로 개편하려는 정책시도로 나타나게 되었다.

이와 같이 노동기준 보호정책은 임금정책과 함께 1990년을 계기

로 한 6공화국 노동정책의 급격한 변화를 잘 보여주는 대표적인 정
책분야였다. 1988년 초반기 노동기준 보호정책이 권위주의체제로부
터 지속되어온 제반 전근대적 근로조건의 실상을 주목하고 이를 개
선하고자 하였던 것이라면, 1989년의 근로기준법개정을 거쳐 1990년
이후의 그것은 반대방향으로 급선회하였다. 즉 1990년 이후 국가는
자본의 축적조건 변화에 부응하여 1987년과 1989년의 법개정에 의
해 개선된 근로조건을 상당부분 원상으로 후퇴시키고자 하였을 뿐만
아니라, 근로조건의 실질적 악화를 초래할 것으로 예상되었던 새로
운 제도들을 도입하고자 하였던 것이다.

　먼저 1988년 국가의 노동기준 보호정책은 '근로조건의 개선'에 그
초점을 맞추고 있었다. 비록 노동부산하 행정기관의 실행이 정책목
표와는 괴리가 있었다고 하더라도 근로조건을 개선하고자 하는 국가
의 정책방침은 이전 시기의 그것과 뚜렷이 구별될 수 있을 정도로
분명한 것이었다.

　국가는 당시 대부분의 쟁의사업장에서 제기되었던 다양한 요구의
근저에는 근로조건의 미비가 그 요인으로 잠재되어 있었다고 분석하
고, 이에 대한 종합적인 대응을 준비하였다. 노동부가 제시한 근로조
건에서의 문제점들은 법기준 미달의 근로조건 상존, 사업주의 전근
대적 노사관, 사업장의 노무관리 낙후, 공권력행사의 불균형, 근로감
독행정 여건의 불비 등으로 요약되었다. 그리고 대응방안으로는 노
동법준수정신의 함양, 사업장 노무관리체제의 보강, 취약업종 근로조
건개선, 근로시간 관리의 개선, 근로자 권익침해사업체 특별감독 실
시, 근로감독행정 강화 등이 제시되었다.[95]

　여기서 특징적인 것은 노동부가 '노사갈등의 심화요인이 되고 외
부세력의 개입구실로 작용'하였던 제반 근로기준관련 쟁점사항들에

---

95) 노동부. "근로감독종합대책". 1988.4 참고.

대해 이전 시기의 폐해를 완화하고자 하였던 점이다. 즉 노동부는 근로시간, 휴일휴가, 임금, 근로계약 등에 관한 노동자들의 불만이 대체로 사업주의 근기법 위반과 국가 행정체제의 미비로 기인한 것이라고 파악한다. 그리고 이에 대한 대응도 사업주에 대한 계도와 관리 그리고 국가의 근로감독행정을 강화하는 것에 집중되어 있었다. 이러한 인식의 기조는 권위주의하의 정책인식은 물론, 1990년 이후의 노동기준정책과 명백히 구별되었다.

노동시간을 단축하고자 하였던 노동부의 시도는 그 좋은 예가 된다. 1988년 초 노동부는 '근로시간개선대책'이라는 보고서를 제출하였는데 그것은 "장시간 근로문제가 …… 저임금, 불량작업 환경문제와 함께 시급히 해결해야 할 노동문제의 하나"라고 파악하였다. 그리고 그 보고서는 기존의 근로감독권 발동 및 법위반 단속 유보의 접근방법을 반성하고, 근로시간연장 서면합의제 실시, 휴일휴가 실시지도, 3교대 및 1일 2교대 근무제 정착지도, 근로감독을 통한 단속 등 보다 구체적인 대응방식을 제시하기도 하였다.[96]

한편 1990년 이후의 노동기준 보호정책은 1988년 정책기조와는 완전히 상반된 것이었다. 국가는 노동시간의 연장, 휴가 휴일축소, 해고요건의 완화, 노동자 측의 범법행위에 대한 근로감독의 강화, 변형근로시간제 및 시간제 근로자제도의 도입 등으로 근로조건의 악화를 공공연하게 요구하였다. 특히 그것은 1989년 3월 개정된 근로기준법에서 개선된 조항을 역전시키고자 한 것이었을 뿐만 아니라, 나아가 1987년 말 개정된 근로기준법의 개선사항마저 무효화하려는 의도를 갖고 있었다. 근로기준의 완화를 주요한 내용으로 하는 노동법

---

96) 노동부, "근로시간개선대책", 1988.4. 이러한 방침은 1989년 초까지 지속적으로 확인되었다.(중앙일보 1989년 1월 24일자 참고) 한편 이 밖에도 이 시기 노동기준정책의 정책실행을 보여주는 사례로는 집단해고 사전신고제 실시, 부당노동행위 사법처리 방침 등이 있다.

개정이 1990년부터 매년 국가와 자본주도로 시도되었던 것은 국가의
근로기준 정책방향을 반영한 것이었다.[97]

먼저 노동시간, 휴가 휴일에 관한 노동부의 인식은 장시간노동이
라는 관점으로부터 '경쟁국과 비교할 때 상당히 우월한 편'이라는
식으로 표변하였다. 1990년 초부터 노동부는 실제 노동시간의 길이
와 관계없이 44시간의 법정노동시간이 선진적인 것이며, 유급 주휴
일과 유급 연·월차휴가 및 생리휴가 등의 근로조건은 경쟁국과 비
교해 매우 우월한 것이라고 홍보하기 시작하였다.[98]

이러한 정책기조의 변화는 1990년 연중 진행되었던 노동시간에
관한 대규모 이데올로기공세로 나타나기도 하였고, 실제로 1990년
11월 공휴일축소라는 구체적인 노동시간연장책으로 나타나기도 하였
다.[99] 그러나 그해 봄의 상공부 노동법개정안에서 제시된 바와 같은
법정노동시간 연장(44시간에서 46시간으로), 휴가 휴일의 축소조정
(월차휴가 폐지 등)은 노동운동의 저항을 고려하면 매우 비현실적인
것이었다. 그 결과 그것을 대신할 대안으로서 고안된 것이 '변형근
로시간제'의 재도입이었다.

---

97) 사실상 1990년 이후 국가의 노동법개정시도에서 근기법조항의 개정은 그 핵심이었
다. 총액제, 시간제 근로자제도, 변형근로시간제, 파견근로자제도을 중심으로 한 근
로기준법개정항목들은 6공국가의 노동기준정책의 기조 정책대안들을 일목요연하게
보여준다. 이것에 관해서는 5장을 참고할 것. 그리고 당시 노동부 장관과 경제부처
실무자의 진술도 이러한 점을 입증한다. 노동부, "노사관계의 새로운 지평을 열어야
한다", 1991.9 및 한겨레신문 1993.2.4일자 참고.
한편 근로기준법 적용사업장을 1990년 1월부터 5인 이상 사업장에서 1인 이상 사
업장으로 전면적으로 확대하려던 노동부의 방침도 1989년 연말 무기연기되었다가
1992년에 들어와서 비로소 실시되었다. 이유는 총무처와 경제기획원에서 필요한
근로감독관 증원을 불허하였기 때문이었다. 동아일보 1989.11.20, 1991.10.30일
자 참고.
98) 노동부, "전국기관장회의 지시사항", 1990.1.29. 1989년 시점에서 한국노동자들
의 노동시간은 여전히 세계 최상위급이었다.
99) 노동부, "공휴일축소 관련 노동부행정지도지침", 1990.11.12 및 조선일보 1990.8.25,
1990.8.29일자 참고.

변형근로시간제는 연장근로에 대한 근로기준법상의 제반 제약들을 완화함으로써, 연장근로를 손쉽게 하고 기업의 비용부담을 줄이고자 하는 의도로 도입이 추진되었다. '격주 토요휴무제'라는 명칭으로 불리기도 한 변형근로시간제는 1990년 이후 국가가 추진한 노동법개정의 핵심적 사안 중 하나였다. 그리고 그것은 1980년 도입되어 1987년 노동법개정에서 폐지된 것이었던 만큼 노동기준의 권위주의시기로의 후퇴를 상징하는 것이었다.[100]

또 법정근로시간과 휴가 휴일 조항을 변화시키지 않고서도 실질적으로 동일한 효과를 낼 수 있는 새로운 제도들을 고안하였는데, 그 대표적인 것이 시간제 근로자제도의 도입이었다. 정부는 기준근로시간의 7할 미만 근로자의 경우에는 유급휴일, 월차 유급휴가, 연차 유급휴가, 생리휴가, 산전 산후휴가를 불인정하는 시간제 근로자제도를 도입하고자 하였다.

다음으로 임금기준과 관련된 정책이다. 1990년 이후 국가의 노동기준정책대안들은 예외 없이 기업의 임금비용을 축소하는 것에 궁극적으로 귀착되었지만, 국가는 직접적으로 근기법의 임금 수당관련법정 기준을 완화하는 정책들을 내놓기도 하였다. 예를 들면 1990년 상공부의 노동법개정시안은 1989년 개정 근기법에 의해 강화된 최종 3개월분의 임금채권우선변제조항, 여성노동의 야간작업 및 시간외근무 제한규정을 폐지하고자 하였으며, 1991년 노동부의 개정안은 유해·위험작업 연장근로에 대한 50%가산금 지급 규정을 폐지하는 조항을 담고 있었다.

그리고 고용조건과 관련해서 국가는 해고요건의 완화를 적극적으

---

100) 노동부, "격주 토요휴무제 검토", 1991.6.13 및 노동부, "노사관계의 새로운 지평을 열어야 한다", 1991.9 참고. 그 내용은 주간 44시간 노동의 현행 근로기준법의 법정노동시간 조항을 4주 평균 주당 노동시간 44시간으로 변경하는 것이었다. 이렇게 할 경우 특정 주의 노동시간이 44시간을 초과할 수 있고, 초과노동에 대한 연장근로수당을 지급할 필요가 없어진다.

로 추진하였다. 1988년까지 기업주의 부당한 해고를 막기 위한 제도
적 장치를 도입하는 데 부산하던 국가는 1989년부터 쟁점으로 부각
된 '해고효력 다툼 중인 근로자의 조합원지위' 여부문제에서부터 그
정책기조를 정반대로 선회하였다. 해고규정의 완화는 산업구조조정
과 관련된 한계기업의 퇴출, 자동화설비의 도입 등의 과정에서 결정
적으로 중요하였던 것이었다.

법개정이 여의치 않았던 상황에서 노동부는 해고요건을 크게 완화
하여 해석하는 방식으로 대응하였다. 먼저 1990년 7월 노동부는 개
정 근기법(제27조 2)에 따라 근로자귀책사유 해고 승인이 노동위원
회로부터 노동부에 이관되는 과정에서 근로자귀책사유 해고 기준을
크게 완화시켰는데, 여기에는 사업장 내외의 불온유인물 배포, 불법
집단행동 주도, 회사기물 고의파손, 고의적 불량품 생산 등 모호하고
포괄적인 기준들이 포함되었다. 또 1992년 초 노동부는 1991년 연말
대법원의 판결을 계기로 기업의 경영상의 해고 요건을 크게 완화하
였는데, 여기서는 경영합리화와 관련된 거의 모든 해고행위가 합법
화되기에 이르렀다.[101]

마지막으로 강조해야 할 것은 이상의 노동기준정책 기조의 변화와
는 별개로 국가의 정책실행의 실제가 어떠했느냐는 점이다. 1988년
국가가 노동기준확보의 정책의지를 분명히 하던 시기 동안에도 노동
부는 사업주의 부당노동행위에 대해서 적절한 법적 조치를 취하지
않았다. 예를 들면 노동부는 1988년 10월 근로감독강화의 일환으로
실시되었던 특별노무관리 점검 이후 위반업체에 대해 사법조치하겠
다던 방침을 실행치 않는 등 자본 측에 편향적인 구래의 정책실행을

---

101) 노동부, "근로감독관 직무규정 개정", 1990.7.15 및 노동부, "경영합리화 등 기
     업사정으로 인한 해고요건 보완", 1992.1. "근로감독관 직무규정 개정"은 일선
     정책실행을 담당하였던 근로감독관이 1990년 이후 사업주의 부당노동행위보다는
     노동자들의 불법행위를 감시하고 보고하는 하위 노동통제기구로서의 역할을 크게
     강화하도록 규정한 것이었다.

답습하였다.(한겨레신문, 1988.12.9)

그러므로 정책기조가 바뀐 1990년 이후의 노동기준정책실행은 더욱 부실하였을 것임은 명백한 일이었다. 노동부는 법원이나 노동위원회의 해고자 복직명령에 대해서도 행정적 사무처리 이외의 조치를 하지 않았으며, 명백한 법 위반 사업주도 방치하였다.[102] 그리고 1992년 노동부는 중소기업의 경영난을 덜어준다는 명목으로 597개 사업장에 대해 정기 근로감독을 면제해주기도 하였다.[103] 더욱이 실무자인 근로감독관은 일선 통제기구로서 기업 측과 공공연하게 결탁되어 있었고, 부족한 인력으로 말미암아 사업주의 불법행위 감시기능은 매우 취약하였던 것이다.

그리고 국가의 근로기준정책 변화는 최종적으로 근로기준법의 개정으로 완성되어야 했지만 1990년 이후 여러 차례의 법개정시도에도 불구하고 국가는 실패하고 말았다. 근로기준정책은 임금정책과 노동시장정책, 노동복지정책의 정책결정을 최종적으로 제도화하는 의미를 가질 뿐만 아니라, 법개정과 연관해서 노사관계정책의 정책실행과 밀접히 연관되어 있기도 하다. 따라서 후반기의 근로기준법개정 실패는 6공국가의 근로기준정책실행의 효율성뿐만 아니라, 여타 분야의 정책실행의 효율성을 가늠 짓는 의미를 가졌다.

〈노동복지정책〉

6공의 노동복지정책과제 중에서 임노동 재생산구조의 변동이라는 측면에서 중요하였던 과제는 소비양식의 변화에 따른 집합적 소비구조의 개발과 노동시장구조의 변화에 따른 고용보험제도의 도입이었다.

---

102) 동아일보, 1990.8.9, 1991.11.9일자 및 조선일보, 1991.8.26일자 기사 참고.
103) 문화일보, 1992년 9월 28일자 참고. 이는 근로감독 대상업체 1,498개의 40%에 이르는 수치였다. 그리고 같은 해 노동부는 무재해운동 참여사업체에 대해서는 정기 안전보건 근로감독을 면해주기로 하기도 하였다.

먼저 임금소득의 한계를 보전하는 의미를 가졌던 전자의 과제들과 관련해서 제기되었던 중요한 정책과제들에는 근로자주택건설, 사내 근로복지기금제도의 도입 등이 있었다. 이와 같은 복지제도들의 도입은 일차적으로는 6공화국 초기의 부동산가격 폭등에 따른 주거안정의 불안, 그리고 그것의 결과로 나타난 강력한 임금투쟁을 무마하기 위한 것이었다는 점에서 노사관계정책의 일환으로 도입된 측면이 강하였다. 그러나 앞서 고찰한 바와 같이 구조적으로 보면 이는 기업이 '임금인상만으로는 근로자의 욕구에 대응하는 데에 한계'가 있음을 보여주는 것이었고, 장기적으로는 기업의 임금비용을 집합적 소비로 대체하고자 하는 시도로 파악될 수 있었다.

다음으로 고용보험제도의 도입이 핵심적인 정책과제로 부각되었다. 6공국가가 도입을 검토하였던 고용보험제도의 특징은 실업자의 생계보장이라는 실업급부 혹은 사회보장의 수단으로서의 의미보다는, 노동시장구조의 변화에 따른 마찰적 구조적 실업에 대응한 고용안정사업 및 고용촉진사업의 일환으로써 추진되었다는 점에 있었다.[104] 고용보험제는 노동과정의 구조적 변동에서 나타나는 자동화·성력화(省力化)과정 및 사양산업의 정리과정 등에서 야기되는 구조적 실업에 대응하기 위한 것이었다. 그리고 그것은 노동시장정보를 신속하게 파악함으로써 직업안정제도의 효율성을 극대화하기 위한 제도적 장치로서 도입되었다. 또 그것은 고용보험제도를 전직훈련 등의 직업훈련제도와 제도적으로 연계시켜 숙련상승의 제도적 장치로서 기획됨으로써, 노동력재생산구조의 변동에 대응하는 것이기도 하였다.

권위주의시기 노동복지정책의 빈곤함과 비교하면 6공화국의 노동복지정책은 매우 대조적인 모습을 보였다. 1988년에는 국민연금제도

---

104) 한국노동연구원, "고용보험제도 도입에 대한 검토", 1991.6.12 및 노동부, "제7차 경제사회발전5개년계획 노사관계부문계획", 1992의 「인력부문」 참조.

와 최저임금제, 의료보험의 전 국민 확대 실시가 이루어졌으며, 1991
년에는 7차 5개년 경제사회개발계획에서 고용보험제를 실시할 것을
확정하였다. 뿐만 아니라 이 기간 동안에는 사내근로복지기금법, 근
로자주택건설 등 기업복지를 대폭 확충하기로 하는 등 여러 가지 복
지대책들이 속속 이어졌던 것이다.

주요한 사회보장제도의 실시와 거듭된 국가의 노동복지확대 대책
발표로 특징지어지는 노태우 정권기간의 국가정책은 여러 가지 새로
운 물음을 던져준다. 한국국가 노동복지정책의 오랜 특징이었던 '시
장원리와 수익자부담원칙'(김종일, 1992)에는 어떤 유의미한 변화가
있었는가. 이러한 변화는 '복지폭증현상'(성경륭, 1992)이나 새로이
도입된 '포섭 복지전략'(최균,1992: 93)으로 해석될 수 있는가. 그리
고 본고의 주요한 관심에 비추어 시기별로 각각의 제도들과 복지대
책들이 도입된 배경적 요인은 무엇이며, 그 정책실행의 구체적 모습
은 어떠했는가 하는 등의 물음이 그것이다.

먼저 1988년 도입된 중요한 사회보장제도들은 노동복지정책의 구
조적 전환으로 해석할 수 없다는 점이다. 그것은 두 가지 점에서 그
러하다. 도입의 배경측면에서 보자면 그것들은 이미 1987년 이전부
터 준비되어 실시가 확정된 제도들이었기 때문이다.(김종일, 1992:
31) 한국의 복지제도들이 대부분 법령제정 이후에도 그 시행이 연기
되어 왔다는 점을 고려하면 계획된 대로 1988년 실행되었다는 것은
1987년 노동자대투쟁 이래 노동운동의 도전이 중요한 역할을 하였음
은 분명한 일이다. 그러나 이를 국가의 정책기조의 변화로 해석할
수는 없다.

그것은 도입된 제도들의 특징에서도 나타난다. 국민연금제, 최저임
금제, 의료보험제의 확대적용 등은 그 성격에 있어 시장원리에 충실
하였다.(정원오, 1992) 국민연금제나 의료보험제는 수익자부담원칙이
철저하게 지켜지고 있었고, 최저임금제의 경우에는 시장논리를 방해

하지 않는 최저한의 수준에서 최저임금이 결정되었던 것이다. 그러
므로 그것은 집합적 소비구조의 개발이라는 경제적인 내용을 갖는
복지폭증이나 포섭과는 무관하게, 정치적 사회적 위기를 국가가 선
점하고 이데올로기적인 통제효과를 창출하기 위해 도입된 것이었다
고 볼 수 있다. 결국 6공화국국가의 노동복지정책은 단지 노동을 배
제하고 통제하기 위한 수단이었다는 점에서 권위주의체제의 그것과
본질적으로 동질적인 것이었다.

   6공 노동복지정책의 변화는 이런 근본적인 한계 내에서나마 새로
운 시도들이 나타났다는 점에 있었다. 그것은 사내근로복지기금법과
근로자주택공급 등의 기업복지제도의 도입과 고용보험제 실시 결정
으로 대변되며, 이들 정책은 사실상 노태우 정권기간의 노동복지정
책의 핵심을 이루었다. 특히 이 두 가지 정책은 그 도입의 배경이라
는 점에서 상이한데 이를 보다 자세히 고찰해보자.

   먼저 기업복지제도의 도입 강화는 노동통제비용을 자본에 전가하
는 것을 본질로 하였다. 그것은 노동자계급의 성장에 대응하는 국가
의 전략변화를 가늠할 수 있게 해준다. 1988년 상반기부터 도입이
논의되었던 사내근로복지기금법은 기업 순익의 일정부분을 의무적으
로 출연하여 근로자복지기금을 적립하고, 사내복지사업에 충당하는
것을 골자로 하였다. 그것은 1984년 행정권장사항으로 도입되어 일
부 기업에서 운영되던 것을 법제화하는 것에 불과한 것이었지만,[105]
복지기금출연을 의무조항으로 만듦으로써 기업의 이윤의 일부를 분
배하는 효과를 갖고 있었다. 이러한 비용전가방식의 통제는 노동쟁
의의 예방뿐만 아니라 노동자계급의 기업에 대한 종속성을 강화한다
는 점에서 매력적이었다. 당시 3저호황의 고이윤에 대한 노동자들의
이윤분배요구가 노동쟁의의 주요한 원인이었던 상황에서 국가는 자

---

105) 「사내근로복지기금운영준칙」(1984.2), 「사내근로복지기금설치운영지도규정」(1984.3)
    참고. 1990년 말 현재 운영현황은 532개 업체, 2,492억 원이었다.

본에 통제비용의 일부를 전가하고자 하였던 것이다.[106]

비용전가방식 통제수단으로서의 사내근로복지법의 성격은 법제화 과정에서 보다 분명히 나타났다. 1988년 5월 법제화방침이 발표된 직후 노동부는 자본 측의 완강한 반발에 부닥치게 되었다. 노동부는 세전 순이익 5% 이내 기금출연 의무화로부터 3% 이상 기금출연 의무화 및 출연기금에 대한 세제혜택 부여 등으로 내용을 완화하였지만, 1988년 입법이라는 기존 계획을 관철시킬 수 없었다. 이후 1989년과 1990년 상반기의 노동억압기를 거쳐 1990년 하반기에 입법예고된 법안의 내용은 세전 순이익 5%를 기준으로 노사협의로 출연금액을 결정하도록 함으로써, 원래의 정책의도와는 달리 거의 유명무실한 것으로 변질되고 말았다.[107] 이와 같이 사내근로복지기금법의 골격은 자본의 강한 반발과 함께, 노동정치정세의 진행에 따라 크게 변화하였다. 이는 노동통제수단으로서의 성격을 여실히 보여주는 것이었다.

다음으로 근로자주택건설도 노동자와 기업에 비용을 전가하는 방식으로 추진되었다는 점에서 노동통제수단으로서의 성격이 농후하였다. 1989년 12월 노태우 대통령은 당시 정권의 지지기반을 위협할 정도로 부동산가격이 급격히 상승하자, '200만 호 주택건설'을 발표하고 1990년을 '근로자주거안정의 해'로 선포하였다. 이어서 1990년 1월 20일 청와대에서 열린 '산업평화조기정착과 임금안정대책' 회의에서 건설부는 근로자주택건설의 구체적인 안을 발표하였는데, 그 골자

---

106) 노동부, "사내근로복지기금제도의 법제화방안", 1990.5.26. 이 자료는 법제화의 필요성에 대해 '근로자들의 소득분배의 형평에 대한 불만이 고조되어 노사분규의 원인'으로 대두되고 있다고 지적하였다.

107) 한국경영자총협회, "사내근로복지기금법 제정에 대한 경영계의견", 1988.7.22. 법제정과정에 관해서는 동아일보 1988.5.26, 서울신문 1988.7.6, 중앙일보 1988.11.28, 1990.9.6와 노동부, "산업평화와 근로의욕진작을 위한 근로자복지대책", 1991.5.28을 참고.

는 "정부가 근로자주택공급확대를 위하여 택지 · 세제 · 금융상의 지원
을 강화하고 기업은 주택의 건설과 공급 등 사업시행에 직접 참여하
거나 주도적 역할을 담당하도록 하여 산업평화정착에 기여토록" 한다
는 것이었다.108) 전체 건설규모는 1990-1992년까지 총 25만 호로 계
획되었고, 그중 분양주택은 15만 호 임대주택은 10만 호였는데, 사회
보장의 성격을 갖는 사원 임대주택의 건설은 주목할만한 일이었다.

  그렇지만 주택건설사업의 성격을 드러내주는 건설주체와 재원조달
방법을 보면 사정은 달라진다. 즉 정부는 '근로자의 주거안정에 대
한 기업의 기여도를 제고하기 위해 기업이 직접 건설하는 것을 원
칙'으로 했을 뿐만 아니라, 융자 소요자금 3조 원의 재원조달을 국
민주택기금, 재정기금, 각종 연금기금, 시중은행자금, 기금채권발행
등을 통해서 조달하기로 하였다. 국가는 재원을 조달하고 건설주체
인 기업의 세금부담을 경감해주는 최소한의 역할만을 수행함으로써
직접적인 재정부담을 거의 안지 않았다. 이는 사업주체인 개별기업
민간자본의 상품논리가 노동자주택건설에서도 가장 중요한 원리로
작용하게 되며, 근로자주택건설이 기업복지제도로 귀결되는 것을 의
미하였다. 결국 주택건설의 시행이나 재정부담을 일차적으로 기업과
근로자가 안게 된 결과 25만 호 주택건설의 당초 계획은 제대로 달
성될 수 없었을 뿐만 아니라,(장세훈, 1992) 분양가와 임대료가 시장
가격에서 크게 벗어나지 못함으로써 복지제도로서의 성격도 희석되
는 결과를 초래하였던 것이다.

  이같이 근로자주택건설이 복지제도로서의 성격을 제대로 갖지 못
하게 된 중요한 이유 중의 하나는 그것이 노동운동을 통제하기 위한
수단의 하나로 동원된 것이었다는 데 있었다. 계획이 구상되고 추진
된 1989년 말과 1990년 초는 정권과 노동운동 간의 대립이 가장 첨

108) 건설부, "산업평화조기정착과 임금안정대책" 중 "근로자주거안정대책", 1990.1, p.57.

예하고, 국가의 노동통제가 그 정점에 달하였던 시기였다. 특히 1990
년 1월 20일 청와대회의에서 발표된 근로자주거안정대책은 전노협을
와해하고자 범정부적 차원의 치안대책과 함께 발표되었다는 점에서
그 성격이 더욱 분명하게 드러났던 것이다.[109] 또 기업복지제도로서
의 성격도 그것이 노동자들을 기업에 종속시키는 제도적 장치이었던
만큼 노동통제제도로서의 성격과 연관된 것이었다.

요컨대 6공화국의 노동복지정책의 특징이었던 기업복지의 강화는
한편에서 국가가 복지비용을 자본에 전가하는 것을 의미하였고, 다
른 한편에서 국가의 일차적 관심사였던 노동운동통제의 단기적 목적
위에서 구상 추진됨으로써 복지정책으로서의 성격이 크게 약화되었
다. 결국 그것은 노동운동의 도전을 사전에 봉쇄하는 '정치공학적'
정책의 성격을 강하게 띠었고(김종일, 1992), 권위주의하의 그것과
본질적으로 다르지 않았다.

다음으로 6공 노동복지정책에서 또 하나의 중요한 제도도입은 고
용보험제였다. 1995년 실시라는 한계가 있기는 하였지만, 노동자계급
에 대한 핵심적 사회보장제도였던 고용보험제 도입이 노정권기간 중
에 결정된 것은 매우 중요한 정책변화였다.

고용보험제의 도입이 처음으로 논의된 것은 1988년 말이었다. 당
시 노동부는 실업부조적 성격이 강한 실업보험의 1990년 도입을 구
상하였는데, 그 직접적인 배경은 당시 급성장하고 있었던 노동운동
이었다. 즉 실업자나 기업의 도산 폐업으로 임금을 지급받지 못한
노동자들에 보험금을 지급함으로써 해고·도산·폐업으로 인한 노동
쟁의를 막아보자는 의도였던 것이다. 국가의 이러한 움직임에 대하

---

109) 5장 참고. 한편 노동부는 1991년 5월 28일에 발표된 "산업평화와 근로의욕진작
을 위한 근로자복지대책"에서 1993년 이후에도 매년 10만 호의 근로자주택을 건
설할 방침이라고 발표하였다. 또 노동운동이 상대적으로 침체되었던 1991년 상
반기에 이와 같은 복지대책이 발표된 것은 하반기에 실시할 노동법개정에 대한
노동자들의 반대를 사전에 봉쇄하고자 하였던 것으로 해석할 수 있다.

여 자본은 즉각 강력히 반대하였고, 1989년 상반기 이후의 노동정책
변화로 더 이상 논의되지 못하였다.(한겨레신문, 1988.11.26)

　일단 자본의 반대로 논의가 중지되었던 고용보험제 도입문제가 다
시 쟁점으로 떠오른 것은 1991년 상반기였다. 1988년 말부터 시작된
인력수급불균형의 확대문제는 1990년 하반기에 이르면 노동쟁의 이상
으로 자본과 국가의 당면한 과제로 떠오르게 되었다. 국가와 자본은
산업구조조정과정 및 경제구조변화라는 구조적 변동의 결과로서 나타
난 인력수급 불균형 문제를 해결하기 위해서 여러 가지 방안을 검토
하던 중, 고용정책수단으로서의 고용보험제의 필요성을 본격적으로 검
토하게 되었고 그 도입을 1991년 하반기에 결정하였던 것이다.[110]

　그러나 새로운 고용보험제는 "실업급여 지급이라는 사후 구제적
차원보다는 …… 인력정책수행을 위한 제도적 장치로서의 측면에 초
점이" 두어졌으며, "기업 및 근로자의 부담을 고려하여 고부담 고복
지가 아닌 저부담 저복지 원칙하에" 도입이 추진되었다. 결국 1991
년 이후 노동운동의 역량이 급격히 위축되었던 상황에서 도입이 결
정된 고용보험제는 노동복지제도가 아니라, 노동시장정책의 정책수
단의 의미가 일차적인 것이었다.[111]

　마지막으로 노동복지정책의 실행을 보면 획기적 복지정책을 마련
하였다는 국가의 대대적인 홍보와는 달리 그 내용이 매우 진부하였
을 뿐만 아니라, 실행의사도 의심스러운 것이었다.

　노정권기간 동안 발표된 대표적인 복지대책으로는 1988년 말의

---

110) 전국경제단체협의회, "제조업 고용실태와 인력난 대처방안", 1991.1; 한국노동연
　　구원, "고용보험제도 도입에 대한 검토", 1991.6.12; 노동부, "제7차 경제사회발
　　전5개년계획 노사관계부문계획 1992-1996", 1992; 노동부, "신경제 5개년계획
　　노사관계정립부문계획", 1992 참고.

111) 앞에서 논의한 바와 같이 고용보험제가 실제로 노동시장재구조화에 기여할 수 있
　　는 정책수단인지는 의문스럽다. 한편 1993년 국회를 통과한 고용보험법안의 내
　　용은 이와 같은 원칙이 철저히 지켜져 사회보장적 성격이 매우 약한 것이었다.
　　박승희(1994) 참고.

'근로복지종합시책', 1991년 5월의 '산업평화와 근로의욕진작을 위한 근로자복지대책', 6월의 '직업병종합대책' 등을 들 수 있다. 이 중 5대 근로자복지시책을 담은 1991년 5월의 근로자복지대책을 보면 사내근로복지기금법, 근로자주택건설 등은 앞서 본 바와 같이 실행과정에서 많은 문제를 안고 있었으며, 기업 내 복지기반의 구축, 공공복지시책의 강화, 능력개발과 직장정착성 제고 등은 내용이 매우 빈약하였다. 예컨대 근로자 자주복지사업 지원은 노동은행의 설립, 근로자장학사업의 지원금 확대, 혼수품 센타 등의 설치지원 등의 내용으로 구성되어 있었는데, 노동은행의 설립은 노총지원정책의 일환이었을 뿐 복지사업과는 거리가 있었으며 장학금 지원과 혼수품센터 설치는 그 수혜범위나 내용에 있어 국가의 복지정책이라 할 만한 것이 아니었다.

사회보장제도의 운영에 있어서도 국가는 매우 소극적이었을 뿐만 아니라 때로는 적대적인 태도를 보이기조차 하였다. 예를 들어 1988년 도입된 최저임금제의 경우 국가는 매년 결정되는 최저임금의 인상수준을 최소한으로 억제하고자 하였으며, 위반업주의 처벌에 있어서도 매우 소극적인 자세를 보였다.[112) 또 1991년 1월부터 시행된 장애인고용촉진법은 대다수의 기업들이 외면할 정도로 비고용기업에 대한 규제내용이 빈약하였다.(중앙일보, 1991.4.19, 1992.4.19)

특히 국가의 복지에 대한 태도가 가장 분명하게 드러났던 사례는 산업재해나 직업병에 대한 정책실행이었다. 6공화국기간 동안에는 문송면 수은중독 사망사건, 원진레이온사건, 200만 호 주택건설과 함께 급증하였던 건설현장산업재해 등의 문제가 사회적 쟁점으로 부각되었다. 그러나 이에 대한 정책적 대응이 시급하였던 상황에서도 국가는 유해 위험사업자의 범위를 대폭 축소하였고, 산재보험법 근로

---

112) 박현미, "최저임금 심의과정, 문제핵심 벗어났다", 월간 『노사광장』 1990년 12월호, 한국일보 1989.2.21과 동아일보 1990.11.16일자 참고.

기준법의 확대적용을 무기한 미루기도 하였다. 또 대대적인 홍보와
함께 직업병종합대책을 발표하였으면서도 이를 구체화하기 위한 정
책수단은 제대로 마련치 못함으로써, 정책의 실효성을 제대로 확보
치 못하는 결과를 초래하였다. 더욱이 때로는 직업병이나 산업재해
의 발생을 축소하고 은폐하거나 민간 기구의 직업병예방 치료기구의
설립을 방해하기조차 하였던 것이다.113)

결국 6공국가의 노동복지정책은 근본적으로 이데올로기적인 노동
통제수단으로서의 성격을 크게 탈피하지 못하였을 뿐만 아니라, 그
비용을 자본에 전가하고 시장원리를 강화하는 방식을 택함으로써 복
지의 실효성이라는 점에서 크게 취약했다는 것으로 요약될 수 있다.
이러한 일반적인 성격은 노정권의 전·후반기에 모두 공통된 것이었
지만, 1990년 이후에는 노동운동의 상대적 위축으로 이미 계획되었
던 복지정책의 내용이 더욱 취약한 것으로 축소되었다는 점이 특징
적이었다.114)

〈노사관계정책〉

마지막으로 노사관계정책의 과제는 이상의 모든 정책과제들을 실
행하기 위한 핵심적인 전제조건적 정책사항이며, 동시에 그것들의
결과이기도 하다. 즉 앞서 제반 정책과제들은 그 비중의 차이에도
불구하고 모두 노사관계정책의 일환으로서의 의미를 부분적으로 담
고 있었으므로 그것의 효과적인 실행에 의해서 노사관계정책의 향배

---

113) 국가의 산업재해, 직업병정책의 문제점에 관해서는 주로 다음의 신문자료를 참고.
동아일보 1989.7.30, 1991.8.26, 1991.11.7, 중앙일보 1990.5.31,
1990.7.27, 1990.9.6, 1991.1.14, 1991.12.3, 한겨레신문 1991.8.17,
1991.11.14, 문화일보 1992.9.28, 주간노동자신문, 1992.1.10.
114) 한편 김종일(1992: 39)은 한국의 국가복지가 영세민 보호를 초점으로 한 공적
부조가 중심으로 되어 중간계급을 핵으로 하는 보편적 사회보장제도로서의 성격
이 매우 약하다고 지적하였다. 이는 6공국가의 복지정책일반이 중간계급을 포섭
하거나 노동자계급을 '중산층화'하는 효과를 갖지 못하였다는 것을 말한다.

가 결정된다는 것이다. 그러나 노사관계정책은 경제구조의 구조적 변동과 그에 따른 임노동구조의 변동에 의해 그 정책범위가 영향을 받는다고 하더라도 그것에 직접적인 영향을 미치는 요인은 주로 정치구조적 요인들이라고 할 수 있다. 더욱이 6공화국기간과 같이 급격한 정치구조적 변동이 진행되었던 시기에 그것은 정치적 변수에 의해서 직접적인 규정을 받는 것으로 파악해야 할 것이다.

후반기의 노사관계정책은 1990년까지의 정책기조 위에서 상대적으로 커다란 변화 없이 유지되었다. 3당합당에 기초한 정치적 기반 강화에 따라 국가는 억압적인 노동정책을 손쉽게 실행할 수 있었으며, '노사관계의 안정'과 '산업평화'를 쉽게 달성할 수 있었다. 1990년 상반기의 현대중공업쟁의, KBS파업과 5월총파업, 1991년의 현대자동차쟁의, 대기업노조연대회의 소속간부에 대한 사법처리 및 대우자동차파업, 5월 반민자당투쟁과 결합된 임금투쟁 등 이 시기에도 중요한 쟁의나 사안들에 대한 경찰력 개입사례들이 있었다. 그렇지만 1990년 상반기의 쟁의들이 1989년 노동정치의 연장이자 그 최종적 수순이었다는 점을 염두에 두면, 이 시기의 억압적 노사관계정책의 수요는 크게 줄었고 그 사회적 정치적 의미도 상당정도 축소된 것이 분명하였다.

그러므로 후반기의 노사관계정책은 여타 정책분야에 비해 상대적으로 부차적인 영역이었다고 할 수 있었다. 그러나 그럼에도 불구하고 노사관계정책의 정책수요가 적었던 것은 아니었는데, 그것은 크게 세 가지로 나누어진다.

먼저 노사관계 규제장치들의 제도화를 위한 정책이 있었다. 노사관계 규제수단들의 제도화는 이중적인 의미에서 파악되어야 한다. 즉 1990년까지 강화된 노동통제정책수단들을 제도화한다는 소극적인 의미와 함께, 보다 적극적인 새로운 정책대안들의 제시도 포함한다.

1990년에 정점에 이르는 노동통제정책과정에서 국가는 여러 가지 새로운 통제수단과 기법들을 양산하였다. 통제의 관점에서 보자면 1987년 개정된 노동법은 1988년부터 1990년까지의 폭발적인 노동쟁의를 경험하면서 여러 가지 약점을 노출하게 되었다. 예를 들면 노동조합운동이 성장함에 따라서 노동조합의 경영, 인사권 참여요구가 급증하였고, 쟁의의 핵심적인 쟁점으로 부각되었다. 그러나 노동조합법에 기초해서 보면 이 같은 참여의 요구를 통제할 수 있는 법적 장치는 없었다. 그 결과 국가는 허술하고 강제력이 취약한[115] 행정명령으로 경영권과 인사권에 대한 노동조합의 요구를 제어하지 않을 수 없었다. 행정명령으로서는 장기적이고 안정적인 노동통제체제를 유지할 수 없었으며, 이를 보다 강력한 방법으로 제도화할 필요가 있었던 것이다.

이와 동일한 맥락에서 제도화를 추진하였던 통제수단들로는 노동조합활동의 제한규정(노조의 부당노동행위 규정), 단체교섭의 실시요건 규정, 사용자정의의 구체화, 노조임원 자격 강화, 교섭권자의 단체교섭 타결권과 협약체결권 부여 문제, 노동조합업무조사 등을 들 수 있을 것이다.

다음으로 이 시기에 국가는 새로운 노사관계체계를 구축하기 위한 여러 가지 새로운 방안들을 제출하고 실험하였다. 1988년부터 1990년까지의 경험은 1987년 개정노동법체제는 새로운 노동정책적 요구에 부응할 수 없는 것임을 반증한 것이었다. 한 연구자가 지적하였듯이 1987년 법은 제3공화국시기의 노동법체제로 복귀한 것에 지나지 않았다.(김준, 1989) 기본적으로 형식적인 노사자율체제를 전제로 한 구(舊) 노동법체제는 권위주의적 억압이 지속되는 상황에서는 유

---

115) 행정명령에 의한 통제수단들은 흔히 노동조합에 의해 법원에 제소되었고, 경우에 따라서는 판결에서 국가가 패배하는 경우가 발생하였다. 이는 국가의 노동정책의 신뢰도를 크게 추락시켰고 정치적인 타격을 주기까지 하였다. 대표적인 사례로 노동조합법상의 '해고자의 조합원자격 부여 여부'에 관한 법원의 판결을 들 수 있을 것이다. 5장을 참고.

효한 것일지 몰라도, '절차적 정당성'이 문제로 되는 시기에는 적합하지 않은 것이었다. 따라서 국가는 부분적으로나마 형식적 정당성을 갖춘 새로운 노사관계 통제체제를 구비해야 했던 것이다. 그리고 권위주의하의 억압적 통제수단들 중 더 이상 의미가 없거나 국내외로부터 집중적인 비난과 비판을 받았던 제도나 법제들을 부분적으로 폐기하거나 보완할 필요도 있었다.

따라서 정권과 자본은 보다 전시적인 하나의 방법으로 1991년부터 매년 초 '사회적 합의를 위한 청와대대토론회'를 실시하고, 그 대중적인 효과를 추구하였다. 말하자면 이데올로기적인 대중 홍보의 통제방법을 대통령을 앞세워 추구하기에 이른 것이었다. 이런 시도는 국가가 자신의 헤게모니역량동원을 제도화하고자 하였다는 점에서, 그것은 이 시기 노사관계정책의 중요한 한 흐름을 보여준다고 할 것이다.[116]

한편 1992년에 나온 '불합리한 노사관계 시정과 노사관계의 선진화' 방안과 '신노동정책'의 노사관계부문은 노사관계제도 재구축을 위한 국가의 노력을 보다 구체화하고 있다. 신노동정책에는 새로이 구축될 노사관계체제의 전체적 구도가 드러난다. 무엇보다 그것은 기업별 체제를 기본적으로 유지하고 진보적 노동조합세력에 대한 억압을 강화하면서도, 변화된 조건에 걸맞은 노조조직체계를 구축할 것을 제안하였다. 구체적으로 상급노동단체에 소속노조에 대한 업무조사권을 부여하고 노동조합의 연합단체 가입의무를 법제화하며, 연합단체에 조합비를 강제적으로 의무납부하게 하는 방안이었다.

마지막으로 가장 특징적인 것은 이 시기 전체에 걸쳐 노동법관계

---

116) '사회적 합의'라는 언술은 한국노동연구원과 일부 학계의 관변 연구자들로부터 논의되기 시작되었다. 그러나 한국의 사회적 합의는 서구 사민주의체제에서 나타나는 신조합주의적 이익대표체계의 사회적 합의와는 비교될 수 없는 것이었다. 자세한 것은 김수진(1995) 참고.

법개정 및 제정 시도가 두드러졌다는 점이다. 앞서 살펴본 임금제도 개편 및 임금억제, 경제환경에 걸맞은 고용정책의 개발, 노사관계제도의 보완 및 개편 등의 정책적 과제의 제도적인 정착을 위해서는 노동관계법의 제정과 개정이 필요하다는 것은 명백한 일이다. 이러한 정책적 요구에 따라 정부의 각 부처들은 나름대로의 노동관계법 개정안을 제시하였거나 공동의 법개정안을 제출하였다.

1990년 3월에는 상공부가 노동3법의 개정시안을 준비하여 은밀히 작업을 진행하였으며, 11월에는 노동부 장관이 한국경영자총협회 주최의 연찬회에서 산업평화가 이루어지지 않으면 1991년에 노동법개정을 추진할 수밖에 없다는 요지의 발언을 하였다. 1991년 하반기에는 노동법개정이 보다 본격적으로 추진되었다. 1991년 상반기부터 내부적으로 꾸준히 검토해 오던 개정안은 최병렬 노동부 장관이 9월에 그 확정안을 발표함으로써 구체화되었다. 하지만 정기국회 일정에 맞춰 준비된 1991년의 노동관계법개정안은 여러 가지 우여곡절 끝에 폐기되었다. 다시 해를 바꿔 1992년 2월 노태우 대통령은 '사회적 합의를 위한 청와대대토론회'에서 노동법개정을 노동부에 지시하였고, 개정작업은 한층 강도 높게 추진되었다.

다른 한편 국가는 핵심적인 노동3법 이외에도 기타 노동관계법안들의 제정과 개정을 추진하였다. 그 가운데 중요한 것으로는 근로자용역사업법(근로자파견법)의 제정 시도(1992.4), 시간제 근로자법입법 추진(1991), 산업안전보건법개정 추진(1990.7), 최저임금법안개정시도(1990.6), 장애인 고용촉진법 시행(1991.1.1), 노동위원회법개정 추진 등을 들 수 있다.

이 시기의 노동법개정 추진의 특색은 전반기와 달리 자본과 국가가 개정을 주도했다는 점에 있다. 그리고 그것은 앞서 논의한 세 가지 핵심적 정책과제를 그대로 반영한 것이라는 점에서 특징적이다. 특히 국가와 자본의 노동법개정 요구가 노동관계법 중에서도 경제적

인 의미를 크게 담고 있는 근로기준법조항에 집중되었다는 점이 중
요하다.

자본과 국가는 각기 근로기준법의 근로기준 보호 조항들이 1950
년대의 노동조건에 근거해서 만들어진 것이므로, 고도의 자본주의적
발전을 이룩한 현재의 시점에서 재검토되어야 한다고 개정 이유를
들었다. 그리고 역설적이게도[117] 1950년대 초 만들어진 근로기준법
조항들이 오늘날의 선진국들의 기준보다 높게 설정되어 있어서, 산
업구조조정의 성공적 수행과 국제경쟁력 고양을 위해서는 이를 보다
현실적으로 재조정할 필요가 있다고 주장하였던 것이다.

예를 들어 무성한 논의를 불러일으켰던 1991년 최병렬 노동부 장
관의 노동법개정안을 보면 총액임금제 실시를 위한 법적 근거 마련,
시간제 근로자의 근로기준법 예외조항 마련, 토요일 격주휴무제(변형
근로시간제), 단체협약 유효기간의 연장(1년에서 3년으로) 등의 근로
기준법조항들은 개정안에서 핵심적인 지위를 차지하고 있었다. 여기
서는 직접 간접적인 임금제도개편 및 임금억제정책에 대한 의지가
그대로 드러나는데, 이는 고율의 임금인상과 산업구조조정 비용을
노동계급에 전가하고자 하는 자본과 국가의 전략을 반영한 것이다.

그리고 노동조합법의 해고근로자의 법적 지위조항을 삭제하고, 노
동조합의 대표자에게 단체교섭권을 명시적으로 부여하자는 개정조항
은 1987년 이후 노자 간에 핵심적인 쟁점이 되었던 조항들이다. 그
리고 그 조항들은 국가와 자본이 노동을 통제하는 데 있어 커다란
장애가 된 것들이었다. 결국 이들의 개정은 기존의 불완전한 노동3
법 중 핵심적인 통제수단을 법제화하고자 하는 것이었다.

반면에 조합비 상한 조항의 삭제, 쟁의장소 제한 조항의 삭제, 정

---

117) 이 두 가지 논리를 결합하면 자본주의가 발전할수록 근로기준은 하향조정되어야
한다는 역설적인 논리가 성립한다. 결국 이는 지난 40여 년 간의 자본주의발전
과정에서 한국의 근로기준법이 '기준'으로서 기능하지 못했음을 반증하고 있다.

치활동 금지조항의 삭제 등은 한편으로는 앞의 개악적 내용의 개정
조항에 대한 반대급부적인 성격을 갖지만 여기에는 또 다른 이유가
있었다. 경제의 개방화와 함께 노동법제도 국제적인 수준에서 구비
되어야 했고, 이 시기 동안에는 국내에서 뿐만이 아니라 국제적으로
도 권위주의시기부터 존속해 오던 쟁점조항에 대한 개정 요구가 드
세어졌기 때문이었다.118)

그럼에도 불구하고 국가의 노동법개정시도는 핵심적인 노동3법의
경우 실패로 끝나고 만다. 그 이유는 무엇인가. 노동법을 추진하였던
주체였던 노동부와 같은 정부부처의 공식적인 입장은 주로 노총을
중심으로 한 노동계의 반발을 그 주요한 이유로 들었다.119) 그러나
노총의 반대는 형식적인 것에 불과하였다.

더 근본적인 이유는 민주노조를 중심으로 한 범노동운동세력들의
노동법개정에 대한 강한 저항과 이것이 초래할 정치적 비용에 대한
지배블록의 우려 때문이었다. 당시 민자당은 1991년의 지자체선거,
1992년의 총선거와 대통령선거를 앞두고 있었다. 지배블록은 민주화
의 확대를 일정한 범위 내로 제한할 수 있었지만 정치적 주도권과
계급역학의 우위를 완전히 공고화하지 못하였다. 정치적 갈등은 합
당한 민자당 내부의 파벌 싸움으로 변질된 채 지속되고 있었으며,

---

118) 한국은 1991년 9월의 유엔가입에 따라 그해 12월 자동적으로 IlO에 가입하게 되
   었다. 국제노동기구에 가입함으로써 IlO뿐만 아니라 국제자유노련(ICFTU) 등 국
   제노동단체들의 한국정부에 대한 비난은 더욱 거세어졌고, 정부로서는 이에 대해 외
   면할 수만은 없게 된다.(노동부, "국제자유노련 91연차 보고서에 대한 검토보고서",
   1991) IlO는 1992년 초 이사회의 권고결의안을 통해서 한국정부에 복수노조 인
   정, 공무원 및 교사의 단결권 인정, 제3자개입금지 개정 등을 권고하였다.

119) 노총은 대체로 개악적인 성격을 갖는 이 시기의 노동법개정을 반대하는 모습을
   보인다. 그리고 노총은 그들의 반대 투쟁을 자신들의 중요한 정치적 업적으로 평
   가하고, 개혁노총의 새로운 모습을 보여주는 것이라고 주장하였다.(한국노동조합
   총연맹, 1991) 그러나 노총은 반대의 이면에서 끊임없이 국가와 밀실협상을 통
   한 거래를 추구하였다. 예를 들어 1991년 개정안의 경우 노총은 자신들의 개정
   안과 정부안의 절충점을 찾기 위한 협상을 계속하였다.

시민사회의 도전은 억압의 강화를 통해서 그 예봉을 일시적으로 꺽은 것에 불과한 상태였다.

이러한 상황에서 개혁의 후퇴로 비추어질 노동법개정을 추진하는 것은 그 정치적 손익계산이 매우 불투명한 일이었다. 따라서 당시 정부를 중심으로 한 노동법개정 추진에 대해 민자당 측은 민감하게 반응하였고 이를 반대하였던 것이다. 그러므로 법개정유보라는 국가의 전략적 선택은 무엇보다 1990년 이후의 노사관계의 객관적 지형 및 그것의 본질적인 한계로부터 기인하였다.

그 밖에도 노동법개정작업이 철회된 데에는 자본의 반대, 국가기구 내부의 개정내용에 대한 의견의 불일치, 행정조치라는 대안의 존재도 또 다른 이유가 되었다. 이 기간 동안 자본은 끊임없이 노동법개정을 국가에 요구하였지만,[120] 기존 악법조항의 철폐에 대해서는 반대의 입장을 고수하였다. 그리고 국가기구 내부에서도 각 부처의 입장에 따라 개정조항에 있어서 강조점의 차이가 있었고, 이는 단일한 정부안을 만드는 데 걸림돌이 되었다.[121] 또 미봉적이기는 하였지만 법개정을 통해서 달성하고자 하였던 정책목표를 다른 방법에 의해, 즉 행정조치를 통해서 일시적으로 관철시킬 수 있다고 판단한 것도 중요한 이유가 되었다.

지금까지의 논의를 요약하자면 후반기의 노동통제정책은 먼저 민주주의이행기를 거치면서 이완되거나 불충분해진 여러 가지 노사관계제도들을 검토하고 재구축하는 시기라고 할 수 있다. 노동계급의 조직적 정치적 성장에 따라, 그리고 정치체제가 형식적 민주주의의 틀 위에서 정당성을 추구함에 따라서 권위주의시기의 노동통제제도

---

120) 1990년 3월 상공부의 개정안은 자본의 요구를 집대성한 것이었다. 경단협사업보고서 및 경총사업보고서를 참고.

121) 1992년 여름에 최종안이 확정될 계획으로 진행되었던 개정시안 작성작업을 계속적으로 연장한 것은 개정안 마련이 정부 내에서도 매우 어려운 문제이었음을 잘 보여주었다.

들은 새로이 변형되거나 보완될 필요가 있었다. 또 노동계급의 증대된 교섭력에 따라 고율의 임금인상이 계속되었고 그에 따라 고용불안이 심각한 상태로 발전하였다. 그러나 국가는 이와 같은 이행기의 과도기적 조건들만 고려한 것은 아니었다. 보다 중요한 것은 축적체제의 변동에의 압력이 이행기의 변화된 조건들 속에서 더욱 증폭되었다는 사실이다. 즉 시장개방과 기술경쟁에서 새로운 단계로의 진입을 눈앞에 두고 있었던 한국자본주의의 장기적인 구조변화의 필요성이 이행기를 계기로 두드러졌다는 점이다. 따라서 우리는 이 시기의 노동통제정책을 정치적 요인에 기초한 것이라기보다는 보다 구조적이고 장기적인 관점에서 경제적 요구에 부응하는 것이었다고 평가할 수 있다.

제 5 절 요약과 평가:
6공화국 노동통제 전략의 내재적 한계

6공화국시기의 노동통제 전략의 전개는 민주화이행과정 및 경제구조의 재편과 밀접히 연관되어 있었다. 1990년 3당합당에 이르는 6공화국의 노동통제 전반기는 무엇보다도 민주주의이행기의 정치적 요구에 기초해서 전략의 방향이 결정되었다고 할 수 있다. 그러나 그 이후의 기간은 정치적 요인이 여전히 영향을 미쳤지만, 기본적으로는 축적체제의 변동이라고 하는 경제적 요인이 일차적인 영향을 미친 것으로 파악할 수 있다.

먼저 민주주의이행의 특수성을 고려하지 않고서는 민주주의공고화

기간의 노동정치의 구체적인 양상을 파악할 수 없다는 점을 본고는 강조하였다. 민주정권 수립이라는 첫 이행의 유형이 개혁유형이었고, 그것도 권위주의지배블록이 통제하는 것이었다는 점이다. 이와 같은 이행유형에서는 이행의 결과 국가의 제반 권력자원이 오히려 확대되기까지 하였으며, 계급역관계의 균형은 지배블록으로 크게 기울게 되었다. 이러한 조건은 6공화국 전 기간의 노동정치의 정세를 기본적으로 규정하게 되었다. 그리고 노동운동의 전략선택도 이러한 노동정치 및 국가정치의 영향력하에서 규정될 수밖에 없었던 것이다. 요컨대 민주주의이행정치의 정치적 역관계변동은 6공국가가 노동배제전략을 도입하는 중요한 기반으로 작용하였던 것이다.

둘째로 절차적 정당성을 기반으로 성립된 6공국가가 노동운동에 대한 억압을 체계적으로 강화하게 되었던 것은 국가정치의 맥락을 넘어서서 축적체제변동의 거시 구조변화와 밀접히 연관된 것이었다. 우선 1990년 이전의 노동억압도 경제적으로는 급증하는 임금비용에 대한 지배계급의 불만이 정치적 요인과 함께 중첩되어 표출된 것이라 할 수 있으며, 이후의 국가주도의 경제구조개혁의 연장선상에 있는 것이라고 볼 수 있다. 특히 1990년 이후 후반기 노동정책이 근로기준법조항의 개정 등 경제정책사안들에 정책의 초점을 두었다는 점은 이를 잘 보여주었다. 후반기 노동정책은 자본 측의 국가에 대한 영향력행사의 결과이기도 하였지만, 일차적으로는 경제구조적 변동에 대응하는 자본주의국가의 축적기능에 기초한 것이었다. 그러므로 우리는 노태우 정권 후반기의 노동정책은 물론, 전반기의 그것도 부분적으로는 산업구조변동이라는 경제구조적 요인과 밀접한 연관을 가진 것임을 알 수 있었다.

셋째로 정책효율성의 측면에서 고찰하면 전반기의 노동정책과 후반기의 그것은 서로 정합적이지 못하였으며, 내재적인 긴장을 안고 있었다. 1990년 상반기까지 국가는 강한 노동배제정책에 기초해서

표면적으로 '산업평화'를 달성하는 데 성공하기는 하였다. 그러나 그
것은 노동계급을 체제 내로 포섭한 것이 아니라 '배제'한 것으로 근
본적인 한계를 갖고 있었다.

즉 노동운동의 위축은 압도적으로 강하였던 국가의 통제력에 일시
적으로 굴복한 것에 지나지 않았으며, 헤게모니적 지배력은 물질적
기초에 의해 뒷받침되지 못한 취약한 것이었다. 그것은 정치적 조건
의 변화로 말미암아 국가의 통제가 이완되거나, 노동운동진영이 역
량을 집중시킬 수 있는 정치적 쟁점이 부각될 경우 노동운동의 재도
전이 충분히 예측가능한 것이었음을 말한다. 1990년 1월 민자당합당
과 동시에 이루어진 전국노동조합협의회의 결성은 이와 같은 노동정
세의 실상을 상징적으로 보여주었다.

그러므로 정권 후반기에 국가가 기획하였던 노사관계의 재편 및
제반 신노동정책의 도입은 전반기 노동배제정책이 갖는 내재적 한계
와 맞물려 그 정책실행과 효율성이 지속적으로 제약받을 수밖에 없
었다. 예를 들어 임금상승을 억제하고 임금체제를 합리화하고자 고
안되었던 총액임금제의 정책효율성은 매우 제한적인 것이었다. 왜냐
하면 강성 노동부 장관의 강력한 추진의지에도 불구하고 국가는 총
액임금제의 입법화에 실패하고 말았기 때문이다. 또 노동시장정책과
노동기준 보호정책상의 제반 대책들도 입법화과정에서 야기되는 정
치적 비용계산과정에서 최종적으로 포기되거나 연기될 수밖에 없었
던 것이다.

이와 같이 볼 때 6공국가 노동통제 전략의 요체는 1989년부터 본
격적으로 실시되었던 '노동배제전략'이라고 할 수 있을 것이다. 그러
므로 다음 장에서는 6공국가의 노동배제전략이 형성되고 실행되는
구체적인 과정과 그 과정에서 국가기구가 어떻게 작용하였는가를 구
체적으로 고찰할 필요가 있다.

제 5 장

제 5 장
노동정책의 형성과 국가기구

　노동정책은 핵심적 국가정책 중의 하나이다. 국가정책은 특정한 헤게모니프로젝트를 추구하는 국가권력이 그 물질화된 형태인 국가장치를 통해서 한편으로는 자본가계급의 축적을 보장하고, 다른 한편으로는 자본주의적 사회질서를 재생산하기 위하여 사적 영역에 개입하는 행위를 말한다.(Poulantzas, 1968; O'Connor, 1973) 그리고 제반 국가정책의 영역들 중에서 노동정책은 그것이 자본주의사회를 구성하는 가장 기본적인 사회계급인 노동자계급을 대상으로 한다는 점에서 '직접적 계급정책'이라는 특징을 갖는다.(Valenzuela, 1989; Offe, 1985)

　국가정책에는 여러 가지 요인이 영향을 미친다. 경제구조의 구조적 제약이 영향을 미치며, 계급투쟁 및 계급역학관계라는 정치적 요인이 선택의 기제로 작용을 한다. 그리고 관료기구로서의 국가장치 나름의 전략적 선택성 또한 상당한 영향을 미치게 된다. 그러므로 계급정책으로서 국가의 노동정책은 경제구조의 구조적 제약, 계급역학관계 및 계급투쟁을 매개로 한 선택의 기제, 국가기구 내부의 전

략적 선택성 등의 다중적인 요인이 중첩결정된 것으로 파악할 수 있
다.(손호철, 1993)

　이 장에서는 6공화국국가의 노동배제전략에서 나타난 배제적 성격
을 국가의 노동정책형성과정과 그 과정에 개입한 국가기구 분석을
통해서 고찰하고자 한다. 1절에서는 노동정책 중에서도 노동법에 대
한 국가정책을 고찰할 것이다. 노동법개정과정은 여러 사회세력의
정책개입이 분명히 나타나고, 그 계급적 성격이 구체적인 법조항으
로 드러나는 과정이었다. 그리고 2절에서는 직접적으로 노동통제 전
략과 노동정책을 수립하고 실행한 국가기구를 살펴봄으로써, 국가기
구로 물화된 노동정책의 배제적 성격을 고찰하고자 한다.

제1절 노동정책의 형성과 세력관계: 노동관계법을 중심으로

　노태우 정권기간 동안 계속되었던 노동관계법개정 및 개정시도는
노동통제정책을 둘러싼 세력관계의 전개를 살펴볼 수 있는 중요한
준거점이 된다. 그것은 1988-1989년 야당 중심의 개정시도 및 1989
년 3월의 근로기준법개정, 1990년 상공부의 노동관계법개정검토작업,
1991년 노동부의 노동관계법개정시도, 1992년 노동법개정연구위원회
의 개정작업 등 크게 4차례에 걸쳐 진행되었다.

　노동법개정 및 개정검토작업은 국가의 노동정책 중 가장 핵심적인
정책결정사항이었다. 그리고 특정한 법조항의 폐지 및 신설에 대해
각각의 계급세력들이 사활적인 이해관계를 갖고 있었으므로, 이 과

정에서는 노동정책을 둘러싼 각 계급 계층들의 세력관계가 분명하게 드러났다. 또 노동법개정과정에서는 경제구조의 구조적 제약이 구체적인 법률조항으로 반영되었으며, 국가기구의 전략적 선택성 및 그 계급성이 명료한 형태로 표출되곤 하였다.

1) 1988-1989년 야당주도의 노동관계법개정시도 및 근로기준법개정

1987년 11월 여야합의로 개정된 노동관계법은 5공정권하의 억압적 노동통제장치들을 상당한 정도로 완화한 것이었음에도 불구하고, 핵심적인 통제조항들을 여전히 유지하고 있었다. 당시 대통령선거를 앞두고 여당과 야당은 노동관계법개정작업에는 상대적으로 관심을 기울이지 않았고, 서로 핵심적인 조항을 문제 삼지 않는 선에서 이를 처리하고 말았다. 반면에 민주노동조합세력은 노동조합조직을 확대하고 지역단위의 연대를 강화하는 작업에 치중하고 있었으므로 노동법개정과정에 조직적으로 개입할 수 없었다. 이런 상황에서 1987년 개정노동법은 노사관계 민주화라는 법개정의 기본취지와는 달리 매우 절충적이고 불완전한 성격을 갖게 되었다.

개정노동법안은 여당이었던 민정당의 입장을 기본적으로 수용한 바탕 위에서 야당의 요구를 부분적으로 받아들인 것이었다. 그것은 자본 측과 민주노조 측 모두에게 불만스러운 절충적인 것이었다. 새로이 성장하고 있었던 민주노조의 입장에서 보면 개정노동관계법은 통제기제의 완화에도 불구하고, 자유로운 노동조합활동을 가로막는 여러 가지 문제조항을 여전히 담고 있었다. 반면에 자본 측에서 보면 그것은 권위주의적 노동통제체제를 지나치게 완화시킨 것으로 파

악되었다.[1]

이를 구체적으로 보면 노동조합법에서는 노동조합설립절차가 간소
화되고, 그 요건이 크게 완화됨으로써 노동조합의 설립과 기본적인
활동에 관한 행정관청의 개입정도가 크게 약화되었다.(<표 5-1> 참
고) 그리고 노동쟁의조정법에 있어서도 쟁의신고에 대한 행정관청의
개입이 제한되었고 쟁의 금지 대상이 축소되었으며, 그 절차에 있어
제한사항이 크게 완화되는 등의 전향적인 변화가 분명히 포함되었다.

<표 5-1> 1987년 노동관계법개정내용

	개 정 전	1987년 개정법안	정부 민정당 안	민주당 안
노동조합법	노조정치활동금지	현행대로 금지	현행대로 금지	정치활동 허용
	기업단위노조만 인정	조직형태는 자유	노동자 자율결정	노동자 자율결정
	복수노조금지	현행대로 금지	현행대로 금지	현행대로 금지
	노조설립요건 규제	삭제	인원제한 없이 자율	인원제한 없이 자율
	유니업숍제도 금지	조합원 2/3 대표 시, 협약에 의해 결정	자율 결정	조합원 과반수 찬성으로 자율 결정
	노조해산 명령권	삭제	삭제	사유구체화(장관령)
	규약취소 명령권	법령 위반 시로 제한	삭제	법령 위반 시로 제한
	결의취소 명령권	법령 위반 시로 제한	삭제	법령 위반 시로 제한
	노조임원자격 제한	삭제	삭제	삭제
	교섭권 위임 신고	총회, 대의원회 의결	총회, 대의원회 의결	삭제
노동쟁의조정법	광범한 공익사업범주공무원 등 쟁의제한	증권·석탄·연료 제외 국공영사업체 및 특정 방산 허용	증권·석탄·연료 제외 국공영 일반, 방위산업체 허용	증권·석탄·연료제외 특정 방산 이외는 허용
	공익사업 직권중재	현행대로 유지	현행대로 유지	삭제
	임의중재제도 없음	임의중재제도 신설	임의중재제도 신설	임의중재제도 신설
	제3자개입금지	현행대로 금지	현행대로 금지	삭제
	사업장 외 쟁의 금지	사업장폐쇄 시 예외	현행대로 금지	사업장폐쇄 시 예외
	냉각기간(20, 30일)	일반10일 공익15일	일반10일 공익15일	일반10일 공익15일
	쟁의 적법성 심사	삭제	삭제	삭제
	행정기구의 쟁의알선	노동위원회로 이관	노동위원회로 이관	노동위에 통폐합
	노동위 중재위원임명	당사자 합의로 임명	당사자 합의로 임명	당사자 합의로 임명

자료: 한국산업사회연구회(1989: 202-203)에서 재인용.

그러나 개정노동관계법은 복수노조금지, 제3자개입금지, 노동조합

---

1) 개정노동법의 변화를 강조한 한 연구자는 이를 "기업별 노조주의에 기초한 자유주
의적 노동정치의 틀"이라고 규정하였다.(임혁백, 1991)

정치활동금지, 공무원 및 교원과 공익사업체 방위산업체 종사자의 노동3권제한 등 핵심적인 통제수단들을 여전히 포함하고 있었다. 예를 들어 복수노조금지조항은 유일 상급단체로서의 한국노총체제를 유지시켰을 뿐만 아니라, 기업별 노조체제의 산별전환을 가로막고 있었다. 그리고 제3자개입 금지조항은 노동조합의 연대활동 일반을 불가능하게 하였다. 흔히 4대악법조항으로 비판받아 왔던 이들 조항들은 권위주의노동통제체제의 핵심기제였고 노동자들의 단결권, 쟁의권을 결정적으로 제한하는 것이었다. 이 밖에도 개정노동관계법에는 국가와 자본이 노동통제에 동원할 수 있는 많은 문제조항들이 포함되어 있었다.

노동자대투쟁 이후 처음으로 진행된 1988년 상반기 임금투쟁에서 이와 같은 사실은 분명하게 나타났다. 예컨대 국가는 방위산업체의 쟁의제한을 노동쟁의통제수단으로 사용하기도 하였으며, 사용자들은 노동쟁의조정법 상의 직장폐쇄권이나 해고를 남용하였던 것이었다.

민주노조진영에서 볼 때 1988년 상반기 임금투쟁에서 분명해진 사실은 개정노동법 아래에서 노동조합운동이 질적으로 발전하기는 매우 어렵다는 점이었다. 특히 집권세력의 계급적 기반과 1988년 상반기 노동정치과정을 통해서 볼 때 이 점은 분명한 것이었다. 노동조합을 중심으로 한 노동자대중의 결집이 강화되고 노동자들의 의식수준이 높아졌으며 노동조합 간의 연대활동이 활발했지만, 그와 같은 변화들은 노동관계법의 제도적 장벽 앞에서 한 걸음 더 나아가지 못하는 상황이었다. 따라서 민주노조진영에서는 1988년 하반기부터 노동법개정운동을 광범하게 추진하였다.2)

---

2) 세계 편집부 엮음, 『88년 상반기운동 평가』, 세계, 1988 참고. 노동법개정투쟁의 과정은 7월 단위사업장에서의 노동법에 관한 토론·선전으로 시작되었으며, 8월 '노동법개정을 위한 전국회의', '7, 8월 노동항쟁계승 및 노동악법개정 완전승리를 위한 전국노동자 전진대회', 10월 '노동법개정투쟁을 위한 전국노동자등반대회'를 거쳐 최종적으로 11월 13일의 전국노동자대회로 일단락된다. 전국노동운동단체협

1988년 노동법개정투쟁은 임금투쟁이 마무리되는 7월 시점에서 본격화되었고, 전국에서 4만여 노동자가 집결하였던 11월 13일의 '전태일열사 정신계승 노동악법개정 전국노동자대회'로 그 절정을 이루었다. 1988년 하반기 노동법개정투쟁의 일차적 의미는 노동자대중이 의식적이고 조직적인 전국적 투쟁을 시작하였다는 점이었다. 그것은 1989년 상반기의 노동법개정에 상당한 압력요인으로 작용하였다.

한편 1988년 하반기의 핵심적인 정치적 쟁점은 '5공청산'문제였다. '5공청산'은 인적 청산과 함께 권위주의적 제도와 법률을 개폐하는 보다 중요한 과제를 포괄하고 있었다. 5공청산과 함께 노동관계법개정은 다시금 핵심적 정치적 과제로 부각되게 되었다. 또 여소야대 국면에서 민주노조운동진영의 야3당에 대한 노동법개정 압력도 야당 주도의 노동법개정시도의 중요한 배경이 되었다.[3]

이상과 같은 배경에서 1988년 7월 초 야3당은 '노동관계법개정을 위한 3당 공동위원회'를 구성하여 노동법개정작업을 본격적으로 추진하였다. 7월 29일에는 '노동법개정을 위한 공청회'를 국회에서 개최하였으며, 9월 28일에는 야3당의 개정시안이 마련되기도 하였다. 그렇지만 야3당은 핵심적인 조항들에 관해서 의견일치를 보지 못하였고, 연말의 정기국회에 각기 다른 개정안들을 국회에 제출하였다.

해를 넘겨 1989년 초 임시국회에서 야3당은 우여곡절을 거쳐 만들어진 야당 단일안을 국회에 상정하고, 이를 표결로 통과시켰다.[4] 그러나 노동관계법 중 핵심적인 노동조합법개정안과 노동쟁의조정법

의회 편(1988, 1989) 참고.

3) 1988년 11월 13일의 노동자대회 직후 민주노조지도부들은 야당(통일민주당)당사에 점거농성을 시작하였는데, 핵심적인 요구는 노동법개정을 신속히 처리하라는 것이었다. 민주노조운동의 노동법개정투쟁 진행과정과 그 평가에 관해서는 전국노동운동단체협의회 편(1989: 195-213), "88년 노동법개정투쟁 평가", 참고.

4) 3월 8일 국회를 통과한 노동관계 3법 중 노동쟁의조정법과 근로기준법의 경우 여당인 민주정의당도 개정안에 동의하여 4당합의로 가결되었다.

개정안에 대해서는 3월 25일 대통령이 거부권을 행사하여 개정시도가 좌절되었으며, 근로기준법만이 개정되는 것으로 귀결되었다. 이제 이 과정을 구체적인 개정안 조항들에 대한 각 세력들의 입장을 통해서 좀더 자세히 고찰하자.

먼저 <표 5-2>에서 보면 야3당 개정시안은 민주노조세력의 개정요구와 거의 일치하고 있음에 반해서, 각 야당의 안들은 평화민주당-통일민주당-공화당의 순으로 개정시안과 상당히 다른 입장을 보이고 있었음을 알 수 있다. 이를 잘 보여주는 것은 흔히 4대악법이라고 불렸던 복수노조금지, 공무원단결금지, 정치활동금지, 제3자개입 금지조항에서의 각 당의 입장 차이이다. 평민당이 4조항 모두에 대해 야3당 개정시안과 입장을 같이 한 반면에 통일민주당은 개별 단위노동조합에서의 복수노조를 인정치 않고, 공무원에 대해서도 단결권을 확대 보장하는 수준에서 머물렀다. 그리고 공화당은 상대적으로 그 의미가 크지 않았던 정치활동 금지조항에 대해서만 전향적인 입장을 취했을 뿐, 나머지 세 조항은 대체로 현행법을 유지하고자 하는 입장을 견지하였다.

이 같은 야당 간의 입장 차이는 결국 국회의결안이 매우 절충적이고 완화된 형태로 나타나게 하는 결과를 초래하였다. 1989년 3월 8일 통과된 국회의결안은 공무원 중 6급 이하의 공무원의 노조설립 및 단체교섭권을 인정하는 것과 제3자개입금지 예외조항을 부분적으로 확대하는 것으로 개정의 폭을 크게 축소하게 되었던 것이다.

야3당 간의 이견과 그에 따른 국회의결안의 개정폭 축소는 노동쟁의조정법에서도 동일하게 나타났다.

노동조합법과 중첩되는 제3자개입 금지조항을 제외한다면 노동쟁의조정법개정에서 핵심적인 쟁점은 공무원에 대한 쟁의권 부여 여부, 사용자에 대한 직장폐쇄권 부여 여부, 공익사업의 쟁의에 대한 직권중재제도의 존속 여부 등이었다. 여기서도 평민당은 이 세 가지

조항 모두를 전향적으로 개정하는 입장을 견지하였던 반면에, 통일
민주당은 사용자의 직장폐쇄권을 인정한 위에서 그 요건을 부분적으
로 강화하려는 입장을 취하였고, 공익사업에 대한 행정관청의 직권
중재제도는 그대로 유지하고자 하였다. 그리고 공화당의 경우에는
방위산업체근로자에 대해서만 공익사업에 준한 쟁의권을 인정하였을
뿐 공무원에게는 이를 허용치 않았다. 그리고 사용자의 직장폐쇄권
이나 직권중재제도는 통일민주당과 같은 입장을 취하였던 것이다.

〈표 5-2〉 1989년 노동조합법개정에 대한 각 세력들의 입장

1987년 개정법안	평민당 안	민주당 안	공화당 안	여3당 개정안	국회의결안	경총 개정안	노총 개정안
1. 복수노조금지	1. 복수노조 인정	1. 연합단체제안 인정	1. 현행 유지	1. 삭제	1. 현행 유지	1. 1기업1노조 명지	1. 현행 유지
2. 공무원노동권제한	2. 단결교섭권 인정	2. 단결권섭리 보장	2. 현행 유지	2. 공무원노동권인정	2. 6급이하공무원에 한해 인정	2.	2. 공무원단결권 인정
3. 노조정치활동금지	3. 삭제	3. 삭제	3. 삭제	3. 삭제	3. 삭제	3. 현행 유지	3. 전면 삭제
4. 제3자개입금지	4. 삭제	4. 변호사등 예의 확대	4. 변호사등 예의 확대	4. 삭제	4. 예외확대	4. 현행 유지	4.
5. 노조설립절차	5. 신고즉시 교부	5. 신고시 노조성립	5. 신고시 노조성립	5. 신고시 노조성립	5. 신고시 신고증 교부	5. 신고기간 일원화	5.
6. 노조임의개선명령	6. 노조총회 의결사항	6. 행정관청 간섭배제	6. 임원신분보장 신설	6. 행정관청 교부	6. 조합의 동의	6.	6.
7. 노조위의 인사	7. 조합의 동의	7. 임원신분보장 신설	7.	7. 조합의 동의	7.	7. 조합동의 불가	7.
8. 총회소집권자지명	8. 조합원이 총회소집	8. 기피 제제조항 신설	8. 기피 제제조항 신설	8. 임원신분조항 신설	8. 임원신분조합 신설	8. 조합이 총회소집	8.
9. 단체교섭 위임	9. 단협 위임 자유화	9.	9.	9. 교섭자유 위임	9.	9. 자유위임 불가	9.
10. 단협유효기간 2년	10. 1년으로 단축	10. 1년으로 단축	10.	10. 1년으로 단축	10. 1년으로 단축	10. 현행 유지	10. 1년으로 단축
11. 유니언숍 규정	11. 폐지	11. 과반수찬성 도입	11.	11. 폐지	11.	11.	11. 도입규정완화(조합원 2/3에서 1/2)
		* 총회 나외 이상 개최	* 노동행정업무 일원화	* 업무조사권 폐지	* 총회 나외 이상 개최	* 교섭권자의 타결권 협약 체결권명문화	* 노동행정 일원화
		* 조합비사용 노조자율 결정	* 유광노조 해산설치 규정 도입	* 해고효력다툼 중인 자의 지위 조항 삭제	* 노조해산 사유 강화(활동중지 2년~1년으로)	* 단체교섭사항 제한규정 도입	* 규약변경시 신설 노조 전환조항 신설
		* 노조체결 공개		* 노동행정업무 일원화		* 노동조합의 부당노동행위 조항 신설	* 대의원임기 3년 조과 금지
		* 노조운영의 지주 민주, 해산 사유에 포함		* 조합비상한 폐지			* 총회소집기간 단축(15일에서 10일)
		* 노동행정 일원화					* 업무조사권 삭제
		* 별직조합 합리적 조정					* 부당노동행위 무조건 처벌
							* 단체협약 사용자 차별제도 도입

자료: 국회사무처, 『법률연혁집』, 1991.
　　　한국경영자총협회, 『건고 건의안』, 1989.
　　　한국노동조합총연맹, 『사업보고서』, 1988, 1989.

결국 야3당 간의 절충안으로서의 국회의결안은 3자 간의 최소공약수인 공화당의 안을 기본적으로 수용하는 것으로 결말지어졌다.

민주노조 요구안의 수준과 거의 동일한 야3당 개정시안으로부터 국회의결안에 이르는 개정내용의 변화 및 그 폭의 축소과정은 일차적으로는 야3당의 공조체제가 매우 불안정한 것이었다는 점에 기인한다. 각 야당은 노동문제에 대한 그들의 정책방향에 있어 매우 편차가 컸던 것이 사실이었다. 특히 공화당의 경우에는 유신정권하의 집권당이었던 구공화당의 정책노선과 인맥을 이어받는 매우 보수적인 성격의 정당이었으므로, 애초에 이들이 노동계급의 이해를 대변하는 정책을 실행하는 것에는 한계가 있을 수밖에 없었다. 따라서 5공청산이라고 하는 정치적 대의에 대한 합의에도 불구하고, 노동관계법개정에 대한 야당 간의 합의의 폭은 매우 협소할 수밖에 없었다.

또 나머지 두 야당 또한 오랜 야당세력으로 대정부투쟁을 수행해오기는 하였지만, 기본적으로 보수적 성격의 정당이었다. 이들은 기층민중의 이익을 정치적으로 대표할 수 있는 통로를 선점하였고, 붕당정치와 금권정치의 협소한 정치적 이익대표체제에서 기층민중의 요구가 자신의 정치적 이해와 상반될 경우에는 이를 철저히 배제하였다.

〈표 5-3〉 1989년 노동쟁의조정법 개정에 대한 각 세력들의 입장

1987년 개정법안	평민당 안	민주당 안	공화당 안	야3당 개정안	국회의결안	정부 개정안	노총 개정안
1. 공익체 쟁의 제한	1. 범위 축소	1. 범위 축소	1. -	1. 공무원수 정부은행 방송통신 삭제	1. 대항행위 목적의 합리적 쟁의보장	1. 현행 유지	1. 은행사업 제외
2. 공무원 방산업체 근로자 쟁의제한	2. 공익사업체 준한 쟁의 하용·쟁의 하용 (공익사업 준거)	2. 공익사업체 준한 쟁의 하용	2. 방산업체근로자의 쟁의인정 (공익사업 준거)	2. 공익사업준거 하용	2. 공익사업준거 하용	2. 현행 유지(강제중재 제도 신설)	2. 공무원 하용, 방산근로자 공익엄제 준하서 제한
3. 쟁의장소 제한	3. 삭제	3. -	3.	3. 폐지	3. -	3. 현행 유지	3. 삭제
4. -	4. 구사대폭력 휴폐업 금지조항 신설	4. 구사대폭력 휴폐업 금지조항 신설	4. -	4. 휴폐업 폭력 금지	4. -	4. -	4. 휴폐업 폭력 금지조항 신설
5. 사용자 직장폐쇄권	5. 삭제	5. 폐쇄기간 제한 (공익15 일반10일)	5. 폐쇄기간 제한(공익15 일반10일)	5. 삭제	5. 5일간의 냉각 기간후 인정	5. 냉각기간 불가, 분부당방생의에 대한 직장폐쇄권 요구	5. -
6. 알선위원회 조사권	6. 삭제	6.	6.	6. 삭제	6. -	6. -	6. -
7. 쟁의관련 노동행정	7. 노동행정 일원화	7. 노동행정 일원화	7. -	7. 노동행정권의 전담	7. -	7. -	7. -
8. 제3자개입금지	8. 삭제	8. 삭제	8. 보호사 노동위원 최승인 받은 자 제외	8. 삭제	8. 노동조합의 위임받은 변호사, 공익노무사, 노동위 승인을 받은 자 제외	8. -	8. -
9. 냉각기간(10.15일)	9. 단축	9. -	9. -	9. 단축(공익10일반7)	9. -	9. 단축불가, 5일연장 불가	9. -
10. 공익사업직권중재	10. 폐지	10. -	10. -	10. 폐지	10. -	10. 현행 유지	10. 폐지
11. 중재시 쟁의금지 기간(15일)	11. 단축	11. 중재요건강화(쌍방 신청시, 10일)	11. -	11. 10일로 기간단축	11. -	11. 단축 불가	11. -
12. 노동부장관의 긴급조정권	12. 중앙노동위원회 동의조항 신설 · 쟁의신고조항 삭제 · 직장폐쇄요건 신설	12. 중노위 동의신설	12. -	12. 조정권발동시 중노위 동의신설 * 조정위원회조사권 신설	12. -	12. - * 단체와 해석을 둘러싼 분쟁조정절차 신설	12. 대통령으로 격상

자료: 〈표 5-2〉와 같음.

물론 이들이 오랜 권위주의적 지배하에서 노동자계급의 이해를 부분적으로 대표해왔다는 점도 부인할 수 없을 것이다. 그럼에도 불구하고 그들의 정치적 이익대표는 매우 기회주의적인 것이었고 표리부동한 것이었다. 즉 이들에게 있어 노동법개정은 노동자계급의 노동법개정 요구를 당파의 정치적 목적에 동원하고, 이를 관철하기 위한 수단에 불과하였다. 따라서 이들은 노동법개정안의 특정 조항이 자신의 정치적 이해에 대립한다면 언제든지 이를 부정하였던 것이다.

이 점과 관련해서 고찰해야 할 것은 당시 야3당 주도의 노동관계법개정에 대한 자본가단체의 거센 반발과 개입이었다. 자본가들의 반발은 6공국가의 전략적 태도 변화와 함께 1989년 노동법개정안의 내용이 축소, 완화되게 된 결정적인 요인이었다.

앞의 표에서 보면 국회에서 의결된 개정조항 중 자본가단체에서 적극적으로 반대하였던 조항들은 거의 개정되지 않았음을 알 수 있다. 예를 들면 4대악법조항 중 개정된 것은 6급 이하 공무원의 단결권과 단체교섭권보장, 제3자개입 금지조항의 부분적 수정뿐이었다. 그것도 공무원에 대한 노동2권 보장은 그 직접적인 당사자가 기업이 아니라 국가라는 점에서, 그리고 제3자개입 금지조항은 실질적으로 온존하는 것이라는 점에서 자본가계급에게는 거의 영향을 주지 못하는 형태였던 것이다. 그리고 노동쟁의조정법에 있어서도 방위산업체 근로자의 쟁의를 제한적으로 허용하는 것을 제외한다면, 노동통제효력에 커다란 영향을 주는 법조항은 모두 배제되었다고 볼 수 있었다.

1988-1989년 법개정 및 개정시도는 우리나라의 노동법제정 및 개정 역사상 처음으로 노동자계급의 주도로 시작된 것이라는 점에서 매우 주목할 만한 것이었다. 정부와 집권여당은 노동법개정의 발의로부터 국회의결에 이르기까지의 과정에서 '방관자적'인 입장을 벗어날 수 없었고, 이 점은 전통적으로 정부와 여당을 대상으로 하여 영향력을 행사하던 자본가단체의 입장에서는 매우 당혹스런 것이었

다. 더욱이 민주노조운동의 법개정안이 대폭적으로 반영된 야3당의 개정안은 자본가계급의 이해를 결정적으로 제약하고, 노동정치의 기본구도를 뒤흔들어 놓을 혁신적인 조항들이 포함되어 있었다. 이러한 상황전개로 말미암아 자본가단체들은 이 시기 전체를 통해서 필사적인 로비에 매달리게 되었다.

먼저 한국경영자총협회 등 자본가단체들은 1988년 7월 초 야3당의 노동법개정 움직임이 가시화되자 이에 대한 자신의 입장을 정리하는 데 착수하였다. 몇 차례에 걸친 내부의 입장조율을 거쳐 1988년 8월 19일 발표된 대정부건의문에서는 노동법개정에 대한 자본가계급의 기본적인 포괄적 입장개진이 있었다.5) 노동법개정에 대한 경총 측의 첫 번째 공식대응에서 특징적이었던 것은 그것이 매우 강경하고 공세적인 것이었다는 점이다. 예를 들어 건의안에는 개정대상으로 주목받았던 악법조항에 대한 개정반대뿐만이 아니라, '노조의 부당노동행위제도 신설', '냉각기간 5일 연장', '변형근로시간제 부활' 등의 매우 공격적인 내용을 포함하고 있었다. 이와 같은 공세적 반응은 야당주도의 노동관계법개정 움직임에 대한 자본가계급의 불만과 불안감을 반영하고 있었다고 할 수 있다.

건의안의 내용과 상관없이 이 시기에 자본가단체들은 이미 자신의 입장을 정리하고 있었는데, 그것은 '노동조합법 및 노동쟁의조정법의 현행규정에는 문제가 없으므로 개정할 필요가 없고', '근로기준법에 정비할 몇 가지 조항이 있지만' 아직 개정시기가 아니라는 것으로 요약될 수 있다.6)

---

5) 최초의 노동관계법개정 관련대책회의는 1988년 7월 11일 경총에서 개최되었다. 이후 '노동법개정대책 경제 5단체장 간담회'(7월 13일), '국회노동위원회 위원 초청 오찬간담회'(8월 10일), 및 두 차례에 걸친 '노동법개정에 관한 회의'(8월 12일, 13일) 결과가 바로 '노동법재개정 움직임에 대한 경영계의견'이었다.

6) 1988년 8월 12일과 13일 열렸던 경총의 '노동법개정에 관한 회의'의 결론이다. 여기서 근기법의 개정사항은 물론 자본의 입장에서 유리한 법개정을 의미하며 이 작

한편 야당의 노동관계법개정 움직임이 본격화되어 감에 따라서 자본가단체 측의 입장표명 또한 분명해졌다. 야당들의 법개정안이 국회에 제출된 이후 경총은 이에 대한 반대의견으로 건의안 '야당 노동법개정(안)에 대한 경영계의견'(1988.12.8)을 내놓았는데, 여기에는 1987년 노동법의 핵심조항들을 유지하고자 하는 자본 측의 입장이 확연하게 드러나 있었다. 자본 측이 고수하고자 하였던 핵심조항은 '1기업 1노조원칙-복수노조금지조항', '정치활동 금지조항', '제3자 개입 금지조항', '직장폐쇄권조항', '임금채권우선변제조항', '근로시간현행규정' 등이었다.

이 중 특히 자본 측이 관심을 집중한 것은 소위 '1기업 1노조원칙의 고수'였다. 1987년 노동자대투쟁시기부터 경총은 기업별 노조체제유지를 가장 중요한 정책과제로 설정하고 정부에 이를 지속적으로 요구하였다.(<표 5-4> 참고) 경총은 1989년 1월 31일 '노동조합법 제3조 단서 5호에 관하여'라는 건의문을 제출하였는데, 경총이 노동조합법상의 일개 조항에 대해 건의문을 제출한 것은 매우 예외적인 일이었다. 그것은 그만큼 자본이 복수노조금지 및 기업별 노조체제유지를 강력히 원하고 있음을 보여주는 것이었다.[7]

업은 1990년 이후 본격화되었다. 한국경영자총협회(1988: 66).

7) '1기업 1노조체제' 유지원칙은 이미 1987년 노동자대투쟁과정에서부터 분명하게 나타났다. 자본 측의 이와 같은 복수노조금지조항 고수입장은 이후 노동법개정과정에서 국가가 근로기준법조항들을 자본의 요구대로 개정하고, 그 반대급부로서 복수노조체제를 인정하는 정책을 실행하지 못하도록 하는 중요한 요인이 된다.

〈표 5-4〉 자본가단체의 노동관계법개정에 대한 정책건의(1987-1992)

건의안 제목 및 일시	주 요 내 용
1. 헌법개정에 따른 노사제도 합리화에 관한 경영계의견(1987.7.10)	* 헌법상 단체행동권의 법률유보단서 유지, 3자 개입금지조항 및 기업별 노조체제유지
2. 헌법개정과 노사관계정립을 위한 경영계의견(1987.7.20)	* 1과 같음
3. 헌법개정에 관한 경영계의견 (1987.7.30)	* 1과 같음
4. 노동관계법개정에 관한 경영계의견 (1987.9.4)	* 무노동 무임금조항 신설, 1기업 1노조체제 명시, 3자개입금지조항 유지
5. 노동관계법개정에 관한 경영계의견 (1987.9.16)	* 4와 같음
6. 노동조합법시행령개정에 대한 의견 (1987.11.30)	* 1기업 1노조체제 견지, 단체교섭의 정당한 기피를 위한 사유조항 명시
7. 노동관계법시행령개정에 관한 의견 (1987.12.21)	* '해고효력을 다투는 자'의 해석 및 운용에 탄력성 부여, 무노동 무임금규정 신설
8. 노동법 권위회복과 노사자율교섭풍토를 위한 경영계의견(1988.6.22)	* 무노동 무임금 원칙 확립, 긴급조정권 발동, 불법쟁의에 대한 민형사상책임 추궁, 노조 대표성문제 해결, 노조 측 부당노동행위제도 신설 요구 등.
9. 노동법재개정 움직임에 대한 경영계의견(1988.8.19)	* 1기업 1노조체제, 3자개입금지, 단체교섭 한계 인정, 냉각기간 연장, 노조 측 부당노동행위 신설, 변형근로시간제 도입 등 요구
10. 야당의 노동법개정안에 대한 경영계의견(1988.12.8)	* 1기업 1노조체제, 3자개입금지, 정치활동금지, 직장폐쇄, 근로시간에 관한 현행규정 유지 요구 및 무노동 무임금제도 신설 요구
11. 노동조합법 제3조 단서 5호에 관하여 (1989.1.31)	* 1기업 1노조원칙 고수 요구
12. 노동법개정에 대한 의견(1989.2.21)	* 휴업수당(평균임금의 67%), 근로시간단축 (주 46시간) 등의 양보안 제시
13. 근로기준법개정에 대한 경영계의견 (1990.7.13)	* 해고 예고기간 연장 불가 등 노총개정안 반박
14. 국제경쟁력강화와 인력난 해소를 위한 노동정책건의(1991.10.4)	* 파트타임제, 변형근로시간제 도입, 중소기업 주 46시간 노동제 요구
15. 노동법개정에 관한 경영계의견 (1992.5.27)	* 변형근로시간제 도입, 월차휴가제 폐지, 연장 야간 휴일근로에 대한 가산임금 인하(25%) 등 근로기준 완화 요구

자료: 한국경영자총협회(1988, 1989a, 1989b, 1990, 1991, 1992)
　　　전국경제단체협의회(1990, 1991, 1992).

또 이 문제에 관한 자본의 저항의 강도는 1988년 10월 당시 전경련 회장이었던 구자경의 '정치자금선별 지급' 발언 사태에서도 잘 나타났다. 구회장은 복수노조를 인정하는 법개정안을 제출하였던 평민당에 대해 정치자금을 지급하지 않을 것임을 분명히 밝혔다. 이는 대재벌 총수이자 재벌기업들의 대표자가 제도권정치과정에 개입하여 특정 정당을 강력하게 비판하였다는 점에서 상당한 주목을 받기도 하였다. 결국 이후의 야3당합의 개정안에는 복수노조금지조항이 빠지게 되었는데, 그것은 재벌의 압력을 야당이 수용하지 않을 수 없었던 결과라고 해석할 수 있다.[8] 이와 같이 야당의 개정법조항은 재벌을 중심으로 한 자본가계급의 강력한 저항으로 말미암아 핵심적 조항들이 거의 형해화되기에 이르렀다.

한편 국가는 1988년 전 기간 동안 야당 중심의 노동법개정 움직임에 대해 효과적인 대응을 할 수 없었다. 그것은 보다 시급한 정치적 사안이 있었기 때문이기도 하였지만, 근본적으로는 여소야대의 정치적 구조 자체가 유효한 대응을 불가능하게 하였기 때문이었다. 정부와 여당은 야당의 법개정 움직임에 반대하는 입장을 표명하기도 하였으나, 법안의 상정, 의결과정에서는 다수 야당에 대해 속수무책이었다. 정부의 반대는 개정조항의 강도를 완화시키는 데 머무를 수밖에 없었다.

결국 대통령은 노동조합법과 노동쟁의조정법 등 두 개의 개정법률안에 대해 국회가 재심의할 것을 요구함으로써 거부권을 행사하였다.[9] 이후 14대 국회의 임기 내에 재심의가 이루어지지 않았고, 이 두 법안은 자동폐기되는 것으로 처리되었다. 대통령의 거부권행사는

---

8) 길진현, "전경련과 정치자금", 『월간 옵서버』 1990년 3월호와 이주명, "극우체제의 군수사령부 전경련", 월간 『말』 1989년 11월호 참고.

9) 거부권행사에서 공식적으로 재심의를 요구한 조항은 노동조합법안의 공무원에 대한 노동권 인정조항, 노동쟁의조정법 중 방위산업체 쟁의허용조항 등이었다. 국회사무처(1992b) 참고.

1988년 연말부터 강화되어온 노동통제정책의 맥락에서 충분히 예견되는 일이었다. 그리고 보다 본질적으로는 재벌을 중심으로 한 독점 대자본의 이해를 충실히 대변하고 있었던 국가가 재벌의 이익을 결정적으로 침해할 가능성이 있는 노동법개정을 용인한다는 것은 구조적으로 불가능한 것이었다고 할 수 있을 것이다. 따라서 핵심적인 노동관계법의 하나인 근로기준법개정안에 대해서 정부가 '거부권'을 행사하지 않은 것은 보다 충분히 설명할 필요가 있다.

<표 5-5>에서 보면 개정된 근로기준법은 야당의 시안보다 완화되었음에도 불구하고 상당한 정도 전향적으로 개선된 내용을 담고 있었다. 경과조치를 포함하고 있기는 하였지만 주당 근로시간이 48시간에서 44시간으로 축소되었고, 휴업수당 등 법정 임금기준이 상향 조정되었다. 그리고 임금채권우선변제 사항으로 3개월분의 임금뿐만이 아니라 퇴직금과 재해보상금 전액이 포함되도록 하였다. 이들 조항들은 모두 직접적인 경제적 손실과 비용증가의 부담을 안겨주는 것이었을 뿐만 아니라, 자본가단체들의 기존입장과도 크게 상치되는 것이었다.

정부가 근로기준법개정안에 대해 거부권을 행사하지 않은 이유로는 먼저 다른 두 개의 법안에 대해 거부권을 행사한 것에 대한 반대급부로서의 성격을 들 수 있다. 비록 1988년 연말부터 노정권이 노동통제정책의 방향을 급선회시키기는 하였지만 개정노동관계법이 국회를 통과한 1989년 3월의 시점에서 지배블록은 여전히 정국의 주도권을 완전히 장악하고 있지 못하였다. 따라서 그들은 거부권행사에 따른 정치적 저항을 염두에 두지 않을 수 없었으며, 3월 이후 강화되고 있었던 노동통제에 대한 정당성을 확보할 필요가 있었던 것이다.

한편 근로기준법개정을 허용하는 노정권의 정책결정방향은 이미 자본가단체들과 사전에 협의가 있었던 것으로 추측된다. 경총이 야3

당의 노동법개정 움직임에 대해 최종적으로 제출한 건의안 '최근의 노동법개정에 대한 의견'(1989.2.21)을 보면 자본가계급은 집단적 노사관계법조항에 대해서는 철저히 개정반대의 입장을 고수한 반면, 근로기준법에 대해서는 매우 신축적인 입장을 취하였다. 건의안의 근로기준법조항은 휴업수당 및 주당 기준근로시간 두 가지로서, 경총은 가능한 한 현행규정을 유지하는 것을 원칙으로 하되 '불가피하다면' 개정할 수도 있다고(평균임금의 67%의 휴업수당 및 주당 근로시간 46시간으로의 개정) 함으로써 기존입장을 크게 후퇴시켰다.

근로기준법개정과정의 이와 같은 정치적 성격은 당시 6공국가의 정책결정과정에서의 '전략적 선택성'을 잘 보여주는 좋은 실례가 된다. 비록 6공국가는 그 계급적 성격이 분명한 독점자본의 국가이기는 하였지만, 계급투쟁의 구체적 정세 속에서는 그것의 도구적 자율성을 충분히 발휘하였던 것이다. 근로기준법의 개정은 그것이 개별적 노사관계를 다루는 법률이라는 점에서 자본가계급의 단기적인 경제적 이해를 제약할 것이기는 하지만, 그 장기적 경제적 이해나 장단기적 정치적 이해를 보장하게 되어 자본의 구조적 이해와 반대되지 않는 것이었다. 그러므로 이 시기 국가의 정책결정을 가름한 핵심적인 요인은 당시까지 여전히 유지되고 있었던 여소야대의 정치구조였다고 할 수 있다.

〈표 5-5〉 1989년 근로기준법 개정에 대한 각 세력들의 입장

1987년 개정법률안	평민당 안	민주당 안	공화당 안	야3당 개정시안	국회의결안	경총 개정안	노총 개정안
1. 근로자·귀책사유 해고조항, 3개월 임금체권 우선변제	1. 귀책사유 법률명시 퇴직금 체불최초상승 6개월 임금체권 범위 확대	1. 부당해고구제조항, 해고예고제 신설	1. 귀책사유 법률명시 퇴직금 체불최초상승 6개월분 임금체권 우선 변제	1. 근로자귀책사유 법률에 명시 해고보상금	1. 야3당안과 동일, 해고구제조항 신설	1. -	1. -
2. 퇴직금 임금체권 우선변제	2. 퇴직금 체불최초상승 6개월 임금체권 범위 확대	2. 임금체권 우선변제 범위 확대	2. 퇴직금 체불최초상승 6개월분 임금체권 우선 변제	2. 퇴직금 체불최초상승 6개월분 임금체권 우선변제	2. 퇴직금 체불최초상승 3개월분 임금체권 우선 변제	2. 현행 유지	2. 퇴직금전에 6개월분 임금체권 우선변제
3. 근로시간 주48시간 연장근로 주12시간	3. 주44시간 연장 근로 주12시간 (본인동의)	3. 주44시간 근로 노동부 장관 본인 동의	3. 주44시간 연장근로 주 16시간	3. 주44시간 연장 근로 주11시간	3. 주44시간 연장 근로 주11시간	3. 주48시간, 46시간까지 허용	3. 주44시간 연장근로 1일 2시간 주10시간
4. 근기법 적용범위	4. 5인이상 확대적용	4. 5인이상 확대적용	4. -	4. 주44시간 연장 근로 주11시간	4. 야3당안과 동일	4. -	4. 5인이상 전면적용
5. -	5. 사용자 제3자 블랙리스트작성 금지	5. 블랙리스트 작성 금지	5. 블랙리스트 작성 금지	5. 5인이상 확대적용	5. 야3당안과 동일	5. -	5. -
6. 사용자귀책 휴업 수당 평균임금의 60%	6. 통상임금기준지급	6. 통상임금기준지급	6. 평균임금의 80%	6. 사용자 제3자 블랙리스트 작성금지	6. 평균임금의 70%	6. 현행유지, 평균임금	6. 평균임금의 80%
7. 유해위험작업 근로시간 (주36 연장12)	7. 시간제한, 임율 이출평균지 포함	7. 이출평균지 포함	7. 시간제한, 임율 개산지 포함	7. 통상임금 기준지급	7. 주34시간으로 단축 임율개산 포함	7. 67%까지 허용	7. 연장근로시간에 대한 임율개산 포함
8. 연차금휴가 (만도 8일, 9할 근로 3일)	8. 연차금 포함 월차금 유급근로 10일, 8할근로 6일	8. 연차금 포함 만근 10일 9할근로 8일	8. 만근10일 9할근로 8일	8. 연장근로 임율개산 포함 만근10일 9할근로 8일	8. 야3당안과 동일	8. 현행 유지 유급휴일	8. 9할이상 12일 7할 근로 8일
9. 여자연소자의 근로 (노동부 장관 인가)	9. 야간·휴일근로자 본인동의	9. -	9. -	9. 청구에 관계없이 부여	9. 야3당안과 동일	9. -	9. 근로자동의
10. 생리휴가요건 (청구시 부여)	10. 청구에 관계없이 부여	10. 자동적 부여	10. 청구에 관계없이 부여	10. 야3당안과 동일	10. -	10. -	10. 청구에 관계없이 부여
	* 취업규칙작성 5인이상 사업장 의무화 * 근로자에 불리한 취업규칙변경시 과반수노동조합신설 벌금의 현실화	* 취업규칙작성 임시근로자 3개월 후 상시근로자채용 계약당자불조합 신설 (년당 평균 임금의 50% 이상) * 근로자에 불리한 취업규칙변경시 과반수노동조합신설	* 청구에 관계없이 부여 * 근로자에 불리한 취업규칙변경시 과반수노동조합신설		* 벌금의 현실화 * 근로시간(경과조치): 300인 미만 사업장 중 노동장관 지정 업종 91년 9월까지 그 외 사업장 90년 9월까지 주 46시간	* 휴일·야간연장 근로 가산임금 50%에서 25%로 인하 * 변형노동시간제 부활 * 계약보상금 반대 * 해고예고기간 현행 30일 유지	* 해고예고기간 연장 (30일에서 90일로) * 임시근로자 3개월후 상시근로자채용 * 퇴직연금 보상금조합 신설 (평균 임금 50%×12) * 주휴 1.5일로 연장 모든 유경일 공휴일 유급휴일 처리

자료: 〈표 5-2〉와 같음.

마지막으로 1989년 3월 29일의 근로기준법개정은 그것이 해당 시기의 정치적 세력관계를 반영한 국가의 적절한 정책결정이었음에도 불구하고, 이후 노정권의 노동정책을 상당히 제약하는 하나의 요인이 되었다. 즉 정치적 위기국면에서 허용한 법개정으로 말미암아 이후 자본가계급은 국가에 대해 확대된 경제적 부담을 줄여줄 것과 근로기준법조항의 개정을 지속적으로 요구하였던 것이다.[10] 미시적으로 본다면 1990년 상반기 이래의 자본가계급과 국가주도의 노동법개정시도들은 모두 1989년 개정된 근기법조항들을 개정하고자 하는 시도들이었다.

2) 1990년 상반기 상공부의 노동관계법개정시도

1990년 3월 29일 언론에 자료가 유출되어 그 내막의 일부분이 공개된 상공부의 노동관계법개정시도는 6공화국 노동정책의 단면을 보여주는 매우 중요한 사건이었다. 그것은 두 가지 점에서 그러하였는데, 그 하나는 노동관계법개정작업이라는 중요한 정책사안이 입안, 결정되는 과정이 부분적으로나마 공개되었다는 점이었고, 다른 하나는 국가와 자본가단체가 준비한 노동관계법개정의 전체 윤곽이 이 문건에서 포괄적으로 드러났다는 점이었다.

상공부의 노동관계법개정작업은 국가가 1990년 상반기 시점에서부터 노동법개정작업에 본격적으로 착수하였음을 입증하였다. 이는 1989년과 1990년 상반기의 노동통제강화를 통해서 개발되었던 여러

---

10) 예를 들어 자본 측은 근로기준법개정 이후 채 두 달이 지나기도 전에 개정된 근로기준법조항(제38조; 사용자귀책사유 휴업수당 평균임금의 70% 조항)에 대한 불만을 표출하였고, 법개정을 요구하기 시작하였다. (한국경영자총협회, "노사분규에 따른 기업경영 애로요인 및 해소책", 1989.5.23을 참고)

가지 통제수단들을 법제화하기 위한 내부작업으로서의 성격을 갖는
다. 그리고 장기적인 관점에서 그것은 1987년 이후 매우 유동적인
상태로 있었던 노동정치를 재구조화하는 작업이 시작되었음을 의미
한다.

먼저 구체적인 정책입안, 검토과정을 보면 상공부는 3월 말 '노동
관계법의 검토'라는 대외비문서를 비밀리에 작성하였고, 이를 전국경
제인연합회, 한국경영자총협회, 무역협회, 중소기업협동조합중앙회
등의 경제단체에 배포하였다. 그리고 27일에 상공부의 실무진들은
이들 단체의 실무진들과 비밀리에 회동하여 대외비문서를 검토하고,
노동관계법개정방향에 대해 토론하였다.

우연히 이 사실이 언론에 공개되고 전노협을 비롯한 노동단체들의
거센 반발이 시작되자[11] 상공부는 검토자료에 불과한 것이라면서 서
둘러 사태를 진정시키고자 하였다. 그러나 상공부의 개정검토안이
단순한 안에 불과한 것이든 개정시도를 전제로 한 것이었든 간에,[12]
그것은 1990년 이후 강화된 노동통제정책과 노동정세 속에서 노동법
개정작업이 실제로 진행되는 과정의 일부를 명확히 보여주었다. 정
부 내에서 자본 측의 일상적인 요구를 수렴하고 접하는 상공부는 자
본의 요구들을 수집하고 정리하여 이를 하나의 보고서로 작성하였
다. 그리고 이를 토대로 하여 비밀리에 자본가단체들과 함께 노동법
개정안을 체계적으로 검토하였던 것이다.

---

11) 전노협, 한국노총, 한국여성노동자회를 비롯한 5개 여성노동단체 등이 성명을 발표
  하였으며, 전국목회자정의평화실천협의회 소속 목회자 40여 명은 '노동법개악반대
  와 노동운동탄압저지를 위한 단식기도회'에 들어가기도 하였다. 공영운, "노동자 탄
  압에 앞장선 상공부", 월간 『말』 1990년 5월호 참고.
12) '노동관계법의 검토'자료가 유출되기 직전에 보도되었던 상공부 장관의 일련의 행적
  은 이 작업이 단순한 검토작업이 아니었음을 간접적으로 보여준다. 3월 24일 상공
  부 장관은 구로공단업체대표들과 간담회를 가졌고, 이 자리에서 기업주들은 노동법
  개정을 촉구하였다. 그리고 26일에도 중소기업협동조합 회원사업주들은 상공부 장
  관과의 간담회에서 휴일축소, 근로시간연장 등을 요구하였다.

반면에 국가는 또 하나의 주체였던 노동 측에 대해서는 전노협은 물론 노총까지도 완전히 개정과정에서 배제하였다. 더욱이 상공부의 법개정검토작업에 대해서 노동부의 실무진조차 그 내용을 모르고 있었음이 밝혀진 것은 놀라운 일이었다.[13] 정부 내의 주무부처였던 노동부는 핵심적인 노동정책사안에 대해서는 거의 정책 수립 기능을 수행하지 못하였고, 완전히 소외되고 있었던 것이다.

다음으로 상공부의 검토안의 내용을 살펴보면 그것은 법개정의 필요성으로부터 그 구체적 조항에 이르기까지 자본가단체의 입장을 전면적으로 받아들이고 있다는 점이 특징적이었다. 개정검토안은 그 내용이 자본 측 위주의 일방적인 것인 만큼 매우 비현실적인 안이었다.[14] 따라서 그것은 관련 부처와의 협의, 검토과정을 거쳐 상급의 권력기관이 정치적 판단을 하기 위한 일종의 기초자료였다고 할 수 있었다. 그리고 상공부개정안은 국가의 노동법개정안이라기보다는 자본가계급 측의 노동법개정에 관한 '최대안'이었던 것으로 보인다.

상공부의 자료는 당시의 경제위기가 부실한 노동법에 기인한 노사대립 때문이라고 진단하고, '노동관계법의 재정비를 통해 산업평화의 정착을 시급히 이룩해야'한다고 규정하였다. 이와 같이 1990년의 노동관계법개정시도는 원활한 자본축적이라는 경제적 요구에 기초한 것이었다. 그것은 <표 5-6>의 각 조항의 개정필요성에서보다 분명히 나타난다.

예를 들면 근로기준법의 경우 현행 근로기준법이 '선진국에 비해서도 지나치게 높은 수준'이라는 인식의 기조가 엿보인다. 이것은 1987년 이래 변화된 노자역학관계에 따라 5공화국까지 전혀 근로기준으로서 작동하지 못하던 근로기준법이 노사관계를 규정하는 중요

---

13) 국회사무처(1990) 참고.
14) 노동부관계자도 이를 매우 비현실적인 것이라고 평가하였다. 한겨레신문 1990년 4월 6일자 참고.

한 기준으로 등장하였고, 이에 대한 자본의 공세적인 대응 및 새로운 법체제 정비의 필요성을 자본 측에서 명확히 요구하고 있음을 의미하였다. 또 집단적 노사관계법의 경우에는 기존의 법체제에 포함된 모호한 부분들이나 새로운 통제수단들의 법제화의 필요성이 분명하게 인식되고 있었던 것이다. 이들 각각을 구체적으로 살펴보기로 하자.

먼저 근로기준법조항들을 보면 개정안은 1989년 3월의 개정근로기준법의 개정사항들을 원상회복시키는 것은 물론, 이를 1987년 개정법보다 더 후퇴시키는 안을 제시하였다. 그 대표적인 것으로는 '최종 3개월분의 임금채권우선변제조항의 삭제', '변형근로시간제의 부활' 등으로 이는 5공화국 권위주의체제의 노동법을 복원하는 것을 의미하였다. 그리고 '연장휴일 야간근로에 대한 가산임금의 하향조정'이나 '월차휴가제의 폐지', '여성근로자의 야간작업 및 시간외근무 제한규정 삭제' 등은 5공화국의 근로기준보다도 더 후퇴하는 것이기도 하였다. 그러나 역설적이게도 이와 같은 5공회귀 현상은 5공하에서 전혀 근로기준으로 작동치 못하였던 근로기준법이 6공화국에 들어와 노자 간에 새로운 쟁점으로 부각되었고, 이에 대해서 자본가계급이 본격적으로 대응하고 있음을 보여주었다.

다음으로 집단적 노사관계를 다루는 노동조합법과 노동쟁의조정법 조항들의 개정시안은 노동조합의 정상적 활동을 거의 불가능하게 하는 수준으로 작성되었다. 여기서 특히 주목할 것은 1989년 하반기와 1990년 상반기의 강화된 노동통제정책에서 핵심적인 통제기제로서 사용되었던 '무노동 무임금 원칙', '경영권·인사권 수호지침' 등을 법제화하고자 하였던 점이다. 그리고 신설 조항으로 제시된 '노동조합의 부당노동행위제도', '노조의 단체교섭권 제한', '파업목적의 정당성 조항 신설' 등도 역시 이 기간 동안 국가와 자본이 실질적인 통제수단으로 사용하였던 것을 입법화하고자 하였다는 점에서 새로

운 통제수단들의 법제화시도라고 할 수 있을 것이다. 반면에 '단체
교섭사항의 한계설정', '단체교섭권자에 대한 타결권 및 협약체결권
부여' 등은 1987년 개정노동법의 법조항이 불완전하여 통제효과를
발휘하지 못하거나, 노자 간에 법적인 쟁점으로 부각되는 것을 방지
하기 위해 검토된 조항들이었다.

〈표 5-5〉 1990년 상공부 노동법개정시안의 주요 내용

법률명		개정내용	개정필요성
근로기준법	신설	-근로자 퇴직 예고제도 도입	-퇴직 30일 전에 예고 -사용자의 해고예고제와 형평을 기하기 위함
	신설	-성과배분적 특별보상금을 퇴직금 산정기준 평균임금에서 제외	-특별상여금이 각종 추가부담 발생을 초래하여 기업주 부담가중
	30조2	-최종 3개월분의 임금채권우선변제 규정 삭제	-중소기업의 담보평가에 불리한 영향을 미침
	38조	-휴업시 임금지불액의 감액(평균임금의 70%에서 통상임금의 60%로)	-경영상태가 좋지 못한 기업에는 과중한 부담임
	42조	-근로시간을 주 44시간에서 46시간으로 연장	-현 44시간은 선진국에 비해 지나치게 앞섬(서독-48시간)
	42조	-변형근로시간제 부활	
	46조	-연장휴일 야간근로에 대한 가산임금을 50%에서 25%로 하향조정	-50% 가산 임금규정의 저임금 보완 역할은 최저임금제 실시로 목적 상실
	47조	-월차휴가제 폐지	-최근 근로시간단축과 유급휴일증가
	56-57조	-여성근로자의 야간작업 및 시간외근무 제한규정 삭제	-남녀고용평등법 제정으로 여성근로자에 대한 시각 '보호'에서 '평등'으로 변화
노동조합법	신설	-노조의 부당노동행위제도 신설	-규제할 사항: *노조가입 강요 *정당한 이유 없는 단체교섭거부 *폭력을 사용한 피키팅 및 파업참가 유도 *파업기간 중 임금지급 강요 *노조의 사업장 불법강점
	신설	-단체교섭은 근로자의 과반수지지를 받는 노조에 한해 인정	-과반수의 지지를 얻지 못한 노조는 대표성이 문제되어 협약의 효력이 의문시됨
	신설	-단체교섭사항의 한계설정 및 교섭사항 구체화	-단체교섭은 근로조건개선사항에 한정 -경영권 인사권은 교섭대상에서 제외

법률명		개 정 내 용	개 정 필 요 성
노동조합법	5조	-사용자정의의 구체화	-경리 경비 비서직 제외
	23조	-노조임원 자격제한(근속3년)	-신규입사자의 과격한 노조운영 및 위장취업자의 노조장악 방지
	24조	-조합비 상한 규정 삭제	
	33조	-교섭권자에 타결권 협약체결권 부여	-최근 단체교섭 합의사항이 조합원 총회에서 번복되어 물의 제기
	35조	-단체교섭 임금교섭 시기의 통일	
노동쟁의조정법	신 설	-무노동 무임금 원칙의 명시	-원칙 명문화로 마찰요인축소
	신 설	-파업목적의 정당성조항 신설	-노동위원회에 쟁의행위정당성 판단권 부여 및 직권에 의한 쟁의행위 중지 명령권 부여 -노노분쟁의 노사분쟁화, 동정파업 금지 및 위반자 처벌 -단체협약의 해석을 이유로 한 파업 금지
	신 설	-단체협약 전치주의	
	12조	-파업요건의 강화(조합원의 과반수찬성에서 3/4이상으로)	-파업은 최후수단으로 최소화 필요
	15조	-파업기간 중 사용자의 고용권한 인정	-파업이라는 긴급사태에 대한 사용자의 대응책 필요
	16조	-쟁의발생신고 시 적격여부 심사	-쟁의발생신고 시 단체교섭 추진상황을 검토하여 선별수리
	17조	-사용자의 직장폐쇄권 명문화	

자료: 상공부, "노동관계법의 검토", 1990.3.

    집단적 노사관계 관련법개정시안은 그것이 실질적으로 노동조합의
쟁의활동을 불가능하게 하는 것이란 점에서 권위주의하의 노동법체제
와 질적으로 다를 바가 없는 것이었다. 그러나 1990년 상공부개정안에
서 두드러지는 특징 중의 하나는 그것이 노동조합설립이나 형식적인
존재자체를 부인하는 것은 아니었으며, 노동조합의 일상활동 중 쟁의
활동을 봉쇄하는 데 초점이 맞추어져 있었다는 점이었다. 5공화국의
노동법이 노동조합의 설립 자체를 봉쇄하고, 일상활동 전체를 무력화
시킨 것과 비교해 본다면 이는 상당한 차이라고 볼 수 있을 것이다.

3) 1991년 노동부의 노동법개정시도

노정권의 노동관계법개정시도는 1991년 들어서 보다 본격적으로 진행되었다. 1990년 상반기의 상공부개정안 검토가 대외적으로 공개된 이후 잠시 동안 소강상태를 보였던 노동법개정작업은 1990년 11월 16일 노동부 장관의 노동법개정 발언으로 다시 가시화되기 시작하였다. 이후 노동운동 측의 반대 등 여러 가지 요인으로 법개정은 철회되었지만 이런 움직임은 정부가 노동법개정작업을 비밀리에 추진하고 있음을 암시했다.[15)]

<표 5-6> 1991년 노동부의 노동법개정안

법 안		1987년 개정 법조문	1991년 노동부개정안
근로기준법	40조	-신 설	-총액임금제의 법적 근거 마련 (사용자의 사업장별 임금대장 작성 의무화)
	42조5	-신 설	-격주휴무제 법적 근거 마련, 초과근무에 대한 가산금 폐지 (변형근로시간제 부분 인정)
	46조	-유해 위험작업 연장근로의 50% 가산금 지급	-유해 위험작업 연장근로의 가산금 지급 폐지
	49조	-신 설	-기준근로시간의 7할 미만 근로자 시간제 근로자로 규정, 유급휴일 월차유급휴가 연차유급휴가 생리휴가 산전산후휴가 불인정
노동조합법	3조4	-해고효력을 다투는 자의 근로자지위 인정	-삭 제
	12조	-노동조합의 정치활동금지	-삭 제
	19조2	-조합임원의 선출	-결선투표제 인정
	24조	-조합비상한선(임금의 2/100)	-규약규정사항으로 완화
	27조	-총회 대의원회 15일 전 공고	-7일 전으로 완화

15) 최영철 노동부 장관은 경총주최 모임에서 현행 노동법이 '노동자보호에 있어 선진국수준'임에도 제대로 지켜지지 않으며, '법원의 해석상의 혼란을 야기'하는 문제를 안고 있다고 법개정필요성을 밝혔다.(조선일보, 1990.11.17) 그리고 여당은 1991년 1월 말 야당과 협상소위원회를 열어 노동관계법개정안을 구체적으로 협상하기도 하였다.(주간노동자신문, 1991.2.1)

법 안		1987년 개정 법조문	1991년 노동부개정안
노동조합법	33조1	-노동조합대표자의 단체협약체결에 관한 교섭권 부여	-교섭권을 체결권으로 변경
	35조 1,2항	-임금협약기간 1년, 기타 협약의 경우 2년 상한 규정	-단체협약 유효기간의 상한을 3년으로 변경, 임금협약기간 명시 않음
쟁의조정법	12조3	-쟁의행위 장소제한	-삭 제

자료: 노동부, "노사관계의 새로운 지평을 열어야 한다", 1991.9.17.

이와 같이 부분적으로 흘러나오던 노동법개정방침은 새 노동부 장관이 취임하였던 1990년 연말을 기점으로 하여 다시 본격적으로 추진되었다. 1991년 봄과 여름 동안 비밀리에 이루어진 작업의 내용은 9월 17일 노동부 장관이 노총 의장단, 산별 노조 위원장과의 간담회에서 이를 밝힘으로써 공개되었다.[16]

먼저 개정시안의 내용을 보면 정부의 법개정 범위는 근로기준법과 노동조합법, 노동쟁의조정법 등 노동관계법 전체에 걸쳐있었지만, 개정대상 조항이 10개 내외로 그리 많지 않은 것이 특징적이었다. 더욱이 국가와 자본의 의도에 의한 법개정의 반대급부로 노동 측을 의식하고 끼워 넣은 '조합비 상한 삭제', '쟁의장소 제한 조항 삭제', '정치활동 금지조항 삭제' 등의 조항들과 '임원선출 결선투표제', '총회공고일 단축'과 같은 비중이 크지 않은 조항들을 제외한다면, 실제로 노사관계에 영향을 크게 미치는 법조문은 소수에 불과하였다.[17] 그러므로 노동부 장관이 주도한 1991년 하반기 노동법개정작

---

16) 이 간담회에서 최병렬 노동부 장관이 정부의 개정안을 구체적으로 공개한 것은 아니었다. 여기서는 개정의 배경과 방향만이 언급되었을 뿐이었다. 구체적인 개정안의 내용은 국회에 개정안이 제출될 시점이었던 9월 말에 와서 공개되었다.

17) '조합비 상한 삭제'의 의도는 국가와 자본이 신종 통제수단의 핵심적 장치로서 제도화하고 있었던 무노동 무임금 원칙을 보완한다는 의미를 가지고 있었다. 그리고 '쟁의장소제한'이나 '정치활동 금지조항'의 폐지방침은 노동관계법 이외의 기타 형법이나 선거법으로 동일한 통제효과를 낼 수 있다는 점에서 실제로는 큰 의미를 갖지 못하였다.

업의 핵심은 '총액제 법적 근거 마련', '시간제 근로자 규정 신설', '토요일 격주휴무제 및 이를 위한 변형근로시간제의 부분적 도입' 등의 근로기준법조항들과 '해고효력을 다투는 자의 근로자지위조항 삭제', '노조대표자의 단체교섭 체결권 부여', '단체협약 유효기간 연장' 등의 노동조합법조항들이었다.

이들 조항들의 성격을 분석해보면 먼저 노동조합법 중 '해고자지위'조항과 '대표자의 체결권'조항은 1987년 이래 노사관계에서 줄곧 쟁점으로 부각되어 온 사안들이었다. 그러므로 그것은 노동통제의 관점에서 기존 법조항에 내재했던 약점을 보완하거나 강화하고자 하는 의도를 담고 있었다. 1987년 이래의 노동쟁의과정에서 이 조항들은 노동조합에 상대적으로 유리하게 작용하였거나, 그 내용이 모호하게 규정됨으로써 사법적 쟁점들로서 부각되었고, 결과적으로 통제의 효율성을 크게 잠식하였기 때문이었다. 그리고 단협유효기간 연장조항은 단체교섭과 그 결렬에 따른 쟁의를 제도적으로 감소시켜 자본의 비용을 줄이는 핵심수단으로 고안된 것이었다. 결국 노동조합활동이나 노동쟁의를 통제하는 집단적 노사관계에서 국가는 현행법의 기조를 유지하면서, 이를 부분적으로 보완하고자 하였다.

그러나 1991년 법개정시도에서 국가와 자본의 핵심적 관심사항은 노동조합법조항이 아니라 근로기준법조항들이었다. 먼저 1989년 이래 지속적으로 강화되어온 국가의 통제강화로 인해서 노동조합운동은 상대적으로 침체되어 있었기 때문에 근로기준법 이외의 노동법조항의 보완이 그리 시급하지 않았다. 그리고 이들 조항들이 사법적 판결 등으로 노동통제효과를 잠식하였을 경우에도, 국가는 행정적 조치들을 통해서 통제의 고삐를 계속 장악할 수 있었기 때문이었다.

반면에 근로기준법조항들 세 가지는 모두 새로이 도입되는 제도라는 특징을 갖고 있었다. 그것은 일차적으로 임금비용을 줄이고 노동력수급을 원활히 하는 등 자본의 단기적인 경제적 이해를 직접적으로 대변한 것이었다. 그러나 장기적인 관점에서 보면 노동조합운동의 통제를 직접적인 목적으로 하거나 단기적인 경제적 이해만을 노린 것이 아니라, 축적구조의 변동에 따른 경제구조적 상황변화에 대응하는 것이기도 하였다.

먼저 총액임금제는 임금통제라는 단기적 목적 이외에도 장기적으로 임금체계를 연공제로부터 성과급제로 재편하기 위한 중요한 계기로서 구상되었다. 그리고 시간제 근로자제도의 도입과 토요일 격주 휴무제와 같은 변형근로시간제의 도입은 기업의 임금비용을 줄이는 단기적 효과보다는 산업구조재편에 따른 노동력수급체제를 전면적으로 재조정하는 수단으로 상정되었던 것이다.

이와 같이 1991년의 근기법개정시도는 보다 거시적인 맥락에서 파악되어야만 한다. 즉 그것은 1987년 이래 노동조합운동의 활성화에 의해 잠식된 자본의 단기적인 경제적 이해를 다시금 복원하고, 나아가 한국자본주의의 변화된 경제구조적 조건에 부응하는 노사관계체제를 도입한다는 의미를 갖고 있었다. 자본은 1989년부터 시작된 경제적 불황을 노동쟁의와 연결시켜 그 비용을 노동부문에 전가하려는 전략을 끊임없이 추구하였으며, 1989년 상반기 이래 국가 또한 산업구조조정의 비용을 노동에 전가하는 경제구조재편전략을 본격화하였기 때문에 양자의 이해는 전면적으로 일치하였다. 그리고 국가와 자본의 이 같은 전략방침이 노동법개정으로 표면화될 수 있었던 배경이 1989년 상반기 이래 국가의 강력한 노동통제였던 것은 물론이다.

1991년 법개정에서 근기법조항이 차지하는 비중은 법개정 추진의 구체적인 과정에서도 명백히 드러났다. 노동부 장관은 1991년 노동법개정이 '국제경쟁력의 강화'를 위한 '기존 노동정책기조의 일대 전환'을 의미하는 것이라고 주장하였다.[18)]

"1950-60년대 우리의 근로조건이 열악한 상태에서 노동관계법의 기조가 만들어졌기 때문에 노동관계법이 경쟁력 차원에서보다는 우리 근로자를 보호한다는 차원에서만 되어 있는 것이 사실입니다. 그러다 보니 지금 와서 노동현장의 실제와 우리 법이 잘 맞지 않는 부분이 상당히 많습니다. …… 세계는 지금 치열한 경제전쟁에서 낙오되지 않기 위해 국가경쟁력강화 차원의 노동정책 접근을 모색하고 있는 것이 사실입니다. 우리도 이제는 노사관계제도를 재검토할 시점이 되었다고 봅니다."

그리고 1991년 노동법개정은 이와 같은 거시적인 노사관계 재편의 일 단계 작업이라는 의미를 갖고 있었다. 노동부는 1991년 정기국회에서 다룰 위의 개정작업 이외에도 다음 단계로 노사관계제도 전반에 걸친 종합적인 개편작업을 준비하고 있다고 발표하였다. 두 번째 단계의 제도개편작업은 경제구조개편과 함께 당시 예정되어 있었던 한국의 국제노동기구(IlO)가입에 대비하여 노사관계제도를 전면적으로 재점검하는 것으로 되어 있었다.

한편 10월 중순 개정작업이 본격화되면서 노동 측이 강력히 저항하고, 국가기구 내부에서도 반대의견이 제시되면서 노동법개정의 관철은 매우 불투명한 상태로 접어들었다. 이런 상황에서도 노동부 장관은 근로기준법개정안 중 '총액임금제조항'만은 반드시 회기 내에 처리할 것이라고 국회질의에서 답변하였다.[19] 그리고 노동부 장관은 11월 8일 법개정 철회를 공식적으로 발표한 이후에도 가용한 행정적 수단을 모두 동원하여 '총액임금제'를 반드시 실시할 것이라고 말하기도 하였다.[20] 결국 1991년 노동관계법개정시도에서 핵심적인 부분

18) 노동부, "노사관계의 새로운 지평이 열려야 한다", 1991과 월간 『노사광장』, 1991년 11월 호(p.22)의 최병렬 노동부 장관 인터뷰 참고.
19) 월간 『노사광장』, 1991년 12월 호, p.103 및 서울신문 1991년 10월 26일자 참고.
20) 중앙일보, 1991년 11월 5일자 참고.

은 근로기준법조항, 그중에서도 임금체계개편과 연결된 '총액임금제'의 법제화였다고 할 수 있다.

한편 1991년 법개정과정에서는 자본가단체의 활동이 거의 드러나지 않았다는 점이 특징적이었다. 이는 1989년 법개정 당시 자본 측의 정책개입과 비교하면 크게 변화된 양상이었다. 노동법개정과 관련된 자본 측의 공식적 행사는 'IIO 가입 및 노동법개정에 대한 경영계의 대책'을 협의한 7월 12일의 경제단체협의회회장단회의, '고임금의 국제화 시대에 부응한 노동법개정대책'을 논의한 7월 26일의 경단협의 정책회의 등이 전부였다.

그러나 7월 12일의 회의내용은 '노동관계법개정은 정부의 주도하에 하도록 유도하고, 경영계는 이에 조력하는 방향으로 대책을 수립함이 좋을 듯'하다는 결론을 내리고 있는데, 이는 1991년 노동법개정작업에서 자본이 정부와 긴밀히 협조하고 있음을 반증하는 것이었다.21) 그리고 26일의 회의에서는 '국제경쟁력강화를 통한 국가경제발전을 가져올 수 있도록 다각적인 노동법관계법의 개정이 필요'하다는 정책적 결론을 내리는데, 이것은 노동부 장관의 개정배경 설명과 완전히 일치하는 것이었다.22)

다음으로 1991년 법개정시도가 자본의 이해를 전적으로 수용한 것이라는 사실은 자본의 노동법개정 관련대책이 법개정이 사실상 무산되고 난 다음에 보다 본격화되었다는 역설적인 사실에서도 확인되었다. 정부의 개정안 철회가 확정된 시점이었던 11월 7일 전국경제단체협의회는 '노동관계법개정대책회의'를 긴급히 열어 '현재까지의 노동법개정과 관련된 활동을 검토하고, 업계의 의견을 수렴하여 법

---

21) 노동법개정과정에서의 자본 측의 입장 및 정부개정방침에 대한 자본 측의 전적인 지지는 한국경총 회장 이동찬의 인터뷰를 볼 것.(월간 『노사광장』, 1991년 11월호: 주간노동자신문. 1991.11.8일자 참고)
22) 전국경제단체협의회(1991), 『사업보고서』 참고.

개정에 관한 종합대책'을 마련하기도 하였다. 법개정을 확신하였던
자본 측으로서는 노동부의 법개정 철회에 대해 민감하게 반응하지
않을 수 없었던 것으로 보인다. 결국 이는 역으로 최병렬 장관의 개
정안이 자본의 안이거나 적어도 자본의 이해를 대변하는 안임을 반
증하는 것이었다.23) 이 회의에서 자본 측은 '노동법개정을 위해 경
총, 경단협을 비롯한 경제단체들의 협력 촉구 및 국민적 홍보활동과
여론조성의 필요성'을 강조하고, '개정을 위한 실무위원회 구성을 결
의'하였다.24) 이와 같이 뒤늦은 자본 측의 '정부주도 유도'방침과
'국민적 홍보활동 여론조성'방침은 사실상 1991년 개정과정에서 자
본이 담당하였던 역할이기도 하였다.

　특히 정부가 핵심적인 개정사항으로 끝까지 고집하였던 총액임금
제는 사실상 자본의 임금체계개편안이라고 할 수 있었다.25) 7월 9일

23) 최장관은 '노총이 총액임금제를 수용한다면 다른 개정조항은 모두 양보할 수 있다'
　고 발언하기도 하였다. 한편 11월 13일에는 민자당의 정책위원회의장을 초청하는
　경제단체협의회회장단회의가 개최되었다. 이 회의의 목적은 자본이 요구하였던 노
　동법개정이 불가능하였던 이유를 집권당 측이 설명하는 것이었다. 또 11월 28일
　에는 최병렬 장관이 경제단체 회장단과 회합하기도 하였다. 전국경제단체협의회
　(1991), 『사업보고서』 참고.
24) 회의에서는 정부의 9개 안 외에도 폭넓은 '경쟁력 제고'를 요구하기로 결정하기도
　하였다.
25) 총액임금제에 관한 자본 측의 이해는 다소 불분명한 점이 있었다. 그것은 총액임금
　제가 거꾸로 노사분쟁을 촉발하는 요인이 된다는 점에서 30대그룹 기조실장과 임
　금선도기업 대표들이 반대의사를 전달하기도 하였기 때문이었다.(중앙일보
　1991.11.29) 예를 들어 12월 3일과 6일 경단협에서는 '총액임금제에 관한 긴급
　대책 간담회'가 각각 30대그룹 기조실장 간담회와 중견기업간담회의 형태로 개최되
　었다. 여기서는 정부가 실시할 것을 천명한 총액제의 부작용을 자본 분파별로 검
　토하고, 이를 정부의 정책실시에 반영할 것을 요구하였다. 전국경제단체협의회
　(1991), 『사업보고서』 참고.
　　그러나 실시과정에서의 이 같은 에피소드에도 불구하고 총액임금제를 자본 측이
　반대한 것으로 해석할 수는 없다. 경총은 이미 1991년 초 총액제교섭을 임금지침
　으로 제시한 바 있었다. 그리고 총액제는 당시 자본의 임금체계개편 구상과도 일
　치하는 것이었던 만큼 자본의 이해를 직접적으로 대변하고 있다는 점은 의심의 여
　지가 없다. 실제로 몇 차례의 반대의사 표명과는 달리 자본 측은 1992년의 임금
　교섭과정에서 총액임금제를 적극 수용하였고, 반대를 위한 구체적인 행동을 전혀

경제 5단체장의 정책회의에서는 상반기부터 논의되던 연봉제 문제를 종합적으로 검토하여, '연간 총액개념을 중심으로 한 임금체계 개선을 서두를 것을 결의'한 바 있었다. 그리고 총액제홍보를 위하여 10월 24일에는 '임금제도의 문제점과 개선방향세미나'를 대규모로 개최함으로써 정부의 법개정을 지원하기도 하였다. 그리고 자본가단체들은 1991년 상반기부터 한국경제위기론과 경쟁력강화의 필요성을 대대적으로 홍보하여 여론조성에 주력하였는데, 그 대표적인 것들로는 '산업공동화 극복과 효율적 인력관리를 위한 정책토론회'(1월 30일), '우리경제 이대로 좋은가-정책심포지엄'(10월 16일) 등이 있었다.

국가와 자본 측이 이와 같이 공통적인 이해를 가지고 시작하였던 1991년 노동법개정작업은 6공정권 실세였던 노동부 장관의 정력적인 업무추진에도 불구하고 결국 실패하고 말았다. 국가의 노동법개정방침 철회과정에서 나타난 약간의 우여곡절은 한국의 노동정책의 위상과 딜레마를 동시에 보여주는 좋은 사례였다.

정부가 법개정 철회를 발표하면서 공식적으로 언급한 이유는 노동계 특히 노총의 강력한 반발이었다. 개정방침 및 개정안이 확인된 직후부터 노총은 철야농성, 단식투쟁 등의 극단적 방법으로 반대입장을 분명히 하였으며, 노동자총궐기대회 개최를 시도하기도 하였다. 그러나 노동계의 반발이라는 공식적 철회 이유 뒤에는 복잡한 정치적 역학관계가 작용하고 있었음을 간과할 수 없다.

우선 노총의 '극한적' 대정부투쟁은 오랜 공식노조로서의 지위가 1987년 이후 크게 약화되어 왔고, 이에 대응한 정부의 지원은 상대적으로 큰 변화를 보이지 않았다는 누적된 위기감의 반영이었다. 그리고 그것은 노동법개정과정에서 노총이 법개정을 용인하는 것에 대

하지 않았다.(한국경영자총협회, "1991년 임금교섭 지도지침" 및 전국경제단체협의회, "총액임금제평가" 1993: 동아일보 1992.4.15일자: 조선일보 1992년 4월 16일자 기사 참고)

한 반대급부의 몫을 크게 하기 위한 전략적 대응이기도 하였다. 즉 극한투쟁의 이면에서 노총은 정부와 실무적인 접촉을 유지하였으며, 법개정조항을 놓고 줄다리기 협상을 하였던 것이다.

10월 2일 노총은 회원조합대표자회의를 개최하여, 정부개정안을 전면 반대한다는 결의를 천명하였다. 그리고 동시에 노총은 노총의 개정안을 정부가 수용할 경우 시간을 갖고 정부 측과 협의할 것임을 밝혔다. 이후 10월 29일과 31일 정부 측과 노총은 노총의 요구안을 놓고 두 차례의 실무적인 협의를 벌였지만, 정부가 노총의 요구를 거부함으로써 협상은 완전히 결렬되었다.[26]

이 과정에서 드러난 것은 노총의 반발이 국가의 법개정 전략에 따라서 거래하거나 타협함으로써 충분히 극복될 수 있는 성질의 것이었다는 점이다. 오히려 국가가 해결할 수 없었던 문제는 노총조차도 저항함으로써 노동법개정과정이 범노동진영을 연대하게 하고, 이것이 정치적인 위기를 초래할 수 있다는 점에 있었다.

1989년 이래 국가의 억압에 의해 일시적으로 약화되었던 범민주노조진영은 노동부의 노동법개정 추진 방침에 의해 새로운 연대의 활력을 얻게 되었다. 전국노동조합협의회, 전국업종노동조합회의, 전국교직원노동조합 등 민주노조진영은 10월 8일 '국제노동기구 기본조약 비준 및 노동법개정을 위한 전국노동자공동대책위원회'(ILO공대위)를 결성하여, 1988년 이후 소강상태에 빠진 노동악법 철폐투쟁을

---

26) 노총의 핵심적 요구는 상급노조로서의 노총의 지위를 법적으로 강화시켜 달라는 것이었고, 그것은 '단일 산별 체제로의 노동조합조직구조개편'으로 집약되었다. 산별 체제로의 이행은 노총뿐만이 아니라 전노협 등 민주노조세력의 핵심적인 요구사항이었던 만큼, 당시의 상황에서 노총만을 체제 내로 흡수한다는 것은 국가의 입장에서는 지나친 정치적 부담을 안는 것이었다. 또 자본 측은 '1기업 1노조체제'의 유지를 노사관계의 기본틀로 고수하였기 때문에 국가가 이를 받아들이기는 역부족이었다. 박종근노총 위원장이 사상 초유의 '단식농성'에 들어간 것도 협상결렬 다음날인 11월 1일이었다. 한국노동조합총연맹(1991); 노동인권회관, 『노동인권보고서』, 1991, p.31 참고.

다시 본격화할 수 있는 계기를 마련하였다. 노동부의 예측과는 달리 강력한 억압 속에서도 민주노조진영의 연대투쟁의 동력은 여전히 이어지고 있었음이 이 과정에서 확인되었던 것이다. 그리고 국가는 무리한 법개정이 몰고 올 민주노조진영의 정치적 도전과 그것의 정치적 파장을 무시할 수 없었다. 특히 1992년 상반기에 총선거를 앞두고 있었던 집권 민자당 내에서는 노동법개정이 총선에 미칠 영향을 고려하여, 노동법개정에 대해 반대입장을 분명히 하였다.27)

직접적 계급정책으로서의 국가의 노동정책, 그중에서도 노사관계의 기본구조를 규정하는 노동법개정은 여러 계급세력들의 이해관계가 복잡하게 작용하는 영역이라고 할 수 있다. 정부의 개정 추진과정 및 그 개정내용은 위에서 본 바와 마찬가지로 국가가 그 계급적 중립성을 의식하여 주도면밀하게 준비한 것이었다. 그렇지만 1991년 법개정의 계급적 성격은 노동운동의 저항이 고양됨에 따라 분명하게 드러났다. 즉 그것은 자본의 이해를 직접적으로 대변하고 있다는 본질적 한계를 극복할 수 없었고, 노동계급의 강력한 저항을 받게 되었던 것이다.

이와 같이 1989년 이래 강화된 국가와 자본의 지배역량에도 불구하고 6공국가는 압도적인 계급지배구조를 창출하지 못하였으며, 지배계급으로부터의 도구적 자율성을 확보하지 못하였던 것이다. 다시 말하자면 1990년까지 노동통제강화에 의해 국가와 노동운동의 세력관계는 크게 변화하였으나, 국가가 노동운동의 저항역량을 완전히 제압한 것은 아니었다는 점이다. 노동부 장관을 비롯한 정부 측의 의욕적인 법개정 추진을 가로막았던 것은 바로 이 점이었다. 국가의 정책의도 및 판단과는 달리 노동계급의 대응은 기민하게 확대되었

---

27) 개정법안의 입법예고 직전이었던 9월 30일 개최된 당정회의에서는 개정법안의 상정으로 당정의 입장이 조율되었던 것으로 보인다. 그러나 10월 중에 본격화되었던 노동계의 반발을 거치면서 10월 23일 민자당 김영삼 대표는 최종적으로 개정반대입장으로 돌아서게 되었다. 조선일보 11월 9일자 및 한국노동조합총연맹(1991) 참고.

고, 그 저항의 강도는 예상을 뛰어넘는 것이었다.

이와 같은 상황전개로 말미암아 국가기구는 그 내부에서 분열하였으며, 국가는 일종의 선택에 직면하게 되었다. 노동부의 법개정 추진은 기본적으로 자본의 이해를 대변하는 경제부처의 정책노선에 따른 것이었고,[28] 노동법개정의 정치적 영향을 과소평가하는 경향이 있었다. 반면에 민자당으로 대표되었던 정치적 지배세력들은 법개정이 야기할 정치적 파장을 염려하였고, 당시 지배블록 내부의 권력쟁탈과 결합하여 이를 도저히 수용할 수 없는 처지에 있었던 것이다. 즉 1992년으로 예정된 두 차례의 선거과정에서 정권 유지는 물론, 지배구조의 안정적인 재생산이 위협받고 있다고 판단한 이들이 정권의 지지기반을 크게 잠식할 노동법개악을 용인할 수는 없었던 것이다. 결국 국가의 노동법개정 철회는 국가가 지배블록의 장·단기적인 경제적 이해보다 정치적 이해를 전략적으로 선택한 것임을 의미하였다.

다른 한편에서 노동법개정의 철회는 6공국가의 노동정책이 처한 구조적 딜레마상황을 잘 보여주는 대표적인 사례였다. 1987년과 1989년의 노동관계법개정으로 '봉인'된 6공화국의 노사관계체제는 노동과 자본 양측 모두에게 불만스러운 것이었다. 노동운동은 권위주의체제 노동법조항들을 유지하고서는 노동운동의 발전이 불가능하다는 점을 명백히 인식하고 있었고, 자본 측은 1989년 개정된 근로기준법하에서는 산업구조의 고도화는커녕 단기적인 이윤확보도 어렵다고 판단하고 있었다. 자본 측은 1989년 이래 강화된 지배블록의 계급역량을 매개로 노동법, 그중에서도 특히 근로기준법을 개정함으로써, 축적체제를 질적으로 재편할 것을 강력하게 요구하였다. 국가는 노동의 집단

---

28) 1990년 12월 7일 경제기획원 장관(이승윤)은 청와대에 '91년 경제안정을 위한 노사관계 안정대책'을 보고하였다. 그 핵심적 내용 중에는 임금억제를 위해서 '임금협약유효기간을 장기화'하고, '업적급체제로 임금체제를 개편'하기 위한 노동법개정을 추진하겠다는 정책방침이 들어 있었다. 그러므로 최병렬 노동부 장관의 법개정시도는 결국 경제기획원의 정책방침을 실행한 것으로 볼 수 있다.

적 노사관계 개혁의 요구와 자본의 개별적 노사관계 재편 요구라는
이중의 압력을 받고 있었다. 그러나 1991년 법개정과정에서 분명해졌
듯이 어느 일방의 요구만을 전면적으로 수용하는 선택은 불가능하였
다. 따라서 국가가 이 딜레마상황을 빠져나갈 수 있는 유일한 선택은
양자의 요구를 적절히 조합하여 이를 교환하는 방법뿐이었다.

그러나 노정권은 이를 성사시킬 조건과 역량을 갖추고 있지 못하
였고, 전체로서의 지배블록은 그럴 의사를 갖고 있지 않았다. 이 거
래 성립의 핵심적인 관건은 반민주적 노동법조항의 개혁과 억압적
노동통제의 완화 및 노사관계의 일정한 자율성보장이었다. 그중에서
도 이른바 4대악법조항으로 불렸던 핵심 통제조항의 개폐가 관건이
었다. 국가는 공무원과 교사의 노동3권을 용인할 수 없었으며, 자본
측은 복수노조금지조항과 제3자개입 금지조항 유지에 필사적으로 매
달리고 있었기 때문에 거래는 원천적으로 불가능하였던 것이다.[29]
예컨대 1991년 개정안에서 나타나는 몇 가지 집단적 노사관계조항에
관한 개선은 이들 핵심조항을 유지하고자 하는 것에 대한 반대급부
였지만, 그것으로써 문제는 해결될 수 없었다.

이와 같이 민주노조진영의 요구를 통제의 강화로 봉쇄하는 한편, 근
로기준법조항을 중심으로 노동법개정을 끊임없이 시도하였던 노정권
은 양자 모두에 대해 완전한 해결을 할 수 없는 처지에 있었다. 노동
을 배제하는 통제방식을 고수함으로써 노동 측의 법개정반대투쟁을
완전하게 통제할 수도 없었고, 반대로 전향적으로 노동법을 개폐해서
노동을 포섭할 수도 없었다. 국가의 자본편향정책은 역으로 국가가 자
본의 장기적 이해를 철저히 관철시킬 수 없었던 이유가 되었던 것이

---

29) 1991년 말 남북한의 UN가입에 따라 한국은 자동적으로 IIO에 가입하게 되었다.
    그러나 한국정부는 IIO의 핵심조약(제87호 결사의 자유 및 단결권 보호에 관한
    조약; 제98조 단결권 및 단체교섭권에 관한 원칙적용을 정한 조약)에 대한 비준을
    거부하였는데, 이는 핵심 노동통제조항에 대한 불개정방침을 명백히 한 것이었다.

다. 그리고 그 결과는 현행법을 유지하는 한편, 행정적 수단을 총동원하여 자본가계급의 이익을 최대한 수용하는 타협전략으로 귀결되었다.

4) 1992년 정부의 노동법개정시도

1992년 2월 12일 '사회적 합의를 위한 청와대대토론회'에서 노태우 대통령은 대통령 지시사항으로서 노동법개정작업을 지시하였다. 대통령 지시로 시작된 1992년 법개정작업의 핵심은 노, 사, 정 및 학계로 구성되는 '노동관계법연구위원회'의 입법개정 건의안을 통한 법개정방침이었다.

이에 따라 노동부는 3월 16일 산업평화대책회의에서 법개정작업의 구체적 진행 계획을 보고하였다. 정부는 노동법개정에 대한 노사 및 공익 학계의 요구가 점증하고 IlO가입에 따른 노동관계법령의 재정비가 시급하며, 산업구조조정을 위한 합리적 노사관계질서의 구축이 시급하다는 세 가지 사항으로 개정작업의 필요성을 정리하였다. 그리고 정부계획안에 따르면 중립적인 노동관계법개정연구위원회를 4월 30일까지 구성하고 5월 10일까지 각계의 법개정 요구안을 접수, 6월 초까지 초안을 작성하도록 되어 있었다.[30] 그러나 이해당사자들의 개정안은 정부의 계획보다 한 달여 늦어 5월 말 제출되었다.

먼저 <표 5-8>에서 두드러지는 것은 노동과 자본 측의 개정안이 타협의 여지가 전혀 없을 만큼 대립적이었다는 점이다. 전체적으로 보면 경총의 안은 변형근로제 도입, 연장근로수당의 하향조정, 시간제 근로자제도 도입, 휴업지불의 하향조정 등 근로기준법조항들의 개정에 초점을 맞추고 있었다. 그리고 노동 측의 안은 노동조합법과 노동쟁의조

---

30) 노동부, "'산업평화대책회의' 보고서", 1992.3.16 참고.

정법 등의 집단적 노사관계에서의 통제완화에 주력하는 것이었다.[31]

〈표 5-8〉 1992년 노사양측의 노동관계법개정안 비교

	한국경영자총협회 안	한국노동조합총연맹 안	전국노동자공동대책위원회 안
근로기준법	- 시간제 근로자제도 도입 (27조: 근기법 일부 조항 적용 제외) - 휴업지불의 하향조정(38조: 평균임금의 70%에서 통상임금의 70%로) - 연장, 휴일, 야간근로에 대한 가산임금 하향조정(46조:50에서 25%로) - 월차휴가제 폐지(47조) - 연차유급휴가 상한선 20일로 명시(48조) * 변형근로시간제 도입 * 퇴직예고제 도입 * 입출갱시간 갱내근로시간에서 제외	- 통상임금 범위확대(19조2) - 해고예고기간 연장(27조3; 30일에서 90일로) - 연차유급휴가 요건 완화(48조: 90%출근자 10일,80% 8일, 80%미만 3일로) * 정리해고 제한(노동조합과의 사전협의 규정) * 정당한 이유 없는 폐업, 해고 시 수당지급 * 임시근로 3개월 경과 뒤 상시근로자계약 체결 의무화 * 근로시간단축에 따른 임금저하금지	- 통상임금 범위확대(19조2) - 연차유급휴가 요건 완화(48조) * 정리해고 요건 강화(노조와의 사전협의해 동의 구함) * 임시근로 3개월 경과 뒤 상시근로자 계약체결 의무화 * 근로시간단축에 따른 임금 저하금지
노동조합법	- 해고효력 다툼 중인 근로자의 조합원 자격조항 폐지(3조4) - 교섭권자에 단체협약체결권 부여 명시(33조) - 단체협약 대상 명시(33조: 경영인사권 제외) - 단체협약 만료 후의 3개월 유효규정 삭제(35조3)	- 6급 이하 공무원 및 교원의 노동기본권 보장(8조) - 노동조합정치활동 금지조항 삭제(12조) - 제3자개입 금지조항 예외조항 확대(12조2: 노조인정 받은 자 포함) - 행정관청의 노조업무조사권 삭제(30조) - 행정관청의 단체협약 취소권 삭제(34조) - 단체협약유효기간 명시(35조:1년으로 통일) * 산업별 노동조합조직체제 확립	- 해고효력 다툼 중인 자의 근로자, 조합원자격 인정(3조4) - 복수노조금지조항 삭제(3조5) - 공무원의 단결권인정 (8조: 현역군인 경찰관 제외) - 제3자개입 금지조항 삭제(12조2) - 행정관청의 규약 변경보완 명령권 삭제(16조) - 행정관청의 노조업무조사권 삭제(30조)
노동쟁의조정법	- 냉각기간 연장(14조: 일반사업 10일 공익사업15일을 각기 15일 20일로 연장) - 노동조합의 부당한 쟁의행위에 대한 직장폐쇄권 명시(17조) - 냉각기간 중 알선, 조정 의무화(18-29조) * 무노동 무임금 원칙 명시 * 동조파업, 정치파업, 제2차 불매운동(보이콧) 금지	- 공익사업 범위축소(4조) - 쟁의행위의 제한 완화(12조: 공무원, 방산업체종사자 공익사업 준거 쟁의인정) - 냉각기간 단축(14조: 일반사업 7일, 공익사업 10일) - 쟁의기간 중 사용자의 하도급 금지(15조) - 알선을 조정에 통폐합(18조-21조) - 공익사업의 직권중재 및 일방중재신청제도 폐지(30조)	- 공무원과 방산업체근로자의 쟁의행위금지 규정 삭제(12조2) - 제3자개입 금지조항 삭제(13조2) - 공익사업 직권중재조항 삭제(30조)

자료: 한국경영자총협회, "한국경총의 노동법개정안", 1992.5.27.
　　　한국노동조합총연맹, "한국노총의 노동법개정 요구(안)", 1992.5.
　　　한겨레신문, 1992년 6월 10일.

---

31) 노총과 노동자공대위의 개정안에는 상당한 차이가 있었다. 하지만 양자가 사활적인 이해관계로 대립해 있었던 복수노조인정문제와 제3자개입 금지조항만을 제외한다면, 그 차이는 상대적으로 미미하다고 할 것이다. 이렇게 노총이 그들의 최대한의 요구를 제시한 것은 당시의 노동정세에 대해서 노총이 커다란 위기감을 갖고 있었기 때문이었다. 한국노동조합총연맹(1992) 참고.

경총은 위원회에 제출한 개정안 전문에서 자본 측의 법개정에 대한 기본자세를 4가지로 설명하였다. 그것은 현행 근로기준이 너무 높아 국제경쟁력을 해치는 요인이 된다는 점, 경직적인 현행법이 산업구조조정에 신축적으로 대응치 못한다는 점, 해석상 모호한 부분에 관한 명확한 규정이 요구된다는 점, 노노분쟁의 요인으로 작용하는 부분의 시정이 필요하다는 점 등이었다.[32] 이 중 전자 두 가지가 근로기준법과 연관된 것이었지만, 사실상 1991년 법개정 때와 마찬가지로 자본의 입장은 근로기준법개정, 그중에서도 변형근로시간제도와 연장근로수당 지불문제에 집중되어 있었다.[33]

반면에 노동 측의 핵심적 관심사는 여전히 집단적 노사관계 법률조항이었다. 공대위는 '4대악법의 철폐와 국가자본주도의 노동법 개악 저지'에 총력을 기울였으며, 노총은 상급노조로서의 노총의 조직력 강화를 위해서 단일산별 노조체제로의 전환에 모든 노력을 다하였다. 특히 노총의 산별 전환요구는 공대위의 법개정안과 함께 1992년의 노동법개정을 가로막고 있었던 핵심적인 사안이었다. 그것은 1987년 이래 기업별 노조체제의 유지를 최대의 과제로 삼았던 자본 측의 무조건 항복을 요구하는 것과 다름없었다. 1992년 5월 19일 노동법개정문제를 다룬 전국경제단체협의회의 '회장단회의'에서도 산별화반대의 원칙은 다시금 확인되었다.(전국경제단체협의회, 1992: 19)

다음으로 구체적인 법조문들에 있어서도 자본과 노동 양측의 견해차는 해소될 수 있는 성질의 것이 아니었다. 예컨대 근로기준법 중 연차 유급휴가 조항(48조)의 경우 자본 측은 그 상한을 20일로 명시하자고 주장한 반면, 노동 측은 기존 개근근로자 10일, 9할 이상 출근자 8

---

32) 한국경영자총협회, "노동법개정에 관한 경영계의견", 1992.5.27.
33) 노동법개정과 관련해서 두 차례 개최된 전국경제단체협의회 대책회의에서는 모두 근로기준법 정비를 가장 시급한 것으로 결정하였다. 특히 5월 15일 열린 '노동법개정대책특별위원회'에서는 변형근로시간제도와 초과근로의 문제가 가장 비중이 큰 부분임을 명시하기도 하였다. 전국경제단체협의회(1992: 116-118) 참고.

일의 유급휴가 조건을 완화하여 개선하자는 안을 제시하였다. 또 시간
제 근로자의 경우 자본 측은 근로기준법 일부조항의 적용 범위에서
제외하자고 개정안을 제출하였으나, 노동 측은 오히려 일정기간 근무
한 임시근로자의 상시근로자 전환을 의무화할 것을 주장하였다.

더욱이 노동조합법, 노동쟁의조정법에서는 양측의 개정대상조항이
거의 일치하지도 않았는데, 이는 1992년 노동법개정에 대한 노자 간
의 입장 차이를 단적으로 보여주었다고 할 수 있다. 유일하게 세 단
체의 개정조항에 공통적으로 나타났던 노동쟁의조정법상의 냉각기간
조항에 관해서는 노동이 이를 줄일 것을 요구한 반면, 자본은 이를
늘이고 동시에 이 기간 동안의 알선·조정을 의무화할 것을 요구하
는 등 정반대의 입장을 고수하고 있었다.

이상과 같이 전체적으로 보아 1992년 법개정작업의 실제는 노동
과 자본이 동상이몽의 상태로 단지 형식적으로 결합한 것 이상의 의
미가 없었음이 명백하였다.

그러나 1992년 노동법개정작업의 가장 큰 특징은 내용보다 그 형
식에 있었다. 즉 형식상 중립적인 정부의 민간자문기관인 '노동관계
법연구위원회'[34]에서 입법개정안을 작성하고, 이를 정부에 건의하는
방식으로 법개정이 추진되었다는 점이었다. 1991년 하반기 정부주도
의 법개정시도에 이르기까지 지금까지의 모든 법개정이 정부주도나
노동의 도전에 의해서 이루어졌던 것과 비교하면 이는 상당한 변화
라고 하지 않을 수 없었다.

법개정 형식의 변화는 국가의 노동정책실행의 기제가 미묘하게 변
화되고 있음을 보여주었다. 우선 그것은 국가의 계급정책실행에 있어
서의 '중립성'을 대외적으로 과시하고 선전하고자 하는 목적으로 시도
되었다. 1987년 이래 자주적이고 민주적인 노동조합운동이 자생적 기

---

34) 4월 24일 발족된 노동관계법연구위원회는 공익위원 12명(학계 8명, 법조계 언론
계 각 2명), 노사 대표 각 3인 등 모두 18명으로 구성되었다.

반을 확보하여 조직역량을 갖추고 있었다는 조건은 국가가 자본의 이해를 더 이상 노골적으로 대변할 수 없도록 강제하였다. 1991년 정부주도의 법개정작업에서도 정부는 이 점을 의식, 용의주도하게 작업을 진행하였지만 결국 개정에 실패하고 말았는데, 1992년 법개정은 이런 맥락에서 한층 진전된 것이라고 할 수 있을 것이다. 즉 적어도 형식적으로 국가는 개정법초안 작성과정에 참여치 않았으며, 그동안 배제되었던 노동 측이 개정안 작성의 주체로서 참여하게 되었던 것이다.

국가의 중립성 강조는 또 다른 맥락에서 통제방식의 변화에 조응하는 것이기도 하였다. 비록 1992년 법개정은 청와대의 노사관계 사회적 합의형성회의 석상에서 대통령의 지시사항으로 공식적으로 추진된 것이었지만, 그것은 이미 예정된 것이었다. 노동부 장관은 1991년 법개정과정에서 이미 '중립적 위원회'를 통한 노사관계제도 전반에 관한 종합적인 검토가 예정되어 있다고 밝힌 바가 있었던 것이다.[35] 그리고 노사관계의 중립적 조정자로서의 국가의 이미지 창출작업은 1991년 초 개최된 '사회적 합의를 위한 청와대토론회'에서부터 이미 시작되었던 것이다. 이러한 국가의 노사관계개입방식의 미묘한 변화는 그것의 실질적 내용과 무관하게 '헤게모니적 배제전략'으로 국가의 노동통제방식 전체가 구조적으로 변화하는 것에 따라 나타난 현상이었다.

그러나 이와 같은 법개정형식의 변화가 국가정책의 계급성을 불식시킬 수는 없었다. 노총과 전국노동자공동대책위원회 등 노동운동 측에서는 1992년 법개정이 기본적으로 국가자본주도의 노동법개악작업의 연장선상에 있는 것이라고 명확히 규정하였다. 노총이 개정초안작업 마련에 참여한 반면 공대위가 그렇지 못했다는 차이가 있었음에도 불구하고, 양자 모두는 법개정작업의 본질인식에 있어서는

---

35) 월간 『노사광장』, 1991년 11월호, p.23 참고.

차이가 크지 않았다.36) 그것은 국가의 입장은 본질적인 부분에서는 자본의 입장과 동일하다는 점이었다.

노총은 개정초안작업과정에 참여하고 자본 측의 핵심적 요구를 수용하여 가능한 범위 내에서 거래함으로써 실익을 획득할 수 있기를 기대하였다. 그러나 그것은 노총의 핵심적 요구를 국가와 자본 측이 수용한다는 것을 전제로 한 것이었다. 반면에 공대위는 법개정작업을 근본적으로 노동통제강화와 근로조건 개악을 위한 지배블록의 공세로 파악하였다. 따라서 이들은 법개정을 저지함과 동시에 이를 노동진영의 연대강화의 계기로 삼고자 하였다. 따라서 국가와 자본 측의 입장에서 법개정이 성사되기 위해서는 최소한 노총의 핵심요구를 수용하지 않으면 안 되었으며, 그럴 경우에도 국가는 공대위를 중심으로 한 재야 노동계의 반발을 정치적으로 감당하지 않으면 안 되었던 것이다.

또 자본의 산별 노조전환 반대는 '1기업 1노조체제 고수'라는 자본의 기존입장과 함께 국가의 노동정책 선택 폭을 크게 제한하는 결과를 가져왔다. 개정과정의 초기에 국가가 자본과 노동(노총)의 입장 차이에도 불구하고, 양자의 요구를 교환하는 방식으로 노동법개정을 추진하고자 하였던 정책방향을 가졌던 것은 분명하다. 그러나 자본이 '복수노조금지조항'과 '제3자개입 금지조항' 유지의 입장을 고수함으로써, 국가는 양자를 중재할 어떤 수단도 가질 수 없었던 것이다.

이와 같은 구조적 한계는 법개정연구위원회의 개정작업에서도 그대로 표출되었다. 예를 들어 개정작업은 실제로 '노동관계법연구위원회' 내에서 개정안작성의 작업을 담당하는 '법개정초안작성소위원회'

---

36) 앞서 본 바와 같이 법개정의 구체적인 안에 있어서도 경총의 안에 비해서 노총과 공대위 양자의 안이 무척 유사한 것으로 나타났던 것은 이러한 공통적 인식을 배경으로 하고 있다. 실제로 법개정작업 중에 최병렬 노동부 장관은 한 강연석상에서 그의 정책구상을 개진하였는데, 그것은 자본의 입장과 동일하게 '국제경쟁시대의 국가경쟁력', '근기법조항의 개정을 통한 경쟁력강화' 등을 주요한 정책방향으로 설정하고 있었다. 서울신문, 1992년 6월 18일자 참고.

의 구성부터 난항을 거듭하였다. 노총은 공익위원만으로 구성하게 되어있었던 노동부계획안에 대해 강력히 반발, 결국 소위의 명칭이 '노동법개정안작성기초위원회'로 바뀌었으며, 권한도 개정초안만을 작성토록 변경되었다. 그리고 입법건의안의 처리방식에 있어서도 노총은 강력히 저항하였다. 노동부원안에는 소속위원 2/3 이상의 출석과 2/3 이상의 찬성으로 입법건의안이 결정되게 되어 있었으나, 노총의 반대로 '노사합의'를 원칙으로 하기로 바뀌었던 것이다. 연구회의 작업일정 또한 6월 말 최종안 작성으로부터 8월 말까지로 연장되었으며, 이후 다시 연장을 거듭하다가 결국 새정권으로 개정작업이 미루어지게 되었던 것이다.[37]

　결론적으로 1992년 법개정의 구조적 배경은 1991년 법개정작업의 그것과 결코 다르지 않았다. 그러므로 그것은 6공화국 노동정책과 노동법개정이 안고 있었던 구조적 딜레마를 동일하게 내포한 것이었으며, 어떤 의미에서는 출발부터 실패가 예견되고 있었던 것이었다.[38]

　IIO가입에 따른 국내법 정비의 필요성, 산업구조조정에 조응하는 노사관계재편의 요구, 노동통제의 제도화를 위한 노동법의 보완 등 국가가 노동법개정을 추진하였던 객관적 이유는 명백한 것이었다.[39]

37) 박현미, "노동관계법개정논의 본격화", 월간 『노사광장』, 1992년 6월호. 1992년 6월 말과 7월 초에 있었던 노동부 장관의 '노총 길들이기'발언도 이런 맥락에서도 이해될 수 있다. 복수노조금지조항 개폐에 관한 전향적 검토, 노총에 대한 국고지원 중단 등으로 노총의 핵심적인 약점을 공격하였던 장관의 발언은 기본적으로는 노총의 총액제반대투쟁에 대한 경고였지만, 노동법개정작업에 대한 노총의 협조를 강제하는 것이기도 하였다. 복수노조허용 발언의 배경에 관한 일반적인 분석으로는 한겨레신문 1992년 6월 12일자와 주간노동자신문, 1992.6.26일자 참고.
38) 1991년 법개정의 실패 시점에서 노정권하의 노동법개정은 거의 불가능하게 되었다는 예측이 있었다.(조선일보, 1991.11.6) 그것은 구조적 조건의 변화가 거의 없는 상황에서 1992년은 총선 대선 등 중요한 정치적 행사가 집중되었던 시기이며, 권력이행기라는 특수한 시점이었기 때문이었다.
39) 당시 노총이나 공대위에서는 객관적 조건들에 관한 분석에 기초해서 개정의도 자체는 의심하지 않았다. 다만 개정작업의 관철은 정치적 상황 등 변화하는 정세에 따라 결정될 것이라고 파악하였다. 한국노동조합총연맹(1992), 전국노동조합협의회

그러나 그럼에도 불구하고 국가가 최종적으로 법개정작업을 연기할 수밖에 없었던 것은 노동운동진영의 저항에 의한 정치적 비용부담을 용인할 수 없었기 때문이었다. 이 점에 관해서 보자면 1992년 법개정작업은 1991년의 그것을 반복한 것에 불과하였다.

이와 같은 구조적 조건들이 변화하지 않은 상태에서 노정권이 1992년에 다시 노동법개정이 공식적으로 추진하였던 이유는 무엇인가. 그것은 먼저 국회의원총선거와 대통령선거를 앞 둔 시점에서 한국노총을 확실한 지지기반으로 다져놓을 필요가 있었기 때문이었다. 한국노총과 국가의 관계는 1991년 법개정과정에서 크게 악화되었으며, 특히 총선 직전 노총 위원장의 민주당 국회의원출마교섭은 집권세력에 큰 정치적 부담이 되기도 하였다. 또 다른 한편에서 정부는 당시 총액임금제관철에 전 행정력을 동원하였는데, 노동법개정은 노총의 총액제반대 방침을 변화시키는 유력한 유인수단으로 사용되었던 것으로 보인다. 마지막으로 노동통제의 관점에서 보자면 그것은 국가가 동원하였던 이데올로기공세, 즉 '사회적 합의'담화를 현실적으로 실천하는 절차적 행사이기도 하였다.

제 2 절 노동통제정책과 국가기구

1) 억압적 국가기구

1960년대 이래 자본주의적 산업화과정에서 한국의 노동행정 및

(1992) 참고.

노동정책이 차지하는 위치는 매우 독특한 것이었다. 한국의 노동행정의 가장 큰 특징은 노동행정을 담당하도록 공식적으로 규정된 국가기구보다는 다른 국가기구에서 노동행정을 주도하였다는 점이었다. 1980년대 초반까지의 노동정책을 분석한 한 연구자의 결론은 권위주의체제하에서 노동정책을 담당하였던 국가기구의 구조적 특성을 단적으로 보여준다.

> "…… 우리는 '노동행정'이 노동청(부)과 같은 의미가 아니라는 점을 강조하는 것이 중요하다. 노동정책의 근간을 이루는 …… 중단기 경제정책과 경제계획은 …… 노동청(부)이 아니라 대통령비서실, 중앙정보부, 경제기획원, 상공부와 같은 상위기관에서 의사결정을 내린다. 그러므로 노동청(부)의 기능은 주로 행정적이고 기술적인 문제를 취급하는 데 한정된다. 노동청(부)은 단지 기술적인 실무행정에서 얻어진 정보를 주요 정책결정자들에게 제공함으로써 노동정책 결정과정에 참여해 왔다."(최장집, 1988: 222-223; 괄호 안은 인용자)

이와 같은 구조에서 주요한 노동정책적 결정들을 내렸던 것은 노동청이 아니라 여타 국가기구들이었다. '노조활동에 대한 정치적 통제는 강력한 중앙정보부가 행하였고, 임금수준 등 핵심적인 경제정책적 결정은 경제기획원이 그리고 생산성향상이나 그 밖의 노동행정 사항에 대한 결정은 상공부가 내렸다'는 것이다. 1980년대 중반까지 변함없이 계속되었던 이와 같은 공안기구나 경제부처의 노동행정관할은 한국국가기구의 가장 중요한 특성들 중 하나였다.

그러나 1987년의 민주주의이행 이후 국가기구 내에서 노동정책, 노동행정의 위상은 크게 변화하였다. 노동문제에 대한 범정부적 대응방침이 노정권기간 전체에 걸쳐 지속되었고, 그에 따라 노동문제는 국가의 핵심적인 정책분야가 되었던 것이다. 구체적으로는 노동운동의 고양에 의한 정책수요와 행정수요의 폭증, 절차적 민주주의의 부분적 도입에 따른 행정부 내에서의 노동부의 위상 강화, 노자 간의 계급적 역관계의 불안정, 산업구조조정 요구 등의 요인들이 작용하였다. 시기별로 차이가 있겠지만 이 시기 전반에 걸쳐 노동정책의 위상이 크게 강화된 것만은 부인할 수 없는 일일 것이다.

또 노동정책 수립 및 실행부처의 범위도 크게 확장되는 모습을 보였다. 예를 들어 노동문제에 대한 국가의 대표적인 정책대응 사례였던 1990년 1월의 '전노협대책 청와대회의'에서는 정부의 거의 모든 주요 부서들이 대책에 동원되는 모습을 보였다. 최고 권력기관이었던 대통령이 노동쟁의 등 특정 사안에 지속적으로 개입하였던 것도 이 시기 노동정책의 위상을 보여주는 사례였다고 할 수 있다.[40)]

노동정책의 위상 변화에 따라서 노동정책의 수립 및 행정실무를 담당한 노동부의 위상 또한 크게 강화되었다.

우선 크게 강화된 노동부 장관의 정부 내의 지위에서도 그와 같은 변화는 감지되었다. 노정권 초기에는 상대적으로 정치적 비중이 크지 않은 실무형의 인사들이 노동부 장관으로 있었으나, 이들은 노동운동의 강화-노동통제의 강화의 노자 대립국면에서 오래 자리를 유지하지 못하는 단명장관이 되고 말았다. 반면에 1990년 이후 국가의 대노동공세가 본격화되고 공세적인 정책들이 실시되면서 최영철, 최병렬 장관 등 정권의 실세들이 자리잡기 시작하였던 것이다.[41)]

특히 '6공의 해결사'로 불렸던 최병렬 노동부 장관 재임기간 중의 노동부의 활동은 전례가 없는 것처럼 보였다. 대통령의 최측근 인사

---

40) 대통령이 특정 사안에 직접 개입한 대표적인 사례로는 1988년 8월의 서울지하철 노동조합 파업대책, 1989년 연초의 풍산금속 안강공장 경찰력투입, 3월의 지하철 파업과 현대중공업파업에 대한 개입, 공안정국기의 노동통제, 전국교직원노동조합 대책, 1989년 하반기와 1990년 상반기의 전국노동조합협의회 와해공작과 현대중공업파업 KBS노조사태에 대한 개입 등이 있었다.

41) 최영철 장관은 노동부 장관을 그만두면서 청와대 비서실장으로 발탁되었으며, 최병렬 장관은 정권창출의 핵심적 브레인이었다. 참고로 노동부 장관의 재임기간과 취임전 주요경력은 다음 표와 같다.

로 정권창출에 상당한 역할을 하였고, 취임직전까지 공보처장관으로
KBS사태 처리 등 방송사노동조합의 통제와 방송법개정을 주도하였
던 최장관의 노동부 장관 취임은 그 자체가 노동부의 위상을 강화하
는 것이었다. 그는 정부 및 당정 간의 사전 조율 없이 총액제임금제
도를 추진한 것으로 알려졌으며, 그 밖에도 1991년과 1992년의 노동
법개정 등 획기적인 정책안들을 추진하기도 하였다.[42]

또 이 기간 동안 노동부의 조직과 인원은 위상 변화와 두드러지게
증가하였다. 1981년 노동부로의 부처 승격 이후 1986년 말까지 거의
변화가 없었던 1실 5국 19과 333명 체제는 6공들어 크게 확대되어,
1992년에는 2실 5국 24과 411명으로 늘어났다.

그리고 노동부의 예산도 노동정책의 수요증가, 조직개편과 함께
증가하였다. 노동부예산 추이에서 특징적인 것은 노동운동이 고양되
고 노동통제가 강화되었던 1987-1989년까지는 증가세가 뚜렷하였던
반면, 그 이후의 기간에는 상황이 반전되었다는 점이었다.(<표 5-11>
참고) 정책결정과 행정실무 수요의 급격한 증가 및 조직확대, 예산
증가는 노동부가 정부 내에서 차지하는 위상이 상대적으로 강화되었
음을 보여주었다.[43]

<표 5-9> 노동부 장관 재임기간 및 취임전 경력(1987-1992)

이 름	재 임 기 간	취 임 전 주 요 경 력
이헌기	1986-1988.2	한국노총 사무차장, 민정당창당발기인, 11대 국회의원, 보사부차관
최명헌	1988.2-1988.12	육사졸업, 한국수출산업공단 이사장, 11, 12대 국회의원
장영철	1988.12-1989.5	경제기획원 장관 비서관, 노동청차장, 13대 국회의원
최영철	1988.5-1990.12	동아일보기자, 9, 10, 11, 12대 국회의원, 국회부의장, 체신부장관
최병렬	1990.12-1992.6	조선일보기자, 12대 국회의원, 청와대 정무수석비서관, 문공부장관, 공보처장관
이연택	1992.6-1993.2	국무총리비서실 제1행정조정관, 청와대 행정수석비서관, 총무처장관

42) 황석호, "6공의 해결사 최병렬", 월간 『말』 1991년 9월호.
43) 이러한 변화는 국가기구 내부에서 노동부가 차지하는 지위가 구조적으로 변화하고
있다는 추측을 낳기도 하였다. 이와 같은 추측성 견해로는 황석호(1991), 앞의

<표 5-10> 노동부조직개편 추이(1981-1992)

년 월 일	조		직				총 정원	주요개편 내용	비 고
	실	국	과	담 당 관					
				2급	3급	4급			
1981.4.8	1	6	21	3	2	4	347명	기구정원	노동부승격, 국과신설
86.12.27	1	5	19	3	2	5	333명	정 원	정원 조정
88.11.22	1	5	19	3	2	7	333명	정 원	공무원종류 변경
89. 2.16	1	6	21	3	2	8	367명	기구정원	산업안전국 등 신설
90. 3.26	1	6	21	3	2	9	383명	기 구	전산담당관 신설
91. 3.25	2	5	24	4	2	9	402명	기 구	노사정책실 신설
92. 2.13	2	5	24	5	1	9	411명	기 구	과 신설, 개편

자료: 민진(1992); 노동부(1991), 『노동백서』.

<표 5-11> 노동부예산과 정부예산의 비교(1987-1993)

(단위: 백만원, %)

	1987	1988	1989	1990	1991	1992	1993
노동부예산	76,166	95,156	120,148	119,066	135,351	151,663	159,630
전년대비 증가율	22.5	24.9	26.2	-0.9	13.6	12.1	5.3
정부예산증가율	12.7	12.2	10.1	18.0	18.9	23.0	14.6
노동부예산 비중	0.49	0.54	0.62	0.52	0.50	0.46	0.42

주: 노동부예산 및 정부예산은 일반회계(세출) 기준.
자료: 노동부.

　　그러나 노동정책, 행정의 수요가 증대로 나타난 양적 변화가 노동
행정 국가기구의 질적인 위상 변화를 입증하는 것은 아니다. 질적인
측면에서 보자면 오히려 중요한 것은 핵심적인 정책결정 및 정책수
단의 동원 주체가 어떤 부서인가 하는 점일 것이다. 예를 들어 총액
임금제의 경우에도 그 기조는 이미 1989년의 임금가이드라인 재도입
에서 마련되었다고 할 수 있으며, 크게 보아 경제부처의 임금억제를
위한 정책수단에 불과하였던 것이 사실이었다. 그리고 총액임금인상

───────────

글과 노동자신문 1990.3.30자 기사를 참고할 것.

률 및 적용기준의 설정, 적용기업에 대한 제재조치 등 핵심적 정책
내용은 모두 경제기획원 상공부 등 경제부처의 주도하에 결정될 수
밖에 없는 것들이었다. 따라서 엄밀한 의미에서 노동부는 경제부처
에서 결정한 제반 결정사항들을 총체적으로 추진하는 행정적 실무부
서였다고 하는 것이 더욱 정확하다.

그러므로 우리는 6공화국 노동정책실행과 연관된 국가기구 내부의
변화를 좀더 정밀하게 시기별로 파악해야 할 필요가 있다. 그것은
먼저 시기별로 변화하는 공안부처, 경제부처, 노동부, 대의제기구 등
노동정책의 결정 및 실행과 긴밀히 연관된 국가기구들 간의 관계를
분석하는 작업이 될 것이다. 그리고 이를 통해서 세력관계가 구조화
된 형태로서의 국가기구(state-as-form)의 이익대표형태, 개입의 양식,
국가기구 간의 권력배분의 형태 등에서 나타나는 변화를 파악할 수
있을 것이다. 노동정책의 기조변화를 중심으로 1988년, 1989년부터
1990년 상반기, 1990년 하반기 이후 1992년까지의 세 시기로 나누어
고찰해보자.

먼저 정권출범 이후 1989년 상반기까지 노동정책과 연관된 국가
기구들 간의 관계는 한국의 국가에서 매우 예외적인 것이었다. 민주
주의이행 첫 단계를 막 지난 이 시기에 오랜 권위주의하에서 구조화
되었던 공안 경제기구 주도의 노동정책실행은 제한적인 수준에서나
마 해체되었던 것이었다. 경제부처 주도의 임금가이드라인제도 및
임금억제장치의 일시적인 폐지와 공안기구가 주도하였던 '관계기관
대책회의' 폐지는 이 같은 국가기구의 노사관계개입양식 변화를 단
적으로 보여주는 것이었다.

그렇지만 오랫동안 노동정책의 방향뿐만 아니라 구체적인 실행까
지도 일방적으로 결정해온 이들 국가기구들의 후퇴로 노동정책은 특
정 부처의 주도 없이 표류하는 양상을 보이기 시작하였다. 노동부는
여소야대 국면의 야당주도의 노동정책 개혁요구에 대해 수세적으로

방어하기에 급급하였고, 일관된 정책방향 없이 단기적 대응만을 거듭하였다. 사실상 노동부는 이 시기 동안 노동부내부의 온건파가 작성한 '자율적 노사관계의 정착'이라는 정책기조와 노동운동의 거센 도전을 제압하기를 희망하는 자본가계급과 국가의 요구 사이에서 딜레마적인 상황에 빠졌던 것으로 보인다.

반면에 새로이 정책입안의 중요한 기구로 부상하였던 국가기구는 대의제기구였던 국회였다. 13대 국회에서 이전의 보건사회위원회로부터 독립하여 새로이 출범하였던 국회노동위원회는 어떤 의미에서 이 시기의 노동정책방향을 주도한 대표적인 국가기구였다. 군부 권위주의체제에서 단지 '거수기'역할 만을 하였던 국회가 활성화되어 노동정책의 흐름을 주도하였던 것은 한국의 노동정책결정의 역사에서 처음 나타난 현상이었을 뿐만 아니라 이 시기의 가장 큰 특징이었다.

〈표 5-12〉 13대 국회노동위원회의 법률안 처리 내역

법 률 안	발의자	최초발의일	처리방법	본회의 의결
근로기준법개정법률안	야3당 각각	1988.11.28	폐기대안	1989. 3. 9
노동조합법개정법률안	야3당 각각	1988.11.28	폐기대안	1989. 3. 9
노동쟁의조정법개정안	야3당 각각	1988.11.28	폐기대안	1989. 3. 9
노동위원회법개정법률안	여야 각각	1988.11.25	(자동폐기)	---------
한국노동연구원법안	정 부	1988.11.29	수 정	1988.12.17
장애인고용촉진법률안	여야 각각	1988.12. 2	폐기대안	1989.12.16
기능장려법안	여 당	1988.12. 7	수 정	1989. 3. 8
산업재해보상보험개정안	여 당	1988.12. 7	폐기대안	1989. 3. 8
직업안정법중개정법률안	여 당	1988.12. 7	수 정	1989. 5.27
진폐의예방과 진폐근로자보호법률 개정법률안	여 당	1988.12. 7	폐기대안	1989. 3. 8
사내근로복지기금법안	여 당	1988.12. 7	수 정	1991. 7.23
남녀고용평등법개정안	여야 합의	1988.12.15	폐기대안	1989. 3. 8

법 률 안	발의자	최초발의일	처리방법	본회의 의결
근로자의 날 제정법률안	야3당 각각	1989.11.13	(자동폐기)	————————
산업안전보건법개정안	여 야	1989.11.23	폐기대안	1989.12.19
공인노무사법개정안	여 야	1989.11.23	폐기대안	1990. 3.16
한국노동교육원법안	여 당	1990. 3. 7	폐기대안	1990. 7.14
최저임금법개정법률안	정 부	1990. 6.14	(자동폐기)	————————
기능장려법개정법률안	정 부	1990.11. 7	원 안	1990.12.18
기능대학법개정법률안	정 부	1990.11. 7	원 안	1990.12.18
한국직업훈련관리공단법개정안	정 부	1990.11. 7	원 안	1990.12.18
직업훈련기본법개정안	정 부	1990.11. 7	수 정	1990.12.18
근로복지공사법개정안	정 부	1990.11.28	원 안	1990.12.18
고령자고용촉진법안	여 당	1991.11.21	수 정	1990.12.16

자료: 신금호, "13대 국회의 노동정책수행과 14대 국회의 과제", 월간 『노사광장』
    1992년 6월 호에서 재인용.

  국회노동위원회는 이미 언급한 관계기관대책회의의 폐지뿐만 아니
라 사무금융노련의 합법화하고, 구사대폭력, 위장폐업, 직장폐쇄, 블
랙리스트작성, 불법해고 등 쟁의현장의 불법노동행위에 대해 대응책
을 마련하는 등 기존의 노동정책 및 국가기구와는 전혀 다른 모습을
보여주었다.44) 특히 1988년 하반기부터 국회노동위원회가 주도하였
던 노동법개정작업은 국회가 이 시기 노동정책을 주도하고 있음을
구체적으로 보여준 사례이기도 하였지만 '근로기준법의 전향적 개
정'이라는 구체적인 성과를 가져오기도 하였다. 13대 국회기간 동안
노동위원회에서 처리된 법률안 중에서 1988년에 발의되고 1989년
상반기에 처리된 노동관계법률안들이 많은 것은 이 시기 노동정책에
있어 국회의 위상을 반영하고 있다.(표 5-12 참고) 이 기간 동안에는
정부보다는 야당과 여당 주도의 입법이 많았던 것도 매우 특징적이
었다.

_____

44) 노무현, '노동현실과 의정활동에 대하여', 월간 〔현대노사〕 1989년 1월 호.

이와 같이 국회노동위원회가 이 시기 노동정책에 상당한 역할을 한 것은 분명한 일이었다. 그러나 입법기관으로서 노동위원회의 한계도 명백하였다. 그것은 노동정책의 전개방향 및 구체적 행정에 대해 견제와 감시의 기능을 수행할 수 있었지만, 행정기구에 대한 실질적인 통제력을 전혀 가질 수 없었다. 노동위원회의 한계는 노동위원회에서 요구하여 노동부관료들의 동의까지 도출한 사안조차도 일선 행정기구가 다반사로 무시하는 결과로 나타났다.45) 이것은 핵심적인 쟁점이나 정책사안의 경우에는 여전히 기존의 경제기구나 공안기구가 상당한 영향력을 행사하였음을 말한다. 1988년 상반기에 공표되었던 상공부의 71개 '주요방위산업체' 지정과정, 하반기의 지하철노조 파업에 대한 대책수립 등에서 보여주었던 경제부처 공안부처의 개입은 그 대표적인 사례들이라고 할 것이다.

따라서 국회노동위원회는 핵심적인 사안에 관해서는 행정부의 담당자와 노동위원회 위원들 간에 설전만이 되풀이되었던 비효율적인 기구였다. 이런 맥락에서 1988년 하반기 이래의 노동법개정 추진은 노동위원회가 안고 있었던 이 같은 구조적 한계를 극복하고자 하는 시도였다. 그것은 법적 장치의 마련 없이는 노동행정의 전반적 개혁이 불가능하다는 점을 국회노동위원들이 분명히 인식한 결과였다.

요컨대 1988년 조성되었던 정책결정의 상황적 조건은 국가기구가 노사관계에 개입하였던 기존의 구조화된 방식에 전반적인 균열을 초래한 것으로 파악할 수 있다. 공안부처와 경제부처를 중심으로 한 자본가계급의 이해를 일방적으로 대변하던 이익대표체제는 일시적으로나마 제약될 수밖에 없었고, 이를 대신해서 국회가 이익대표의 중요한 창구로 새롭게 등장하였다. 그리고 국가의 개입방식 또한 국회의 견제와 감시로 말미암아 그 형식적 절차를 중요시하는 간접적인 개

---

45) 국회사무처, 『노동위원회의사록』 1988, 1989 참고.

입으로 전환하였으며, 이 과정에서 노동부의 위상이 상대적으로 강화되었다. 결국 공안부처와 경제부처의 압도적인 우세가 역전되었다고 할 수는 없을지라도 정책결정과 실행에 관여하는 이들의 영향력은 크게 약화되었으며, 대신에 의회의 영향력이 확대되었던 것이다.

다음으로 1989년 상반기부터 시작되는 두 번째 시기에는 억압적 통제강화의 정책기조에 따라서 다시 공안부서의 정책개입 및 결정이 강화되었다. 보수대연합－내각제논의와 함께 추진되었던 정계개편이라는 최종적인 정치적 목표를 가진 정권의 정책기조 변동이 몰고 온 파고는 노동정책의 기조 또한 크게 바꾸어놓았던 것이다.[46] 연초의 풍산금속노동조합에 대한 공권력투입, 3월의 현대중공업노동조합과 4월의 서울지하철노동조합에 대한 공권력투입 및 4월 초 이후의 공안정국 등의 노동정치정세가 급변하는 가운데 치안 및 공안부서의 정책개입은 두드러지게 나타났다.

대규모 공권력투입은 청와대를 비롯한 안기부, 보안사, 내무부, 법무부 등의 사전협의에 의해 결정되었으며, 이들 기관의 유기적 협력 아래 실행되었다.[47] 실질적인 관계기관대책회의라 할 수 있는 노동대책관계기관장관회의 혹은 지역단위관계기관장관회의가 다시 활성화된 것은 물론이거니와 노동쟁의나 노동운동 일반을 공안적 시각에서 처리하는 것을 제도적으로 공표한 '공안합동수사본부'의 발족은 이 시기 노동정책의 결정 및 실행의 주체가 어떤 부처였는지를 단적으로 드러내 준 사례였다. 그러므로 이들 기관들을 좀더 자세히 고찰할 필요가 있다.

먼저 관계기관대책회의는 5공화국 권위주의체제에서 노동통제정책 방향을 결정하고 집행하였던 핵심적인 통제기구였던 '노동대책회의'

---

46) 이에 관해서는 신준영, "공안정국 노림수 정계개편 공작", 월간 『말』, 1989년 8월 호 참고.
47) 자세한 것은 6장을 참고.

를 비롯해서 노동관련 관계기관이 합동으로 개최하는 정부회의의 통상적 명칭이었다.[48] 관계기관대책회의로 일컬어졌던 노동대책회의는 1981년 2월 13일 전두환 정권이 국무총리 훈령 163호에 의거, 설치한 것으로 중앙노동대책위원회의, 지역노동대책회의 및 시·군·구 노동대책회의의 3중 구조로 조직되어 있었고, 중앙, 지역대책회의에는 실무회의가 구성되어 있었다.

관계기관대책회의의 가장 큰 특징은 정부의 전 행정기관이 총동원되어 노동문제의 대책을 협의하고 결정하는 기관이라는 점이었다.(표 5-13 참고) 그리고 그것은 국가와 자본이 결합하여 특정 사안을 해결하기 위한 구체적인 대책을 기획 실행하는 기관이었다. 위원장이 위촉하는 특별위원은 대개 전국이나 지역단위, 혹은 개별사업장의 자본가대표로 구성되어 있었다.

그리고 조직의 형식과는 달리 이 회의를 주도한 세력은 각 단위에 모두 포진되어 있었던 국가안전기획부였다. 예를 들어 중앙노동대책회의의 정책결정은 안기부 국장을 중심으로 하여 대검찰청 공안부장, 치안본부 4부장, 보안사 국장 그리고 노동부 국장 등이 참여하는 실무회의에서 이루어졌으며, 그중에서도 안기부 국장이 회의를 주도하였다는 점은 잘 알려진 사실이었다.

안기부의 주도에 따라 주무부서인 노동부는 각종 대책회의자료, 업무보고자료 등 기본적인 자료들을 제공하고, 회의의 결과를 실행하는 정책실행부서로서의 역할을 벗어나지 못하였다. 관계기관대책회의체제하에서 노동부의 행정기능 중 가장 중요한 것은 이와 같은 정보의 수집, 생산 및 보고였다. 그것은 이 기구가 기본적으로 노동정책 및 노동행정을 치안, 공안 차원에서 다루었고 여기서 노동부의

---

48) 한편 관계기관대책회의는 노동문제 이외에도 주요한 시국사건에 대한 정부의 대응 방침을 결정 집행하였으므로 그것은 노동부문에만 한정되었던 것은 아니다. 이상현, "관계기관대책회의의 파문", 『월간조선』 1988년 3월 호.

입지는 없었기 때문이었다.[49]

<표 5-13> 노동대책회의의 구성

중앙노동대책회의	지역노동대책회의	시 군 구 노동대책회의
위원장: 노동부 장관	위원장: 서울 특별 시장 　　　　직할 시장 　　　　도지사	위원장: 시장 　　　　군수 　　　　구청장
위　원: 안기부 1차장 　　　　경제기획원 차관 　　　　재무부 차관 　　　　상공부 차관 　　　　동력자원부 차관 　　　　건설부 차관 　　　　문화공보부 차관 　　　　대검찰청 차장 　　　　치안본부장 　　　　국세청장 　　　　중노위 위원장	위　원: 안기부지역책임자 　　　　시도 경찰국장 　　　　지검 공안부장 　　　　지방 국세청장 　　　　시도보건 사회국장 　　　　시도 노동위원장 　　　　노동부지방 사무소장	위　원: 위원장이 위촉
특별위원: 위원장 위촉	특별위원: 위원장 위촉	

자료: 월간 『말』, 1988.9. p.94에서 재인용.

　　1988년 말 야당의원들의 집요한 질의 끝에 '노동대책회의'에 대한 국무총리훈령이 폐지되었고, 관계기관대책회의는 공식적으로 해체되었다. 그러나 실제로는 대책회의가 여러 단위에서 일상적으로 개최되었는데, 이에 대해서 노동부관계자는 '노동대책회의'는 더이상 열리지 않으나 부처 간 업무처리협조를 위한 '관계기관대책회의'는 필요하고 정당한 업무수행이라고 답변하였다. 이것은 실질적인 의미에서의 '노동대책회의', 곧 관계기관대책회의가 항상 가능하다는 것을

---

49) 노동부가 안기부 등 공안기관에 정례적으로 노동동향보고를 해 온 것이 구체적으로 밝혀진 것은 1988년 국정감사에서였다. 인천시가 제출한 자료에 따르면 1988년 3월 이후 시장 주재로 개최한 노동대책회의는 3회, 실무회의가 6회였으며, 참석자는 시장, 지검 검사장, 시경 국장, 안기부 분실장, 보안사 담당자, 지방노동청장, 지방노동위원회 위원장 등이었다고 한다. 국회노동위원회, 『1988년 국정감사자료』; 이재화, "국가안전기획부 정보비 명세서", 월간 『말』 1990년 2월호 참고.

의미하였고, 나아가 그것이 이미 구조화, 일상화된 것임을 말한다.

특히 지역단위관계기관대책회의는 지역수준의 노동문제에 대해서 거의 결정적인 영향력을 행사하고 있었다. 여기에는 지역행정 책임자, 지역안기부 책임자, 보안사 담당자, 노동 사무소장 등 지역의 공안기구가 참여하였다. 그리고 이들은 공권력투입 및 노조와해공작 등의 계획을 지역자본가대표들과 공동으로 수립, 추진하였고, 주로 지역수준에서 발생한 쟁의를 파괴하거나 민주노동조합의 노조활동을 감시 통제하는 역할을 수행하였다. 문제는 이와 같은 지역단위관계기관대책회의는 정부의 대책회의 폐지 방침에도 불구하고, 이미 일상적인 것으로 자리잡고 있었다는 점이었다.

이런 상황에서 1989년 봄 등장한 '공안합동수사본부'는 관계기관대책회의의 연장선상에서 이를 공식화하고 제도화한 것이었다. 그것은 3월 22일 대통령이 '좌경폭력세력척결'을 위한 상설대책기구를 설치할 것을 지시함에 따라 4월 3일 구성되었다. 공안합동수사본부는 참여기관이 안기부, 보안사, 검찰, 경찰, 문교부, 노동부, 문화공보부 등으로 그 내용 면에서 이전의 관계기관대책회의와 전혀 다를 바가 없었고, 실질적으로 수사를 주도하던 기관이 안기부였던 것도 동일하였다. 그리고 전국 12개 지역에 '지역공안합동수사부'가 설치되어 있었던 것도 마찬가지였다. 다른 점이 있다면 공안합수부는 형식적이나마 검찰조직을 중심으로 해서 편제되었다는 점, 그리고 직접적인 수사권을 갖고 있었다는 점 정도일 것이다.[50]

---

50) 공안합수부를 구성한 각 기관의 참여인사들은 본부장 대검 공안부장(이건개), 보안사 방첩처장, 안기부 대공수사단장, 치안본부 5차장, 문교부 대학정책실장, 노동부 노정국장(구연춘), 문공부 문화국장, 대검 공안 1과장 등이었다. 그리고 합수부 의장이 검찰로 되어있었지만, 대통령직속기관인 안기부의 직원은 검찰이 지휘할 수 없게 되어 있어 실질적인 주도권은 안기부에 있었다. 1979년의 계엄사합수부, 5공의 관계기관대책회의와 공안합수부의 차이와 공통점에 관해서는 손중양, "공안합동수사본부의 실체", 월간 『말』, 1989년 6월 호와 김이택, "철저해부 공안합수부", 『월간중앙』 1989년 6월호 참고.

1989년 봄 관계기관대책회의-공안합수부의 노사관계개입은 거의 모든 영역에 걸친 포괄적인 것이었다. 공안합수부가 불법노사분규 주동자에 대한 구속수사를 원칙으로 하여 공안적 시각에 의한 노사관계개입을 본격화한 이후, 4월 18일의 국무총리주재관계장관회의를 계기로 공안기관의 개입정도는 크게 강화되었다. 당시 '5월총파업설'에 대한 대책으로 장관회의에서는 전국 각 지역 공안합동수사부에 '불법노사분규 및 배후조종자 신고센터'를 설치할 것을 지시하였다. 그리고 158개 노사분규 중점관리업체를 선정하고, 이를 A B C 세 등급으로 구분하여 긴급조정권 발동, 공권력투입, 중재명령 발동 등의 대책을 실행할 것을 지시하기도 하였다.[51] 그 결과 쟁의사업장에 대한 공권력투입과 노동자에 대한 구속이 크게 증가하였는데, 한 단체는 1988년 말부터 1989년 6월 27일까지 구속된 시국관련구속자 645명 중 구속노동자의 수는 266명에 달한다고 발표하기도 하였다.[52]

공안정국을 통해서 본격화되었던 공안당국의 노사관계개입이 그 최고조에 달하였던 것은 1990년 1월 전노협결성저지와 조직와해를 위한 정부차원의 대응에서였다. 청와대대책회의로 알려진 이 회의에서는 청와대의 지휘 아래 내무부, 법무부 등 치안 공안기관의 대책회의라고 할 만큼 이들 기관의 개입이 두드러졌다. 노사관계 주무부서인 노동부가 내놓은 대책은 교육, 홍보 및 제3자개입사례 고발 등에 불과하였다.

노사관계에 대한 공안·치안기구들의 개입 강화는 필연적으로 노동부와 국회노동위원회와 같은 노동정책 담당 국가기구들의 입지를

---

51) 158개 중점관리업체의 명단은 한국노동조합총연맹, 월간 『현대노사』, 1989년 5월 호 참고.

52) 한국기독교교회협의회의 비공식집계에 따른 것임. 박희라, "풀려나는 테러단, 갇히는 노동자", 월간 『말』 1989년 8월 호. 공안수사가 가장 심했던 1989년 4월 한 달 동안 재야·노동계·대학 등에서 구속된 사람은 총 234명이었으며, 215명이 불구속 입건되었다. 김이택, 앞의 글, p.208 참고.

위축시켰다. 특히 1988년 한 해 동안 상대적으로 강화되었던 국회의
노동정책 수립 및 견제기능은 크게 축소되었다. 1989년 연초 풍산금
속에 대한 공권력투입 이후 여당인 민정당은 정부의 정책변화에 따
라 방관적인 태도로 일관하였다. 그리고 3월 말 대통령의 중간평가
무기연기 발표로 야당들의 정치적 분열이 심화됨에 따라서 국회노동
위는 거의 무력화되기에 이르렀다.[53] 또 한 장관의 발언처럼 '정부
내에서는 그래도 노동자 편'이라고 할 수 있었던 노동부가 할 수 있
었던 일이라고는 거의 없었다. 노동부는 공안기관이 요구하는 자료
를 제출하고 공안기관의 정책결정에 따라 노동통제수단을 실행하는
것 이외의 기능을 전혀 수행할 수 없게 되었던 것이다.

권위주의체제 이래 노동부의 공안기관에 대한 종속은 구조적인 것
이었으며 이는 1988년 상대적으로 노동부의 위상이 강화되었던 시점
에서도 예외는 아니었다.[54] 그리고 1989년에는 이와 같은 종속의 구
조가 더욱 강화되었던 것으로 볼 수 있다. 추측에 불과하던 이 같은
두 국가기관의 관계는 1989년 국정감사에서 노동부와 안기부 간의

---

53) 노무현, "좌절된 노동청문회에 부쳐", 월간 『말』 1989년 4월호와 주간노동자신문,
1992.7.10일자 참고. 당시 국회노동위에서 야당의원들은 노동부 장관을 상대로
국회의 무능함, 노동정책의 파탄을 개탄하였으나, 노동부 장관 또한 이 같은 상황
전개에 대해서는 전혀 무기력할 뿐이었다. 야당 의원들의 분노어린 발언은 이를
잘 보여준다.(제145회 임시국회 중 3월 25일 노동위원회 발언)
　"…… 국회도 밤낮 떠들어봤자 …… 내가 지금까지 여기서 했던 소리는 개짖는
소리에 지나지 않는다(고) …… 단언하고 …… 이 나라의 노동자는 어떤 법절차에
의해서도 보호받을 수 없다(고 봅니다)."(통일민주당 노무현 의원)
　"…… 노동부에서는 답변을 하셨는데 이런 노동위원회의 회의가 필요한가에 대해서
저는 근본적으로 의심합니다. 지금 노동부에서 무엇을 하고 있는가를 잘 모르겠어요.
…… 노동부의 재산을 다 팔아서 차라리 노동자들한테 나누어 주는 것이 더 산업평화
를 빨리 해결하는 방법이 아닌가요? 지금 현재 노동부처럼 한다면 …… 노동부가 행
정감독기능을 전혀 발휘하지 않고 있지 않습니까!"(평화민주당 이해찬 의원)
54) 국회노동위원회의 답변에서 노동부의 노정국장(구연춘)은 정보기구와 노동부의 이
같은 관계가 제도화되어 있음을 시사하였다. 국무총리 행정조정실 내의 이념담당부
서 주재로 관련부처 관계자회의를 열어 부서 간의 업무를 조정한다는 것이었다.
그러나 이때에도 실질적으로는 안기부가 회의를 소집하고 주도하였음은 물론이다.

비밀서류 접수 발송 내용의 일부가 공개됨으로써 그 일단이 확인될 수 있었다. 야당의원들이 확인 공개한 2급비밀문서의 수발 상황에는 노동부와 안기부 간의 지휘통제체제가 잘 나타나 있었다.

<표 5-14>에서 보면 안기부의 노동부통제의 핵심적인 내용은 '정보수집업무'였음을 알 수 있다. 안기부는 노동부산하 전국의 행정조직 및 근로감독관을 안기부의 정보망으로 조직하여 운영하였으며, 이를 위한 노동부의 예산지출 또한 통제하였던 것이다.

이 중 1989년 4월 23일 노동부지침에 의해서 만들어진 '국가정보 세부자료수집계획'에는 노동부의 정보수집업무의 전체 윤곽이 나타나 있었다. 노동부의 임무는 모든 근로감독관을 동원하여 위장취업 사항, 노학연계의 실상 및 배후세력 지원동향, 민주노조와 지역노조협의회 활동실태, 극렬 노사분규 사업장의 노조집행부 인적사항, 노동문제상담소의 운영 및 인적사항 등 민주노조의 동태나 노동자들의 인적사항에 관한 세세한 정보를 수집, 관리하고 상급기관에 보고하는 것이었다.

요약하자면 1989년 상반기부터 1990년 상반기까지의 노동통제강화 국면에서는 국가기구 내의 역관계가 다시 재역전되는 양상을 보였다. 민주화의 열기 속에서 일시적으로 위축되었던 공안기구들은 노동정책의 결정 집행에 이르기까지 모든 부분에서 다시 전면에 등장하였으며, 노동부, 국회노동위원회 등은 다시 무기력한 상태가 되었다. 이것은 노동정책의 결정 및 집행에 있어 일시적이나마 권위주의체제의 양상이 재현된 것을 의미한다. 즉 노동자계급의 이해를 전적으로 배제하는 노동정책이 다시 되풀이되었으며, 국가의 노사관계 개입의 양태도 권위주의의 그것과 크게 다를 바가 없게 되었다.

〈표 5-14〉 노동부 안기부 간의 비밀문서 수발현황

구 분	일 자	발송 수신	내 용
정보 수집 계획	1987. 7. 4	노동장관 안기부	정보사업운영계획 수정 통보
	1988. 7.13	안기부 노동부	1988년 정보사업운영계획 수정
	1988.11.21	노동장관 안기부	정보사업운영계획 수정승인 요청
	1989. 4.28	노동장관 안기부	국가정보세부자료 수집계획 수립
정보 예산 편성 집행	1988. 4. 1	안기부 노동부	정보사업예산 편성 지침
	1988. 7.21	노동부 안기부	상반기 정보사업예산 심사분석 보고
	1988. 7.27	노동부 안기부	1989년도 정보사업계획 예산서제출
	1988.11.27	노동부 안기부	노사대책비 집행계획서 제출
	1989. 4.27	노동부 안기부	지휘활동비 전용 요구

자료: 노동부, 『국회 국정감사보고자료』, 1989.
　　주간 노동자신문, 1989년 10월 20일 자(창간호)에서 재인용.

　마지막으로 1990년 하반기 이후의 시기에는 공안기구의 노동정책 개입이 상대적으로 줄어들었는데, 이는 국가기구 간의 힘관계의 변화의 결과라기보다는 노동운동의 위축과 노동쟁의 감소에 따라 나타난 현상에 불과하였다.[55] 이를 대신해서 이 기간 동안에는 경제부처의 노동정책개입이 두드러지게 나타났던 것이 특징적이었다.

　이미 우리는 1990년 상반기 상공부의 노동법개정시도 및 1991년 1992년 정부의 노동관계법개정시도를 통해서 경제부처의 노동정책 주도의 한 단면을 살펴본 바가 있었다. 그러므로 여기서는 노동법개정과 함께 이 시기 노사관계의 핵심적인 쟁점이었던 임금정책 및 고용정책에 나타난 정책형성, 실행과정을 고찰하고자 한다.

　먼저 1990년 상반기 상공부 주도의 노동법개정시도 이래 하반기

55) 공안기구들은 대규모 쟁의나 조직사건들을 매개로 해서 계속 개입하였던 것이 사실이지만 그 규모와 내용이 축소되었다는 의미이다. 따라서 두 번째 시기와 세 번째 시기의 구분선은 명확하지 않다고 할 수 있다. 그리고 경제부처들의 노동정책개입도 이미 1989년 하반기부터 시작되었다. 대표적인 사례로 1989년 12월 22일 경제기획원이 '산업평화특별대책반'을 만들어 1990년 초반의 노사관계정책을 주도한 경우를 들 수 있다. 이재영, "산업평화 특별대책반", 월간『말』1990년 3월호 참고.

에는 노동시간의 연장문제가 주요한 쟁점으로 부각되었다. 1989년 개정근로기준법의 도입 이래 자본 측은 법정노동시간이 선진국의 기준에 비해서도 지나치게 짧아서 경제위기의 주요한 원인이 되고 있다는 논리를 펴면서 국가에 이를 시정할 것을 지속적으로 요구하였다. 그리고 이에 대해 경제부처를 중심으로 한 정부 각 부처에서는 상공부의 노동관계법개정안에서 나타나는 바와 같이 법정근로시간 연장, 변형근로시간제 부활, 연장근로수당 하향조정, 시간제 근로자제도 도입 등 다양한 방식으로 자본 측의 요구를 수용하고자 하였던 것이다. 그중 하나의 조치로서 실행되었던 것이 8월 24일 국무회의에서 의결한 '국군의 날', '한글날'의 공휴일 제외였다.

그러나 노동시간 연장에 대한 노동부의 입장은 미묘한 것일 수밖에 없었다. 정부 내에서 노동자의 입장을 대변한다고 자처하고, 또 내부적으로는 부분적이나마 그러한 경향성을 가진 관료들이 포진되어 있었던 노동부가 이와 같이 명백한 자본 측의 요구를 쉽게 수용하기는 힘들었기 때문이었다. 따라서 노동부는 의결 직후 '관공서 공휴일 조정에 따른 행정지도지침'을 발표하여 휴일에서 제외된 두 날은 노동자에게는 당연히 휴일이라고 밝혔다. 그러나 8월 28일 총무처와 법제처는 해당정부기관에서만 휴일일 뿐, 일반 기업에서는 평일과 같이 근무해야 한다는 정부의 공식입장을 표명하기에 이르렀다. 이러한 정부부처 내부의 혼선을 노동 측에서는 의도적인 노동자 기만이라고 비판, 반발하였고, 노동부는 노동 측의 반발과 사용자 측의 노동부행정지도에 대한 반발 사이에서 곤혹을 치를 수밖에 없게 되었다.[56)]

---

56) 조선일보 1990년 8월 29일자 및 중앙일보 1990년 11월 2일자 보도 참고. 결국 노동부는 정상 근무로 처리하더라도 임금소득 감소 등 불이익이 없도록 행정지도 하라는 지침을 내려 한 걸음 물러서고 말았다.(노동부, "관공서 공휴일에 관한 노동부행정지도지침", 1990.11.12)
　　사실 1989년 근로기준법개정으로 가속화된 노동시간 단축은 정부 내에서 노동

단편적이기는 하지만 '공휴일축소'문제는 노정권 하반기의 노동정책과정에서 노동부의 정부 내 위상을 잘 보여주는 사례였다. 노동부는 노동자계급의 이해를 부분적, 형식적이나마 대변할 수밖에 없는 위상을 갖는 정부기관이었다. 하지만 노정권 후반기의 경제성장위주의 정책드라이브에서 노동부는 경제부처의 하위 실행기구의 지위를 벗어나지 못하였던 것이다.

이런 노동부의 국가기구 내 위상은 임금정책에서 보다 분명히 나타났다. 1991년 '한 자릿수 임금정책'의 정책결정 및 정책실행을 주도한 것은 노동부가 아니라 경제부처였으며, 그중에서도 경제기획원이었다. 1990년 12월 7일 경제기획원 장관은 '91년 경제안정을 위한 노사관계 안정대책'을 청와대에 보고하였다. 여기서 그는 당면 경제운영의 핵심적 과제가 제조업의 경쟁력 확대와 물가안정이라고 규정하고, 이를 위해서 임금의 한 자릿수 억제를 핵심적인 정책과제로 설정하였다. 경제기획원에서는 임금억제를 위해서 단순한 임금억제의 방향만을 제시하는 것을 넘어서서, 노사관계제도의 개편과 도입, 노동관계법개정 등의 구체적인 세부실천방안까지 마련함으로써 주요 노동정책사항에 깊이 개입하였다.[57]

반면에 노동부는 임금억제정책의 행정적 실행에 있어서도 전혀 주도권을 행사하지 못하였다. 단적인 예로서 한 자릿수 임금억제정책의 핵심적 내용이었던 소위 '임금교섭선도부문'에 대한 중점지도는 "업종 관할 부처에서 주관"하였으며, 노동부는 오직 "협조"할 수밖

부가 추진하여 결실을 본 중요한 업적이었다. 정책결정의 영향력이 상대적으로 컸던 당시 노동부는 '민주화시대'에 필요한 가장 중요한 사업 중의 하나가 장시간노동체제의 개선이라는 내부적인 입장을 가지고 있었다.(노동부, "노사관계안정화방안", 1988.5.28)

57) 새로 도입키로 한 연봉제, 업적급임금제도, 단체협약유효기간의 연장 등의 정책사항들은 1991년 하반기의 노동법개정시도에서 보다 진전되었음은 앞에서 이미 밝힌 바 있었다. 주 27) 참고.

에 없었다.[58] 정부 각 부처의 소관분야별 임금협상 적극 개입 방침
에 따라서 노동부 이외의 다른 부처가 임금교섭에 직접 개입하는 현
상이 벌어지기도 하였다. 예를 들어 상공부의 고위 관료는 1991년 2
월 30대 그룹과의 간담회에서 한 자릿수 임금정책에 따르지 않는 업
체에 대해 정책자금지원을 중지하겠다고 공식적으로 발언하였으며,
국무총리도 정부출연기관이 임금억제정책을 따르지 않을 경우 기관
을 폐쇄하겠다고 발표한 적이 있었다.[59]

　1992년의 총액임금제 실시과정에서 경제부처의 노동정책개입은 더
욱 강화되었고, 제도화되는 양상으로 진전되었다. 경제기획원은 자본
측의 입장을 최대한 수용하여 임금억제 수준을 총액기준 5%로 설정
하였으며, 이를 정부 산하기관이나 공공부문 뿐만 아니라 민간대기
업에도 적용하고자 하였다.[60] 1992년 임금억제정책에서는 1991년의
경험을 토대로 그 제도적 장치들이 새로이 마련되었다. 예컨대 총액
제 준수기업 및 미준수기업에 대한 정부차원의 우대(정책자금지원,
세무조사면제, 금융조세상 우대) 및 제재조치(금융기관의 여신심사
강화, 정부인 허가 사업참여에 불이익 조치)가 체계적으로 마련되었
으며, 경제기획원 산하의 '인력정책심의위원회'의 기능을 대폭 강화
되기도 하였다. 특히 인력정책심의위원회는 경제학자와 경제부처 장
관들이 참여하는 정부 산하 행정위원회로서 중점관리대상 조정 및
결정, 임금타결결과 점검 및 우대·제재조치 결정 등을 담당하는 최

---

58) 노동부의 지침에 따르면 정부투자기관 및 출연기관은 경제기획원에서, 금융기관은
　　재무부에서 그리고 30대그룹 주력기업은 관련업종에 따라 상공부 등 해당 부처에
　　서 각기 담당하게 되어있었다. 노동부의 역할은 단지 이들이 포괄치 않는 '지역 선
　　도기업'에 대한 지도뿐이었다.
59) 또 4월 상공부는 과다임금인상 기업에 대한 어음유통 봉쇄방침과 노사분규로 인한
　　애로기업 지원요령을 발표하였고, 재무부에서는 은행원의 임금을 5%로 억제할 것
　　을 지시하기도 하였다.(월간 『노사광장』 1991년 7월호 참고)
60) 경제기획원, "1992년 경제운용계획"(1991.12.26), "경제안정 및 산업경쟁력 제고
　　대책"(1992.1.14) 참고.

고 의사결정기관으로서 노동행정에 깊이 개입하였다.61)

그리고 총액임금제가 적용되는 중점관리대상 사업장에 대한 지도 또한 더 세분화되고 강화되었다. 시장지배적 사업자, 500인 이상 대기업, 300-500인 규모의 서비스업체 등은 재무부, 상공부, 동자부, 건설부, 보사부, 교통부, 공보처 등 업종 관련부처가 담당하였으며, 경제기획원은 정부투자 출연기관을 지도하였다. 특징적인 것은 경제부처가 아닌 내무부가 지방공기업의 임금교섭을 지도하였다는 점과 노동부의 역할이 100인 이상 전사업체의 임금타결 통계파악으로 바뀌었다는 점이었다. 총액제 정책결정 및 실행에 있어 노동부는 이와 같이 주무부서로서의 정책적 영향력을 갖고 있지 못하였으며, 단지 실무적인 기능만을 수행할 수 있었을 따름이었다.62)

마지막으로 임금억제와 함께 이 시기 노동정책에서 핵심적 주제였던 인력정책 혹은 고용정책의 결정, 실행과정을 간단히 살펴보자. 국가가 실행한 인력수급 불균형해소 정책의 주체도 역시 노동부가 아닌 경제기획원과 상공부였다.

1990년 말 상공부는 인력난에 대처하는 종합적인 대책을 검토하였다. 상공부는 여기서 인력난을 타개할 수 있는 고용촉진방안으로서 파트타임제 도입, 기혼여성 취업을 위한 탁아시설 확충, 아파트형 공장건립, 노장년층의 취업 유도 등의 방안을 제시하였다. 이 중에서

---

61) 인력정책심의위원회는 경제기획원 장관(위원장)을 포함한 14개 부처 장관, 대통령 경제수석 비서관, 국무총리실행정 조정실장과 민간인 4명(교수 2명, 한국노동연구원장, 중소기업협동조합중앙회장) 등 총 20명으로 구성되어 있었다.

62) 노동부, "1992년 임금교섭 지도지침", "1992년 주요업무보고"(1992.1.27), "중점관리대상업체 사후관리대책"(1992.9) 및 "총액기준임금동향 관계부처 합동점검반 회의자료"(1992.4.30) 참고.
   한편 최병렬 노동부 장관 개인이 총액제를 구상하고 결정하여 주도하였다는 일반의 평가는 표피만을 본 것이다. 비록 총액제의 구체적인 정책내용을 구상 결정한 것이 노동부 장관이라 하더라도 그는 경제부처의 일반적인 정책방향이었던 '임금억제정책'의 실무를 담당하는 것에 불과하였다. 따라서 이 시기 노동정책의 주도권은 경제부처에 있었으며 최장관은 경제부처의 입장을 노동부에 관철시켰을 뿐이었다.

상공부가 가장 중점적으로 강조한 것은 파트타임제 도입을 위한 노동관계법령 특히 근로기준법의 개정이었다. 자본의 요구를 대폭 수용한 상공부의 대책안은 이후 정부방침으로 지속적으로 확인되었으며 그 내용이 보강되었다.[63]

노동부는 경제부처 주도의 이와 같은 인력난 대책에 따라 정책실행을 담당하였다. 노동부의 대책들은 산업인력 양성확대, 유휴인력 활용, 직업안정망 강화, 사내훈련제도 강화, 소비성 서비스산업으로의 인력유출 방지 등으로 대체로 자본과 경제부처의 입장을 받아들이는 것이었다. '시간제 근로자제도'(파트타임제), '근로자파견제도' 등의 제도도입을 위한 노동법개정작업, 고용보험제도의 준비, 직업훈련제도의 확대 강화 등 정책실행 수준에서 노동부의 행정적 업무수요는 인력난대책을 통해서 크게 늘어났던 것이 사실이었다.[64]

그러나 업무수요의 상당한 증가에도 불구하고 인력정책의 기본방향은 경제부처가 주도하였으며 노동부는 결코 그 실행부처의 지위를 넘어설 수 없었다. 그 단적인 예로서 해외노동력수입문제를 들 수 있다. 1990년부터 이미 한계산업(특히 석탄산업)을 중심으로 해서 해외노동력수입공식화의 요구가 지속적으로 제기되어 정부 내에서도 이에 대한 찬반의 논의가 대립하였다. 이 과정에서 경제기획원, 법무부 등은 고용악화와 사회적 비용의 부작용을 염려해 이를 반대한 반

---

63) 상공부, "유휴인력 활용방안", 1990.12.4 참고. 상공부의 안은 당시 자본 측에서 정부에 건의한 인력난 대처방안과 동일한 것이었다.(전국경제단체협의회, "제조업 고용실태와 인력난 대처방안", 1991.1) 참고로 경단협의 요구안 내용은 1.임금억제 2.금융지원 3.해외인력수입 검토 4.유휴노동력 적극 활용(주부노동력 고령노동력 활용, 파트타임제 도입, 근로자파견업 제도화) 5.직훈제도의 개선 6.직업안정제도의 근대화 7.전문기술인력 확충 등이었다. 한편 이 밖에 정부의 주요한 인력난 대책으로는 "제조업경쟁력강화대책"(경제기획원, 1991.3.14), "경제안정 및 산업경쟁력 제고 대책"(경제기획원, 1992.1.14), "최근의 산업인력 동향 및 대책"(상공부, 1992.12) 등이 있었다.
64) 노동부, "1992년 주요업무보고"(1992.1.27) 및 위 경제기획원의 대책안들을 참고할 것.

면, 상공부는 자본의 입장을 반영해서 노동력수입에 찬성하는 입장
에 섰다. 노동부는 형식적으로는 노동계의 저항을 고려해서 반대의
입장을 표명하였지만, 상공부의 요구를 대통령이 수용하는 형식으로
경제부처 간의 이견이 조정되자 이를 받아들일 수밖에 없었다.[65]

결론적으로 1990년 하반기 이후 노동부의 주요한 정책들은 경제
부처의 정책결정에 종속되어 있었고, 노동부는 단지 정책실행부서로
서만 역할 하였다. 그리고 이 과정에서 노동부는 노동 측의 이해를
배제하고, 자본 측의 이해를 대변할 수밖에 없었다. 또 이 시기 국가
의 노동문제 개입의 방식 또한 행정적 물리적 수단을 통한 임금억
제, 정부주도의 고용창출 등 1987년 이전의 양상과 크게 다르지 않
은 특징을 보여주었다.

2) 이데올로기적 국가기구

여기서는 국가의 노동운동에 대한 이데올로기적 통제의 규모와 과
정을 좀더 구체화하기 위해서 이데올로기가 생산되고 유포되는 기제
에 대해서 고찰하고자 한다. 노동이데올로기는 다양한 방식으로 그
리고 다양한 주체들에 의해서 유포되었지만, 국가기구는 이들을 종
합적으로 기획하고 조정하는 핵심적 주체이었다. 따라서 먼저 국가
기구 그중에서도 특히 행정부에서 공개한 정책결정과 정책방향에 대
해 검토하고, 다음으로 각각의 이데올로기생산기구를 구체적으로 고
찰하고자 한다.

---

65) 동아일보 1991년 6월 28일. 서울신문 1992년 3월 6일자 참고. 1991년 10월 노
    태우 대통령은 외국인노동력수입확대 지시를 내렸는데 이는 상공부의 입장이 경제
    기획원 및 법무부의 반대에도 불구하고 관철되었음을 의미한다.

① 노태우 정부의 대노동이데올로기홍보정책:

정부가 효율적인 정책실행을 위해서 일상적인 홍보, 선전활동을 하는 것은 전혀 예사로운 일이 아니다. 하지만 이와 같은 일상적인 홍보활동은 정부의 주요한 정책결정의 대상은 아니라는 점에서 6공화국시기 노동문제에 관한 정부의 홍보대책은 그 자체로서 분석의 대상이 되어야 한다. 노태우 정권의 집권 시기 동안 그것의 정책결정에서의 비중은 변화하였고, 시기별로 강조점도 크게 바뀌어져 갔던 것이다. 그리고 홍보대책에 핵심적으로 참여한 주요 부처들도 시기별로 변화하였다. 그러므로 우리는 노정권이 노동문제 홍보에 관한 정책결정 및 그 방향을 시기별로 나누어 고찰하고 그 특성이 무엇인지를 정리할 것이다.

먼저 1988년 집권 첫 해 동안에 신정부는 특별한 홍보대책을 발표하지 않았다. 이것은 노사자율의 원칙, 건전한 노동조합주의육성 등 이 시기 동안 국가의 노동정책이 전반적으로 노사자율을 강조하였기 때문이었다.

그렇지만 국가는 이 시기 동안에도 특정한 사안을 해결을 위해서는 정부차원의 홍보대책을 마련하기도 하였다. 그 좋은 예가 서울지하철파업에 대한 홍보대책이었다. 1988년 8월 26일 청와대에서 열린 서울지하철노동조합 파업대책회의에서는 문공부의 홍보대책을 결정하였는데, 그 내용 중에는 '신문사설에 파업결의 비판 및 철회종용, 파업의 부당성과 관계당국의 강력대처를 요망하는 시민의 진정' 등이 포함되어 있었다.[66]

---

66) 회의에서는 특히 언론기관과의 협조를 강조하고, 구체적인 홍보수단으로써 특집방송, 기획특집, 사설, 독자투고 등을 명시하기까지 하였다. '설득력 약한 서울지하철파업'(중앙경제, 8.31일자), '지하철, 정말 세울 셈인가'(중앙일보, 8.30일자), '올림픽을 인질로?'(조선일보, 8.30일자) 등, 당시 각 일간신문들의 사설제목을 보면 이와 같은 정부의 홍보대책이 실제로 실행되었다는 것을 알 수 있다. 전국노동운동단체협의회, "현정권의 노조파괴공작에 대한 긴급보고-서울지하철공사노조에 대

다음으로 공안정국의 노동통제강화와 함께 1989년부터 정부의 홍보대책들은 보다 공식화되었고 강화되었다. 1989년 9월 노동부는 국정감사자료를 통해서 언론매체를 통해서 노동문제에 관한 홍보활동을 할 것이라고 공식적으로 발표하였다. 여기서는 노사관계에 관한 TV토론 적극 활용, 정부의 산업평화정착 의지 홍보를 위한 담화 발표, 국민의식조사, 임금통계 등 자료 보급의 방침이 포함되어 있었다.

1989년 하반기 동안 각 부처들에 의해 산발적으로 준비되던 정부의 홍보계획은 1990년 1월의 '산업평화조기정착과 임금안정대책'에서 전체적으로 종합되었다. 먼저 경제기획원의 대책에서는 "범부처적으로 우리경제의 실상 및 산업평화의 중요성을 적극 홍보함으로써 노사당사자의 인식전환뿐만 아니라 일반국민의 건전한 여론을 형성"하여야 한다고 전반적인 방향을 제시하였다.

구체적인 홍보대책을 담당한 것은 노동부였다. 노동부는 제출한 '급진노동세력 대책과 위법부당쟁의행위 지도방안'에는 홍보, 교육대책의 중요성에 대한 정부의 판단이 잘 나타나 있었다.[67] 노동부대책의 기조는 다음과 같았다.

"이들의 이념과 투쟁방식이 자유민주주의체제를 부정하고 국민경제를 파탄으로 몰아가고 있다는 국민적 공감대를 확산시키기 위하여 대응논리를 개발 보급하는 등 심리전(心理戰) 차원의 교육, 홍보대책을 더욱 강화한다"(p.25)

이와 같은 기조 위에서 노동부는 대응논리를 정리한 소책자 제작 배포, 이념교육 강화, 지역별 설득순화팀(학계, 언론, 종교 등 각계 지도급인사로 구성) 조직 및 순화교육활동 전개, 교육자료 '노동3권

한 파괴공작의 실상", 1988.11.
[67] 이 자료에서 노동부는 전노협에 대한 대책으로 크게 세 가지를 제시하였다. 교육홍보대책, 법적 대응, 경단협과 노총에 대한 지도대책이 그것이었다.

의 행사에 대한 올바른 이해' 소책자 발행 및 이에 대한 교육, 노사윤리헌장 제정, 악성분규 수습 모범사례 발굴 및 홍보 등의 구체적인 대책방안들을 제시하였다.

한편 상공부는 노동부의 '올바른 이해'자료를 사용자들을 통해서 대규모로 교육시키고, 노동자에 대한 노사관계교육과 해외시찰을 대폭 확대하는 방침을 제시하였다. 상공부의 홍보대책에서 주목할 것은 "TV토론회, 신문기고 등을 통해 경제실상, 노사화합 성공사례 및 생산성 향상에 대한 교육홍보를 강화하여 산업평화에 대한 범국민적 공감대를 확산"시킬 것이라고 하는 대목이다. 이것은 당시 언론의 노동문제에 관한 여러 가지 보도나 기획물들이 모두 국가기구의 홍보대책 차원에서 마련된 것이었음을 간접적으로 보여주고 있다.

노동부가 1990년 2월 전국시도보사국장회의에서 제출한 자료에는 '청와대회의'의 대책들이 보다 구체적으로 드러났다. 여기에는 한국노사교육본부 등을 통해서 대대적인 노사교육(63,000명)을 실시하고, 근로자 해외연수를 확대(공산국가 1,000명, 대기업 경제단체 연수 6,000명)하는 등의 내용이 포함되어 있었다. 또 상공부 자료에서 나온 언론활용계획도 여기서 보다 구체화되었는데, 노동부는 '1월부터 3월까지' 언론매체를 활용하여 우리경제의 현실, 산업평화의 중요성, 노사관계 모범사례 등을 집중 홍보할 계획임을 밝혔다.[68]

1990년 하반기에 이르면 정부의 노사관계 홍보대책은 다시금 재정비된다. 10월 15일 '범죄와의 전쟁선포' 후속대책을 청와대에 보고하는 자리에서 노동부는 보다 강화된 홍보대책을 마련하였다. 그것은 건전 노사관계정립에 관한 교육과 홍보에서 '대중매체를 적극적으로 활용'한다는 것을 강조하였다. 그리고 '급진노동세력의 실체'

---

68) 그리고 1990년 3월 27일 치안본부는 '민생치안 언론대책'이란 것을 전국 시 도 경찰국에 지시하였는데, 그 주요한 내용은 언론과의 협조체계를 마련키 위해 언론사별 담당관제를 운영하는 것이었다.

등의 홍보책자 5종 25만 권을 보급하고 산업평화 포스터를 제작, 배포하며, 결의대회 캠페인 산업시찰을 추진하도록 하였다. 또 노동자들의 해외연수도 공산권 2,500명, 선진국 4,500명으로 대폭 확대한다고 발표하였다.

한편 1991년부터 정부의 노동정책의 핵심적 과제는 민주노조운동에 대한 통제로부터 한 자릿수 임금억제나 총액임금제의 관철로 바뀌었는데, 이와 같은 임금대책들도 대국민홍보전략으로부터 시작되었다. 1991년 1월 14일 '경제안정 성장기반 확충대책'에서 경제기획원 등의 경제부처들은 1월에서 3월까지 대도시를 중심으로 대대적인 임금교섭토론회를 순회 개최하여 임금안정을 위한 국민적 공감대를 형성할 것임을 발표하였다. 같은 해 2월의 노동부임금교섭지침에서는 성공적 타결사업장에 대한 홍보뿐만이 아니라, 그 확산을 위해서 '지역언론과 긴밀히 협조'할 것임을 밝히기도 하였다.

1992년 총액임금제 실시를 앞두고서 이와 같은 언론대책은 보다 강화되었다. 1월 27일의 노동부의 청와대보고에서는 언론매체를 이용한 '노사정 공개토론회' 개최 방침이 자세히 보고되었다. 그것은 경제기획원과 노동부의 주관하에 한국노동연구원, 한국개발연구원, 한국노동교육원, 라디오, TV, 신문 등 홍보기관들의 협조를 얻도록 기획되었다. 그리고 구체적인 방법으로 TV 심야토론, 시사토론 등의 프로그램을 통해서 1월에서 3월까지 집중적으로 홍보하도록 하였다.

지금까지 우리는 공개된 정부의 언론홍보대책을 살펴보았다. 그렇지만 이와 같은 공개적인 이데올로기적 통제의 정책방침들은 전체 이데올로기적 통제수단의 한 부분에 지나지 않는 것이었음을 지적해두어야 할 것이다. 언론대책이 갖는 정치적 부담 때문에 공개적인 정부의 언론대책은 매우 제한적일 수밖에 없었기 때문이다.

여기서 공개되지 않은 홍보대책의 한 예로서 1989년 상반기의 '교원노조분쇄대책'을 보자.69)

〈표 5-15〉 '교원노조분쇄대책: 협조사항' 중 대국민 홍보대책 요약

실 행 부 처	역 할 분 담 내 용
1. 대통령 (청와대)	* 민정당의 각종 조직, 지역구 활동을 통한 교사 학부모 설득 홍보-홍보순회강사: 사회보좌역
2. 안전기획부	* 관련정보의 수시제공-'교육정상화 지역대책협의회' 적극 지원
3. 감사원	* 홍보집행비 관련 감사의 융통성 인정
4. 총무처	* 전 공무원의 홍보 설득 참여추진
5. 경제기획원	* '89년 홍보예비비(19억원) 조속지원-'90년 예산(26억) 확보

6. 내무부	* '교육정상화 지역대책협의회' 적극 주도
	  -일반행정기관 공무원의 교원 학부모 설득 참여
	  -교원노조 관련 홍보물의 배포 지원(반상회 활용)

7. 치안본부	* 문교부와 관련정보 주기적 교환 활용, 자료제공 협조
8. 법무부	* 이념적 배후수사 및 공표, 노동운동 핵심이론가 등 좌경세력 수사 검거 발표

9. 문공부	* 정부차원의 홍보물 제작 배포
	  -홍보물 제작 기술적 지원
	  -언론기관 협조(언론노협 교원노조 지원 차단, TV보도 등)
	  -전교조 발행간행물 제재

10. 전국 시도	* 시 도 공무원의 교원 학부모 설득
	  -시청 도청 전조직을 통한 홍보
	  -육성회단체 지원
	  -반상회를 통한 대민 홍보

'대책'은 국가의 홍보정책이 이미 1989년 상반기 시점에서도 범정부적 차원에서 매우 체계적으로 진행되었음을 잘 보여주었다. 청와대를 정점으로 하여 문공부, 내무부 등 홍보 선전을 담당하였던 기구들은 물론, 직접적으로는 홍보대책과 무관한 치안, 정보, 경제부처까지도 홍보대책의 효과제고를 위해 체계적으로 조직되었다. 경제기획원이 예산을 지원하고 치안정보부처들이 정보를 수집 제공하면, 실행기구들인 문공부와 내무부, 전국의 시, 도 및 총무처는 산하 각종 조직 기구들을 이용해서 대대적인 홍보활동을 실행하였다. 교원노조대책의 담당 주무부처가 문교부와 노동부인 점을 감안하면 전체

___

69) 정부의 비밀자료였던 '교원노조분쇄대책'은 1989년 국정감사에서 문공위소속 국회의원이 사적으로 입수하여 발표함으로써 공개되었다. '대책'의 전체 내용에 관해서는 한겨레신문, 1989.9.21, 전교조신문, 1989.10.11 과 한국교육연구소 편(1990)를 참고.

국가기구의 교원노조대책 홍보의 규모가 매우 방대한 것이었음을 쉽게 알 수 있다.

한편 각종의 노동관련 정부대책회의들도 그 자체가 중요한 이데올로기 유포의 수단들이었다. 범정부적인 각종 대책회의의 내용들은 각 언론에 의해 중요한 뉴스로 취급되어 집중보도되었으며, 때로는 그 배경과 내용에 관한 해설기사를 포함하기도 하였다. 실제로 1989년 하반기로부터 1990년 상반기까지의 기간이나 1991년 1992년 임금협상을 앞둔 연초에는 노동관련 정부대책기사들이 끊이지 않고 계속되었다.

그중에서도 특히 청와대에서 대통령이 주재한 정부의 노동대책회의 및 토론회 등은 그 본래적 성격보다도 언론보도를 위해 주도면밀하게 준비된 홍보행사의 성격이 강하였다. 예컨대 1989년 상반기 대통령이 서울시청 순시에서 주재한 회의에서 대통령은 당시 파업 중이었던 서울지하철노조에 대해서 강경대응할 것을 지시하였는데, 이는 특정 사안의 해결을 위해 사전정지작업을 하는 성격을 강하게 갖고 있었다. 또 1990년 1월 20일 대통령이 주관한 '산업평화조기정착과 임금안정을 위한 대책회의'(청와대회의)는 전노협와해공작을 정당화하는 절차로서 대표적인 홍보행사였다. 특히 1991년과 1992년 연초에 대통령주재로 열린 '사회적 합의를 위한 국민대토론회'는 이전까지의 정부부처 중심의 행사를 탈피하여, 참가자의 범위를 노동자, 사용자, 공익단체들에까지 확대한 대규모 홍보행사로 정부의 이데올로기적 공세의 강화를 단적으로 보여준 사례였다.(주간노동자신문, 1991.3.22)

또 노태우 대통령이 특정한 국면에서 발표한 특별담화나 그 밖의 발언 등도 이데올로기 유포의 중요한 제도적 장치였다. 대통령의 담화는 1988년 12월의 '민생치안에 관한 특별담화', 1989년 공안정국기의 특별담화, 1990년 5월의 대통령시국담화, 1990년 10월 초의 '범죄와의 전쟁선포' 등등의 중요한 국면에서 상당한 이데올로기홍보효과를 발휘하였다.

마지막으로 6공정권의 노동이데올로기홍보선전과정에서도 노동부는 경제기획원이나 청와대 같은 보다 핵심적인 국가기구에서 내린 정책결정을 단지 실행하는 위상을 갖고 있었다. 예컨대 1990년 1월의 전노협대책 청와대회의에서 홍보정책의 기본적인 방향을 제시한 것은 경제기획원이었다. 그리고 1989년 교원노조대책에서도 노동부는 완전히 배제되어 있었다. 노동부의 소외는 노정권기간의 홍보대책들이 대체로 범정부적인 노동정책결정에 종속된 하위 정책영역이었던 것에 기인한다.

② 이데올로기생산 유포기구의 확충:

6공화국 이래 노동이데올로기를 생산하고 유포한 국가기구들은 양적으로 확대되었으며 질적으로도 변화하는 모습을 보였다. 양적인 확대의 예로는 정부 내 이데올로기적 기구들의 확충, 제도적 장치의 강화가 두드러졌으며, 질적인 변화로는 이데올로기적 국가기구가 시민사회 내의 다양한 이데올로기기구들로 확산되어 나가는 모습으로 특징지어진다. 노동통제와 연관된 국가기구와 사적기구 간의 기능적 통합이 강화되었던 것이다.(최장집, 1993: 203) 특히 6공화국시기 국가의 언론자율화정책은 언론사의 독점기업화 심화현상과 결합하여, 언론이 자발적으로 국가의 노동통제를 대신하는 구조적 변동을 야기하였다.

먼저 정부기구 중에서는 무엇보다 한국노동연구원과 한국노동교육원의 설립이 중요하다. 1988년 8월 25일 개원한 한국노동연구원은 이데올로기생산기구로서 핵심적인 위치를 차지하였다. 그것은 권위주의체제 이래 유지되어 오던 치안, 경제부처의 이데올로기생산을 통합하고 더 전문화한 것으로서의 위상을 갖는다. 노동문제를 둘러싼 기초자료의 생산, 노사관계이념의 개발, 장기적인 노사관계정책방향 제시 등 노동문제를 연구하는 전담기관으로서 그것이 이데올로기적 통제수단 개발에 미친 영향은 매우 컸다. 여기서 개발된 각종 노동경제학적 지표들 및 연구성과물들은 정부의 노동통제를 이론적으로 정당화하는 근거로서 널리 사용되었다. 그뿐만 아니라 노동연구원은 연구소로서의 강점을 최대한 살려 1991년부터는 전국순회 임금교섭을 위한 토론회(1월-3월)도 개최함으로써 직접적으로 이데올로기를 유포하는 기능도 수행하였다.

노동연구원이 이데올로기의 생산기구라면 1990년 개원한 한국노동교육원은 이데올로기 유포를 담당한 대표적인 정부기관이었다. 노동교육원은 1989년 하반기부터 이미 활동하였는데, 처음에는 노사정 공동출연의 재단법인 형태의 '한국노사교육본부'라는 명칭으로 설립되었다. 앞 절에서 노동부와 상공부의 대책에서 나온 '대대적인 노동교육'을 직접 담당하였던 기구가 바로 노동교육원이었다. 이 기구는 1989년 하반기 노동통제의 다양한 방식을 개발하던 시점에서 이데올로기적 통제의 대표적인 방안으로서 개발되어 발족하였다.[70]

한편 노동부 이외의 여타 정부부처들도 노동이데올로기를 생산하고 유포하는 역할을 수행하였다. 그중에서도 특히 이데올로기의 생산이라는 측면에서 중요했던 것은 경제부처 산하의 수많은 경제관련 연구소들이었다. KDI, 산업연구원, 국민경제제도연구원 등이 대표적인 이데올로기생산기구였다. 6공체제의 노동통제에서 반공이데올로기의 비중이 줄어들고, 상대적으로 경제위기 이데올로기, 자유민주주의 이데올로기 등의 비중이 늘어남에 따라서 이들 경제연구기관의 이데올로기생산기능은 크게 강화되었다.

또 내무부 산하의 반상회 같은 행정기구조직이 이데올로기 유포의 기구로 사용되기도 하였다. 1989년 상반기의 서울지하철노동조합쟁

---

70) 당시 야당국회의원들은 한국노동교육원의 이데올로기적 성격을 비판하고 설립을 강력히 반대하였다. 국회사무처(1989, 1990) 참고.

의 당시 서울시가 행정조직을 이용해서 시민들에게 지하철파업의 불
법성을 대량 홍보한 것과 전교조에 대한 반상회홍보는 그 대표적인
사례라고 할 것이다.

다음으로 국가의 이데올로기적 수단에 의한 노동통제강화의 방침
에 따라서 민간 사설교육기관, 홍보기관 또한 대폭적으로 강화되었
다. 민간의 이데올로기기구 확충은 그것이 정부의 일관된 방침 위에
서 그 물질적인 지원을 받아 이루어졌던 것인 만큼 이데올로기적 국
가기구의 대시민사회 확산으로 파악할 수 있다. 그리고 노동이데올
로기 내용 역시 국가가 개발한 이데올로기를 중심으로 한 것이었다.

정부는 경총, 상공회의소 등 사용자기관과 함께 '노사합동연수교
육'을 주관하고, '경제단체협의회 및 생산성본부에 상담부서를 설치
하여' 사용자단체의 이데올로기교육기능을 크게 강화하였다. 또 정부
는 '전국경제단체협의회'의 결성을 적극적으로 유도하고, 이를 계기
로 사용자단체 및 기업들을 동원해서 이데올로기공세를 입체적으로
펼치기도 하였다.[71] 그리고 제도권 노동자단체인 노총에 대해서도
전국 주요도시에 노동상담소를 설치케 하고, 그 비용을 지원함으로
써 노총의 이데올로기 유포기능을 크게 강화하였다.

또 정부가 주도적으로 제안하여 결성되었던 이른바 사회적 합의를
위한 기구 '국민경제사회협의회'도 이데올로기적 통제장치로 새로이
개발된 것이었다. 1991년 3월 발표되었던 '노사공동선언문'은 경사협의
이데올로기기구로서의 성격을 잘 보여주는 좋은 예라고 할 수 있다.

한편 이 시기 정부의 대언론정책은 이데올로기적 국가기구의 시민
사회로의 확산이란 점에서 매우 중요한 의미를 갖는다. 언론에 대한

71) 전국경제단체협의회는 이데올로기적 통제기구로서 매우 중요한 역할을 수행하였다.
그것은 몇 개의 단체들로 분열되어 있었던 자본가계급 내부를 분파활동을 통제하
고 이를 통해서 단일한 대노동전선을 만들어내는 제도적 장치였다. 그리고 그 단
일한 대노동전선 위에서 전국의 모든 사용자들은 동일한 내용의 대노동이데올로기
를 체계적으로 유포 전달하였던 것이다. 경단협에 대한 자세한 분석은 6장 참고.

국가의 통제는 6공화국에 들어와 그 성격이 직접적인 언론통제로부터 간접적인 것으로 변화하였지만[72] 전교조에 대한 홍보대책 등에서 볼 수 있듯이 여전히 계속되었다. 앞서 본 바와 같이 노동통제수단으로서의 언론통제는 언론이 이데올로기생산 및 유포에서 차지하는 비중이 결정적이었다는 점에 기인한다.

노정권은 1990년 초 3당통합 직후부터 언론장악을 위한 일련의 '공작'을 전개하기 시작하였다. 그 공작의 출발점은 활발한 방송민주화운동을 전개하였던 KBS노동조합에 대한 공략으로부터 시작되었다.[73] 정부는 한국방송공사 사장에 대한 임명권이 대통령에게 있음을 근거로 하여 사장을 교체하여 노조를 약화시키고자 하였다. KBS노동조합은 정부의 이와 같은 태도를 언론장악기도로 파악하고 쟁의에 돌입하게 되었다. 이후 정부는 여론공세, 일종의 프락치공작, 경찰력투입 및 장기간 주둔으로 이어진 일련의 과정을 거쳐서 노동조합을 거의 무력화시켰다.

KBS노동조합에 대한 이와 같은 정부의 강경책은 여러 가지 목적을 갖고 있었다. 먼저 그것은 1987년 이래 상대적으로 자율적인 목

---

72) 6공화국국가의 언론정책 일반에 관해서는 김해식(1994: 176-185) 참고. 국가의 언론사에 대한 통제는 5공화국 때와 같은 '명령-복종'의 구도는 아니었다. 보도지침사건, '언기법'의 폐지에 따라 직접적인 언론통제가 용이하지 않게 되자 국가는 간접적인 통제방식을 강화하게 되었다. 간부비밀접촉, 기관원의 사찰, 관변단체동원 협박, 전화부대여론 조작 등의 직접적인 언론통제가 여전히 이용되었고 유효하였지만(언론노보, 1989.3.7, 4.12, 11.12일자) 핵심적인 통제기제는 언론자율화에 기초한 언론사 간의 경쟁체제 강화, 언론자본에 의한 내부통제, 언론노조에 대한 통제, 방송법개정 등 간접적인 방식으로 변화하였다. 대중매체와 이데올로기적 통제의 관계에 대한 이론적 검토는 이상희(1988)와 김왕석(1989) 참고.

73) 전노협에 대한 노동통제가 극도로 강화되던 시점인 2월 청와대에서는 관계기관대책회의를 열고 KBS사태를 논의하기 시작하였다. 최병렬 공보처 장관은 이 회의에서 KBS에서 30억의 공금유용사건이 있었음을 보고하였고, 이는 KBS사태를 촉발하였다. 한편 공보처는 1월 19일 5공의 언론통제수단이었던 '프레스카드' 발급방침을 시사하는 등 이미 1990년 초부터 언론통제강화를 시도하였다. 자세한 내용은 주간노동자신문 1990.3.9, 1990.3.16 및 1990.5.25 참고.

소리를 내기 시작하였던 언론사노동조합운동에 대한 직접적인 공격의 의미를 담고 있었다. 당시 각 언론사 노조는 '편집권독립' 등 공정방송 및 공정보도를 위한 제도적인 장치를 마련하는 운동을 적극적으로 전개하고 있었다. 따라서 점차적으로 국가는 언론에 대한 통제권을 상실하기 시작하였고, 이는 정권의 체제관리에 관건적인 문제로 대두되기 시작하였던 것이다. 그런 의미에서 KBS사태는 '방송재장악'을 위한 일련의 공작의 첫 수순이었다고 할 수 있다.[74]

다음으로 그것은 정부의 언론통제제도화의 정지작업으로서의 성격을 가졌다. KBS사태 직후에 국회에서 방송관계법개정안이 상정 통과되었는데, 이는 KBS사태가 일과성의 사건이라기보다는 방송장악을 위한 한 수순이었음을 보여준다. '방송구조개편'을 위한 개정안은 압도적인 다수 의석을 가진 여당으로서도 '날치기통과'시킬 수밖에 없을 정도로 많은 문제점을 가지고 있었다.[75] 정부가 여론의 비난에도 불구하고 이를 관철시킨 것은 정부의 언론장악의 의지를 엿보게 하는 것이었으며, 언론통제의 제도화가 갖는 비중을 반영하는 것이었다.

이후 정부는 1991년의 평화방송파업과 1992년 MBC파업에 대한 경찰력투입를 거치면서 방송사의 민주노조운동을 완전히 제어하였다. 그리고 각 신문사노동조합의 쟁의에 대해서도 경찰력을 투입하는 등 강경대응으로 일관하였고, 노조의 활동을 상당한 정도로 통제할 수 있게 되었다.(주간노동자신문, 1991.2.22)

1990년 이후에 본격화된 정부의 언론통제강화 및 제도화는 이데올로기적인 노동통제수단 중 가장 강력한 장치를 확보하는 것을 의미하였다. 언론노동운동에 대한 통제의 기반 위에서 정부는 각종의

---

74) 당시 평민당의 KBS사태 진상조사단은 '방송재장악을 위한 일련의 계획된 음모'로 KBS사태의 본질을 규정하였다.(국회사무처, 1990)
75) 자세한 내용은 언론노보, 1990.7.14일자 호외 참고.

언론통제기제들을 다양하게 동원하여, 각종 노동이데올로기들을 대대적으로 홍보할 수 있게 되었던 것이다.

이 밖에도 정부는 공익광고, 각종 정부 발간물, 공식교육과정 등의 각종 기구들을 통해서 이데올로기를 유포하였다. 정부부처나 산하단체들은 지하철, 일간신문, 방송 등 매체를 통해서 수시로 노동문제에 관한 정부의 입장을 선전하기도 하였고 노동운동을 비판하기도 하였다. 이러한 광고는 대개 각 부처의 홍보담당부서, 공익광고협의회, 한국방송광고공사 등이 주도하였다.

그러나 반공이데올로기의 경우에는 '공안기관'이 여론조작을 주도하였다는 점에서 특징적이었다. 예컨대 국가안전기획부는 민간 우익단체를 동원하거나 그들의 이름을 도용하는 방법으로 성명서, 규탄대회개최 등의 광고를 수시로 제작하였다. 또 안기부는 '좌경세력'을 자의적으로 규정하여 발표하였으며, '보리밭 샛길'이나 '퇴색공간'과 같은 노동운동 비방만화를 대량으로 작성 배포하기도 하였다.[76]

마지막으로 1987년 이후 강화된 언론의 기업적 속성은 6공국가가 헤게모니적 배제전략을 실행할 수 있게 중요한 구조적 조건이 되었다. 5공체제와 달리 국가의 언론에 대한 직접적 통제가 여러 가지로 어려웠음에도 불구하고, 6공국가가 이데올로기적 기제를 이용한 노동통제의 비중을 크게 확대할 수 있었던 것도 바로 이 점 때문이었다.

자본주의기업으로서 언론사는 자본 일반 및 언론자본의 자본주의적 이윤동기에 의해 크게 영향을 받지 않을 수 없다. 언론사들은 자본주의적 기업의 광고수입에 의존하지 않을 수 없을 뿐만 아니라, 그 자체가 이윤논리에 종속된 자본주의적 기업으로 존재한다. 언론사의

---

76) 안영배, "분석! 안기부 '좌경'자료집", 월간 『말』 1989년 8월호: 신혜선, "안기부가 만든 시국광고들", 월간 『말』, 1991년 10월호 참고. 동원된 우익단체들에는 각종 전우회, 월남참전용사회, 재향군인회, 자유총연맹, 이북5도민회, 각종 향우회, 종교단체, 청년단체 등이 포함되었다.

자본주의 기업적 속성을 보다 구체적으로 보면 1987년 이후 언론사의 광고수입의 비중은 크게 증가하였으며, 대규모 독점자본이 언론사를 소유하는 현상도 급격히 증가하였다. 그리고 6공화국기간에는 언론사의 양적으로 크게 증가하였다. 독과점적 언론대기업의 양적 성장과 소유의 집중현상은 한국자본주의의 발전과 함께 더욱 가속화되었으며, 그 결과 6공체제에서 언론은 명실상부한 자본주의적 대기업으로 전화하게 되었던 것이다.(김해식, 1994: 227-230, 262-270; 한국산업사회연구회, 1989: 186-187; 이효성, 1991)

이와 같이 언론의 기업적 속성이 강화되는 과정에서 1987년 이후의 대중적 노동자투쟁은 한국언론의 정치적 태도 변화를 보다 가속화시켰다. 노동자대중투쟁을 거치면서 한국의 언론은 자신이 '총자본'의 일부임을 명확히 인식하게 되었고, 이후 국가의 직접적인 언론통제가 약화된 상황에서도 매우 자발적으로 노동통제에 참여하였다.[77] 언론사들은 기업 내적으로 언론사노동조합운동에 대응하여 노동통제를 강화하였을 뿐만 아니라, 외적으로는 독점대자본으로 구성된 광고주의 경제적 정치적 이해를 대변하지 않을 수 없었다. 그리고 그것은 언론사가 매우 세련된 노동이데올로기들을 대규모로 생산하고 유포하는 주요한 노동통제기구로 자리잡는 것으로 귀결되었다.

제 3 절 토론 및 소결

이 절에서는 앞 절에서 논의한 6공국가의 노동정책을 계급정책이

---

77) 박희라, "노동탄압의 '선동대' 제도언론", 월간 『말』 1989년 4월호; 김영배, "신문편집국을 해부한다", 월간 『말』 1990년 3월호 참고.

란 맥락에서 간략히 정리하고, 그것이 구조화된 형태인 국가의 전략
적 선택성을 고찰하고자 한다.

먼저 노동법개정 및 개정시도에서 나타난 바와 같이 6공국가는 특
정 국면에서 자본가계급 및 그 분파의 단기적 경제적 이해를 직접
대변하는 도구적 국가로서 나타나기도 하였다. 1989년 상반기부터
시작된 노동운동에 대한 강경한 통제 및 임금억제와 1990년 하반기
부터 구체화된 노동법상의 근기법조항 개정시도는 그 대표적인 사례
였다고 할 수 있다. 무노동 무임금 원칙 고수, 경영권 인사권 수호
등의 특정 통제수단의 도입으로부터 근로기준법의 대폭적인 개정 및
임금제도의 개혁을 통한 노사관계체제의 재편에 이르기까지 자본가
계급의 영향력은 직접적으로 전달되었으며 대체로 관철되었다.

그러나 이와 같은 '도구성'에도 불구하고 6공국가를 자본가계급의
도구로 이해할 수는 없다. 그것은 특히 1988년 한 해 동안의 노동정
책 및 그 귀결이었던 1989년 3월의 근로기준법의 전향적 개정의 과
정과 1991년 노동부의 노동법개정시도의 실패와 1992년 노동법개정
시도의 과정을 고려하면 분명해진다. 전자의 경우 국가는 1988년 한
해 동안 자본의 요구에도 불구하고, 직접 노동쟁의에 개입하는 것을
상대적으로 자제하였으며, 근기법개정과정에서는 자본의 직접적인
경제적 이해를 침해하는 개정안을 허용하기까지 하였던 것이다. 그
리고 1990년 하반기 이후 자본 측의 강한 요구에 의해 국가는 내부
적으로 근로기준법개정의 방침을 확고하게 정하였음에도 불구하고,
최종적으로 법개정을 포기함으로써 자본가계급의 단기적 이해에 반
하는 정책을 결정하였던 것이다.

일반적으로 정책결정 및 집행에 결정적인 영향을 미쳤던 것은 역
시 당시의 국면에서 형성되었던 특수한 계급역관계였다. 그러나 6공
국가의 정책일반 특히 노동정책을 '계급정책', '노동배제전략'으로
파악하기 위해서는 국가기구 외부로부터 영향력에 대한 경험적인 분

석이나 정책의 기능에 대한 평가만으로는 부족하다. 왜냐하면 이렇게 외부의 계급적 영향력으로부터 국가의 계급적 성격을 규정하고자할 때에는 국가기구 그 자체의 계급적 성격을 문제 삼지 않음으로써, 자원론이나 구조주의적 결정론의 함정을 피하기 어렵기 때문이다.(Offe, 1972; Jessop, 1990)

그러므로 우리는 앞 절에서 노동정책의 결정과 관련된 국가기구의 내부 구조가 어떻게 체계적으로 특정계급이나 계급분파의 이익을 대변하고, 다른 계급의 그것을 배제하는 선택성을 발휘하였는가를 고찰하고자 하였다. 또 전략적 기획의 주체인 국가는 어떤 전략적 방침을 통해서 국가기구 내부의 선택성을 능동적으로 재구조화하였는가를 파악하고자 하였다.[78)]

6공의 노동정책을 주도한 국가기구는 시기별로 크게 변화하였다. 먼저 1988년의 노동정책을 주도한 것은 행정부보다는 입법부였다는 점이 특징적이었고, 이 과정에서 노동부는 정부기구 내에서 상대적으로 그 위상이 상승하였다. 그러나 1989년 상반기 이래 노동통제의 강화와 함께 주도권은 행정부로 넘어갔으며, 1990년 상반기까지는 공안기구들이 그리고 그 이후에는 상대적으로 경제부처가 정책결정을 주도하였다. 그리고 노동부는 양적인 측면에서 정책수요가 증가하였음에도 불구하고, 정책결정과정에서는 거의 영향력을 행사할 수 없었다. 노동부는 공안기구나 경제부처의 정책결정사항을 수행하는 실무기관으로서의 위상을 크게 벗어날 수 없었다.

공안부처와 경제부처의 노동정책결정은 무엇보다 노동정책을 치안이나 사회안정의 차원에서 그리고 경제논리의 차원에서 다루는 것을

---

78) 전략적 선택성개념은 국가기구 내부에 물화되어 있는 구조적 선택성개념을 발전시켜, 국가가 전략적 기획을 매개로 선택성을 능동적으로 변화시켜 나가는 측면을 강조한다. 따라서 계급역관계 및 정치적 지형의 변동에 따라 6공국가는 기존의 선택성기제를 능동적으로 재구조화하게 되었던 것으로 파악된다. Jessop(1990: 248-272) 참고.

의미한다. 그리고 그것은 자본주의사회의 고유한 내적 모순으로부터 기인하는 노동자계급의 제반 문제들을 은폐하고, 이를 정책결정과정에서 체계적으로 배제하는 결과를 야기하였다. 정부 내에서 노동부의 위상이 공안부처와 경제부처를 중심으로 하는 위계구조에 포섭되어 있었고, 정책결정의 구체적 과정이 이들 부처의 주관하에 진행되게 됨으로써 노동문제는 일종의 공안문제이거나 경제문제인 것으로 치환되었던 것이다.

이것은 자본주의사회의 내적 구조와 연관된 노동문제를 체계적인 비사건(non-events)으로 만듦으로써 이를 배제하는 제도화된 규칙, 즉 전략적 선택성이 노동정책 결정과정에 구조화되었음을 의미한다.[79] 앞 절에서 우리는 공안부처와 경제부처의 노동정책 주도가 크게 약화되었던 1988년의 정책결정과 1989년 이후의 그것을 비교해 보았는데, 그것은 체계적으로 배제된 '비사건'의 의미와 실체를 드러낸다는 의미를 갖는다. 즉 노동정책이 체계적으로 배제하였던 비사건의 실체를 규명하기 위해서는 논리적 경험적 준거가 필요한데, 1988년의 정책결정과정은 그 실체를 부분적이나마 보여주었다고 할 수 있다.[80]

1988-89년의 법개정시도는 노동자계급과 일부 제도권야당이 주도하였다는 점에서 특징적이었다. 국가와 자본가단체들은 노동자계급 주도의 법개정과정에 대해서 기본적으로 반대입장을 갖고, 여러 가

79) 노동정책 결정과정에서 나타나는 이러한 전략적 선택의 기제는 전략적 선택의 다양한 기제 중 하나인 정책결정과정 차원의 선택성에 불과하다. 이 밖에도 예를 들면 경제체제나 사회구성의 수준에서 나타나는 구조적 차원의 선택기제, 이데올로기적 차원의 선택기제, 억압차원의 선택기제 등이 가능하다. Offe(1972[1988: 145-154]) 참고.
80) 비사건 혹은 은폐되어 드러나지 않은 사건이나 요구에 대해서 규명하지 않는다면 체계적인 배제의 기제에 대한 논리적 추론만으로는 정책결정이나 국가의 계급성을 규명하는 데 한계가 있다. 그러므로 배제되고 은폐된 사건에 대한 사회학적 규명은 전략적 선택성개념을 적용하는 데 있어 핵심적인 관건이 된다. 오페는 이에 관해서 10여 가지의 다양한 방법의 장단점을 검토하고 있으나 본고에서는 그중 '시간적, 체제 간 비교'에 의한 방법을 채택하였다.

지 방식의 영향력행사를 시도하였지만 충분히 만족할 만한 결과를 산출할 수 없었다. 1989년 3월 노동 측의 요구가 상당한 정도로 반영된 근로기준법개정은 바로 이와 같은 한계를 보여준 것이었다.

1989년 들어 계급역관계가 크게 변화하였음에도 불구하고, 노동자계급의 이해가 반영된 노동법이 통과된 것은 놀라운 일이었다. 그것은 무엇보다 국가기구의 일부가 야당세력에 의해 장악되었고 계급역관계의 완전한 역전이 이루어지지 못하였다는 점, 그리고 지배블록 내부의 균열이 완전히 치유되지 못하였다는 점 등 특수한 정치적 상황에 기인하는 것이었다.

이 특수한 정치적 상황은 지배블록이 국가기구를 완전히 통제하고 그것의 '전략적 선택성'을 계급지배의 중요한 수단으로 이용하는 것이 불가능하였음을 의미하였다. 국회에서 의결된 노동관계법개정안 중 노동조합법과 노동쟁의조정법에 대해서 대통령이 거부권을 행사한 것은 6공국가의 계급성을 그대로 드러낸 것이었다. 국가기구의 '전략적 선택성'이 작동치 못하게 되자 보편적 이해를 추구한다는 국가의 이데올로기적 담화틀이 깨어지고, 국가권력의 계급적 성격이 직접적으로 표출되었던 것이었다.

이와 같이 특정 사회세력의 이해를 구조적으로 제약하는 국가기구의 '전략적 선택성'이 제한됨에 의해서 부분적이나마 노동계급의 이해가 관철될 수 있었다. 따라서 노동운동의 성장을 통제하여 계급역관계의 역전을 완성하고, 나아가 국가기구의 '전략적 선택성'을 재구조화하는 것이 지배블록의 계급지배를 위한 핵심적인 과제가 되었다. 이는 1989년의 공안정국 및 1990년의 3당합당, 그리고 그 과정에서의 노동자계급에 대한 강한 통제로 실현될 수 있었다.

국가와 자본가계급의 관점에서 보면 1988년 위기는 노동자계급의 영향력증대에 기인한 위기만이 아니라, 계급국가로서의 6공국가기구 그 자체의 위기였던 것이다. 그것은 국가의 계급성을 보장하였던 기

존의 노동정책결정의 기제가 더 이상 작동되지 않는 구조적 위기였
고, 권위주의하에서 체계적으로 은폐되었던 '비사건'이 더 이상 과거
와 같은 방식으로 손쉽게 은폐되지 않는다는 것을 의미하였다. 노동
문제는 더 이상 사회안정문제틀이나 경제성장문제틀의 하위 부속문
제가 아니었고 독자적인 정책영역으로서 부각되었다. 또 노동자계급
에게 일방적으로 불리하게 작용하고 있었던 권위주의하의 통제조항
들과 억압적으로 구조화되어 있었던 노사관계체제의 제반 문제들이
이 시기에 정책적 쟁점으로 전면에 등장하였던 것이다. 그러므로
1989년 이후의 정책결정구조의 변화는 다시금 이 같은 쟁점들을 비
사건으로 만들어내는 과정이었으며, 국가가 배제전략의 기조 위에서
전략적 선택성을 능동적으로 재구조화하는 과정이었다고 볼 수 있다.

한편 본고에서는 1989년 이후의 정책결정을 공안부처 주도의 시기
와 경제부처 주도의 시기로 구별한 바 있었는데, 그것은 각 시기에
국가기구에 내재된 선택성의 내용이 상이하였음을 보여주었다. 국가
기구의 제도화된 선별기제는 그 내용에 따라 조정적 선택성(coordinate
selectiveness)과 억압적 선택성(repressive selectiveness)으로 구별된다.[81]
조정적 선택성은 개별자본 간 그리고 자본분파 간의 경쟁으로 말미암
아 발생하는 균열을 국가가 치유하고 자본의 집합이익을 표준화, 단일
화하는 것을 말한다. 반면에 억압적 선택성은 자본가계급과 갈등하거
나 이에 대립하는 사회세력이나 그들의 요구로부터 자본의 이해를 보
호하는 배제적 선택성이다.

1989-1990년 기간의 공안부처의 정책주도나 1990년 하반기 이후
경제부처의 정책주도는 국면적 계급역관계의 특수성으로 말미암아
동원된 주된 선택성의 유형이 달랐음을 의미하였다. 즉 전반기에는
노동계급의 도전을 제어하고 이를 억압하는 것이 노동정책의 주요한

---

81) Offe(1972[1988: 155-166]) 참고. 이는 풀란차스가 말하는 국가의 두 가지 기
    능인 '응집기능 및 고립화기능'과 대비된다.(Poulantzas, 1968[1986])

목표이었으므로 이 시기 국가의 전략적 선택성은 '억압적 선택성'의 측면이 두드러졌고, 그것이 공안기관이 주도하는 정책결정구조로 나타났던 것이다. 반면에 노동계급의 도전을 어느 정도 제어한 후반기에는 경제부처의 주도하에 노동정책이 결정되는 정책결정구조가 나타났다. 따라서 이는 국가기구의 '조정적 선택성'이 이 시기에 더욱 두드러졌다는 것을 보여주었다. 이와 같이 6공국가는 노동정치과정의 전개와 계급역관계의 지형변화에 능동적으로 대응하여 전략적 선택성의 기제를 변화시켜 나갔다.

결국 6공화국의 노동정책은 직접적 계급정책으로서의 계급편향성을 갖고 있었으며 이것은 정책결정과정에서 작동하는 국가기구로 물화되어 나타났다. 1989년 이후 6공국가는 경제부처를 중심으로 개별 자본의 이해를 전체 자본의 집합적 이해로 집약하는 선택성과 공안부처를 중심으로 노동자계급을 비롯한 자본축적 방해세력을 억압하는 선택성을 전략적으로 재구조화하였던 것이다.

그렇지만 6공국가에서 노동정책의 계급성이 노동정치변동과정에서 크게 강화되었음에도 불구하고, 그것은 명백한 한계를 갖는 것이었음을 강조할 필요가 있다. 그것은 6공국가가 다른 모든 자본주의국가들과 마찬가지로 구조적 문제를 안고 있었기 때문이었다. 즉 그것은 "계급적 성격의 내용을 구성하는 '조정적', '억압적' 선택성은 '은폐적'(disguising) 선택이라는 제3의 대응적 범주에 의해서 부인되어야"(Offe, 1972[1988: 157])만 하기 때문이다. 계급적 편향을 내재한 정치과정이 효과적일 수 있기 위해서는 그 과정 및 절차 속에서 계급적 기능을 부인해야만 한다. 그렇지 못하다면 그것은 정당성의 위기로 표현되는 정치적 위기를 초래한다.

이런 은폐기능이란 점에서 보면 노정권의 노동정책결정 및 실행은 권위주의하의 그것과 크게 다를 바가 없었다. 정부는 여전히 노동정책을 경제정책이나 치안정책의 하위 정책으로 다루었으며, 정책내용에 있어서도 노동배제적 성격이 분명히 드러났다. 노정권 후반기에 있어서도 노동자계급의 요구수준의 상승에 걸맞은 정책적 대안이나 이를 위한 물질적 양보는 없었다. 이는 국가의 계급적 기능들과 정당화기능이 동시에 발전해온 서구국가들과 크게 대조되는 것이었다.

특히 1990년 이후의 노동법개정과정에서는 이와 같은 국가의 정책결정 및 실행과정상의 한계가 단적으로 드러났다. 6공국가는 계급역관계에 있어 압도적 우위를 확보하고, 국가기구를 완전히 장악하였음에도 불구하고, 산업구조조정에 따른 노동정책결정사안들 특히 노동법개정작업을 실행에 옮길 수 없었다. 당시 노정권이 법개정을 무리하게 추진할 수 없었던 근본적인 이유는 앞서 보았듯이 노동법개정이 가져올 정치적 부담에 대한 손익계산 때문이었다. 이것은 국가의 '전략적 선택성'이 장기·단기적 경제적 이익보다 장기 단기적 정치적 이익을 선택하였음을 의미한다. 그러나 그것은 일종의 전략적 후퇴였고 차선택이었을 뿐이다. 그리고 이러한 후퇴를 할 수밖에 없었던 것은 노동통제 전략의 계급성 은폐기능 부재 때문이었다.

결국 '조정적' 선택성과 '억압적' 선택성에 기초해서 추진하였던 노동법개정작업은 무엇보다 은폐적 선택성의 부재 및 그에 따른 노동계급의 강력한 저항가능성 앞에서 무산되었다고 할 수 있었다. 이런 의미에서 노동정책분야는 6공국가에서 민주화와 통제방식의 변동 조짐에도 불구하고, 여전히 권위주의체제의 유산인 정당성부재의 한계를 분명히 드러낸 영역이라는 판단을 내릴 수 있다.[82]

마지막으로 6공국가가 은폐적 선택성을 갖기 어려웠던 것은 노동통제 전략의 한계, 특히 노동통제방식의 특성과 긴밀히 연관되어 있었다. 즉 6공국가의 '헤게모니적' 통제방식은 고도로 효율적인 것이었지만, 노동자계급의 경제적 정치적 이해를 모두 '배제'함으로써 노

---

82) 예를 들어 5공치하에서 학원 통제수단으로 추진되었던 '학원안정법'의 입법 시도와 그 좌절과정과 비교할 수 있을 것이다.

동자계급이 정치적으로 도전할 수 있는 잠재적 가능성을 항상 열어
놓았던 것이다. 1987년부터 1992년까지 6공국가의 노동통제 전략이
보여준 높은 통제효율성과 그 내적 한계의 이율배반은 헤게모니적
배제전략의 독특한 통제방식과 그것에 내재한 내적 한계를 보다 정
밀히 분석함으로써 보다 구체적으로 규명될 수 있을 것이다.

제 6 장

제 6 장
노동통제방식의 변동과 특징

제 1 절 문제제기

한 국가의 노동통제 전략을 연구하는 경우 중요한 주제 중 하나는 노동통제방식을 규명하는 일이다. 자본주의사회에서 국가의 노동통제 전략은 노동자계급에 대한 전략적 태도에 따라서 포섭전략, 방임전략, 배제전략 등 다양한 모습으로 나타난다. 그러나 통제의 구체적인 방식이나 내적 기제에 대한 탐구는 노동통제의 전략적 목표에 대한 연구와는 별도로 진행될 수 있다.

예컨대 노동통제의 구체적인 작동방식을 해명함으로써 우리는 특정 자본주의사회 내에 존재하는 국가의 성격을 보다 구체적으로 해명할 수 있게 된다. 1960년대 말 이래 자본주의국가를 둘러싼 많은 논의들은 무엇보다 국가와 노동자계급 간의 관계를 밝히고자 하는 시도였다. 더 일반적으로 그것은 국가와 시민사회의 관계를 해명하고자 하는 시도이기도 하다. 시민사회 내의 중심적인 집단으로서 노동자계급이 국가와 어떤 관계를 맺고 있는가 하는 것은 국가의 노동통제방식을 규명함으로써 가장 구체적인 수준에서 파악될 수 있을 것이다.

그리고 국가의 노동통제방식은 노동운동의 전략선택을 위한 중요한 기준이 된다. 노동운동이 근본적으로 전략적 행위임을 감안한다면 전략적 선택지의 한계와 가능성을 검토하고 규명하는 일은 바람직한 노동운동전략 노선 설정을 위한 가장 기본적인 작업이라고 할 것이다. 그것은 국가의 노동통제가 완벽한 것이 아닌 만큼 그것의 한계와 문제점을 구조적이고 제도적인 수준에서 규명하는 일이 된다.

한편 노동통제방식의 개념규정은 그동안 다양한 방식으로 진행되어 왔다. 그 대표적인 것으로 슈미터(Schmitter, 1974)는 국가와 시민사회 내의 이익집단 간의 관계를 중심으로 해서 국가조합주의적 통제, 사회조합주의적 통제, 다원주의적 통제, 단원주의적 통제로 분류하였고, 발렌주엘라(Valenzuela, 1989)는 권위주의하의 노동통제를 시장기제적 통제와 국가조합주의적 통제로 분류하기도 하였다. 권위주의하의 한국사회의 노동통제 또한 이들의 분류방식을 따라 국가조합주의적 노동통제(최장집, 1988), 국가단원주의적 노동통제(임현진·김병국, 1992), 시장기제적 통제(송호근, 1991) 등으로 규정되기도 하였다.

본고는 한국국가의 노동통제유형에 관한 기존 연구들의 이론적 기여에 더하여 다음과 같은 두 가지 점을 주목하고자 한다.

먼저 한국사회에서 국가의 노동통제는 통제방식의 측면에서 매우 독특한 것이었고, 그 배경에는 한국사회의 정치 문화적 조건이 있었다는 점을 구체적으로 고려할 필요가 있다. 행정조직의 치밀하면서도 직접적인 개입이 일상화된 점이나 관계기관대책회의와 같은 초법적 범정부기구가 핵심적인 노동통제정책결정을 주도하는 점, 극단적인 기업별 노조체제 등은 우리사회의 고유한 현상이었다. 개별 사업장에 대한 통제과정에서 최고 권력기구인 대통령이 조직적으로 개입하는 현상은 매우 특이한 것이었다고 할 것이다. 또 경찰력투입으로 노동쟁의를 물리적으로 억압하는 것도 특기할 만한 일일 것이다. 그러므로 기존 개념들이 안고 있는 문제를 극복하고 한국의 노동통제 방식을 개념화하는 일은 시급하다고 판단된다.

둘째로 1980년대 후반 이래 한국국가의 노동통제방식에는 상당한 변화의 조짐이 나타났다. 1987년 민주주의이행이 본격화된 이후 정치체제는 군부 권위주의적 성격을 점차 탈피하지 않으면 안 되었다. 1988년 성립된 노태우 정권은 여러 가지 제약을 포함하고 있었지만, 기본적으로 형식적·절차적 정당성을 확보한 권력이라는 점에서 이전까지의 분부권위주의체제와는 구별될 수 있다. 본고는 이행기의 과도기적 국가성격 규정에 있어서 국가의 노동통제유형 분석은 매우 중요한 의미를 갖는다고 본다. 국가의 성격 규정에 있어 중요한 준거가 되는 파워블록의 구성, 정치제도, 정책실행의 면모들을 가장 잘 보여줄 수 있는 중요한 판단기준이 바로 노동통제의 성격과 그 방식일 것이기 때문이다.(김일영, 1993)

실제로 1987년부터 1990년까지 6공화국국가의 노동통제방식은 역전에 역전을 거듭하면서 변모하였다. 새정권은 오랜 기간 동안 물리적 억압을 중심으로 하여 진행되던 노동통제방식을 제도적으로 구조적으로 변화시켜야만 했다. 노정권 초반기에는 노동조합활동에 대한 초법적 제약들이 부분적으로 제거되면서 자율적 노사관계체제가 도입되는 것처럼 보이기도 하였다. 그러나 국가의 노동통제는 1989년 이후 다시 권위주의체제의 억압강도를 상회할 만큼 강화되었다. 4장과 5장에서 보았듯이 전체적으로 보아 이 과정은 국가가 '배제적' 노동통제 전략을 구체화하고 강화하는 과정이었다.

그러나 6공국가의 노동배제전략은 이행기 노동정치의 역동성 속에서 동원되었던 구체적인 통제수단들의 내용과 그 기제의 측면에서 기존의 억압적 배제전략에 비해 상당히 변화된 모습을 보여주었다. 이 시기에 국가와 자본은 새로운 노사관계체제의 확립을 천명하였고, 그에 따라 새로운 정치 경제적 조건에 걸맞은 통제방식을 개발해 내었다. 과연 이 시기의 노동통제방식은 기존의 그것과 얼마나 다르며, 만약 차이점이 있다면 그것은 어떻게 포착되어야 할 것인가 하는 물음은 이 시기의 노동정치를 이해하는 핵심적 관건이 되었다.

　　요약하자면 이 장에서는 한국사회에 독특한 노동통제수단들 및 통제방식의 구체적 기제들을 고찰할 것이며, 민주주의이행기의 그 변모 양상을 연구한다. 6공국가의 노동통제수단들은 물리적 강제수단, 법적 행정적 수단, 이데올로기적 수단, 조직적 수단 등으로 크게 네 가지로 나눌 수 있으므로,[1] 이하에서는 먼저 이들을 자세히 고찰한다. 그리고 마지막 절에서는 6공국가의 통제방식 변동을 억압적 배제전략으로부터 헤게모니적 배제전략으로의 전환으로 파악하고자 한다.

제 2 절 물리적 강제수단

1) 경찰력의 동원

　　흔히 '공권력투입'으로 일컬어졌던 경찰력의 동원은 노정권기간의 노동통제에 있어 가장 가시적이고 직접적인 통제수단이었다. 1987년 이래 노동쟁의는 주로 단위사업장에 대한 노동조합원들의 점거농성

---

1) 노동통제방식을 이와 같이 통제실행을 위한 수단들로 분류한 것은 분석의 필요 때문이다. 그러므로 이 분류는 한정된 의미만을 갖는다. 실제로 구체적인 국면 속에서 각각의 통제수단들이 서로 밀접히 연관되어 있고 서로 복합적으로 작용하였다.

이라는 방식으로 진행되었다.2) 특히 파업행위에 돌입하였을 경우 농성투쟁은 가장 일반적인 파업투쟁의 방식으로 자리잡게 되었다. 경찰력의 농성현장에 대한 투입은 바로 노동조합의 기본적인 쟁의활동인 파업을 봉쇄하는 의미를 갖고 있었다.

노동운동에 대한 억압이 크게 강화되었던 1990년 1월 발표된 정부의 경찰력투입대책을 통해서3) 국가의 경찰력운용을 개괄해보자. 먼저 전국 각 경찰국 및 경찰서에 근로감독관을 포함하는 공식적인 기구로서 노사대책반을 구성한다. 그리고 쟁의가 발생할 때에는 지역 내의 유관기관과 협조하여 대책회의를 개최하고 정보를 교환하며, 경찰투입을 종합 검토하게 된다.

악성분규로 파악되는 노동쟁의에 대해 국가는 초기에는 해당 기업주의 112신고나 고소고발과 함께 경찰력을 투입하였으나, 통제의 강화와 함께 경찰 자체 판단만으로도 쟁의에 개입할 수 있게 하였다.4) 투입된 경찰력은 노동자를 즉각 검거 연행해서 구속하거나 임의동행 형식으로 연행하였으며, 이 과정에서 노동조합의 일상적 활동 및 쟁의활동은 자연스럽게 봉쇄되었다.

---

2) 이는 노동쟁의조정법이 쟁의행위를 사업장 내에서 행하도록 엄격히 제한하였기 때문이었다.(노동쟁의조정법 13조 2항)
3) 내무부, "악성 노사분규에 대한 경찰력투입대책"(1990.1.17) 및 경제기획원, "산업평화의 조기정착과 임금안정을 위한 대책"(이른바 '청와대대책회의': 1990.1.20) 참고. 한편 1990년 2월 2일 경찰은 청와대대책회의에서 확인된 경찰투입대책의 후속 조처인 '악성노사분규 경찰투입기준'이란 것을 발표하였다. 그 골자는 전국의 경찰국 경찰서에 노사대책반(경찰서의 정보과장 주관 아래 정보, 대공, 수사, 경비 담당과 근로감독관으로 구성)을 '공식적으로 조직'하고, 이 대책반이 지역 내 유관기관과 협조해 '대책회의'를 개최한다는 것이었다. 경찰력투입이 필요한 '악성분규'의 기준은 ① 농성현장 내에서의 감금, 납치, 폭력 등을 수반한 행위 ② 관리직 사원 축출, 회사 점거, 업무방해 수반 장기농성 ③ 농성장에 총포류, 화염병, 신나 등 비치 ④ 폭력혁명 선동 등 자유민주주의체제 전복 기도 연대투쟁 ⑤ 방위산업체 등 기간산업의 생산활동 마비 위험이 농후한 경우 등이었다.
4) '범죄와의 전쟁' 선포 직후인 1990년 10월 17일 치안본부는 불법쟁의라고 판단되면 사용자의 요청이 없더라도 공권력을 조기에 투입하라고 전국 경찰에 지시하였다.

노동쟁의에 대한 112신고, 고소고발 및 경찰력투입의 법적 근거가 정당한 것이냐 하는 논란은 차치하고서라도[5], 경찰력투입은 매우 자의적으로 그리고 때로는 불법적인 방식으로 진행되었다. 일례로 1991년 7월 12일 인천 동서식품에서는 쟁의 중인 노사가 노동부지방사무소의 중재 아래 협상을 진행하고 있었는데, 불시에 경찰력이 중재현장에 투입되어 노동자들만 연행 구속하였던 사례가 발생하였다. 이는 노동부가 인정한 합법쟁의 사업장에 공권력이 불법적으로 투입되었음을 의미하였다. 단위사업장쟁의에 대한 이러한 방식의 공권력투입은 1989년 이후 크게 늘어났다.[6]

〈표 6-1〉 노동쟁의에 대한 경찰력투입 추이(1980-1992)

(단위: 건, %)

	1980-1988	1989	1990	1991	1992[*]
공권력투입건수(A)	7	43	38	10	7
쟁의건수(B)	7,055	1,616	322	234	235
A/B × 100	0.1	2.7	11.8	4.3	3.0

주: * 1992년은 9월까지의 수치.
자료: 노동부, "산업평화를 위한 악성노사분규대책", 1990.1.
　　　노동부, "국회 국정감사보고자료", 1991, 1992.

<표 6-1>을 보면 경찰력투입은 1980년부터 1988년까지 9년 동안 7건에 불과하였으나 1989년 한 해에만 43건이나 발생하였다. 특히 쟁의건당 경찰투입을 보면 1988년까지 1,000건에 1회 정도에 불과하였으나, 1990년에는 10건에 1회를 넘어설 만큼 급격히 증가하였다. 5공체제에 비해 6공체제의 경찰력투입횟수가 크게 늘어난 것은 6공체제

5) 112신고에 의한 경찰력투입은 노동운동 측과 야당에 의해 집중적인 비난을 받은 부분이었다. 국회에서 노동부는 이를 모르는 일이라고 부인하기도 하였다.(국회사무처, 1990)
6) 1990년 5, 6월 두 달 동안 진행된 합법 파업사업장에 대한 경찰력투입의 사례로는 (주)한국야쿠르트공업 평택공장, 부천 유성기업, 서울 천지산업, 인천 대우정밀, 대구 남선물산, 부천 세라아트 세진통상 동륭상사, 대한교육보험 등을 들 수 있다.(노동인권회관, 1990; 전국노동조합협의회, 1991b)

하에서 억압적 노동통제가 특별히 강화되었음을 의미하지는 않는다. 그것은 1987년 이후의 노동운동 고양과 단위조합의 투쟁력강화에 따라 공권력동원이 늘어났기 때문이다. 특히 대기업사업장의 민주노조들이 국가의 노동통제에 대해 강하게 저항하였기 때문이었다.7)

경찰력투입은 다양한 목적으로 시도되었다. 예를 들면 그것은 단위사업장의 쟁의의 손쉬운 통제를 위해서 동원되기도 하였으며, 지역단위의 민주노조운동을 통제하기 위해서 동원되기도 하였다. 그리고 전국단위 노동운동에 대한 공세의 일환으로 시도되기도 하였으며, 특정한 구체적인 정치적 목적을 달성하기 위한 수단으로 동원되기도 하였다.

먼저 경찰력투입은 파업이라는 노동조합의 최종적 쟁의수단을 무력화하는 효과를 갖는다. 공권력투입은 흔히 노동조합의 불법적인 쟁의와 노동자들의 불법행위를 근거로 하여 이루어졌는데, 쟁의행위의 불법성은 국가에 의해 자의적으로 규정되었고 때로는 조작되는 경우도 있었다. 그러므로 경찰력투입의 일차적 목적은 쟁의행위를 물리적으로 중지시키는 것이었다.

다음으로 경찰력투입에 의한 통제는 특정 노동조합의 실질적 무력화를 목적으로 한 경우가 많았다. 경찰력투입과정에서는 핵심적인 조합원 혹은 노동자에 대한 연행, 감금, 구속이 병행되었고, 그것은 노동조합의 일상적인 활동을 무력화시키고 나아가 민주노조 자체를 해산하는 효과를 초래하였다. 특히 노동조합이 자주적인 민주노조로서의 성격이 강하고, 지역에서 중추적인 역할을 하는 조직일 때, 이 조합에 대한 공권력투입은 지역노동운동 전반에 대한 통제를 목적으로 한 것이었다. 대표적인 예로는 1989년 봄의 서울지하철노동조합

---

7) 또 다른 한편으로 1987년 이전 시기에는 경찰, 정보기관이 노동자들의 조합결성을 사전에 원천적으로 봉쇄함으로써 경찰력을 투입할 필요가 없었기 때문이기도 하다. 1989년의 경찰력투입 증가에 대한 자세한 내용은 주간노동자신문, 1990.3.9일자 참고.

사례와 1990년 5월 말부터 시작된 대구 남선물산노동조합 파업사례를 들 수 있다.[8]

다음으로 거대사업장이나 핵심적인 사업장에 대한 경찰력투입은 매우 복잡한 이데올로기적 정치적 목적으로 실행되었다. 이는 물리력의 행사가 단순히 강제(coercion)이나 폭력(force)으로만 해석될 수 없음을 의미한다. 그것은 직접적으로는 노동자 개인이나 노동조합에 작용하는 물리력일 뿐이지만, 그 효과에 있어 헤게모니정치의 중요한 매개체일 수도 있기 때문이다.

예를 들어 1989년 연초의 풍산금속 안강공장 지부에 대한 공권력투입, 그 해 봄의 현대중공업노조와 서울지하철노동조합 그리고 1990년 상반기의 현대중공업노조와 한국방송공사노조에 대한 공권력투입 등의 사례에서는 이러한 점이 보다 분명히 드러난다. 공권력투입 직전의 매스컴을 통한 이데올로기공세, 청와대가 주도하는 관계기관대책회의에서의 투입 결정, 전국적인 대규모 물리력의 긴급 동원 및 투입 등의 일련의 수순은 이들 사업장에 대한 공권력투입의 정치적 함의 및 효과가 그리 단순한 것은 아니라는 점을 보여준다.[9]

특정한 시점에서 국가는 단기간의 긴급한 정치적 목적을 위해서 경찰력투입을 이용하기도 하였다. 1989년 상반기의 공권력투입에는

---

8) 서울지하철노조는 서울지역 민주노조의 핵심이라는 점 이외에도 핵심 거대사업장이며 통제의 이데올로기적 효과가 큰 사업장이라는 특성을 가지므로 이 경우에는 복합적인 요인이 작용하였다고 보아야 할 것이다. 남선물산노조는 대구지역의 대표적인 전노협소속 민주노조였다. 1990년 8월 농성파업이 최종적으로 강제 해산되기까지 무려 6차례에 걸쳐 공권력이 투입된 결과, 연인원 300명의 조합원이 연행되었고 5명의 지도부가 구속되었으며 노동조합은 실질적으로 해산의 위기를 맞았다.

9) 1989년 벽두에 진행되었던 풍산금속에 대한 공권력투입(4,000명)은 노동부지방사무소에서도 모르는 가운데 극비로 진행되었으며, 결정과정에서 청와대의 수석비서관이 주도적인 역할을 하였다.(국회사무처, 1989) 1989년과 1990년의 현대중공업파업(각각 15,000명과 10,000명 투입)과 1990년 한국방송공사노동조합 파업에 대한 경찰력투입은 총리가 주재하는 '관계장관대책회의'에서 결정되었다. 그리고 지하철파업이나 방송공사파업에 대한 경찰력투입도 최고 권력기구의 개입에 의한 것이었다.

직접적인 쟁의의 봉쇄 이외에도, 대통령에 대한 중간평가를 유보하고 공안정국을 조성함으로써 여소야대 국면의 정치정세를 역전시키고자 하는 뚜렷한 단기 정치적 목적이 담겨있었다.10) 그것은 강한 대중투쟁을 전개하였던 노동계급에 대해 범부르주아 정치세력들을 규합하는 정치적 계기였고, 3당합당을 가능케 한 중요한 계기였다.

그뿐만 아니라 대규모 전략사업장에 대한 공권력투입은 국가의 의도 여부와 관계없이 전체 노동자계급운동에 대한 통제로 귀결되는 두 가지 장기적 효과를 가져왔다.

먼저 국가는 공권력투입을 전후로 해서 전체 노동계급운동에 대해서 대규모 이데올로기공세를 집중함으로써 노동계급에 대한 중간계급의 적대감을 확대할 수 있었다. 이로써 국가는 노동자계급을 '고립화'(isolation)시킬 수 있었다. 그리고 다른 한편에서는 압도적인 경찰 물리력의 우위를 과시함으로써 노동자계급을 비롯한 피지배민중에 대해 이데올로기적인 '굴종'(submission)과정, 즉 패배의식을 심화시키고자 하였다. 따라서 전체 노동통제기제의 작동이란 점에서 보면 경찰력투입의 과정은 이데올로기공세와 법적 행정적 조치에 기반한 노동운동통제의 최종 수순이었을 뿐만 아니라, 그 자체에 이데올로기적인 효과를 포함하고 있었다.

또 다른 한편에서 한국방송공사(KBS)노조를 비롯한 언론사 노동조합에 대한 공권력투입은 이것과는 약간 다른 맥락에서 파악되어야 한다.11) 1990년 상반기 현대중공업과 KBS노조가 동시에 파업에 들어갔을 때, 국가는 양 노조에 대해 매우 상이한 태도를 보여주었다. 즉 언론노조에 대해 상대적으로 매우 유화적인 대응을 하였던 것이다.12)

---

10) 국회사무처(1989) 참고. 공안정국 조성은 지배블록 내부를 공고히 하고 국가기구의 통일성을 강화하는 의미를 갖는다. 즉 국가의 노동운동에 대한 억압전략은 역으로 제도들의 모순적 복합체인 국가기구의 통일성을 강화하는 기능을 갖는다.

11) 이밖에도 언론사에 대한 경찰력투입의 사례로는 MBC, PBC, 한겨레신문 등이 있었다.

그렇지만 KBS에 대한 공권력투입은 언론사에 민주노조를 인정할 수 없다는 국가의 기본적인 자세를 잘 보여주었는데, 그것은 언론사가 갖는 정치적 의미 때문이었다. 언론사는 국가의 시민사회에 대한 통제에서 핵심적인 지위를 차지하는 이데올로기적 국가기구이다. 그러므로 국가로서는 언론사노조에 대해 특히 민감하게 대응하지 않을 수 없었다. KBS에 투입된 공권력은 3개월 이상이나 장기 상주하였는데, 이는 국가의 언론사노조에 대한 통제의 의지를 직접적으로 보여주었다. 또 노정권기간 동안 언론사노조의 노동운동이 예외 없이 국가의 강력한 통제에 직면하게 되었던 것도 이러한 맥락에서 이해되어야 할 것이다.

이밖에도 경찰력은 노동자 및 노동조합의 연대활동을 통제하는 통제수단으로 작동하였다. 1989년 4월 30일 공안합수부는 그 이전까지 비교적 자유롭게 허용되었던 노동자대회를 불허하였다. 이후 지역단위와 전국단위의 각종 노동자대회 및 연대활동은 '집회와 시위에 관한 법률'을 수단으로 해서 제한되었는데, 이는 부차적인 것이기는 하지만 노동운동에 대한 통제에서 상당한 역할을 수행하였다.[13]

요약하자면 경찰력투입은 직접적으로는 노동자개인이나 노동조합의 활동을 억압적 수단을 통해서 제압하는 노동통제의 최종적 종결수단이었다. 그리고 더 나아가 대규모의 전략사업장이나 언론사노조에 대한 경찰투입은 대국민 이데올로기공세의 수단이나 언론사와 같은 이데올로기적 국가기구를 통제하는 수단으로 이용되기도 하였다. 전자가 직접적인 물리력의 행사의 측면이라면, 후자는 그것의 이데올로기적 효과 즉 헤게모니효과라고 할 수 있을 것이다.

---

12) 당시 국가의 대응자세의 차이는 현대중공업파업을 악화시키는 중요한 한 원인이었다.
13) 그 밖의 주요한 연대활동 원천봉쇄의 사례로는 1989년, 1990년, 1991년의 전국노동자대회, 1990년 1월 전국노동조합협의회 결성대회에 대한 경찰력투입을 들 수 있다.

2) 구속 수배 연행 연금 등 인신적 제재

물리적 강제수단 중 인신적 제재는 노동조합운동이나 노동운동 일반에 적극적으로 참여한 노동운동가 및 노동조합간부를 일정기간 운동으로부터 격리하거나, 그 활동의 폭을 제한하는 것을 말한다. 그것은 특정 단위사업장 노동조합의 간부들의 직접적인 활동 억제에도 목적이 있었지만, 보다 일반적으로는 모든 노동조합의 간부들 및 조합원들을 심리적으로 위축시킴으로써 민주노조운동의 활동 자체를 약화시키는 효과를 갖고 있었다. 핵심적인 노동조합간부에 대한 물리적 인신구속은 군부 권위주의하에서 일상적으로 사용된 가장 중요한 통제수단이었으나, 6공화국에서도 그것은 여전히 중요한 통제수단으로 이용되었다.

1989년 10월 26일 노태우 대통령의 불법노동쟁의에 대한 엄단 지시 직후 27일 청와대에서 열린 '산업평화조기정착을 위한 관계장관 대책회의'에서는 노사분규 사전예방 대책의 하나로 인신적 제재의 기본방침을 제시하였다. 대책회의는 '생산현장에서의 폭력과 탈법 쟁의행위 및 제3자개입 등에 대해 국법질서 차원에서 엄단'할 것임을 천명하였으며, 그 방안으로서 '일체의 정상 참작 없이 구속수사하고 법정최고형을 구형'할 것임을 제시하였다. 이후 속속 제출된 정부방침에서도 이와 같은 최대한의 인신적 제재방침은 지속적으로 확인되었다.[14]

---

14) 11월 11일 전국 검찰공안부장회의에서는 '국가안보적 차원에서 폭력적 파괴적 각종 불법노사분규에 대해 강력 대응할 것'임을 밝히고, 세부지침을 구체적으로 발표하였다. 대책에서 공표된 수사의 원칙은 '불법쟁의를 통한 생산활동 방해 시 초기단계에서부터 과감한 수사권발동과 생산현장의 절대적 보호', '노사 쌍방에 공정한 검찰권 행사', '지하 좌익 및 주사파세력 색출 엄단', '지역별 노사분규 전담 수사반의 활동강화로 노사안정 지역책임제 관철' 등이었다. 또 11월 14일 치안관계장관회의에서는 '11월 12일의 노동자대회가 노동계에 침투한 좌익세력에 의해 주도된 것'이라고 규정하고 배후세력을 수사하고 있다고 발표하였다. 여기서는 '생산현장의

1989년 하반기에 속속 제출되었던 정부 각 부처의 대책들은 1990년 1월 20일의 '산업평화의 조기 정착과 임금안정을 위한 대책회의'에서 최종적으로 종합되었는데, 여기서는 구체적인 수사, 처리방식이 제시되었다. 대책안에 따르면 불법쟁의 시 사업주의 112신고 혹은 구두신고와 동시에 수사형사는 현장에 출동하고, 범인인 노동자가 감금, 폭행 등 현행범인 경우에는 즉각 검거 연행하고 비현행범인 경우에는 임의동행 형식으로 조사하여야 한다. 그리고 고소고발의 경우 구속대상자는 사전영장을 발부받아 집행하며 불구속대상자는 임의동행 조사한다는 것이다. 이 대책안은 1월 24일의 검찰 주도의 전담수사반 구성 방침 및 2월 2일의 경찰의 '악성노사분규 경찰투입 기준' 등의 후속조처에 의해 구체화되었다.

1989년부터 강화된 노동자에 대한 인신적 제재의 강도를 잘 보여주는 단적인 지표는 구속노동자의 숫자이다. <표 6-2>에서 보면 노정권 5년 동안 전체 구속노동자 수는 1,787명에 달하였다.[15] 연도별로 보면 1988년에는 79명으로 비교적 구속자 수가 적었으나, 노동통제가 강화된 1989년부터 그 수는 크게 늘어났다. 1989년 602명으로 최대치를 기록하였던 구속자 수는 1990, 1991, 1992년 그 절대 수치

인명살상, 납치감금, 폭행 등 폭력범과 계급폭력혁명 선동 방해자, 방화범, 시설파괴자, 화염병 소지자 등 악성분규 주동자를 현장에서 즉각 '구속'하라는 방침이 시달되었다. 이와 같은 기조의 인신적 제재 방침은 이후에도 청와대 임시국무회의(12월 10일), 관계장관 긴급회의(12월 23일), 노동부의 각종 지침 및 대책 업무보고(12월 28일, 29일, 1990년 1월 6일, 1월 19일) 등에서 계속 확인되었다.

15) 여기에는 노동조합활동 외에 노동단체활동으로 구속된 사람들은 제외되어 있다. 전노협(1991: 86)에 따르면 노동단체구성원으로서 1991년 7월까지 구속된 사람의 수는 179명에 달한다.
한편 노정권기간의 구속노동자 수에 관한 통계치는 정확치가 않다. 그것은 노동부가 국회노동위 국회위원들의 계속적인 요구에도 불구하고 정확한 자료를 제출하지 않았기 때문이었다. 노동부는 노동관계법에 의해 구속되지 않은 구속노동자들은 노동부의 관할사항이 아니라는 이유로 자료제공을 거부하였다. 노동부가 공식적으로 제출한 자료에 의하면 구속노동자의 수는 1990년 25명, 1991년 34명, 1992년 10월 현재 11명 등, 계 70명에 불과하였다.(노동부, "국회 국정감사보고자료", 1992)

에 있어 줄어드는 양상을 보였다.

<표 6-2> 구속노동자 수와 쟁의건당 구속자 수(1988-1992)

(단위: 명, 건)

연 도	1988년	1989년	1990년	1991년	1992년*
구속노동자 수(A)	79	602	482	471	153
쟁의행위발생건수(B)	1,873	1,616	322	234	235
쟁의건당 구속자 수(A / B)	0.04	0.37	1.50	2.01	0.65

자료: 전국노동조합협의회(1991a, 1991b)
*는 노동인권회관 편(1990, 1991, 1992)

그러나 구속자가 주로 노동쟁의에 대한 국가의 개입과정에서 발생
하였다는 점을 고려하면 구속자 수는 1991년까지 급속히 늘어났음을
알 수 있다. 구속노동자의 수를 쟁의발생건수와 비교해보면 구속노
동자의 절대수가 가장 많았던 1989년의 경우는 0.37명으로 그렇게
높지 않으나, 1991년에 그것은 2.01명으로 급격하게 증대하게 된다.
이는 1989년부터 노동통제의 강화와 함께 쟁의가 급격히 줄어들었지
만, 구속 위주의 인신적 제재의 정부의 통제방식은 대체로 변화 없
이 지속되었던 것에 기인한다.

그리고 강력한 국가의 노동통제하에서 발생한 1990년 1991년의
쟁의가 상대적으로 대규모사업장에서 발생하였으며, 그 성격 또한
매우 격렬한 것이었다는 점도 중요한 요인이었다. 예를 들면 1991년
471명의 구속자 가운데 대우자동차(38명), 대우정밀(28명), 기아자동
차(27명), 동영알루미늄(27명), 대우조선(20명), 택시노련 산하 조합원
(70명) 등 6개 쟁의에서만 절반에 가까운 210명의 구속자가 발생하
였다.(노동인권회관 편, 1991: 54)

1992년에는 구속노동자 수와 건당 구속자의 수가 전체적으로 다
시 줄어들었다. 그것은 3년 간 지속된 정부의 노동통제에 의해 노동
운동의 저항이 규모에 관계없이 크게 위축되었음을 보여준다.

다음으로 구속된 노동자들에 대한 적용법조문을 보면 구속노동자들은 노동법보다는 형법 및 기타 법률에 의해 주로 구속되었음을 알 수 있다.(표 6-3 참고) 노동법 위반에 의한 구속노동자 수가 전체의 약 25%에 불과하고 나머지 대부분이 형법이나 국가보안법의 적용을 받은 것이다. 전노협의 평가대로 이는 노동자에 대한 구속이라는 수단을 '노동조합활동에서 조합원을 일정기간 격리시키기 위해 형법조항을 무리하게 적용'하였기 때문이었다.(전국노동조합협의회, 1991b)

〈표 6-3〉 적용법조문별 구속노동자 수(1988-1992.4)

(단위: 명, 건, %)

적용법조문	1988년	1989년	1990년	1991년	1992년[**]	누 계
업무방해	17건	248	308	258	56	887(56)
폭력행위	50	247	96	133	35	561(35)
노동쟁의조정법	6	176	74	125	12	393(25)
집회 및 시위법	34	89	86	90	3	302(19)
공무방해	34	23	38	27	0	122(8%)
국가보안법	1	31	29	28	5	94(6%)
기 타[***]	5	132	60	39	8	244(15)
전 체	63명	534	474	451	77	1,599[*]

주: * 구속 사유가 확인된 노동자 수 1,599명과 전체 법조문별 합계 2,603명이 다른 것은 동일인에게 둘 이상의 법조문 적용에 기인함. 괄호 안의 비율은 법조문적용 건수(전체 2603건)를 구속노동자의 수(1,599명)로 나눈 수치.
　　** 1992년은 1월부터 4월까지의 통계.
　*** 기타에는 공사문서 위조, 화염병, 자살방조, 명예훼손, 노동조합법, 국가 공무원법, 도로교통법, 병역법, 방화 등이 포함됨.
자료: 전노협 조사통계국 조사자료 92-24. 노동인권회관 편(1992: 61)에서 수정　재인용 작성.

이러한 추론은 구속노동자들의 구속기간이 대체로 짧다는 점에서도 잘 드러난다. 전노협의 조사에 의하면 1991년에 구속된 노동자 417명 중 66%는 같은 해에 석방되었고 석방된 노동자 중 238명(전체의 91%)은 구속된 지 5개월을 넘기지 않았다. 구속기간이 이처럼 짧은 것은 국가가 이를 통해서 무엇보다 해당 쟁의를 일시적으로 중

지시키고자 하였다는 점을 잘 보여준다.[16]

  그렇지만 형법과 기타 법률의 적용이 많은 것은 다른 한편에서 본다면 1988년 이후 노동쟁의가 쟁의조정법상의 절차를 가능한 범위 내에서 준수하는 방식으로 진행되었다는 점에도 기인한다. 그리고 노동자에 대한 구속이 노동운동을 범법행위, 질서파괴행위로 다루는 이데올로기적 통제전략과 연계되어 있었던 것도 중요한 요인이었다. 또 국가보안법의 적용은 노동자의 투쟁을 이적행위 등 '공안'차원에서 다루고 있음을 보여준다.[17] 이것은 결국 구속 수배의 인신적 제재가 '법과 질서' 이데올로기 및 '반공이데올로기'의 이데올로기통제와 맞물려서 전개되었음을 보여준다고 할 것이다.

  한편 인신구속의 대상은 주로 전노협과 지역노동조합협의회의 간부, 민주노조의 조합간부 및 조합원에 집중되었다. 이 점은 특히 전노협이 결성된 1990년 1월 이후의 구속 수배현황에서 분명하게 드러나는데, 예를 들어 1990년 6월 7일 현재 전노협 중앙위원 51명 중 구속된 사람은 모두 17명이었고 수배 중인 사람은 9명에 달하였다.[18] 그리고 동기간 전체 구속자 361명 중 전노협 소속의 중앙위원, 단위사업장 집행부의 구속자 수는 총 250여 명으로 전체 구속자

---

16) 이에 관한 사례로는 1991년 11월 22일 거제 대우조선 노동조합 조합원에 대한 항소심 선고 공판 결과를 들 수 있다. 항소심 공판 결과, 1심에서 집행유예로 풀려난 8명의 조합원에게 실형이 선고되었고 이들은 법정구속되었다. 이러한 선고의 결과는 9월에 조합원들에게 폭로된 '대우조선 노무동향'이라는 회사의 노무관리 비문서에서 회사가 외부의 관계기관에 요구한 '2심판결 협조-실형전환'의 내용과 일치하는 것이었다. 그것은 1992년 임금투쟁기간까지 핵심조합간부를 격리시키고자 하는 분명한 목적에 기초한 판결이었던 것이다.(대우조선 노보, 「함성」, 제50호; 주간노동자신문, 1991.9.27)
17) 전국노동조합협의회, "노동운동 탄압실태-90년 6월 현재 정부와 자본가의 노동자 탄압 실태는 이렇다", 1990년 6월.
18) 지역노동조합협의회의 사정도 이와 크게 다를 바 없었다. 구속 수배자가 특히 많았던 대구노련의 경우에는 의장, 수석부의장, 조직국장이 구속되었고 부의장 1인과 교선국장은 수배 조치되었다. 그리고 다른 부의장 한 사람과 편집국장은 내사 중이었다. 상임집행부의 노동자 중 공권력의 인신적 통제 범위 밖에 있었던 사람은 사무처장 한 사람이었다.(전국노동조합협의회, 1991)

수의 70%에 이르렀다.

또 구속·수배·연행과 같은 합법적이고 일상적인 인신적 제재 이외에도 연금[19], 고문, 테러, 납치, 폭행, 살해 등과 같은 비합법적이고 극단적인 인신적 제재가 동원되기도 하였다.

3) 억압적 국가기구의 개입[20]

6공국가의 노동통제에는 대표적인 억압적 국가기구들인 공안기관, 치안기관, 정보기관, 군기관 등의 특수기능을 수행하는 국가기구들뿐만 아니라, 여타의 행정부 기구들 또한 6공화국 전 기간에 걸쳐 노동통제에 깊이 개입하였다. 청와대를 비롯한 보안사령부(1991년 이후에는 정보사령부로 개칭), 국가안전기획부, 경찰, 검찰, 법원, 교도소 등의 군, 공안, 사법, 행정기관들의 노사관계개입은 합법적인 방식으로 이루어지기도 하였지만, 비합법적인 수단들을 통해서 행해지는 경우도 흔하였다.

이들 기관의 비합법적인 개입의 방식으로는 특정 노동조합이나 노동조직에 대한 공작적 통제, 노동쟁의에 대한 대책수립 및 대응방침의 결정 실행, 노동자·노동조합·노동운동조직에 대한 일상적 사찰 및 감시, 특정한 목적을 갖는 프락치공작 및 도청 미행 등의 정보수집 활동, 블랙리스트작성 배포 등 다양한 방식으로 진행되었다. 그리

---

19) 가택연금의 대표적인 사례로는 전노협결성대회(1990년 1월 22일) 직전에 전국적으로 노동자들에게 가해졌던 참가포기 종용, 가택연금, 강제연행을 들 수 있다.

20) 억압적 국가기구들의 노동통제 개입을 물리적 수단으로 파악하는 것에 관해서는 이견이 있을 수 있다. 예를 들면 이들 공안기구들은 '사건조작'을 통해서 이데올로기 공세를 주도하기도 하였고 조직적 자원을 통해서 노동쟁의에 간접적인 영향을 미치기도 하였기 때문에 이데올로기적 수단이나 행정적 수단으로 파악할 수도 있기 때문이다. 본고에서 이를 물리적 수단으로 파악하고자 하는 것은 국가론의 맥락에서 '억압적 국가기구'의 물리력행사를 일차적으로 주목하였기 때문이다.

고 억압적 국가기구의 개입은 흔히 사용자 측과의 긴밀한 협조 아래
서 진행되는 것이 일반적이었다.21)

　(가) 사건조작: 먼저 노동조직에 대한 '사건조작'을 통한 통제의
대표적인 사례로는 전노협에 대한 범정부적 통제와 공안기관의 조직
사건 공작을 들 수 있다.

　1990년 1월 20일 전노협창립을 이틀 앞둔 시점에서 열렸던 청와대
회의에서는 경제기획원, 노동부, 상공부, 내무부, 법무부, 건설부 등 주
요 관계부처가 범정부차원에서 전노협에 대한 대응책을 종합 검토하는
회의였다. 여기서 내무부는 보다 구체적으로 '전노협와해 추진'대책을
내놓았다.(내무부, '산업평화를 위한 악성노사분규대책', 1990.1.20) 그
것에 따르면 내무부(경찰)는 전노협창립 준비위원장 단병호 등 핵심인
사 11인의 불법행동을 추적(4명 구속, 5명 수배, 2명 범죄 추적)하고
있으며, 지역주동자급 30여 명의 동향을 중점적으로 파악하고 있다고
보고하였다. 덧붙여 조직 와해를 위해서 '관계기관'과 협의한다는 대책
도 제시하였다.22) 또 노동부는 전노협의 이념과 투쟁이 자유민주주의
체제를 부정하고 국민경제를 파탄으로 몰고 가고 있다는 국민적 공감
대를 확산시키기 위해 '심리전차원의 교육홍보대책'을 마련하였다. 그
리고 전노협가입노조의 탈퇴를 강제하기 위하여 '노조업무조사', '규약
변경명령' 등 다양한 통제수단들을 동원하였다.(노동부, '급진노동세력
대책과 위법부당쟁의행위 지도방안', 1990.1.20) 정부 각 부처의 전노
협와해공작의 전체 골격은 다음과 같다.

---

21) "폭로, 기업의 노조탄압 '대외비' 문서", 월간 『말』 1988년 9월호.
22) 내무부가 말하는 전노협와해공작의 구체적인 한 단면은 단병호 전노협위원장이 조
　합장이었던 동아건설 창동노조에 대한 집행부불신임 공작에서 잘 드러난다.("'노조
　를 파괴하라' 동아건설 창동공장 관리자의 비밀노트", 월간 『말』 1990년 6월호)
　노동부가 국회에 제출한 '동아건설 창동공장 노동동향보고서'는 '창동노조는 전노협
　결성을 선도하고 과격투쟁을 일삼는 노조로서 쟁의가 장기화할 전망이므로 1단계
　로 휴업조치, 2단계로 폐업조치를 검토'하고 있다고 밝혔다.(전국노동조합협의회,
　1991b: 115-117: 노동부, 국회보고자료, 1990.3 참고)

〈표 6-4〉6공국가의 전노협대책(1990.1)

전노협대책	담 당 부 처
노동조합업무조사	노동부, 각 시도, 내무부
제3자개입조사 및 처벌	노동부, 치안본부, 법무부
노조규약변경명령 탈퇴유도	노동부, 관계기관(안기부), 각 시도
대응논리개발, 홍보선전	노동부, 공보처, 상공부
불법행사 유인물 단속	내무부, 법무부, 공보처
파업집회시위단속 경찰투입	노동부, 내무부

한편 지역수준에서는 전노협 소속 노동조합에 대한 와해공작이 광범하게 진행되었다. 공작의 추진 조직은 전노협 출범 직전부터 강조되어온 지역단위 '관계기관대책회의'였다.23) 전노협 산하 대구노련의 중심사업장이었던 태화염공에 대한 와해공작은 그중의 한 예이다. 5월 노조가 파업 중에 발견한 회사의 문건 '노동조합 대처방안'에는 협상 지연 통한 장기파업 유도-폭력유발-공권력투입-노조와해의 공작 수순이 명확하게 나타나 있었다. 그리고 실제로도 상황은 지역수준의 노조와해 계획에 따라서 전개되었다.24) 지역단위의 노조와해 공작과 쟁의대책수립 및 결정과정에서 주도적인 역할을 수행하였던

---

23) 치안본부는 이미 1990년 1월 15일 전국 시 도 경국장에게 보낸 전언통신문에서 지역별 '관계기관대책회의'를 활성화할 것을 지시하였으며,(한겨레신문, 1990.1.19) 이 방침은 1월 20일의 '청와대회의'에서 재확인되었다. 그리고 2월 2일 경찰의 '악성노사분규 경찰투입기준'에서도 역시 지역내 유관기관과 협조하여 '대책회의'를 개최할 것을 지시한 바 있었다.

24) '노동조합 대처방안'에 따르면 1.회사는 노동청장, 근로감독관, 노동위원회, (대구) 서부경찰서와 평상시 유대 강화, 문제발생 시 협조받을 것 2.노조에서 파업돌입 시 1-2일 후 직장폐쇄, 2-3일 후 단전단수, 7-10일 후 구사대 이용 폭력 유발 3. 단체협상과 임금협상 지연으로 노조원에게 심리적 압박 가하고 4.쟁의신고 2-3일 전에 일부 부서 폐쇄, 준법투쟁 시 주동자 색출 업무방해와 쟁의조정법 위반으로 고발 할 것 등의 대응을 하도록 되어 있었다. 이 같은 계획에 따라 실제로 상황은 파업-단전단수-직장폐쇄-공권력투입-장기파업 유도-노조원 구속(11명)-집행부불신임으로 전개되었으며, 대구지역의 전노협가입 핵심사업장은 와해되었던 것이다.(전국노동조합협의회, 1991b: 117-118)

것은 안기부와 지역보안사였다.

(나) 노동조직사건의 발표: 1988년을 제외하고 6공 전 기간 동안 공안기관들은 노동조직사건들을 지속적으로 발표하였다.(표 6-5 참고) 노동운동 조직사건은 기본적으로 정치적 노동운동세력에 대한 국가의 억압적 통제를 의미한다. 그것은 대표적인 권위주의적 악법인 국가보안법을 정치적 노동조직에 적용하는 방식으로 실행되었으므로 직접적으로는 매우 제한된 통제효과를 가진다.

그러나 문제는 조직사건의 수사 및 발표의 전 과정이 고도의 정치적 목적 위에서 결정되었다는 점에 있었다. 안기부와 보안사를 주축으로 하는 공안·정보기관은 평상시에 정치적 노동운동세력에 대한 치밀한 사찰을 해오다가 정치적으로 공안사건이 필요한 시점에 이를 적절히 공개 발표하였던 것이다. 1988년부터 1989년 상반기까지 수세적인 정치적 국면에서는 한 건도 발표되지 않았던 노동조직사건이 1989년 하반기부터 속속 공개되었던 것은 그 정치적 조작성을 간접적으로나마 잘 보여준다고 할 수 있다.

그리고 몇몇 사건들의 경우에는 정치적 필요에 기초해서 의도적으로 '사건조작'되기도 하였다. 예를 들어 기독교문화노동운동연합사건은 양심적인 신앙활동의 수준을 벗어나지 않았던 대학교 공식서클조직인 기독교노동자회가 이적단체로 조작 발표된 경우였으며, 북부지역노동자연맹사건은 사노맹사건의 조사과정에서 드러난 노동운동활동가들을 공안당국이 의도적으로 하나의 조직으로 묶어 이적단체로 조작하였던 사례이었다.[25]

---

25) 북부지역노동자연맹사건의 경우 이적단체부분은 검찰조사 단계에서 삭제되었는데, 이 또한 사건조작의 무리함을 반증하는 것이었다.(노동인권회관 편, 1990: 76; 박원순, 1992b: 288-307)

〈표 6-5〉 6공화국기간의 노동조직사건(1988-1992)

사 건 명	발 표 일 시	구속·수배자 수
1. 반제반파쇼한국민중전선사건	1988. 5. 3	3명 구속
2. 인천부천지역민주노동자회사건	1989. 2. 16-6. 5	9명 구속
3. 안양민주노동자일동그룹사건	1989. 9. 12	6명 구속
4. 인천지역민주노동자연맹사건	1989. 10. 18	21명 구속
5. 노동계급사건	1990. 1. 17	2명 구속, 10명 수배
6. 기독교문화노동운동사건	1990. 2. 15	12명 구속, 17명 수배
7. 북부지역노동자연맹사건	1990. 2-3월	7명 구속
8. 일군노동문제연구원사건	1990. 3	3명 구속
9. 노동자대학사건	1990. 3. 22	3명 구속
10. 민족해방민중민주주의 노동자 투쟁조직사건	1990. 4. 12	8명 구속
11. 민족통일민주주의 노동자동맹사건	1990. 4. 27	15명 구속
12. 남도주체사상연구회사건	1990. 3-4월	4명 구속
13. 남한사회주의노동자 동맹사건 (사노맹사건)	1990. 9. 19-10. 30	40명 구속, 2명 불구속 입건, 150명 추적 수배
14. 경수지역노동자연합사건	1991. 3. 14	6명 구속, 9명 수배
15. 반제반파쇼민중민주주의 혁명그룹사건	1991. 8. 26	19명 연행, 13명 구속
16. 주사파지하조직해돋이사건	1992	5명 검거, 3명 구속
17. 노동자계급해방투쟁위원회사건	1992. 11. 4	8명 구속, 2명 불구속입건
18. 한국사회주의노동당 창당준비위사건	1992. 1. 27	3명 연행
19. 민중민주주의노동자투쟁동맹조직원사건	1992	6명 구속
20. 정치활동센터사건	1992. 10. 25	4명 구속

자료: 노동인권회관 편(1990, 1991, 1992), 박원순(1992b)에서 작성.

노동통제수단으로서의 노동운동 조직사건의 의미는 일차적으로는 사회변혁적인 노동운동세력을 노동자대중으로부터 분리시키는 것에 있었다. 그리고 보다 본질적으로는 여전히 대중들의 의식저변에 자리잡고 있었던 반공이데올로기를 자극함으로써, 노동자계급운동 일반을 반체제운동으로 규정하는 이데올로기효과를 노린 것이었다. 결국 사건을 조작하면서까지 권위주의체제의 악법조항을 무리하게 적용하는 방식의 노동통제라는 점에서 그 내적 논리는 권위주의하의 억압적 노동통제 전략과 동일한 것이었다.

그러나 전체 노동통제 전략의 전개라는 맥락에서 보자면 노동조직 사건 조작의 통제방식의 유효성은 권위주의하에서의 그것과 달리 그다지 크지 못했으며, 점점 그 의미가 축소되고 있었다. 그것은 여러 가지 요인과 연관하여 설명할 수 있다. 먼저 냉전체제의 붕괴, 남북한관계의 개선 등 국제정세의 변화는 반공이데올로기의 의미를 퇴색시켰다. 또 '민주정권'을 정당성의 기반으로 내세우는 6공체제에서 대표적인 권위주의적 법조항을 통제의 수단으로 동원한다는 사실 자체가 통제효과를 크게 떨어뜨렸던 것이다. 그리고 조직적으로 성장한 노동조합운동의 경우 운동의 동력이 더 이상 '전위적인 노동조직'에 의존하지 않았으므로, 커다란 영향을 미칠 수 없게 되었던 것도 한 요인이었다.26)

(다) 사찰과 감시: 억압적 국가기구들은 노동조합, 노동조직 및 노동자 개인에 대한 광범한 사찰과 감시 정보수집을 일상적으로 수행하고 있었다. 안기부, 보안사, 경찰 및 검찰 등의 정보기관을 중심으로 한 노동운동에 대한 사찰과 감시는 매우 은밀히 진행되었기 때문에 그것의 총체적 양상을 파악하는 것은 매우 어려운 일이다. 그러나 간간이 폭로되었던 블랙리스트나 프락치공작에서 그 단면을 확인할 수 있다.

먼저 노동운동 사찰의 실상은 소위 '블랙리스트'라는 명칭으로 불린 노동자에 대한 신상카드로 그 내용이 드러나곤 하였다. 노동부의 공식적인 부인에도 불구하고27) 블랙리스트는 다양한 수준에서 다기

---

26) 정부 당국은 노동조합조직의 전국적 결집체였던 전노협에 대해서 끊임없이 '체제부정세력'이라는 언술을 사용하였지만, 궁극적으로 '국가보안법'을 적용하는 것으로 나아갈 수는 없었다.

27) 노동운동에 대한 광범한 사찰 및 정보수집업무를 수행한 대표적인 국가기구는 정보기관이라기보다는 노동담당 주무부서인 노동부였다. 노동부는 지방노동사무소 및 소속 근로감독관이라는 산하 기구를 통해서 '합법적인 방식으로' 전국의 노동운동, 노동조합, 노동운동단체, 노동자개인에 대한 광범한 정보를 수집하고 있었다. 노동부와 정보 공안기관 간에는 긴밀한 정보교환체제가 유지 강화되었음은 물론이다. 한편 1988년 성남 고려피혁의 블랙리스트사건은 국회노동위에서 집중적인 추구을 받게 되었는데 노동부는 개입을 부인하였다. 이어서 1989년 3월 개정된 개정근로기준법에서는 블랙리스트작성을 금지하는 법조문이 새로이 도입되기도 하였다. 그러

하게 작성된 것으로 보인다.(표 6-6 참고) 그것은 노동부, 경찰, 시도 행정기관 등의 억압적 국가기구뿐만 아니라, 개별기업체, 재벌, 지역 단위대책회의 등의 다양한 수준에서 일상적으로 행해지고 있었다.

그리고 블랙리스트의 작성내용과 그 규모를 보면 공식적으로 확인 된 작성자와 관계없이 블랙리스트는 경찰과 안기부 등의 정보기관의 긴밀한 협조하에서 작성된 것이라는 의혹을 받았다. 예를 들어 부산 금호상사에서 발견된 것의 경우 부산지역 대형신발업체 12개 사의 모임(노우회)에서 작성한 것으로 발표되었지만, 그 규모나 경력에 대 한 자세한 정보 내용으로 보아 경찰이나 국가안전기획부의 도움 없 이 작성하는 것은 불가능한 일이었다.[28]

특히 1990년 10월 4일 보안사 탈영병 윤석양의 양심선언에서 드 러난 군 정보기관의 민간인에 대한 광범한 정보사찰은 당시 사회적 으로 큰 충격을 주었다.[29] 자료에 따르면 국군보안사령부는 총 1,303명의 민간인의 활동을 추적 사찰하고 있었으며, 그중 노동운동 관련자가 247명으로 가장 많이 포함되어 있었다. 여기에는 전노협, 지노협의 주요 간부, 단위 민주노동조합간부는 물론 일반노동자의 인적사항과 활동사항, 인맥, 성향, 발언내용까지도 자세하게 기술되 어 있었다.[30]

나 같은 해 12월 28일 노동억압정국의 와중에서 노동부는 블랙리스트와 내용적으 로 동일한 노사관계자료 전산입력을 지시하는 지침을 전국 산하기관에 시달하였으 며,(노동부, "노사분규 종합대책") 이는 이듬해 3월 보다 공개적으로 추진되었다.

28) 개인의 인적 사항으로는 이름, 주민등록번호, 성별, 현주소, 본적, 특기사항이 수록되어 있었으며 경력 난에는 출신학교, 일반 시국사건, 위장취업, 노동자의식교육 등의 사항 이 자세하게 기재되어 있었다. 또 노우회 모임에는 경찰, 노동부관계자뿐만 아니라 안 기부 부산지역 관계자도 참여하였던 것으로 드러났다.(노동인권회관 편, 1991: 71)

29) 이 사건은 정치적으로도 큰 여파를 던졌으나 결국 국군보안사령부의 명칭이 '국군 기무사령부'로 바뀌고 담당자 몇 사람이 해임되는 수준에서 종결되고 말았다.

30) 각 조직 및 단위별 사찰대상자의 분포는 다음과 같다. 전노협 78명, 전국노동운동 단체협의회 40명, 전국교직원노동조합 27명, 서울노동운동연합(서노련, 1986) 관 련자 15명, 노동상담소 관계자 9명, 단위노동조합간부 및 일반 노동자 59명, 기 타 19명 등이다.(노동인권회관, 1990: 71-72)

〈표 6-6〉 주요 블랙리스트사건(1988-1992)

시 점	발견장소	대상자수	작성자	기재사항
1988	성남 고려피혁	743명	성남경찰서 대공과	인적사항, 경력
1990.2	서울 시경	65,000명	경찰	신상기록, 경력
1990.3	경남지역 일원	200여 명	경남도청 지방과	인적사항, 경력
1990.3	노동부	148명	노동부	경력 및 활동사항
1990.10	국군보안사령부	247명	국군보안사령부	인적사항, 성향분석
1991.2	현대자동차서비스	115명	회사 측	인적사항, 성향분류
1991.9	부산 금호상사	8천여 명	노우회(신발업관계자 모임)	인적사항, 경력

자료: 전국노동조합협의회(1991b), 노동인권회관 편(1990, 1991).
주간노동자신문, 각 일간신문.

블랙리스트는 국가기구가 비합법적인 방식으로 노동자들을 노동운동으로부터 물리적으로 격리시키고자 하는 목적으로 사용되었다. 즉 사용자들과 지역의 공안, 정보기관은 이 명단으로 해당 노동자의 취업을 봉쇄하거나 그들의 노동조합활동을 특별히 감시할 수 있게 되는 것이다. 또 그것은 노동쟁의 시 핵심적인 노동조합간부의 활동을 제약하고, 경력 및 인적사항을 빌미로 쟁의현장으로부터 격리시킴으로써 쟁의를 무력화하는 수단으로 사용되기도 하였다.

다음으로 또 다른 사찰 및 공작의 수단으로는 '프락치공작' 및 도청 미행 등을 들 수 있다. 프락치공작은 경찰이나 안기부 등의 공안기관이 노동자들을 협박하거나 매수하여 정보를 수집하고 특정한 사건을 조작하는 것을 말한다. 대표적인 사례로는 1990년 마산 창원지역에서 드러난 안기부 프락치사건(소위 이순용 사건)과 인천지역의 안기부 프락치사건 등이 있었다.[31]

(라) 테러와 납치: 억압적 국가기구의 비합법적 개입의 극단을 보여주는 것은 노동자에 대한 공권력의 비합법적 폭력 행사였다. 1989년 초 현대그룹 노동조합간부에 대한 '집단테러사건', 1990년 현대자동차와 현대중공업 노동조합간부에 대한 공권력의 고문, 1990년 10

---

31) 이종헌, "나는 안기부의 프락치였다". 월간 『말』, 1990년 7월호 참고.

월 18일 안기부의 포항제철 해고노동자 납치사건, 1991년 구속 중이
었던 한진중공업 노동조합위원장 박창수 사망사건에 대한 안기부 개
입 등은 억압적 국가기구들의 비합법적이고 폭력적인 노동통제를 보
여주는 대표적인 사례들이었다.[32]

　이 중 현대그룹 노동자에 대한 테러사건은 울산 시장, 경남도 경
국장, 안기부 담당관이 조직적으로 개입한 국가권력의 폭력행사 사
례였다는 점에서 중요한 의미를 갖는다. 그것은 직접적으로는 회사
측의 '구사대폭력'형태를 띤 테러사건에 불과하였지만, 실제로는 국
가의 억압적 기구와 밀접한 상호연계 및 협력 속에서 진행되었된 사
건이었다.[33] 이는 노정권기간 전체에 걸쳐 계속되었던 사용자 측의
폭력동원이 국가기구의 폭력의 연장선상에 있음을 간접적으로 보여
주었다.

　더욱이 현대그룹과 같이 거대사업장이 아니라 노동자의 단결력이
상대적으로 취약한 중소사업장의 노동쟁의에서는 사용자 측이 '구사
대'동원이라는 손쉬운 해결책에 호소하는 것이 일반적이었다.[34] 이

---

32) '현대집단테러'와 '박창수사망사건'의 경우 정부는 안기부와 경찰의 개입 사실을 대부분
부인하였다. 그러나 사건의 진행경과 및 공안 치안기관의 태도로 추론한다면 국가기
관의 조직적 개입을 쉽게 짐작할 수 있다.(전국노동조합협의회, "노동운동탄압실태보
고서", 1990.6; 국회사무처, 『국회노동위원회의사록』, 1991; 노동인권회관 편, 『노
동인권보고서』, 1991, 1992; 한미선, "현대식칼테러범, 3년 만의 고백", 월간 『말』
1992년 6월호 참고)

33) 한겨레신문, 1989.1.17자와 국회사무처(1989)를 참고. 구사대폭력과 국가기구의
연관성에 대해서는 김영모, "준동하는 '노동테러단'", 월간 『말』 1989년 7월호와
박희라, "풀려나는 테러단, 갇히는 노동자", 월간 『말』, 1989년 8월호 참고.

34) 구사대폭력은 회사 측에서 비조합원이나 사무직직원 혹은 외부의 폭력세력을 동원
하여 조합원 혹은 쟁의 중인 노동자에게 조직적인 폭력을 가하는 것을 지칭한다.
그것은 1988년 국가의 노동통제가 상대적으로 이완된 후 단위사업장의 노조설립
이나 쟁의를 무력화하기 위해서 사용자들이 동원하였던 대표적인 통제수단이었다.
구사대폭력은 1989년 이후 국가의 억압이 강화된 이후에도 노동조합에 대한 대응
력이 취약한 중소사업장을 중심으로 지속적으로 활용되었다. 한편 민주노조 측은
구사대폭력에 대응하기 위하여 지역단위 연대조직의 하나로서 '정당방위대'와 같은
대응조직을 구성하였고, 노총도 현대그룹의 1·8테러사건 직후 '조직행동대' 운영

런 중소사업장에서 일상적으로 되풀이되었던 구사대폭력은 국가기구
의 협조 및 그 폭력성을 전제하지 않으면 불가능한 일이었다.

4) 요약 및 토론

위와 같이 노정권기간 전체에 걸쳐 물리적 억압은 강하게 지속되
었다. 그것은 특히 1989년 상반기의 공안정국 이후부터 1992년까지
그러하였다. 이제 결론적으로 검토해야 할 것은 전체 노동통제 전략
에 있어 물리적 강제수단이 차지하는 비중의 변화와 그것이 갖는 함
의이다. 물리적 수단에 의존하는 노동통제방식은 군사독재체제 혹은
군부 권위주의체제에 전형적인 것이었다. 그렇다면 6공화국기간의
물리적 억압 또한 유신체제와 5공화국의 그것과 질적으로 구별되지
않는 것인가. 이를 검토하기 위해서 6공화국하의 물리적 억압의 성
격 및 그 효과와 한계를 정리해 보자.

먼저 국가가 물리적 통제수단을 동원할 경우 그에 따르는 정치적
부담이 크게 증가하였다는 점을 지적할 수 있다. 그것은 정치적 변
동의 직접적인 결과였다. 1987년 이래 형식적 민주화가 진행되고,
그에 따라서 시민사회의 내적 역량이 크게 강화된 조건하에서 물리
적 억압의 통제비용증가는 필연적인 것이었다.

한편으로 그것은 정권이 정당성의 기반으로 내세우는 '민주주의이
행'의 담론과는 근본적으로 조화되지 않는 것이었다. 즉 국가의 억압
적 기구들이 편파적이고 불법적인 방법으로 노사관계에 개입하는 일
은 그것 자체가 정권의 정당성기반을 잠식하는 효과를 가지고 있었
기 때문이었다. 그리고 그 결과 국가기구의 불법적 물리력행사에 대

방침을 발표하였다.(한국노동조합총연맹, 1989)

한 시민사회로부터의 비판과 저항 또한 커다란 정치적 부담으로 작용하였다. 예컨대 정치적 노동운동에 대한 통제에서 여전히 핵심적인 역할을 수행하였던 국가보안법을 통한 사건조작의 경우, 제도권정치 과정에서도 그 개폐가 지속적인 정치쟁점으로 부각되었다. 권위주의적 법조항에 기초한 물리적 억압은 특정 억압대상의 격리효과보다 장기적인 비용이 더 커지는 문제를 야기하였다. 그리고 1989년 초의 현대노동자 집단테러사건, 1991년 한진중공업 위원장 박창수 사망사건 등에 대한 노동자들의 연대투쟁, 해고노동자들의 장기적인 복직투쟁은 물리적 억압의 비용이 크게 증가하였음을 단적으로 보여주었다.

다음으로 국가가 전체 노동통제 전략을 구사함에 있어 물리적 억압의 비중이 상대적으로 축소되는 경향이 있었다는 점이다. 물론 전체 물리적 강제수단의 동원의 양적인 크기는 이 시기 동안 오히려 확대되었으며, 구체적인 노동정치상황에 따라 일시적으로 크게 확장되기도 하였다. 그러나 전체 통제수단에서 차지하는 상대적인 비중은 감소하는 경향을 보여주었다. 노정권은 이전의 전정권 및 박정권과는 달리 물리적 억압 이외의 통제수단들을 끊임없이 개발하였고, 그것들은 물리적 수단을 대체하는 효과를 가져왔다. 특히 노동배제 전략이 일정한 효력을 산출하기 시작하였던 1990년 하반기 이후에는 물리적 억압수단들의 가시적인 중요성은 수요의 감소로 말미암아 상당히 줄어들었다.

셋째, 전체 통제전략에서 차지하는 물리적 억압의 위상도 크게 변화하였다. 예컨대 경찰력의 투입과 같은 물리력행사가 의도한 효과를 발휘할 수 있게 하기 위해서 국가는 물리적 수단 이외에 이데올로기적 법적 · 행정적 통제수단들에 기초한 사전작업을 충분히 준비해야만 하였다. 1989년 상반기의 서울지하철공사노조와 울산현대중공업에 대한 경찰력투입의 경우, 공안정국의 정치공세와 대중매체를 통한 이데올로기공세가 없었다면 성공하기 어려웠을지도 모른다. 그러므로 경찰력투입과 같은 통제방식에는 물리적 억압에 의한 해당 노동자의 격리, 노동조직의 파괴라는 직접적인 효과 이외에도 그 과정에서 필연적인 이데올로기공세, 통제의 제도적 장치 확보 등의 노동자계급 일반에 대한 간접적인 통제효과가 결합되어 있는 것이다. 이와 같이 노정권기간 동안 물리적 통제수단들의 동원은 여타의 통제수단들의 동원과 긴밀히 연관되어서만 그 효과를 발휘할 수 있었다. 그리고 이는 전체 노동통제기제의 변화양상과 연결되어 있었다. (김진균, 1992: 367-368)

마지막으로 물리적 강제수단의 통제효과는 노동자계급의 내적 역량을 분절화시키고, 굴종기제를 통해서 헤게모니적 역량을 제한하는 두 가지 방식으로 나타났다. 물리적 강제수단의 직접적인 통제효과는 특정 노동자나 노동조합 혹은 노동운동세력을 다른 노동자들과 노동자집단으로부터 격리함으로써, 노동자계급 내부의 연대와 단결을 제한하는 것이다. 이와 같은 공간적 이념적 격리는 노동자계급의 내적 역량이 집약되는 노동조합조직의 양적 질적 발전을 상당히 제한하는 효과를 초래하였다.

그뿐만 아니라 물리적 강제수단은 전체 노동자계급의 헤게모니역량을 크게 약화시키는 효력을 발휘하였다. 경찰력투입과 물리적 충돌, 구속 수배 고발 등 여러 가지 인신적 제재, 사찰 감시 등의 억압적 국가기구의 은밀한 개입의 통제효과는 이를 직접 체험한 노동자들뿐만 아니라, 전체 노동자들로 하여금 자신의 행위를 스스로 규제하도록 만든다는 점에 있었다. 노동자들은 타인의 경험을 통해서 물리력에 대한 공포를 학습하였으며, 패배의식을 심화시키게 되었다. 그리고 그 결과 노동자들은 예상되는 물리적 강제를 회피할 수 있는 방식으로 자신의 행위를 스스로 제한하게 된다. 이와 같은 체념적 굴종은 노동자계급이 국가와 자본의 헤게모니적 지배력에 포섭되는 과정이었다.

제3절 법적 행정적 수단

1) 노동관계법에 기초한 노동통제

법률에 의한 노동통제는 크게 노동관계법조항에 기초한 통제와 기타 법률에 기초한 통제로 구분할 수 있다. 노동관계법들은 일차적으로는 시민으로서의 노동자의 보편적 인권과 자본주의사회에서 특수하게 인정되는 노동권을 보호하는 제도적 장치이다. 그렇지만 자본주의사회의 국가기구 내에서 법이 수행하는 기능 때문에 그것은 노동자계급의 정치적 사회적 주체형성을 일정하게 제한하는 통제수단으로서 기능하기도 한다.

여기서는 6공화국기간 동안 노동자계급에 대해 직접적인 통제수단으로 특정 법조항들이 어떻게 사용되었는가를 보다 구체적으로 검토하고자 한다. 예를 들어 노동관계법 일반은 법 일반의 기능이란 점에서 보자면, 그것의 모든 내용들이 통제수단이라고 할 수 있을 것이다. 그러나 특정 복합국면에서 노동통제에 직접적으로 동원된 핵심적인 법률조항들은 구체적인 노동통제방식의 양상을 보여주는 좋은 지표가 된다.

① 복수노조금지조항(노동조합법 3조 5항): 노동조합법은 노조가 '기존의 노동조합과 조직대상을 같이 하거나[35] 정상적 운영을 방해하는 것을 목적으로 하는 경우' 인정될 수 없다고 규정하고 있다.

---

35) 이 부분은 1987년 말 노동법개정에서 첨가된 것으로 기존의 복수노조금지규정을 보다 구체화하고 강화한 것이었다. 그리고 1990년 2월 노동부가 발표한 "노동조합업무지침"에서는 1988년 2월의 지침에서보다 조직대상 중복요건을 완화하여 규정함으로써 복수노조금지조항을 행정적 조치로 더욱 강화하기도 하였다.

복수노조금지조항은 구체적인 목적을 갖는 통제조항이기보다는 한국의 노사관계체제의 근본적인 틀을 규정하는 것으로서의 의미를 더 크게 갖는다. 그것은 먼저 기본적으로 민주노조의 자유로운 조직설립을 막고 국가통제하에 있는 공식적 노동조합조직인 '한국노총'의 독점적 지위를 보장하는 권위주의체제의 대표적인 노동통제제도로 평가될 수 있다. 즉 국가의 통제하에 있는 노총에만 형식적이고 특권적인 이익대표기능을 부여함으로써, 국가의 노동정책에 대항하거나 반대하는 노동조합세력의 존재자체를 불가능하게 하였던 것이다.36)

그리고 특히 복수노조금지조항은 한국노동조합체제의 가장 큰 특징이자 통제기제인 '기업별 노동조합체제'를 유지하는 핵심적인 제도적 장치였다. 1987년 개정노동법에서는 조직결성의 자율성이 크게 확대되어, 기업별 노조체제의 변동가능성이 부분적으로 공론화되기 시작하였다. 새로이 활성화된 민주노조운동은 산별 노조체제로의 이행을 가장 중요한 조직적 과제로 설정하고, 추진하였다. 그러나 이 작업은 거의 진전될 수 없었는데, 제도적 수준에서 이를 결정적으로 가로막고 있었던 것이 복수노조금지조항이었던 것이다. 그것은 노총의 기존 산별 연맹과 조직범위가 중복되지 않는 가운데 새로운 산별 조합을 설립하는 것이 불가능하였기 때문이었다.37)

그리고 6공화국의 노동통제에서 이 조항은 '민주노조'의 상급단체로서 '법외노조'적 성격을 가졌던 '전노협'을 통제하는 특정한 목적으로 동원되기도 했다. 1990년 1월 전노협결성 직전 국가는 전노협

---

36) 이런 의미에서 이는 라틴아메리카에서 두드러지는 '국가조합주의적 노동통제' 유형의 통제방식이었다. 이와 같은 차원의 통제수단에 대해서는 후술할 '조직적 통제수단'에서 보다 자세히 고찰할 것이다.

37) 1987년 법개정에 의해 '조직형태 선택에 있어서의 자유'가 확보되었음에도 불구하고 현실적으로 산별 노조는 거의 불가능하였다. 복수노조금지조항 외에 산별 노조 결성을 가로막는 법조항으로는 연합단체명칭 기재조항(노동조합법 14조 5호)과 제3자개입 금지조항(노동조합법 12조 2, 노동쟁의조정법 13조 2)이 있었다. 자세한 내용은 신인령(1994)을 참고.

을 노동조합법에 위배되는 불법단체로 규정하였는데, 이때 동원된 것이 복수노조금지조항이었다. 전노협을 불법적인 복수노조로 규정함으로써,38) 국가는 1990년 1월 20일 '청와대회의'에서 제출된 제반 전노협와해대책을 추진하였던 것이다.

복수노조금지조항은 개별 단위사업장의 노동조합조직결성 및 어용노조 민주화투쟁을 봉쇄하기 위해서도 사용되었다. 거제도 삼성중공업의 경우 1988년 6월 노동자들이 노조설립을 시도하자, 이를 미리 파악한 회사 측은 먼저 어용 유령노조를 결성하여 노동자들의 자주적인 단결활동을 원천적으로 봉쇄하였던 것이다.39)

② 제3자개입 금지조항(노동조합법 12조 2항, 노동쟁의조정법 13조 2항): 1980년 말 5공화국의 국가보위입법회의에서 만들어진 제3자개입 금지조항은 대표적인 권위주의적 노동법조항의 하나이다. "직접 근로관계를 맺고 있는 근로자나 당해 노동조합 또는 기타 법령에 의해 정당한 권한을 가진 자" 이외의 제3자가 조합활동에 개입할 수 없게 한 이 조항은 헌법상의 기본권인 노동권을 침해하는 것이었다.40)

그리고 구체적인 법조문에 있어서도 금지 대상행위를 "조종, 선동 또는 영향을 미칠 목적으로 개입하는 행위"로 규정함으로써, 자의적

---

38) 산업평화특별대책반, "회의자료", 1990.1.19 및 노동부, "급진노동세력 대책과 위법부당쟁의행위 지도방안", 1990.1 참고.
39) 회사 측은 이 유령노조를 방패막이로 하여 노조와 교섭치 않고 '노사협의회조직'과 교섭함으로써 실질적으로 '노조 없는 삼성'체제를 유지하였다. 한편 법적으로 단결할 자유를 박탈당한 삼성중공업노동자들은 이후 법외노조인 삼성조선 민주노조를 결성하였다.(노동인권회관 편, 1990)
40) 신인령(1994) 참고. 그러나 전노협결성 직전이었던 1990년 1월 15일 헌법재판소는 제3자개입 금지조항에 대해 합헌판결을 내렸다. 그 후 한국이 IlO에 가입한 이래 이 조항은 IlO의 '결사의 자유위원회'에 의해 조약 제87호 자율권보장 원칙에 위배된다는 해석을 받았고 이후 여러 차례 개정권고결의의 대상이 되기도 하였다.

인 해석을 가능케 하였고 나아가 노동운동의 연대활동일반을 봉쇄하였던 핵심적인 통제수단이었다.[41]

또 이 조항은 특정한 연대투쟁을 봉쇄하거나 특정 노동조합활동을 억제하는 수단으로 사용되었을 뿐만이 아니라, 민주노조운동 전체의 활동을 효율적으로 통제하는 수단으로 사용되었다는 점에서 그 통제효과가 두드러졌다.

예를 들어 1990년도 상반기 전노협에 대한 정부의 대응방안에서 제3자개입 금지조항은 소속 단위노조에 대한 전노협의 활동일반을 불법으로 규정할 수 있게 하는 법적 근거가 되었다.[42] 그리고 1991년 초에는 당시 대기업 민주노조의 전국적 연대조직이었던 '연대를 위한 대기업노조회의' 소속 위원장들에 대한 무더기 구속에서도 이 조항이 이용되었다. 1991년 임금투쟁에서 전노협과 함께 공동투쟁본부를 결성하여 상당한 주목을 받았던 '연대회의'는 3자개입금지조항에 의한 핵심간부 구속으로 그 활동에 결정적인 제약을 받게 되었다.[43]

그뿐만 아니라 제3자개입 금지조항은 6공노동통제방식에서 핵심적 위치를 차지하였던 이데올로기적 통제와도 연결되어 있었다. 즉 6공 국가는 3자개입-폭력투쟁 정치투쟁-체제위협이라는 담론을 주요한 통제수단으로 지속적으로 동원하였는데, 그 과정에서 3자개입금지조

---

41) 쟁의 현장에 돈과 라면을 전달한 이웃 사업장의 노동자가 구속되기도 하였고, 단순한 격려연설에 대해 제3자개입 금지조항이 적용되기도 하였다. 전자의 사례로는 1989년 3월 구속된 마창노련 의장 이흥석사건, 1990년 5월 서울 구로공단 중원전자노조 위원장 김점순사건을 들 수 있으며, 후자의 사례로는 1990년 1월 구속된 서울 삼성제약노조 부위원장 김영순사건이 있었다.(노동인권회관 편, 1990: 167)

42) '청와대회의'에서 노동부는 전노협의 상급단체로서의 활동을 "노사분규 조종, 선동 및 임금인상 투쟁지침 시달행위"로 규정하고, 제3자개입금지 위반으로 '엄중 의법조치'할 것임을 밝혔다. 실제로 1990년 6월까지 구속되거나 수배된 전노협 주요간부 31명 중 12명이 이 조항의 적용을 받았다.(전국노동조합협의회, 1991b: 78-79)

43) 경찰은 당시 연대회의 소속노조인 대우조선노조의 파업돌입(2월 8일)에 대해 지원방안을 논의하던 연대회의의회의장을 급습하여 69명을 연행하고, 그중 핵심간부 7명을 구속하였다. 이때의 제3자개입 금지조항 적용은 파업에 개입한 행위에 대해서가 아니라 '개입을 위한 논의'에 대한 적용이란 점에서 논란을 불러일으켰다.

항은 전체 논리를 구성하는 제도적 기반이 되었다. 특히 그것은 1989
년과 1990년 상반기의 현대중공업쟁의, 서울지하철쟁의, KBS쟁의와
같은 거대사업장쟁의에 대한 국가의 노동통제를 가능케 한 중요한
제도적 장치였다.

③ 공무원·교원의 단결금지조항(노동조합법 8조, 국가공무원법 66
조, 사립학교법 58조 등): 6공화국기간 동안에는 교직원들의 노동조
합활동이 1960년 4·19직후의 교원노조운동 이래 30여 년 만에 다
시 활성화되었다. 1989년 5월 28일 전국교직원노동조합이 결성되자
정부는 교사들을 해임하거나 구속하여 노조를 해산시키고자 하였다.
여기에 동원되었던 법적 근거가 공무원 및 교원에 대한 단결금지조
항이었다.

그리고 사립학교교원에 대해서는 노동관계법이 아니라 '노동운동
을 하는 교사를 면직'할 수 있게 규정한 사립학교법 58조가 노동권
을 부정하는 수단으로 동원되었다. 1990년 4월 서울민사지법은 사립
학교법의 위헌제정신청사건에서 사립학교 교사에 대해서도 공무원과
마찬가지로 노동3권을 제한하는 것이 타당하다는 판결을 내림으로써
이를 뒷받침하였다. 이들 법조항에 의해 전교조소속 교직원 100여
명이 구속되었고, 1,500여 명이 해고되었으며, 교직원노조는 크게 위
축될 수밖에 없었다.[44]

공무원과 교원은 자본주의국가기구를 운영하는 주체라는 점에서
이들에 대한 노동권제한은 노동통제의 전체 구도에서 중요한 의미를
갖는다. 민간부문에 대한 통제와 달리 그것은 국가가 노동통제에 동
원할 권력자원을 안정적으로 확보하고, 그 효율성을 극대화하기 위
한 핵심적인 장치였기 때문이었다.[45]

---

44) 전국노동조합협의회, "노동운동탄압실태" 1990.6와 전국노동조합협의회(1991b),
   한국교육연구소 편(1990) 참고.

④ 노동조합의 정치활동 금지조항(노동조합법 12조): 노조의 정치활동을 금지하는 이 조항은 직접적으로 보면 1991년 상반기의 지방자치체선거, 1992년 총선 등에 노동조합이 개입하지 못하도록 통제하는 수단에 불과하였다.(김대환, 1991: 214-215) 그리고 노조의 정치참여는 노동관계법 이외의 여타 법률에 의해서도 규제되고 있었기 때문에, 이 조항의 직접적 의미는 그다지 크지 않았다고 할 수 있었다. 실제로 노동조합이나 노동자에 대해 이 조항이 적용되어 사법적으로 처리된 경우는 극히 드물었다.

그러나 앞서 제3자개입 금지조항의 통제효과에서도 나타났듯이 이 조항은 6공국가가 민주노조 일반에 대해서 행한 대규모 이데올로기 공세의 제도적 기반이었다는 점에서 매우 중요한 것이었다. 국가는 노사관계에 대한 국가개입의 절차적 정당성 근거를 많은 경우에 노동조합의 정치투쟁에서 찾았는데, 이 조항의 통제수단으로서의 의미는 이를 법적으로 정당화하는 것에 있었다. 예컨대 정치활동 금지조항은 국가가 노동조합의 쟁의활동을 임금투쟁 및 근로조건개선투쟁으로 한정하고, 이를 벗어난 노동조합에 대해 공권력을 투입하는 통제의 전 과정에서 이를 정당화하는 제도적 기반으로 기능하였다.

⑤ 노동조합업무조사조항(노동조합법 30조, 47조): 노동조합법 제30조 1항에 따르면 '행정관청은 필요하다고 인정될 때 노동조합의 경리상황, 기타 관계서류를 제출케 하여 조사할 수 있다'. 그리고 동법 시행령 제9조 2항에 따르면 '조사는 진정 등이 있는 경우, 조직분규가 있는 경우, 회계상황 등에 지도할 필요가 있는 경우'에 행한다고 명시하고 있다.

---

45) 1989년 상반기 야당주도의 노동법개정시도에 대해 대통령이 이 조항을 이유로 해서 거부권을 행사한 것도 전체 노동통제체제에서 공무원·교원의 단결금지가 차지하는 비중이 큼을 보여준다. 국회사무처(1992) 참고.

이와 같은 행정관청의 업무조사권은 1990년 초까지 전혀 실행되지 않다가 전노협결성을 즈음하여 노동부가 제출한 전노협대책에서 처음으로 통제수단으로 등장하였다. 노동부는 '청와대대책회의'에서 전노협와해를 위해 노동부가 제출할 수 있는 첫 번째 대응수단으로 이를 제출하였는데, 그것은 전노협의 조직적 기반인 단위노동조합의 물적 재정적 지원을 통제하자는 것이었다.[46]

2월 초부터 처음으로 실시된 업무조사의 대상노조는 당시 전국적으로 130개 노조였으며, 이는 주로 전노협에 가입한 핵심노동조합들로 구성되어 있었다. 이후 전노협 측의 강력한 저항과 단위노동조합들의 업무조사 거부결의가 계속되자, 행정관청은 조사를 거부한 73개 노조 중 50여 개의 노조를 고발하였다.[47] 전노협은 업무조사에 대해 거부결의를 하는 등 강력히 저항하였으나, "전노협을 탈퇴한 단위노조의 수가 적지 않았다"고 평가하였다.(전국노동조합협의회, 1991b: 100)

한편 전노협대책의 일환으로 개발된 업무조사는 1991년과 1992년의 경우에도 지속적으로 사용되었다. 업무조사는 원래의 목적에 더

---

46) '대책회의' 자료에는 업무조사의 주무부서로 노동부, 시 도, 내무부 등이 명시되었다.(경제기획원, "산업평화조기정착과 임금안정대책", 1990.1.20) 노동부, 시, 도 등의 행정관청은 조사대상 단위노조에 대해서 '불법단체인 전노협에 가입되어 있으므로 업무조사를 실시한다'거나 '전노협, 지노협에서 탈퇴하지 않으면 처벌하겠다'는 공문을 하달하였다.(전국노동조합협의회, 1991b: 99-100) 또 노동부는 전노협소속노조에 대한 업무조사의 근거를 마련하기 위해서 1990년 2월 작성된 노동조합업무지침에서 시행령(1988.4.15)에 없는 '불법부당한 조합비, 기금징수'라는 업무조사 실시요건을 자의적으로 삽입하기도 하였다.(노동부, "노동조합업무처리지침", 1990.2)

47) 노동조합법 제47조 및 49조에는 업무조사 불응 시 3개월 이하의 징역이나 20만 원 이하의 벌금형에 처하도록 규정하고 있다. 그러나 실제로 이 처벌규정에 의해서는 이를 거부한 노동조합에 대해 실효성 있는 처벌을 할 수 없었으므로 행정당국은 3자개입금지 등 다른 처벌조항을 병합시켜 처벌하기도 하였다.(삼성제약 노조간부 2명 및 한양대병원노조 위원장) 1990년 11월 국정감사보고에 의하면 총 215개 노조가 조사대상으로 통보되었고, 그중 73개 노조가 거부한 것으로 나타났다.(노동인권회관 편, 1990: 40-41) 한편 노동부는 연말에 다시 전노협소속노조에 대해 업무조사를 실시하였다.(전국노동자신문, 1990.11.23)

하여 임금억제수단 등 새로운 통제의 목적을 위해 사용되기도 하였
다. 1992년 6월 27일 노동부는 '총액임금제 협상에 따른 분규방지목
적의 업무조사'를 재개하겠다고 공표하였는데, 이는 노동부가 업무조
사의 통제수단으로서의 위력을 높게 평가하였음을 보여준다. 결과적
으로 1991년 이후 전노협조직역량의 현저한 위축, 대폭적인 노동쟁
의 감소에도 불구하고, 업무조사 건수는 크게 늘어나게 되었다.

〈표 6-7〉 연도별 업무조사 건수의 추이(1990-1993)

(단위: 건)

연 도	1990	1991	1992	1993
건 수	158(162)	307	355	394

주: 괄호 안은 1991년 국정감사보고에서 노동부가 제출한 자료에 나타난 수치.
자료: 노동부, "국회국정감사보고자료", 1991.
　　 중앙일보, 1994.5.10일자.(노동부발표)

　이와 같이 업무조사조항에 근거한 노동통제는 6공화국하의 법적
통제수단의 위상을 정확하게 보여주는 사례였다. 그것은 그 조항이
권위주의하에서부터 존속해왔던 것이었지만 실제로는 전혀 적용되지
않다가, 1990년 노동조합에 대한 통제가 강화되면서 새로이 주목받
고 적용되었다는 점이다. 그리고 업무조사는 다양한 목적으로 사용
되는 등 점차 제도화되는 모습을 보여주었다. 즉 물리적 억압에만
의존하였던 권위주의적 노동통제 구조와 달리, 6공화국하에서는 법
적 통제수단들이 새로이 중요한 통제기제로 자리잡게 됨을 보여주는
것이다.

　⑥ 방위산업체에 대한 쟁의제한조항(노동쟁의조정법 12조 2항): 현
행 노동쟁의조정법은 공무원뿐만이 아니라, 방위산업체에 종사하는
노동자의 쟁의행위도 제한하고 있다. 일반 사기업체에 근무한다고

할지라도 그 사업체에서 방위산업물자를 생산할 경우에는 쟁의권이
봉쇄되는 것이다.

6공화국 들어 방위산업체에 대한 쟁의 제한이 문제로 된 것은
1988년 4월 21일 노동부가 '방위산업체 종사근로자의 쟁의행위 제한
범위에 관한 지침'을 내놓으면서부터였다. 이후 6월 17일 상공부는
전국에 걸쳐 71개 사업장을 '주요방위산업체'로 지정하였다.[48]

노동부가 '방위산업체에 관한 지침'을 내놓은 것이나 상공부가 주
요 방산업체를 지정한 것은 당시 통일, 삼성중공업, 현대정공, 대우
정밀 등의 대형기계산업업체들에서 장기화, 심화되고 있었던 노동쟁
의를 단기적으로 통제하고자 하는 목적을 갖고 있었다. 1987년 이래
노동운동이 대기업사업장을 중심으로 성장하였음을 고려하면, 이 조
치는 노동운동 전반을 위축시키는 효과를 갖고 있었다. 이러한 정부
의 의도는 방산물자 생산의 비율이 미미한 사업장까지 방산업체로
지정하였던 사실에서도 나타났다.[49] 노동조합의 연대투쟁에도 불구
하고, 방산업체 쟁의제한은 6공화국기간 동안 계속적으로 그 효과를
발휘하였다.

한편 방산업체 쟁의제한이 특정한 단위사업장의 노조활동을 통제하
는 수단으로 사용된 예는 서울 대한광학과 천지산업을 들 수 있다.[50]

⑦ 공익사업체에 대한 쟁의 제한(노동쟁의조정법 4조, 11조, 30조,
31조): 강제중재제도 혹은 직권중재제도로 불리는 공익사업체 쟁의

---

48) 1987년 노동법, 헌법, 방위산업체특별법 등이 개정됨으로써, 이전까지 방산물자를
   생산하는 모든 사업장에 대해 적용되던 쟁의제한이 '주요방위산업체'로 축소되었다.
49) 당시 현대중공업의 경우 방산부문이 차지하는 비율이 인원으로 보면 2.4%(522명),
   매출액으로 보면 3%(270억)에 불과하였지만 방위산업체로 지정되었다. 이수원
   (1994: 153-154) 참고.
50) 예컨대 대한광학의 경우 1990년 1월 창원으로 공장이전을 단행했으나 조합에서는
   방산업체였기 때문에 쟁의행위를 할 수 없었다. 그리고 천지산업의 경우 회사 측은
   쟁의불가를 이용하여, 임금교섭에서 -13.7%라는 임금삭감안을 제출하기도 하였다.
   (노동인권회관, 1990: 171)

제한은 법률에 정한 공익사업에 있어서 분쟁당사자의 신청이 없더라도 노동위원회가 그 직권, 또는 행정관청의 요구에 의해 중재하고 쟁의를 제한하는 것을 말한다.51)

직권중재의 통제효력은 국가가 노동부산하의 노동위원회를 통해서 손쉽게 특정 공익사업장의 쟁의를 무력화할 수 있다는 점에 있었다. 뿐만 아니라 그것은 전체 노동운동을 폭력적 반사회적 행위로 규정하는 '법과 질서' 이데올로기와 '공공성이데올로기' 공세의 제도적 기반이었다.

1989년 3월 16일 지하철파업에 대한 노동위원회의 직권중재는 이 조항의 통제효과를 분명히 보여준 사례였다. 당시 쟁의는 회사 측이 노조와 합의한 직제개편안을 이행치 않아서 발생하였고, 쟁의의 실질적 정당성은 명백히 노조 측에 있었다. 그러므로 정치적 목적으로 강경대응을 천명하였던 국가는 경찰력을 투입하고, 쟁의를 봉쇄할 수 있는 상황을 창출해야만 했다. 여기서 직권중재는 그 손쉬운 수단으로 동원되었다.

지하철노조가 제기한 직권중재제도의 위헌신청이 1990년 5월 15일 대법원에 의해 기각되면서 직권중재제도는 더욱 강화되었다. 1990년 1월 20일 '산업평화조기정착과 임금안정을 위한 대책회의'에서 노동부는 기간산업, 국공영기업, 공익사업체에 대해서는 직권중재제도를 활용하여 강력히 대처할 것임을 공표하였다. 이에 따라서 1990년 이후 병원노동조합, 지하철 및 운수노조, 언론사노조의 쟁의권은 거의 봉쇄되기에 이르렀다.

---

51) 1986년 12월과 1987년 11월의 노동관계법개정에 의해 정부투자기관, 국가출연 연구사업, 석탄광업, 산업용연료사업, 증권거래사업 등의 업종이 직권중재 대상업체에서 제외되었다. 그렇지만 직권중재대상으로 포함되어 있었던 운수업종, 방송 언론업종, 병원업종 등에서 직권중재는 여전히 강한 통제력을 발휘하였다.

⑧ 단체협약 변경명령(노동조합법 34조 3항, 48조)과 노동조합규약 변경명령조항(노동조합법 16조): 먼저 노동조합법 34조는 행정관청이 단체협약 내용이 위법부당할 경우 노동위원회의 의결을 얻어 단체협약을 변경하도록 명령할 수 있도록 규정하고 있다.

단체협약 변경명령조항은 ‘위법부당’의 내용이 지나치게 막연하고 추상적이어서 행정관청이 자의적인 명령으로 노동조합활동을 제한할 수 있게 해주었다. 특히 이 조항은 행정관청이 단체교섭의 내용을 규제하는 수단으로 사용되기도 하였으며, 국가의 이데올로기적 통제가 법적 효력을 발휘할 수 있는 제도적 기반이 되기도 하였다.[52]

1990년부터 본격화된 단체협약 변경명령은 1991년에는 현대자동차노동조합 등 10건, 1992년에는 5건이 실행되었다.(노동부, 국회국정감사보고자료 1991, 1992)

다음으로 규약 변경명령은 ‘노동조합의 규약이 법령에 위반하거나 공익을 해할 염려가 있는 경우에 행정관청은 그 취소 또는 변경을 명령할 수 있다’는 노동조합법 16조에 그 근거를 두고 있다. 이 조항에 기초해서 노동부는 1990년 2월 26일 전국보사국장회의에서 3월 15일부터 6월 30일까지 전국의 모든 조합규약, 선거관리규정, 회계규정 등의 노동조합운영규정을 검토, 정비할 것을 지시하였다. 행정관청의 규약변경명령 건수는 1990년 33건, 1991년 6건에 달하였다.(노동부, “국회국정감사자료” 1991, 1992)

규약변경명령은 노조활동을 여러모로 제약할 수 있는 수단이었지만, 그것은 당시 노사 간에 쟁점이었던 ‘협약체결 시 조합원투표에

---

52) 이 두 가지 측면의 통제효과가 중첩된 예로 ‘인사권 경영권’ 문제를 들 수 있다. 1990년 7월 20일 인천 서구청은 한국메그론노조의 단체협약6개조항을 ‘회사의 인사권 침해’라는 이유로 취소 또는 변경할 것을 명령하였다. 또 1991년 6월 3일 성남시청은 대일실업노조에 대해 ‘인사권, 경영권’에 관련된 단체협약 3개 항 변경명령을 내렸다.(노동인권회관 편, 1990, 1991) 인사권 경영권에 대한 노조의 개입제한은 소유권이데올로기를 법적으로 ‘제도화’하는 의미를 갖는다.

의한 인준' 문제를 해결하는 핵심적 통제수단이었다. 1991년 7월 5일 노동부는 조합규약에서 이 조항을 삭제할 것을 전국노동조합에 명령하였다.53) 기업별 노조체제에서 집행부의 회사 측과의 결탁이나 전횡을 방지하기 위해서 만들어진 총회의결조항에 대한 행정관청의 삭제명령은 사용자에게 유리한 교섭상황을 제공하는 것이었다. 그리고 사용자의 노조활동에 대한 개입을 보다 손쉽게 해 주었다. 이에 따라서 사용자들은 노조의 규약에 총회의결조항이 있다는 이유로 교섭을 미루거나 기피하는 등 노조활동에 제약을 가할 수 있게 되었다.54)

행정관청에 의한 단협변경명령과 규약변경명령은 1989년 이후 강화된 노동조합운동에 대한 국가의 통제방식변화를 잘 보여주었다. 1987년 이래 노동조합의 경영참가-사용자의 경영권 인사권 수호, 노조의 단협체결의 조합원총회인준-사용자의 노조 위원장 직권 타결 간의 팽팽한 대립은 노사관계에 있어 핵심적인 쟁점이었다. 이런 상황에서 국가는 기존 노동관계법상의 법조항을 이용하여, 사용자 측의 이해를 관철시킬 수 있었다.

⑨ 기타 노동관계법상의 통제수단들: 이 밖에도 노동관계법상의 여러 가지 조항들이 6공화국기간 동안 통제수단으로 동원되었는데 대표적인 것들로는 노동부 장관의 긴급조정권(노동쟁의조정법 40조 1항), 쟁의신고에 대한 심사권(노동쟁의조정법 16조)55), 쟁의행위에

---

53) 이 같은 방침에 따라 노동부는 1990년 8월 현대중공업노조, 서울의 현대자동차서비스노조, 경기도의 만도기계노조에 대해 '노조규약 중 노조대표가 사용자와 합의한 사항을 다시 조합원총회에 붙여 인준을 얻도록 규정한 조항은 법위반이므로 삭제해야 한다'는 행정명령을 내렸다. 또 1992년 7월 6일 울산군청은 단체교섭 중인 효성금속노조에 대해 총회의결조항의 변경명령을 내린 바 있었다.(주간노동자신문, 1990.9.21일자)
54) 1991년 6월 부산 연합철강의 사례에서는 회사 측이 규약상의 총회인준조항을 들어 단체교섭을 기피하였다.(전국노동조합협의회, 1991b: 105)
55) 행정기관(노동위원회)이 쟁의신고에 대한 심사제도를 이용하여 쟁의를 제한하는 것을 말한다. 경기지방노동위원회는 1990년 8월 (주)신기노동조합 등 성남의 몇몇

대한 장소제한(노동쟁의조정법 13조 2항), 냉각기간조항(노동쟁의조정법 14조), 사용자의 직장폐쇄권(노동쟁의조정법 17조) 등이 있었다.

2) 기타 법률에 의한 통제

다음으로 노동관계법이 아닌 기타의 법률적 통제수단들 중 대표적인 것들로는 국가보안법, 형법, 민법, 군특례법, 집시법, 선거법, 각급 법원의 판결 등을 들 수 있다. 앞서 노동자 인신구속의 사례에서 보았듯이 6공화국하에서의 법률적 통제는 노동관계법 이외의 법률이 매우 중요하였다.

① 국가보안법: 국가보안법은 군부 권위주의체제를 지지했던 대표적 법률이었고, 6공화국 전반에 걸쳐 그 개폐가 논의된 법이었다. 그렇지만 이 법은 1987년 이후에도 여전히 노동통제과정에서 핵심적인 역할을 하였다. 그것은 2절에서 살펴본 것과 같은 정치적 노동운동에 대한 통제뿐만이 아니라, 노동조합활동 일반을 통제하는 효력 또한 발휘하였다. 더욱이 반공이데올로기를 통한 노동조합운동에 대한 이데올로기적 통제가 강화되면서 직접 간접적으로 국가보안법은 노동조합이나 노동자들이 자신의 활동을 스스로 위축시키는 노동통제 효과를 가져다주었다.

공안당국이 노동조합이나 조합원에 대해 적용한 국가보안법 상의 조문은 대체로 이적표현물의 소지나 배포, 그리고 이적단체에 대한 찬양·고무 등이었다. 노동자에 대한 국가보안법 적용의 가장 큰 특

사업장에 대해 쟁의신고를 반려함으로써 쟁의를 봉쇄하였는데, 그 이유는 쟁의조정법상의 쟁의절차의 적법성여부가 아니라 쟁의목적(부당해고철회 및 원직복직 등)이 부적법하다는 것이었다.(전국노동조합협의회, 1991b: 107)

징은 법률조항의 적용이 매우 작의적이었다는 점이었다.56)

그리고 국가보안법은 단위사업장의 노동조합활동 제한이나 개별 노동운동가의 인신구속, 정치적 노동운동조직에 대한 통제 등 다양한 목적으로 실시되었다. 그러나 6공체제에서 노동조합간부에 대한 국보법적용이 크게 확대되었던 데에는57) 더 중요한 이유가 있었다. 그것은 이데올로기적 통제의 효과를 극대화하기 위해서였다. 국가는 1989년 상반기의 공안정국 이래 노동조합활동에 대한 광범한 반공이데올로기공세를 전개하였는데, 이 과정에서 특정 국가보안법사건은 이를 구체적으로 입증하는 의미를 가졌던 것이다. 마지막으로 노동조합간부에 대한 다수의 국가보안법 적용사례들은 국가의 공안기구가 일상적으로 노동조합활동을 감시하고 있었음을 드러내주었다.

② 각종 형법조문에 의한 통제: 6공화국의 법률적 노동통제수단들 중에서 각종 형법조문들은 가장 큰 비중을 차지하였다. 그중에서도 압도적으로 많았던 것은 업무방해와 폭력행위였다.(표 6-3 참고)58)

형법조문들에 의한 노동자구속의 비중이 이렇게 커다란 비중을 차지한 것은 이미 앞 절에서 논의하였듯이 노동자들을 일단 물리적으로 노동조합운동으로부터 격리시킴으로써 노동운동을 통제하고자 하

---

56) 예컨대 1990년 1월 11일 인천시경 대공분실은 명성전자 노동조합위원장(인천지역노조협의회 사무차장) 및 노조간부 2명을 이적표현물(『조선통사』) 소지혐의로 구속하였다. 이 사례에서 공안당국이 증거를 채증한 것은 1989년 8월이었으므로, 5개월이나 지난 시점에서 이를 문제 삼은 것은 1990년 초 전노협대책의 일환으로 국가보안법의 자의적으로 동원된 것임을 보여주었다. 이와 비슷한 사례로는 태평양화학 서울본사 노조지부장 구속사건(1990.2.7), 마창지역의 대림자동차 노조간부 2명 구속사건(1990.2) 등이 있었다. 더 심한 경우로는 부천의 한일초음파노조 노조원 구속사건(1991.1)이 있었다. 이 사건에서 노조사무장이었던 엄천용씨의 경우 '동료들과의 술자리에서 한국의 국방비가 북한보다 많았다는 얘기를 하였다는 이유만으로' 국가보안법 위반으로 구속되었다.(노동인권회관 편, 1990: 63-64; 전국노동조합협의회, 1991b: 81-82)

57) 전노협의 조사에 따르면 1988년부터 1991년 7월까지 노동조합 조합원에 대한 국가보안법 적용 사례는 모두 80건에 달하였다.(전국노동조합협의회. 1991b: 95)

58) 업무방해와 폭력행위 혐의로 구속된 노동자는 전체 구속노동자의 91%에 이르렀다.

는 의도가 있었기 때문이었다. 특히 특정 국면의 노동정치의 향배를 좌우할 중요한 사업장에서 쟁의가 일어난 경우에는 구속, 연행, 수배가 대규모로 행해졌다. 그것은 쟁의억제라는 단기적인 목적을 달성할 수 있는 가장 손쉬운 방법이 형법조항들을 이용한 인신적 제재였기 때문이다.

1991년 상반기 인천의 대우자동차 노동조합조합원들에 대한 구속은 그 좋은 예이다. 대우자동차노동자들은 그해 2월 연대회의에 대한 국가의 억압으로 위원장이 구속되자 가두시위 등의 격렬한 방식으로 저항하였다. 국가는 대우자동차노조의 투쟁에 대한 통제가 그해 노동정치의 기본구도를 형성한다는 점을 파악하고, 이를 강력하게 제어하였는데 여기서 형법에 의한 통제는 단기적으로 결정적인 힘을 발휘하였던 것이다.[59]

한편 앞서 국가보안법과 마찬가지로 형법조항 그중에서도 특히 업무방해와 폭력행위에 의한 통제는 이데올로기적 통제와 밀접한 연관 속에서 진행되었다는 특징을 갖는다. 국가의 이데올로기적 규정 속에서 민주노조세력들은 '좌경불순'세력일 뿐만이 아니라 '폭력유발'세력이었으며, '자본주의적 생산을 방해하는 체제위협적' 세력으로 규정되었다. 그러므로 형법조항에 의한 물리적 격리라는 통제방식은 국가의 이데올로기적 호명과정과 밀접히 연관되어 작동하였으며, 그 효과는 상승작용을 하였다고 볼 수 있다.

③ 민법상의 손해배상 청구소송: 민법상의 손해배상 청구소송은 자본 측이 노동조합에 대응하기 위해 시도한 통제방식을 국가가 적극 수용하여 새로 제도화한 통제장치였다.

1990년 10월 22일 대통령의 '범죄와의 전쟁' 선포 이후 노동부는

---

59) 2월부터 6월까지 대우자동차노조 간부 62명 중 27명이 구속되고, 35명이 수배됨으로써 노조활동은 완전히 봉쇄되고 말았다.(전국노동조합협의회, 1991b: 80-81)

민법상의 손해배상 청구소송을 적극적으로 활용할 것을 지침으로 하달하였다.[60] 이후 노조나 노동자 개인에 대한 손해배상청구는 핵심 노조원의 활동을 제약하고 노동조합 내부에 분열을 야기하는 등 노동조합활동을 결정적으로 제약하는 강력한 통제수단으로 자리잡게 되었다. 손해배상청구는 1991년 상반기 임금투쟁 저지를 위한 통제수단으로 의도되었으나, 1992년의 임금투쟁과정에서도 다시금 확인 재동원될 만큼 그 효과가 매우 뛰어난 것이었다.[61]

<표 6-8>에서 보면 1989년 처음 도입된 손해배상청구는 1991년 28건으로 크게 늘어났다. 특히 건수가 1992년에 줄어든 것과 달리 건당 평균청구금액은 1992년까지 계속 증가하였고, 1992년에 그것은 3억 5천 3백만 원에 달하였다.

손해배상청구의 유형은 복직투쟁 철회에 대한 대응책으로서 행해지는 경우((주) 통일, (주)봉신 명신중기, 진성전자), 쟁의행위를 봉쇄하기 위해 행해지는 경우((주)건화, 보성전자), 일상적인 조합활동((주)대우전자 인천지부)을 위축시킬 목적으로 행해지는 경우 등으로 매우 다양하게 나타났다.(노동인권회관 편, 1991) 물질적 피해보상을 요구하기보다 노조 통제수단으로 사용되었던 관계로 대부분의 청구소송은 회사 측이 청구소송을 취하함으로써 종결되었다. 그러나 노조 측이 회사와의 타협을 거부할 경우, 그것은 최종적인 손해배상판결로 귀결되었고, 노동조합활동은 크게 제약받게 되었다.[62]

---

60) 당시 최영철노동부 장관은 전국 근로감독과장들과의 모임에서 '준법질서를 확립하기 위한 대책의 하나로 노동조합 쪽의 불법쟁의로 인한 손해에 대해서는 민사상 손해배상 청구소송을 적극 활용토록 지도하라'고 지시하였다. 이복주, "노동자에게 손해배상청구하는 자본가들", 월간 『말』 1991년 6월호 참고.

61) 1992년 3월 16일 정부의 산업평화대책회의에서 '불법파업-민사소송 지도'의 지침은 재확인되었고 다시 한번 강조되었다.

62) 노동부 장관이 모범사례로 제시하였던 (주)건화에서는 소송으로 노동조합이 소멸하였으며, 대우전자 인천지부노조의 경우에는 노동자의 임금과 조합비에 가압류처분이 내려졌다. 손해배상은 조합원 개인에 대해 청구되기도 하였으며, 그것은 개인으

〈표 6-8〉 민사상 손해배상 청구소송 건수 및 건당 평균금액

(단위: 건, 천원)

	계	1989	1990	1991	1992
손해배상청구건수	43	1	7	28	7
건당 평균청구금액	145,565	81,870	74,910	113,629	353,065

자료: 노동부, "국회국정감사보고자료" 1991, 1992에서 작성.

　　노동운동의 발전이라는 맥락에서 볼 때 손해배상 청구소송이 통제
수단으로 이 시기에 본격적으로 개발되었다는 것은 매우 특징적인
일이었다. 노동쟁의조정법 제8조의 배상책임 면제조항은 초기 노동
운동에 대한 자본가의 가장 강력한 쟁의봉쇄수단을 법적인 장치를
통해 극복한 경험을 담고 있는 것이다.[63] 그런 의미에서 노동법의
이 조항은 자본주의사회의 가장 기본적인 법체계인 민법의 틀을 노
동운동이 극복한 것으로서의 의미를 갖는다. 한국의 노동쟁의조정법
에는 배상책임 면제조항이 존재하였지만, 오랫동안 커다란 주목을
받지 못하였다. 그러던 것이 1990년의 시점에서 역으로 사용자와 정
부가 노동운동통제를 위해 이를 실질적으로 부인하는 사태가 발생하
였던 것이다.

　　④ 기타 법률적 통제수단들: 법률적 수단에 기초한 6공화국의 통

로서 감당하기 어려운 액수였다. 예를 들면 대우전자의 경우 간부 5명에게 7,200
만 원 상당의 손해배상 판결이 났으며, 부천 보성전자에서는 40여 명의 전조합원에
게 2억 원이 청구되었다. 한편 가장 많은 건당 청구금액은 1992년 1월 현대중공업
회사 측이 노조의 불법파업에 대해 손해배상금으로 요구한 10억원이었다.(노동부,
"국정감사자료", 1991, 1992)
63) 영국의 경우 노동운동세력은 19세기 말 '테프 베일 철도파업'을 계기로 쟁의행위에 대
한 민 형사상 면책권을 전면적으로 보장한 노동법을 쟁취하게 된다. 그것이 1906년
의 노동쟁의조정법이었다.(Webb and Webb, 1920〔1990: 239-247〕) 한편 영국
에서도 신보수주의체제의 강화와 함께 1980년대 이후 노동쟁의에 대한 손해배상 청
구소송이 다시금 유력한 노동통제수단으로 사용되었다.(Marsh, 1992: 82-109)

제수단들 중 이밖에 주목할 만한 것으로는 군특례법에 의한 통제, 집회 및 시위법에 의한 통제, 선거법에 의한 통제 및 제반 법원판결을 통한 통제를 들 수 있다.

먼저 군특례법에 의한 통제는 방위산업체와 같은 특수사업장에서 5년 간 근무하는 것을 조건으로 병역의무를 면제해주는 병역특례법을 악용하는 것을 말한다. 기업주는 이와 같은 조건에 있는 활동적인 노동조합원을 해고하고, 국방부(병무청)는 해고 노동자를 입영조치하는 방식으로 노동조합활동을 통제하는 것이다.[64]

집회 및 시위법은 업무방해 및 폭력행위와 함께 많은 구속자를 낸 법률이었다.(표 6-3 참고) 노동자들에 적용되었던 집회 및 시위법은 주로 노동운동억압에 대한 항의 '연대집회'에 대한 공권력의 원천봉쇄과정에서 주로 이용되었고, 노동자들의 연대방지와 물리적 격리에 커다란 효력을 발휘하였다. 그리고 선거법에 의한 통제의 사례로는 1991년 8월 사무금융노련 위원장 구속사건이 있었다.[65]

마지막으로 각종 법원의 판결들도 노동통제의 중요한 수단으로 사용되었다. 법원의 판결은 형식적으로는 독립적인 사법기구의 자율적 판단에 기초한 것으로 나타나지만 내용적으로는 정치정세의 변동, 국가정책방침의 변화에 민감하게 반응하였다.

물론 특정 쟁점사항에 대한 판결이 항상 자본과 국가에 유리하게 진행되지 않았다는 것도 분명한 사실이었다. 그럼에도 불구하고 법원의 판결이 노동통제에서 중요한 기제로 평가될 수 있는 이유는 법

---

64) 1989년 유령노조 철폐운동을 하던 거제 삼성조선 노동자 10명이 입영조치된 것을 비롯해서 이후 대우정밀(1991년, 19명), 현대중공업(13명), 풍산금속 안강공장(1989년, 10명), 세일중공업, 한국화약(1991년, 1명) 등에서 다수의 노동자들이 입영조치되었다. 이수윤, "병역특례노동자 강제징집의 실상", 월간 『말』 1991년 11월호 참고.

65) 당시 최재호 사무금융노련위원장은 광역의회선거를 앞두고 조합원들의 정치적 참여를 활성화하기 위한 활동으로 '광역의회 선거에 임하는 조합원 활동지침'을 발표하였는데 검찰은 이를 문제로 삼아 구속조치하였다.

원의 판례 중 노동통제에 유리한 판결들은 흔히 노동행정당국에 의해 채택되어 제도화되고, 이를 매개로 해서 새로운 통제기법이 개발되고 확산되었기 때문이었다. 대표적인 판례들로는 헌법재판소의 제3자개입 금지조항 합헌판정(1990.1.15), 대법원의 해고요건 확대해석 판결(1991.12.20) 등이 있었다.

3) 행정조치에 기초한 노동통제

6공화국 노동통제 전략의 전개에서 행정적 조치들은 매우 중요한 비중을 차지하고 있었다. 그것은 먼저 1987년 개정된 개정노동관계법이 대통령선거를 앞둔 시점에서 급히 개정된 연유로 각각의 법조문들에는 모호한 부분이 상당히 들어있었기 때문이었다. 이후 이들 법조문은 구체적인 노사관계에서 흔히 쟁점으로 부각되었고, 이를 해석하는 데 있어 행정관청은 상당한 정도의 재량권을 행사하였다.

다음으로 1987년 이후 비로소 본격적으로 궤도에 오른 노동조합 운동은 많은 노동행정 수요를 창출하였다. 권위주의적 노동통제체제 아래에서 구체적인 노사관계에서 별로 기능을 하지 못하였던 노동법 조문들이 비로소 본격적으로 적용되기 시작하였다. 그 결과 그것의 해석과 실행을 둘러싸고 여러 가지 쟁점들이 발생하였으며, 노동행정기관의 개입 여지는 커지기 시작하였다. 또 노동위원회를 비롯한 노동부산하기구들도 노동운동의 성장과 함께 본격적으로 그 기능을 수행하기 시작하였다. 노동위원회, 지방노동청 및 지방사무소, 근로감독관 등의 노동행정기구들은 근로감독으로부터 쟁의조정 및 판정에 이르기까지 복잡한 문제들을 해결해야 했으므로 노동부의 행정지침은 이들 기구에 통일성을 부여하고, 일관된 행정조치들을 가능하게 하는 중요한 의미를 갖게 되었다.

셋째로 지배블록의 대노동전략이 행정조치의 비중을 높여주었다. 6공화국국가는 1989년부터 억압적인 노동통제 전략을 한층 강화하였지만, 국가가 노동운동을 통제할 수 있는 객관적인 제도들은 매우 제약되어 있었다. 물리적 억압에 기초한 권위주의적 통제장치들의 경우 그 효력을 이전처럼 유지하기 어려웠으며, 노동법에 의한 통제는 1987년 노동관계법개정으로 상대적으로 크게 약화되어 있었다. 이런 상황에서 국가는 새로운 통제장치들을 개발해내지 않을 수 없었는데, 이러한 요구에 직접적으로 부응할 수 있었던 것이 바로 행정조치이었던 것이다. 동시에 그것은 장기적인 통제수단의 법제화를 앞두고 새로운 통제수단들의 효율성을 검증하는 과정이기도 하였다.

노동부, 지방노동사무소, 노동위원회, 근로감독관, 각 시·도 등의 노동관련 행정기구들은 노동관계법, 법원 및 노동위원회의 판결 등을 기초로 해서 노동행정을 실행해간다. 이때 노동관련 행정기구들은 구체적인 특정 사안에 대한 행정처리의 지침이나 유권해석 등의 행정적 조치들을 내리게 되는데, 여기서 행정기구에게 상당 정도의 정책적 결정권을 행사할 수 있는 여지가 주어진다. 이와 같이 6공화국하에서 행정관청의 행정적 조치는 매우 중요한 통제기능을 수행하였다.

행정조치들 중 가장 중요한 것은 노동부가 특정 정책실행의 기준으로 쟁점별로 제시하고 시달하였던 노동행정의 '지침'들이었다. 지침들은 그때그때 하달되었지만 대표적이고 포괄적인 지침들로는 교육자료 형태로 배포되었던 '노동3권의 행사에 대한 올바른 이해'(1990.1.20, 1991)[66], 노동조합업무지침(1988.2, 1990.2 및 1990.9.27)[67], 무노동 무

---

66) '올바른 이해'는 여러 가지 행정적 조치들을 종합하여 완성한 것으로써 가장 포괄적이고 중요한 지침이었다. 여기에는 '노사관계 준법질서 확립을 위한 판단기준'이라는 불법쟁의유형에 관한 판단지침이 포함되어 있었는데, 그것은 1987년 이후의 핵심적인 행정적 통제기제들을 모두 포괄한 것이었다. '가족 등 제3자가 개입하는 쟁의, 정치파업, 동정파업 또는 연대파업, 경영권 인사권에 관한 쟁의, 무노동 무

임금지침, 경영권 인사권 수호지침, 총액제 임금교섭에 관한 지침, 노동조합대표자 협약체결권에 관한 지침, 해고소송 중인 근로자의 조합원자격에 관한 지침 등을 들 수 있다.

　① 무노동 무임금지침: '일하지 않으면 임금도 없다'(no work, no pay)는 무노동 무임금 원칙은 노동자들의 파업행위, 노동조합원과 조합전임자의 조합활동에 대해 사용자가 임금 지급의 의무가 없다는 원칙을 말한다.
　파업기간의 임금지급을 오랜 관행으로 실시해왔던 한국의 노사관계에서 무노동 무임금이 처음 제기된 것은 1987년 노동자대투쟁시기부터였다. 노동자들의 파업투쟁이 고양되고 국가의 억압적 개입이 일시적으로 가능하지 않게 되자, 경총은 쟁의방지를 위한 자구책으로 무노동 무임금 원칙의 법제화를 주장하고 청원서를 제출하였다. 그러나 노동 측의 반대와 선거를 앞둔 지배블록 내부의 반대로 이러

　　임금 원칙을 둘러싼 쟁의, 노동조합대표자의 협약체결권을 부정하는 쟁의, 해고자
　　복직을 요구하는 쟁의, 유니언 숍을 요구하는 쟁의, 노동조합 전임자 확대를 요구
　　하는 쟁의, 구속자 석방이나 복직을 요구하는 쟁의, 폭력행위, 권리분쟁' 등은 모
　　두 불법쟁의로 규정되었다. 한편 이 지침에 대한 국회노동위원회의 근거추궁에 대
　　해, 노동부는 그것이 지침이라기보다는 일종의 교육자료라고 답변하였다. 그러나
　　1990년 상반기의 시점에서 그것은 법률과 같이 적용되었다.(국회사무처, 1989,
　　1990) 1990년 한 해 동안 강한 통제효과를 발휘한 '올바른 이해'는 1991년 다시
　　배포되었는데, 1991년 지침은 노동조합에 불리한 법원의 판결을 실어 그 내용이
　　더욱 보완되었다.(노동부, "노동3권의 행사에 대한 올바른 이해", 1991; 전태일노
　　동자료연구실, 『노동운동연구』 제3호, 1991.6)
67) '노동조합업무지침'은 노동조합 지도업무에 관한 가장 일반적이고 포괄적인 행정지
　　침이다. 6공화국기간 동안 업무지침은 1988년 2월, 1990년 2월과 9월 세 차례
　　발표되었는데, 각 지침에는 통제강화에 따른 행정기구의 정책실행에서의 변화가 분
　　명하게 드러났다. 예컨대 1988년 지침에서는 대체로 인정되었던 해고효력을 다투
　　는 근로자의 조합원자격, 경영권 인사권에 대한 노동조합의 참여 권한, 노조총회
　　시 임금지급 등의 사항들이 1990년 지침에는 특별한 설명 없이 크게 제한되었다.
　　이렇게 1990년 2월과 9월의 업무지침은 '올바른 이해를 위하여'에서 제시된 방침
　　을 노동조합 일상업무에서 구체적으로 적용할 수 있도록 구체적인 판단 기준을 보
　　다 자세히 규정한 지침이었다.

한 시도는 곧 철회되고 말았다.68)

1988년 6월 노동조합들의 쟁의가 다시 활성화되자 국가는 자본가 단체의 요구를 받아들여 무노동 무임금에 관한 최초의 지침을 하달하였다. 이 지침은 당시 불황업종이었던 거제도 대우조선에서 파업기간 동안의 임금지급을 둘러싸고, 노동조합과 회사 측이 쟁의를 하던 중에 나온 것이었다. 당시 대우조선에서의 무노동 무임금이 쟁점화된 것은 단순한 대우조선 사업장의 임금지급문제만은 아니었다. 그것은 총자본과 노동의 대리투쟁으로서의 성격을 갖고 있었는데, 자본 측은 대우조선투쟁을 매개로 하여 기선을 제압하고 무노동 무임금 원칙을 통제수단으로 제도화하고자 하였던 것이다. 그러나 1988년의 두 번째 시도 또한 당시 노동운동의 반발, 국가의 미온적 태도, 여소야대의 정치상황 속에서 관철되지 못하였고, 노동부는 결국 이를 제도화하는 데 실패하고 만다.

그러나 대우조선쟁의에서 무노동 무임금 원칙이 변칙적인 방법으로나마69) 관철된 것을 계기로 자본은 이듬해 이를 제도화할 수 있는 터전을 마련하게 되었다. 1989년 공안정국의 억압 속에서 노동부는 다시 무노동 무임금 원칙의 법제화를 추진하였고, 10월 17일에는 공식적으로 법제화 관행화 방침을 확인하였다. 이후 정부의 이 같은 방침은 각종 대책회의에서 계속 강조되었으며, 1990년 1월 '청와대 회의'에서는 변할 수 없는 정부방침으로 결정되게 된다.70)

더욱이 이 시점에 이르면 무노동 무임금 원칙은 1987-1988년까지 파업 방지를 위한 수세적인 수단으로부터 노동조합활동 전반을 위축

---

68) 한국경영자총협회(1989b) 참고. 노동부도 무노동 무임금 원칙의 필요성에 대해 경영 측과 견해를 같이 하였다.(노동부, "1987년 여름노사분규 평가자료", 1987.10)
69) 당시 대우조선에서는 회사 측이 '생계비 보조, 수당' 등의 변칙적인 방법으로 파업 기간의 임금을 결국 지불하였다.
70) 1989년 12월 9일의 경제장관회의에서 다시 확인되었고, 1990년 1월 29일 노동부의 전국기관장회의에서 최종적인 실행방침이 시달되었다.

시키는 공세적인 수단으로 변화, 발전하게 된다. 즉 무노동 무임금은 파업기간의 임금지급문제뿐만이 아니라, 근무시간 중의 조합활동, 조합전임근무자에 대한 임금 지급, 태업 및 준법투쟁에 대한 임금삭감 등 다양한 수준에서 노동운동을 통제할 수 있도록 하는 핵심적인 통제기제로 자리잡게 되었다. 또 그것은 무노동 무임금을 둘러싼 쟁의 자체를 불법으로 규정함으로써 노동조합지도부의 선택지를 제한하고, 이를 통해서 노동조합 내 운동노선 간의 대립을 유발하고자 하였다.[71)

국가는 이 원칙의 관철을 위해서 전 행정력을 동원하였다. 상공부는 무노동 무임금 원칙 고수로 인해 분규에 휘말린 기업에 대해 긴급 운영자금을 우선 융자할 것과 이를 어긴 기업에 대한 어음유통금지, 원부자재 공급중단, 특별외화 대출중단, 정책자금 지원중단, 각종 세제상 우대중단 등의 제재조치를 취할 것임을 수차례 반복하여 공표하였다. 그리고 내무부, 법무부 등의 치안기관들은 파업기간 중 임금지급을 요구하는 쟁의를 불법쟁의로 규정하고 공권력을 투입할 것임을 밝혔다. 이 과정에서 국가는 이 원칙의 고수를 매개로 해서 개별 자본들의 다양한 분파활동을 규제하고, 총자본의 단일한 대노동전선을 형성하고자 한 것으로 평가될 수 있다.

그 결과 무노동 무임금 원칙적용사업장의 비율은 1989년 이후 급격히 높아졌고, 1992년에 이르면 거의 모든 사업장에서 관철되게 된다.[72)

---

71) 이 점과 연관해서 간과되어서는 안 될 것은 무노동 무임금 원칙의 이데올로기적 효과이다. '임금이 노동의 대가'라는 오랜 경제이데올로기와 자본주의적 근대 시민법 원리에 기초한 이 원칙은 임금의 성격에 관한 근본적인 규정을 포함하고 있다. 그것은 '임금을 노동력의 가치'로서 규정하고, 생계비용으로 파악하는 임금론을 부인하는 것이었다. 따라서 이 원칙의 관철은 파업기간의 임금지급의 오랜 관행과 함께 노총을 포함한 한국의 노동조합운동에서 그동안 지속적으로 확인되어 왔던 임금생계비설이 현실에서 패배한 것을 의미하였다.

72) 주요한 적용사례로는 1989년과 1990년의 현대중공업파업, 1990년의 KBS파업, 1989년 현대자동차의 연말 상여금투쟁 등을 들 수 있다.

〈표 6-9〉 무노동 무임금 적용사업장의 확대추이(1987-1992)

(단위: %)

연　　도	1987	1988	1989	1990	1991	1992
적용사업장 비율	6.7	18.6	34.2	83.9	87.0*	93.3

주: * 국정감사자료에는 87.2%로 나타남.
자료: 한국노동연구원, 『분기별 노동동향분석』, 1992 4／4분기에서 재인용.
　　　노동부, "국회 국정감사보고자료", 1992.

　　그러나 1992년 3월 27일 대법원은 진해시 의료보험조합의 쟁의행
위기간 중의 임금청구 건에서 파업기간 중이라 할지라도 생활보장적
임금부분이 지급되어야 한다고 판결함으로써 '무노동 무임금'의 법
적 근거가 취약한 것임이 밝혀지기도 하였다.[73]

　　② 경영권·인사권 수호지침: 경영권·인사권 수호지침은 노동쟁의
조정법상의 쟁의대상에서 경영과 인사에 관한 사항을 제외하는 것을
말한다. 1990년 1월 20일 노동부가 발표한 불법쟁의유형에서 경영
권·인사권을 둘러싼 쟁의는 크게 세 가지로 구분되었다. 그것은 먼
저 경영합리화, 사업장 이전, 기구개편, 폐업, 합병, 통폐합 등 경영
사항과 관련된 쟁의, 다음으로 특정 임원이나 경영진의 임면, 직원의
채용, 승진 및 배치전환 등의 인사사항에 있어 노조의 동의나 합의
를 요구하는 행위, 마지막으로 징계위원회 노사동수 구성을 요구하
는 쟁의행위 등으로 나누어졌다.
　　경영권·인사권 수호지침 또한 1989년 이후에 본격화된 통제수단
이었지만, 그것의 기원은 역시 1987년 대투쟁에 있었다. 노동자대투
쟁에서는 다양한 노동자들의 요구와 쟁의가 표출되었고 이른바 '경
영권·인사권'을 둘러싼 쟁의도 빈발하였다.(표 3-1 참고) 자본 측은

---

73) 대법원의 이 같은 확정판결은 임금이분설에 기초한 것이었다. 무노동 무임금 원칙
　　에 대한 법적인 검토에 관해서는 김선수(1990), 김한주(1990), 임종률(1995)을
　　참고.

노동자들의 새로운 요구사항을 제어하기 위해서 국가에 '경영권·인사권'을 둘러싼 쟁의를 제한해 줄 것을 요구하였다. 그러나 자본의 요구는 1989년에 이르기까지 국가에 의해 받아들여지지 않았다.[74]

그러나 1989년 하반기 이후 이 경영권·인사권은 무노동 무임금과 함께 핵심적인 노동통제장치로 다시 등장하였고, 정부의 일관된 방침으로 재확인되었다. 1989년 12월 2일 노동부는 경영인사권 관련쟁의 시 쟁의신고서를 접수치 말 것을 산하기관에 지침으로 하달하였으며, 1990년 1월의 '노동3권 행사의 올바른 이해를 위하여'에서 그 내용이 보다 구체화되었다.[75]

통제수단으로서의 '경영권·인사권' 수호지침의 효력은 매우 다양하게 나타났다. 먼저 그것은 단체교섭과 쟁의의 대상을 협소하게 규정하여 노동조합활동을 임금이나 직접적인 근로조건으로 제한하는 효과를 가져온다.[76] '지침'의 규정에 따르면 감원, 이전, 승진, 배치전환, 징계 등 근로조건에 결정적인 영향을 미치는 회사의 제반 결정에 대해 노동조합은 무력할 수밖에 없게 되는 것이다.

그리고 경영인사권지침은 사용자의 노동조합활동 개입에 대한 노동조합의 대응을 매우 어렵게 하였다. 사용자들은 노동자들의 근로조건에 영향을 미치는 여러 가지 경영인사상의 결정들을 통해서 노

---

74) 1987년 가을 노동부가 발표한 '최근 노사분규 평가와 대응방안'에는 '쟁의대상에 모든 단체교섭사항을 포함토록' 지시하였으며, 이러한 방침은 1988년 2월의 '노동조합업무지침'에서도 확인되었다. '업무지침'에 따르면 '인사문제가 경영권이지만 상호 협의 교섭사항'으로 봐야한다고 명시되어 있었다. 또 경총은 1988년 79회 이사회에서 '경영권수호'의 방침을 천명하였다. 그리고 이 같은 방침은 그해 6월 발표된 경총의 표준 단체협약안에서 구체화되었다.

75) 정부의 지시에 따라 이후 이 지침은 각 사업장의 쟁의과정에서 핵심적인 쟁의제한의 도구로 이용되었다. 대표적인 사례로는 1991년의 평화방송파업, 1991년 2월의 대우조선파업, 1991년 현대중공업파업 등이 있었다. 그리고 노동부의 단체협약 변경명령은 이 '지침'의 규정에 근거한 것이었다.

76) 노동쟁의조정법은 노동쟁의를 '임금, 근로시간, 후생, 해고 기타 대우 등 근로조건에 관한 노동관계 당사자 간의 주장의 불일치로 인한 분쟁상태'로 포괄적으로 규정하고 있다.

동조합활동을 제한할 수 있게 되었다. 그러므로 이 지침은 노동조합의 경영권·인사권 참여에 대해 제한을 가하는 소극적인 수단이었을 뿐만 아니라, 노조활동 일반을 통제하는 공세적인 통제수단으로써 이용되었다.

더욱이 이 시기 노동조합의 경영인사사항에 관한 요구들은 대체로 적극적인 의미에서의 '경영참가'라기보다는, 단순히 자본 측의 조합활동 규제나 통제강화에 대응하는 것에 불과하였다. 1987년부터 고양된 노동조합운동에 대해서 개별 사업주들은 나름대로의 대응방안을 강구해나가기 시작하였는데 그 주요한 것들은 '해고, 감원, 공장이전, 배치전환, 징계, 위장폐업' 등이었다. 따라서 이와 같은 기업 측의 공세적 노동통제에 대해 노동조합이 적절한 제도적 방지책을 구하는 것은 무엇보다 단결권을 보호하기 위한 자구책이었다고 볼 수 있다.77)

또 이 지침은 언론사노조의 방송민주화운동을 통제하는 등 특정사안의 해결수단으로 이용되기도 하였다. 신문사나 방송사와 같은 언론사노동조합은 그 사업장의 특수성으로 말미암아 '편집권의 독립 확보' 등 경영인사사항에 대해 교섭하거나 분쟁하는 경우가 일반적이었다. 반면에 국가와 자본의 입장에서 보면 이 같은 요구들은 노동통제의 핵심적 기구들인 언론사에 대한 지배력을 상실하는 것을 의미하였다. 이런 조건에서 '경영권·인사권' 수호지침은 언론노조 통제에 아주 유용한 수단이 될 수 있었다.

마지막으로 이 지침의 제도화는 '자본의 헤게모니'를 강화하는 이데올로기적 통제수단으로서의 의미를 강하게 갖고 있었다.78) 그것은

---

77) 예컨대 부산지방노동위원회는 1989년 12월 9일 '노동조합 와해목적의 폐업이라도 경영주 의사에 반하는 병원 재개명령은 불가'하다는 판정을 내렸다. 이 사례에서 경영권 인사권지침은 최대로 해석되었고, 위장폐업을 정당화하는 수단으로 이용되었다.(조선일보, 1989.12.10)
78) 이와 관련해서 노동부의 지침은 "우리나라의 헌법과 법률들은 노동3권과 함께 사유재

자본주의하에서 자본의 소유권이 신성불가침의 영역임을 공식적으로 규정한 것을 의미하였다. 그것은 노동조합운동 일반을 '체제도전세력'으로 규정하는 이데올로기적 통제와 접합되어 있었다.

③ 노동조합대표자의 단체협약체결권에 관한 지침: 노동부는 이 지침을 통해서 조합간부의 어용화를 막기 위해서 조합규약에 규정한 '타결안 인준조항'이 불법 부당하다고 규정하였다. 이 지침은 기본적으로 조합원 다수 대중의 의사에 반하는 협약체결이라 할지라도 적법하다는 행정적인 판정을 함으로써 회사 측에 의한 노동조합간부의 매수나 결탁을 용이하게 하는 통제효과를 가져왔다.

그러므로 이 지침은 노동자들을 기업별로 분단시키는 권위주의체제 이래의 노동조합통제장치가 그 통제효과를 충분히 발휘할 수 있도록 하는 중요한 제도적 장치였다. 1987년을 계기로 해서 기업별 노동조합체제라는 한계 내에서나마 민주노조들은 사용자와 노조간부가 결탁하는 것을 방지할 제도적인 수단을 만들어내기 시작하였는데, 그것이 바로 노동조합 규약상의 '타결안 인준조항'이었다.[79] 노동부의 '조합대표자 협약체결권에 관한 지침'은 기업별로 조직된 노동조합에서 노동조합간부와 노동조합원 대중을 분리시키는 것을 의미하였다. 그것은 노동조합 내부의 분열(흔히 노노투쟁으로 일컬어졌던)을 야기하는 중요한 통제효과를 발휘하였다.

이 과정을 구체적으로 보면 민주노조의 어용노조 민주화투쟁은

산권도 보장하고 있으므로 …… 사용자는 원칙적으로 근로자의 인사 및 기업의 경영에 관한 사항을 자기의 책임하에 결정할 수 있는 권리를 갖고 있다'고 명시하였다.(노동부, '노동3권 행사의 올바른 이해를 위하여', 1990.1.20, p.25) 그러나 민법에 기초한 사유재산권은 헌법상의 권리인 노동3권과 동등한 것이 될 수 없다.(김선수, 1990)

79) 1987년 10월 노동부는 노동자대투쟁의 분석을 토대로 노동조합대표자의 대표성을 강화해야할 필요성을 분명히 인식하고 있었다.(노동부, "최근노사분규 평가와 대응방안", 1987.10.28)

1988년 이후에도 계속 확대되었고, 국가와 자본 측은 이를 제어할
제도적 수단 마련에 골몰하게 된다. 이에 따라 노동부는 1989년 5월
30일 타결안에 대한 조합원의 인준투표가 법적으로 불필요하다는 단
체협약체결절차에 관한 지침을 시달하였다. 이 지침은 1990년 2월의
'노동조합업무지침'에서도 다시 확인되었으며, 이것에 기초해서 노동
부는 1991년 7월 노조규약 변경명령을 내려서 5인 이상의 약 1,000
개 사업장에 대해 '협약인준'조항을 삭제하도록 지시하였다.[80]

노동부의 이 지침에 의해서 분쟁이 발생한 노동조합으로 대표적인
사례로는 1989년의 경우 서울지하철노동조합, 1990년 현대자동차노
조 및 기아자동차노조, 1991년 (주)고려, 동국제강, 서울지하철노조,
포항 강원산업, 창원 쌍용중공업, 부산 연합철강 등 주요 대기업 사
업장이 있었다.[81]

④ 해고소송 중인 근로자의 조합원자격에 관한 지침: 노동조합법
제3조 4호에는 "근로자가 아닌 자의 가입을 허용하는 경우" 노동조
합으로 간주할 수 없다고 하면서, 단서조항으로 "다만 해고의 효력
을 다투고 있는 자를 근로자가 아닌 자로 해석하여서는 아니 된다"
라고 규정하고 있다. 노동부는 이와 같이 노동법이 명시하고 있는
해고효력을 다투는 자의 근로자자격을 부인하는 지침을 내림으로써
그의 노동조합원으로서의 자격 및 그에 따른 활동을 불법적 활동으
로 규정하고자 하였다.

---

80) 노동조합법 제33조 1항은 "노동조합의 대표자는 단체협약의 체결 기타의 사항에
관하여 교섭할 권한이 있다"고 규정하고 있다. 그러나 이 조항은 교섭할 권한만 명
시하였을 뿐, 그 교섭권이 '체결권'을 포함하는 것인지 그렇지 않은지 분명하게 밝
히고 있지 않다. 물론 노동부의 지침은 이를 '체결권'을 포함하는 것으로 해석한 것
이었다. 그러나 부산연합철강 노조의 '노동조합 규약시정명령 취소' 청구소송에서
부산고등법원은 1991년 9월 25일 '협약체결 찬반투표는 적법하다'는 원고 승소판
결을 내린 바 있었다.
81) 노동인권회관 편(1990, 1991)과 주간노동자신문, 1991.5.3일자 참고.

이 과정을 좀더 자세히 살펴보면 1987년 노동관계법개정과정에서 삽입되었던 노동조합법 3조 4호에 대해서 노동부는 1988년 2월 발표된 '노동조합업무처리지침'에서(p.19) 해고의 효력을 다투고 있는 노동자는 "다툼이 끝날 때까지 조합원으로서의 신분이 의제되는 것이며, 조합원 또는 조합임직원으로서의 지위에 대하여는 조합규약에 정하는 바에" 따라야 한다고 명확히 지적하였다.[82] 그러나 1989년 11월 '노동조합업무처리지침 보완', 1990년 2월 '노동조합업무처리지침'에서는 정반대의 입장으로 탈바꿈하였다. 새로운 지침(p.9)은 해고효력을 다투는 자가 "노조설립 구성원에 포함되어 있더라도 (이 조항은) 노조조직자체를 보호하려는 규정"이므로 해고조치로서 인정되고, "조합원으로서의 신분도 상실"된다고 해석하였던 것이다.

이와 같이 노동조합법에 명문으로 확립되어 있는 사항을 노동부가 무리하게 거꾸로 해석한 것은 이 시기 노동정책의 한 단면을 보여준다. '노조조직자체를 보호'하기 위한 것이라는 이유는 설득력이 없었으며, 1988년 2월의 노동부지침에서 나타난 해석과도 상치되는 것이었다. 또 이 같은 해석의 문제점은 각종 법원의 판결결과들에 의해서 명백히 드러났다.[83]

노동부가 노동조합법상의 명문조항 및 대법원의 확정판결에도 반하는 행정지침을 내렸던 이유는 1989년 이후 노동정책의 전환에 따

---

[82] 1988년 12월 노동부는 이와 같은 해석을 다시 한번 확인하였다.(노동인권회관, 1990: 44)

[83] 법원판결의 사례로는 서울민사지방법원의 동양고속노동자 박석기사건(1990.1.10), 대법원의 충남택시노동자 오성근사건(1990.3.10) 및 기아기공 해고효력 다툼 중인 근로자에 대한 제3자 비해당 판결(1990.11.27), 대법원의 대림기업사 전노동조합위원장 변영철사건(1991.11.8) 등이 있었다. 특히 대법원의 변영철사건에 대한 판결은 최종적인 확정판결이었다. 이영직 외 3인, "1992년 노동관계 판결에 나타난 법원의 태도", 노동인권회관 편, 『노동인권보고서』, 역사비평사, 1992 참고. 그리고 1989년 5월에는 대검공안부에서도 해고효력 다툼 중에 있는 노동자의 조합원자격은 인정되어야 함을 밝힌 바 있었다.(대검공안부, "노사관계 주요쟁점 연구자료", 1989.5)

라 통제수단의 개발을 무리하게 추진하였기 때문이었다. 1987년 이
후 노동조합운동의 공세에 사용자가 동원할 수 있었던 가장 강력하
고 손쉬운 무기는 조합간부나 핵심조합원에 대한 '해고'였다.[84] 그러
나 해고노동자들은 1987년 개정법의 이 조항에 의해서 계속 노동조
합활동을 할 수 있었기 때문에 이 조항을 무력화하는 일은 사용자
일반의 공통된 요구였다. 근로자자격이 인정되지 않아야만 해고노동
자들을 제3자개입 금지조항으로 격리할 수 있었던 것이다.

'해고효력 다툼 중인 근로자 자격'에 관한 이 지침이 갖는 효력은
이를 적용한 노동조합활동 통제의 사례에서 잘 나타난다.[85] 그것은
임원선거 출마 방지 등 특정 노동자의 노동조합활동 봉쇄(박석기사
건), 해고의 효력강화, 쟁의발생신고의 반려(대성운수노조), 제3자개
입 금지조항의 적용(오성근사건) 등 다양한 방식의 통제를 가능케
하는 중요한 통제기제이었던 것이다.

⑤ 기타 지침들: 이상과 같은 대표적인 통제수단들 이외에도 노동
부는 각종 지침들을 통해 다양한 통제방식을 개발하고자 하였다.
먼저 단체협약 유효기간에 관한 지침이다. 이는 단체협약 만료 후
3개월 동안 새로운 단체협약을 체결하지 못하였을 경우, 기존 단체협
약의 효력은 소멸한다고 해석하여 단체협약상의 권리나 혜택을 노동
조합이 받지 못하게 하는 것을 말한다. 이 부분에 관하여 노동조합
법(35조 3항)은 만료일로부터 3개월까지 유효하다고만 규정하였을

---

84) 참고로 전국노동조합협의회의 조사결과에 의하면 1988년 2월부터 1992년 3월까
   지 노동조합활동을 이유로 해고당한 노동자는 4,573명에 달하였다.(주간노동자신
   문. 1992.5.15)
85) 주요사례로는 서울지하철노조의 정윤광위원장사건, 1991년 현대중공업의 단체협
   상. 1990년 풍산금속노동조합 지부의 해고간부에 대한 노동부유권해석, 1990년
   10월 아남정밀노조 위원장 부당노동행위 구제신청 각하, 1989년 12월 12일 대전
   동구청의 대성운수노조에 대한 쟁의발생신고 반려 등이 있었다.

뿐, 그 이후의 상황에 대해서는 명문으로 규정하지 않고 있다. 1988
년 2월 노동부지침 또한 노동조합법의 규정만을 되풀이하였으나(p.44),
1990년 2월의 '노동조합업무처리지침'(p.44)에서는 동일한 항목에 새
로운 내용이 첨가되었다. 즉 3개월 이후에는 "개별적 근로관계의 내
용"만 존속하고 "기타 부분은 효력이 없어진다"는 것이었다. 이는 기
존의 노사관행을 부정하는 것이었을 뿐만이 아니라 단체협약에 의한
노동자의 보호라는 노동법의 근본취지를 부인하는 것이었다.(노동인
권회관 편, 1990, p.150)

이러한 새로운 해석에 기초해서 3월 29일 노동부는 질의회시를
통해서 기존협약의 효력이 상실된다는 유권해석을 내렸고(웨스트팩
은행의 질의), 7월 16일에는 인천기독병원, 12월에는 부산고려피혁
등에 대해서도 동일한 해석을 시달하였다.

단체협약안의 효력이 상실됨에 따라 사용자 측은 '조합비일괄공
제', '노조전임자 노조활동시간', '근무시간 중의 총회', '노조전임자
불인정' 등의 조합활동 봉쇄조치를 취할 수 있게 되었다.

다음으로 준법투쟁에 관한 지침이다. 1988년 노조는 준법투쟁이라
는 새로운 형식의 투쟁형태를 개발하였는데, 이는 노동관계법 및 단
체협약, 규약, 취업규칙 등의 규정 그대로 업무를 실행하는 것을 말
한다. 예를 들면 노사 간 합의된 연장근로 거부, 연 월차 생리휴가
동시 사용, 식당배식구 한줄 서기, 전조합원 일시 화장실 가기, 정시
출퇴근, 집단조퇴, 근무시간 중 조합원 총회 개최 등을 들 수 있다.

이 같은 '법을 지키는' 노동조합의 새로운 전술 개발에 대해 국가
는 1988년 이미 불법으로 규정하였고, 1990년 2월 지침에서는 그 내
용을 보다 구체화하였다. 즉 노동쟁의조정법(3조)상의 '업무의 정상
운영을 저해'한다는 것을 '적법한 운영'이 아니라 '평상의 운영'을
저해하는 행위로 파악해야 한다고 해석하였던 것이다. 그러나 이 같
은 해석은 일방적인 것이었을 뿐만 아니라, 준법투쟁의 내용이나 맥

락과 관계없이 모든 '준법'을 불법으로 몰아붙이기 위한 통제수단으로 만들어진 것이었다고 할 수 있다. 준법투쟁의 불법규정으로 노동조합의 일상적 활동이나 쟁의행위를 봉쇄 억압하였던 대표적인 사례로는 1989년 상반기 서울지하철노조의 파업을 들 수 있다.

또 노동부는 노동쟁의의 수단과 절차 및 유형상의 몇몇 내용들을 불법적인 것으로 자의적으로 규정하는 지침내용을 시달하였다. '노동 3권 행사의 올바른 이해를 위하여'(1990.2)에서는 노동쟁의수단의 정당성을 위배한 쟁의유형으로서 노동쟁의조정법이 명문으로 금지한 '폭력과 파괴행위' 뿐만 아니라, '집단시위', '사물놀이', '직장점거', '평화적 설득을 넘어선 피케팅' 등의 행위를 모두 불법이라고 규정하였다. 또 '권리의 행사, 의무의 이행, 법령, 단체협약 또는 취업규칙의 해석, 적용, 해고의 정당성 여부 등'의 분쟁을 이익분쟁과 성질상 구별되는 권리분쟁이라 보고, 이를 둘러싼 쟁의 일반을 불법적인 것이라고 규정하였다.

이와 같은 행정지침내용들은 뚜렷한 법적 근거에 기초한 것이 아니란 점이 특징적이었다. 노동부는 그것을 법률에 의거하여 자의적으로 규정하고, 그 규정에 기반하여 노동조합운동 및 조합활동 일반을 통제하였던 것이다. 특히 '올바른 이해'에서 규정한 쟁의행위의 목적이나 수단의 정당성에 관한 노동부의 규정은 해당 노동법 항목에 관한 일방적인 해석일 뿐이었다.[86)]

이들 쟁의 목적상의 불법이나 쟁의수단상의 불법은 구체적인 상황

---

86) 예를 들어 노동조합법상 쟁의행위의 목적을 제한하는 것으로 생각할 수 있는 조문은 제3조의 노동조합규정 뿐이다. 동조항은 노동조합이 "근로조건 유지 개선과 근로자의 복리증진, 기타 경제적 사회적 지위향상을 도모함을 목적"으로 하는 조직이라고 규정하고 있으므로 권리분쟁을 배제할 근거조항이 될 수 없다. 그리고 노동쟁의조정법상 쟁의행위 수단으로 금지되는 것은 '폭력이나 파괴행위'(노동쟁의조정법 13조 1항), 직장의 안전보호시설의 정상운영을 정지, 폐지 또는 방해하는 행위(노동쟁의조정법 12조 3항) 이외에는 없다.

에 대한 구체적인 판단을 통해서만, 그것도 사법기관의 법률적 판단에 의해서만 평가될 수 있는 것이었다. 설령 노동부가 유권해석을 통해서 의견을 밝힐 수 있다 하더라도 이는 제한된 행정관청의 의견 표명일 뿐이었지만, 노동부는 이를 법적인 구속력을 갖는 것으로 확대하여 적용하는 경향을 보였던 것이었다.

다음으로 1990년 2월의 '노동조합업무지침(편람)'은 1988년 2월의 '노동조합업무지침'의 내용보다 노동조합의 민주성, 자율성을 의도적으로 축소 왜곡하는 방향으로 노조의 업무관리를 유도하였다. 양자의 지침을 비교해보면 이 점은 보다 분명해진다.

예를 들면 행정관청의 총회소집권자 지명 절차에 대해 1988년 지침은 "(총회소집을)요구한 때에는 행정관청은 소집자를 지명하여 적기에 회의를 소집할 수 있도록"(p.33)하고 있으나, 1990년 지침에서는 이 부분이 누락되고 단지 소집권자가 "행정관청으로부터 소집권자로 지명 받은 자"(p.27)로만 되어있었다.[87] 그리고 지역단위노동조합의 범위도 1988년에는 자율적으로 정하게 되어있었으나 1990년 지침에서는 "시·군·구 등 행정구역 단위 또는 공단 등 경제권 단위"(p.12)로 제한하여 도단위의 지역노조설립을 제약하였다. 이 밖에도 1990년 지침에는 조합원에 대한 노동조합의 운영상황 공개범위 축소, 노조설립신고서 심사요령 강화(상급단체 확인) 등 노동조합활동의 위축을 노린 여러 가지 노동조합활동 규제책들이 포함되어 있

---

87) 1990년 2월의 '노동조합업무지침' p.31에는 행정관청의 소집권자 지명이 '행정관청의 재량권'이며, 임원불신임을 위한 총회일 경우 가능한 한 '임기를 보장해주는 방향에서' 검토하라고 지시하였다. 그리고 노동조합법 26조 2항의 '지체 없이'도 '충분한 검토를 전제로 한 것임을 강조하고 있다. 이 조항의 통제효력에 대해서는 1989년 울산현대중공업 쟁의사례(이수원, 1994)를 참고. 노동자들은 울산시에 적법한 방법으로 총회소집권자 지명을 요구하였으나 울산시는 '특별한 이유 없이' 이를 기피하고 행정조치를 미루었다. 이는 당시 전 사회적 관심사였던 '현대중공업 쟁의'에서 노동자들의 쟁의행위를 불법적인 것으로 만듦으로써 결정적으로 제한하였다. 자세한 맥락은 국회사무처(1989)를 참고.

었다.[88]

한편 노동부는 1990년 상반기 이후에도 새로운 요구가 발생할 때에는 이를 제도화하기 위한 지침들을 지속적으로 개발하여 발표하였다. 1990년 1월 30일에는 1989년 3월 통과된 '근로기준법개정안에 따른 단축노동시간에 대한 임금불지급에 관한 지침'을 발표하였고, 1992년 7월에는 '근로감독면제에 대한 지침'을 발표하였다.[89] 1990년 상반기 이후에 나온 대표적인 것으로는 1991년 2월 22일의 '임금교섭지침'(한 자릿수임금억제지침)과 1992년의 '총액임금제에 관한 지침'이 있었다.

노동부는 지침 외에도 유권해석을 통해서 통제하였는데, 이는 질의에 대한 유권해석이 동일유형의 사안에 대해 일정한 행정적 기준으로 사용되기 때문이었다. '사용치 않은 연월차휴가의 임금산정방법'에 대한 노동부의 유권해석은 그 좋은 사례였다.[90]

⑥ 노동위원회의 판정을 통한 노동통제: 노동위원회는 노동부산하의 행정위원회이다. 그 주요 기능은 개별노동자나 노동조합이 신청한 부당노동행위 구제신청사건에 대한 판정기능과 노사쟁의의 조정 및 중재역할, 공익사업체에 대한 직권중재 등의 조정기능을 갖는다.

---

88) 이 지침에는 1990년 1월의 '올바른 이해를 위하여'에 포함된 여러 가지 행정적 지침내용들이 그 절차와 개념에 있어 보다 구체적으로 정리되어 있었다. 여기서는 앞의 서술과 중복된 내용들은 언급치 않았다.

89) 이 지침에서 노동부는 종업원 300명 이상의 신발, 섬유, 전자업체 및 300인 미만의 모든 중소기업에 대해서 정기근로감독을 면제한다고 발표하였다.(노동부, "92노사관계 상반기 평가 및 하반기 안정화대책", 1992.7; 주간노동자신문, 1992.7.24)

90) 1990년 4월 24일 노동부는 지방노동관서에 시달한 '연월차 휴가 미사용 시 임금산정방법'에서 연월차휴가 분의 수당에 대해 통상임금 또는 평균임금의 100%만 지급하면 된다는 유권해석을 내렸다. 이는 휴일근로에 대해 150%의 임금지급을 규정하고 있는 근로기준법 46조와 기존 판례를 뒤엎은 해석이었다.(서울고등법원 민사 13부는 1990년 3월 28일 서울대병원 간호사들이 제기한 임금지급청구소송에서 '50%' 할증임금을 지불할 것을 판결한 바 있었다. 자세한 것은 노동인권회관 편, 1991: 149 참고)

그렇지만 노동위원회는 그 인사권 및 조직편재가 대통령을 비롯한 행정기구에 장악되어 있기 때문에 노동통제기구로서의 성격을 갖고 있었다.[91]

노동위원회의 노동통제사례는 사소한 부당노동행위에 대한 편파적 판정으로부터 노동조합활동을 크게 제약하는 판정에 이르기까지 다양하였다. 특히 후자 중 대표적인 것으로는 1990년 상반기에 '노조전임자의 지위 및 그 임금지급 여부'에 대해 노동위원회가 내린 몇 건의 판정을 들 수 있다. 처음에 노동조합 전임근무자에 대한 임금지급의 문제는 노사 간에 핵심적인 쟁점이었던 무노동 무임금 원칙의 연장선상에서 제기되었다. 국가와 자본은 이미 1989년 하반기부터 이를 제도화하고자 시도하였으나, 여러 가지 문제로 이를 본격적인 쟁점으로 만들어나가지는 못하였다.[92]

1990년 3월 3일 중앙노동위원회는 한양대병원노조 위원장 등이 낸 부당노동행위 구제신청사건에서 노조전임자를 휴직상태라고 판정하였다. 그리고 회사 측의 전임자에 대한 임금불지급은 정당한 것으로 판결하였다. 또 1990년 3월 24일 경기도 지방노동위원회는 부천세종병원노조의 구제신청사건에서 "회사 측이 노조전임자에게 임금을 지급하는 것은 부당노동행위에 속"한다고 판정하였다.

이 중 특히 후자의 판정은 한국사회의 노사관계관행을 무시한 편파적인 판정이었다. 판정 직후 전국의 모든 노동조합세력들은 이에 대해 강력하게 항의하였고, 결국 경기도지방노동위원회와 중앙노동

---

91) 주간노동자신문, 1990.4.6, 4.13일자와 김태기(1992) 참고.
92) 1989년 11월 22일 정부는 노동조합전임자에 대해 통상임금의 50%를 지급하도록 할 것을 검토하고 있다고 발표한 바 있었다. 그리고 1990년 2월의 '노동조합업무지침'에서는 사용자가 이를 지불해야 할 의무는 없으며, 노사가 협의해서 결정할 사항이라고 서술하였었다. 이와 같이 당시 노동부는 사용자의 노조전임자에 대한 임금지급을 줄이거나 중지하는 방안을 심도 있게 검토하였다. 그러나 우리나라 노사관계의 오랜 관행, 노동조합법상의 제약(노동조합비 상한 규정), 노동조합들의 강력한 반발 등을 고려해서 이를 '협의사항'으로 규정한 것으로 보인다.

위원회는 이 판정을 철회하지 않을 수 없었다.[93]

⑦ 기타 행정관청의 부당한 업무처리에 의한 통제: 노동부산하기
관 이외에도 내무부 산하의 각 시·도는 노동관계법에 따라 노동조
합설립신고, 총회소집권자 지명 등 노동관련 업무를 수행하였다. 이
과정에서 각 행정기관은 여러 가지 통제수단들을 사용할 수 있게 되
었는데, 그 대표적인 것으로는 노동조합설립신고서 반려 및 보완명
령, 총회소집권자 지명기피 및 편파지명, 단체협약 변경명령권의 남
용, 노조에 대한 업무조사권 남용 등이 있었다.

이 중 앞에서 고찰하지 않았던 노조설립신고서 반려조치만을 살펴
보자. 1989년 1월 행정당국은 언론노동조합연맹이 노조설립신고서를
상급단체가 게재되지 않았다고 반려하였다. 그리고 1990년 2월 24일
영등포 구청은 한국노총의 직원들이 노동조합설립 신고를 하였으나,
상급단체의 인준이 없다는 이유로 신고서를 반려하였다.

이와 같은 행정관청의 신고서반려는 개정노동법의 개정취지에 맞
지 않을 뿐만이 아니라 일관성도 없는 조치였다. 즉 개정노동조합법
15조는 행정관청이 "설립신고를 받는 즉시 3일 이내에 신고증을 교
부"하게 함으로써, 권위주의적 노동통제에서 만연했던 행정권의 남
용여지를 없앤 것이었다.[94] 그리고 1988년 2월의 노동부업무지침도
상급단체의 기입이나 가입여부가 아니라 가입의사만 확인되면 신고

---

93) 전국병원노동조합연맹, 부천지역노조협의회 등의 민주노조세력들은 규탄집회를 개최
하였고, 노총조차도 소속 노동위원회 근로자위원 160명을 사퇴케 하였을 만큼 이
판정은 격렬한 항의에 부닥쳤다. 이후 정부는 노동부 장관의 발언(1990.4 노사간담
회), 대검공안부의 노사관계쟁점 검토('노사관계 주요쟁점검토' 1990.5.30) 및 법원
의 판결(서울지방법원 남부지원의 아남노동조합위원장의 임금지급 판결 1990.12.5)
등을 통해서 기존의 주장을 철회하였다.
94) 서울고등법원 특별 2부는 1990년 8월 21일 언노련의 위헌신청사건에서 노동조합
법이 "상급단체로 기존 산별 노련이나 한국노총에 가입을 강제하"지 않는 것이라고
판결함으로써 행정관청의 신고서반려를 정면으로 부인하였다.

증을 교부하도록 하였었다. 또 이 지침에 따라서 1988년 설립된 사무금융노동조합연맹은 상급단체 가입인준 없이도 신고증을 받았던 전례가 있었던 것이다.

그러나 각 행정관청은 이와 같은 전례나 법원의 판결에도 불구하고 상급단체기재 명령을 되풀이하였는데, 그것은 노동부가 업무처리지침(1990.2) 및 질의회시(1991.6.13) 등으로 기존의 정책방침을 고수한 것에 기인하였다.[95]

4) 요약 및 토론

6공화국의 노동통제에 있어 법과 행정적 수단들이 차지하는 위상은 크게 강화되어 왔다. 이들 수단들의 비중이 상대적으로 증대한 것에는 두 가지 과정이 결합된 것으로 보인다. 그 하나는 권위주의 하에서 핵심적인 통제수단으로 사용되었던 물리적 수단들과의 법적 행정적 수단들의 관계의 변화이며, 다른 하나는 이데올로기적 수단들과의 연관성의 측면이다. 6공화국 노동통제의 중요한 특징은 이 세 가지 통제수단들이 하나의 헤게모니적 통제기제로 결합하여 통제의 효율성을 제고하였다는 점에 있었다.

먼저 법적 통제와 행정조치에 의한 통제는 6공화국 노동통제에 있어 핵심적인 위치를 차지하였다. 그렇지만 노동관계법, 기타 법률 및 행정적 수단들의 상대적인 비중에 있어서는 커다란 변화가 나타나기 시작하였다. 1987년에 개정된 노동관계법은 여전히 중요한 통제장치들을 내포하고 있었으나 그 통제의 효과가 상대적으로 감소하고 있

---

95) 1991년 이후 행정관청이 신고서를 반려한 사례는 신천개발(주), (주)화신테크노조 대구지부, 주한일본상사연합회 등 3개 사례가 있었다. 노동부, "국회 국정감사보고 자료", 1992 참고.

는 것으로 파악된다. 기존의 노동관계법은 국가의 노동통제 수요 전반을 포괄할 수 없을 만큼 통제수단으로서의 효과적인 기제들을 갖고 있지 못하였다. 이는 한편으로 1987년 노동법개정 당시 그것이 지나치게 완화된 것에 기인한다. 그러나 더 중요한 것은 개정노동법에 포함된 통제장치들이 근본적으로 형식적 절차적 정당성을 가질 수 없는 '권위주의적 법조항'이었다는 점에 있었다.[96]

따라서 우리는 법적 통제에서 노동관계법보다는 일반 형법이 더 빈번하게 사용된 것을 정권의 이데올로기적 의도나 물리적 격리효과로만 해석할 수는 없다. 그것은 변화된 사회 정치적 조건 속에서 가용한 통제수단들이 기존 노동관계법에는 없었다는 점과 연관된 것으로 보아야 할 것이다.

행정조치에 의한 노동통제의 상대적 비중이 6공화국에서 크게 증대한 것도 이런 맥락에서 이해될 수 있다. 즉 앞서 본 바와 같이 새로운 통제수단들을 개발하기 위한 국가와 자본의 다기한 시도들은 형식적 절차적 정당성을 가질 수 있는 새로운 통제수단들의 제도화 과정이라고 파악해야 한다는 것이다. 그리고 이러한 시도들은 장기적으로 노동관계법체제의 변동방향을 미리 예시하는 것으로 이해할 수 있다.

다음으로 법적 행정적 수단들의 이데올로기적 통제수단들과의 관

---

96) 참고로 노정권기간 동안 불법노동쟁의는 그 감소추세에도 불구하고, 1992년 시점에서 35.7%로 상당히 높은 편이었다. 이는 노동법의 쟁의규제가 매우 불완전하였으며 노동자들의 동의를 확보치 못하고 있음을 보여준다.

〈표 6-10〉 불법노동쟁의발생 추이(1987-1992)

(단위: %)

	1987	1988	1989	1990	1991	1992
적 법	6	20.4	31.5	43.2	60.3	64.3
불 법	94	79.6	68.5	58.6	39.7	35.7

자료: 한국노동연구원, 『분기별 노동동향분석』, 1992 4/4, p.53.

계를 보면 이 시기 전체에 걸쳐 양자는 유기적인 관계로 상호 강화
하는 측면을 분명히 보여주었다. 통제가 상대적으로 완화되었던
1988년 기간을 예외로 한다면 1989년 공안정국 이래 일시적으로 강
화되었던 반공이데올로기는 정치적 노동운동조직에 대한 국가보안법
적용을 정당화하고 이를 뒷받침하였다. 그러나 노동조합운동 일반을
통제하는 데 있어 보다 중요한 것은 형법과 '법과 질서' 이데올로기
의 상호 작용이었다. 그리고 양자의 밀접한 연관을 가장 극명하게
보여주었던 것은 무노동 무임금, 경영권 인사권의 제도화와 자본주
의경제이데올로기의 관계이었다. 새롭게 개발된 이 두 가지 행정적
통제수단들은 자본주의적 경제논리의 우위성 및 합리성을 전제로 한
것이었고, 그것을 구현한 것이었다.

　셋째로 이 시기 법적·행정적 통제의 위상 변화는 권위주의하의
노동억압에서 핵심적 통제기제이었던 물리적 통제수단들과 그것의
관계 또한 변화시켰다. 정부는 물리력행사에 앞서 법적, 행정적 근거
를 마련하고 이에 대한 홍보를 크게 강화하였는데, 이는 물리적 강
제수단과 법적·행정적 수단 간의 관계가 더욱 긴밀해졌음을 보여주
었다. 특히 1989년 하반기 이래로 노동통제와 노동운동 대립의 쟁점
들이 매우 다기화 되고, 그것의 전개방식도 노동쟁의의 합리성과 정
당성을 따지는 방향으로 변화하게 된 것도 바로 이 같은 변화의 양
상을 입증한 것이었다.[97]

　마지막으로 법적 행정적 통제수단은 노동계급의 내적 역량을 직접
적으로 제한하는 중요한 통제수단이었다. 즉 그것은 여타 통제수단들
과 결합하여 헤게모니적 통제력을 발휘하였을 뿐만 아니라, 그 자체

---

97) 예를 들어 법률과 행정조치에 의한 노동통제를 보면 법원의 판결들에 대해 매우
　민감한 반응을 보였다는 특징이 있었다. 3자개입금지조항 합헌판결, 해고효력을
　다투는 자의 조합원지위 인정 판결, 정리해고 요건 완화 판결 등에 대한 노동부의
　기민한 반응은 그 좋은 예라고 할 것이다.

가 노동자계급의 내적 역량을 분절화(fragmentation)시키는 통제효과
를 갖고 있었다.[98] 내적 역량의 분절화는 노동조합조직으로 조직된
노동자들을 기업단위를 분할하는 것뿐만 아니라, 조직된 노동자들과
미조직노동자들을 분리하고 정치적 노동운동세력과 노동조합운동세
력을 분할하는 것을 포함한다. 여기에는 특히 권위주의체제의 핵심적
통제조항들이었던 복수노조금지조항, 제3자개입 금지조항, 정치활동
금지조항, 공무원의 단결금지조항 등이 중요한 역할을 하였다.

제4절 이데올로기적 수단들

노태우 정권기간 동안 노동통제수단으로 동원된 이데올로기의 종
류는 매우 다양하였다. 그것은 노동정치가 전개되는 시기별 정치적
사회적 상황과도 밀접하게 연관되어 변화하였으며, 국가의 전략적
목적에 따라서 규정되기도 하였다. 그리고 동일한 논리적 내용을 갖
는 이데올로기라 할지라도 그것의 구체적인 언술들은 때로는 상이하
게 나타나기도 하였다.

그러므로 본고에서는 각 이데올로기들을 그 내적 논리에 따라 반
공이데올로기, 경제위기 이데올로기, '법과 질서' 이데올로기 및 자
유민주주의 이데올로기로 분류하고, 이를 토대로 이데올로기들의 동
원과정과 통제효과를 구체적으로 검토하고자 한다.[99]

---

98) 법적·행정적 수단의 분절화효과에 대해서는 Rogers(1989)를 참고.
99) 임영일(1991)은 한국사회의 핵심적 지배이데올로기로 반공이데올로기, 발전이데올
    로기, 안정이데올로기, 자유민주주의 이데올로기를 들었다.

1) 반공이데올로기

반공이데올로기는 제5공화국까지 오랫동안 군부 권위주의적 지배 체제를 뒷받침한 핵심적인 이데올로기자원이었다. 그것은 독점자본, 중소자본 및 관료, 군부로 구성되는 지배계급이 자신의 분파적 이익을 극복하고 계급적 이해를 결집하는 중요한 매개체였다. 그리고 국가는 자신의 정당성을 분식하였을 뿐만 아니라, 이데올로기적 억압적 국가기구들을 조직하여 지배체제를 안정시킬 수 있었다. 국가의 노동통제에 있어서도 반공이데올로기는 중요한 통제자원으로 사용되었다. 권위주의시기 동안 노동운동은 흔히 배후의 좌익세력이 사주하는 반체제운동으로 규정되었다.(한국기독교사회문제연구원, 1987a; 최장집, 1988)[100]

이 점은 제6공화국에서도 전혀 예외가 아니었다고 할 수 있다. 앞서 보았듯이 이 시기 동안에도 국가는 정치적 노동운동뿐만 아니라, 노동조합운동 및 노동자대중에 대해서도 좌익세력, 체제부정세력으로 규정하였다. 반공이데올로기를 재생산해내는 대표적인 억압적 국가기구인 국가안전기획부와 국가보안법은 6공화국에서도 여전히 핵심적인 통제수단으로 작동하였다.

노정권은 분단 이후 확대재생산되고 생체화(生體化)된 반공이데올로기를 1989년부터 노동통제를 강화하면서 다시 동원하였다. 1988년 12월 노태우 대통령의 '민생치안에 관한 특별담화'를 발표하였는데, 이 담화 중 '체제를 수호하는 차원의 대응'이라는 표현은 그 출발점이었다. 1989년 봄과 여름의 공안정국기간 동안 급속하게 확대되었

---

100) 그러나 그것의 통제효과는 의심스러운 것이었다. 그것이 노동자계급을 비롯한 피지배층의 동의와 지지를 이끌어내는 데에는 한계가 있었다. 오히려 그것은 지배계급의 내적 통일을 이루는 수단이자, 강권적 지배를 이데올로기적으로 분식하는 통치장치에 불과하였다.(임영일, 1985; 최장집, 1993: 200)

던 반공이데올로기는 하반기 전노협와해대책과정에서 보다 직접적으로 노동운동과 결합되어 선전되었다. 이데올로기공세를 강화함에 따라 1989년 이후의 합법적이고 일상적인 노동쟁의에 대해서도 국가는 '체제를 위협하는' 불법행위로 선전할 수 있었다.

국가가 노동통제수단으로 반공이데올로기를 이용한 방식은 매우 다양하였다. 그 대표적인 것으로 공안정국조성을 매개로 한 노동조합운동 억압, 각종 정치적 노동운동 조직사건 조작 및 공개, 전노협을 비롯한 민주노조의 노동조합활동에 대한 좌경규정과 홍보 등이 있었다. 이들 중 반공이데올로기공세가 노동통제수단으로 사용된 점이 가장 극명하게 드러난 것은 1989년의 공안정국에서였다.

1989년 봄 정부는 문익환 목사와 서경원 의원, 전대협 대표 임수경의 북한방문을 공안정국으로 연결하면서 대대적인 반공캠페인을 벌이기 시작하였다. 4장에서 본 것처럼 국가가 공안정국을 조성한 것은 일차적으로 정치전략의 일환이었지만, 그 목적들 중에 하나가 바로 노동조합운동에 대한 통제였다.

노정권의 노동운동에 대한 '반체제'규정은 먼저 정부가 정책결정 사항들을 대외적으로 발표하면, 신문 방송 등 언론이 이를 대대적으로 보도하는 형식으로 진행되었다. 언론은 국가정책에 관한 해설기사뿐만 아니라, 정책방향에 부합하는 자체적인 보도물들을 계속 개발하였다. 1988년 말부터 1989년 상반기 동안 언론에 의해 대대적으로 보도된 국가의 정책결정, 담화, 회의 등은 반공이데올로기 유포의 중요한 제도적 장치였다.

〈표 6-11〉 노정권의 반공이데올로기 유포사례(1988년 말-1989년 상반기)

일 시	회 의 명	주 요 내 용
1988.12.23	「국가안전보장회의」 (대통령주재)	* 노동운동, 민주화운동을 북한의 대남적화전략의 전위대로 규정
1988.12.28	「민생치안에 관한 특별지시」(대통령)	* 폭력파괴행동에 대한 공권력행사 강화방침 발표
1989. 3.22	「공안관계장관회의」 (청와대)	* 체제전복, 좌익폭력세력에 대한 단호한 대처방침 발표, 5·1 총파업설 발표
1989. 4. 4	「공안·노동관계부처 차관회의」	* 울산사태 현지 치안대책 검토
1989. 4. 6	「체제전복세력에 대한 부처 대책회의」	* 노동운동에 대한 좌익 규정, 5·1 총파업설 확인
1989. 4	「공안합동수사본부발표」	* 계급투쟁 정치투쟁성 노사분규 강력 대처, 불법파업 배후조종자 구속수사, 노동단체 상담소 일제수사
1989. 4.18	「노동대책관계장관대책 회의」	* 5·1 총파업설 유포 대책발표, 3자개입분규 배후조종 신고센터 공안합수부에 설치, 노사분규 시 군투입 발표
1989. 4.18	「노동부 장관 담화문」	* 총파업설 확인, 정치폭력투쟁 엄단 발표
1989. 4.26	「내무·법무·노동부 장관 담화문」	* 4·30 노동절집회에 대한 불법행위, 정치투쟁, 계급투쟁 규정
1989. 5. 3	「대통령특별담화」	* 비상조치 검토 발표
1989. 5. 8	「국방부 발표」	* 방위산업체 파업 시 군인력 동원 발표
1989. 5. 9	「시국대책 긴급회의」 (대통령 주재)	* 좌익혁명세력 엄단, 폭력쟁의 3자개입 방위산업체 운수·의료산업체의 불법파업에 대한 법적 조치 발표

자료: 각 일간신문.

언론의 대규모 보도는 특정 쟁의사안과 노동조합의 임금투쟁 전체를 반체제운동으로 선전하는 노동통제효과를 가져왔다. 당시 풍산금속 안강공장쟁의, 서울지하철노동조합의 쟁의, 현대중공업의 파업 등 주요한 쟁의 외에도 임금투쟁기의 모든 노동쟁의가 이데올로기공세의 영향을 받게 되었다. 국가와 언론이 의도하였던 담론의 논리구조는 국가가 정한 임금투쟁 및 근로조건개선투쟁의 범위를 벗어나는 모든 투쟁과 노동조합의 연대활동을 정치투쟁, 불법 폭력투쟁으로 규정하는 것으로부터 출발한다. 그리고 그 정치성과 폭력성을 체제의 존립을 위협하는 반체제운동으로 비약시키는 방식을 사용하였다.

'노동운동 - 3자개입 및 정치투쟁 - 반체제투쟁'으로 연결되는 담론
은 '순수히 경제적인 쟁의 이외'의 모든 파업투쟁 일반을 반체제투
쟁으로 규정하는 것을 지향하였다. 그러므로 그것에는 상당한 무리
가 수반될 수밖에 없었다. 그것은 3자개입과 정치활동을 금지한 현
행 노동법이 권위주의적 통제조항이었으므로 정당성이 취약하였고,
노동자들의 반정부투쟁 및 반합법적 쟁의양태가 모두 국가와 사용자
의 폭력에 대응한 방어적인 것이었다는 점 때문이었다. 특히 노동운
동의 반합법투쟁 및 반정부투쟁을 반체제운동으로 비약시키는 것은
국민대중에 대한 설득력이 매우 약할 수밖에 없었다.

1989년 노동억압 재개의 초기에 이 문제를 해결하기 위한 수단으로
노정권이 동원한 것은 사건조작[101] 및 이를 기초로 한 여론조작이었다.
1989년 연초 풍산금속에 대한 대규모 공권력투입 및 이데올로기공세는
방위산업체의 쟁의라는 점을 매개로 파업노동자들이 국가의 안전보장을
위협하고 있다는 여론을 창출하는 과정이었다. 마찬가지 방식으로 정부
는 현대중공업파업을 제3자가 개입된 노노투쟁 및 반정부 정치투쟁으로
부각시켰으며, 서울지하철쟁의에 대해서는 의도적으로 파업을 유도함으
로써 제3자가 개입한 불법적인 정치투쟁이라는 여론을 조성하였다.

공안정국이 본격적으로 시작된 4월 이후 국가의 반공이데올로기공세
는 질적으로 변모하였다. 그것은 무엇보다 이 시기 이전의 사건조작과
여론조작이 여러 가지 비용을 잠재적으로 안고 있었던 것임에 반해서
공안정국 이후에는 그와 같은 부담에서 상당히 벗어날 수 있었기 때문
이었다.[102] 노동운동 일반에 대한 좌경규정의 논리적 비약은 일련의

---

101) 이데올로기적 수단을 동원한 통제는 흔히 대중조작의 형태로 진행된다. 대중조작은
크게 사건조작과 상징조작으로 나눌 수 있는데, 사건조작은 특정 사건을 조작 연출
해냄으로서 대중들이 행동하는 조건을 변화시키는 것을 목적으로 한다. 사건조작은
무엇보다 그것이 대중들에게 보도되거나 재생산되는 것을 가장 중요한 목적으로 한
다는 점에서 특징적이다. 따라서 그것의 성패를 좌우하는 관건은 그 진위 여부보다
는 대중매체를 통한 전달의 규모에 의존한다. 자세한 내용은 이효성(1993) 참고.

방북사건 및 친북세력의 존재에 의해서 은폐될 수 있었던 것이다.

공안정국 이후 국가의 사건조작과 여론조작이 가장 극명하게 드러난 사례로는 4월 초부터 본격적으로 유포하기 시작하였던 5·1메이데이총파업설과 전교조에 대한 이데올로기공세를 들 수 있다. 국가는 총파업설을 기반으로 해서 노동운동을 좌익운동세력의 총궐기 반체제투쟁으로 규정할 수 있었고, 공안정국기의 여러 가지 강력한 노동통제를 실행할 수 있었다. 그러나 5·1총파업설은 정부가 여론조작용으로 만들어낸 것일 뿐이었다.

다음으로 정치적 노동운동 조직사건의 조작 및 선전, 홍보는 1989년 이후 전 기간에 걸쳐 반공이데올로기를 유포하였던 중요한 제도적 장치였다. 공안당국은 노동운동 일반에 대한 탄압을 정당화하고, 그 여건을 조성해내기 위해서 조직사건을 의도적으로 사건조작 해내었다. 통제의 이데올로기적 효과란 점에서 이와 같은 사건조작은 그것을 널리 유포하여 선전하는 작업을 필수적으로 전제하였다. 그러므로 '좌익노동운동세력이 우리사회에 이렇게 깊이 뿌리박고 있다'는 언술의 주제는 사건규모나 내용의 실체적 진실과는 상관없이 계획된 방침에 따라 매스컴을 타고 확대 과장되어 대규모로 전파되었다. 여기서 핵심적인 역할을 담당하였던 것은 안기부와 언론매체였으며, 이를 뒷받침한 제도적 장치는 국가보안법이었다.

사건조작의 통제효과는 노동조합운동을 포함한 노동운동 일반에 대한 통제에 앞서 이를 정당화하는 것이었다. 그것은 '특정 조치를 위한 사전작업'이었고, 성공적 사건조작에 따라 나타나는 특정 조치는 대개 노동운동에 대한 물리적 억압이나 여타 통제장치의 제도화

---

102) '비용부담'의 대표적인 예로는 현대계열사 노동조합간부에 대한 테러사건(1989.1.8)을 들 수 있다. 정부와 자본 측은 이 사건을 통해서 노동조합 내부의 강경파와 온건파의 대립을 부각시키고, 노동쟁의를 제3자에 의해 조종된 노노분규로 조작하고자 하였다. 그러나 사건은 원래 의도와 달리 정부와 사용자가 공모하여 개입했다는 사실이 밝혀지면서 역으로 정부에 상당한 정치적 부담을 안겨주었다.

였다. 특히 1989년 하반기부터 1990년 하반기까지 양산된 조직사건
은 전노협결성을 전후로 크게 강화되었던 민주노동조합운동세력에
대한 억압을 정당화하는 사전작업의 성격이 분명하였다.[103]

　마지막으로 국가는 보다 직접적인 방식으로 노동조합운동세력 일
반을 좌경, 반체제세력으로 규정하였다. 1990년 1월 '산업평화조기정
착과 임금안정대책'을 위한 '청와대회의'에서 정부는 '노동조합연합
단체'에 불과한 전국노동조합협의회를 "계급투쟁과 노동해방의 이념
하에 각종 불법집단사태 및 악성분규를 주도하여"왔다고 규정하였
다. 그리고 대책에서는 전노협의 "이념과 투쟁방식이 자유민주주의
체제를 부정"하는 것으로 규정하였다.[104] 전노협이 1987년 대투쟁
이래 대중적인 민주노조운동을 대표하는 조직이라는 점을 고려하면,
국가수준에서의 이 같은 '체제부정세력'규정은 대중적 노동조합운동
일반에 대한 이념공세로 파악해야 할 것이다.

　한편 반공이데올로기는 노정권기간 동안 여전히 강한 통제효과를
발휘하였음에도 불구하고 그것의 통제기제로서의 효율성은 점차적으
로 감소하였음을 부인할 수 없다.(조희연, 1993) 그것은 무엇보다 계
급역관계의 거시적 변동 및 그것을 반영하는 국가성격의 변화와 연
관되어 있었다.[105] 더구나 6공화국 초반기의 국제정세 및 정치상황
의 구체적인 전개과정은 반공이데올로기의 장기적 효율성이 감소할

---

103) 〈표 6-5〉 참고. 안기부는 몇몇 사건의 경우 조직의 실체가 없음에도 불구하고 무
　　　리하게 이를 '조직'으로 규정하여 발표하였다. 이후 기소나 재판단계에서 '반국가
　　　이적단체'조항의 적용은 철회되었지만, 안기부는 이미 선전을 통한 통제효과를 충
　　　분히 확보하였던 것이다.

104) 전노협에 대한 이와 같은 규정은 그것이 전노협 '강령'에 담긴 조직이념을 자의적으로
　　　해석하였다는 점에서 실체적 진실에 대한 왜곡이었다. 한편 전노협에 대한 좌경규정은
　　　1989년 11월 15일 검찰이 일반 노동조합원의 대중적 집회였던 '전국노동자대회'(11
　　　월 12일)를 좌익세력이 주도하였다고 공식적으로 발표한 것으로부터 시작되었다.

105) 이 점과 관련해서 임영일(1991: 84)은 "한 사회의 전체적인 이데올로기 상황이
　　　나 그 지형은 결코 고정적인 것이 아니며, 지배-피지배의 계급역관계가 유동적
　　　인 것인 만큼이나 역동적인 가변성을 지닌다"고 적절하게 지적하였다.

것임을 분명히 보여주었다.

1980년대 말 급속하게 진행되었던 냉전체제의 붕괴는 기존의 냉전적 사고구조의 틀을 크게 부식시키고 있었다. 동구사회주의국가의 개방에 이어 1989년 하반기에는 사회주의체제의 해체가 급속하게 진행되었던 것이다. 또 국제정세변동에 대응해 대내적으로도 노정권은 1988년 여름의 7·7선언을 통해서 남북한관계의 개선을 시도하였고, 북방정책을 적극적으로 추진함으로써 자신의 정당성기반을 강화하고, 나아가 경제성장의 기반을 마련하고자 하였다. 이와 같은 국제정세의 거시적 변동 및 이에 대응한 국가의 정책방향은 서로 상호 작용하였고 정권의 정당성기반을 강화할 수 있었다. 그러나 그것은 역으로 반공이데올로기의 효력을 잠식할 수밖에 없었던 것이다.[106]

2) 경제위기 이데올로기

1988년 말 3저호황의 유례없는 고축적국면이 끝나면서 한국경제는 호황 말기의 일시적인 불황국면에 접어들게 되었다. 경제성장률, 국제수지, 물가 등 제반 경제지표가 하강곡선을 그리기 시작하자 언론과 자본 및 국가의 경제부처들은 이것에 민감하게 반응하였고, 이를 노동운동과 연결지어 해석하는 움직임을 보이기 시작하였다. 경제부처와 언론에서는 매년 임금투쟁 시기를 전후로 임금억제의 분위기조성을 위해서 보고서나 통계수치를 발표하는 등 일상적인 이데올로기공세를

---

106) 물론 공안정국 이후 반공이데올로기는 재등장하였고 이후 상당기간 동안 맹위를 떨치기도 하였다. 그것은 정치체제의 재편 및 정권의 지지기반 강화, 노동운동을 비롯한 기층민중운동에 대한 통제의 필요성, 정권의 대북정책의 조정 등 여러 가지 요인이 결합된 결과였다. 그리고 보다 직접적으로는 학생운동을 중심으로 한 통일운동이 이데올로기적 통제를 강화할 수 있는 절호의 기회를 제공하기도 하였다. 자세한 것은 정해구(1990) 참고.

해왔지만 1989년의 봄에는 새로운 조짐이 나타났던 것이다.[107]

일상적인 수준을 넘어서는 경제위기 이데올로기공세의 첫 출발점은 주요 일간신문이 경제위기를 특집시리즈로 게재하기 시작한 4월 말이었다. 이들 기사는 「긴급진단 한국경제」(중앙일보), 「기로에선 한국경제」(한국일보), 「경제위기 이렇게 본다」(조선일보) 등의 유사한 제목으로 '노동쟁의-임금상승-경쟁력상실-수출부진-경기하락-경제위기'의 담론을 한결같이 강조하였다. 현대중공업과 서울지하철파업의 여파로 봄철 임금투쟁이 전국적으로 확산되던 시점에서 나온 보도라는 점에서 이는 일상적인 것일 수도 있었다. 그렇지만 주제와 보도시기, 보도방식, 담론의 논리구성이 완전히 동일하다는 점에서 그것은 예사로운 일이 아니었다.

6월 중순 공안정국의 여파가 한 차례 지난 후 정부가 발표하였던 '하반기 경제종합대책'은 언론에서 시작된 경제위기 이데올로기를 국가정책수준의 담론으로 공식화하는 계기가 되었다. 경제기획원 장관이 발표한 '하반기 경제종합대책'은 당시의 경제상황을 난국으로 규정하고 그 핵심적 원인을 노사분규-높은 임금인상으로 파악하였다. 그것은 임금가이드라인을 도입하기 위한 사전 수순이었으며, 동시에 경제위기 이데올로기 담론의 공식화과정이기도 하였다.[108]

경제위기 이데올로기의 공식화과정은 언론과 국가의 이데올로기공세가 긴밀히 연결되어 서로 상승 발전하는 과정이었다. 그것은 언론

---

107) 언론보도의 편파성에 대해서는 국민경제제도연구소, "언론의 경제관련보도에 대한 전문가 의견조사", 1992.8를 참고.

108) '대책'은 경제난국에 대한 대응책으로서 통화, 재정, 소비억제, 부동산, 수출 및 투자 대책 등을 제시하기도 하였지만, 그 핵심은 역시 쟁의규제-임금상승억제에 있었다. 이는 조순부총리의 '대국민 호소문'의 내용에서 명확하게 나타났다. 호소문은 한국경제가 자기몫 20%-성장률 4-5% 물가상승률 10% 이상, 한 자릿수 분배-성장률 7-8% 물가상승률 5%의 두 가지 선택지의 기로에 서있다고 규정하고, '대책'은 정부가 후자의 선택을 한 것임을 천명하는 것이라고 주장하였다. 그러나 '대책'에서 제시한 임금인상률은 매우 과장된 것이었다.(동아일보, 1989.6.22일자 참고) '대책'의 이데올로기적 성격에 대한 비판으로는 정태인, "하반기 경제종합대책 비판", 월간 『말』 1989년 8월호 참고.

이 이데올로기의 주제들을 보도하면 국가는 이를 정책수준에서 확대
재생산하였고, 국가의 정책발표는 거꾸로 언론에 의해 대대적으로
유포되는 나선형적 구조를 갖고 있었다. 그리고 반대로 국가 및 산
하기관에서 경제위기론의 확대를 위한 새로운 담론의 주제가 공표되
면 언론은 이를 경쟁적으로 확대하여 보도하였고, 이것은 다시 국가
의 정책결정을 위한 기초자료나 정책실행을 위한 정당성자원으로 활
용되어 정책안으로 발전하는 식으로 진행되기도 하였다. 물론 과정
전체를 구성하고 관리하는 것은 국가의 책임이었으므로 전체적으로
이 과정은 국가의 전략적 개입의 산물이라 할 수 있었다.109)

　6공국가의 이데올로기담론들은 크게 세 가지의 유포기제들을 통해
서 확산되었다. 그것은 대체로 정부당국자의 각종 회의 성명 회견,
정부기관 및 관련단체의 조사보고서 및 각종 통계자료, 언론의 독자
적 기획연재물 보도와 자료인용 보도 등으로 분류된다.

　먼저 정부당국자의 각종 회의, 성명, 회견을 보면 1989년 하반기
경제종합대책을 필두로 해서 1992년까지 전 기간 동안 계속되었다.
특징적인 것은 정부는 일상적인 회의나 정책결정과정뿐만 아니라,
시기별, 사안별로 새로운 형태의 회의, 성명, 회견방식을 계속 개발
하여 정부방침을 대대적으로 선전하였다는 점이었다. 특히 중요한
쟁점이 걸려 있는 시기에는 대동소이한 대책이나 정책방침들을 다른
형식의 각종 회의, 성명들을 이용하여 중복해서 집중적으로 발표하
였고, 이를 언론은 여과 없이 보도함으로써 확산효과를 극대화하는
방법을 사용하였다. 대표적인 사례로 1990년 1월 전노협결성을 앞둔
1989년 하반기의 시점에서 국가가 개최한 경제위기론 관련 주요 대

---

109) 이 두 가지 과정을 엄밀히 구분하기는 쉽지 않다. 대체로 보아 언론이 담론의 주제
　　를 제시한 사례로는 1989년 경제위기론의 도입, 1990년 상반기의 물가위기, ‘너무
　　빨리 터트린 샴페인’ 및 ‘아시아의 용이 지렁이로’ 담론, ‘우리도 다시 뛰자’ ‘한국병’
　　담론 등을 들 수 있다. 반대로 국가가 주도한 사례로는 1989, 1990년의 공휴일축
　　소론, 국제임금수준 비교통계, 노동시간 감소 및 노동의 질 악화 등이 있었다.

책회의들을 보면 다음 <표 6-12>와 같다.

집권 후반기에 이르러 노정권은 상반기의 경제위기 이데올로기공세에 기초해서 보다 본격적인 이데올로기적 동원을 시도하였다. 먼저 1990년 초 노동부는 국회보고를 통해서 노사관계이념재정립을 위한 전문연구팀을 편성하고 노사윤리헌장을 제정할 방침이라고 밝혔다.[110] 1990년 '임금교섭지도지침'에서는 경제위기설이 '임금교섭참고자료' 형태로 보다 정식화되었다. 그리고 1991년과 1992년 연초에 범정부적인 행사로 매스컴에 의해 생중계보도되었던 '산업평화와 경제도약을 위한 청와대대토론회'는 이데올로기적 통제의 대표적인 제도적 장치이었다. 또 정부는 1991년 하반기 경제단체 및 사회단체들을 동원하여 '경제위기극복'을 위한 대규모 관제 대중동원을 시도하였다.[111]

다음으로 경제부처를 중심으로 한 국가기구들 및 관변 연구단체들이 제시한 경제위기에 관한 자료 및 연구물들은 객관성보다도 언론을 통한 선전효과에 더욱 치중하여 발표되었다. 예를 들어 '산업평화조기정착과 임금안정대책을 위한 청와대회의'에서 경제기획원이 제출한 자료는 경제위기의 원인을 노사분규-과도한 임금상승-노동의 질 저하-경제성장 잠재력 마모로 규정하였다. 그리고 그 근거로서 노동손실일수의 국제비교, 임금수준의 국제비교, 생산물 단위 당 노동비용증가율, 노사분규로 인한 수출차질액 증가 추이, 노동시간 감소 추이, 수출품 불합격율 증가 현황, 노동생산성 증가율 둔화 추이 등을 제시하였다. 이와 같이 제시된 자료는 경제적 불황을 초래한 원인에 대한 객

---

110) 노사윤리헌장 제정방침은 1991년 3월 국민경제사회협의회의 '노사공동선언문' 발표로 구체화되었다.

111) 1991년 11월 22일에 경제 5단체, 상공부, 바르게살기협회, 새마을운동본부의 주관하에 시작된 '5대 더하기운동'을 말한다. 이 운동에는 10%절약 저축, 생산성 수출량 5% 더하기, 30분 일 더하기 등이 포함되었다. 12월 11일 서울 구로공단에서 '기업체 5대 더하기운동 전진대회가 개최되었으며, 12월 6일 부산의 신발업체 '대봉'의 한 여성노동자가 이 운동에 항의하여 자살하기도 하였다.(박일남, "신종 노동탄압, 5대 더하기운동", 월간 『말』 1992년 2월호; 주간노동자신문, 1991.11.29일자와 12.6일자 참고)

관적인 분석보다는 모든 경제적 위축의 원인을 일방적으로 노동쟁의
에 떠넘기는 이데올로기적 성격이 농후한 것이었다.112) 그것은 애초에
언론에 홍보하기 위해 의도적으로 준비된 것들이었으며, 비록 객관적
연구결과물이라 하더라도 언론은 정확하게 경제위기 이데올로기와 관
련된 지표, 수치를 선택하였고 이를 강조하여 보도하였다.

〈표 6-12〉 노정권의 경제위기 이데올로기 유포(1989-1990.1)

일 시	회 의 명	주 요 내 용
1989. 3.22	「경제장관회의」	* 불법노사분규 시 공권력투입방침 발표
1989. 4.17	「한은 총재 회견」	* 분규 장기화 시 8% 경제성장 불가 발표
1989. 6.19	「하반기경제종합대책」 (부총리 발표)	* 경제난국 임금인상-경제위기 논리의 공식화,임금 가이드라인 도입방침 발표
1989.10.30	「산업평화조기정착을 위한 관계장관회의」	* 폭력쟁의 불법쟁의 법정최고형 구형 및 현장구속, 임금기구 구성 발표
1989.11. 8	「부총리 청와대보고회 의」(경제현황과 전망)	* 경제위기담론의 요약정리와 정부수용방침 발표, 경기부양책 발표
1989.11.14	「경기종합대책」(부총 리 발표)	* 1990년 '노사자율안정의 해' 설정, 국민경제사회 위원회 설립, 전노협 강경대응 발표
1989.11.16	「경제6단체장 회견」	* 과격쟁의에 정부 업계 공동대응 발표
1989.12. 9	「경제장관회의」	* '경제위기' 선언, 경제위기관리위 설치, 한 자릿수 임금정책, 전노협 강경대응방침 발표
1989.12.11	「임시국무회의」	* 12월 11일 경제장관회의안 확정, 노사안정 국정 최우선과제 설정, 경제위기관리위 구성
1989.12.14	「생산성배가대책회의」	* 불법노사분규에 대한 신속한 공권력투입
1989.12.22	「경제난국극복을 위한 특별보고대회」	* 1990년 경제정책에서 '산업평화'를 최우선과제로 설정
1990. 1.20	「산업평화조기정착을 위한 대책회의」	* 경제위기 극복방안, 산업평화를 위한 급진과격세 력(전노협) 와해대책 발표

자료: 각 일간신문.

---

112) 경제위기론의 실체에 관해서는 여러 가지 의견이 있었다. 이에 관해서는 정건화
(1989a, 1989b)와 채만수(1989)의 논쟁을 참고. 그러나 이 논쟁은 경제위기
의 객관적 존재여부와 연관되었을 뿐이며, 경제위기설 유포가 고도의 이데올로기
공작이라는 점에서는 양자가 견해를 공유하였다.

〈표 6-13〉 경제위기 이데올로기에 사용된 보고서, 통계자료 사례(1989-1992)

일 시	자료출처와 제목	주 요 보 도 내 용
1989. 4.25	상공부 『분규현황과 전망』	* 제조업쟁의 생산차질액 2조 3천억 원
1989. 5. 6	KDI 『임금과 국민경제』	* 임금인상에 따른 경쟁력하락 발표, 임금억제기구 '국민임금위원회' 제안
1989. 5.25	한국은행 『1989년 1분기 국내 총생산 동향』	* 성장률 5.7%로 1985년 이후 최저 발표
1989. 7.13	경제기획원 『도시근로자가계분석』	* 소비증가율이 소득증가율을 상회
1989. 9.28	한국은행 『국제수지 잠정분석』	* 1989년 8월 국제수지 3년 만에 적자로 전환
1989.10. 3	경제기획원 『상반기 지역별 광공업활동동향』	* 1989년 상반기 실적 1980년대 이후 최저
1989.10. 5	정부 『공휴일축소 검토방안』	* 공휴일 수 국제비교 및 휴일축소방안 발표
1989.10.23	산업연구원 『조사보고서』	* 임금 10% 인상 시 단기 14만, 장기 21만 고용감소
1989.11.22	경제기획원 『최근 근로동향』	* 노동시간 단축, 불량률 증가, 근로의 양 질 저하
1989.12. 8	경제기획원 『90년 경제동향』	* 1990년 경제의 관건은 노사관계의 안정
1990. 1.20	국민경제제도연구원 『여론조사』 (한국갤럽 의뢰)	* 국민의 86%가 노사분규 심각하다고 평가
1990. 1.26	KDI 『90년 한국경제』	* 경제위기상황 제시
1990. 8. 1	대한상공회의소	* 경제위기상황, 임금억제 필요성 강조
1991. 3.21	노동부 장관 청와대보고(미국노동부자료 인용)	* 1989년 한국 제조업 생산직노동자 임금 수준이 대만 싱가포르를 상회
1991.10.24	상공부 『86년 이후 임금이 가격경쟁력에 미친 영향』	* 임금상승에 따른 국제수지악화, 적자확대현상 제시
1992. 2.13	포항제철 내부자료	* 1987년 이후 철강업 임금상승률 일본의 3배

자료: 각 일간신문.

  세 번째로 언론은 이와 같이 편파적인 정부자료들을 대량 살포함
으로써 정부의 노동통제를 위한 정책에 적극적으로 호응하였다. 그
뿐만 아니라 언론은 이와 같은 기조의 경제위기론을 사설이나 논설,
특집기사 및 특집보도, 심층 분석 등 언론사 자체의 분석을 통해서
확대재생산하거나 의도적으로 1면 톱기사로 부각시킴으로써,113) 그
확산효과의 극대화를 시도하였다.

───────────────

113) 참고로 1989년부터 1990년 2월까지 한 조간신문이 1면 톱으로 실은 경제위기관
    련 기사의 제목은 다음과 같다. '한국경제 중대전환점 직면-중공업 등 중심산업
    위기'(89.4.12), '수출증가율 격감'(4.21), '우리경제위기상황-노사분규 부동산
    투기 물가불안'(4.25), '성장률 85년 이후 최저'(5.26), '대우조선 폐업방침-정
    부수용 방침'(6.8), '임금인상 최대한 억제방침'(6.14), '소비자물가 급등세'(10.1),
    '공휴일축소 검토'(10.6), '경제 10년 내 최악상태'(90.2.2)

1989년 이후 1992년까지 전 기간을 통해서 신문, 방송 등 언론은 이데올로기적 노동통제를 지속적으로 추구하였으며, 그것은 상당한 정도로 자발적인 것이었다. 그리고 경제위기 이데올로기의 담론구성은 그 내용이 점차로 변화하기도 하였다.[114] 경제위기담론의 구성에 중요한 한 몫을 담당하였던 일간신문의 연재물 특집기사들은 그 변화를 잘 보여준다.

〈표 6-14〉 일간신문 특집기사에 나타난 경제위기 이데올로기 사례(1989-1992)

게재시기	신 문 명	게재횟수	특 집 기 사 의 제 목
1989. 4	중앙일보	7회	「긴급진단 한국경제」
1989. 4	한국일보		「기로에선 한국경제」
1989. 4	조선일보	8회	「경제위기 이렇게 본다」
1989. 4	조선일보	12회	「노동운동-5월총파업설을 계기로 본현주소」
1989. 12	동아일보		「격동의 80년대」
1989. 12	조선일보	7회	「내연하는 노동현장」
1989. 12	한국일보	4회	「한국경제 중대갈림길에-용이냐 지렁이냐」
1990. 1	한국일보		「90년대 한국경제-과제와 선택」
1990. 1	조선일보		「90년대를 전망한다」
1990. 3	조선일보	2회	「경제, 살릴 수 있을까」
1990. 3	동아일보	7회	「경제, 이것이 문제다」
1990. 4	조선일보	4회	「수출이 무너지고 있다」
1990. 4	한국일보	5회	「물가가 큰일이다」
1990. 5	중앙일보	4회	「긴급경제진단」
1990. 6	동아일보	5회	「발등의 불, 물가」
1990. 7	조선일보	4회	「물가 여기서 뛴다」
1990. 12	한국일보		「인력난 야단났다」
1991. 1	조선일보	8회	「일할 사람이 없다」
1991. 2	조선일보	4회	「물가비상」
1991. 9	조선일보	17회	「우리도 다시 뛰자」
1991. 9	중앙일보	3회	「속빈 강정, 한국경제」

114) 강명구(1994)는 노정권기간의 경제위기담론이 시기별로 경제민주화(87년 후반-89년 전반), 경제위기 구성(89년 후반-90년), 우리도 다시 뛰자-위기의 해결(91-92년)으로 변화, 발전하였음을 보여주었다.

경제위기담론구성은 대체로 1989년 초기의 '노동운동-임금인상-경제위기'로부터 1990년의 '물가상승-과도한 임금인상자제'를 거쳐 1991년 이후에는 '인력난'과 '경쟁력강화와 경제재도약'이라는 주제로 변화하였다. 물론 전 기간에 걸쳐 노동운동-임금인상-경제위기라는 주제는 지속적으로 반복되었지만, 언론은 1990년의 물가 급상승, 하반기의 생산직노동력의 부족, 1991년 이후의 상대적인 경제안정 등 변화하는 경제조건에 따라, 그리고 국가의 요구에 따라 담화의 주제를 기민하게 변화시켰던 것이다. 경제위기 이데올로기는 이와 같이 노동통제를 위해 동원된 이데올로기의 위계에서 핵심적인 지위로 부상하였다.

경제위기 이데올로기는 반공이데올로기와 마찬가지로 권위주의시기의 경제성장 이데올로기에 그 뿌리를 두고 있었다. '선성장 후분배'의 경제성장우선론이 임금상승 등 1987년 이후의 상황을 반영하여 '과도한 분배-성장의 위기'로 변형된 것이었다. 그렇지만 경제위기 이데올로기는 반공이데올로기와 달리 민주주의이행 이후에 더욱더 위세를 떨칠 수 있었고, 1989년 이후 계속 확대 강화되었다는 점에 그 특징이 있었다. 이것은 1989년 이후 경제불황의 지속, 원화절상에 따른 물가의 상승과 국제수지의 악화, 산업구조조정작업에 따른 경제적 모순의 심화, 노동조합운동의 활성화와 임금의 상승 등 국내적 요인과 우루과이라운드협상과 WTO체제의 성립, 세계적인 경제개방화 및 국제교역질서의 변화, 한국경제의 대외 개방화 등의 외적 요인과 결합되어 경제위기 이데올로기가 작동할 수 있는 구조적 조건이 마련되었기 때문이었다.

6공국가의 경제위기 이데올로기가 반공이데올로기 및 경제성장 이데올로기와 구별되는 또 하나의 특징은 과학적 언술과 일상적 담론이 결합하는 접합과정이 매우 세련되고 치밀하게 구성되었으며 다기화되었다는 점이다. 지배블록은 임금상승-수출부진-국제수지악화-

경제성장후퇴로 구성되던 과거의 단순한 논리와는 달리 대중의 일상 경험에 보다 가까이 다가갈 수 있는 새로운 담론주제들을 개발하였다. 그리고 담론의 구성양식도 경제구조의 변화에 따라 발전되었다.

6공국가의 경제위기 이데올로기에는 다양한 종류의 이데올로기적 언술들이 포함되어 있었다. 크게 보아 그것은 노동쟁의와 경제위기를 인과관계로 묶는 것이었지만, 구체적으로는 임금-물가 악순환론, 임금인상-수출경쟁력 저하론, 고율의 임금인상-기업도산 및 지불능력론, 임금비용의 국제비교, 노동의 질 악화-불량품 증대, 노동시간 축소 및 과다 공휴일 논란, 근로자의 과소비와 경제위기, 걸프전쟁과 경제위기론, 남미형국가 전락 비유 등 다양한 양태로 표출되곤 하였다.

특히 상식적이고 평이한 비유를 통해서 한국경제의 현황을 간략하게 요약정리하는 방식의 언술들이 개발되었으며, 그것들은 상식과의 접합효과란 점에서 통제의 효과를 크게 높여주었다. '한국경제의 진로-용이냐 지렁이냐', '너무 일찍 터트린 샴페인' '3D업종의 기피' 등의 비유는 그 대표적인 사례들이었다. 상식에 호소하기 위한 또 다른 기법으로 '권위 있는' 외국신문, 통계, 보도를 크게 인용하여 보도함으로써 위기론을 정당화하는 방식이 도입되기도 하였다.[115]

또 국가는 1991년 초 임금교섭기를 앞두고 걸프전쟁이 발발하자 기민하게 이를 이데올로기적 노동통제의 수단으로 이용하기도 하였다. 그 논리는 전쟁으로 말미암아 석유수급에 차질이 올 가능성이 있고 경제적 위기상황이 초래될 수 있으므로, 노동자들도 경제위기 극복을 위해 투쟁을 자제해야 한다는 것이었다. 이렇게 복잡하고 다

---

115) 대표적인 것들만 간략히 보면 1989.9.23 조선일보의 워싱턴포스트 인용(너무 일찍 터트린 샴페인론), 1989.11.18 조선일보의 프랑스피가로지 인용(아시아의 용이 지렁이로), 1990.6.27 동아일보 미국노동부의 89년 세계노동통계자료 인용(생산직노동자 임금수준 아시아 2위), 1991.7.2 중앙일보 미국노동통계청 자료 인용(85-90년 제조업임금상승률 세계최고), 1991.8.13 조선일보 싱가포르노동조합 발표자료 인용(한국 제조업노동자 평균임금 아시아 4개 신흥공업국 중 최고수준) 등이 있었다.

기한 경제위기관련 언술들의 논리구조를 간략히 정리하면 <그림 6-1>과 같다.

〈그림 6-1〉 경제위기 이데올로기 담론의 논리구성

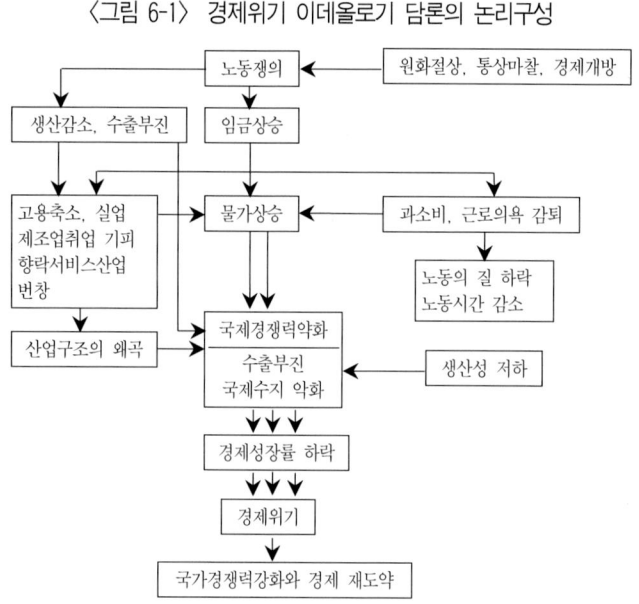

요컨대 6공화국기간 동안 경제위기 이데올로기가 경제상황의 전개에 조응하여 기민하게 변화하였으며, 그 논리구조도 보다 세련화하고 다기화하였다는 점이다. 기존의 '임금상승-물가불안-경제위기' 논리에 더하여 '임금상승-근로의욕감퇴-노동의 질 양 저하-경제위기', '임금상승-제조업위축 및 향락산업 팽창-경제위기'로 이어지는 새롭고 강력한 논리들이 개발되었다. 또 경제위기라는 담론으로 종결되지 않고, 이를 극복하기 위한 '경쟁력' 담론이 핵심적인 이데올로기자원으로 개발된 것도 중요한 변화였다.

마지막으로 6공국가의 경제위기 이데올로기가 다른 이데올로기적 통제수단들 및 여타의 통제수단과 구별되는 중요한 특성 중 하나가

지적되어야 한다. 그것은 통제효과가 매우 광범위하다는 점이었
다.116) 마찬가지로 통제효과가 광범하였을 뿐만 아니라 동일하게 중
간계급을 매개로 하여 통제효과를 발휘하였던 반공이데올로기와 비
교해도 이 점은 분명히 드러난다. 반공이데올로기가 노동자들의 활
동 중 정치적 노조운동이나 국가보안법에 저촉되는 활동을 통제함으
로써 노동자대중 일반을 통제하는 것이었다면, 경제위기 이데올로기
는 노동조합의 경제적 일상운동 전체를 통제하는 효과를 갖고 있었
다. 또 그것은 '특정한 행위를 하지 마라'는 부정적 담론을 넘어서
'경제위기의 극복에 도움이 되는 협력행동을 하라'고 하는 긍정적인
담론까지도 포함한 것이었다.

3) '법과 질서' 이데올로기

'안정이데올로기'로도 불리는 '법과 질서' 이데올로기는 특정 사업
장의 쟁의나 노동운동 일반을 범법활동이나 공공질서파괴행위로 규
정하는 이데올로기공세를 의미한다. '법과 질서' 이데올로기에 의한
노동통제는 법적 통제수단에 의존하고 이를 정당화하는 것이지만 그
것에 머무르지 않는다는 점에서 특징적이다. 그것은 특정 사업장의
쟁의나 특정 노동운동세력의 노동운동에 대해 법규범위반으로 통제
하기 위해 이를 정당화하는 수단이었을 뿐만 아니라, 그 특정 사안을
매개로 해서 노동운동 일반을 불법 폭력세력으로 호명(interpellation)

---

116) 반대로 경제위기 이데올로기는 그 성격상 특정 쟁의를 해결하기 위한 수단으로
     이용되기에는 부적합하였다. 다만 국민경제에서 상당한 비중을 차지하고 있었던
     대기업의 쟁의에서는 예외적으로 쟁의대책으로 이용되기도 하였다. 그 대표적인
     사례로는 1990년 6월 대우조선파업에 대해 정부와 사업주가 조선산업의 불황을
     이유로 한 '폐업방침'을 쟁의억제수단으로 사용한 경우가 있었다.

하는 효과를 갖는다는 점이다. 그러므로 통제수단으로서의 '법과 질서' 이데올로기에서 중요한 측면은 법규범위반의 사실 자체보다 사실의 공표 및 전달과정에서의 왜곡 및 조작, 과장, 해석 등이다.

이런 맥락에서 앞 절에서 논의한 여러 가지 법적 통제수단들은 모두 '법과 질서' 이데올로기의 잠재적 자원일 수 있었다. 그중에서도 6공국가의 이데올로기적 통제를 위해 주로 동원된 법적 수단들은 노동관계법의 제3자개입 금지조항, 정치투쟁금지조항, 공무원의 노동3권제한조항, 방위산업체 공익사업체의 쟁의제한조항 등과 국가보안법, 제반 형법조항, 집시법 등이었다.

6공국가가 동원한 '법과 질서' 이데올로기는 그 담론의 구성양식이란 점에서 3가지 유형으로 나누어질 수 있다. 첫째로 쟁의사업장에 대한 불법 3자개입과 임금 및 근로조건에 관한 요구를 넘어서는 정치활동, 방위산업체의 파업 및 국가보안법 위반사항 등을 묶어 '체제를 위협하는 불법쟁의'로 과장하여 선전하는 경우이다. 두 번째는 쟁의행위나 노동조합활동에서 발생하는 물리적 대결이나 시위 등 형법이나 집시법에 위반되는 사항을 의도적으로 과장하여 노동운동 일반을 '폭력집단의 사회안정 저해행위'로 선전하는 유형이다. 세 번째 유형은 공무원의 노동권 제한조항이나 공익사업체 쟁의제한조항을 이용하여 공무원이나 공익사업체의 조합활동, 쟁의를 '공공이익을 해치는 반사회적 행위'로 규정하는 것이었다.

각 유형들에 대해 구체적으로 살펴보기 전에 먼저 정부의 일반적인 '법과 질서' 이데올로기 유포과정을 보자. 1989년 상반기부터 강화된 노동통제에서 정부는 각종 정부회의, 대책, 방침들을 통해서 노동운동을 '폭력과 질서파괴행위'로 발표하였다. 1989년 상반기의 풍산금속쟁의, 서울지하철파업, 현대중공업파업, 5·1총파업설 유포의 여러 대책들과 4월 이후의 공안정국시기 노동대책들은 한결같이 노동쟁의를 불법 폭력 파괴행위로 규정하였다. 국가는 이들 쟁의의 불

법 폭력성을 선전하기 위해서 각종 정보채널을 통해서 노동조합과
노동자들의 각종 행위들을 치밀하게 추적 감시하였으며, 특정한 경
우에는 사건조작, 사실왜곡 등의 방법으로 그 불법행위를 의도적으
로 만들어내기도 하였다.

국가는 1989년 하반기 전노협대책이 본격화되면서 이데올로기 유
포를 더욱 강화하였다.

〈표 6-15〉 전노협대책에서 나타난 국가의 이데올로기공세(1989.10-1990.1)

일 시	회 의·대 책 명	주 요 내 용
1989.10.27	「산업평화조기정착을 위한 관계기 관대책회의」(6부 장관)	* 노동쟁의 시 폭력 불법행위 법정최고형 구 형 및 현장구속
1989.10.30	「노사관계안정화종합대책」(노동부)	* 악성분규사업장 500개 특별지도감독
1989.11. 1	대검찰청 대책발표	* 학원 산업현장의 주사파 전원 구속수사
1989.11.11	대검찰청 대책발표	* 노동현장침투 좌경 색출
1989.11.14	「치안관계장관회의」	* 노사폭력 강경대응, 공권력투입
1989.12.11	「치안관계장관회의」	* 불법 폭력 노사분규 엄단, 공권력투입
1990. 1.17	「악성노사분규에 대한 경찰력투입 대책」(국무총리실)	* 악성노사분규 사례 및 공권력투입기준 제시
1990. 1.19	「90년 업무보고」(노동부)	* 제3자개입쟁의사례 엄단, 공권력투입
1990. 1.20	「산업평화조기정착을 위한 대책회의」(청와대)	* 전노협 등 불법 폭력 노동운동에 대한 범정 부적 대응책 마련 보고

자료: 주간노동자신문, 각 일간신문.

이밖에도 국가는 경제위기 이데올로기에서 본 것과 마찬가지로 특
정한 사회적 쟁점들을 기민하게 노동운동에 대한 이데올로기적 공세
와 접합시키는 통제방식을 개발해내었다. 강경한 노동통제의 출발점
이 되었던 1988년 12월의 '민생치안에 관한 대통령특별지시'는 표면
적으로 보면 '치안'문제에 관한 조치에 불과한 것처럼 보였다. 그러
나 1989년 상반기의 정치운용과 긴밀하게 연결되어 발표되었던 '특
별지시'의 일차적 대상은 풍산금속 등 당시 진행되던 노동쟁의에 대
한 강경대응이었다. 그것은 치안대책이 곧 노동대책이며, 노동쟁의를

폭력적 탈법적 범죄행위로 규정하는 것을 전제로 하였다.

그리고 1990년 10월 13일 노동부는 대통령의 '범죄와의 전쟁' 선포의 노동부후속대책을 발표하였다. 당시 사회적 정황은 강도, 살인, 인신매매, 마약, 폭력 등의 악성 범죄가 급증함에 따라, 정부의 치안능력부재에 대한 사회적 비판여론이 거세어지고 있었다. 이런 상황에서 나온 대통령의 치안강화 조치는 노동운동에 대한 통제강화와 연결되었던 것이다. 여기서 노동운동은 범죄행위와 동일시되었고, 노동대책은 치안대책의 하위정책이었다. '후속대책'에는 분규현장에 대한 신속한 공권력투입과 노동계 주요인물에 대한 철저한 동향파악, 전노협후원회 등의 모금활동 봉쇄 및 가입노조에 대한 업무조사와 탈퇴유도, 문제 노동상담소들의 의식화 교육차단 및 3자개입금지조항를 적용한 폐쇄조치 등이었다.117)

이와 같이 국가가 대규모로 유포한 '법과 질서' 이데올로기는 무엇보다 여러 가지 '법적 행정적 수단'들에 의한 통제를 원활하게 작동하도록 만든 핵심적인 통제장치였다.118) 국가의 노동대책들에서 강조된 담론들은 국가의 통제장치들에 형식적 정당성을 부여하는 절차였던 것이다.

그렇지만 '법과 질서' 이데올로기는 특정한 불법쟁의 질서파괴 쟁의사례에 구체적으로 개입해서 그 불법성과 폭력성을 분명하게 드러내고, 쟁의를 와해시키는 방법으로 더 빈번하게 사용되었다. 즉 구체

---

117) 내무부는 '범죄와의 전쟁'을 위해 노동현장의 집단행동에 대해 조기에 공권력을 투입, 강력히 처벌하고 불법쟁의에 대해서는 사용자의 요청이 없더라도 조기에 공권력을 투입, 관련자 전원을 연행하여 형사입건한다는 방침을 발표하였다. 그리고 실제로 이런 방침에 따라 경찰은 당시 쟁의 중이던 26개 사업장에 '불법행위 여부'를 조사하기 시작하였고 다수의 사업장에 대해 공권력을 투입하였다.(전국노동조합협의회, 1991b: 36; 주간노동자신문, 1990.10.26)

118) 예를 들어 후반기에 커다란 통제효력을 발휘하였던 '노동쟁의에 대한 민사상 손해배상 청구소송' 사태는 '법과 질서'에 대한 대규모의 이데올로기공세에 기반해서만 가능하였던 것이었다.

적인 사례를 통해서 그 심각성을 부각시킴으로써 대중의 상식과 감
정에 호소하는 방식이 통제의 효과를 배가시킬 수 있었던 것이다.
국가가 특정 사업장에 개입하여 이데올로기를 유포하는 통제방식에
서 결정적인 역할을 하였던 것은 신문 방송 등의 매스컴이었다. 언
론은 특정 사례에 대한 노동조합의 주장을 선택적으로 배제하고 국
가와 사용자의 이데올로기적 규정과 대책을 여과 없이 보도하였다.
그뿐만 아니라 그것은 폭력성과 불법성을 생생하게 전달하거나 과장
하는 방법으로 통제효과를 극적으로 높여주었다.

　여기서 앞에서 서술한 유형 분류에 따라 국가와 언론이 특정 사업
장의 쟁의에 개입하여 '법과 질서' 이데올로기를 주요한 통제수단으
로 사용한 몇 가지 사례를 구체적으로 살펴보자.

　먼저 '체제를 위협하는 불법쟁의'와 '폭력집단의 사회안정 저해행
위' 담론은 1989년과 1990년 두 차례에 걸친 현대중공업파업에서 가
장 잘 나타났다. 현대중공업은 1987년 노동자대투쟁에서 중심적인
역할을 하였던 울산지역의 대표적인 거대사업장이었고 이후에도 민
주노조운동을 상징하는 대표적인 사업장이었다. 이런 조건과 함께
현중파업은 1989년의 정국운영, 1990년의 전노협와해대책과 연결되
어 있었다. 그러므로 국가는 범정부적 역량을 투입하여 이를 진압하
고자 하였는데, 그 핵심적인 기제가 '법과 질서' 이데올로기의 대규
모 유포였다.

　1989년 현대중공업의 파업은 단체협상의 결렬사태와 어용노조문제
가 복합적으로 작용하여 1988년 12월 12일 파업돌입 이래 128일 간
파업이 지속된 쟁의였다.[119] 1989년 1월 8일 국가와 회사 측의 노조
간부 테러사건이 실패로 돌아간 후, 국가는 새로운 개입을 위한 준
비작업에 필요한 작업을 진행하였다. 3월 9일 지하철파업에 대한 대

---

119) 현대중공업파업의 경과에 관한 자세한 서술은 이수원(1994) 참고.

통령의 지시에서 불법 폭력투쟁 엄단방침이 발표된 시점부터 언론은 현중파업에 대한 이데올로기공세를 강화하였다. 그것은 국가의 경찰력투입-강제해산의 수순을 밟기 위한 여론형성과정이었다. 당시 언론의 보도태도를 한 일간신문의 보도내용을 통해서 정리해보면 다음 <표 6-16>과 같다.

1989년 현중사태에 대한 언론의 초기 보도는 노동조합원 내부의 갈등과 폭력사태를 매개로 해서 '노노투쟁, 폭력적 파업투쟁'이라는 담론으로 구성되어 있었다. 그러나 그것은 3월 30일 경찰력투입을 계기로 파업투쟁이 사업장 밖의 시위로 확대되자, '제3자개입-급진체제부정세력의 대리전-정치투쟁'으로 바뀌었다. 특징적인 것은 모든 언론의 파업보도가 일관된 시나리오에 의해 미리 구성된 것과 같이 획일적이었다는 점이다.[120] 즉 J신문의 보도내용은 그 밖의 모든 신문들에게도 동일하게 되풀이되었다. 현중파업에 대한 언론의 보도는 '전략적으로 기획된' 법과 질서 이데올로기가 단위사업장쟁의에서 엄청난 위력을 발휘한다는 점을 극명하게 보여주었다.

한편 1990년 파업에서도 동일한 주제들이 되풀이되었다. 각 언론은 실체적 진실에 대한 사실보도 이전에 '정치성분규'(노동관계장관회의, 90.4.26)라는 정부의 쟁의성격규정을 반복하여 보도하였다. '세싸움-대리전쟁'(J신문 사설, 90.4.26), '정치성 짙어지는 연대춘투'(D신문 해설기사, 90.4.26), '대기업노조 연대 정치투쟁화'(J신문 사설, 90.4.27), '충돌위기-대학생 등 파업지원세력 울산집결 소문'(J신문, 90.4.27), '노동운동인가 정치투쟁인가'(J신문 사설, 90.5.1), '현사태

---

120) 예를 들면 3월 30일 공권력투입에 관한 보도에서 각 신문들은 한결같이 '파업근로자 강력 저항-수백 명 연행'이라고 일면 톱기사로 보도하였으나 그것은 완전한 오보였다. 노동조합원들은 투입 전에 이미 사업장을 빠져나갔기 때문이었다. 이러한 추측보도, 사건조작성 보도는 이후의 조업률과 조업방해사태 보도에서 모든 언론매체에 동일하게 되풀이되었다.(전국언론노동조합연맹, 「언론노보」(89.4.5); 손중양, "현대중공업 장기파업의 진상", 월간 『말』 1989년 4월호 참고)

노투아닌 정투'(J신문 특집 대담, 90.5.2) 등의 기사가 그 좋은 예들
이다.

〈표 6-16〉 1988년 현대중공업파업에 대한 언론의 보도: J일간신문의 사례

보도일시	기 사 제 목	주 요 내 용
3월 9일	'노사안정 모두 협력할 때'(사설)	* 노사안정 강조
3월 16일	'현중 폭력근로자 전원구속 지시'	* 경찰자료에 근거, 폭력성 부각
3월 18일	'현중 공권력요청-작업장 무법천지'	* 회사 측 자료에만 의존, 탈법성 부각
3월 19일	'강제해산 검토 속 긴장 고조'	* 노동자대응-'화염병 쇠파이프 준비'
3월 22일	'현대중분규 재야 학생 가세'	* 3자개입 사실 강조
3월 25일	'파업주도 55명 전격해고-근로자 작업 복귀 폭력 방해'	* 노동조합 내 노노투쟁 부각, 파업지도부의 폭력적인 파업강요 시사
3월 30일	'경찰 만여 명 현대중 투입', '극한대결 청산 ……'	* 과격쟁의에 대한 정당한 법 집행 강조
3월 31일	'농성해산 첫날 80% 조업'	* 회사 측 자료 일방 보도, 노동자가두시위 보도 제외
4월 5일	'울산사태 심각 대책 부심', '산발 격렬시위 …… 곳곳서 충돌', '작업근로자집 습격 …… 불안고조'	* 파업노동자의 폭력행동을 부각시켜 과장보도
4월 6일	'현중, 대리전은 곤란-제3자개입막고 직접 협상해야'(사설) '공권력-운동권 대결양상: 노학 재야 연대'	* 운동권 등 제3자개입 비판, 이를 정치투쟁으로 규정 －시위대에 학생 포함되었다는 경찰 주장을 부각
4월 7일	「장외대결」로 가는 현대중사태 실상과 입장'(특집기사)	* 관련세력들의 입장 편파적 분석 －현지상황: 주민불안 －회사: 3자개입이 대화 해결을 방해 －파업근로자: 핵심 3백 명 시위주도 －조업근로자: 일할 자유 보장되어야 －재야 학생: 대도시규탄집회 준비 －계열근로자: 7만 중 천여 명 가담
4월 11일	'시위, 조업방해 없었던 이틀'	* 파업 시위를 파업근로자의 조업방해 행위에 기인한 것으로 설명

자료: J신문 각호.

다음으로 '공익을 해치는 반사회적 행위' 담론의 대표적 사례로는
1989년 지하철파업을 들 수 있다.[121]

1989년 서울지하철노조의 파업에 대한 이데올로기공세는 현대중공

업의 사례보다 더 치밀한 홍보계획하에 이루어졌고 그 효과도 컸다. 그것은 지하철이 시민들이 일상적으로 이용하는 대중 교통수단이었기 때문에 가능한 일이었다. 실질적인 사용자였던 국가는 불법파업을 유도하고, 공익사업장의 특성을 이용하여 대대적인 이데올로기공세를 폈다. 국가는 이를 통해서 1988년 단체협약 합의사항에 대한 사용자의 불이행에 따른 쟁의라는 쟁의의 성격을 은폐시켰을 뿐만 아니라, 쟁의진압을 매개로 해서 노동조합의 와해 및 정국운용의 주도권장악 등 중층적인 전략적 목표를 달성하고자 하였다.

이 과정을 간략히 설명하면 3월 8일 타결이 임박하였던 노사 간의 협상은 파업을 유도하고자 하였던 국가의 의도에 따라 갑자기 그 기류가 역전되었다. 대통령의 시청방문 및 강경대응 방침이 내려진 9일 이후 국가는 공익사업체 조항을 이유로 직권중재를 요구하여 불법파업으로 규정하였고, 이는 결국 15일의 협상결렬로 귀결되었다.[122] 국가는 이미 대시민홍보전에 돌입하였고, 언론도 이에 발맞추어 이데올로기공세를 펴기 시작하여 국가의 최종적인 공권력투입에 필요한 여론을 조성하였다. 3월 16일 공권력투입에도 불구하고 지하철운행이 불가능해지자 국가와 언론의 여론공세는 한층 강화되었다. 23일 지하철노조원의 복귀 및 파업의 종결에는 '공공성' 담론을 이용한 여론공세가 결정적인 요인으로 작용하였다.

지하철파업에 대한 국가의 홍보·선전대책의 골격은 이미 1988년 여름의 지하철파업결정 당시 청와대에서 기획한 파업저지계획에서 그 일단이 드러난 바 있었다. 여기서 국가의 대국민 홍보·선전대책은 가장 핵심적인 노동통제수단으로 자리잡고 있었으며, 이와 같은

---

121) 서울지하철노동조합 파업의 경과에 대한 자세한 서술과 분석은 한창록(1990), 이미란(1994) 참고.
122) 이 과정의 사건조작 및 불법파업 유도의 내막에 대해서는 국회사무처(1989)와 지하철노조 위원장의 인터뷰(한겨레신문, 1989.3.17일자)를 참고.

방침은 1989년 파업에서도 그대로 적용되었다고 판단된다. 한 예로 1989년 경우 서울시가 각 구청 동사무소에 시민들의 파업반대 시위를 유도하라고 지시한 것이(동아일보 1989.3.23) 차후에 밝혀졌는데, 이는 1988년 지하철대책의 '행정력을 동원한 홍보·선전대책'과 동일한 것이었다.

〈표 6-17〉 1989년 지하철파업에 대한 여론공세: J일간신문 사례

보도일시	기 사 제 목	주 요 내 용
3월 8일	'지하철분규 타결국면'	* 타결국면에서의 부총리담화(불법쟁의행위 의법조치) 발표를 의미분석없이 보도
3월 9일	대통령 서울시청 방문 보도	* '시민의 발, 지하철 볼모로 한 쟁의', '단호 조치'라는 대통령 지시 보도
3월 14일	'지하철공사 중앙노동위에 직권중재 요청'	* 대검 관계기관대책회의 등에서 노동쟁의 조정법, 폭력행위, 업무상배임 적용 발표
3월 16일	'농성 3천명 화염병무장'	* 공권력투입에 대한 대응책 편향보도, 노동조합원의 폭력성 부각
3월 17일	'공익의 무기화 안돼-지하철 협상 재개해야'(사설) 「'임투」 앞둔 정부-제야 대리전 양상' '"출근전쟁 오늘도 ……" 시민들 분통'	* 공익 무기화는 시민호응 못받음을 강조, 무조건적 협상 요구 －쟁의본질을 3자개입으로 해석 강조 －시민 고통사례, 시민들의 조속한 정상화 견해 집중 인터뷰 보도
3월 18일	'「지하철」이 갈 길'(사설) '지하철노조원 거의 운행 거부'	* 지하철노조의 정권퇴진투쟁을 항쟁화, 정치투쟁으로 규정 －시민들의 불평, 욕설 보도
3월 19일	'"지하철파업 언제까지" 짜증-내일도 짐싹 출근'	* 시민불만, 교통정체, 사고위험 등 시민들의 비판적 견해 집중 인터뷰 보도
3월 21일	'초만원 비명 …… 승객 실신소동-곳곳 안전사고'	* 시민실신사례, 차량화재사건 집중보도
3월 22일	'「지옥철」의 시민들'	* 파업 자체보다 시민고통 해결이 급선무임을 강조

자료: J신문 각호.

여기서 '공공성' 이데올로기와 연관하여 덧붙여 지적해두어야 할 것은 '법과 질서' 이데올로기를 구성하고 있는 각 담론들의 비중이 변화하였다는 점이다. 일반적으로 '체제위협 불법쟁의' 담론과 '사회안정 저해행위' 담론은 결합되어 사용되었으며, 궁극적으로 '좌경폭력'의 반공이데올로기의 하위 이데올로기를 구성하였다. 이와 같이

이데올로기적 노동통제수단들 중에서 반공이데올로기는 '법과 질서' 이데올로기를 하위 이데올로기로 포괄하고 있었으며, 이는 6공국가의 노동통제에서도 기본적으로 변화하지 않았다. 문제는 그 기본적 위계구성 내부에서나마 '사회안정 저해행위' 담론의 비중이 상대적으로 커지고 그것의 독자적인 영역이 강화되었다는 점이다. 국가는 반공이데올로기 전반의 위상이 여러 가지 요인으로 상대적으로 위축되는 것과 궤를 같이 하여, '폭력-사회안정 저해' 담론의 위상과 '법과 질서' 이데올로기의 위상을 크게 강화하였던 것이다.

이러한 변화를 가장 극명하게 나타내 준 것이 바로 '공공이익을 해치는 반사회적 행위' 담론이었다. 쟁의의 사회적 파급력이 가장 컸던 이른바 공익사업체의 쟁의에 대해서 6공국가와 언론은 그 반사회성을 대규모로 선전하였고, 그것은 결정적인 통제효과를 발휘하였다. 1988·1989·1990년의 서울지하철 노동조합쟁의, 1989·1992년 MBC쟁의와 1990년 KBS쟁의 등의 방송사 노동조합쟁의, 1989·1990년의 전국교직원 노동조합쟁의, 1989 1990년의 병원 노동조합쟁의, 지역별 시내버스 택시노조쟁의 등 국가가 공익사업체로 규정한 사업체의 노조활동 및 쟁의에 대한 언론의 집중적인 공세는 그 좋은 예이다.

운수노동조합이나 철도 및 지하철노동조합에 대해서는 '시민의 발을 묶는다'는 논리를, 병원노조에 대해서는 '환자의 생명을 담보로 한다'는 논리를 내세웠다. 또 전국교직원 노동조합도 '의식화교육-수업권침해'의 담론으로,[123] 방송사노조들은 '전파(국민의 보고 들을 권리)를 볼모로 한 쟁의'로 집중적인 이데올로기공세를 받았다. 공공성이 상대적으로 약한 사업장에 대해서도 이러한 논리는 적용되었

---

123) 전교조에 대한 이데올로기공세의 자세한 내용은 이종태(1990), "지배권력의 전교조 탄압 배경과 논리". 한국교육연구소 편, 『한국교육의 성격과 교직원노조운동』, 푸른나무 참고.

다. 즉 연금관리공단 노조의 쟁의는 '가입자의 희생을 전제로 한 쟁의'로, 그리고 대기업의 쟁의는 '국가경제'를 담보로 한 쟁의로 규정되었다.

결론적으로 '공익' 담론에 기초한 이데올로기적 통제가 급속히 늘어난 것은 일차적으로는 노동조합운동의 외연이 확대된 것에 기인하였다. 그리고 그것은 일부 중간계급을 매개로 하여 노동자계급을 배제하고자 하였던 거시적인 국가의 거시적 노동통제 전략방침 변화와 그 맥락이 닿아 있었다. 일부 중간계급은 반복 주입되는 공익담론의 호명을 통해서 스스로를 '시민', '국민', '환자', '피교육자', '보험가입자', '국민경제주체' 등의 범주와 동일시하게 되었고, 자신을 노동운동과 대립되는 사회적 주체로서 설정하였다. 요컨대 국가는 이른바 공익사업체의 특성에 기민하게 대응하여 중간계급을 이데올로기적으로 동원하였고, 이는 노동통제에 동원되었던 이데올로기의 위계에 상당한 변화를 가져다주었다고 할 수 있었다.

4) 자유민주주의 이데올로기

자유민주주의 이데올로기는 자본주의 초기의 자유경쟁적 시장경제 혹은 경쟁자본주의 체제하에서 배태된 초기 부르주아의 이데올로기를 말한다. 그것의 가장 두드러진 특징은 공적영역과 사적영역이 엄격히 구분되고 각기 민주주의와 자유주의이데올로기가 대응한다는 데에 있었다. 즉 정치체제에서의 자유방임국가 및 다원주의체제와 시민사회에서의 시장원리, 경쟁원리, 계약원리로 구성되는 매우 다양하고 포괄적인 이념체계의 총체이다. 구체적으로 여기에는 재산권 신성불가침의 원리, 시장경제원리, 인권과 자유 등 고전적 자유주의

사상, 의회제 및 다원주의적 이익대표체계의 원리 등이 포함된다.124)

여기서 주의해야 할 사실은 이와 같이 다양한 하위이념들로 구성된 자유민주주의 이데올로기가 모순을 내포하고 있었다는 점이다. 거시적으로 보아 서구 자본주의사회의 역사적 경험은 시장력의 전제적 지배에 대해 개인과 집단이 저항해온 과정으로 볼 수 있다. 노동계급을 비롯한 시민들은 자유민주주의의 이념에 기초해서 자신의 정치적 사회적 권리와 경제적 이해를 스스로 조직하였고, 대의제 민주주의를 매개로 자신을 시장의 전제적 지배로부터 보호하고자 하였던 것이다. 이러한 역사적 경험은 자본주의 시장경쟁의 원리로서의 자유민주주의와 정치적 자유와 권리의 체계로서의 자유민주주의의 내용이 상호 배타적인 속성을 갖고 있음을 보여준다.

한편 자유민주주의이념은 자본주의체제의 토대인 경제적 지배와 복종의 시장관계를 민주주의적 정치질서로 은폐하는 기능을 수행하였으므로 자본주의사회 내에 편재하는 이데올로기라고 할 수 있다. 그리고 그것은 자본주의사회의 가장 근본적인 사회관계인 노사관계 일반에도 편재하는 이념이었다. 따라서 통제수단으로서의 자유민주주의 이데올로기는 앞 절에서 논의한 거의 모든 통제수단들과 여타 이데올로기적 통제수단들에 내재하며, 그것들을 통해서 유포되는 이념이라 할 것이다. 공산주의세력의 도전과 자본주의 경제위기 그리고 '법과 질서'의 파괴라는 이데올로기의 현실구성은 단순한 현실의 재구성을 넘어서 바람직한 '가치'를 끊임없이 주입하는 과정이었다. 그것은 안정된 자본주의사회체제로 표상되며, 궁극적으로 '자유민주주의체제'로 귀결되었다.

여타의 이데올로기적 통제수단과 구별되는 자유민주주의 이데올로기의 또 다른 특징은 그것이 긍정적인 담론에 기초하고 있다는 점이

---

124) 자유민주주의이념에 대해서는 손호철(1992)과 최장집(1993)을 참고.

다. 즉 반공, 경제위기, '법과 질서' 이데올로기가 모두 특정한 행위와 신념에 대한 제재를 그 내용으로 하는 반면, 자유민주주의 이데올로기는 자본주의원리에 부합하는 모든 행위나 신념의 상대적 우월성에 기초한 이념이다. 이 점에서도 자유민주주의 이데올로기는 특정한 사회적 쟁점으로 특정화되는 통제수단이라기보다 대중의 일상에서 끊임없이 되풀이되고 학습되는 '은밀한' 통제수단이라고 볼 수 있다.

이런 이유에서 노동통제의 수단이라는 측면에서 자유민주주의 이데올로기를 따로 논의하는 일이 무의미한 것일 수도 있을 것이다. 그러나 본고에서 주목하고자 하는 것은 특별히 6공시기에 들어와서 그 이념이 보다 직접적인 통제의 수단으로 나타나기 시작하였고, 그 효과가 크게 강화되었다는 점이다. 특히 자유민주주의체제의 내적 구성에서 상당한 변화가 나타나기 시작하였다는 점을 주목할 필요가 있다.

한국현대사에서 자유민주주의 이데올로기는 반민주적인 정치체제를 정당화하는 모순적인 이념으로 기능해 왔다는 점에서 특징적이었다.(최장집, 1993: 209-210) 즉 그것은 한국전쟁 이래 한국사회에서 가장 중심적인 정치이데올로기였던 반공주의와 결합하여, 독재체제를 정당화하는 수단으로 이용됨으로써, 그 내용이 반자유적이고 반민주적인 이념으로 전도되고 변질되었던 것이다. 서구자본주의체제에서는 자본주의적 시장원리와 다원주의적인 정치적 참여의 원리가 대립하였지만, 전반적으로 부르주아민주주의적 권리들이 신장되어 왔다. 반면에 한국사회에서는 자유민주주의가 반공주의와 등치되었고, 정치적 사회적 민주주의를 제한하고 유보시키는 수단으로 변형되었던 것이다.

1987년 이후의 형식적 민주화에 따라 사정은 변화하기 시작하였다. 반공이데올로기의 효력이 크게 약화되기 시작하면서 시민사회세력들의 민주화에 대한 요구는 급등하였다. 여기서 지배블록은 기존의 반공이데올로기-왜곡된 자유민주주의 이데올로기를 대체할 새로운 이데올로기적 자원이 필요하게 되었던 것이다. 6공화국체제가 자유민주주의 이데올로기공세를 강화한 것은 이러한 정세변동의 결과였다. 6공화국국가의 노동통제에서도 변화의 양상이 뚜렷이 나타났으며, 이는 크게 두 가지 내용으로 요약될 수 있다. 반공이데올로기공세는 보다 세련된 모습으로 재구성되었으며, 자유민주주의 이데올로기 중 자본주의 시장원리가 중요한 노동통제수단으로써 새롭게 부각되기 시작하였다.

먼저 반공이데올로기의 논리와 담론구성이 변화하였다. 권위주의체제에서 반공이데올로기의 일차적 기능은 반민주적 체제와 물리적 강제수단의 동원을 무조건적으로 정당화하는 것이었다. 따라서 그것은 자유민주주의 이데올로기를 상위이념으로 한 것이었지만 내용적으로 이를 부정하였으며, 노동통제의 효력은 제한될 수밖에 없었다. 그러나 1980년대 후반에 반공이데올로기는 무조건적인 체제정당화보다는 자유민주주의체제의 우월성을 주요한 내용을 함으로써, 자유민주주의 이데올로기와 긴밀히 연관되기 시작하였다. 이를 가능케 한 것은 1980년대 말에 갑자기 시작되었던 사회주의체제의 붕괴였다. 1989년대 후반에 급속하게 진행되었던 동구권의 체제변동을 6공국가는 '북방정책'으로 연결시켰으며, 자유민주주의체제의 우월성을 대대적으로 유포하는 계기로 삼았다. 민주화로 말미암아 크게 약화되었던 반공주의는 여기서 새로운 동력을 얻게 되었던 것이다.

자유민주주의체제 우월성 이데올로기공세는 주로 두 가지 방식으로 유포되었다. 먼저 국가는 한국노동교육원 등 노동부산하 단체 및 경제단체, 노총 등과 함께 노동자, 조합간부 등을 대상으로 하는 교육과 홍보의 규모를 크게 확대하였다. 특히 국가와 자본의 물질적 지원 아래 노총, 경제단체 등이 주관하였던 노동조합간부 및 조합원

의 공산권국가, 선진자본주의국가 견학은 국가의 이데올로기적 통제
전략의 전략적 성격을 분명히 보여주었다.[125]

국가가 노동자계급을 대상으로 한 체제 우월성 담론을 유포하는
것에 집중하였다고 한다면, 언론은 국민대중을 대상으로 한 체제 우
월성 담론을 광범하게 확산시켰다. 1980년대 말 이후 언론의 동구권
에 대한 각종 특집보도들은 당시 동시에 진행되었던 이른바 '체제
부정적 노동운동세력'과 대비되어 헤게모니효과를 한층 강화할 수
있었다.

또 자유민주주의체제 우월성에 대한 강조는 국가의 '중산층이데올
로기'공세와도 연관되어 있었다. 1988년 이래 노동부의 각종 정책방침
에서는 '근로자의 중산층화'가 하나의 정책목표로서 규정되어 있었고,
그 기반 위에서 각종 사회복지정책이 홍보되고 실시되었다. 국민주의
보급, 최저임금제 시행, 종업원지주제의 확대, 근로자주택 건설, 사내
근로복지기금제도의 신설, 노동은행(평화은행) 설립 등의 여러 가지
노동복지 정책과제들은 근로자의 중산층화라는 이데올로기적 담론과
연결되어 있었다. 그것은 자유민주주의체제에서도 국가의 복지정책수
행에 따라 계층상승이동이 이루어질 수 있음을 강조하였다.[126]

다음으로 외적 조건의 변화에 따른 체제 우월성 이데올로기의 강
화보다 더 주목해야 할 것으로, 국가는 몇 가지 전략적 통제수단을
매개로 재산권의 신성불가침 원리, 계약 원리, 시장경쟁 원리 등 자
본주의시장이데올로기를 크게 강화하였다는 사실이다. 그 대표적인
것으로는 무노동 무임금, 경영권 인사권원칙, 쟁의행위에 대한 손해
배상청구, 해고자의 조합원자격부여 문제 등이 있었다.

---

125) 이재영, "노동자 해외연수의 신기루", 월간 『말』 1990년 2월호. 1989년 200명
    수준이었던 공산권 국가에 대한 노동자견학은 1990년에 1,000명 수준으로 급속
    히 확대되었다.(노동부, "90년도 전국 시도보사국장회의 자료", 1990.2.26)
126) 강준만, "중산층신화와 사회변혁", 월간 『말』 1991년 9월호.

무노동 무임금은 직접적으로는 파업기간 중의 임금은 지불하지 않는 원칙을 말한다. 그리고 그것은 '노동이 임금의 대가'라는 고전적인 부르주아이데올로기, 자유민주주의 이데올로기를 그 속에 내포하고 있었다. 맑스(Marx, 1973b)가 분명하게 밝혔듯이 임금을 노동의 대가로 파악할 것인가, 아니면 노동력의 상품가치로 파악할 것인가 하는 문제는 자본가계급과 노동자계급 간의 이데올로기투쟁에서 가장 근본적인 문제에 속한다. 임금을 노동의 대가로 파악하는 것은 단순히 임금문제에 국한되지 않는다. 그것은 자본가와 노동자 간의 교환이 불평등한 사회구조적 관계에 기초한 것이 아니라, '자유롭고 동등한 두 법적 주체들 간의 합법적인 계약관계'임을 인정하는 결과를 가져오기 때문이다. 그리고 이는 궁극적으로는 자본주의 경제체제-자유민주주의 정치체제에 정당성을 부여하는 것을 의미하였다.

처음에 무노동 무임금 원칙은 1987년 이후 급격히 늘어난 노동쟁의를 통제하기 위한 단순한 쟁의통제수단으로 도입되었다. 그러나 1989년 이후 노동통제의 강화과정에서 국가와 자본은 이를 이데올로기공세의 수단으로 격상시키는 전략을 사용하였다. 6공화국기간 동안 거의 모든 쟁의에서 국가와 자본은 이 이념을 양보할 수 없는 핵심적인 이념적 원칙으로 삼았고, 이를 관철시키고 제도화하는 데 전력을 기울였다. 이러한 노력의 결과 그것은 쟁의를 봉쇄하는 단순한 쟁의억제수단으로서 뿐만이 아니라, 이념의 홍보 선전과정에서 상당한 이데올로기적 효과를 발휘하기에 이르렀다.

1992년까지 쟁의사업장에서 이 이데올로기가 관철된 비율이 크게 높아진 것은 쟁의제한효과뿐만 아니라, 노동운동 일반을 부르주아민주주의의 틀 속에 제한하는 효과를 가져왔다.(표 6-9 참고)

또 경영권 인사권 지침은 배타적인 소유권원리에 기초한 것으로, 노동자나 노동조합이 직접적인 임금, 근로조건 등의 요구를 벗어난 제반 경영사항에 대해 개입할 수 없다는 원칙을 말한다. 그것은 일차적으로는 근로조건과 임금문제를 벗어난 노동쟁의 일반을 통제하는 수단이었지만, 그 속에 자본주의적 소유권원리를 배타적 특권으로 부각시키는 논리를 담고 있었다. 즉 사회적 관계로서의 소유개념 대신에 소유권을 '물화'시킴으로써 노동조합의 활동범위를 제한했을 뿐만 아니라, 자본의 노동지배행위 일반을 정당화하는 효과를 갖고 있었다.

그 밖에도 '노동쟁의에 대한 민사상 손해배상 청구소송'이나 '해고효력 다툼 중인 근로자의 조합원자격 여부'도 실은 소유권이나 법적 주체들의 계약관계를 배타적인 권리로 인정하는 논리 위에서 만들어진 통제수단들이었다.

여기서 주목할 것은 근대 민법체제로 집약되는 이 같은 자본주의 시장경제 이데올로기는 근대 노동법체계와 논리적으로 상치되는 것이라는 점이다. 서구의 역사적 경험에서 보면 자본주의시장원리를 기반으로 한 근대민법체계는 독점자본주의의 발전, 노동자계급의 저항, 지배블록의 정치적 전략 등 여러 요인들의 복합적 작용에 의해 크게 변형되어 왔다. 그것은 자유민주주의이념 속에 존재하였던 두 가지 상치된 원리 중 다원주의적 정치체제의 원리, 시민들의 부르주아민주주의적 제반 권리가 자본주의적 시장원리, 재산권원리를 제한하는 과정이었다. 노동3권은 19세기 중반 이후 사용자들이 손해배상 청구나 민법상의 계약원리 등을 내세워 노동자단결활동을 방해하는 것을 막고, 노동자들의 단결활동을 적극적으로 보호하는 과정에서 발전해왔던 것이다.[127)]

그러므로 이 시기에 국가와 자본, 언론이 초기자본주의체제의 자유민주주의 이데올로기를 주요한 노동통제수단으로 동원하기 시작하

---

127) 서구 노사관계에 있어 사법부의 시민법 적용 남용을 막은 대표적인 노동입법사례로는 영국의 1875년 '공모 및 재산보호법', 1906년 노동쟁의법, 미국의 1914년 클레이톤법, 1932년 노동중지명령금지법 등을 들 수 있다.(임종률, 1985: 180-182)

고, 이를 이데올로기공세로 정당화하고자 한 것은 본질적으로 헌법
(33조 1항) 및 노동법의 노동3권을 내용적으로 부정하는 것을 의미
하였다. 앞서 본 바와 같이 철저하게 이 논리를 따르면 노동쟁의조
정법의 민형사상 책임면제조항(제8조)은 부정되며, 노동조합법(제3조
5호)에 명시된 권리인 해고효력를 다투는 노동자의 제반 권리는 부
인될 수밖에 없다. 또 파업 시의 임금지급은 애초에 불가하며, 임금
근로조건을 넘어서는 노동법상의 요구는 허용될 수 없을 것이다.

   1990년대 한국의 노사관계에서 19세기의 근대 민법적 원리가 노
동운동을 통제하는 수단으로 본격적으로 동원되었다는 것은 매우 역
설적인 일이었다. 그것은 무엇보다 1980년대까지의 노사관계가 노동
법체계는 물론 민법체제에도 무관한 것이었음을 말한다. 즉 이는 권
위주의체제의 노사관계는 무엇보다 물리적 강제력과 반공이데올로기
에 의존한 것이었음을 반증하고 있다. 그리고 자본주의 시장경제 이
데올로기의 강화는 통제수단들 내부의 위계서열이 변화되고 있음을
보여주는 중요한 증거로 파악된다. 물리적 강제수단의 비중은 감소
하였던 반면, 이데올로기적 수단과 법적 행정적 수단의 비중은 상대
적으로 확대되었던 것이다. 그리고 이를 적극적으로 해석하면 제6공
화국의 노사관계에 와서야 비로소 경제적 토대에 걸맞은 정치체제의
형성이 가시화되고 있음을 보여주고 있다고 할 것이다. 즉 자유민주
주의 이데올로기의 강화는 궁극적으로 시민사회 내부에서의 독점자
본의 역량강화를 반영한 것으로 보인다.[128]

---

128) 임영일(1991)은 한국사회의 지배이데올로기 분석에서 경제체제와 정치체제 간의
    오랜 탈구가 한국사회의 이데올로기지형의 특수성을 규정하였다고 보았다. 자유
    민주주의 이데올로기의 강화는 독점자본의 강화에 의해서 탈구현상이 극복되고
    있음을 보여준다. 한편 최장집(1993: 208-209)은 이와 같은 이데올로기지형
    변동의 원인으로 군부지배의 후퇴(민주화), 대자본가세력의 정치적 역량강화, 자
    본주의발전에 따른 중산층의 형성 및 확대를 들었다. 노정권시기 독점재벌의 정
    치적 사회적 지배력 강화에 대한 구체적인 사례분석으로는 손호철(1993), "국가
    론의 시각에서 본 6공-현대 갈등", 『전환기의 한국정치』, 창작과 비평사: 홍덕

5) 소결: 헤게모니접합과 노동통제

노동통제에 있어 이데올로기적 수단들은 그 내용들도 분명하지 않고 통제효과 또한 가시적으로 나타나지 않는다. 이데올로기적 통제는 독자적인 모습으로 나타나기도 하지만, 앞서 고찰한 여러 가지 물리적이고 제도적인 수단들과 함께 결합하여 나타나기도 한다. 특정한 이데올로기와 그것을 둘러싼 구조화된 사회체제는 다양한 방식으로 접합될 수 있으며, 그것은 시간의 흐름에 따라 변화하게 된다.(Hall, 1986; laclau·Mouffe, 1985) 그러므로 우선 이데올로기와 그것의 통제효과는 특정한 이념적 내용으로 고정된 어떤 실체가 아니며, 주어진 상수가 아니다. 그것은 무엇보다 주어진 사회관계 속에서 그것이 어떤 방식으로 접합되는가에 의해서 일차적으로 규정된다. 이런 의미에서 6공화국시기의 이데올로기적 통제는 이전 시기의 그것과 질을 달리한다고 볼 수 있었다.

5공화국까지의 권위주의정권하에서도 이데올로기적 통제수단은 여타의 수단들과 함께 노동통제의 핵심적인 자원으로 동원되었다. 반공이데올로기, 경제성장 이데올로기, 법과 질서 이데올로기는 물리적 수단 및 법적 행정적 수단들과 함께 노동통제에 동원되었고, 그 효과 또한 상당하였다는 점에서 외견상 유사하였다. 그러나 노동통제수단들 간의 접합이나 통제의 전체적인 구조가 변화하였다는 점에서 그 질적인 내용은 상이한 것이었다.

권위주의 한국에서의 이데올로기적 수단은 물리적 수단이나 비민주적 노동관계법을 매개로 한 노동통제를 표피만 분식하는 것을 크게 넘어서지 못하였다는 점에 특징이 있었다. 그것은 이데올로기적 노동통제가 체제의 속성으로 말미암아 국민대중을 설득하는데 한계

룔, "재벌의 사회지배 어디까지 왔나", 월간 『말』 1991년 12월호 참고.

가 있었다는 점에 기인한다. 특히 최저한의 생활, 최소한의 민주적 권리조차 보장받지 못한 노동자계급에게 그것은 통제수단으로서의 성격이 너무나 분명하였다. 그러므로 권위주의체제에서 노동통제를 최종적으로 보장한 것은 물리적 억압이었으며, 이데올로기적 수단들은 부차적인 것에 불과하였다.

6공국가의 성립과 함께 노동통제수단들의 상호 관계는 크게 변화하였다. 구체적으로 여기에는 서로 연관된 두 가지 요인이 작용하였다.

먼저 민주주의이행의 결과로 물리적 수단을 동원한 노동억압의 비용은 증가하면서도 그 효과는 감소하였다는 점이다. 권위주의하의 억압적 노동통제에 핵심적 기제들이 여전히 유지되었지만 국가가 이를 사용하기 위해서는 상대적으로 활성화된 국회의 감시, 탈권위주의를 표방한 정권의 권위주의적 통제수단 사용에 따른 정치적 부담, 1987년 이후 크게 강화된 노동운동의 저항 등의 반대급부를 부담할 수 있어야 했다. 또 완화된 노동법이 보장하였던 제반 노동권을 내용적으로 부정하는 물리적 억압의 장기적 통제효과도 크게 의심스러운 것이었다. 이는 확대된 노동조합의 일상적 활동 전체를 통제할 수 없었을 뿐만 아니라 장기적으로 노동계급에 대한 헤게모니 상실효과를 낳을 것이 예견되었기 때문이었다. 이와 같은 조건은 1989년 억압국면에서도 기본적으로 작용하고 있었으며, 상당한 범위 내에서 역전불가한 것이었다.

다음으로 이데올로기적 통제수단들의 효율성은 크게 증가하였다. 이는 6공출범 이전이었던 1987년 노동자대투쟁을 봉인하는 과정에서 이미 그 효과가 검증된 바가 있었다. 노정권은 6공성립 이후에도 여전히 남아있었던 노동법상의 정치활동 금지조항, 제3자개입 금지조항 및 국가보안법을 매개로 해서 '민주노조운동-제3자개입 및 정치투쟁-체제위협'으로 구성된 담론의 효력을 최대한 이용할 수 있었다. 또 노동운동의 확대와 미묘하게 연결되었던 3저호황의 후퇴는 '임금인상-경제위기'를 축으로 구성된 제반 경제위기론 담론을 활성화시켰는데 여기에도 정치변동의 효과는 작용하였다. 그리고 권위주의하에서는 이데올로기공세가 정권의 정당성부재에 의해 상쇄되었던 반면, 이행 이후에는 그것이 온전하게 작동할 수 있는 조건이 마련되었던 것도 지적될 수 있다.

특히 6공체제에서 이데올로기적 통제수단의 효율성이 크게 증가할 수 있었던 것은 1987년 이후 언론사들의 기업적 속성 변화와 긴밀하게 연결되어 있었다. 1987년 이후 6공국가의 대언론 통제정책은 언론자율화조치, 방송구조개편 및 민간방송사 설립허가 등을 매개로 언론자본을 비대화시키는 방향으로 전환하였다. 그 결과 언론자본은 광고주인 자본 일반의 이해를 철저하게 따르게 되었으며, 스스로 자본주의적 독점대기업으로서 이윤동기에 충실하지 않을 수 없게 되었다. 전체 언론의 정치적 태도는 크게 보수화되었으며, 언론은 국가와 자본 측의 대노동전략에 충실히 복속하게 되었다. 언론은 국가의 요구에 적극적으로 순응하여 반공이데올로기, 경제위기 이데올로기, 법과 질서 이데올로기를 생산하였을 뿐만 아니라, 자본주의적 기업으로서 스스로 자유민주주의 이데올로기와 친자본주의 이데올로기를 대규모로 유포하였던 것이다.(김해식, 1994: 323)

이런 맥락에서 6공시기 이데올로기적 통제를 고찰해보면 통제의 기제가 매우 다중적인 것이었음을 알 수 있다. 기본적으로 이데올로기적 통제는 노동통제 일반을 정당화하는 수단으로서 작동하였지만, 그 정당화의 기제는 여러 가지 요소들로 구성되어 있었다.

① 먼저 전체 통제체제에서 이데올로기적 통제가 차지하는 위치가 변화하였다. 물리적 억압이나 법적 행정적 수단에 의한 노동통제는 노동운동의 강력한 반발을 초래하는 등 다대한 정치적 사회적 '비용'을 야기하고, 국가의 정당성 기반을 크게 잠식할 것이 예견되었다. 이런 상황에서 이를 사전에 방비하기 위한 예비조치로서 이데올

로기공세가 동원되었던 것이다. 즉 이데올로기공세를 통해서 통제의 정당성을 확보한 것에 기초해서 물리력을 동원하거나 법적 행정적 조치들을 제도화하였던 것이다. 이는 권위주의하의 통제가 물리적 억압 위주의 단선적인 것이었고, 법적 제도적 수단들이 보조적인 위치에 머물렀던 것에 비하면 커다란 변화라고 할 수 있다.

그 대표적인 예로서 임금가이드라인정책을 실시하기 위해서 국가는 '경제위기론'을 1989년 하반기부터 광범하게 유포하였으며, 전노협와해공작을 실행하기 위해서 '좌익노동운동조직사건'을 의도적으로 창출하고 '반공이데올로기'를 대대적으로 유포하였던 사례를 들 수 있다. 또 '전국교직원노동조합'의 결성을 저지하는 물리력을 동원하는 수순으로 국가는 '참교육'의 내용을 비판하는 이데올로기공세를 범정부적 수준에서 실행하기도 하였다.[129]

② 다음으로 그것은 노동자계급 내부의 분열을 야기함으로써 노동운동을 통제하는 효과를 발휘하였다. 그 효과가 매우 제한되고 한정적인 것임에도 불구하고,[130] 이와 같은 분할지배의 통제방식은 상당한 효과를 발휘한 것으로 보인다.

예를 들면 1989년 하반기의 전노협에 대한 '체제부정세력', '폭력, 불법, 악성분규주도집단' 규정은 그 대표적인 예라고 할 수 있다. 국가의 이 같은 규정 및 그에 따른 여러 가지 강력한 통제의 실행으로 말미암아, 전노협은 실제 조직성격과 무관하게 조직확대에 결정적인

---

129) 이와 같은 예는 무수히 많다. 이 밖의 대표적인 예를 들자면 1988년 지하철노조의 파업을 막기 위한 '청와대회의'의 언론조작 및 행정조직(반상회)을 통한 대규모 반대 선전. 1988년 상반기의 서울지하철노조, 현대중공업노조에 대한 공권력 투입 직전의 대규모 여론공세, 1990년 상반기 KBS쟁의에 대한 공권력투입을 위한 여론 조작, 휴일축소와 노동시간 증대의 제도화를 위한 여론공세, 임금협상 시기를 앞둔 각종 언론공세와 정부 주최 토론회 등등이 있었다.
130) 6공화국하에서 노동운동에 대한 이데올로기공세는 노동운동에 대한 것이기 이전에 중간계급에 대한 공세였다는 것이 필자의 판단이다. 아래 서술을 볼 것.

제약을 받게 되었다. 1989년 시점에서 전체 민주노조운동세력을 대표하고 있었던 전노협이 1990년을 경과하면서 전체 민주노조세력의 한 부분으로서 왜소화되는 것에는 집중된 국가의 이데올로기공세가 중요한 역할을 하였던 것이다.[131]

또 사업장수준에서도 그것은 사용자가 노동조합활동에 개입할 수 있는 여지를 여러 가지 방식으로 제공하였고, 노동조합 내부를 분열시키는 효력을 발휘하였다. 3자개입금지 및 노노투쟁에 관한 국가와 사용자의 대규모 이데올로기 유포가 그 핵심적인 기제였다. 사용자들은 전노협 소속노조일 경우 '3자개입－정치투쟁'이라는 국가의 이데올로기공세에 기초하여 교섭을 지연시키거나 기피하고, 반대세력을 동원하여 노동쟁의를 노동자내부의 분열 및 갈등인 것처럼 선전하였다. 또 전노협과 내용적으로 동일한 지향을 갖는 민주적 성향의 노조지도부조차도 계급의식수준의 상대적인 차이에 따라 비전노협, 반노총의 중간노조로 남는 경우가 많이 발생하였다.[132]

③ 국가의 이데올로기적 통제는 노동자계급에게 직접적인 이념적 영향을 미치기보다는 일부 중간계급을 매개로 하여 노동자계급 일반을 통제하는 통제수단이었다는 점에 가장 큰 특징이 있었다.[133]

---

131) 초기에 전노협의 일원으로 가입하고자 하였던 업종회의나 몇몇 대기업노조가 가입을 포기한 것에는 이와 같은 객관적 조건의 변화가 중요한 요인이 되었다. 그럼에도 불구하고 전노협－업종회의－대기업노조의 민주노조구도는 공통투쟁을 위한 방어적 연대조직 결성을 예외로 한다면 1992년까지 기본적으로 유지되었다.

132) 전노협이 주장하는 노동조합의 자주성과 민주성을 조합활동의 주요한 지표로 삼으면서도 전노협가입을 꺼리는 노조는 1989년 이후 상당수 출현하였다. 노동운동 내부에서는 이들 노조를 '중간노조'라는 이름으로 불렀다.

133) 노동자개인 및 특정 노동조합운동세력에 대한 이데올로기적 통제의 직접적인 통제효과는 매우 제한적인 것이었다. 각종 이데올로기들은 노동자계급의 상식의 세계관과 접합되기에는 지나치게 과도한 것이었고, 권위주의적인 것이었다. 그리고 국가가 노동자에 대한 헤게모니적 지도력을 갖기 위해서는 물질적 양보가 필요했으나, 임금정책 및 노동복지정책에서 보았듯이 노동계급에 대한 분배의 몫은 늘어나지 않았다. 그 결과 국가의 강력한 이데올로기공세에도 불구하고 노동자계급의 의식은

이데올로기적 통제수단들의 핵심적 작동기제는 중간계급의 '적'
(敵)을 창출하는 방식의 통제였다는 점이었다. 즉 그것은 노동운동과
노동자계급 일반을 '체제위협적 세력'으로 규정하고, '경제위기'를
야기하는 주요한 요인으로 설명함으로써 민주주의이행 이후 귀속의
식의 준거를 일시적으로 상실하고 있었던 중간계급, 그중에서도 특
히 중간계급 상층을 이데올로기적으로 동원하는 수단이었던 것이다.
'법과 질서' 이데올로기나 자유민주주의 이데올로기 또한 중간계급
상층의 안정희구심리를 자극한 상징조작이었다.

앞서 본 바와 같이 6공화국하의 노동통제는 그 양적인 규모에 있
어 전례가 없는 것이었다. 그것은 오랜 권위주의적 노동통제에서도
찾아볼 수 없을 만큼 대규모로 진행되었다. 그럼에도 불구하고 민주
주의이행의 두 주요세력 중 하나였던 중간계급은 정권에 대해 저항
하기보다는 노동계급에 대한 배제전략을 용인하고 때로는 요구하였
던 것이다. 중산층이라 불린 여론주도층 중간계급의 이와 같은 태도
는 국가가 노동운동 통제에 대한 비용을 감소시켰고, 통제의 효력을
크게 강화한 것으로 귀결하였다. 이런 의미에서 이데올로기적 수단
들은 여타의 통제수단들이 커다란 저항이나 비용부담 없이 원활하게
작동하도록 하는 핵심적인 통제기제라고 할 수 있을 것이다. 그리고
6공체제하에서 이데올로기적 통제의 비중을 고려하면 6공국가의 노
동통제는 노동자계급에 대한 통제이기 이전에 중간계급에 대한 통제
라고 할 수 있을 것이다.

④ 마지막으로 이데올로기적 통제수단들의 내용이나 그 비중은 6
공화국기간 동안 전반적으로 확대되고 강화되었다. 그리고 그것은
구체적인 국면의 변화에 대응하여 변화하는 등 매우 치밀하고 유연

이 시기 전체에 걸쳐 비교적 자율성과 진보성을 유지한 것으로 파악된다. 이 시기
노동자계급 의식조사들에 관한 정리 및 평가는 임영일·임호(1992) 참고.

한 것으로 바뀌는 특징을 보여주었다.

이데올로기의 구성이란 점에서 보면 냉전체제하의 단선적인 흑백논리였던 반공이데올로기는 '체제의 우월성논리'로 변질 발전되었으며, 성장이데올로기는 '경제위기 이데올로기'로 국면적 특수성을 반영하여 변화하였다.134) 또 이데올로기의 위계에서도 압도적인 우위를 지니던 '반공이데올로기'의 지위는 점차 약화되고, 이를 대신하여 '자본주의경제 이데올로기', '자유민주주의 이데올로기', '법과 질서 이데올로기' 등의 동원이 더 잦아졌던 것이다.

또 국가가 통제하는 이데올로기기구는 노동통제정책의 강화에 따라 양적으로도 증대하였고 질적으로도 고도화되었다. 이는 노동연구원과 노동교육원 등의 정부기구의 확충으로 나타나기도 하였으며, 방송법개정과 같은 제도화로도 표현되었다. 질적인 측면에서도 이데올로기적 국가기구가 시민사회 내부의 다양한 이데올로기기구들과 밀접히 결합되어 작동함으로써 이데올로기기구의 확산현상이 나타나게 되었다.

제5절 조직적 통제수단

조직적 통제는 국가가 노동통제를 강화하기 위해 정책적 차원에서 시민사회의 계급조직을 활성화하고, 통제에 동원하는 통제방식을 말

---

134) 경제사정이 상대적으로 호전되었던 6공화국 말기부터 그것은 다시 본래적인 '성장이데올로기'로 탈바꿈한다. 즉 1991년 하반기 이후 경제사정이 나아지자 국가가 동원하였던 경제이데올로기의 핵심주제는 기술개발, 산업구조조정, 노동의 질 향상, 국제화 등을 매개로 한 선진국진입으로 점차적으로 변화 발전하였다.

한다. 이것은 주로 라틴아메리카와 유럽의 국가들에서 나타나는 국가조합주의 또는 신조합주의체제의 노동통제방식이다.(노중기, 1993) 조합주의체제는 국가가 일관된 방침하에서 노동통제의 기능을 시민사회의 조직들에 이양하고 확대한다는 점에서 특징적이다. 노동통제에 동원되는 조직은 주로 자본가연합단체와 노동조합이며, 통제의 맥락에서 조합주의는 국가의 시민사회에 대한 침투의 강화라고 할 수 있다.

6공화국국가는 노동통제강화를 위한 제반 조치들을 강구하면서 국가의 엄격한 통제하에 있었던 공식 노동조직이었던 한국노총을 지원하고, 사용자단체의 대응력을 강화하는 방안을 핵심적인 대책의 하나로 제시하였다.135) 이 절에서는 그와 같은 국가의 조직적 통제수단 강화방침이 구체적으로 어떻게 나타났으며 그 효과는 어떤 것이었던가를 중심으로 고찰한다.

1) 한국노동조합총연맹의 강화

6공국가의 공식 노동조합조직에 대한 태도는 매우 이중적이었다는 점에서 특징적이었다. 국가는 노총에 대한 각종 지원을 확대함으로써 국가조합주의적 노동통제의 기제를 강화하고자 하는 태도를 보이기도 하였지만, 동시에 반대로 노총의 자율성 고양과 역량강화에 대해 끊임없이 견제하고 노사관계 정책결정에 대한 실질적 참여를 배제하는 정책을 취하였기 때문이다. 표면적으로 노총에 대한 국가정책이 이같이 혼란스러웠던 배경에는 노동운동의 고양과 노동통제의

---

135) 1990년 1월 20일의 '청와대회의'의 대책에서 노동부는 '전국경제단체협의회를 중심으로 한 기업' 및 노총의 자구책 강화를 주요한 대책의 하나로 제시하였다.
(노동부, "급진노동세력 대책과 위법부당쟁의행위 지도방안", 1990.1.20)

강화가 엇물리는 6공 노동정치의 역동성이 놓여있었다.

먼저 노총에 대한 국가의 지원 강화가 가시적으로 드러난 것은 1989년 하반기 노동통제가 강화되던 시점에서였다. 정부는 1989년 6월의 하반기 경제종합대책에서 임금대책의 일환으로서 국민임금조정위원회를 구성할 것임을 밝혔는데 이는 노총에 대한 가시적인 첫 지원조치이었다. 국민임금조정위원회가 노총과 경제단체가 참여하는 임금결정기구로 구상된 만큼 이는 노총이 임금수준에 관한 국가수준의 정책결정에 참여하는 것을 의미하였다.[136) 1989년 하반기 동안 정부와 노총의 줄다리기를 거치면서 국민임금조정위는 '국민임금복지위원회', '국민임금안정위원회' 등 명칭이 변경 제안되기도 하였으나, 결국 노총의 안대로 '국민경제사회협의회'라는 이름으로 1990년 4월 10일 발족하였다.

1990년을 거쳐 노총강화방안이 정부정책방안으로 완성된 것은 1992년 9월에 발표되었던 신노동정책을 통해서였다. 신노동정책에서는 기존 노동조직체제에서 상급연합단체의 활동이 취약하다고 분석하고, 그 지도력 및 정책기능을 강화하는 방안을 제시하였다. 이를 위하여 정부는 상급노동단체의 재정자립도를 배양하고 정책사업과 교육활동을 적극 지원할 것임을 밝혔다. 그 구체적인 내용으로는 소속 단위노조에 대한 업무조사 근거조항 신설, 소속 연합단체에의 가입의무 법정화, 연합단체에 대한 조합비 납부의무 강제조치 등이었다.

신노동정책에 나타난 정책방침의 핵심은 하부의 소속단위 노동조합에 대한 한국노총의 통제를 강화함으로써 '조합주의적 통제기제'

---

136) 한편 노총은 이 위원회에 대한 참여를 조건부로 반대하였는데, 그 직접적인 이유는 국민임금조정위가 단지 '임금억제를 위한 수단'에 불과하다는 것이었다. 그러나 노총은 이 위원회 참여를 두고 정부와 협상을 하면서 참여를 조건으로 반대급부를 요구하였다. 반대급부의 핵심적인 내용은 노총의 정책참여 강화, 노총에 대한 경제적 지원 강화, 노동복지사업의 확대 및 이에 대한 노총의 참여보장 등이었다. 한국노동조합총연맹(1989, 1990) 참고.

를 한층 강화하고자 하는 것이었다.[137]

6공화국 노동정책의 이와 같은 기조 위에서 확대된 노총에 대한 지원은 크게 두 가지로 나누어진다. 그 하나는 정책참여의 확대이며, 다른 하나는 자금지원의 확대였다.

먼저 정책참여는 노총이 정부에 대해 일관되게 요구해온 사항이었다.[138] 정부는 노총의 이와 같은 요구에 대하여 1991년 초 '사회적 합의를 위한 청와대대토론회'에서 대통령이 이를 수용하여 정부방침으로 확정하는 모습을 보여주었다. 비록 정부가 주관하는 각종 위원회에 노총이 참여한다하더라도 정책입안이나 결정에서 노총이 할 수 있는 역할은 매우 제한적인 것이었음은 분명한 일이다. 그러나 정부 위원회에 대한 참여의 확대는 실질적인 정책결정에 영향을 미칠 수 있는 공식적인 창구가 마련되었다는 점에서 노총에 대한 지원의 핵심적인 축을 이루었다.

다음으로 각종 노총사업에 대한 정부의 재정지원 확대는 실질적으로 가장 중요한 노총강화 방안이었다. 1989년 이후 확대된 정부지원의 예들로는 노동은행(평화은행)의 설립허가 및 자금지원, 전국 18개 지역에 걸친 노총 산하 노동교육상담소 설치비용 지원, 중앙노동교육원 건립비용 지원, 복지사업을 위한 자금지원 및 기타 행사 자금지원 확대 등이 있었다. 국회에 보고된 정부의 노총에 대한 공식적인 재정지원의 규모는 다음 <표 5-10>과 같다.

그러나 거듭 확인된 정부의 상급노조에 대한 지원방침에도 불구하고 노정권 전 기간을 통해서 국가와 한국노총의 관계는 상당한 긴장

---

137) 그러나 1995년 현재의 시점에서 보면 이와 같은 신노동정책의 구상은 전혀 실행되지 않았다.

138) 노총은 1990년 8월 13일 대정부건의형식으로 보다 활발한 정책참여를 건의하였다. 경제기획원, 노동부, 동력자원부 및 정부 산하기관의 29개 위원회에 참여하고 있던 것을 대폭 확대하여, 정부 각 부처를 망라한 77개 위원회와 지방자치단체, 노동복지 관련기관에 참여할 수 있도록 해달라는 것이었다.(한국노총, 1990: 139-200)

을 포함하는 갈등관계로 나타나게 되었다. 이 시기 갈등의 양상을
잘 보여주는 대표적인 사례로는 국민경제사회협의회 결성과정, 1991
년 노동법개정을 둘러싼 대결, 1992년 총액임금제 실시에 대한 노총
의 반발과 국가의 대응 등이 있었다. 6공화국시기에 통제기구로서의
한국노총의 위상이 보다 분명하게 드러난 것은 국가의 노총지원정책
에서 보다 이 같은 대립과정에서였다.

〈표 6-18〉 정부의 노총에 대한 국고지원 내역(1986-1992)

(단위: 백만원)

항목 연도	1986	1987	1988	1989	1990	1991	1992
노총장학금	-	2,000	-	1,000	1,000	1,000	1,000
혼수품센터	-	-	-	-	-	400	300
노총교육원 신축	-	-	-	-	1,400	3,500	2,130
근로자연수소	-	-	-	593	494	571	604
노조간부교육	91	91	106	273	278	278	278
근로자의날행사	18	18	18	31	23	-	-
계	109	2,109	124	1,897	3,195	5,749	4,312

자료: 노동부, "국회 국정감사보고자료", 1991에서 재인용.

먼저 국민경제사회협의회는 노총의 대표적인 정책참여 사례라고
할 수 있었다. 경사협을 둘러싼 정부와 노총의 이해관계는 1989년
하반기 조직결성논의 당시부터 매우 상반된 것이었다. 국가는 이를
임금억제를 위한 노사자율의 임금조정이나 임금안정위원회로 규정하
고자 하였고, 이에 노총의 참여를 종용하였다. 그러나 노총은 이를
받아들일 수 없는 상황이었다. 즉 당시의 활성화된 민주노조운동은
노총의 조직기반을 크게 위협하고 있었으므로 임금억제의 목적이 분
명한 이 같은 조직에의 참여를 허용할 수 없었던 것이다.

국가의 요구와 노동운동의 조건이 상반된 딜레마상황에서 노총이
제시한 대안은 노사뿐만 아니라 국가가 공동으로 참여하고, 임금문제

이외의 노동정책 전반에 대해 정책제안을 하는 '국민경제사회협의회'
였다. 그 후 정부와 노총은 몇 개월에 걸친 협상에서 팽팽히 대립하
였고, 표면적으로는 노총이 제시한 '국민경제사회협의회'가 출범하는
것으로 결론지어졌다. 그러나 경사협은 노총에게는 매우 실망스런 결
과였을 뿐이다. 그것은 사회적 합의기구 참여에 따른 정치적 부담을
회피하고자 하였던 국가가 끝까지 공식참여를 거부한 결과로 경사협
이 유명무실한 조직으로 전락하였기 때문이었다. 1990년 경사협의 활
동을 보면 소득세법에 관한 건의, 근로자주택 건설계획에 대한 건의
등 두 건의 건의사항이 전부였다.(한국노동조합총연맹, 1990)

그러므로 6공시기에서도 노총의 대정부정책활동은 공식적인 정책
참여보다는 노총 위원장 등 간부들의 정부실력자들과의 개인적 교류
가 보다 중요한 창구였다. 그리고 그 내용 또한 정부의 정책방침 범
위 내에서 계획된 안에 대해 노총이 이를 수용하는 형식을 크게 벗
어나지 못하였다. 또 노총의 정책활동에서 중요한 비중을 차지하였
던 대국회청원활동에서도 노총의 의견은 거의 반영되지 못하였다.

'경사협'을 둘러싼 거래에서 실질적인 이익을 챙기지 못한 채 임
금억제, 노동통제의 수단으로 일방적으로 동원된 경험은 이후의 국
가-노총관계를 더욱 악화시켰다. 1991년 하반기에 노동부는 11개
항에 걸친 노동관계법개정을 추진하였는데, 노총은 이에 대해 전에
없이 상당히 격렬한 방식으로 반대투쟁을 전개하였다. 정부와 노총
은 개정안을 놓고 두 차례의 실무접촉을 가졌는데, 여기서는 정부의
노총지원의 한계가 분명하게 나타났다.

노동법개정의 반대급부로 노총이 요구한 사항 중 정부가 받아들일
의사를 밝힌 것은 노동관계법조항 중 정치활동 금지조항 및 쟁의의
장소제한조항 두 가지 뿐이었다. 그리고 정부는 노총이 특별히 요구
하였던 산별 체제로의 이행은 불가하다고 밝히면서, 그 대안으로서
'하급단체의 상급단체에 대한 업무, 재정보고 의무화', '보고 불이행

시 상급단체의 하급단체 고발권', '고발 처리를 위한 행정권한인 업
무조사', '감사권의 상급단체로의 이양' 등을 제시하였을 뿐이었다.
이러한 정부의 강경한 입장천명으로 정부와 노총의 뒷거래는 중단되
었고, 노총 위원장이 초유의 단식투쟁에 들어가는 등 갈등의 폭은
확대되었던 것이다.

해를 넘겨 1992년에 국가는 범정부적 차원에서 '총액임금제'를 추
진하였는데 노총은 다시금 이를 반대하는 입장을 명확히 표명하였
다.[139] 노총의 강력한 반대투쟁에 부닥친 정부는 국무회의에서 이를
통제하기 위한 대응책으로써 다단계의 대응책을 마련하고, 먼저 노
총의 5월1일 노동절집회를 의법조치할 것임을 경고하였다.[140]

또 노동부 장관은 노총에 대한 정부지원금을 향후 중단하겠다고
발표하였고, 더 나아가 당시 검토되고 있었던 노동법개정의 방향과
관련해서 복수노조금지조항을 철폐할 의사도 있음을 밝혔다. 장관의
일과성 발언으로 끝나고 말았지만 이 같은 정부의 노총에 대한 공격
적 대응은 노총에 커다란 위기감을 조성하기도 하였다.[141]

요컨대 이 같은 몇 가지 사건들 속에서 우리는 이 시기 국가와
노총의 관계의 본질적 모습을 그려볼 수 있다. 그것은 노총에 대한
지원으로 조직적 통제를 강화하고자 한 국가의 정책은 매우 제한적
인 것이었고, 그 실제 내용이 크게 빈약하였다는 점이다. 오히려 국
가는 하부 단위노조에 대한 노총의 입지를 강화시키기보다는 특정한
통제목적을 달성하기 위한 일시적으로 단순히 통제의 도구로서 노총

139) 노총은 비록 실행하지는 않았지만 총액임금제 반대투쟁계획에서 노동부 장관을 제3자
    개입금지 위반으로 고소·고발하는 계획안을 제출하기도 하였다.(한국노동조합총연맹,
    1992: 431-433) 그리고 노총 위원장이 민주당 전국구의원으로 진출하기 위해 교섭하
    였던 것도 정부와의 갈등의 또 하나의 요인이 되었다.(주간노동자신문, 1992.3.13)
140) 1992년 5월 21일 국무회의 자료 참고.
141) 노총은 노동부 장관을 비롯한 정부 일각에서 '복수노조검토설'이 흘러나오자 이를
    조직와해의 위기로 인식, 조직강화방안 등 대책마련에 부심하였다.(한국노동조합
    총연맹, 1992: 377-390)

을 동원하는데 급급하였다. 이에 대해 노총은 기존의 노총-국가관
계의 고리에서 벗어나 국가로부터 실익을 얻기 위해 부단히 노력하
였고, 때로 국가정책에 저항하기도 하는 모습을 보이기도 하였다.142)
그렇지만 결과적으로 노총의 조직역량은 크게 약화되었고, 노총을
매개로 한 국가의 노동통제의 효과도 약화되었다.

<표 6-19> 한국노총 조합원 수 변동 추이(1986-1993)

(단위: 천명)

연 도	노동부(a)	노총(b)	a-b
1986	1,036	937	97
1987	1,267	1,175	93
1988	1,707	1,466	242
1989	1,932	1,666	266
1990	1,887	1,565	322
1991	1,803	1,448	356
1992	1,735	1,367	367
1993	1,667	1,227	440

자료: 전국노동조합대표자회의 정책반(1994)에서 재인용.

이와 같은 국가-노총관계의 전개를 규정한 것은 1987년 이후의
변화된 노동정세와 국가의 통제전략이었다. 과거 유일한 공식노조로
서의 지위에 안주하였던 노총은 1987년 이후 단위조합수준의 민주노
조운동의 활성화와 함께 조직적 기반이 크게 약화되었고 조직와해의
위협 속에 있었다. 노총은 국가의 통제정책에 동원되는 것에 대한
확실한 반대급부를 원하였으나, 국가는 이를 거부하였다. 결국 국가
는 노동자계급 내부의 분열 및 그 일부의 견인을 통해서 전체를 통
제하는 국가조합주의적 통제방식보다는 노동자계급 일반을 배제하는
통제전략을 선택하였던 것이다.143)

---

142) 노총의 자구노력은 노정권기간 전체에 걸쳐 계속되었다. 민현석, "한국노총 변신
     의 속사정". 월간 『말』, 1989년 12월호 참고.

2) 전국경제단체협의회의 조직

6공화국국가는 1989년 하반기부터 노동통제를 위한 제도적 장치들을 속속 개발하면서 그 일환으로 자본가단체의 총결집체인 '전국경제단체협의회'의 결성을 유도하였다. 그것은 6공화국시기에 조직적 통제수단이 제도화되었던 대표적 사례였다. 경단협은 한국경영자총협회, 대한상공회의소, 전국경제인연합회, 한국무역협회, 중소기업협동조합중앙회, 전국은행연합회 등 6개 경제단체의 협의체로 구성되었으며, 국가의 노동운동통제정책이 정점에 달하였던 1989년 12월 23일 결성되었다.

먼저 경단협은 전노협으로 대표되는 민주노조의 전국조직에 대항하기 위하여 만들어진 것으로 평가될 수 있다. 국가는 전노협결성을 앞두고 자본가단체들의 공동대응을 촉구하고 이를 위한 공동조직결성을 적극적으로 유도하였고 이를 강제하였다.[144]

이 점은 경단협결성 직전 전노협결성에 대한 '경영계대책방안'에서 잘 나타나 있다.[145] 이 자료에서 경총은 그동안의 노사분규에 대한 경영계의 공동대응능력의 결여를 가장 중요한 현안문제로 들면서 '공동대응조직의 필요성'을 역설하였다. 경총은 경영계가 노동조합의 임금인상투쟁에 대해서 눈치작전을 펼치는 등 경쟁적인 임금인상만

143) 국가의 일상적인 노동조합 사찰에는 노총조차도 예외가 아니었다. 노동부는 1990년 2월 전국 시도보사국장회의에서 노총의 노동교육상담소 활동의 내용 및 요원 활동 사항에 대해 특이동향이 발견될 시에는 즉시 필요조치를 하고, 이를 상부에 보고할 것을 지시하였다.(노동부, "90 전국 시도 보건사회국장 회의자료", 1990.2.26)

144) 일부 재벌그룹은 경단협의 조직에 부정적인 입장을 표명하였으나, 정부의 의지에 적극적으로 반대할 수는 없었다. 경단협은 당시 청와대경제수석비서관이었던 문희갑의 주도로 결성되었다고 한다.(홍덕률, 1993) 경단협의 계급적 성격에 대해서는 전국노동운동단체협의회 편, "경단협의 결성과 정권의 90년도 노동정책", 『노동운동』1989년 12월호 참고.

145) 한국경영자총협회, "급진노동운동세력에 대한 경영계대책방안", 1989.11.

을 계속하였으며, 무노동 무임금 원칙을 고수하지도 못하였고 불법
행위에 대한 강경한 공동대응도 펼치지 못하였다고 비판하였다. 그
리고 노동자들의 폭력행위에 대한 대응도 미흡하여 공권력에 지나치
게 의존하였으며, 법률상의 대응이 미흡함도 지적하였다. 이런 상황
진단 위에서 경총은 임금인상을 선도기업에 대해 공동지원하고 노사
협조대책반(특별기동대, 현장지도반 10개)을 구성하며, 피해업체를
공동지원하는 경영계의 대응방안을 강구할 것이라고 밝혔다.

그러나 국가의 노동통제정책수단이란 점에서 보면 경단협의 결성
은 단순히 전노협결성에 대해 경영계가 대처하는 것 이상의 중요한
의미를 갖는 사건이었다. 그것은 무엇보다 노동통제에 동원되는 국
가기구가 시민사회로 계급조직으로 확산되고, 그 조직이 국가의 노
동통제를 대리 수행하는 것을 의미하였기 때문이었다.

이는 권위주의하의 한국의 노동통제가 좁은 의미의 국가기구를 중
심으로 한 전일적인 통제체제였다면, 노정권하에서 비로소 국가의
노동통제는 자본가단체 및 개별 자본들과 함께 유기적인 통제체제로
발전하기 시작하였음을 말한다. 시민사회기구를 포함하는 확대된 전
체 노동통제체제 내에서 국가가 정책을 입안하고 결정하거나 직접
실행하는 데 있어 주도적인 역할을 담당하였다면, 자본가단체인 경
단협은 자본가계급 일반의 요구를 결집하여 이를 국가정책결정에 반
영하고 나아가 결정된 통제정책사항들을 기업수준에서 실행하는 역
할을 수행하였다고 볼 수 있다.

앞서 살펴본 바와 같이 6공화국의 노동통제는 이전과는 달리 매우
다기한 통제수단들을 체계적으로 동원하고, 미묘하고 복잡다단한 쟁
점들을 매개로 진행되었다는 특징을 갖고 있었다. 이럴 경우 개별
자본들을 일사불란하게 통제에 동원하는 작업은 전체 통제의 효율성
이란 점에서 결정적으로 중요한 것이었다. 예를 들면 국가의 경영권
인사권 수호지침은 구체적으로는 수많은 쟁점들에 적용될 수 있는

포괄적인 노동조합활동 규제책이었다. 그것은 경영합리화, 사업장이
전, 기구개편, 공장폐쇄, 폐업 등의 포괄적인 경영방침 및 조직변경
에 대한 것뿐만이 아니라 임원이나 경영진의 진퇴, 직원의 임면, 배
치전환, 인사발령 등의 인사사항, 노조임원에 대한 징계 및 인사, 경
영성과 분배 등 매우 다양한 부분에 걸쳐 적용되어야 할 성질의 것
이었다. 따라서 이 지침이 통제수단으로 효율적으로 작동하기 위해
서는 개별기업에서의 일관된 행동통일이 무엇보다 중요하였다.

　이와 같은 목적하에서 경단협이 소속단체 및 사용자들에게 배포한
지침들 중 대표적인 것으로는 단체협약체결지침(1990.1), 임금협상지
침(1990.2), 무노동 무임금에 관한 지침(1990.3), 노사분규대책지침
(1990.4) 등이 있었다. 여기서 특징적인 것은 경단협이 제시한 지침
의 내용이 노동부를 비롯한 국가의 노동통제지침과 거의 일치하였다
는 사실이다.

　경영권 인사권의 수호, 무노동 무임금의 관철, 1990년 임금인상
7% 이내 억제 등 중요한 쟁점사항은 말할 것도 없고, 그 밖의 노동
조합의 시설물이용, 홍보활동, 근무시간 중 노조활동 등 일상활동에
대한 제한에 있어서도 두 지침의 내용은 거의 동일하였다.

　물론 이와 같은 일치는 자본 측의 요구가 국가의 정책으로 그대로
수용되고, 그것이 다시 자본가단체에 의해 재확인된 것이라고 볼 수
있다. 그렇지만 국가기구의 노동통제수단이라는 관점에서 보면, 시민
사회 내의 자본가단체가 국가기구화하였음을 명백히 보여주었다.

　경단협의 단체협약체결지침과 임금협상지침이 보여준 노동통제효
력은 매우 컸다. 그것은 자본 측이 국가의 정책방향에 따라 임금협
상이나 단체협상에서 단일한 기준을 내놓음으로써 노동조합의 교섭
의 범위를 크게 축소시킨 것을 의미하였다. 또 다른 면에서 그것은
노동조합활동의 미세한 부분에까지 국가, 자본이 치밀하게 대응함으
로써 노동운동에 대한 대응 및 역공세를 가능케 하였다는 점에서 그

러하였다. 예를 들면 각 사업장에서 사용자들은 이전까지 거의 제대로 대응치 못하였던 문제였던 조합원의 범위 규제, 전임자활동의 제한 및 임금지급 여부, 근무시간 중의 조합활동, 노조의 홍보활동, 노조사무실 및 집기의 회사 제공 문제 등 폭넓은 쟁점들을 제기하였던 것이다. 이는 1990년 상반기를 정점으로 노사관계의 주도권이 사용자 측에게 넘어가는데 결정적인 역할을 하였다.

또 노사분규대책지침에서는 노사분규에 처한 기업들의 대응방안을 구체적으로 세밀하게 정리하였는데, 그중 핵심적인 내용은 사업장단위의 쟁의대책위원회를 구성하도록 한 것이었다.[146] 사업장단위의 쟁의대책위원회가 전국적인 자본가총연합단체의 방침으로 시달된 것은 행정부에서 일상적으로 운영되고 있었던 관계기관대책회의나 노사분규대책회의 등의 국가기구가 기업단위로 확대 재생산되는 것에 다름 아니었다. 이미 노동부, 상공부 등의 국가기구는 1990년 1월 19일의 산업평화특별대책반회의나 20일의 '청와대' 회의에서 기업의 자구노력 지원을 대책의 일환으로 제시한 바 있었고, 그것이 경단협의 '쟁의대책위원회 구성지침'으로 나타났던 것이었다.

쟁의대책위원회 및 이와 유사한 기구들은 몇몇 사례에서 나타난 바와 같이[147] 억압적 국가기구와 기업단위로 협력하여 특정 사업장의 쟁의나 노동조합활동을 물리적으로 억압하는 역할을 담당하였다.

---

146) 그것은 부장급 이상의 임원으로 쟁의대책집행위원회를 구성하고 산하에 8개의 소위원회를 둔다는 내용이었다. 그중에는 '외부대책소위원회'라는 것도 있었는데 이는 지역사회 유관단체 및 행정관청과의 정보교환, 연락, 관계기관대책회의 등을 담당하도록 되어 있었다.(전국경제단체협의회, "노사분규대책지침", 1990.4: 주간노동자신문, 1990.4.13일자)

147) 앞 절에서 살펴보았던 현대중공업파업(1989), 대구 태화염공파업(1990), 안산 삼양금속파업(1991) 등에 대한 경찰력투입은 회사 측의 구사대폭력에 의한 조직적 폭력 사태 유발, 이를 빌미로 한 경찰력투입의 쟁의파괴의 수순을 잘 보여주는 대표적 사례들이었다. 대부분의 중요한 쟁의들에서 이 같은 방식의 노조파괴공작이 진행되었으며, 전노협 산하 중소기업노동조합에서 그것은 더욱더 빈발하였다.(노동인권회관 편, 1990, 1991, 1992: 전국노동조합협의회, 1991b: 이수원, 1994 등 참고)

'구사대'로 흔히 일컬어졌던 기업단위 폭력조직의 동원이 바로 그 대표적인 물리적 수단들이었다. 또 이러한 기구의 결성을 매개로 해서 국가의 억압기구들은 사업장 단위의 미시적 수준에서부터 물리적 통제를 실행하고, 국가의 노동통제정책을 관철시킬 수 있었다.

또 한편으로 경단협은 국가기구가 핵심적인 통제수단으로 사용하였던 이데올로기통제수단을 방대한 기업조직망을 통해서 지속적으로 확대재생산해내는 역할을 수행하기도 하였다. 1989년 11월 16일 경단협결성을 결정한 직후 이에 참여한 6개 경제단체는 공동명의로 '노동자들과 국민들에게 보내는 호소문' 형식으로 대국민 홍보문을 발표하였다. 모든 일간지에 큼지막하게 실린 광고문에서 이들 경제단체들은 국가의 지배이데올로기를 총망라하였다.[148]

이후 출범한 경단협은 각종 홍보선전사업을 계획 추진하였고, 체계적으로 이데올로기를 확대재생산하였다. 그것은 거리의 선전벽보나 플래카드의 형태로 나타나기도 하였지만 무엇보다 언론통제의 형태로 체계적으로 재생산되었다.[149] 신문, 방송사의 소유자 및 최대 광고주로서 막강한 영향력을 갖고 있었던 경제단체 및 소속 기업들

---

148) 호소문은 "급진폭력세력의 노사문제 개입을 이대로 방관할 수 없습니다"라는 제목 하에 "체제를 전복하려는 세력의 노사분규 선동"을 강조함으로써 노동쟁의가 제3의 반체제세력에 의해 조종되는 것인 양 규정하였으며, "노사분규로 인해 막대한 생산차질과 흑자수출기조마저 흔들려 기업존립과 국민경제가 중대한 위기국면에 처"하고 있다고 분석하였다. 그리고 "이들 급진폭력세력은 '산업평화는 우리의 적이다'라고 외치며" 사회안정을 위협하고 있으므로 정부는 "엄정한 법집행과 질서를 확립해야"한다고 요청하였다. 마지막으로 "우리는 자유민주주의와 시장경제체제를 부정하는 어떠한 급진폭력세력도 인정할 수 없"다고 천명함으로써 자유민주주의 수호의 의지를 밝혔다. 이러한 이데올로기공세 외에도 여기에는 '무노동 무임금 원칙' 및 '경영권 인사권수호'의 의지가 특히 강조되어 있었다.(전국노동운동단체협의회 편, 『노동운동』, 1989.12월호, pp.70-71)

149) 이 시기 국가의 언론통제는 권위주의하에서의 직접적인 '보도지침'하달과 같은 노골적인 형태는 아니었다. 그것은 간접통제의 형태를 띠었다. 그러므로 여기서 국가의 언론통제 이상으로 중요한 역할을 한 것이 자본의 언론통제였다. 이와 같은 자본의 언론통제에는 개별적, 집단적, 간접적, 직접적 통제의 모든 형태가 동원되었다.(김해식, 1992; 홍덕률, 1993)

은 경단협의 조직적인 계획하에서 언론사에 압력을 행사하고, 여론의 향방을 주도하였던 것이다. 결국 6공화국 노동통제에서 핵심적인 역할을 수행하였던 이데올로기적 통제수단들의 동원에서 자본가단체는 결정적인 역할을 하였다고 볼 수 있을 것이다.

이상과 같이 6공화국국가의 각종 노동통제수단 동원 및 실행에서 경제단체협의회가 수행한 역할은 매우 중요한 것이었다. 그것은 자본가단체 및 개별기업들과 국가의 노동통제기구가 유기적 관계를 맺기 시작하였음을 보여주었으며, 그런 맥락에서 국가기구가 시민사회로 적극적으로 침투해 들어가는 것을 의미하였다. 그리고 다른 한편에서 그것은 국가가 전일적으로 담당하였던 노동통제가 자본 주도의 노동통제방식으로 완만히 이행되고 있음을 보여주었다. 여기에는 절차적 민주주의체제로의 이행이라는 조건과 시민사회 내의 자본의 헤게모니강화라는 요인이 결합하여 작용하고 있었다.[150]

제6절 요약과 토론:
헤게모니적 배제전략의 통제효과와 한계

6공화국국가의 노동통제 전략을 노동통제방식의 변화의 측면에서 고찰한 결과는 다음과 같다.

첫째, 노정권의 노동통제 전략 전개양상은 1988년 12월 대통령담화, 1990년 1월 3당합당을 기점으로 세 개의 소시기에 각각 뚜렷이

---

150) 한국사회에서 국가와 독점자본 간의 관계에 관한 역사적·이론적 고찰로는 홍덕률(1993)과 공제욱(1994) 참고.

구분되었다. 1989년 이래 강화된 통제의 양상을 보면 물리적 수단의 동원은 1990년까지 가장 활발하였으나, 이후 그 수요의 감소와 통제 체제의 재편으로 그 비중이 상대적으로 줄어드는 양상으로 나타났다. 반면 이데올로기적 수단, 법적 행정적 수단들의 동원은 1989년 통제의 강화와 함께 양적으로 크게 늘어났으나, 1990년 이후에는 그 양적 질적 비중이 크게 증가하는 모습을 보였다.

특히 법적 행정적 이데올로기적 수단들을 중심으로 새로운 통제수단들이 새로이 개발되어 급속히 확대되고 제도화되는 양상이 두드러졌다. 이는 억압적 배제전략하에서 핵심적인 통제의 수단들의 효력이 상대적으로 감소하는 반면, 새로운 노동통제의 수요가 급격히 증대하였던 것의 결과라고 해석할 수 있다.

둘째, 6공 노동통제체제에서 가장 두드러진 변화는 이데올로기적 통제수단들이 전체 통제체제에 있어 핵심적인 지위를 차지하기 시작하였다는 점이었다. 이데올로기공세의 양적 규모가 확대되었을 뿐만이 아니라 그 내적 구성에 큰 변화가 있었다. 즉 반공이데올로기가 여전히 중요한 위치를 차지하였지만, 후반기 이후 경제위기 이데올로기나 '법과질서' 이데올로기의 지위가 크게 강화되는 변화를 보였다.

그리고 통제의 대상이라는 점에서 이데올로기적 수단들은 노동자계급보다는 중간계급을 일차적인 통제대상으로 삼았다. 즉 그것은 중간계급에 대한 이데올로기적 호명을 매개로 노동자계급을 통제하는 헤게모니지배를 가능케 한 수단이었다.(고립화기제) 또 이데올로기적 통제는 자본주의사회의 계급대립을 체제대립, 집단이기주의, 폭력행위로 규정하거나, 경제적 합리성의 논리로 치환하는 방식으로 이루어졌다.(탈구기제)

셋째, 물리적 수단의 경우 전체 통제체제에서 그것이 차지하는 양적 질적 비중이 상대적으로 저하했다는 점이 두드러진다. 단, 그것은 특정한 국면에서, 그리고 특정 목적을 위해서 크게 확대되기도 하였

다. 그리고 물리적 수단의 통제효과는 국가가 억압적 국가기구 동원
의 전제조건으로서 이데올로기적 법적 절차를 여하히 준비하였으며,
그 과정에서 절차적 정당성을 확보할 수 있는가에 좌우되었다. 따라
서 물리적 수단은 여타 통제수단들과 긴밀히 연결되어 있었지만, 전
체 통제체제에서 차지하는 비중은 약화되었다.

한편 물리적 강제수단은 노동자와 노동조합의 활동범위를 직접적
으로 제약하였을 뿐만 아니라, 그 자체가 헤게모니적 통제효과를 갖
고 있었다. 그것은 개별노동자와 노동조합들을 공간적으로 격리하고,
심리적으로 위축시켰다. 그리고 반복된 물리적 강제와 패배의 경험
으로 말미암아 전체 노동자계급의 헤게모니역량은 크게 제약되었다.
(체념적 굴종의 기제)

넷째, 법적 행정적 통제수단의 비중 또한 크게 확대 강화되었다.
이러한 변화는 경제구조와 정치구조의 변동 및 그에 따른 국가-노
동관계의 변화를 제도화하고 물화하는 의미를 갖는다. 구체적으로
그것은 물리적 수단에 절차적 정당성을 부여하고, 이데올로기적 통
제수단들의 통제효과를 제도화하는 것이었다.

그리고 법적 행정적 통제수단들은 그것 자체가 다양한 헤게모니효
과를 창출하였다. 특히 그것은 '법과질서' 이데올로기, 자유민주주의
이데올로기를 확산시키는 주요한 제도적 장치였다. 따라서 국가보안
법, 노동관계법 등 권위주의시기의 노동통제조항 이외에 일반 민법
형사법이 차지하는 비중이 크게 확대되었다. 한편 노동법개정의 정
치적 비용이 여전히 컸으므로 법적 통제수단을 대신할 행정적 조치
들이 계속 개발되어 제도화되었던 것도 중요한 특징이었다.

법적 행정적 수단들은 헤게모니효과 외에도 노동자계급 내부를 조
직적으로 분절화시키고, 노동조합과 노동자들의 활동을 일정한 한계
내로 제한하는 중요한 제도적 장치였다.(분절화의 기제) 예컨대 노동
법상의 복수노조금지조항과 제3자개입 금지조항은 노동자계급의 계급

역량을 결정적으로 제한하였던 기업별 노조체제의 제도적 기반이었다. 그리고 경영권 인사권 지침을 비롯한 여러 가지 법적 행정적 통제수단들은 노동조합활동을 일정한 범위 내에서 제한하는 통제효과를 발휘하였고, 노동자계급의 내적 역량의 성숙을 크게 제약하였다.

다섯째, 조직적 통제수단의 비중 변화는 이중적이었다. 먼저 공식노조를 매개로 한 노동통제는 국가의 공식노조지원 확대에도 불구하고 전체적으로 약화되는 모습을 보였다. 그것은 무엇보다 민주노조세력이 확대 강화되는 등 노사관계지형이 변화된 결과였다. 따라서 이 시기 국가의 노동통제 전략은 기본적으로 노동계급 내부의 분할지배보다는 노동계급 일반의 배제를 지향했음을 알 수 있었다.

다음으로 6공국가는 자본가계급의 계급조직을 노동통제의 수단으로 동원하기 시작하였다. 전국경제단체협의회로 대표되는 자본가계급의 단체들이 국가의 통제기구로 편입된 것은 국가의 노동통제기구가 공간적으로 확대되어 시민사회 내부로 침투하였음을 의미하였다.

요컨대 6공국가의 노동통제는 그것이 노동자계급의 정치적 경제적 이해를 배제하고자 하였던 것이라는 점에서 권위주의체제의 배제전략과 동일하였다. 그렇지만 이상에서 본 바와 같이 배제전략에 동원된 구체적인 통제수단 및 통제의 내적 기제는 정치변동과 사회변동에 따라 크게 변화하였다. 변화의 내용들은 총체적으로 보아 '헤게모니지배'의 성격을 강하게 띠고 있었다. 따라서 6공국가의 노동통제 전략은 헤게모니적 배제전략으로 규정될 수 있었다. 민주주의이행기와 탈권위주의시기의 어려운 정치적 상황 속에서 국가의 노동통제가 상당한 효율성을 발휘할 수 있었던 것은 변형된 노동통제방식 때문이었다.

그러나 6공화국국가의 노동통제의 높은 효율성은 일시적이고 단기적인 것에 불과하였다. 국가의 헤게모니적 배제전략은 특정 국면에서 일시적으로 노동자계급을 고립화시키고,(김동춘, 1993) 그 내부를 분절화하여 노동운동이 정치세력화하는 것을 막을 수 있었다.(최장집, 1992) 그러나 그것은 동시에 내적 결함으로 말미암아 장기적으로 노동운동을 활성화시키고, 노동운동의 연대를 촉진시키는 경향을 갖고 있었던 것이다.

먼저 헤게모니적 배제전략은 노동계급의 저항을 피할 수 없다는 내재적 결함을 갖고 있다. 배제전략은 노동계급의 정치적 경제적 이익배제를 통제의 기본 축으로 한다. 따라서 그것은 정치적 상황전개의 특수성에 따라서 정치적 이완국면이 곧바로 노동계급의 저항으로 연결되기 쉽다. 이런 점에서 헤게모니적 배제전략하에서의 노동정치는 근본적으로 권위주의체제 노동정치의 지형과 동일한 것이었다. 결국 헤게모니적 배제전략하에서는 효율적인 노동통제가 정치적 조건에 따라 거꾸로 노동계급의 계급적 연대를 강화하는 결과를 가져올 가능성이 매우 크다. 그리고 이러한 한계는 이미 노정권기간 후반기에 노동조직의 연대강화로 나타났다.

둘째로 헤게모니적 배제전략의 핵심적 매개장치인 일부 중간계급의 이데올로기적 동원이 안정적이지 못하다는 점이다. 우선 이 전략이 상대적으로 안정적이기 위해서는 중간계급에 대한 물질적 양보가 관건이나, 6공체제에서는 그 가능성이 여전히 제약되어 있다는 것이다. 중간계급에 대한 물질적 양보가 지나치게 장기간 지연되거나 원활치 못할 경우에는 정치적 위기의 도래와 함께 중간계급의 이탈이 가능할 수도 있다. 이는 새로운 축적전략의 내용 및 그것의 성공적인 구축 여부와 밀접히 연관될 것이다.

그리고 중간계급은 그 내적 구성이 매우 이질적이며, 정치적 지향이 가변적이라는 특성을 갖고 있다. 따라서 국가의 중간계급에 대한 이데올로기적 포섭은 그 내부의 각 계층집단별로 크게 편차를 보일 수밖에 없으며, 중간계급에 대한 국가의 포섭력에도 한계가 존재한다.

마지막으로 노동통제에 동원된 구체적인 통제수단의 통제효과란 점에서도 6공화국국가의 헤게모니적 배제전략은 불완전한 것이었다. 6공체제는 절차적 정당성을 강화하고, 3당합당을 통해서 권력의 계급적 기반을 크게 확장함으로써 헤게모니적 지배의 틀을 강화하였다. 헤게모니적 배제전략의 통제수단 동원은 이와 같은 국가의 권력자원 강화에 기초한 것이었다. 그렇지만 헤게모니전략은 국가가 국가정책의 계급적 배제성과 억압성을 체계적으로 은폐할 경우에 한하여, 효과적인 것일 수 있다. 노정권이 동원한 통제수단들은 그 계급성을 은폐할 수 없는 상황에 있었다.

특히 노동자계급의 저항과 비판이 집중되었던 점은 군부 권위주의적 노동법조항과 국가기구의 노동정책 결정과정이었다. 노정권은 권위주의적 노동통제장치들을 여전히 유지했을 뿐만 아니라, 이를 대체할 새로운 노사관계체제를 제도화하지 못하였다. 국가보안법과 노동관계법의 권위주의적 통제조항들은 여전히 유력한 통제수단으로 사용되었으며, 새로이 도입되었던 이데올로기적 법적 행정적 통제수단들은 노동법개정의 실패로 말미암아 안정적인 것이 아니었다. 그리고 임금가이드라인정책은 총액임금제를 도입함으로써 그 형식을 세련화하기는 하였지만, 여전히 노동정책이 경제정책에 종속됨으로써 국가정책의 계급성을 명백하게 드러내었다. 또 3당합당체제는 이익대표체계의 강화로 연결되기보다 단순한 선거지지의 동원, 정책실행의 효율성 강화, 권력기반의 확대를 통한 정국의 안정만을 목적으로 하였다.

제 7 장
국가의 노동통제 전략과 노동운동

제1절 문제제기: 노동운동에 관한 두 가지 평가

계급전략으로서의 노동통제 전략은 노동자계급 및 노동운동에 대한 통제를 직접적인 목적으로 한다. 그러므로 노동통제정책의 효율성을 파악하고 그것이 노동정치에 미치는 영향을 총체적으로 고찰하기 위해서는 국가의 통제에 대응한 노동운동의 전개과정과 그 발전정도를 분석하는 것이 긴요하다. 그렇지만 노동운동에 대한 연구는 노동자계급의 의식, 조직, 운동노선 및 행위 등 광범한 주제에 걸쳐 있으므로, 국가의 노동정책연구를 직접적인 목적으로 하는 본고에서 이를 모두 다룰 수는 없다.[1] 따라서 여기서는 노동통제 전략이 노동운동에 미친 영향이라는 제한된 목적으로 노동운동의 한 측면만을

---

1) 노태우 정권기간 동안 노동운동의 전개과정 및 특징에 대한 본격적인 연구로는 김동춘(1993)의 논문을 들 수 있다.

분석하고자 한다.

　노태우 정권기간 동안의 노동운동은 전반기 대중적 노동운동의 급속한 성장과 후반기 대중운동의 위축 및 조직발전전망의 새로운 모색으로 요약될 수 있다. 특히 4장 3절에서 여러 가지 지표로 살펴본 바와 같이 1989년을 전환점으로 하여 나타난 대중적 노동운동의 부침은 매우 극적인 반전이었다. 1987년 노동자대투쟁 이래 급속히 신장되어 왔던 노동조합운동은 조직의 양적 성장세가 갑자기 위축되는 모습을 보였던 것이다.

　1991년에 들어오면서 이와 같은 노동운동의 상황전개에 대한 이론적 진단과 운동차원의 평가가 여러모로 모색되었다.[2) 먼저 노동운동의 위축현상 혹은 위기현상이 존재하는가라는 기본적인 문제의식 그 자체가 논란이 되기도 하였다. 그리고 위기가 존재한다하더라도 그 위기의 성격이 일시적인 것인가, 아니면 보다 구조적인 것인가를 둘러싸고 논쟁이 벌어지기도 하였다. 또 동시에 위기의 원인에 대한 이론적 검토, 노동운동의 운동노선에 대한 점검 및 대안적 운동노선의 탐색 등 여러 가지 문제들이 함께 제시되었다.

　이론적 시각과 핵심적 문제의식, 쟁점들에서 크게 편차를 보이기는 하였지만 당시 논의의 핵심적인 쟁점은 크게 보아 노동운동의 위축을 초래한 원인에 관한 것이었다.[3) 그것은 위기의 원인을 '전투적 노동조합주의'로 규정된 노동운동노선에서 찾는 견해와 국가의 억압을 강조하는 견해로 크게 양분되었고, 이를 둘러싼 약간의 논쟁도

---

2) 문제를 제기한 대표적인 연구로는 임현진·김병국(1991), 김형기(1991, 1992), 박승옥(1992)이 있었다. 당시 정부와 노총의 노동운동상황 평가에 대해서는 동아일보, 1991.8.7일자와 세계일보 1992.7.9일자 기사 참고.

3) 노동운동노선을 비판하는 견해는 다시 산업구조조정과 같은 경제구조적 변동을 강조하는 입장과 민주주의이행기의 전략적 선택을 강조하는 입장으로 나누어진다. 2장 참고. 한편 최근 박준식·김영범(1995)은 노동운동의 약화를 전체 노동운동의 약화가 아니라, 한국노총 중심의 제도화된 노동운동의 약화라고 독특하게 파악하였다.

이루어졌다. 특히 운동노선을 강조하는 견해들은 1990년 1월 결성된 전국노동조합협의회 및 그 산하 노동조합들을 전투적 노동조합주의 운동노선을 따르는 대표적인 노동조합조직으로 보고, 전노협의 운동 노선과 그 실천에 대해 강한 비판을 제기하였다.

그리고 양 견해는 위기원인에 대한 인식의 편차에 따라 위기의 존재여부, 그 성격, 노동운동에 대한 평가 및 대안적 운동노선의 모색 여부 등 모든 쟁점들에 대해 모두 상이한 평가를 내렸다. 예를 들면 운동노선을 강조하는 입장에서 보면 위기는 분명할 뿐만 아니라 구조적인 성격을 갖고 있었다. 그리고 이들은 기존의 노동운동노선이 이 구조적 상황변화에 적절히 대응하지 못함으로써 위기상황이 초래 되었으므로 새로운 운동노선을 시급히 모색해야 한다고 파악하였다.

반면에 국가의 억압을 강조하는 견해에서 보면 위기의 존재자체가 의심스러우며, 존재한다하더라도 그것은 구조적이라기보다는 일시적인 현상에 불과한 것이었다. 따라서 노동운동노선상의 문제는 부차적인 것에 불과하다. 그리고 새로운 운동노선의 모색은 필요치 않거나, 필요하다 하더라도 매우 신중히 접근해야 한다는 입장이었다.

그렇지만 양자의 차이점에 대한 분명한 인식과 함께 양자가 공유하고 있었던 부분을 정확하게 인식할 필요가 있다. 특히 이는 노동운동노선의 문제를 지적하는 견해들 중 일부가 위기의 원인으로 국가의 억압, 계급역관계의 변동 등의 중요성을 간과하지 않고 있었기 때문이었다.(최장집, 1992) 다만 이와 같은 구조적 조건하에서도 노동운동의 전략적 선택방향에 따라 노동운동의 위기는 극복될 수 있었다는 것이다.

이 장에서는 2장에서의 이론적 논의와 국가의 노동통제 전략에 대한 분석을 토대로 하여 이 시기 노동운동의 조건들을 검토하고, 민주노조운동의 위기(혹은 위축)상황을 재해석하고자 한다. 결론을 미리 정리하면 다음과 같다. 한국 노사관계의 구조적 조건, 민주주의이행과정에서의 계급역관계의 변동, 6공국가의 노동통제강화 등의 조건하에서 노동자계급의 전략적 선택의 폭은 매우 제한되었다. 그리고 그 선택지들 내에서 민주노조를 중심으로 한 노동운동의 전략적 선택은 부분적인 문제점에도 불구하고 '합리적'인 것이었다. 따라서 위기는 위기인 동시에 노동운동발전과정에서 하나의 계기였고,[4] 나아가서 새로운 운동노선은 불가능하였을 뿐만 아니라 필요치 않았다는 점을 강조할 것이다.

제2절 민주주의이행과 노동운동의 구조적 조건

2장에서 고찰한 바와 같이 노동운동위기론 및 민주노조의 운동노선비판이 제기된 이론적 맥락은 민주주의이행론의 '타협의 정치'와 관련되어 있다. 그 논지를 간단히 요약하자면 이행의 첫 단계를 지나 공고화단계에 들어서면 노동운동은 노동계급의 이익을 대변한 보다 급진적인 변혁과 보수 기득권 세력의 반발에 의한 보수회귀(혹은 쿠데타)의 두 갈래 길 사이에서 딜레마에 빠진다. 이 상황을 탈출할 수 있는 유일한 이론적·경험적 전략선택은 노동계급의 요구수준을 낮추고 지배계급의 이해를 일정부분 인정함으로써 이루어지는 '타협의 정치'(혹은 정치적 타협; political pacts)라는 것이다.[5]

그러나 '타협의 정치'가 이루어질 수 있는 구조적 상황적 조건은

---

4) 이와 같은 이중적 성격 때문에 본고에서는 '위기'보다 '위축'이라는 표현을 사용할 것이다.
5) 경험적인 사례로 주로 언급되었던 것은 스페인의 민주화이행과정이 있었다. 그리고 이론적인 정리는 쉐보르스키(1986, 1992)를 볼 것. 이를 6공화국 노동정치에 적용한 대표적인 연구로는 최장집(1992), 임혁백(1992, 1993)을 참고할 수 있다.

매우 중요하다.6) 왜냐하면 노동정치의 구조나 노동운동의 주·객관
적 조건이 크게 다를 경우에는 타협을 가능하게 하는 전략선택의 폭
이 매우 제한될 수 있기 때문이다. 단적으로 노동운동의 정치적 중
심이 존재하거나 이를 대신할 사회세력이 존재하는 경우와 그렇지
못할 경우의 전략선택은 크게 달라질 수밖에 없다. 그것은 정치적
지도부가 분열하여 경쟁상황에 있거나, 전혀 부재할 경우에는 일관
된 전략선택이 애초에 불가능할 수도 있기 때문이다. 따라서 전략선
택의 가능성을 평가하기 위해서는 노사관계체제와 정치체제를 포함
한 노동운동의 구조적 조건, 민주주의이행과 관련된 계급역관계의
구조, 권위주의시기 노동정책 및 노동운동의 경험, 노동자의 상태와
의식 등 여러 가지 복잡한 조건들에 대한 검토가 필요하다.

또 국가의 억압의 정도가 노동계급이 타협을 허용하는 수준의 것
인가 하는 것도 매우 중요한 문제이다. 예를 들어 국가가 노동계급
의 존재자체를 인정치 않거나 노동운동이 수용할 수 없는 조건만을
제시하는 전략적 행위를 할 경우, 선택의 폭은 크게 제한되어 타협
의 조건자체가 부재할 수 있다는 것이다. 따라서 국가의 억압이 노
동운동 위축의 제일차적 요인이지만 그 상황 속에서도 노동운동의
전략적 선택은 중요하며, 이 점에서 민주노조의 '전투적 노동조합주
의'가 오류를 포함하고 있었다는 '노동운동위기론의 비판'은 적절한

---

6) 이 문제는 결국 민주주의이행론의 이론적 문제들과 연관되어 있다. 민주주의이행론
은 전략적 선택에 의한 타협의 정치가 가능한 맥락을 구체화하지 못하였다는 비판
을 받아왔다. 즉 구조적 조건 혹은 맥락에 따라서는 전략적 선택에 의한 이익-비
용계산의 논리가 역전되거나, 전혀 계산가능하지 않은 경우가 있다는 것이다. 이
점은 한국사회의 구조적 조건과 결부했을 때 결정적으로 중요한 것으로 판단된다.
예컨대 안재홍(Ahn Jae Hung, 1992)은 억압이 강화되는 시점에서 노동계급은
오히려 일정 시점까지 투쟁에 참여함으로써 비용을 줄일 수 있다고 쉐보르스키를
비판하고, 게임이론에서 고려되어야 할 맥락의 중요성을 강조하였다. 비슷하게 꼴
리에와 노던(Collier & Norden, 1992)은 합리적 선택모델이 적용될 수 없는
맥락이 존재한다는 점을 분명히 지적하였다. 민주주의이행론에 관한 비판적 검토는
Mainwaring(1992), Cumings(1989) 참고.

비판이 될 수 없다. 왜냐하면 그것은 국가의 억압이 허용하는 선택지의 범위를 구체화하지 않음으로써 결과적으로 국가의 억압에도 불구하고, 노동계급은 항상 자유로운 전략적 선택을 할 수 있는 주체로서만 상정되기 때문이다.

이런 맥락에서 첫 단계의 민주주의이행 직후 형성된 제반 구조적 상황적 조건 및 국가와 지배블록의 노동운동에 대한 전략선택을 자세히 검토하는 작업은 노동운동의 노선에 대한 평가를 위해 필수적이라 할 것이다.

노동운동의 전략선택에 작용하는 구조적 요인을 정리하기 위해서는 발렌주엘라(Valenzuela, 1989)의 이론적 분석틀이 매우 유용하다. 발렌주엘라는 재민주화과정에서의 노동운동을 분석하기 위해서는 전략적 선택이론을 채택한 정치학적 설명틀보다 더 치밀한 논의가 필요하다고 보았다.

발렌주엘라는 노동운동의 동원과 민주화과정의 전개의 상호관계를 올바르게 파악하기 위해서는 노동운동이 정치과정에 미치는 효과 못지않게 주체로서의 노동운동이 직면하고 있는 구조적 상황적 조건들을 구체적으로 분석해야 함을 강조하였다. 그것은 일반적으로 노동운동이 단일한 행위자가 아닌 경우가 많고 노동운동의 전략선택에 다양한 구조적인 주체적 조건들이 작용함에도 불구하고, 기존 논의들에서는 이를 무시하는 경향이 있었기 때문이다. 노동운동은 구조적 조건들에 의해 분열되거나 통합되며, 이를 매개로 동원과 자제(restraints)의 두 가지 전략방침 중 하나를 선택하게 된다는 것이다. 발렌주엘라의 분석틀 및 변수들을 중심으로 재구성한 구조적 조건들은 <표 7-1>과 같이 설정된다.

〈표 7-1〉 민주주의이행기 노동운동의 구조적 조건들

구 조 변 수	변 이 의 효 과	측 정 변 수 들
1. 민주주의이행의 유형 및 계급역 관계변동	-노동운동의 상대적 역량이 강할수록 자제 및 타협 용이 -노동운동이 이행정부에 참여하고 상당한 지지를 보낼 경우 자제 타협전략선택	-노동조합조직률(특정 지역, 부문의 조직률) -노사관계체제의 특성 -노조조직의 역사적 특성 -노동조합과 정당과의 연관 -민주화이행의 유형 -지배블록의 상대적인 힘 -경제적 상황
2. 군부 권위주의체제의 노동통제방식	-노동조합지도부와 정치적 지도부 간의 다양한 관계 유형 출현 -각 지도부의 이행체제에 대한 태도에 편차 발생	-노동조합 통제방식: 가혹(harsh)한 통제와 온건한(mild) 통제 -노동정당의 허용 여부: 폐쇄적(closed) 체제와 개방적(open) 체제
3. 노동운동 내부의 구조적 조건	-노동조합조직체제가 집중적일 경우 타협전략 용이 -노동운동 내부에 정치적 이데올로기적 분열이 없을 경우 타협전략 용이	-노동조합조직체제의 구조: 집중과 분산 -노동운동 내부의 정치적 이데올로기적 분열 정도

먼저 앞장에서 본 바와 같이 첫 단계 민주주의이행에 따른 계급역 관계의 구조적 변동은 노동자계급의 계급역량을 크게 신장시켰지만, 전통적인 국가 우위의 노동정치체제를 근본적으로 변화시키지 못하였다.(최장집, 1986, 1992; 임영일, 1992; 임현진·김병국, 1992) 노동자계급의 내적 역량은 크게 강화되었지만 여전히 한계를 갖고 있는 것이었다. 반대로 국가와 지배블록의 헤게모니역량은 상대적으로 더욱 확대되었던 것이다.

민주주의이행의 특수성으로 말미암아 국가와 지배블록의 권력자원은 크게 손상되지 않은 채 이전되었다. 그리고 절차적 민주주의체제의 부분적인 활성화는 국가의 정당성을 크게 강화시킴으로써 헤게모니역량을 신장시켰다. 이는 구조적으로 노동계급을 배제해왔던 대의제정치기구의 기능을 활성화하고, 국가기구의 정책집행능력을 크게 강화하는 효과를 가져왔던 것이다. 또 노동계급과의 역학구조에서 중요한 효과를 발휘하였던 권위주의적 통제기구들이 여전히 유지되었고, 여기에 새로운 통제수단들이 추가된 것도 국가의 역량을 강화시킨 중요한 요인이 되었다.

반면에 노동자계급의 경우 민주주의이행의 과정에서 계급 내적 역량인 조직자원을 크게 확대할 수 있는 계기가 마련되었다. 그러나 양적인 조직확대의 한계 또한 분명한 것이었다. 예를 들어 1989년의 조직률 수치는 1975년의 조직률(23.0%) 수준을 회복한 것에 지나지 않았고, 1990년부터는 다시 감소하는 추세를 보였다.(표 4-2 참고) 특히 단위 민주노조의 설립 확대와 지역별 노동조합연대조직의 확대 그리고 전노협의 건설로 이어지는 조직역량의 양적 발전은 조직구조의 개혁 및 노사관계체제의 근본적 변동이라는 질적 발전으로 나아가지 못함으로써 여전히 한계를 갖는 것이었다.

한국의 노사관계체제를 특징짓는 가장 중요한 요소는 기업별노조체제였다.(송호근, 1991; 최장집, 1986) 기업별노조체제는 노동자계급의 계급역량을 강화하는 조직적 수단이라는 측면보다도, 노동조합활동과 노동자계급연대의 범위를 기업단위로 제한하는 핵심적인 통제수단으로서의 의미가 더 강하였다. 1987년 노동법개정에 의해 노동조합조직의 기업별형태 강제조항은 삭제되었지만, 복수노조금지조항에 의해서 기업별 체제는 현실적으로 강고하게 유지되었던 것이다. 그리고 1989년 상반기 노동법개정시도에서 노동자계급이 관철시키고자 하였던 핵심적인 사항도 바로 이 기업별노조체제의 극복이었다. 그러나 노동운동은 국가와 자본이 강력한 반대에 부닥쳐 '1기업 1노조' 체제를 변화시킬 수 있는 제도적 기반을 마련하는데 실패하였다. 그것은 노동자계급이 권위주의적 노동정치체제의 구조적 한계를 여전히 극복하지 못하고 있음을 의미하였다.

또 한국의 노동자계급은 민주주의이행을 추동하였던 핵심적 사회

세력이었음에도 불구하고 자신의 이해를 정치적으로 관철시킬 제도
적 정치적 역량을 갖추고 있지 못하였다. 첫 단계 이행에도 불구하
고 정치적 노동운동세력들은 기존의 보수정당 위주의 제도권정치과
정에 참여할 수 없었다. 그것은 이행과정을 주도하였던 것이 보수정
당들이었기 때문이었다. 이들은 노동법상의 노조의 정치활동 금지조
항을 그대로 유지하는 한편, 정치관계법들의 개정과정에서 노동계급
의 정치참여를 위한 진입의 문턱을 크게 높여놓았다.

그러나 6공화국하에 치러진 몇 차례 선거에서 드러난 사실은 제도
적 장벽 이상으로 이데올로기적 장벽이 중요한 요인이었다는 점이
다. 반공이데올로기는 노동자대중의 계급적 이해 표출을 다양한 방
식으로 통제하였을 뿐만 아니라, 정치적 노동운동세력들의 헤게모니
정치역량을 일상적으로 잠식하고 있었다. 또 기존의 반공이데올로기
와 함께 지역이데올로기는 6공화국에서 보다 본격적으로 동원되어
노동계급의 정치세력화를 구조적으로 제한한 핵심적인 지배기제가
되었다.

이데올로기에 의한 계급정치세력화의 제약은 분단과 한국전쟁 이
후의 냉전체제가 정치적 이익대표체제를 왜곡시켰기 때문이기도 하
였지만, 보다 직접적으로 노동운동 그 자체에 대한 한국사회의 이데
올로기적 제약이 정치제도로 반영된 것으로 파악할 수 있을 것이다.
즉 상대적으로 약화되기는 하였지만 노동운동 일반은 여전히 강한
이데올로기적 제약, 특히 반공이데올로기의 제약하에 있었다. 한국전
쟁 이래 노동운동은 자신의 이해를 정치적으로 대표할 노동계급정당
은 물론 안정된 이익대표를 위한 제도적 통로조차 갖추고 있지 못하
였으며, 이러한 구조적 조건은 6공화국시기에도 전혀 변화하지 않았
다.7) 1987-1988년의 예외적인 기간을 제외한다면 노동운동은 권위주

---

7) 앞서 본 정치세력화의 실패는 이와 같은 정치구조의 결과이자 그 구조의 온존을 단
   적으로 보여준 대표적인 사례였다. 유신체제하의 한국노총의 정책참여 및 영향력행

의체제에서와 마찬가지로 자신의 정치적 이해를 항의시위나 정치적 파업의 형태로 표출할 수밖에 없었던 것이다.

요약하자면 민주주의이행에도 불구하고 노동과 국가의 계급역관계의 전통적 구조는 크게 변화하지 않았음을 알 수 있다. 국가의 자원동원 능력에서의 압도적 우위, 특수하게 구조화된 정치체제, 기업별 노조조직체제, 노동자계급정당 및 이익대표 정치세력의 부재, 노동운동의 이데올로기적 제약 등의 구조적 요인들은 서로 상호 작용하면서 노동운동의 발전을 가로막았던 것이다.

두 번째로 권위주의체제에서 국가가 노동자계급을 통제한 방식에 따라 노동운동의 전략선택은 크게 영향을 받는다. 권위주의체제의 노동정책은 기본적으로 억압적인 통제방식에 기초하는 것이 보통이다. 그러나 체제로부터의 억압의 정도는 사례별로 크게 달랐던 것도 사실일 것이다. 그것은 크게 보아 노동조합과 정당에 대한 억압의 정도의 차이로 대별해 볼 수 있다.

3공화국으로부터 5공화국에 이르는 한국국가의 노동억압은 노동조합을 활동을 엄격히 통제하고 노동계급정당은 물론 노동자계급의 정치적 활동 일반을 금지하는 유형에 속하였다.[8] 이렇게 노동조합에 가혹하고 노동자정당활동은 폐쇄하는 유형의 통제체제는 이행의 전개

사를 분석한 최장집(1988)의 연구를 참고.

8) 발렌주엘라(1989)는 권위주의하의 노동통제방식을 일차적으로는 시장기제적 억압과 국가조합주의적 억압으로 분류하였다. 그러나 그는 민주주의이행기의 노동운동을 분석하는 틀로서는 그것이 지나치게 단순한 도식이라고 보고 이를 보다 세분하였는데 이를 표로 나타내면 다음과 같다.

〈표 7-2〉 권위주의체제의 노동통제방식

노조 \ 정당		노동자정당	
		폐쇄적(closed)	개방적(open)
노동조합	·가혹한(harsh)	포르투칼, 칠레, 우루과이, 한국, 대만	브라질(1973-1985)
	온건한(mild)	스페인(1962-1975)	페루, 민중주의 일반

과정에서 권위주의하에서 긴밀히 유지되었던 노동조합지도부와 정치
적 지도부 간의 동맹관계가 균열을 일으킨다는 점에서 특징적이다.

즉 민주화의 가능성이 제기되고 제도권정치과정이 활성화됨에 따
라 정치적 지도부는 한편으로 강경파를 제어하고, 다른 한편으로는
새로이 창출된 정치과정에서 책임 있는 행위자로서 인정받기 위해
그들의 요구수준을 낮추는 경향을 갖는다. 반면에 권위주의하에서
오랫동안 축적된 대중들의 요구를 직접적으로 대표하고 있는 노동조
합지도부는 조직의 확대와 대중적 이해의 관철을 위해서 노동자대중
의 동원을 지원하는 경향을 갖는다는 것이다. 따라서 양자는 노동자
계급대중의 동원수준을 놓고 경쟁하는 관계에 놓이게 된다. 이 경우
전체로서의 노동운동의 전략선택은 양자 간의 긴장이 해소되거나 강
화되는 구체적인 방식 및 과정에 의존하게 될 것이지만, 노동조합운
동 지도부의 노동대중 동원전략선택의 가능성이 커진다는 점은 분명
하다.

하지만 양자의 긴장이 발생하는 것은 정치지도자들이 "민주적 이
행이 가능하다고 생각하는 경우에만" 가능한 일이다. 만약 이행이
가능하지 않다면 이들 모두가 노동자대중을 동원하는 전략을 선택할
수밖에 없게 된다. 이 점은 한국의 상황에서 매우 중요하였다. 한국
의 경우 이행이 불가능한 것은 아니었지만 이행과 함께 노동운동을
정치적으로 대변할 수 있는 정치세력이 소멸하였기 때문이었다.

이 점은 세 번째 구조적 변수인 노동운동 내부의 구조적 조건과
연관된다. 그것은 권위주의하의 노동통제가 노동운동의 내적 조건들
을 구조화하였기 때문이다.

한국의 경우에는 권위주의체제하에서 정치적 노동운동에 대한 억
압의 강도가 특히 강하였고, 그 결과 1987년 이전까지 노동운동과
연계된 정치세력은 거의 존재하지 않는 특이한 상황이었다. 이는 남
미의 경우 권위주의적 억압하에서도 정치적 노동운동의 흐름은 꾸준

히 존재하였으며, 이들이 민주화이행 후 노동조합지도부와 함께 이행 이후의 정치적 과정에 상당한 영향을 미쳤던 것과는 크게 대비되는 것이라고 볼 수 있다. 권위주의 한국에서 노동자계급의 이해를 부분적으로나마 대변하였던 사회세력은 보수야당이었고, 이들과 노동계급의 연합은 1987년 7-8월 투쟁을 거쳐 그리고 6공화국 전반의 정치개편과정에서 크게 약화되는 모습을 보였다.

그러므로 권위주의체제 노동통제방식의 유산으로 말미암아 한국의 노동자계급은 민주화이행 이후 자신의 이해를 정치적으로 대변할 정치세력을 스스로 만들어낼 수밖에 없는 상황에 처하게 되었다. 실제로 1988년 이후 노동운동의 주체적 조건의 가장 큰 특징 중 하나는 노동조합운동의 폭발적인 확대에 대비되는 정당운동 및 정치운동세력 일반의 상대적 미숙이었다. 당시 생성되기 시작하였던 정치적 노동운동세력들은 학생운동으로부터 충원된 인텔리 중심의 소규모 조직체들이었다. 그리고 이들이 시도하였던 정치세력화는 국가의 강한 억압으로 인한 비공개적 활동, 이데올로기적 한계, 운동노선상의 오류와 분파성 때문에 성공적으로 진행될 수 없었다. 그 결과 정치적 노동운동세력들은 노동자계급대중의 지지를 얻기 어려웠으며, 장기적인 계급세력화를 위한 질적 전환을 해야만 했다.[9]

이 같은 상황은 노동운동 내부에 유의미한 정치적 이데올로기적 분열이 없었지만 노동운동의 전략선택의 폭은 더 좁아졌다고 할 수 있는 것이었다. 즉 새로이 정치적 입지를 강화해야 했던 한국의 노동운동은 초기 노동운동에서 나타나는 정치적 이데올로기적 미성숙 현상을 나타내고 있었던 것이다.

그리고 전국적 정치적 지도부의 역할을 대신할 수 있었던 노동조합운동 수준의 전국적 지도부도 노동운동은 갖고 있지 못하였다. 국

---

9) 이들의 정치적 노동운동은 노동자계급의 계급세력화에 장애요인이 되었다는 평가를 받기도 하였다.(임영일, 1992)

가에 종속되어 있었던 한국노총은 권위주의체제가 육성한 유일한 합법적 전국조직이었지만, 근본적으로 노동자계급의 이해를 대변하는 조직이 아니라 통제수단일 뿐이었다. 특히 1987년 대투쟁을 계기로 노총의 위상은 더 약화되어 민주주의이행 이후에는 전국적 지도부로서의 지위를 상실하였다. 거꾸로 노총의 존재는 이행정부에 의해서도 계속 보호받음으로써, 노동조합운동이 민주노조와 노총산하 노조로 분열되는 현상이 나타났다. 그리고 이행정부의 노동정책은 그 균열을 더욱 심화시키는 결과를 가져왔다.

노동조합운동의 전국적 지도부가 없었다는 것보다 더 노동운동의 전략선택을 제약했던 것은 노동조합조직의 극단적 분산이었다. 권위주의체제의 통제방식으로서 기능하였던 기업별노조체제는 상당한 정도로 구조적인 것으로 고착화되어 있었고, 노동조합의 교섭은 예외적인 몇몇 업종을 제외하면 모두 기업별로 이루어졌다.

한편 노동운동이 전략을 선택하는 데 작용하는 조건들로는 위에서 검토한 것과 같은 정치구조적 조건 외에도 경제구조적 요인들이 있을 수 있다. 특히 '전투적 노동조합주의'에 대한 비판의 논거 중에는 경제구조의 변화에 따른 노동자계급의 내부 구성상태 및 노동조건의 변화, 노동자대중의 의식변화가 정치구조적 변수 이상으로 중요한 비중을 차지하고 있기 때문에 이는 중요하다.(박승옥, 1992; 김형기, 1992; 최장집, 1992; 임혁백, 1993)

경제구조의 노동운동에 대한 효과들은 서로 연관된 몇 가지 변수들로 정리되었다. 그것은 한국자본주의의 고축적, 산업구조조정에 따른 축적체제의 변동에 따라 노동자계급의 구성에 있어 생산직노동자들의 비중은 줄어들고 사무직, 기술직 노동자 등 지식노동자들이 증가하였다는 점, 축적체제의 질적 변환에 따라 주변 부포드주의의 저임금 장시간 노동체제는 해체되고 노동과정상의 구조변화가 초래되었다는 점 그리고 이런 변화들이 최종적으로 노동자계급대중의 상태

와 의식변화를 몰고 왔다는 것이다. '전투적 노동조합주의' 비판론자
들의 핵심적인 테제는 노동운동이 이런 경제구조적 차원의 변동방향
과 상응하지 않는 전략을 선택함으로써 노동운동의 위기가 초래되었
다는 점이었다.

경제구조적 변수의 노동운동에 대한 효과를 평가하기 위해서는 두
가지 방식의 검토가 필요하다. 그중 하나는 이론내재적 논의로 그 경
험적 이론적 적실성을 평가해 보는 방법이다. 즉 자본주의발전과정
및 조절이론의 축적체제론에 대한 이론적 검토, 지식노동자와 중간층
논의를 중심으로 진행된 현대 계급론의 이론적 검토 및 그것의 한국
사회에 대한 적용 가능성 검토, 노동과정상의 구조변동 추이 분석 및
노동자계급 상태와 의식에 관한 경험적 분석과 같은 광범하고 거시
적인 심층 연구를 통해서 실제 변동의 과정을 추적해 보는 것이다.

그러나 그것은 매우 복잡하고 많은 이론적 주제들을 포함하고 있
고 구체적인 실증의 축적을 전제로 해야 하는 것이므로 단정적인 결
론을 내리기 쉽지 않다. 실제로 이 시기 동안의 경제구조적 변동에
대한 연구들은 변동의 내용이 유의미한 것이라는 견해와 변동의 내
용이 부재하거나 과장된 것이라는 견해가 서로 팽팽하게 대립되어
있었다. 예를 들어 노동자계급의 상태와 의식에 관해서 보자면 상층
노동자를 중심으로 하여 생활상태의 개선이 뚜렷하고, 이것이 노동
자의식의 보수화를 야기하였다는 주장과 함께 상반된 주장이 동시에
제기되기도 하였다. 즉 노동자계급의 생활상태가 개선되기는커녕 오
히려 악화되었고, 노동자들의 의식 또한 신속히 급진화되고 있었다
는 것이다.[10] 따라서 본고에서는 이론내재적인 비판보다는 이론외재
적인 방법론적 검토를 하는 것에 논의를 한정하고자 한다.

---

10) 조우현(1992: 350-373), 이정우·조우현(1991: 5-28) 참고. 조우현은 실증분
석에 기초해서 1987년 이후 노동자의 실질생활이 소득분배구조, 자산분배구조에
있어 모두 악화되었다고 평가하였다.

　　방법론적인 수준에서 기존 논의들이 갖고 있었던 한계는 경제구조
적 원인을 노동운동의 노선선택의 문제와 직접적으로 연결시켜 설명
하고자 하였던 점에 있었다. 이는 특히 '전투적 노동조합주의'를 비
판한 기존 논의들 중 축적체제의 변동을 강조하였던 연구들(김형기,
1992; 박승옥, 1992; 임혁백, 1993 등)에서 두드러지게 나타났다. 여
기서 축적체제의 변동(예속적 포드주의 축적체제에서 예속적 신포드
주의 축적체제로의 재편성, 기존 체제에 수량적 유연성을 결합)은
노동자계급 내부구성의 변화, 노동자들 내부의 생활패턴의 다양화,
개인주의 경향 및 실리적 경향의 강화, 의식편차의 확대 등으로 귀
착되고, 이와 같은 자본의 유연성확대에 노동은 유연한 대응을 하지
못했다는 것이다.(김형기, 1992)

　　이 논리 속에는 경제결정론에 가까운 논리적 비약이 포함되어 있
다. 즉 축적체제의 변동방향은 이미 주어진 것이고, 그것의 노동자계
급에 대한 효과도 이미 규정되어 있는 것이다. 이와 같은 인식은 축
적체제의 변동이 구체적으로는 특정한 사회의 특정한 계급역관계 속
에서 다양한 방식으로 진행된다는 점을 몰각하고 있으며, 노동운동
을 객관적인 경제구조의 변동에 적응해야만 하는 비주체적인 존재로
파악하고 있음을 보여준다. 서구 사례에 관한 비교연구에서 알 수
있듯이 축적체제의 변동은 노동자계급을 포섭하는 방식으로 진행되
기도 하지만, 거꾸로 배제하는 방식의 신보수주의적인 방식으로 진
행될 수도 있다. 이 편차에 따라서 노동운동의 운동노선 선택도 달
라질 수밖에 없다.[11] 따라서 경제구조변수를 노동운동 및 운동노선
선택의 설명변수로 도입하기 위해서는 산업구조조정의 구체적 전개
과정이 정치적 계급투쟁을 매개로 노동자계급에게 미치는 효과를 면

---

11) 대처주의(Thatcherism)의 신보수주의에 대한 노동운동의 전략선택을 둘러싸고 생겨
　　난 영국노동운동 내부의 논쟁도 바로 이 점과 관련된다.Jessop et. al.(eds.)(1988)
　　참고.

밀히 추적하는 것이 선차적으로 요구된다.

한국의 산업구조조정과정은 이런 점에서 극단적인 형태에 속한다. 그것은 앞 장에서 살펴보았듯이 국가와 자본의 노동정책은 계급역관계의 심한 구조적 불균형 속에서 노동자계급을 정치·경제적으로 일관되게 배제하는 방식이었다. 예를 들어 국가와 자본은 산업구조조정과정에서 필수적으로 결과하는 임금비용의 상승을 막기 위해서 한자릿수 임금제, 총액제임금제 등 모든 정책적 수단들을 총동원하였는데, 이러한 조건하에서는 산업구조조정-노동자생활상태의 부분적 개선 및 이에 따른 의식의 보수화 경향은 한계를 가질 수밖에 없다는 점이다. 따라서 이 시기 국가의 노동정책은 경제구조변동에 따라 노동자계급의 상태와 의식에 있어서 편차를 확대시키는 것이라기보다 이를 축소시키는 데 집중하였던 것이다.

또 1989년과 1990년 사이에 있었던 노동쟁의건수의 급격한 감소(1,616건에서 322건으로 감소)현상을 경제구조적 원인으로 파악하려는 시도는 매우 무리한 측면이 많다. 그것은 경제구조적 현상이란 것이 그렇게 직접적으로 짧은 시기 동안 변동하는 것이 아니기 때문이다.

그리고 노동운동의 '위기'를 이와 같이 설명한 기존의 논의들이 한결같이 제시하고 있는 대안적 노동운동노선이 현실의 노동운동과 크게 유리되어 있었던 것도 이와 같은 경제결정론적 인식의 산물이었다. 이들은 국민적 조합주의(박세일, 1992), 민주적 조합주의(최장집, 1992), 진보적 노동조합주의(김형기, 1992), 신조합주의(임혁백, 1992), 사회발전적 노동운동(박승옥, 1992) 등 다양한 개념들을 제시하였지만, 그것들은 근본적으로 국가에 종속되어 있었던 한국노총의 신노선과 크게 다를 바가 없었고, 그만큼 현실 노동운동에서도 추상적인 대안에 불과하였다.(박승희, 1992; 임영일, 1992) 이들은 서구의 산업발전단계와 노동운동노선의 변화방향을 지나치게 단순하게 일반화하여 한국사회에 적용하였던 것이다.

요컨대 노정권 시기 노동운동의 구조적 조건은 노동운동의 전략선택의 선택지를 크게 제약하고 있었다. 민주화이행에 따른 계급역관계의 거시적 변동, 권위주의시기 노동통제방식 및 그것이 결과한 노사관계체제의 구조적 조건들은 노동운동이 '정치적 타협' 보다는 '투쟁'을 선택하지 않을 수 없도록 강제하고 있었던 것이다. 그리고 경제구조적 제약을 보면 축적체제변동으로 요약되는 거시 경제구조적 변동의 노동자계급 상태 및 의식에 대한 효과는 경험적으로도 분명한 것이 아니었을 뿐만 아니라, 이론적으로 계급역관계의 매개효과나 노동자계급의 능동적 전략선택을 매개하지 않고서는 그 자체가 설명력이 없다는 점이 확인되었다.

제3절 국가의 노동통제정책과 노동운동의 전략선택

노동운동의 위축현상을 '전투적 노동조합주의' 운동노선의 오류로부터 설명하는 기존의 논의들 중 일부는 암묵적으로 분석 맑시즘의 '합리적 선택이론'(rational choice theory)에 기초해 있었다.(최장집, 1992; 임혁백, 1992) 이들은 민주주의이행 이후의 공고화정치(consolidation politics)과정에서 노동계급의 전략선택을 게임이론의 분석틀을 이용하여 분석하고자 하였다.

그 논의에 의하면 권위주의하에서 대중에 대한 도덕적 정치적 지도력을 확보해주었던 최대강령주의(maximalist strategy) 혹은 전투적 노동조합주의가 이행 이후의 노동정치과정에서는 그 합리성을 상실하였다는 점이 중요하다. 공안정국 이래 전투적 투쟁노선은 그 자체로서는 물질적 보상을 크게 하는 효과를 갖지만 억압의 강화에 의해 참여자의 전투적 투쟁에 대한 부(負)의 비용을 크게 확대하는 결과 또한 초래한다. 이 양자 간의 선택지 사이에서 노동자대중은 차선책을 선택하는 '무임승차자'(free riders)논리를 따르게 되고, 그것이 노동운동의 내부위기, 곧 지도부의 투쟁노선에 대한 대중의 이탈을 촉발하게 되었다고 본다. 즉 최대강령주의-전투적 노동조합주의는 사회주의체제 붕괴의 상황적 조건과 결합하여 국가의 억압에 정당성을 부여할 뿐만 아니라, 더 중요하게는 노동자대중 내부에 이념적 분파주의를 강화함으로써, 노동운동의 급격한 위축을 자초하는 데 크게 일조하였다는 것이다.

노동운동지도부의 운동노선 선택이나 리더십의 문제와 관련해서 우리는 그것의 경험적 타당성 못지않게[12] 그 내적 논리의 적합성을 검토해보아야 한다. 분명하게 정식화된 것은 아니지만 전투적 노동조합주의를 비판하는 위의 논리는 올슨(M. Olsen, 1971)의 공공선택이론을 민주주의이행과정의 노동정치에 적용한 것으로 쉐보르스키(Przeworski, 1992)의 연구에서 정식화된 바 있었다.

이 논리의 핵심은 민주주의이행과정에 있는 노동자개인이 투쟁에 참여할 경우 그는 더 큰 개인적 이익을 얻을 수도 있지만, 국가와 보수세력의 억압 등 반대급부인 비용이 더 커질 경우를 우려하지 않을 수 없게 되고 그 결과 무임승차자의 전략을 선택하게 된다는 것이다. 따라서 노동운동지도부는 '계급들 간의 투쟁에 들어가기 이전에 노동자계급의 형성에 관한' 내적 투쟁과정이 더 중요함을 인식해야 하며, 그것은 대중들의 무임승차자행위를 최소화할 수 있는 전략적 방침으로 구체화되어야 한다. 그 전략적 방침은 이행과정에서도 여전히 존재하는 지배블록 내부의 보수강경파에게 반동으로의 회귀

---

12) 이에 관해서는 다음 절에서 살펴본다.

를 위한 구실을 제공하지 않아야 하며, 그런 의미에서 최소주의적
강령(minimalist strategy)이어야 한다. 그리고 그것은 지배블록 내부
의 온건파와 정치적 타협을 맺을 수 있는 성질의 것이어야 한다. 이
최소주의적 전략, 타협적 노동정치는 대중의 이해에 반하지 않을 뿐
만 아니라, 노동계급의 내부분열을 방지함으로써 계급형성에 기여한
다는 점에서 '합리적인 선택'이 된다.

그러나 동일한 전투적 노동조합주의를 비판하였던 한 연구자가 불
분명하게나마 인식하고 있었듯이 합리적 선택이론의 게임논리는 상
황제약적이다.[13] 즉 그것은 노동자계급의 전략선택이 이루어지는 특
정 사회의 특정한 사회적 정치적 조건에 따라서 적절하게 재규정되
어야 한다는 것이다. 예를 들어 투쟁의 비용이 매우 크다는 것을 분
명히 알고 있었지만 1989년 공안정국 이래 한국의 노동조합운동은
국가의 강력한 억압정책에 전투적으로 대응하였던 것이 사실이었다.
이것을 어떻게 설명할 수 있을까. 노동운동지도부가 대중의 요구에
반하는 급진적 최대강령적 투쟁을 무리하게 고수한 것으로 파악해야
하는가. 아니면 그것은 대중의 요구에 기초한 합리적인 전략선택이
었는가. 본고에서는 민주주의이행과 한국노동정치의 구조적 특성에
기인한 국가의 강력한 억압이라는 조건을 고려하는 것이 필요하다고
본다. 즉 노동조합운동의 전략선택 논리는 일상적인 상황에서의 그
것과는 크게 달라져야 한다는 것이다.

안재흥(An Jae Hung, 1992)에 의하면 어려운 시기 혹은 수세기

---

13) 예컨대 최장집(1992)은 쉐보르스키의 '계급들 간의 투쟁 이전의 계급형성에 관한
투쟁'의 명제가 "자유주의적 민주주의적 조건하에서 노동운동이 이데올로기적 수준
에서 투쟁 결과로서 나타나는 서구와는 달리 한국의 노동운동이 압도적으로 강력한
권위주의 국가의 강권력이 행사되는 억압하에서 조건된다는 사실의 중요성을 간과
한다"(p.232)고 적절하게 지적하였다. 그러나 그는 '국가 억압의 일차적 중요성에
도 불구하고', 노동운동지도부의 합리적 개혁적 운동노선과 리더십의 중요성을 동시
에 강조하면서 그 위의 논지를 다시 부인하는 결론을 내렸다.(p.254) 합리적 선택
이론의 맥락적 적용의 필요성을 강조한 글로는 Norden(1986)을 참고.

(hard times)라는 상황적 조건하에서 노동운동이 처하는 선택의 구조
는 판이하게 다르다. 그 핵심적 차이는 수세기의 노동자들은 '투쟁
이나 행동에 참여치 않을 경우에도' 상당한 정도의 비용을 지불하지
않을 수 없다는 점에 있다. 즉 외부적 환경이 부과하는 비용이 지속
된다고 한다면 노동자들은 그 비용을 감수하기보다는 자신들에게 부
과되는 비용을 낮추기 위해 집합행동에 참여하는 선택을 하게 된다
는 것이다. 이 경우에는 타인의 집합행동 실패가 자신에게도 부정적
인 결과와 비용을 초래한다는 점에서 '무임승차의 논리'는 제한될
수밖에 없다. 즉 노동자 개인들은 타인의 집합행동이 실패할 경우
자신에게 돌아오는 비용을 감소시키기 위해서도 참여하고자 하는 강
한 유인을 갖게 된다.

그러므로 순순히 논리적으로 본다면 수세기 노동자들의 집합행위는
개인들의 집합행동에 따른 비용이 국가나 자본의 억압에 따른 비용과
같아질 때까지 증가하게 된다. 노동자들의 집합행동에 대한 국가와 자
본의 억압이 강화되고, 그 결과가 노동자에게 보상으로 돌아오기보다
는 비용을 더 크게 한다면 노동자들은 수세기의 비용을 감수하고 묵
종하게 될 것이다. 이와 같은 묵종(默從)의 전략은 권위주의체제의 강
력한 억압하에서 노동자계급의 도전이 체제에 의해 수용되지 않을 것
이라는 판단이 노동자들 사이에서 공유될 때 전형적으로 나타났다.

그리고 수세기의 노동자들은 비용의 지속적 증가라는 상황에서 선
택의 여지를 크게 제한당하고 있기 때문에 무임승차의 논리에 따라
차선책을 선택하는 행위자(maximizer)라기보다는 긍정적인 결과를
기대하고 선택하는 행위자(satisfier)이다. 그는 국가의 억압에 저항하
는 것이 초래하는 비용과 억압이 가져다주는 비용 사이에서 정확한
계산을 할 수 없는데, 그것은 자신의 참여에 의한 저항의 비용이 투
쟁의 전개와 힘의 역관계의 전개에 따라 변화하는 것이기 때문이다.
즉 다시 말하면 그는 투쟁에 참여치 않고 비용부담을 감수하는 것

그리고 투쟁에 참여하여 비용 경감을 시도할 수 있다는 것 이외의 선택지들을 알지 못하며, 따라서 합리적인 선택을 제약당할 수밖에 없다는 것이다. 그런 의미에서 그는 더 나은 선택지를 합리적으로 선택해서 행위하는 행위자가 아니라 '어쩔 수 없는 상황에서 막연히 더 나은 대안을 추구하는' 행위자일 뿐이다.

한편 노동자들은 수세기에 저항하는 것이 합리적인 선택지라 할지라도 다른 사람들이 동일하게 행동할 것이라는 확신이 없다면 집합행위에 참여치 않을 것이다. 여기서 수세기 노동자들의 집합행동의 정도 및 그 지속을 결정하는 요인들은 참여노동자들의 수(교섭력의 크기)와 이데올로기적 지향으로 대별된다. 조직을 매개로 한 참여노동자들의 수가 증가할수록 그것은 집합행동 참여의 개인별 비용을 낮추는 효과를 가져올 뿐만 아니라, 긍정적인 결과에 대한 노동자들의 기대수준을 높여준다. 그리고 이데올로기는 수세기의 합리적 선택행위에 대한 불확실성를 대체하는 신념을 제공하며, 개별노동자들을 행위의 주체로서 구성하게 되는 효과를 갖는다.(Therborn, 1983)

오랜 권위주의적 억압 이후 1987년과 1988년 두 해 남짓한 기간 동안 조직적 역량강화에 기초해서 확보되었던 노동자대중의 사회·경제적 성과들은 1989년 상반기의 공안정국을 거치면서 다시 회수되기 시작하였다. 국가와 자본 측은 임금상승을 막기 위해서 권위주의 체제의 임금가이드라인제도를 다시 도입하였고, 노동운동의 조직적 기반인 노동조합의 활동을 제어하기 위해 새로운 제도적 통제수단들을 속속 개발해내었다. 이러한 상황은 노동자들이 투쟁하지 않을 경우 짧은 기간 동안 획득하였던 제반 성과물들이 회수되는 비용부담을 크게 증가시켰다. 그러므로 그것은 전형적인 '수세기'국면이라고 볼 수 있을 것이다. 또 앞서 2절에서 고찰하였던 노동운동을 둘러싼 구조적인 주 객관적 조건들은 전체적으로 노동운동의 전략선택의 여지를 크게 축소시켰는데, 이는 국가의 억압과 함께 노동운동의 수세국면을 더욱 강화한 요인들이었다.

이런 상황적 조건하에서 이루어진 '전투적 노동조합주의'의 운동 노선은 대중과 유리된 최대강령적 투쟁노선이라기보다는 대중의 이해에 기초한 합리적인 전략선택이었을 뿐이다. 이 노선에 대한 비판자들이 흔히 인용하는 쟁의건수와 조직률의 급격한 하락은 '일차적으로' 국가억압이 가져다준 효과였으며, 노동자계급 내부의 이념적 노선분열 요인은 그 존재를 인정한다고 할 경우에도 부차적인 것에 불과하였다. 이를 좀더 구체적으로 살펴보자.

〈표 7-3〉 노동쟁의에 따른 노동손실일수 및 건당 쟁의지속일수 추이

(단위: 건, 명, 일)

년 도	쟁의건수	쟁의참가자수	노동손실일수	건당 손실일수	건당 지속일수**
1987	3,749건	1,262,285(337)*	6,946,935일	1,853일	5.3일
1988	1,873	293,455(157)	5,400,837	2,884	10.0
1989	1,616	409,134(253)	6,351,443	3,930	19.2
1990	322	133,916(416)	4,487,151	13,935	19.1
1991	234	175,089(748)	3,257,621	13,921	18.2
1992	235	104,489(445)	1,520,364	6,470	20.1

주: * 괄호 안은 건당 쟁의참가자수.
　　** 건당 쟁의지속일수는 연도별로 산정기준이 차이가 남. 예를 들어 1989년은 1989년 발생 쟁의 건당 지속일수이며, 1990년 1991년의 수치는 이월된 분규를 포함하여 해결시점에서 산정한 것. 또 1992년은 이월된 쟁의지속일을 연말 기준으로 산정.
자료: 한국노동연구원, 『KII 노동통계』, 1994에서 계산, 작성.

<표 7-3>에서 보면 1989년에서 1990년의 기간 동안 쟁의건수는 크게 감소하였지만, 쟁의의 강도는 역으로 크게 강화된 것을 알 수 있다. 건당 쟁의지속기간은 약 두 배로 늘어났으며, 건당 쟁의참가자수도 1988년의 151명으로부터 1991년에는 748명으로 크게 늘었다. 그리고 건당 노동손실일수는 1987년에 비해 1990년 1991년에는 약 8배나 증가하였다.

짧은 기간 동안 급변한 쟁의건수와 쟁의강도의 이 같은 변화는 전
노협을 중심으로 한 '전투적 노동조합주의' 운동세력이 투쟁의 강도
를 높였던 결과라고 일차적으로 해석될 수도 있다. 즉 전투적 노동
조합주의 운동노선을 고수한 지도부에 의해 동원되었던 노동자대중
의 높은 투쟁성향과 그것을 반대하는 노동자대중의 투쟁기피 현상이
동시에 나타났던 것으로 해석될 수 있다.

그러나 노동쟁의 건수 감소 및 강도 강화를 규정한 설명변수는 노
동조합의 운동노선이 아니라 국가의 억압이었다. 그것은 노동쟁의가
특정한 시점을 계기로 급감하였다는 점과 1990년 이후의 노동쟁의를
주도한 노동조합들이 전투적 노동조합주의를 주도한 전노협 산하 노
조들이 아니었다는 점으로 설명될 수 있다.

〈표 7-4〉 쟁의발생신고의 노동쟁의 전이율 추이(1989-1992.9)

(단위 건, %)

구 분	1989년		1990년		1991년**		1992년**	
	신고 건수	쟁의건수 (비율)	신고 건수	쟁의건수 (비율)	신고 건수	쟁의건수 (비율)	신고 건수	쟁의건수 (비율)
1월	116	73(62.9)	40	23(57.5)	85	20(23.5)	25	8(32.0)
2월	134	105(78.4)	39	17(43.6)	29	15(51.7)	51	11(21.6)
3월	388	144(37.1)	52	27(51.9)	53	17(32.1)	76	11(14.5)
4월	835	259(31.0)	247	31(12.6)	225	14(6.2)	123	25(20.3)
5월	317	412(*130)	573	107(18.7)	421	66(15.7)	290	38(13.1)
6월	201	127(63.2)	280	48(17.1)	431	55(12.8)	250	53(21.2)
7월	197	117(59.4)	122	23(18.9)	102	14(13.7)	137	27(19.7)
8월	254	105(41.3)	70	16(22.9)	132	5(3.8)	76	11(14.5)
9월	134	109(81.3)	74	10(13.5)	75	8(10.7)	50	25(50.0)
10월	248	81(32.7)	74	7(9.5)	-	-	-	-
11월	152	53(34.9)	50	7(14.0)	-	-	-	-
12월	111	31(27.4)	156	6(3.9)	-	-	-	-
전체	3,087	1,616(52.3)	1,777	322(18.1)	1,533	214(13.8)	1,078	209(19.4)

주: * 100%가 넘는 것은 쟁의발생신고 없이 곧바로 파업에 들어간 사례가 포함되었기 때문임.
    ** 1991년과 1992년의 경우 전체규모는 9월까지의 수치 합계.
자료: 한국노동연구원, 『분기별노동동향』, 1991 1/4, 1992 3/4에서 작성.

  <표 7-4>는 쟁의발생신고가 실제 노동쟁의로 연결되는 비율(전이율)의 추이를 살펴본 것이다. 여기서 두드러지는 특징은 노동쟁의발생 신고건수가 쟁의건수에 비해 그 감소의 폭이 그다지 크지 않았던 반면에, 전이율은 1990년 3월을 계기로 해서 갑자기 급감하였다는 점이다. 이것은 국가의 통제강화에 대해 1989년 한 해 동안 투쟁전략을 선택하였던 노동조합들이 3당합당 이후 전략을 급격히 변화시켰음을 보여준다. 즉 6공국가의 통제가 강화된 1989년 이후에도 노동자들은 일정기간 동안 무임승차전략보다 투쟁전략을 선택하였으나, 1990년 초 3당합당과 정국개편으로 말미암아 노동정치정세가 구조적으로 변화하게 되면서 상황은 반전되었다. 투쟁비용의 급증을 더이상 감당할 수 없었던 노동조합들은 투쟁보다 묵종의 전략을 선택하게 되었던 것이다.

  그리고 1990년 이후 쟁의발생신고 건수가 실제 쟁의돌입건수에 비해 크게 줄지 않은 것은 전체 노동조합의 투쟁동력이나 투쟁의지가 여전히 유지되고 있었음을 의미한다. 이러한 추론은 쟁의에 돌입한 사업장의 속성을 좀더 구체적으로 고찰해보면 분명해진다.

  <표 7-5>는 노동조합 규모별 쟁의발생건수의 변동추이를 보여준다. 표에서 두드러진 사실은 300인 미만의 영세 중소사업장의 노동조합의 쟁의발생 비율은 1989년과 1990년을 거치면서 크게 감소한 반면, 300인 이상의 중 대규모사업장의 쟁의발생비율은 같은 기간 동안 상대적으로 크게 증가하였다는 점이다. 절대적인 수치의 경우에도 중소영세업체의 쟁의발생건수는 1988년 1989년과 비교해서 1991년에는 약 1 / 10수준으로 감소하였지만 중 대규모사업장의 그것은 1 / 3에서 1 / 4 정도 감소했을 뿐이었다.

〈표 7-5〉 사업체규모별 노동쟁의발생추이

(단위: 건, %)

규 모	1987	1988	1989	1990	1991	1992
100인 미만	1,379(36.8)	717(38.3)	570(35.3)	85(26.4)	44(18.8)	61(26.0)
100-299인	1,482(39.5)	706(37.7)	645(39.9)	124(38.5)	79(33.8)	82(34.9)
300-999인	629(16.8)	289(15.4)	249(15.4)	63(19.6)	62(26.5)	·57(24.2)
1,000인 이상	259(6.9)	161(8.6)	152(9.4)	50(15.5)	49(20.9)	35(21.5)
전 체	3,749(100.0)	1,873(100.0)	1,616(100.0)	322(100.0)	234(100.0)	235(100.0)

주: ( )안은 구성비
자료: 한국노동연구원, 『KII 노동통계』 1994.

이와 같은 사업체규모별 쟁의발생의 편차는 일면적으로 본다면 기업별 노조체제하에서 교섭력의 차이에 따른 당연한 결과일 것이다. 하지만 국가의 강력한 억압이라는 조건하에서 노조조직의 규모 - 교섭력에 따라 쟁의발생의 추이가 크게 편차를 보인다는 사실은 쟁의의 대폭적인 축소가 노동자의 무임승차 전략선택 결과라기보다는 수세기의 묵종의 결과에 불과함을 입증하고 있다. 즉 국가의 억압에 대해 일시적이나마 수세적으로 방어할 수 있는 조직역량을 갖춘 단위노조의 경우에는 적극적인 투쟁의 전략을 선택할 수 있었던 반면, 그렇지 못한 노동조합은 수세기의 비용을 모두 용인할 수밖에 없었던 것이다.[14)]

또 중·대사업장의 노동자들이 국가의 억압이 가장 강했던 시기에 상대적으로 투쟁에 앞장섰다고 하는 점은 '전투적 노동조합주의'가 중소사업장 중심의 전노협에 한정된 것이 아니라 범노동계급적인 이념이었음을 보여준다. 특히 이들 사업장의 노동자들은 경제구조적 변동의 결과로 생활상태나 의식이 크게 보수화되었고, 이것이 노동자계급 내부를 분화시켰다고 평가되었다. 그러므로 중 대규모사업장

---

14) 이런 점에서 노동조합운동에 약간의 위기현상을 인정한다하더라도 그 원인을 운동 노선의 문제가 아니라 기업별 노조조직체계의 한계 - 조직체제의 질적 발전전망 부재로 분석하였던 견해가 보다 사실에 가까운 것이었다.(임영일, 1992)

노동자들이 상대적으로 더욱 쟁의에 많이 참여하였다는 것은 산업구조의 변동에 따른 계급내부의 분화가 특정 시기의 계급행동에 직접적으로 반영되지 않음을 보여주었다.[15]

일상적인 시기의 전략적 선택이론이 다수의 노동자집합보다 소수의 노동자집합이 집합행동에 참여하는 데 더 유리하다는 결론을 내리고 있는 것과는 상반된 현실이었다. 전략적 선택이론에 따르면 노동자들은 그들의 이해가 동일하다고 하더라도 그 이해를 하나의 집합적 이해로 결집하는 데는 의사소통의 제약에 따른 많은 어려움이 있으므로 소수의 노동자들로 구성된 조직이 단체행동에 더 유리하다는 것이었다. 그러나 '수세기'의 전략적 행동은 가능한 한 다수의 노동자들이 참여할 경우, 억압의 비용이 낮아지므로 결집가능한 노동자의 수와 정비례한다는 특징을 갖는다. 그러므로 이 시기 대규모사업장의 쟁의비율이 늘어났던 것은 '수세기' 노동자들이 합리적인 전략선택을 한 결과였다.

그리고 1989년 국가의 억압이 가속화되었던 시점에서 노동자들의 단체행동참여를 규정하였던 것은 소속 노동조합의 규모와 그것의 정치적 이데올로기적 지향이라는 두 가지 요인이었다.(박덕제·박기성, 1990)

1989년 동안 전노협의 운동방향과 이념에 동조하였던 많은 노동조합들은 국가의 억압이 시작되는 국면에서는 강력히 투쟁하였지만, 1990년 하반기에 이르면 이들의 쟁의참여는 크게 약화될 수밖에 없었다. 그것은 전노협에 가입한 노동조합들이 상대적으로 중소규모였고, 지속적인 억압에 맞서 조직을 안정적으로 유지할 수 있는 물질적 조건을 갖추지 못하였기 때문이었다. 반면에 전노협의 투쟁력이

---

15) 대표적인 거대독점사업장이며 소위 '개량화'가 가장 많이 진척되었다고 평가받았던 울산의 현대자동차노동조합의 경우는 그 좋은 예이다. 현대자동차노동조합은 1993년 국가의 억압이 이완되자 곧바로 단체행동을 재개하였다.

급격히 낮아지는 시점이었던 1990년 11월 대기업연대회의가 결성된
것은 수세기에 투쟁전략이 유지되기 위해서는 정치적 이데올로기적
지향뿐만이 아니라, 그것이 조직역량과 결합되어야만 한다는 것을
보여주었다.

그리고 이념의 측면에서 대기업연대회의는 전노협과 노선을 달리
하는 새로운 운동세력의 출현으로 해석될 수 없다.[16] 먼저 연대회의
는 출범선언에서 전노협과 연대하여 국가의 억압에 대해 투쟁할 것
임을 밝혔고(조선일보, 1990.12.30일자), 전체적으로 국가의 억압을
용인하지 않는 민주노조로서의 성격을 분명히 유지하였다. 또 그것
은 출범당시부터 실제로 전노협과 조직적인 의사소통망을 갖고 있었
으며, 소속 대기업 중에는 전노협의 핵심사업장이 포괄되어 있기도
하였다. 그것은 실질적으로 전노협의 조직적 연대사업의 결과이기도
하였다. 또 연대회의와 전노협의 연대는 1991년 초 국가의 연대회의
에 대한 강력한 탄압에 대해 공동대처하는 과정에서도 강화되었고,
그것은 1991년 말 IIO가입과 노동법개정 공동대책위원회의 결성과정
에서 대기업노조들이 주도적으로 참여한 것에서 다시금 확인된 바
있었다.

요약하자면 1989년 이래 국가의 억압강화에 대응하여 민주노동조
합세력들이 '전투적 노동조합주의'로 대응하였던 것은 급진적 이념
에 기초하고 대중으로부터 유리된 잘못된 전략선택으로 해석될 수
없다. 오히려 그것은 수세기의 노동운동이 억압의 비용을 줄이기 위
해서 선택할 수 있었던 유일한 전략적 선택방침이었을 뿐만 아니라
대중적 이해에 기초한 것이었다. 하지만 모든 노동조합들이 저항을
선택할 수 없었는데, 그것은 이념적 정치적 운동노선상의 분열로 해

---

16) 최장집(1992: 253)은 대기업연대회의가 1987년 이후 노동운동의 '중심의 다원화'
   현상을 특징짓는 중요한 발전이라고 평가하였다. 그는 이를 전투적 노동조합운동과
   는 다른 운동방식, 운동노선의 출범이라고 규정하는 듯하나 이는 과도한 해석이다.

석될 수 없다. 노동조합들은 억압이 요구하는 비용에 대해서 교섭력 (규모)과 정치적 이데올로기적 지향에 따라 다른 선택을 할 수밖에 없었던 것이다. 즉 국가의 억압에 저항하는 전략을 선택하지 않았던 조합들도 차선의 선택을 하였던 것이라기보다는 묵종함으로써 수세기의 비용을 감수하는 차악을 선택한 것일 뿐이었다. 그것은 노동조합 역량이 부족한 조건하에서 이루어진 강요된 선택이었다.

마지막으로 전투적 노동조합주의를 비판하는 기존 논의들은 이 시기 운동의 위축 원인이 일차적으로는 국가의 억압에 있었다는 점을 동시에 강조하였다. 즉 국가의 억압이라는 조건이 절대적인 변수가 아니라면 노동운동은 이 상황에서도 보다 합리적인 전략적 선택을 해야만 했는데, 전투적 노동조합주의는 그러한 요구를 벗어난 비합리적인 정치투쟁 일변도의 투쟁노선을 고수하였다는 것이 비판의 핵심적 요점이었다. 즉 노동운동 위축현상은 일차적으로는 계급역관계의 불균형, 민주주의이행의 특수성, 경제구조의 변동 및 국가의 강력한 억압 등 구조적 상황적 요인에 기인한 것이지만 '이차적으로는' 노동운동의 행위요인에도 원인을 찾을 수 있다는 것이다.

일종의 양비론이 기묘하게 결합된 이 같은 주장은 심각한 이론적 문제에 봉착할 수밖에 없다. 그것은 앞서 논의한 바 있었던 민주주의이행과정에서의 노동계급의 행위를 다룬 전략적 선택이론의 문제의식을 잘못 적용한 것에 기인한다. 쉐보르스키(Przeworski, 1986)는 '선택의 구조'라는 개념을 통해서 구조와 행위 간의 딜레마를 이론적으로 해결하고자 시도였는데, 그 초점은 선택의 구조가 행위자의 선택의 여지를 일정하게 제한한다는 점이었다. 따라서 그의 전략적 선택개념은 민주주의이행 및 그에 따른 계급역관계, 경제적 조건 등의 요인에 따라서 노동계급의 행위범위가 얼마나 제약되는가를 분명히 보여주기 위한 개념이었다.

그러므로 이 논의를 한국사회의 노동정치에 적용하자면 노동운동

의 구조적 조건들이 노동운동의 전략선택을 여하히 제한했는가 하는
것을 규명하는 것이 제일 중요한 과제가 된다. 그렇지만 전략적 선
택이론에 기초해서 한국의 전투적 노동조합주의를 비판한 연구들은
구조요인과 행위요인을 아무런 연관 없이 병렬함으로써 이론적으로
커다란 혼란만을 초래하였던 것이다. 노동운동 위축의 '일차적' 원인
은 국가의 억압 등 구조적 요인이지만 그럼에도 불구하고, 이차적
원인인 '전투적 노동조합주의 운동노선'의 문제도 중요하다는 인식
은 구조결정론과 자원론(voluntarism)의 오류가 상호중첩된 결과를
야기하였다.

　노동운동노선에 대한 비판의 자원론적 한계는 대안적 운동노선의
실현가능성에서 가장 두드러지게 나타났다. '국민적 조합주의', '사회
발전적 노동운동', '진보적 노동조합주의', '민주적 조합주의' 등 여
러 가지 개념들이 제시되었지만 본질적으로 그것들은 노정권기간의
노동운동이 선택할 수 없었던 추상적인 관념들에 불과하였다는 점에
서 동일하였다. 한국의 노동운동 조건에서 이는 현실적으로 다음의
문제로 축약된다. 그것은 민주노조운동이 국가에 종속된 한국노총의
노선과는 질적 차별성을 가지면서도, 국가의 통제방식에 유효한 대
응을 할 수 있는 유연한 운동노선을 확보하는 것이 가능한가하는 물
음이다.

　한국노총의 운동노선 변화 및 그것의 현실적 모습은 이 문제와 관
련해서 매우 시사적이다. 권위주의하에서 노동통제수단으로 국가에
종속되어 있었던 한국노총은 1987년 노동자대투쟁 이래 최대의 조직
적 위기를 맞이하였다. 점증하던 위기감에 대응하기 위해서 1988년
초 새로이 등장한 개혁지도부는 기존 노총의 운동노선을 과감하게
전환하는 시도를 하였다.

　새로운 운동노선의 핵심적 과제는 노총의 정책기능을 제고하여 정
치적 과제들을 적극적으로 추진하고, 이를 계기로 국가에 대한 종속

성을 탈피하겠다는 것이었다. 그리고 다른 한편으로는 '국민적 공감
대'를 갖는 노동운동의 추진을 강조함으로써, 기존 '민주노조'들과의
차별성 또한 강조하였다. 이들 서로 연관된 두 가지 과제는 서구의
'신조합주의적 운동노선'을 지향하고, 그 맥락에서 '계급이기주의적
인 투쟁일변도의 운동노선'을 극복하고자 하였다는 점에서 '전투적
노동조합주의'에 대한 대안적 운동노선으로 제기되었던 것들과 이념
적으로 크게 다르지 않았다.[17]

특히 노총의 새로운 운동노선은 신조합주의적 기조 위에서 시민운
동과의 연대, 민주적 구조개혁의 추진 등 전 국민적인 노동운동을 추
구하였다는 점에서 그러하였다. 또 노동조직의 통일은 노총의 조직적
기득권고수라는 점에서 강조된 것이었지만 내용적으로는 노동계급의
조직적 분열을 극복하기 위한 대안이었다는 점이 동일하였다.

그렇지만 노총의 변신노력은 대체로 실패하였다고 평가될 수밖에
없다. 6장에서 보았듯이 노동자대중의 조직적 힘과 투쟁을 전제로 하
지 않았던 새로운 투쟁방식은 국가에의 통제라는 이전의 구조적 관
계를 전혀 변화시킬 수 없었다. 국가는 노총이 자율적인 정치적 행위
자로 등장하는 것을 결코 원하지 않았으며, 제한된 범위내에서만 활
동할 것을 강요하였다. 특히 노동법개정이나 총액임금제와 같이 국가
가 추진하였던 핵심적인 노동정책에 대해서는 더욱 그러하였다. 노총
이 이 기간 동안 지속적으로 강조하였던 정책참여는 주변적인 문제
들에서만 부분적으로 확대되었을 뿐이었다.[18] 또 제도적 참여의 장치

---

17) 새로운 운동노선은 이른바 '민주복지사회 실현을 위한 노동조합주의'이다. 그 구체적
내용은 자주적 민주적 노동운동의 전개, 노동자와 일반국민의 생존권 보호, 한국자
본주의의 구조적 개혁 추진, 국가정책결정과정에의 적극적 참여, 정치활동의 전개,
노동조직의 통일과 시민운동과의 연대 등이었다. 자세한 것은 이정식(1992) 참고.
18) 새로운 정책참여의 기제였던 국민경제사회협의회의 무력한 활동내용은 그 좋은 예
이다. 노총의 이런 노선이 약간의 결실을 거둔 것도 1993년 김영삼 정권 이후였
다. 1993년과 1994년 임투를 앞두고 이루어진 '노경총 임금합의'는 그 대표적인
사례일 것이다. 그러나 그것은 신조합주의의 사회적 합의(타협)이라기보다는 억압

를 갖지 못한 상태에서 시도되었던 시민운동과의 연대, 한국자본주의
의 구조적 개혁 등 '국민과 함께하는 운동'은 실제의 정치과정과 유
리된 채로 관념적인 주장에 머무를 수밖에 없었던 것이다.

노총의 새로운 운동노선이 실패로 귀결될 수밖에 없었던 것에는
물론 노총 상층부의 기회주의, 국가자본에 대한 구조적 종속, 권위주
의체제로부터 연원하는 조직의 이미지와 관성 등 여러 가지 요인들
이 작용할 것이다. 그러나 그 밑바탕에는 근본적으로 노총의 새로운
운동노선이 민주주의이행기 노동정치의 구조적 조건 및 그 결과인
계급역관계의 불균형, 국가의 노동배제 노동통제정책, 노동자계급의
주체적 조건들을 전혀 고려치 않은 관념적인 것이었다는 한계가 놓
여겨 있었다. 노총조직을 명시적으로 전제하지 않았던 '대안적 노동
운동이념들'의 경우, 노총의 부정적 이미지 및 조직적 한계의 부담
을 전제할 필요가 없으므로 이념실현에 있어 보다 유리한 조건에 있
었다고 볼 수 있다. 그렇지만 그 본질적 한계는 여전히 공유하고 있
었다.19)

결국 기존의 '대안적 운동노선논의'들은 새로운 바람직한 운동노
선이 실현되기 위해서 현재의 구조적 조건들이 어떻게 변화되어야
하며, 그것은 어떤 실천을 통해서 가능할 것인가의 문제를 전혀 고
려치 않았거나 올바르게 규명하지 못하였던 것이다. 이러한 한계는
합리적 선택이론의 무차별적 적용, 노동운동의 제반 구조적 조건들
및 주체적 조건들에 대한 결정론적 인식과 자원론적 인식의 혼란 등
이론적 방법론적 오류들에 근원하는 것이었다.

적인 임금규제책인 임금가이드라인의 변형으로 보는 것이 더욱 정확하다.(송호근,
    1993; 조효래, 1995)
19) 임영일(1992)은 이런 의미에서 '대안적 운동노선'들이 본질적으로 노총의 그것과
    다르지 않다고 본다. 그는 민주노조진영 내부에서 새로운 운동노선을 구성해 낼
    수 있는 대안적 리더십은 존재하지 않으며, 따라서 그것은 노총의 몫이 될 수밖에
    없다고 비판하였다.

제4절 '전투적 노동조합주의' 비판과 그 실제: 민주노조운동의 투쟁

이 절에서는 전투적 노동조합주의로 규정되었던 민주노조운동의 운동방식, 투쟁방식의 문제를 보다 구체적으로 점검해보면서, 노동운동위기론에 대한 비판을 검토할 것이다. 그리고 그 과정에서 전노협을 비롯한 민주노조운동의 대중적 투쟁은 노동운동의 위기를 초래하기보다 노동조합운동의 새로운 조직적 발전에 중요한 기반이 되었음을 보여 줄 것이다.

앞 절에서 본 바와 같이 타협의 구조적 조건이 구비되어 있지 못했고, 일상적인 합리적 선택논리가 적용될 수 없었던 결과, 민주노조운동은 보다 유연한 운동노선을 선택하기 힘든 조건에 있었다. 그렇지만 구조적 상황적 제약 아래 있었다고 하더라도 민주노조운동의 구체적인 투쟁방식과 운동노선 전개과정을 검토하는 것은 중요한 일이 된다. 왜냐하면 강화되는 국가의 억압이라는 조건에 대해 적절하게 대응하는 노력이 있었는가하는 물음이 여전히 가능할 것이기 때문이다. 특히 이 시기 동안 국가의 억압강화와 더불어 노동통제방식이 변화하였다는 점을 고려하면, 이에 대한 노동운동의 적절한 대응이 요구되었음은 분명한 일이다. 또 전투적 노동조합주의에 대한 비판이 지적하는 제반 운동노선 및 투쟁방식상의 특징들의 실제는 어떠했는가를 검토하는 것도 균형 있는 노동운동 평가를 위해 중요할 것이다.

전투적 노동조합주의에 대한 비판은 크게 세 가지로 나누어질 수 있다. 그것은 전노협의 결성과정의 문제[20], 최대강령주의로 표현되는

---

20) 전투적 노동조합주의에 대한 비판은 전국노동조합협의회에만 한정되는 것은 아니

이념적 급진성의 문제, '전투성'으로 표현되는 운동방식의 문제 등이
다. 물론 이들 각각은 긴밀하게 연결되어 있는 문제들이지만, 분석을
위해서 이를 하나씩 검토해본다.

(가) 먼저 민주노조세력의 조직적 결집이라고 할 수 있는 전국노
동조합협의회의 결성시기 및 결성방식이 잘못되었다는 지적이 있었
다.(박승옥, 1992; 최장집, 1992) 그것은 공안정국 이래 국가의 탄압
이 강화되고 있었던 시점에서 급진적 활동가에 의해 위로부터 조직
결성이 이루어짐으로써 국가의 탄압목표만을 만들어주었다는 비판이
었다. 또 국가의 억압과 함께 민주노조운동 내부에서 노동자대중과
지도부의 간극이 심화되고 급진주의 분파주의의 폐해가 두드러지기
시작하였던 시점에서 결성된 것도 문제였다. 그것은 보다 시급한 과
제였던 대중적 조직화작업이나 '노총민주화사업'을 방기하는 오류를
범한 것으로 파악되었다. 그리고 비재벌 노동집약적 제조업중심, 여
성노동자가 다수인 마산 창원, 경인 지역의 중소사업체를 중심으로
조직이 구성되어 조직기반이 매우 협애한 상태에서 결성이 추진된
것도 한계로 지적하였다.
전노협의 결성시기 및 결성과정이 적절했는가를 평가하는 것은 매
우 어려운 일이다. 그것은 결성 이후의 사태진행을 기초로 해서 결
성과정을 평가하는 사후적 해석에 빠질 위험이 농후하기 때문이며,
결성 이후의 사태진행에 대해서도 여러 가지 다양한 평가가 있을 수
있기 때문이다. 그러므로 본고에서는 조직결성시기 및 결성과정에
대한 과도한 사후적 해석을 교정하고, 결성과정에 대한 맥락적 이해
를 시도하고자 한다.

다. 그러나 대다수의 비판적 검토들은 전노협의 운동노선을 명시하거나 염두에 두
고 전투적 노동조합주의를 비판하고 있으므로 본고에서는 전노협을 중심으로 민주
노조의 투쟁을 검토할 것이다.

　먼저 전노협이 급진적 활동가에 의해 위로부터 조직되었다는 것은 과도한 일반화의 문제점을 안고 있다. 노동조합 전국조직의 필요성은 1988년 하반기에 일부 노동운동단체에서 부분적으로 제기되기 시작하였지만 그것이 구체화된 것은 1988년 11월 13일 노동법개정을 위한 전국노동자대회에서였다. 당시 대회는 새로이 결성된 각 지역의 지역노동조합협의회와 개별 민주노조, 노동운동단체 등 범민주노조운동세력이 모두 자발적으로 참여하여 1987년 이후의 노동조합운동발전을 점검하고 새로운 질적 발전을 준비한다는 목표를 갖고 있었다. 노동자대회에서 확인된 전국적 연대의 구체적인 준비는 12월 22-23일 개최된 '전국노조단체대표자회의'에서 보다 구체화되었다. 이 회의에서는 전국조직결성에 대한 원칙적 합의가 도출되었으며, 이를 추진할 노동조합의 전국적 모임인 '지역·업종별 노동조합전국회의' 및 그 산하단체인 '노동법개정 및 임금인상투쟁본부'를 공식화하게 된다.

　비록 전국노동운동단체협의회에 포괄되어 있었던 지식인 출신의 노동운동가들이 과정에서 전국조직결성의 문제를 발의하고 그 과정에서 실무를 담당했던 것은 사실이었지만, 중요한 결정은 지역노동조합협의회나 개별 노동조합의 대표자들의 회의체에서 대중적인 확인절차를 거쳐 내려졌다는 점이다.21) 또 1989년의 '지역·업종별 노동조합전국회의'는 투쟁본부라는 비상시적 조직형태에서나마 전국조직으로서의 기본적 활동을 이미 시작하였다는 점도 지적될 필요가 있다. '노동법개정 및 임금인상투쟁본부'는 1989년 상반기에만 8차례의 전국적 집회를 개최하였고, 국가의 노동통제강화에 대응하는 노동운동 탄압저지투쟁을 전개하였다. 따라서 급진적 활동가가 결성을 주도하였다는 판단은 실무담당 지식인 노동운동가에 너무 주목했던

---

21) 전국노동운동단체협의회 편(1989: 51-106), "전국노조협의회 건설에 관한 토론", 참고.

것에 기인한 것으로 보인다.

또 전노협의 결성이 적절한 시기에 이루어지지 못함으로써 국가의 억압을 집중적으로 초래하였다는 해석은 부분적으로는 의미 있는 주장이긴 하겠지만, 매우 형식적이고 추상적인 접근으로 보인다.22) 1989년 연초부터 지역단위, 개별기업단위로 분산된 가운데 국가의 탄압을 집중적으로 받았던 단위 민주노조들의 절실한 요구는 일차적으로 민주노조조직의 유지였다. 그리고 개별 단위사업장 노조들은 조직보존을 위해서는 '전국적인 노동조합조직'의 탄압저지투쟁이 무엇보다 필요한 것이라고 판단하였다.23) 실로 모든 행정조직과 억압기구가 총동원되어 전국적인 수준에서 확대되고 있었던 노동운동통제에 대해서 개별 민주노조나 지역단위협의체가 대응하는 것은 불가능한 일이었다. 특히 단위사업장의 조직역량이 취약하였던 중소사업장에서 이 문제는 민주노조의 존폐를 결정하는 현실적인 문제였던 것이다.

그러므로 전노협결성시기에 관한 해석은 반대의 논리로 재구성될 수 있다. 즉 전노협건설의 일차적 동력은 1987년 이후 민주노조운동의 역량을 전국적 수준에서 결집하고자 하였던 노동자대중의 요구였다는 것이다. 그리고 1989년 상반기 이후의 국가의 노동통제강화과정에서 전국조직결성의 필요성은 단위사업장수준에서부터 크게 증가하였고, 이것이 전노협결성을 촉진하였던 것이다. 따라서 그것은 급진적 지도부에 의한 위로부터의 조직이라기보다는 근본적으로 노동

---

22) 국가는 전노협의 결성일정이 구체적으로 정해지지도 않았던 1989년 상반기부터 이미 전노협결성을 기정사실로 선전하고 이 '가상의 적'에 대한 이데올로기공세를 크게 강화하였다. 국가의 이데올로기공세는 전노협결성을 유도한 측면을 부분적으로 갖고 있었고, 그만큼 노동운동발전을 촉진하기도 하였다.

23) 1989년 5월 지역 업종별 노동조합전국회의에 제출된 자료에는 전국조직의 필요성으로 국가적 차원의 사회정책적 요구의 수행, 노동운동탄압에 대한 방어 등을 들고 있다. 전국노동조합대표자회의, "전노협 건설투쟁에 박차를 가하자!", 김용기 박승옥 엮음, 『한국노동운동논쟁사』, 현장문학사, 1989.

자계급대중의 밑으로부터의 이해에 기초한 것이었다.

(나) 다음으로 전노협의 강령적 운동노선에 관한 것이다. 전투적 노동조합주의를 비판하는 기존의 논의들은 전투적 노동조합주의를 대표하는 조직이었던 전노협이 '최대강령적 요구'를 제시하는 등 급진적 정치지향성을 드러냄으로써 여타 사회계급뿐만이 아니라 노동자계급 내부에서도 대중성을 확보하는데 실패하였다고 비판하였다. 특히 당시 급격하게 진행되었던 사회주의권의 붕괴과정과 결합하여 이러한 정치적 급진주의는 운동의 대중성을 크게 약화시켰다는 것이다.

전노협의 운동노선을 정확하게 규정하고 이를 평가하는 일 또한 쉬운 일은 아니다. 결성과정과 결성 당시 전노협의 사무총국 내부에 급진적인 정치적 지향을 갖는 활동가들이 상당수 존재했음을 고려한다면, 이와 같은 비판이 전적으로 근거 없는 것도 아닐 것이다.24) 그러나 이 문제는 보다 복잡한 여러 가지 차원의 문제들과 결합되어 있기 때문에 보다 신중한 접근이 요구된다. 즉 전노협의 정치적 급진성 여부는 노동운동 일반과 노동조합운동의 운동수준의 구별문제, 국가의 이데올로기공세의 영향, 전노협의 운동강령과 구체적 실천 등의 제반 상황에 대해서 정밀하게 검토해야만 규명될 수 있는 것이기 때문이다.

앞서 논의한 바와 같이 한국의 노동운동은 정치적 노동운동과 노동조합운동의 두 차원에서 상당한 구조적 불균형상태에 있었다. 비록 양자가 서로 상호 작용하였던 측면이 있었지만, 1987년 이후 새로이 등장하였던 노동조합운동의 자율성은 상당한 의미를 갖고 있었다.25) 민주노조의 조직과 지노협결성에서 상당한 역할을 하였던 정

---

24) 전노협조직의 하위 상근 실무진들 대다수는 지식인 출신의 노동운동가로 충원되었고 전체 활동에서 이들의 역할과 비중은 상당한 것이었다. 그렇지만 상근활동가 중에서도 상위직들은 지역노동자협의회로부터 충원된 노동자출신의 운동가들이었다.

치적 노동운동세력들은 전노협결성과정에서 양자의 관계를 조직 대 조직의 관계로 재규정하고, 이후 서로 독자적인 조직체제로 분화되었다.[26] 전노협결성 이후 두 세력들은 긴밀히 상호 협조하는 관계를 유지하였지만 몇 차례의 계기들을 거쳐 양자는 각기 자기 조직의 독자적 사업에 집중하는 방향으로 그 관계를 변화시켰던 것이다.[27]

이와 같이 노동운동을 두 차원으로 구별해보면 전노협으로 대표되는 민주노조운동에 대해서 최대강령주의로 규정하는 것은 그 근거가 매우 박약하다. 먼저 전노협의 강령에는 최대강령적 요소가 전혀 없었다. 노동조합의 일상적 활동과 관계되는 강령적 요구 외에 정치적 강령은 '자본과 권력의 노동운동탄압 분쇄', '노동자와 전민중의 민주적 권리쟁취', '민주세력과의 연대를 통한 조국의 민주화, 자주화, 평화통일 실현', '국제적 노동자연대' 등이었고, 이는 최대강령적 요구라고 볼 수 없다.[28]

그리고 구체적인 실천수준에서도 전노협의 투쟁 및 요구가 최대강령적인 것으로 규정될 수는 없었다. 이는 한편으로 전노협이 노동조합운동조직인 것에 기인한 것이었다. 하지만 전노협의 투쟁이 최대

---

25) 정치적 노동운동과 노동조합운동의 구별에 대해서는 임영일(1993)을 참고.
26) 전국노동운동단체협의회, "노동조합의 전국적 조직건설을 위한 토론", 『공장에서 전국으로 전진하는 노동운동』, 사계절, 1989.3 및 전국노동조합대표자회의, "전노협 건설투쟁에 박차를 가하자", 앞의 글 참고.
27) 대표적인 정치적 노동운동세력인 전국노동운동단체협의회는 1990년 하반기 전노협 결성 이후 조직의 발전전망을 둘러싸고 내부에서 심도 있는 논쟁을 벌였다. 그 결과 정치적 노동운동에 치중하는 세력들은 독자적인 조직으로 분리되게 된다.(전국노동운동단체협의회 편, 월간『노동운동』각호 참고) 그리고 전노협 내부에서도 이와 같은 분화가 일어났는데 그것은 1992년 선거를 대비한 민중당결성과정, 노정추서명 및 총선투쟁과정에서였다. 내부 논쟁을 거치면서 전노협은 개인적 정당활동 참여는 제한하지 않으나 전노협조직차원에서는 참여치 않는 것으로 결정하였다. 이러한 결정 또한 정치적 노동운동과 노동조합운동의 분화 및 노동조합운동의 자립화에 중요한 기여를 하였다.(전국노동조합협의회, "제20차 중앙위원회 회의자료", 1992.1.14 및 『사업보고서』(1991, 1992) 참고)
28) 전국노동조합협의회(1990), "전국노동조합협의회 강령" 참고.

강령적인 것이 될 수 없었던 것은 무엇보다 강력한 국가억압하에서 조직을 보존하고 일상적인 조합활동을 수행하는 것이 절실한 과제였기 때문이다. 이는 실제로 전노협이 노동조합전국조직의 한계 내에서 자신이 설정한 정치투쟁의 과제도 충분하게 수행할 수 없었다는 데서 잘 나타났다.

예컨대 1990년의 경우 전노협은 조직보존과 같은 수세적 대응에 역량을 집중했으며, 1991년은 임금교섭의 조직과 손상된 조직역량 강화사업에 전력을 기울였을 뿐이었다. 두 차례의 선거가 예정되었고 권력교체기였던 1992년은 본래적인 의미의 정치투쟁이 가장 요구되었던 해였다. 그러나 전노협의 선거투쟁 및 정치역량강화의 요구는 체계적으로 조직화되지 못하였고, 오히려 부분적으로나마 조직력을 약화시키는 결과를 초래하였다.[29]

이런 의미에서 전노협을 비롯한 민주노조세력 일반의 운동노선이 '급진적 정치투쟁', '최대강령주의'로 일반에게 인식된 이유는 다른 데에 있었다. 그것은 국가의 이데올로기공세 때문이었다. 6장에서 본 바와 같이 6공국가는 노동통제의 방식을 질적으로 변화시켜 나갔는데, 그 핵심은 각종 이데올로기적 언술들을 동원하여 노동자계급을 여타 사회세력들로부터 고립시키는 것에 있었다. 또 국가가 동원한 각종 강권력이나 물리적 폭력 등은 이데올로기적 통제와 긴밀히 연관되었고, 그 헤게모니구조하에서만 그 효과를 충분히 낼 수 있었다.

이러한 국가의 노동통제방식은 전노협의 정치적 성격 및 강령적 운동노선과 관계없이 그 투쟁방식을 일정하게 규정하였다. 전노협을 비롯한 민주노조세력들은 변화된 통제방식에 부응하는 유연한 투쟁노선의 필요성을 절감하였다. 그렇지만 그들은 동시에 자주적인 노조조직 및 그 활동 자체를 근본적으로 부인하는 강력한 이데올로기

---

29) 전국노동조합협의회(1990, 1991, 1992)의 "총괄평가" 참고.

적, 물리적 억압에 대해 전역량을 동원한 대중적 투쟁을 하지 않을 수 없는 딜레마적인 상황에 처해 있었다. 여기서 이데올로기공세에 대응하는 '국민과 함께하는 투쟁'은 조직의 보존과 노동조합의 자주성을 확보치 않고서는 불가능하였으므로, 전노협은 후자의 과제를 일차적으로 실행할 수밖에 없었다.

(다) 여기서 마지막으로 검토해보아야 할 것은 전노협의 '최대강령주의'의 주요한 근거로 흔히 지적되는 투쟁방식의 문제이다. 비판적 시각들이 주목하는 전노협의 투쟁방식 및 투쟁과정상의 특징은 조직 내 대중과 지도부의 분리현상, 계급이기주의적 투쟁, 파업투쟁 위주의 대안 없는 급진성 등 세 가지 점으로 요약된다.

첫째, 전노협의 사업방식이 지나치게 하향경직성을 보임으로써 조직 내에서 대중과 지도부의 균열현상이 심화되었고, 이것이 운동발전을 가로막았다는 비판이 있었다. 그리고 무리한 정치투쟁과 파업투쟁을 고집함으로써 지도부가 안정되게 유지되지 못하였다는 지적도 동시에 제기되었다. 실제로 전노협의 사업평가에는 '조직형식주의', '관념적 비대중적 사업작풍', '단위노조에 대한 일방적인 사업지시', '집회일정 채우기 식의 투쟁방식', '조합원대중의 참여 저조' 등에 대한 자기비판이 전 기간을 통해 점철되어 있었다. 그러므로 이와 같은 비판은 적어도 현상적인 문제점은 정확하게 지적한 것이었다. 그리고 그것은 지식인 노동운동가출신들로 실무역량이 충원되었던 전노협조직의 성격에 기인하는 측면이 있었던 만큼, 이들 지도부의 비대중적인 사업방식에 그 원인의 일단이 있음을 부인할 수 없다.

그러나 조직구조와 리더십의 안정성문제는 보다 구조적이고 상황적인 제반 조건들을 고려하지 않는 경우 관념적인 비판에 머무르게 된다. 이와 같은 문제가 발생하였던 근본적인 이유는 무엇보다 기업별 노조체제라는 한국 노사관계의 구조적 한계 때문이었다. 단위사

업장 리더십의 경우에 노동조합은 기업조직의 한 부분으로 인지되기
쉬우며 기업의 제반 활동에 종속되는 현상이 구조적으로 나타난다.
그 결과 노동자들은 조합원의식보다는 종업원의식을 갖기 쉬우며,
그만큼 사용자가 개입할 여지는 커질 수 있었다. 또 규모에 관계없
이 모든 단위노조들은 임금교섭, 단체교섭 등 노동조합의 모든 일상
활동을 스스로 수행해야 했던 것도 기업별단위 조직의 결정적인 문
제점이었다.(김동춘 1993: 175-192) 단위사업장 지도부의 잦은 교체
와 이른바 '노노투쟁'은 이 같은 구조적 조건 위에서 발생하였던 것
이다. 그리고 국가와 자본이 이를 더욱더 조장하는 통제정책을 구사
하였던 것도 지도부의 불안정을 심화시킨 중요한 원인이 되었다.

그리고 지역단위 리더십이나 전국적 리더십의 경우에도 상황은 크
게 다르지 않았는데 그것은 기업별조직의 문제를 그대로 넘겨받고
있는 모습이었다. 실무역량-지식인출신 노동운동가, 지도역량-단위
노조지도부로 이중적인 조직구조로 구성되어 조직내부가 취약했던
지노협과 전노협은 1989년 이래 국가의 억압 속에서 지도부가 거의
와해되는 정도의 심각한 타격을 입게 되었다. 그렇지만 새로운 지도
부를 구성하고 사업의 연속성을 유지하는 것은 항상적인 탄압국면에
서 거의 불가능하였다. 단위사업장으로부터 인적 자원이 안정적으로
충원될 수 없었던 조건이 이 같은 불안정을 구조화한 요인이었다.
단위사업장 선거에서 패배하거나 국가억압에 의해 지도부가 붕괴되
었을 때, 그 여파는 곧바로 상급연합조직에 전달되었다. 또 상급조직
은 단위사업장 노동조합에 재정적으로 크게 의존할 수밖에 없다. 더
욱이 민주노조의 전국조직은 노동조합업무조사와 같은 국가의 재정
통제로 말미암아 그 물적 기반이 매우 취약하였는데, 이 점도 안정
된 리더십을 유지하는 것에 커다란 장애가 되었다.

둘째, 계급이기주의적 투쟁의 문제이다. 계급이기주의적 투쟁은 임
금인상 근로조건개선 등 조합원의 직접적인 이해만을 추구하는 투쟁

방식을 말한다. 그것의 폐해는 무엇보다 노동운동을 사회의 여타 계급
계층들로부터 고립시켜, 장기적인 노동운동발전을 가로막는다는 것이
다. 그것은 단위사업장 수준의 쟁의에서 승리하는 것을 가장 중요한
과제로 설정하게 됨으로써, 제반 경제구조나 사회복지와 연관된 전체
사회차원의 정책과제들을 방기하는 오류를 범하였다는 것이다. 그리고
그 과정에서 노동운동이 진보적 사회운동으로 자리매김하기보다는 집
단이기주의 전형으로 낙인찍히는 결과를 초래하였다는 지적이었다. 특
히 전노협은 중소제조업체 중심으로 조직을 구성하고 이들의 직접적
인 이해만을 고집함으로써 노동자계급 내부에서도 대중성과 지도력을
확보하지 못하고 스스로 고립되는 오류를 범하였다고 비판받았다.

　이상과 같은 비판은 두 가지 점에서 재고되어야 한다. 그것은 전
노협의 투쟁 및 사업방식의 실제를 정확하게 판단하였는가 하는 점
과, 결과적으로 부분적이나마 고립화효과가 나타났던 원인을 어떻게
파악하였는가 하는 점이다.

　우선 전노협이 노동자계급 내부에서도 대중성, 지도력을 확보치
못하였다는 비판을 보자. 결성 초기였던 1990년 상반기까지 전노협
은 '전노협사수'로 표현되었던 조직보전 및 '노동운동탄압분쇄투쟁'
에 전체 역량을 집중할 수밖에 없었다. 그리하여 전체노동자계급의
주요한 과제들에 대한 정책적 대응을 올바르게 제시할 수 없었던 것
이 사실이었다.[30] 그 결과 중간노조들이나 업종회의, 대기업노조 등
의 여타 민주노조들과의 연대사업이 활발치 못하였다.

　그러나 노정권기간 전체를 통해서 보면 이들 중간노조들이나 여타
민주노조들에 대한 전노협의 연대사업은 전노협이 핵심적인 과제로

---

30) 전국노동조합협의회(1990: 26). 1990년에는 언론사노조운동, 노동시간단축에 따
　　른 임금삭감, 공휴일축소, 인사경영권 수호지침 등 전체 노동자계급의 이해와 관련
　　된 정책적 쟁점들이 많이 제기되었으나 전노협은 이들 쟁점들에 대해 대응하지 못
　　하였고, 결과적으로 '많은 중간노조, 업종(별 노조)과 함께 싸우는데 일정한 한계'
　　를 보였다.

설정 추진하였던 사업이었고, 실제로 상당한 성과를 가져오기도 하였다. 예컨대 1990년 연말에 결성되었던 대기업연대회의는 전노협의 실질적인 주도하에 조직되었으며, 1991년 초 국가의 억압으로 그 조직의 활동이 중지된 이후에도 전노협은 대기업노조 및 민주노조 추진세력들과 긴밀히 연대하였다.[31] 또 1990년 5월 결성된 업종회의 등 화이트칼라노동조합과의 연대사업을 낮은 차원이기는 하였지만 꾸준히 추진하였는데, 그 결과로 1990년 11월 노동자대회 이후 매년 노동자대회를 공동주최하게 되었다. 특히 1991년 하반기에 전노협과 업종회의는 공동으로 'IIO기본조약 비준과 노동법개정을 위한 전국노동자공동대책위원회'를 결성하였고, 범민주노조 연대조직을 구축하였다. 1992년 들어 이 조직은 애초의 노동법개정사업의 범위를 넘어 공동임투, 총액임금제 공동저지, 노동자대회 공동개최 및 제반 일상적 교류의 차원으로 연대의 폭을 넓혀갔다.[32]

다음으로 정책적 대응의 측면에서도 전노협은 지속적으로 정책대안들을 제시하고 이를 구체화하기 위한 제반 사업들을 추진하였다. 결성 첫 해 전노협은 국가의 통제강화 때문에 정책사업을 제대로 추진할 수 없었다. 그러나 1991년부터는 본격적으로 정책대안을 제시하고, 이를 관철시키기 위한 구체적인 사업을 추진하였다. 1991년에는 물가문제, 공공임대주택 등 주택문제, 교통문제를 주요한 사업으로 기획하여 추진하였으며, 1992년에는 노동법개정안 제시 이외에 악화된 고용사정을 반영하여 고용정책사업에 주력하였다. 특히 1992년 상반기 국회의원총선거를 앞두고 전노협은 각종 정책적 요구를 제시하기도 하였다.[33]

---

31) 전국노동조합협의회(1990: 152-159). 1992년에는 '총액임금제 저지를 위한 전국노동조합 대책위원회'를 공동구성하기도 하였다. 대기업노조연대회의의 성격에 관해서는 이목희(1991: 11-26)을 참고.

32) 전국노동조합협의회(1991a: 93-123; 1992: 162-171) 참고. 공대위에는 이 밖에도 두 개의 노동운동단체가 참여하였다.

그렇지만 전노협의 사업과제 설정과 추진의욕에 비추어보면 노동
조합의 연대와 정책사업의 결과는 매우 불충분하였다. 연대활동의
지속적 강화에 따라 민주노조진영 및 노동조합운동 전반에서 전노협
이 주도적인 역할을 수행하였음에도 불구하고, 그 성과는 조직확대
로 발전하지 못하였다. 그리고 정책사업의 결과 또한 추상적인 원칙
을 확인하였을 뿐 현실성이 있는 구체적인 대안을 마련할 수 없었
다. 특히 정책을 선전하고 현실화시킬 수 있는 방법과 정책실행수단
을 갖지 못하였다. 따라서 민주노조진영 전체는 노동계급의 이해를
넘어서는 사회적 쟁점에 대해서 책임 있는 대안을 제시하지 못하는
결과를 초래하였다.

셋째로 이 점은 전노협이 국민대중 전체의 이해를 대표하지 못하
고, 계급이기주의적 사업방식에 매몰되었다는 전투적 노동조합주의
비판의 주요한 근거가 되었다. 그러나 이를 전노협의 투쟁방식이나
사업방식의 문제로 해석하는 것은 사태를 단순하게 평면적으로 해석
하는 것이다. 왜냐하면 사업목표설정이나 의욕과는 달리 6공화국의
노동정세 및 구조적 제반 조건들은 전노협으로 하여금 보다 긴급한
현안들에 매달릴 수밖에 없도록 강제하였기 때문이다. 단적으로 말
하자면 여기에는 두 가지 요인이 개입하였다. 그것은 국가의 강력한
노동통제와 기업별 노동조합조직체제였다.

1989년 이후의 전 기간에 걸쳐 전노협을 비롯한 민주노조운동이
실행하였던 핵심적인 사업은 이른바 '노동운동탄압분쇄투쟁'으로 불
렸던 조직보존과 단체교섭 두 가지로 압축될 수 있을 것이다. 이 시
기 국가의 노동통제정책의 핵심은 일차적으로는 국가의 통제하에 포
섭되지 않는 자립적 노동운동, 즉 민주노조를 배제하고, 나아가 그
기반 위에서 급격히 높아진 임금비용을 가능한 한 떨어뜨리는 데 있

---

33) 전국노동조합협의회, "총선시기 전노협의 정책요구", 『1992년 사업보고서』 참고.

었다. 이는 원칙적으로 보자면 권위주의하의 노동정치구도를 복원하는 것을 의미하였고, 노동조합운동의 존재를 실질적으로 부정하는 것이었다. 그러므로 조직적 정치적 역량이 극히 열세였던 상황에서 가해진 국가의 억압 앞에서 민주노조운동이 취할 수 있었던 선택의 여지는 거의 없었다. 그것은 물론 한국노총과 같이 국가에 종속된 허구적 조합주의를 표방하는 것과 억압에 저항하는 것 두 가지였다.

민주노조운동이 국민대중의 지지를 받는 정책사업을 내실 있게 펼칠 수 없었던 것은 이런 관점에서만 정확히 이해될 수 있다. '국민적 공감대를 창출'하는 투쟁의 당위성이 존재하였고, 민주노조운동은 그 사업을 주요한 과제로 설정하였다. 그러나 동시에 국가의 통제방식도 노동계급과 여타 계급 계층의 분리에 집중되어 있었다는 사실은 사태의 본질을 말해준다. 즉 국가가 각종 선전매체를 선점하여 민주노조에 대해 이데올로기공세를 집중하는 상황에서 '국민적 공감대 창출'은 당위적인 주장에 머무를 수밖에 없었다. 그리고 민주노조의 존재자체가 부정되고 민주노조의 역량이 크게 열세인 상황에서 국가에 대해 민주노조가 정책안을 강제한다는 것은 실제로 거의 불가능한 것이기도 하였다.[34]

그리고 이 시기 동안 민주노조들이 집중하였던 또 다른 사업인 단체교섭은 한편에서는 국가의 임금통제에 저항한다는 의미도 갖고 있었지만, 다른 한편으로는 민주노조운동의 구조적 제약인 '기업별 노조체제'의 한계를 보여주는 것이기도 하였다. 노동조합이 그 본질에 있어 조합원 대중의 직접적 이해를 관철시키기 위한 조직적 수단이라는 점을 고려하면 개별 사업장별로 조직되어 있는 한국의 노동조합들이 단위사업장의 요구를 중심으로 활동하는 것은 필연적인 제약

---

34) 앞 절에서 논의한 바와 같이 이러한 구조적 상황적 조건하에서 '국민과 함께하는 새로운 운동노선'을 추구하는 것은 민주노조의 성격을 포기하지 않고서는 불가능하다. 그것은 내용적으로 노총의 운동노선 및 운동방식과 구별되지 않는다.

일 것이다. 이는 노동조합 간의 연대나 노동자계급과 여타 사회세력 간의 연대의 수준을 근본적으로 제약하고 있는 구조적 조건이었다.

기업별 노조체제는 이 시기 노동운동이 개별 사업장 단위로 조합원의 직접적인 경제적 이해를 추구하는 투쟁방식을 선택하도록 강제한 구조적 요인이었다. 그리고 그 위에 가해진 국가의 억압은 전노협의 조직보존 필요성과 결합하여 더욱더 그 효과가 강화되었던 것이다. 그러므로 전노협은 자신의 의도와는 무관하게 결과적으로 단위사업장을 중심으로 한 단체교섭을 지원하고, 그것을 통해서 억압에 저항하고 조직을 보존하는 선택을 하지 않을 수 없었다.

파업투쟁 중심의 투쟁방식도 동일한 맥락에서 설명되어야 한다. 개별 사업장 단위로 단결의 범위가 제약되어 있는 상황에서, 그리고 국가가 전 행정력, 물리력을 동원하여 개별 노조단위로 단체교섭의 내용과 범위를 통제하는 상황에서 노조의 선택의 여지는 매우 협소하였다. 단위노조수준의 교섭력으로서 근로조건의 향상을 달성하기 위해 동원할 수 있는 효력 있는 수단은 파업을 제외하면 전무하였다고 볼 수 있다. 주택, 토지, 교육 등에 관한 요구들을 민주노조운동은 제시하였으나 국가는 수용할 태도를 보이지 않았으며, 기업별 체제 아래서 단위사업장에서 이를 현실화하는 데에는 한계가 있었다.

예를 들어 임금교섭의 경우, 국가와 자본이 요구하는 가이드라인 수준의 임금인상을 받아들이거나 아니면 쟁의를 결렬시키고 단체행동에 돌입하는 것 이외의 선택은 거의 불가능하였다. 전자의 선택을 할 경우 노동조합의 기본활동인 단체교섭은 실제로는 형해화되는 것을 의미한다. 따라서 파업투쟁의 비용을 감수하고서라도 그것이 현실적인 이해관계를 부분적으로라도 실현할 수 있다고 기대된다면 노동자들은 파업투쟁에 동의하는 모습을 보여 왔던 것이다. 이 기대의 수준을 높여주는 요인은 앞서 정리한 바와 같이 조합의 규모와 연대조직에의 참여여부였다. 반면에 이 두 가지의 요인을 구비하지 못하였던 다수의 노동조합들은 일시적으로나마 국가와 자본 측의 요구를 수용하지 않을 수 없었다.

한편 집단행동을 선택한 노조와 그렇지 않은 노조 간의 관계는 미묘한 것이었다. 후자는 국가의 통제가 요구하는 비용을 지불하는 범위 내에서나마 집단행동 포기의 대가로 약간의 반대급부를 받아낼 수 있었던 것이다. 임금가이드라인의 형식적 수용과정에서 일반적으로 나타났던 '이면계약'은 그 좋은 예이다. 이는 일종의 '무임승차행위'였다. 그러나 '수세기'의 무임승차행위는 '수세기'의 비용지불을 전제한 위에서만 가능한 것이었으므로 일상적인 시기의 그것과는 구별되어야만 한다.

실제로 전노협이나 여타 민주노조 등 집단행동을 선택한 노조가 명백히 의식하고 있었던 것은 바로 이러한 사실이었다. 전국적인 수준의 연대투쟁이 조직과 그 구성원들에게 상당한 피해를 가져온다는 사실을 분명하게 알면서도 전노협이 전국적인 투쟁을 기획하고 실행하였던 것은 그것이 산하 노조에 직접적인 이해를 실현시키는 수단이었을 뿐만 아니라, 전노협 이외의 다수의 노조에게 실질적인 이득을 가져다준다는 명백한 사실 때문이었다. 조직의 위축에도 불구하고 민주노조의 구심으로 자리잡게 되었다고 천명한 전노협의 투쟁사업 평가는 이런 의미에서 정확한 것이었다.[35] 실제로 대기업노조연대회의의 결성, 업종노조와의 조직적 연대의 확대 등은 전노협의 투쟁노선이 가져다 준 긍정적인 과실들이었다.

전노협은 표 <7-6>에서 보는 바와 같이 세 차례의 총파업투쟁과 정치적 성격을 분명히 갖는 전국적 집회를 수차례 개최하였다. 그렇지만 그 정치성의 본질은 최대강령적인 정치이념에 기초해서 그것을 실현하려는 공세적 투쟁이 아니었다. 오히려 그것은 '최소강령적'인

---

35) 전국노동조합협의회(1990, 1991, 1992)의 사업평가를 참고.

민주적 이념에 기초한 방어적 투쟁이었고, 민주노조 조직보전을 일차적인 목적으로 하는 것이었다. 또 그것은 기업별로 부닥칠 수밖에 없는 국가의 억압을 전체 민주노조수준에서 정치적으로 대응하고자 한 것이었다. 따라서 전노협의 전국적 정치투쟁이 국가의 억압목표를 제공함으로써 노동운동을 위축시켰다는 비판은 단위사업장 수준에서 국가의 억압이 강화될 경우의 비용에 대해서 전혀 고려하지 못한 추상적 사고에 기인한다.

〈표 7-6〉 전노협의 전국단위 투쟁사업

	사 업 명 칭	사 업 목 표	주 요 내 용
1990.5.1 -5.10	5월총파업투쟁	* 현대중공업 및 KBS노조 탄압 항의 및 전노협 사수	- 전국 170여 노조, 연인원 30만 명 파업
1990. 5.16	광주항쟁계승, 폭력정권분쇄를 위한 전국노동자대회	* 공동임투, 노동운동탄압분쇄투쟁을 바탕으로 한 반민자당투쟁의 전개	- 광주순례단에 전국에서 총 4,047명 참가
1990.3.8 -3.14	노동운동탄압분쇄 투쟁	* 전노협탄압에 대한 전국적 대중투쟁	- 지역지구단위 농성, 단위사업장총회 동시 퇴근, 대국민선전
1990.11.10	'90 전국노동자대회	* 정권의 탄압에 대한 공동대응, 전노협 업종 대공장의 연대	-7,500명 고대 집결, (잠실대회장 봉쇄)
1991.5.1	세계노동절 102주년 기념대회	* 노동운동탄압 분쇄투쟁, 한 자릿수 임금억제 반대	- 전국동시다발대회 개최, 6만 대중 참여
1991.5.8 -6월 말	故 박창수 위원장 옥중살인규탄투쟁	* 무차별적 노동운동탄압에 대한 조직적 투쟁	- 총력투쟁 (5.9-5.18), 총파업 (5.18)
1991.10.20 -11.10	노동법개정투쟁 및'91 전국노동자대회	* 노동개악반대 및 노동운동연대의 구축	-IIO공대위 조직, 전국노동자대회(4만)
1992.5.1	세계노동절기념대회	* 총액임금제 분쇄 노동법개정	-4만 노동자 참여
1992.10월 -11월	노동법개정투쟁 및'92 전국노동자대회	* 노동법개악저지 및 개정, 민주노조총단결, 조직역량 강화	-지역조직확대사업 강화, 노동법대중교육, 노동자대회(5만)

자료: 전국노동조합협의회(1990, 1991, 1992).

대기업연대회의 산하의 전노협 미가입노조, 업종회의 및 기타 중
간노조들과 전노협의 관계 또한 이런 의미에서 해석되어야 한다. 즉
이들 노조들이 전노협 산하노조로 가입치 않은 것은 전노협의 투쟁
노선이 지나치게 전투적이고 정치적인 것이었던 것 때문이 아니었
다. 전노협의 운동방식의 의의를 인정하고 있었지만 이들은 전노협
가입이 가져다주는 부담, 즉 국가의 억압을 피하고자 하였던 것이다.
대기업연대회의의 전노협노선에 대한 동의, 업종회의의 지속적인 연
대활동 및 기타 노동자의식조사 등에 따르면 이 기간 동안 적어도
노동자계급 내부에서는 전노협의 위상이 추락치 않았음을 알 수 있
다.(임영일·임호, 1993)

따라서 투쟁 및 제반과정에서의 연대활동의 결실이 조직적 결합으
로 발전하지 못한 것, 전노협 산하 노조 수가 크게 줄어들었다는 점
등은 전노협의 투쟁노선이나 사업방식으로 설명되어야 할 것이 아니
라, 국가의 억압이 강요하는 부담이 점진적으로 증가한 것으로부터
설명되어야 한다. 즉 전노협은 그 부담을 경감하는 주요한 세력이었
지만, 그 활동은 통제구조의 강화에 따라 점차 약화될 수밖에 없었
던 것이다.

요컨대 전노협을 중심으로 한 민주노조세력들의 강한 대중적 투쟁
은 일차적으로 국가의 강력한 노동통제에 대응한 노동운동의 반작용
으로 해석될 수 있다. 그리고 그것은 그 직접적인 조직범위와 별개
로 전체 민주노조의 조직적 중심으로서 역할을 수행하였다. 즉 업종
별노조회의나 대기업노조 등 전노협에 소속치 않았던 민주노조, 중
간노조들이 조직을 유지하는 데 있어서도 전노협의 대중적 투쟁은
상당한 역할을 수행하였던 것이다. 또 그것은 1991년의 IlO공대위,
1993년의 전국노동조합대표자회의, 1994년의 민주노총준비위원회 등
으로 발전하였던 노동조합조직의 연대강화에 중요한 기반이 되었던
것으로 해석할 수 있다.[36] 결국 전투적 노동조합주의로 비판받은 민

주노조의 대중적 투쟁은 노동운동의 위기를 야기하기보다는 노동운
동의 질적 발전을 가능케 한 중요한 계기였다고 할 수 있다.

---

36) 전국노동조합대표자회의(1994), 한국산업사회연구회 편(1994: 247-270) 참고.
예컨대 1993년 6월 출범한 전노대를 보면, 그것은 전노협(450개 노조, 13만
명), 업종회의(460개 노조, 13만 5천), 현총련(35개 노조, 9만 6천), 대노협(16
개 노조, 4만) 등 총 1,100여 개 노조, 40여 만 명을 포괄하였다. 이러한 조직적
발전은 노정권기간 동안 민주노조운동의 조직적 연대가 크게 강화된 결과로 해석
할 수 있다.

제 8 장

제8장
결 론

　본 논문은 1987년 민주주의이행 이후 국가의 노동통제 전략을 분석함으로써 1980년대 후반과 1990년대 초반 한국사회 노동정치의 전개과정과 구조적 변동과정을 해명해 보고자 하였다. 특히 1987년 민주주의이행의 국가정치가 국가의 노동통제역량 및 노동운동의 역량변동에 미친 영향을 구명하고, 국가의 노동통제 전략변동을 설명하고자 하였다. 그리고 6공국가의 노동통제 전략변동의 구체적인 내용을 노동정책의 계급적 성격과 노동통제방식의 구체적 작동기제를 분석하여 제시하였다. 결론에서는 본 논문에서 논의한 사실들을 간략히 정리하고, 몇 가지 이론적 실천적 함의들을 추론해 보고자 한다.

　① 먼저 본 논문의 핵심적인 물음이었던 국가의 노동통제 전략변동은 '억압적 배제전략으로부터 헤게모니적 배제전략'으로 전환된 것으로 요약되었다. 통제전략변동을 야기한 가장 중요한 사회 정치적 조건은 1987년 민주주의이행이었다. 민주화에 따라 헤게모니 없는 독재체

제로부터 절차적 형식적 민주주의체제로의 정치체제변동이 시작되었다. 정치체제의 변동은 6공국가의 노동통제 전략에 독특한 성격을 부여하였다. 개혁유형의 이행과정과 이행 직후의 정치적 과정들로 말미암아 국가는 노동계급 '배제전략'을 1989년부터 본격적으로 실시할 수 있었다. 그리고 민주화는 국가가 헤게모니권력자원을 사용할 수 있는 기반을 제공하였고, 이는 노동계급의 계급역량강화와 연관되어 '헤게모니적' 노동통제방식으로 국가의 노동통제 전략이 변화하도록 만들었다.

군부 권위주의 아래에서의 억압적 배제전략과 달리 헤게모니적 배제전략은 이데올로기적 통제수단이 전체 통제기제에서 중심적인 역할을 수행한다. 노동조합운동이 활성화되어 조직결성 자체를 봉쇄할 수 없는 상황에서 도입된 헤게모니적 배제전략은 일부 중간계급을 이데올로기적으로 동원하여, 노동자계급의 헤게모니역량을 통제하는 노동통제방식을 말한다. 새로운 통제방식의 도입에 따라 6공기간 동안에는 새로운 통제수단들이 대거 개발되었고, 그에 따라 노동통제 전략에 관련된 국가기구들의 성격도 변화하였다.

이상과 같은 본문의 논의를 간략히 요약하면 <표 8-1>과 같다.

<표 8-1> 6공국가 노동통제 전략의 변동 및 특성 요약

	억압적 배제전략	이행기의 조건변화	헤게모니적 배제전략
1. 정치체제	1. 권위주의체제 - 헤게모니 없는 독재	* 지배체제의 위기: 헤게모니확장 필요	1. 민주주의이행 - 절차적 민주주의 도입
2. 노동계급의 계급역량	2. 내적 헤게모니적 역량 취약	* 노동계급의 계급역량 급속 성장	2. 내적 역량의 헤게모니 역량으로의 발전 시점에서 시도
3. 노동통제의 작동기제와 핵심적 통제수단	3. 물리적 강제력이 핵심적 수단 - 각 수단들 간의 결합이 기계적이며 단순(분산적 위계체제)	* 기존 통제수단들의 폐지 및 효율성 감소, 새로운 통제수요의 급증	3. 이데올로기적 수단이 핵심통제수단; 통제수단들 간의 상호연관성 강화(집중적 위계체제); 새로운 수단들의 개발

	억압적 배제전략	이행기의 조건변화	헤게모니적 배제전략
4. 노동통제의 대상범위	4. 노동조합, 노동정당 금지. 노동계급의 내적 역량 제한; 노동계급에 한정	* 노동조합과 노동정당 결성의 형식적 자유 보장 필요	4. 중간계급의 이데올로기적 동원을 매개로 노동계급 헤게모니역량통제; 노조 정당결성의 형식적 자유보장—실질적 활동통제; 중간계급에로 확장
5. 노동통제와 국가기구	5. 국가정책의 계급성, 국가기구의 계급적 선택성 노출	* 정치적 부담이 크게 증가, 계급적 선택성 기제의 와해 및 재편의 필요성	5. 노동통제수단들의 재조직에 따른 국가기구의 재편, 선택성기제의 재구축
6. 효율성과 내적 한계	6. 통제의 효율성이 낮고 정치적 위기에 따라 위기주기적 도래(비용급증)	* 통제의 효율성 급격히 감소	6. 통제의 효율성이 상대적으로 증가하였으나, 노동계급의 경제적 정치적 도전 가능성 상존(정치지형 변동의 함수)
7. 조직공간의 구조, 변동	7. 다원적 노조주의: 기업별 분산적 교섭구조(기업별노조)——노동조합의 실질적 활동 봉쇄효과	* 노조활동의 활성화에 따라 기존 교섭구조의 변화가능성 심화	7. 다원적 노조주의 가능한 범위 내에서 유지: 분산적 교섭구조 유지——노조활동 부분적 인정
8. 정치공간의 구조, 변동	8. 노조-정치 관계 부재	* 노동조합의 정치활동 강화, 정치적 연계 확대	8. 노조-정치 관계가 여전히 취약(형식적 제한 폐지)

② 다음으로 본 논문의 이론적 함의와 방법론적 함의를 보기로 하자.

먼저 민주주의이행기와 같이 정치변동이 심했던 시기의 노동정치 과정을 분석하기 위해서는 다양한 수준의 구조적 변수들과 행위변수들을 총체적으로 고려할 필요가 있다는 점이다. 그것은 각 변수들은 서로 긴밀하게 연관되어 있을 뿐만 아니라, 소시기별 정치변동에 따라 그 설명력이 크게 달라지는 모습을 보이기 때문이다.

첫째 경제적 배경요인들은 1987년부터 1992년까지 지속적으로 작용하였지만, 국가정치와 노동정치의 정세변화에 따라 그것이 국가의 노동통제 전략에 미치는 영향력은 판이하게 나타났다. 따라서 경제구조적 요인들은 미시적인 노동정치변동의 설명에 있어 제한적인 설명력을 가질 수밖에 없다.

반면에 둘째 정치구조적인 변수들의 설명력은 매우 높은 것으로 나타났다. 민주주의이행의 유형적 특성, 이행기 국가권력의 속성, 이행 전후의 미시적인 정치변동 등의 변수들은 노동정치과정의 주요한 행위자들의 권력자원의 크기를 규정하였으며, 나아가 행위자들의 전략선택에 중요한 영향을 미쳤다.

특히 형식적 절차적 민주주의체제의 도입으로 6공국가가 군부 권위주의체제에서 사용될 수 없었던 헤게모니권력자원을 노동정치과정에서 동원할 수 있었던 것은 이론적으로 더 규명해 볼 필요가 있다. 서구의 민주주의이행론에서는 민주화가 노동자계급의 조직적 정치적 권력자원을 확대한 점과 이행기국가가 사회세력들 간의 모순된 요구로 말미암아 딜레마적인 상황에 처한다는 점만을 주로 고찰해왔다. 그러나 본고의 4장과 6장에서 본 바와 같이 이행기의 국가는 형식적 민주주의체제로서 상당한 헤게모니자원을 획득할 수 있었고, 노동정치과정에서 상당한 노동계급 통제력을 확보할 수 있었던 것이다. 여기서 문제는 이행기국가의 헤게모니권력자원 획득이 여러사회에서 나타나는 보편적인 현상인가, 아니면 한국사회에 독특한 현상인가 하는 점이다. 이는 비교분석 등 이론적으로 더 심화된 분석을 요구하는 것으로 보인다.

셋째로 행위변수인 노동운동의 이행기 노동정치과정에 대한 설명력은 매우 크다고 할 수 있었다. 그러나 구조적 설명변수들에 비교한 노동운동변수의 상대적인 설명력의 크기는 신중히 경험적으로 판단되어야 할 문제이다. 특히 국가의 노동통제 전략변동에 대한 노동운동변수의 영향력은 정치구조적 변수들과 경제적 배경요인에 의해 이중으로 규정되고 있으므로, 연구대상 사회의 역사적 조건과 같은 특수성을 반영하여 구체적으로 평가되지 않으면 안 될 것이다. 본고에서는 노동정치과정 및 노동통제 전략변동에 있어 노동운동의 설명력은 상대적으로 크지 않았다고 보았다.[1] 이와 같은 결론은 이행기의 노동정치에서 노동운동의 전략선택이 매우 중요하다고 하는 민주주의이행론의 일반적인 결론과 배치되는 것이다. 그러므로 본고의 연구결과는 민주주의이행론을 확대 심화할 필요성을 제기한다.

다음으로 국가의 노동통제를 파악하기 위해서는 몇 가지 이론적 고려가 필요하다는 점이 분명해졌다.

먼저 매우 복잡한 사회현상인 국가의 노동통제를 파악하기 위해서는 분석의 범주를 밝히고, 그 내부의 여러 가지 차원들을 구별할 필요가 있다는 점이다. 그것은 크게 생산양식 차원, 국가의 노동계급에 대한 전략적 목표차원, 노동통제에 동원되는 여러 가지 수단들의 차원으로 나누어질 수 있었다. 그리고 각 차원 내에서 이루어지는 통제의 내용들을 구체적으로 파악한 다음, 그것들이 전체 통제체제와 어떤 연관을 맺고 있는지를 보아야 할 것이다.

예컨대 가장 낮은 차원인 노동통제수단들의 차원을 보면 한 사회 내에는 여러 가지 통제수단들이 공존하고 있으며, 그들 간의 관계의 유형도 매우 상이함을 알 수 있다. 한국사회에서는 국가조합주의적 노동통제이론이 주목하는 조직을 매개로 한 국가의 노동통제현상은 분명히 나타났다. 그렇지만 한국노총조직을 매개로 한 노동통제방식은 국가의 노동통제 전체에서 한 부분에 불과하며, 6공화국체제에서는 더 위축되기도 하였으므로 전체 통제기제를 설명하는 데 적용되기는 어려운 것으로 보인다. 따라서 보다 심화된 이론적 분석을 위해서는 전체 통제체제에서 특정한 통제기제가 차지하는 상대적 비중을 고려하고, 각 통제기제 간의 관계를 경험적으로 이론적으로 충분

---

1) 한국사회에서 그것은 국가와 시민사회관계의 역사적 조건, 이행기의 세력관계의 특수성 및 그에 따른 국가의 강한 통제전략 등에 기인하는 것으로 생각된다.

히 규명해야 할 것이다.

그리고 분석차원의 세밀한 구분은 노동통제의 변동을 추적하는 데에도 도움이 된다. 즉 각 차원들은 변이의 폭과 내용을 특정화하는 의미를 갖는다는 점이다. 본고에서는 민주주의이행기 국가의 노동통제가 전략적 목표차원에서는 여전히 '배제전략'을 취하였으나, 통제수단의 차원에서는 각 수단들 간의 유기적 관계가 변화하였음을 주목하였다. 이러한 통제차원의 구분은 한국사회와 마찬가지로 급격한 정치적 변동과정에서 국가의 노동통제방식과 노동통제 전략이 변동하고 있는 중남미, 동남아시아 등 다른 사회들에서도 유용할 것으로 생각된다.

그리고 더 나아가 분석차원의 세밀한 구분은 노동통제의 국가 간 비교분석을 더욱 체계적으로 수행할 수 있도록 해줄 것이다. 역사적 경험과 사회구조가 크게 상이한 국가 간 비교분석에서는 보다 정밀한 비교의 준거가 필요할 것이기 때문이다. 이때 비교대상이 되는 특정 사회들의 역사적 사회구조적 특수성이 충분히 고려될 필요가 있다. 즉 한 사회에서 나타난 노동통제의 역사적 구체적 과정들에 대한 충분한 경험적 연구가 일차적인 과제로 된다는 것이다. 노동통제유형에 관한 비교 및 보다 포괄적인 일반화는 이러한 구체적인 연구들이 축적된 기반 위에서 비로소 가능할 것이다.

둘째, 본 연구의 국가론적 함의는 방법론적 측면과 이론적 측면으로 나누어 고찰해 볼 수 있다. 먼저 국가의 노동통제에 관한 연구는 국가론과 긴밀히 결합되어 진행되지 않으면 안 된다는 점이다. 노동통제의 전략적 주체인 국가의 유형적 특성과 성격은 노동통제의 내용에 직접적인 영향을 미친다. 특히 1987-1992년과 같이 정치체제의 변동이 심했던 시기에 국가의 성격변화는 노동통제의 내용과 질을 결정하는 핵심적인 변수였다.

다음으로 이론적 함의를 보자. 국가의 노동통제에 한정한다면 한국사회에서 국가를 설명하는 데에는 베버주의적 국가개념보다는 맑스주의적 국가개념이 더 설명력을 갖는 것으로 파악된다. 6공국가는 상당한 자율성을 갖고 전략적으로 행위하였지만, 그것은 자본가계급의 정치적 경제적 이해의 큰 범주 내에서 행사된 상대적 자율성에 불과하였다. 그리고 국가의 상대적 자율성은 국가기구 내에서 제도적인 형태로 물질화되는 경향을 갖는데, 6공국가의 국가기구는 이와 같은 전략적 선택성의 기제를 명확히 보여주었다. 요컨대 노동문제에 한정한다면 한국사회에서 국가는 계급국가로서 전략적으로 행위하고 있음을 알 수 있었다.

셋째, 본 연구는 1989-1992년에 이르는 기간 동안 국가의 노동통제가 매우 효율적인 것이었고, 그 효율성이 근본적으로 이데올로기적 통제수단들의 통제효과에 기초한 것임을 강조하였다. 특히 1989년과 1990년 상반기 동안 행해진 국가의 노동통제는 노동운동의 고양추세를 일거에 역전시켰다는 점에서 주목할 만한 현상이었다. 당시 반공이데올로기는 국가의 통제기제에서 결정적인 역할을 수행하였다. 여기서 이론적으로 검토해보아야 할 것은 한국사회의 이데올로기지형이 국가의 노동통제와 노동운동에 미치는 독특한 영향력이다. 예컨대 1987년 이래 여러 가지 상황변화와 함께 그 영향력이 약화되는 추세였음에도 불구하고, 반공이데올로기가 여전히 핵심적인 통제기제로써 작동할 수 있었던 사회적 배경을 어떻게 이론화할 수 있을 것인가 하는 문제이다.

이데올로기적 통제수단들의 높은 통제효율성과 연관하여 가설적으로 생각해 볼 수 있는 것은 분단상황의 한국사회 재구조화효과와 전통적인 이데올로기의 영향력이다. 분단은 한국현대사의 전개과정을 거치면서 노동계급에 대한 부정적 의식, 노동자대중과 노동운동 지도세력 간의 연계 결여, 중산층의 체제동조적 태도 강화, 역헤게모니 형성 제약 등 한국사회구조를 독특한 방식으로 재구조화하였다. 그 결과 노동자계급의 즉자적인 계급역량과 상징적 차원의 힘의 배분은 크게 괴리되었으며, 정치사회 또는 국가가 시민사회에 비해 크게 비대화시키는 사회상황이 초래되었다. 그리고 가족주의, 연고주의, 권위주의 등으로 대표되는 전통적인 이데올로기들은 한국자본주의의 발전과정에서 제거되기보다는 선택적으로 자본의 이윤동기와 결합하여 강화되는 모습을 보여주었다.[2] 이와 같은 두 가지 이데올로기적 요소들은 새로 강화되기 시작한 경제위기 이데올로기, 자유민주주의 이데올로기 등과 결합하여 국가의 노동통제가 매우 효율적으로 작용할 수 있는 사회적 토대가 되었던 것으로 해석할 수 있을 것이다.

고도의 자본주의적 발전이 이루어지고, 권위주의체제가 붕괴한 1987년 이후에도 전자본주의적, 비합리적 가치들은 지속적으로 온존하였고, 독특한 노동정치지형을 형성하였다. 그리고 비록 그 효력이 이전보다 약해진 것은 사실이었지만, 사회주의체제가 붕괴한 1980년대 말에도 반공이데올로기의 효력은 지대한 것이었다. 낡은 이데올로기와 새로운 이데올로기의 독특한 접합 및 그것이 야기한 고도의 통제효과는 본 연구에서 잘 포착되지 않았으며, 따라서 보다 심화된 연구를 필요로 한다. 1980년대 말과 1990년대 초에 나타난 이와 같은 현상은 한국의 노동통제가 여타의 사회들과 비교할 수 없는 독특한 정치적 사회적 상황 속에 있음을 보여준다.

③ 마지막으로 본 논문의 실천적 함의와 정책적 함의를 고려해 보면, 먼저 6공화국국가의 노동통제 전략은 1993년 이후의 노동정치와 노동통제와 밀접히 연관되어 있다는 점을 지적할 수 있다.

민주주의이행과정에서 한국의 시민사회는 민주적 제반 권리가 확

---

2) 반공이데올로기의 사회화과정과 한국사회 재구조화에 대한 분석으로는 김진균 조희연(1985), 김진균(1984)을 참고. 한국사회에서 나타나는 가족주의, 연고주의, 권위주의이데올로기에 대한 사회학적 분석은 김진균(1988), 김동춘(1994) 참고.

장되면서 크게 팽창하였다. 그러나 노사관계체제는 민주주의이행 이후에도 크게 변화하지 않았음을 본 논문은 확인할 수 있었다. 노동통제 전략은 억압적 통제방식으로부터 헤게모니적 통제방식으로 변화하였지만, 노동계급을 배제한다는 점에서 본질적인 변화가 없었던 것으로 보인다. 그에 따라 노사관계에서는 사회적 정치적 대립의 현재적 잠재적 가능성이 여전히 높은 상태로 유지되고 있었다.

7장에서 고찰한 바와 같이 이러한 불안정한 노동정치과정은 근본적으로 국가의 헤게모니적 배제전략에 대해 노동자계급이 지속적으로 저항해 온 것에 기인한다. 그러므로 향후 노동정치를 조망하기 위해서는 노정권기간의 노동통제 전략이 갖는 내적 한계들을 준거로 해서, 김영삼 정권 이후 각각의 요인들의 변화가능성을 개략적이고 예증적인 수준에서나마 논의하는 것이 필요하다.

이른바 '문민정부'로 출범한 김영삼 정권은 집권초기 민주화와 개혁을 정치적 과제로 설정하였다. 그러나 김영삼 정권의 개혁정책은 매우 제한되고 단기적인 것이었다. 더욱이 노동정책에서는 집권 첫해의 에피소드를 제외한다면, 노태우 정권의 보수적인 정책기조를 더욱 강화하기까지 하였다. 김정권은 노동계급에 대한 배제전략을 1993년 하반기 이후 본격적으로 실시하였으며, 6공체제의 헤게모니적 통제방식을 보다 강화하였다.

먼저 김영삼 정권의 노동계급 배제전략은 집권과정과 초기 노동정책에서부터 명백하게 드러났다. 1993년 4월 1일 노총과 경총 사이에서 이루어진 이른바 '사회적 합의'는 노태우 정권 시기의 임금가이드라인정책을 답습한 것이었다. 노동과 자본 측을 대표하는 두 조직 간의 합의는 형식적으로는 서구의 조합주의 임금결정기제와 유사하였지만, 내용적으로는 배후의 국가가 임금을 억제하는 수단에 불과하였다.(송호근, 1994: 138; 김수진, 1995: 29-33)

그렇지만 김정권의 노동배제전략이 보다 분명히 드러난 것은 1993

년 여름 임금억제정책에 저항하는 노동쟁의를 강력히 통제하는 과정
에서였다. 당시 울산현대그룹 노동조합은 정부의 가이드라인정책에
대해서 강하게 반발하였는데, 김영삼 정부는 제3자개입금지, 긴급조
정권발동 등의 통제수단을 동원하여 노정권기간의 쟁의통제와 동일
한 방식으로 대응하였던 것이다.3) 현대그룹노조의 쟁의는 김영삼 정
권이 노동배제전략을 보다 본격적으로 추진하는 중요한 계기가 되었
다. 그 후 상대적으로 개혁적 노동정책을 추진하였던 노동부 장관이
1993년 말 물러나고, 대통령선거과정에서 약속되었던 노동법개정은
무기한 연기되었던 것이다.

　다음으로 김영삼 정권은 중간계급에 대한 이데올로기적 동원을 한
층 강화하였다. 노정권기간 동안 개발되었던 새로운 경제이데올로기
인 ‘경쟁력’담화가 국정의 최우선적인 지표로 설정되었고, 제도언론
은 이를 대대적으로 홍보하였던 것이다. 그리고 1994년 말에는 새로
운 이데올로기로서 ‘세계화’ 담론을 개발하여 노동통제수단으로 삼
기도 하였다. 이와 같은 이데올로기공세는 1993년 중반 금융실명제
등 약간의 경제개혁과 결합하여, 정권 초반 중간계급 내부의 보수층
들을 노동통제에 동원하는 효과를 발휘하였다.

　그러나 1993년 말 이후 김영삼 정권의 경제정책이 독점자본 위주
의 성장제일주의로 한층 보수화됨에 따라 정세는 매우 유동적인 것
으로 변화하였다. 특히 노동조합운동에 참여하고 있었던 중간계급
하층의 경우, 이데올로기적으로 동원되기보다는 노동자계급의 노동
조합운동과 연대를 맺을 가능성이 커지고 있는 것으로 보인다. 1994
년 말 사무직 전문직 노조로 구성된 업종회의가 생산직 노조와 함께
‘민주노총준비위원회’를 결성하여, 조직적 연대를 강화한 것은 그 단
적인 예라고 할 수 있다. 요컨대 김영삼 정권의 노동통제 전략은 중

---

3) 이후 1994년의 전국기관사파업, 서울지하철노조 파업, 1995년 현대자동차파업,
　한국통신노조 쟁의에서 이 같은 통제는 더욱 강화되는 양상을 띠었다.

간계급을 이데올로기적으로 동원하는 헤게모니전략의 답습하였지만, 그 통제효력은 점차 잠식되는 것으로 보인다.

셋째로 김정권은 노동통제방식에 있어서도 노정권의 '헤게모니적' 배제전략을 더욱 강화하였다. 권위주의시기의 노동통제제도를 주요한 통제수단으로 존속시켰으며, 노동정책은 여전히 경제정책, 치안정책의 하위정책일 뿐이었다. 그리고 국가경쟁력담론과 세계화담론은 노동통제를 추동하는 핵심적인 이데올로기로써 공권력투입 등 보다 직접적인 노동통제수단들을 동원할 수 있게 해준 동력이었다. 또 사회적 합의는 보다 세련된 임금가이드라인에 불과하였다.

마지막으로 김영삼 정권의 헤게모니적 배제전략은 정치적 역학관계의 변동, 문화적 이데올로기적 지형의 변동에 따라 그 지속 여부가 결정될 것으로 추측된다. 정치적 역학관계의 변동은 제도권권력관계의 재편과정과 노동운동의 조직역량 정치역량 발전에 따라 그 변동방향이 결정될 것이다. 1995년 민주노조세력들이 준비하고 있는 산업별노조의 건설 여부는 이 점과 관련해서 매우 중요한 요인이 된다. 특히 남북한 간의 적대관계가 급속히 개선된다면, 노동통제 전략에서 중요한 위치를 차지하고 있던 반공이데올로기의 효력은 상당정도 약화될 것으로 예측된다. 반면에 가족주의, 연고주의, 지역주의, 권위주의 등의 전자본주의이데올로기들은 노동통제의 효력이 급속히 약화되지는 않을 것으로 보인다.

요약하자면 1993년 이후의 노동통제 전략은 노정권기간의 통제전략을 이어받고 강화한 것이었다고 할 수 있다. 그리고 그것은 헤게모니적 배제전략의 한계를 동시에 갖고 있었다. 여기서 마지막으로 추론해 보아야 할 것은 헤게모니적 배제전략의 통제효과이다. 헤게모니적 배제전략이 1989년 이후 지속적으로 강화되어 온 결과, 1990년대 중반에는 그 통제효과의 감소현상이 나타나는 것처럼 보인다는 점이다. 이와 같은 추론을 뒷받침하는 좋은 예로는 사회적 합의사례를 들 수 있다.

1993년과 1994년 두 해 동안 실시되었던 사회적 합의는 임금통제에도 성공하지 못하였을 뿐만 아니라, 임금억제효과를 크게 능가하는 장기적 손실을 초래한 것으로 생각된다.(김수진, 1995: 35-36) 우선 그것은 노동통제의 주요한 통제수단 중 하나였던 한국노총의 조직적 정치적 위상을 결정적으로 위축시키는 결과를 초래하였다. 그리고 반대로 민주노조진영은 이른바 '노경총합의 분쇄투쟁'을 매개로 새로운 활력을 얻게 되었으며, 조직의 양적 질적 발전을 이룰 수 있었던 것이다. 결국 김정권은 1995년에는 사회적 합의를 임금통제수단으로 사용할 수 없게 되었다.

이와 같은 통제효력의 감소현상은 직접적으로는 당시 임금정책의 오류에 기인하였다. 그러나 그것의 근본적 원인은 노정권 이래의 헤게모니적 배제전략이 장기간 지속됨으로써, 그것의 한계가 보다 분명히 나타났던 것에 있었다. 통제의 강화에도 불구하고 노동자계급에게 그것의 배제적 성격은 더욱 분명해졌다. 그 결과 노동계급의 조직적 연대가 확산되고, 통제에 대한 대응이 보다 치밀해졌던 것이다.[4]

---

4) 1995년 상반기 한국통신노동조합 노동쟁의에 대한 국가의 개입은 그 좋은 예이다. 대통령이 '국가전복기도'로 선언하는 등 김정권은 언론을 이용한 강력한 헤게모니적 통제방식을 구사하였지만, 노동조합지도부의 적절한 대응홍보와 농성투쟁 그리고 노동·사회단체들의 조직적 반발 등으로 말미암아 통제의 효율성은 크게 떨어졌다.

참 고 문 헌 ···

〈우리말 문헌〉

1. 일반자료

전국경제단체협의회, 『속보 노사동향』 1990-192.

전국경제단체협의회(1990), 『'89 노사분쟁 실태조사』.

한국경영자총협회, 『사업보고서』, 1987-1992.

전국경제단체협의회, 『사업보고서』, 1987-1992.

전국금속노동조합연맹(1988), 『단체협약분석 및 실질근로조건조사』.

전국노동운동단체협의회(1988), 『내사랑 한반도여 민주노조 물결쳐라』.

전국노동운동단체협의회(1990), 『공장에서 전국으로 전진하는 노동운동』.

전국노동운동단체협의회, 월간 『노동운동』, 1989-1992.

전국노동조합협의회, 『임금지침』, 1990-1992.

전국노동조합협의회(1990b), 『단체협약 모범안 해설서』.

전국노동조합협의회(1991), 『한국노동운동탄압백서』, 백의.

전국노동자공동대책협의회(1988), "노동법 이렇게 고쳐야 한다"(노동법개정시안).

한국노동교육협회(1989), 『노동조합임금교섭 어떻게 하나』, 돌베개.

한국노동연구원, 『분기별 노동동향분석』 1988-1992.

한국노동조합총연맹, 『사업보고서』, 1987-1992.

전국노동조합협의회(1987), 『단체협약분석집』.

전국노동조합협의회(1989), 『'89 임금인상활동지침』.

전국노동조합협의회(1990), 『한국 노동자 의식연구』.

전국노동조합협의회, 『현대노사』, 각 호.

한국사회연구소, 『한국사회연감 1989』.

월간 『노사동향』, 1990-1992.
월간 『말』, 1987-1992.
『월간조선』, 1987-1993.
『신동아』, 1987-1993.
『월간중앙』, 각 호.
월간 『옵서버』, 각 호.
『노동자신문』, 1989-1992.
각 일간신문.

2. 정부 정책자료

그 주요한 것들로는 "노사관계 안정화방안"(노동부, 1988.5.25), "노동행정의 중장기 발전방향"(노동부, 1988), "노동관계법의 제문제에 관한 정책협의회"(1988.9), "90년대의 바람직한 노사관계"(노동부, 1989.11.2), "90년대 노동정책의 방향과 과제"(한국노동연구원, 1990.3), "경제의 제2도약을 위한 노사관계정책방향"(한국노동연구원, 1990.5), "제7차 경제사회발전 5개년계획 노사관계부문 계획(안)"(노동부, 1991), "임금제도의 문제점과 개선방안"(한국경영자총협회, 1991.10.24), 『한국의 임금구조 및 임금체계의 현황과 정책과제』(한국노동연구원, 1991.6), "고용보험제도 도입에 대한 검토"(한국노동연구원, 1991.6.12), "제7차 경제사회발전 5개년계획 노사관계부문계획"(노동부, 1992), 『경제사회발전과 변동』(한국노동연구원, 1992.8), "신경제 5개년계획 노사관계재정립부문계획"(노동부, 1993) 등이 있다.

3. 단행본 및 논문

강문구(1994), 『한국민주주의의 구조와 진로』, 한울.
강민 외(1991), 『국가와 공공정책: 한국국가이론의 재조명』, 법문사.
강수돌, 황기돈(1992), 「'노동운동'의 위기인가 '노동운동론'의 위기인가」, 『사회평론』1992년 9-10월호.
고세훈(1989), 「영국 사회주의의 이념적 한계: 서설-노동당, 노동조합 그리고 생산수단의 소유문제」, 『한국정치학회보』제23집 제1호.

고세훈(1991), 「복지국가 위기론과 사회민주적 대응의 성격과 한계: 영국과 스웨덴의 경우를 중심으로」, 한국정치학회 편, 『새로운 세계질서의 도전과 한국정치』.

고용보험연구기획단(1994), "우리나라 고용보험제도의 재정추계와 경제·사회적 파급효과", 한국노동연구원.

공제욱(1994), "한국 자본가계급의 성장과 국가", 한국산업사회연구회 편, 『계급과 한국사회』, 한울.

김강민 외(1988), 「현단계 노동운동의 쟁점」, 『현실과 과학』 2호, 새길.

김경동(1979), 『발전의 사회학』, 문학과 지성사.

김경동(1983), 『경제성장과 사회변동』, 한울.

김경동(1988), 『노사관계의 사회학』, 경문사.

김금수(1986), 『한국 노동문제의 상황과 인식』, 풀빛.

김금수(1988), 「한국 노동조합운동의 현단계적 상황과 발전을 위한 과제」, 『한국 노동운동의 이념』, 정암사.

김금수·박현채 외(1985), 『한국노동운동론1』, 미래사.

김낙중(1982), 『한국노동운동사: 해방후 편』, 청사.

김대환(1991), 「한국노동조합의 사회적 역할과 정치활동」, 노동문제연구소 편, 『한국의 노동문제』, 비봉출판사.

김동춘(1993a), "한국 노동자의 사회적 고립-1987년 이후 중공업 노동자의 노동조합활동을 중심으로", 서울대학교 사회학과 박사학위논문.

김동춘(1993b), 「한국 노동운동의 정치조직화의 실패」, 한국산업사회연구회편, 『경제와 사회』, 겨울호.

김동춘(1994), 「한국자본주의의 성격과 지배질서-안보국가, 시장, 가족」, 한국산업사회연구회 편, 『한국사회의 변동』, 한울.

김명시(1989), 『전노협건설과 노동조합운동의 현단계』, 백산서당.

김병국, 『분단과 혁명: 한국과 멕시코의 정치경제』, 문학과 지성사, 1990.

김성국(1984), 「노사갈등의 구조와 역사적 전개」, 『한국사회학』 제18집 겨울호.

김성국(1988), 「권위주의 정치체제와 노동통제론」, 『현대사회』 1988년 여름호.

김세균(1991), '자유민주주의란 무엇인가', 월간 『사회평론』 6월호.

김영명(1985), 『제3세계의 군부통치와 정치경제-브라질·한국·페루·이집트의 비교연구』, 한울.

김영범·조희연(1994), "민주주의이행과 진보정치세력화", 한국산업사회연구회 편,

『한국사회의 변동』, 한울.

김영래(1987), 『한국의 이익집단: 국가조합주의적 시각을 중심으로』, 서울: 대왕사.

김영순(1995), "복지국가 재편의 두 가지 길-1980년대 영국과 스웨덴에 대한 비
교연구", 서울대학교 정치학과 박사학위논문.

김용기(1989), 「노동운동과 개량화의 문제」, 『사회와 사상』 4월호, 한길사.

김윤환(1981), 「한국노동운동의 역사적 과제와 방향」, 『한국경제의 전개과정』, 돌
베개.

김익진(1992), 「'퇴조기론'을 전면적으로 비판한다」, 『민주노동』 9월호.

김인동(1985), 「70년대 민주노조운동의 전개와 평가」, 김금수 외, 『한국노동운동
론1』, 미래사.

김일영(1993), 「한국국가성격논의에 관한 방법론적 재고」, 한국산업사회연구회 편,
『경제와 사회』 봄호, 한울.

김장한 외(1989), 『80년대 한국노동운동사』, 도서출판 조국.

김장호(1989), 「최근 노사분규의 성격」, 한국노동경제학회 편, 『노동경제연구』 12호.

김재원(1989), 「임금정책」, 한국경영자총협회, 『노동경제 40년사』.

김 준(1989), 「6공화국의 노동통제정책」, 『경제와 사회』 3호(한국산업사회연구
회), 이론과 실천.

김 준(1992), "한국과 대만의 노동계급 형성과정, 내부구성, 상태의 비교연구",
한국사회사연구회 편, 『한국의 지역문제와 노동계급』(논문집 제37집), 문학
과 지성사.

김 준(1993), "권위주의 국가의 노동통제-한국과 대만의 비교 연구", 서울대 대
학원 사회학과 박사학위 논문.

김진균(1983), 『비판과 변동의 사회학』, 한울.

김진균(1984), 「한국의 교육문화에 대한 사회학적 접근」, 『한국사회변동연구1』,
민중사.

김진균(1988), 「한국 산업사회구성체와 가치의 비일관성」, 『사회과학과 민족현실』,
한길사.

김진균(1989), 「민중사회학의 이론적 전망」, 『한국민중론의 현단계』, 돌베개.

김진균(1991), 「노사관계의 구조적 토대변화-1987년 중반기 노사분규에서 나타
난 특징적인 현상을 중심으로」, 『사회과학과 민족현실 2』, 한길사.

김진균(1992), 「민중민주주의 전망」, 한국사회학회 한국정치학회 공편, 『한국의 국

가와 시민사회』, 한울.

김진균(1993), 「문민정부 출범 이후의 정국분석」, 현대신학연구소 편, 『민족과 신학』 1호.

김진균(1994), 「사회과학 인식의 전환문제」, 한국산업사회연구회 편, 『한국사회의 변동』, 한울.

김진균·임영일(1987), 「노동자의 의식과 행동」, 서울대 사회학연구회 엮음, 『현대자본주의와 공동체이론』, 한길사.

김진균·조희연(1985), 「분단과 사회상황의 상관성에 관하여」, 변형윤 외 『분단시대와 한국사회』, 까치.

김진균·홍승희(1991), 「한국사회의 교육과 지배이데올로기」, 한국산업사회연구회 편, 『한국사회와 지배이데올로기』, 녹두.

김태기·이영희(1989), 『노동쟁의조정제도연구』, 한국노동연구원.

김형기(1988), 『한국의 독점자본과 임노동』, 까치.

김진균(1992a), "변화된 노동정세와 진보적 노자관계", 『전망』(민중당 기관지) 3월호.

김진균(1992b), "'진보적 노자관계'와 '진보적 노동조합주의'를 위하여", 산업사회연구회 편, 『경제와 사회』 1992년 가을호.

김진균(1994), 「한국자본주의 재생산구조의 특질과 전망」, 한국산업사회연구회 편, 『한국사회의 변동』, 한울.

김형기·임영일(1992), 「진보적노동조합주의론 논쟁」, 부산노동자료연구실 편, 『지역과 노동』 제10호(1992.7).

김형배(1989), 「노동법제」, 한국경영자총협회, 『노동경제 40년사』.

김호기(1994), 「권위주의정권의 해체와 민주주의로의 이행(1987-1992)」, 한국산업사회연구회 편, 『한국사회의 변동』, 한울.

남기곤(1988), 「한국의 노동쟁의 양상에 관한 실증연구」, 서울대 경제학과 석사논문.

노중기(1993), 「한국국가의 노동통제유형에 관한 비판적 연구」, 한국산업사회연구회(편), 『경제와 사회』, 93년 여름호.

노중기(1994a), 「1987년 이후 거시적 노자관계의 변동과 노동운동」, 한국사회과학연구소, 『동향과 전망』(94년 겨울, 봄 합본호), 녹두.

노중기(1994b), '민주화이행과 노동통제-6공화국시기를 중심으로', 한국사회학연구회 편, 연구세미나시리즈 2(94-05).

라레인(한상진·심영희 옮김: 1984), 『현대사회이론과 이데올로기』, 한울.

박광준(1993), 「신보수주의와 한국사회의 정책지향」, 한국산업사회연구회 편, 『경제와 사회』 여름호, 한울.

박덕제(1984), 「독점기업의 자본축적과 노동계급」, 이대근 정운영 편, 『세계자본주의론』, 까치.

박덕제(1985a), 「한국의 연공임금에 관한 연구」, 서울대 경제학과 박사논문.

박덕제(1985b), 「노무관리와 노사관계」, 박현채 외, 『한국자본주의와 노동문제』, 돌베개.

박덕제 외(1989), 『선진각국의 노조운동과 노사관계』, 한국경제신문사.

박덕제, 박기성(1989), 『한국의 노동조합(1)』, 한국노동연구원.

박덕제(1990), 『한국의 노동조합(2)』, 한국노동연구원.

박상섭(1985), 『자본주의국가론』, 한울.

박세일(1991), 「노사대결론에서 노사합작론으로」, 『21세기를 향한 한국의 선택』, 동아일보사.

박승옥(1992a), "한국 노동운동, 과연 위기인가", 『창작과 비평』 20권 2호, 92년 여름.

박승옥(1992b), 「'사회발전적 노동운동' 비판에 대한 답변」, 『사회평론』 92년 11-12월호.

박승호(1992), 「전투적 민주노조운동의 조합주의적 한계를 시급히 극복하자」, 전국노운협 편, 『노동운동』 1992년 7월호.

박승희(1988), 「대기업 일관작업장의 노동통제에 관한 사례연구」, 성균관대 사회학과 박사학위논문.

박승희(1992a), 「'노동의 좌절'은 '계급타협'의 좌절이 아닌가」, 한국산업사회연구회 편, 『경제와 사회』 봄호, 한울.

박승희(1992b), 「신조합주의의 현실성에 대하여」, 한국산업사회연구회 편, 『경제와 사회』 가을호, 한울.

박승희(1994), "우리나라 고용보험제의 성격", 한국산업사회연구회 편, 『산업사회의 재조명』, 한울.

박원순(1992a, 1992b, 1992c), 『국가보안법 연구』 1 2 3, 역사비평사.

박윤배(1990), 『대기업 노동조합과 파업』, 신평론.

박종주(1986), "한국 근대화와 국가조합주의적 통제: 제3-4공화국을 중심으로", 서울대 대학원 행정학과 박사학위논문.

박준식(1985), "한국에 있어서 노동조합과 정부의 관계: 민간 제조업부문의 경우를 중심으로, 1970-1980", 최장집 편, 『한국자본주의와 국가』, 한울.

박준식(1991), "중화학 대기업에서의 노사관계 유형에 관한 비교연구", 연세대학교
　　사회학과 박사학위논문.

박준식(1993), "신중산층 근로자들의 의식적 특성 연구", 한국산업사회연구회 편,
　　『경제와 사회』 봄호, 한울.

박준식·김영범(1995), "사회민주화와 (조직)노동", 한림대사회조사연구소.

박준식·조효래(1989), "독점대기업의 노무관리전략에 관한 연구", 한국산업사회연
　　구회 편, 『경제와 사회』 여름·가을호, 이론과 실천.

박현채(1983), 「한국노동운동의 현황과 당면과제」, 김윤환 외, 『한국노동문제의 인
　　식』, 동녘.

박형준(1989), 「독점자본주의와 노동운동: 개량화문제를 중심으로」, 한국사회연구
　　소 편, 『한국사회 노동자연구 1』, 백산서당.

배규한(1986), 「한국의 경제성장과 경영이데올로기」, 『한국사회학』 제20집 겨울호.

배무기(1989), 『노동경제학』, 경문사.

배무기(1991), 「노동력수급구조의 변화와 개선방향」, 노동문제연구소 편, 『한국의
　　노동문제』, 비봉출판사.

보건과 사회연구회(1989), "1980년대 한국사회보장정책의 성격", 학술단체협의회
　　편, 『1980년대 한국사회와 지배구조』, 풀빛.

서관모·심성보 외(1989), 『현단계 한국 사무직 노동운동』, 태암.

서울노동조합운동연합(1988), 『88년 임금인상투쟁을 위하여』, 동녘.

서울사회과학연구소 경제분과(1991), 『한국에서의 자본주의발전』, 새길.

성경륭(1991), "자본주의와 민주주의의 변증법적 관계", 『사회비평』 6집.

성경륭(1993), "한국 정치민주화의 사회적 기원: 사회운동론적 접근", 경남대극동
　　문제연구소 편, 『한국 정치·사회의 새흐름』, 나남.

세계편집부 편(1988), 『88년 상반기운동 평가』, 세계.

손호철(1992), 「자유민주주의와 선거-'선거사회주의'의 가능성과 한계를 중심으로
　　」, 한국산업사회연구회 편, 『경제와 사회』 봄호, 한울.

손호철(1991), 『한국정치학의 새 구상』, 풀빛.

송종래 편저(1992), 『민주화시대의 노사관계』, 법문사.

송호근(1990), 『노동과 불평등』, 나남.

송호근(1991), 『한국의 노동시장과 정치』, 나남.

송호근(1992), 『시장과 이데올로기』, 문학과 지성사.

신광영(1989), 「생산직 노동조합과 화이트칼라 노동조합」, 한국사회연구소 편, 『노동조합조직연구』, 백산서당.

신광영(1990), "생산의 정치와 80년대 한국의 노동조합", 『현대 한국의 노동문제와 도시정책』(한국사회사연구회 논문집 제26집), 문학과 지성사.

신광영(1991a), "아시아 신흥공업국의 산업화와 노동운동－한국과 대만 비교연구", 한림대학교, 『아시아문화』 제6호.

신광영(1991b), 「시민사회와 사회운동」, 한국산업사회연구회 편, 『경제와 사회』 겨울호, 한울.

신광영(1993), 「한국 노동운동의 전망－경제변화, 기술변화와 노동조합의 대응」, 한국문화연구원 학술대회: 한국자본주의와 노동정치.

신광영, 박준식(1990), 「80년대 후반 한국노동조합의 조직적 성격과 발전과제」, 한국사회학회편, 『한국사회의 비판적 인식』, 나남.

신인령(1987), 『노동법과 노동운동』, 일월서각.

심영희(1985), 「한국사회의 산업화와 사회통제」, 이경의 외, 『한국의 사회구성1』, 화다.

오도넬, 슈미터, 화이트헤드 엮음(염홍철 역), 『권위주의정권의 해체와 민주화』, 한울, 1987.

유경준, 정진호(1989), 「노동손실일수 추계와 파업성향의 국제비교」, 『노동동향분석』(한국노동연구원) 1989 4 / 4.

유팔무(1991), 「그람시 시민사회론의 이해와 한국적 수용의 문제」, 한국산업사회연구회 편, 『경제와 사회』 겨울호, 한울.

유팔무(1993), "한국의 시민사회론과 시민사회분석을 위한 개념틀의 모색", 경남대 극동문제연구소 편, 『한국의 정치·사회의 새흐름』, 나남.

윤진호(1993), 「노동자의 고립화와 계급연대」, 한국산업사회연구회 편, 『경제와 사회』 겨울호, 한울.

이목희(1991), "대기업노조 연대회의의 현황과 과제", 전태일노동자료연구실, 『노동운동연구』 창간호('90년 임투관련 주요자료모음).

이상철(1992), 『한국의 지역노동운동 연구－포항, 울산, 마산창원지역의 비교』, 한울.

이성태(1990), 『감추어진 독점재벌의 역사』, 녹두.

이성형 편역(1991), 『사회민주주의 연구1: 회고와 전망』, 서울: 새물결.

이영희(1990), 『노동기본권의 이론과 실제』, 까치.

이우현(1988), 「한국 노사관계정책의 기본성격에 관한 연구」, 고대 경제학과 박사
　　논문.
이정우·조우현(1991), "임금과 노동자생활", 전태일노동자료연구실, 『노동운동연
　　구』 제2호.
이정택(1992), "Burawoy의 생산정치 비교연구", 한국비교사회연구회 편, 『비교사
　　회학: 방법과 실제 II』, 열음사.
이종태(1990), '지배권력의 전교조 탄압 배경과 논리', 한국교육연구소 편, 〔한국교
　　육의 성격과 교직원노동운동〕, 푸른산.
이중희(1988), 「노동통제양식과 그 변화」, 『사상과 정책』 여름호.
인천기독교민중교육연구소 엮음(1988), 『'87 노동자대투쟁: 7, 8월 인천지역사례』,
　　풀빛.
임영일(1985), 「노동자의 존재조건과 의식」, 박현채 외, 『한국자본주의와 노동문제』,
　　돌베개.
임영일(1989), 「노동운동의 현황과 과제」, 한국산업사회연구회 편, 『경제와 사회』
　　겨울호, 이론과 실천.
임영일(1991), 「한국사회의 지배이데올로기」, 한국산업사회연구회 편, 『한국사회와
　　지배이데올로기』, 녹두.
임영일(1992a), 「정세변화와 노동운동의 과제」, 한국산업사회연구회 (편), 『경제
　　와 사회』 가을호, 한울.
임영일(1992b), "한국의 산업화와 계급정치", 한국사회학회·한국정치학회 공편, 『
　　한국의 국가와 시민사회』, 한울.
임영일(1993), "한국의 노사관계와 계급정치", 경남대극동문제연구소 편, 『한국 정
　　치·사회의 새흐름』, 나남.
임영일 임호(1993), 「'87년 이후 노동자층의 의식변화와 노사관계」, 한국산업사회
　　연구회 편, 『경제와 사회』 봄호, 한울.
임종률(1985), 「노동법의 제문제」, 박현채 외, 『한국자본주의와 노동문제』, 돌베개.
임혁백(1990), 「한국에서의 민주화과정 분석-전략적 선택이론을 중심으로」, 『한
　　국정치경제론』, 안청시 편, 법문사.
임혁백(1992), "민주화시대의 국가-시민사회관계의 틀 모색: 국가, 시장, 민주주
　　의", 한국정치학회 한국사회학회 공동학술발표회 발표논문.
임혁백(1993), 「한국노동정치의 변화와 연속성-모순의 지연, 심화, 표류」, 한국문

화연구원 학술대회: 한국자본주의와 노동정치.

임현진(1993), " ", 계간 『역사비평』 봄호.

임현진·김병국(1991), "노동의 좌절, 배반된 민주화: 국가자본 노동관계의 한국적 현실", 계간 『사상』, 91년 겨울호.

임현진·김병국(1992), 「왜 민주적 '계급타협'인가?」, 한국산업사회연구회 편, 『경제와 사회』 봄호, 한울.

임현진·최장집 공편(1994), 『시민사회의 도전: 한국민주화와 국가·자본·노동』, 나남.

임현진 외 공편(1991), 『라틴 아메리카의 도전과 좌절-격동하는 정치사회』, 나남.

장명국 편저(1988), 『노동법해설』, 석탑.

전신욱(1989), "한국산업화과정에서의 노동통제와 노동저항", 고려대학교 행정학과 박사학위논문.

전태일기념사업회 편(1991), 『한국노동운동 20년의 결산과 전망』, 세계.

정건화(1990), "물가폭등과 6공화국의 경제정책", 『민족지평』 겨울호(제2호).

정명기 편저(1992), 『위기와 조절: 현대자본주의에 대한 조절론적 접근』, 창작과 비평사.

정성기(1984), 「한국의 대-중소기업 노동시장구조와 임금격차」, 서울대 경제학과 석사논문.

정영태(1993), 「계급별 투표행태를 통해본 14대 대선」, 한국산업사회연구회 편, 『경제오 사회』 봄호, 한울.

정이환(1989), 「노동운동의 현단계와 당면과제」, 『사상운동』 창간호, 한마당.

정이환(1990), 「80년대 말 한국의 노사관계변모에 관한 일연구」, 『현대 한국의 노동문제와 도시정책』(한국사회사연구회 논문집 제26집), 문학과 지성사.

조우현(1992), 『노사관계 개혁론』, 창작과 비평사.

조형제(1990), 「한국 자동차산업의 국제분업구조」, 한국산업사회연구회 편, 『한국자본주의와 자동차산업』, 풀빛.

조형제(1992), "한국자동차산업의 생산방식에 관한 연구-1980년대 국제분업의 변화를 중심으로", 서울대학교 사회학과 박사학위논문.

조효래(1988), 「중공업부문 독점대기업에서의 노동쟁의에 대한 연구」, 서울대 사회학과 석사논문.

조희연(1993), 「새로운 정치현실과 진보운동의 진로」, 한국산업사회연구회편, 『경제와 사회』여름호, 한울.

조희연(1994), 「한국에서의 민주주의이행에 관한 정치사회학적 연구: 국가, 정치
사회, 시민사회의 분화에 터하여」, 한국사회과학연구소 편, 『동향과 전망』
1994년 겨울 봄 합본호(21호).

차성수(1989a), 「국가권력과 자본의 노동통제」, 월간『사회와 사상』 5월호, 한길사.

차성수(1989b), 「국가권력의 노동운동탄압과 노동정책」, 한국사회연구소 편, 『동
향과 전망』 제4집, 백산서당.

최규엽(1992), 「'사회발전적 노동운동론'을 비판한다」, 전국노운협 편, 『노동운동』
1992년 7월호.

최장집(1992), 「한국 노동운동은 왜 계급으로서의 조직화에 실패하고 있나? - 87
년 이후 노동운동의 전개에 관한 한 분석」.

최장집(1985), "노동조합에 대한 조합주의적 통제", 변형윤 외, 『분단시대와 한국
사회』, 까치.

최장집(1988), 『한국의 국가와 노동운동』, 열음사.

최장집(1989), 『한국 현대정치의 구조와 변화』, 까치.

최장집(1992), "한국의 노동계급은 왜 계급으로서의 조직화에 실패하고 있나?", 한
국사회학회 정치학회 편, 『한국국가와 시민사회』, 한울.

최장집(1993), 『한국민주주의의 이론』, 한길사.

최태룡(1994), "경영혁신운동의 계급적 함의", 한국산업사회연구회 편, 『계급과 한
국사회』, 한울.

한국경영자총협회(1989), 『신노동운동: 이념, 조직과 활동분석』.

한국교육연구소 편(1990), 『한국교육의 성격과 교직원노조운동』, 푸른나무.

한국기독교사회문제연구원 편(1987a), 『한국사회의 노동통제』, 민중사.

한국기독교사회문제연구원 편(1987b), 『7-8월 노동자대중투쟁』, 민중사.

한국기독교사회문제연구원 편(1988a), 『민중의 진출과 민족민주운동』(기사연리포
트7), 민중사.

한국기독교사회문제연구원 편(1988b), 『올림픽 이후의 정국전망』(기사연리포트9),
민중사.

한국기독교사회문제연구원 편(1988c), 『5공청산과 악법개폐투쟁』(기사연리포트
10), 민중사.

한국기독교사회문제연구원 편(1988d), 「대구·울산 지역실태와 노동운동』, 민중사.

한국민주노동자연합 엮음(1994), 『1970년대 이후 한국노동운동사』, 동녘.

한국비교사회연구회 편저(1992), 『비교사회학: 방법과 실제2』, 열음사.

한국사회언론연구회(1989), "1980년대 한국언론정책의 성격", 학술단체협의회 편, 『1980년대 한국사회와 지배구조』, 풀빛.

한국사회연구소 편(1989a), 『노동조합조직연구』, 백산서당.

한국사회연구소 편(1989b), 『한국사회 노동자연구1』, 백산서당.

한국사회연구소 편(1989c), 『한국사회 노동자연구2』, 백산서당.

한국산업사회연구회(1989), "제6공화국의 노동통제", 학술단체협의회 편, 『1980년대 한국사회와 지배구조』, 풀빛.

한국산업사회연구회(1990), 『한국사회와 지배이데올로기』, 녹두.

한국산업사회연구회(1993), 『산업사회학강의』, 한울.

한국산업사회연구회(1994), 『산별노조론』, 미래사.

한국정치연구회 사상분과 편저(1992), 『현대민주주의론2』, 창작과 비평사.

한국정치연구회 정치이론분과 엮음(1993), 『국가와 시민사회』, 녹두.

한국정치학회 편, 『현대한국정치와 국가』, 법문사.

한상진(1983), "관료적 권위주의와 한국사회", 『한국사회의 전통과 변화』, 법문사.

한상진 편저(1984), 『제3세계 정치체제와 관료적 권위주의 – 종속적 발전에 따른 정치사회변동』, 한울.

한상진 역(1990), 『체제비교의 사회학: 서구 자본주의와 국가사회주의』, 느티나무.

한상진 역(1991), 『중민이론의 탐색』, 문학과 지성사.

한 준(1990), 「노동쟁의의 정치, 경제적 배경과 결정요인에 대한 사회학적 연구: 1987년 여름의 노사분규를 중심으로」, 서울대 사회학과 석사학위논문.

허명구(1991), "노동통제의 변화와 노동조합운동", I1O전국노동자공대위, 『총액임금제와 직능급제 도입에 대하여』(공청회자료집).

허명구(1992), "신노동정책이란 무엇인가", 전국노동운동단체협의회 편, 『노동운동』(92년 12월호).

현대그룹노사관계진단연구단(1994), 「현대그룹 노사관계진단 연구보고서」.

홍덕률(1991), "87년 이후 대자본의 노동통제에 관한 연구", 한국노동문제연구소 편, 『한국의 노동문제』, 비봉출판사.

홍덕률(1993), "한국 대자본가의 조직화와 계급실천에 대한 연구", 서울대학교 사회학과 박사학위논문.

530 국가의 노동통제와 민주노조운동: [1987-1992]

홍두승(1989), "계층구조와 계층의식: 사회조사자료로 본 현실과 전망", 서울대 사
　　회과학연구소 편, 『사회과학과 정책연구』 11권 1호.
홍장표 외(1989), "1980년대의 한국자본주의", 학술단체협의회 편, 『1980년대 한
　　국사회와 지배구조』, 풀빛.

〈외국어 문헌〉

Adamson, Walter l.(*1980*), *Hegemony and Revolution: A Study of Antonio Gramsci's Political and Cultural Theory*, University of California Press.

Alavi, Hamza(1972), "The State in Post-Colonial Societies: Pakistan & Bangladesh", New left Review, 74.

An Jae-Hung(1990), "The Politics of Collective Action by labor in Hard Times: A Theoretical Discussion", *Asian Perspective*, Vol.14 No.1(Spring-Summer).

Badie, B. and P. Birnbaum(1983), The Sociology of the State, Chicago: Chicago University Press.

Barón, Atilio(1980), "State Forms in latin America", *New left Review* 130.

Bermeo, Nancy(1992), "Democracy and the lessons of Dictatorship", *Comparative Politics*, April.

Block, Fred(1992), "Capitalism without Class Power", *P & S*, Vol.20, No.2(June).

Bonefeld, Werner(1992), "Crisis of Theory: Bob Jessop's Theory of Capital Reproduction", in *Capital & Class* vol.50.

Borzeix, A.(1984), "Trade Union Position on the Organization of Production", in Kesselman(ed), *The French Worker's Movement: Economic Crisis & Political Change*, Allen & Unwin.

Birnbaum, Pierre(1988), "The State versus Corporatism: France and England", in *States and Collective Action: the European Experience*, Cambridge University Press.

Bo Rothstein(1990), "Marxism, Institutional Analysis, and Working-Class Power: The Swedish Case", *Politics & Society*, vol.18, no.3.

Burawoy, Michael(1985), *The Politics of Production*, london: Verso.

Burawoy, Michael(1989), "Marxism without Micro-Foundations", *Socialist Review*, Vol.19 No.2.

Carnoy, Martin(1984), *The State and Political Theory*, Princeton University Press.

Cammack, Paul(1989), "Bring the State Back In?", *BJPS*, Vol.19 No.2.

Cardoso, Fernando Henrique(1987), "Democracy in lA", *P & S*, Vol.15, No.1.

Carriére, Jean, Nigel Haworth & Jacqueline Roddick(eds.)(1989), *The State, Industrial Relation and the labor Movement in latin America*, St. Maryin's Press.

Cawson, Alan(1986), *Corporatism and Political Theory*, Basil Blackwell.

Cohen, Joshua & Joel Rogers(1983), *On Democracy*, New York: Basic Books.

Collier, R.(1982), "Popular Sector Incorporation and Political Supremacy", in Sylvia Hewlett and Richard Weinert, eds., *Brazil and Mexico*, Philadelphia: ISHl.

Collier, David & Ruth Berins Collier(1977), "Who Does What, to Whom, and How: Toward a Comparative Analysis of larin American Corporatism", in Malloy(ed.) *Authoritarianism and Corporatism in latin America*.

Collier, David & Ruth Berins Collier(1979), "Inducement Versus Constraint", *American Political Science Review*, Vol.37, No.4.

Collier, David & Ruth Berins Collier(1991), *Shaping the Political Arena: Critical Juncture, labor Movement and Regimes Dynamics in latin America*, Princeton University Press.

Collier, David & Devorah l. Norder(1992), "Strategic Choice Models of Political Change in latin America", *C.P.*, Vol.24 No.2.

Cotton, James(1992), "Understanding the State In South Korea-Bureaucratic-Authoritarian or State Autonomy Theory?", *Comparative Political Studies*, Vol.24 No.4, January.

Crouch, Colin(1985), "Corporitism in Industrial Relations: a Formal Model", *The Political Economy of Corportism*, ed. by Wyn Grant, london: Macmillan.

Crouch, Collin(1978), *Class Conflict and the Industrial Relations Crisis*, Humanities Press.

Crouch, Collin(1979), "The State, Capital and liberal Democracy", in Crouch(ed.), *State and Economy in Contemporary Capitalism*.

Crouch, Collin(1983), "The State, Capital and liberal Democracy", in David Held et. al. (eds.), *States and Societies*(N.Y.: NYU Press).

Crouch, Collin(1985), "Conditions for Trade Union Restraint", in lindberg, l. N. & Meier, C.(eds.), *The Politics of Inflation and Economic Stagnation*.

Cummings, Bruce(1989), "The Abortive Aberatura: South Korea in the light of latin American Experiences", *New left Review* 173.

Diamond, larry & Juan J. linz(1989), "Introduction: Politics, Society and Democracy in latin America", in Diamond, linz & lipset(eds.), *Democracy in Developing Countries: l.A.*, lynne Rienner Publishers.

Deyo, Frederic C.(1987), "State and labor: Modes of Political Exclusion in the East Asian Development", in Deyo(ed.), *The Political Economy of the New Asian Industrialism*, Cornell Univ. Press.

Deyo, Frederic C.(1989), *Beneath the Miracle: labor Subordination in the New Asian Industrialization*, University of California Press.

Eckert, Carter J.(1994), "The South Koean Bourgeoisie: A Class in Search of Hegemony", in Hagen Koo ed., *State and Society in Korea.*(Cornell University Press)

Edwards, Richard(1979), *Contested Terrain*, Basic Books, Inc., Publishers.

Epstein, C. Edward(1989), *labor Autonomy and the State in latin*

America, Boston: Unwin Hyman.

Esping Anderson, Gosta(1990), *The Three World of Welfare Capitalism*, london: Polity Press.

Esping Anderson, Gosta(1987), "Citizenship and Socialism: Decommodification and Solidarity in the Welfare State", in Martin Rein et. al.(eds.), *Stagnation and Renewal in Social Policy: The Rise and Fall of Policy Regimes*(N.Y.: Sharpe).

Evans, Peter(1979), *Dependent Development: Alliances of Multinational, State, and local Capital in Brazil*, Princeton: Princeton University Press.

Evans, Peter, Dietrich Reuschmeyer & Theda Skocpol, *eds.*(1985), *Bring the State Back In*, Cambridge: Cambridge University Press.

Goldthrope, J. et al.(1969), *The Affluent Worker in the Class Structure*, Cambridge Univ. Press.

Goldthorp, J.(1984), "The End of Convergence: Corporatist and Dualist Tendencies in Modern Western Societies", in Goldthorp(*ed.*), *Order and Conflict in Contempory Capitalism*.

Gramsci, A.(1971), *Selections from the Prison Notebooks of Antonio Gramsci*, International Publishers, New York.

Haggard, Stephan M.(1986), "The Newly Industrializing Countries in the International System", *World Politics* 38(2).

Hall, Stuard(1985), "Authoritarian Populism: A Reply to Jessop et. al.", *NIR* 151.

Han Sung-Joo(1989), "South Korea: Politics in Transition", in Diamond, linz & lipset(eds.), *Democracy in Developing Countries: Asia*, lynne Rienner Publishers.

Hanson, Charles G.(1991), *Taming the Trade Unions: A Guide to the Thatcher Government's Employment Reforms, 1980-1990*, Macmillan Press.

Hart-lansberg, Martin(1988), "South Korea: The "Miracle" Rejected",

Critical Sociology, Vol.15 No.3, Fall.

Hirshman, Albert O.(1981), "The Turn to Authoritarianism in latin America and the Search for Economic Determinants", in *Essays in Trespassing*.

Hirshman, Albert O.(1985), "Reflection on the latin American Experience", lindberg & Meier(eds.), *The Politics of Inflation and Economic Stagnation*.

Hobsbaum, Eric(1989), "Farewell to the Classic labor Movement?", *NIR*, 173.

Hodson, Randy & Robert C. Kaufman(1982), "Economic Dualism: A Critical Review", *American Journal of Sociology*, Vol.47.

Hyman, R.(1975), *Industrial Relations: A Marxist Introduction*, Macmillan.

Hyman, R.(1987), "Trade Unions and the law: Papering over the Cracks?", *Capital & Class* no.31 spring.

Im, Hyug Baeg(1989), *Politics of Transition: Democratic Transition from Authoritarian Rule in South Korea*, Dept. of Political Science, The Univ. of Chicago, Pf.D. Dissertation(unpublished).

Jessop, Bob(1982), *The Capitalist State*, New York Univ. Press.

Jessop, Bob(1983), "Capitalism and Democracy: The Best Possible Political Shell?" in D. Held(ed.), *States and Societies*(N.Y.: New York Univ. Press).

Jessop, Bob, Kevin Bonnett, Simon Bromley, Tom ling(1984), "Authoritarian Populism, Two Natins, and the Thatcherism", in *NIR* no. 147.

Jessop, Bob, Kevin Bonnett, Simon Bromley, Tom ling(1985), "Thatcherism and the Politics of Hegemony: A Reply to Stuard Hall", *NIR* 153(sep. / oct.)

Jessop, Bob, Kevin Bonnett, Simon Bromley, Tom ling(1988), *Thatcherism: A Tale of Two Nations*, Polity Press.

Karl, Terry lynn(1990), "Dilemmas of Democratization in lA", *CP*,

October.

Keane, J.(ed.)(1988a), *Civil Society and the State*(london: Verso)

Karl, Terry lynn(1988b), *Democracy and Civil Society*(london: Verso).

Kelly, J.(1988), *Trade Unions and Socialist Politics*, Verso.

Kelman, Mark(1987), *A Guide to Critical Regal Thought*, Harvard University Press.

Kendall, W.(1975), *The labour Movement in Europe*, Penguin.

Kocka, Jurgen(1986), "Problems of Working Class Formation: The Early Years, 1800-1875", *Working Class Formation: Nineteenth-Century Patterns in Western Europe and the United States*, ed. by Ira Katznelson and A. R. Zolberg, New Jersey: Prinston Univ. Press.

Koo, Hagen(1988), "The State, Industrial Structure, and labor Politics: Comparison of South Korea and Taiwan", in The Korean Sociological Association, *Industrial East Asia: Tasks and Challenges*.

Korpi, Walter & Michael Shalev(1979), "Strikes, Industrial Relations and Class Conflict in Capitalist Societies", *BJPS*, Vol.30.

Korpi, Walter(1985), *The Democratic Class Struggle*, london: Gower.

laclau, E. and C. Mouffe(1985), *Hegemony and Social Strategy*, london, Verso.(김성기 외 역, 『사회변혁과 헤게모니』, 도서출판 터, 1990)

launius, Michael A.(1991), "State-labor Relations in Democratizing South Korea", *Pacific Focus*, Vol.6 No.1.

lembcke, Jerry(1988), *Capitalist Development and Politics of Class*.

levine, Daniel H.(1988), "Paradigm lost: Dependence to Democracy", *World politics*, 40.

lindblom, Charles(1982), "The Market as Prison", *Journal of Politics*, Vol.44.

linz, Juan(1978), *The Breakdown of Democratic Regimes: Crisis, Breakdown and Reequilibration*, Baltimore: The Johns Hopkins Univ. Press.

Mainwaring, Scott(1992), "Transition to Democracy and Democratic Consolidation: Theoretical and Comparative Issues", in S. Mainwaring, Guillermo O'Donnell & J. Samuel Valenzuela(eds.), *Issues in Democratic Consolidation*, Univ. of Notre Dame Press.

Marks, Gary(1989), *Unions in Politics: Britain, Germany and United States in the Nineteenth and Early Twentieth Century*, New Jersey: Princeton Univ. Press.

Marsh, David(1992), *The New Politics of British Trade Unionism: Union Power and the Thatcher legacy*, IRl Press.

Marx, Karl(1973a), " Der Achtzehnte Brumaire des louis Bonaparte", *MEW* Bd. 8, Dietz Verlag.

Marx, Karl(1973b), "lohn, Preis und Profit", *MEW* Bd. 16, S. 101-152.

Mishra, Ramesh(1984), *The Welfare State in Crisis: Social Thought and Social Change*(Sussex: Harvester).

Moore, Barrington, Jr.(1966), *Social Origins of Dictatorship and Democracy: lord and Peasant in the Making of the Modern World*, Boston: Beacon Press.

Mouzelis, Nicos(1985), "Factory Regimes in Contemporary Perspective", *Contemporary Sociology*, Vol.15 No.5(September).

Mericle, Kenneth S.(1977), "Corporatist Control of Working Class: Authoritarian Brizil Since 1964", in Malloy(ed.), *Authoritarianism and Corporatism in latin America*, Univ. of Pittsburgh Press.

O'Donnell, Guillermo A.(1973), *Modernization and Buraucratic-Authoritarianism*, Institute of International Studies.

O'Donnell, Guillermo A.(1977), "Corporatism and the Question of the State", in Malloy(ed.), *Authoritarianism and Corporatism in latin America*, Univ. of Pittsburgh Press.

O'Donnell, Guillermo A.(1992), "Transition, Continuities and Paradoxes", in S. Mainwaring, Guillermo O'Donnell & J. Samuel

Valenzuela(eds.), *Issues in Democratic Consolidation*, Univ. of Notre Dame Press.

O'Donnell, Guillermo & Philippe C. Schmitter(1986), *Transition from Authoritarian Rule-Tentative Conclusions about Uncertain Democracies*, The Johns Hopkins Univ. Press.

Offe, Claus(1972), "Klassenherrschaft und Politische System: Die Selektivitaet Politische Institutionen", in C. Offe, *Structurpro- bleme des Kapitalistische Staates*, Suhrkamp, pp.65-101.(한상 진 편역, 『국가이론과 위기분석』, 전예원, pp.134-166)

Offe, Claus(1985), *Disorganized Capitalism*, The MIT Press.

Offe, C & H. Wiesenthal(1980), "Two logics of Collective Action", *Political Power and Social Theory*, Vol.1.

Olsen, M.(1971), *The logic of Collective Action*, Harvard University Press.

Panitch, leo(1980), "Recent Theorizations of Corporatism: Reflections on a Growth Industry", *British Journal of Sociology*, Vol.2.

Panitch, leo(1986), *Working Class Politics and Crisis*, london: Verso.

Panitch, leo(1989), "Capitalism, Socialism and Revolution: The Conte- mporary Meaning of Revolution in the West", in R. Miliband et. al.(eds.), *The Socialist Register 1989*(london: Merlin).

Park, Se Il(1993), "The Role of the State in Industrial Relations: The Case of Korea", *Comparative labor law Journal* 14(3), Spring.

Pizzorno, Alessandro(1978), "Political Exchange and Collective Identity in Industrial Conflict", in Colin Crouch & Pizzorno, eds., *The Resurgence of Class Conflict in Western Europe since 1968*, vol. 2, New York: Holms and Meier.

Pizzorno, Alessandro(1981), "Interests and Parties in Pluralism", in Suzanne Berger(ed.), *Organizing Interest in Western Europe: Pluralism, Corporatism, and Transformation of Politics*(CUP).

Pontusson, Jonas(1991), "labour, Corporatism, and Industrial Policy: The Swedish Case In Comparative Perspective", *Compa-*

rative Politics, vol.23, no.2.

Poulanzas, Nicos(1975), *Political Power and Social Theory*, london: Verso.

Przeworski, Adam(1985), "Marxism and Rational Choice", P & S, 14(4).

Przeworski, Adam(1977), "Proletariat into Class: The Process of Class Formation from Karl Kautsky's Class Struggle to Recent Controversies", *Politics and Society*, 7(4).

Przeworski, Adam(1989), "Class, Production and Politics: A Reply to Burawoy", *Socialist Review*, Vol.19 No.2.

Przeworski, Adam(1990a), *Democracy and the Market-Political and Economic Reforms in East Europe and latin America*, Cambridge Univ. Press.

Przeworski, Adam(1990b), *The State and the Economy under Capitalism*(london: Harwood Publishers).

Przeworski, Adam(1992), "The Games of Transition", in S. Mainwaring, Guillermo O'Donnell & J. Samuel Valenzuela(eds.), *Issues in Democratic Consolidation*, Univ. of Notre Dame Press.

Przeworiski, Adam & M. Wallerstein(1988), "Structural Dependence of the State on Capital", *APSR* 82, pp.11-29.

Remmer, Karen l.(1991), "New Wine or Old Bottlenecks?-The Study of lA Democracy", *CP*, Vol.23, July.

Rogers, Joel(1989), "Divide and Conquer: The legal Foundations of Postwar U.S. labor Policy", in C. Joerges and D. M. Trubek(eds.), *Critical legal Thought: An American-German Dabate*, Nomos Verlagsgesellschaft.

Roxbrough, Ian(1984), "Unity and Diversity in latin American History", *Jounal of latin American Studies*, Vol.16, No.1.

Roxbrough, Ian(1987), "Populism and Class Conflict", in E. P. Archetti, P. Cammack & B. Roberts(eds.), *latin America*(N.Y.: Manthly Review Press).

Schamis, Hector(1991), "Reconceptualizing latin American Authoritarianism in 1970s: From Bureaucratic Authoritarianism to Neoconservatism", *Comparative Politics*, Vol.23.

Schmitter, Philippe C.(ed.)(1979), *Trends toward Corporatist Intermediation*, SAGE Publications.

Schmitter, Philippe C.(ed.)(ed.)(1982), *Patterns of Corporatist Policy Making.*

Seligson, Mitchell A.(1987), "Democratization in latin America: The Current Cycle", in James M. Malloy and Mitchell A. Seligson(eds.), *Authoritarians and Democrats-Regime Transition in 1A*, Univ. of Pittsburgh Press.

Sheahan, John(1980), "Market-Oriented Economic Policies and Political Repression in latin America", *Economic Development and Cultural Change*, Vol.28. No.2(January).

Sheahan, John(1987), *Patterns of Development in latin America: Poverty, Repression and Economic Strategy*, Princeton University Press.

Shin Kwang-Yeong(1988), "Class, Politics of Production, and Earnings Inequality: A Comparative Study of Earnings Inequality in the U.S., Sweden, and Japan", Ph.D. at the University of Wisconsin-Madison.

Skocpol, Theda & Margaret Somers(임현진 역, 1991), "The Uses of Comparative History in Macrosocial Inquiry", *Comparative Studies in Society and History*, Vol.22.

Skocpol, T. & Edwin Amenta(1986), "States and Social Policies", *Annual Review of Sociology*, 12.

Song Ho-Keun(1993), "The Politics of liberalization and Worker Struggle in Transition to Democracy in South Korea", presented at American Sociological Association.

Stearns, P.(), "National Character and European labor History", *Journal of Social History*, Vol.4.

Stephen, Alfred(1985), ‴"State Power in the Southern Cone of latin America", *Bring the State Back in*, ed. by Peter Evans, Dietrich Rueschemeyer and Theda Skacpol, New Jersey: Princeton University Press.

Stepan, Alfred(1978), *State and Society: Peru in Comparative Perspective*, Princeton University Press.

Stephens, J. D.(1989), "Democratic Transition and Breakdown in Western Europe, 1870-1939: A Test of the Moore Thesis", *AJS* 94, pp.1019-1077.

Stephens, Evelyne Huber(1989), "Capitalist Development and Democracy in South America", *P & S*, Vol.17 No.3.

Streeck, Wolfgang and P. Schmitter(1991), "From National Corporatism to Transnational Pluralism: Organized Interests in the Single European Market", *P & S*, vol.19, no.2.

Strinati, Dominic(1979), "Capitalism, the State and Industrial Relation", Crouch(ed.), *State and Economy in Contemporary Capitalism*(london: Croom Helm).

Therborn, Göran(1977), "The Rules of Capital and the Rise of Democracy", *NIR* 103.

Therborn, Göran(1980), *The Ideology of Power and the Power of Ideology*, london.

Therborn, Göran(1983), "Why Some Classes Are More Successful than Others", *NIR*, march-april.

Therborn, Göran(1984), "The Prospect of labor and the Transformation of Advanced Captalism", *NIR* 145.

Therborn, Göran(1986), "Karl Marx Returning: The Welfare State and Neo-Marxist Corporatist and Statist Theories", *International Political Science Review*, 7(2).

Thompson, P., The Nature of Work(심윤종 외 역, 『노동사회학』, 경문사, 1987).

Thurow, lester C.(1975), *Generating Inequality: Mechanisms of*

Distribution in the U.S. Economy, New York: Basic Books.

Valenzuela, J. Samuel(1989), "labor Movement in Transitions to Democracy-A Framework for Analysis", *Comparative Politics*, July, 1989.

Valenzuela, J. Samuel(1992), "Democratic Consolidation in Post--Transitional Settings: Notion, Process and Facilitating Conditions", in S. Mainwaring, Guillermo O'Donnell & J. Samuel Valenzuela(eds.), *Issues in Democratic Consolidation*, Univ. of Notre Dame Press.

Valenzuela, J. Samuel & Arturo Valenzuela(1986), "Party Oppositions under the Chilean Authorian Regime", in Valenzuela & Valenzuela, eds., *Military Rule in Chile :Dictatorship and Oppositions*(Baltimore: The Johns Hopkins University Press)

Valenzuela, J. Samuel & Jeffrey Goodwin(1983), l*abor Movements under Authoritarian Regimes*, Cambridge, Mass.: Harvard Univ. Center for Europian Studies Monographs, no.5.

Valenzuela, J. Samuel & Manuel Barrera(1986), "The Development of labor Movement Opposition to the Military Regime", in Valenzuela & Valenzuela(*eds.*), *Military Rule in Chile: Dictatorship and Oppositions*, The Johns Hopkins University Press.

Webb, S. and B. Webb(1920), *The History of Trade Unionism*.

Wiarda, Howard J.(1981), *Corporatism and National Development in latin America*. Williamson, Peter J.(1989), *Corporatism in Perspective*, SAGE Publications.

Wood(1989), "Rational Choice Marxism: Is the Game Worth the Candle?", *NIR* 177, pp.41-88.

노동정치 일지(1987.6-1993.2)

	령 의결
9. 29	노동부, 「최근 노사분규 평가와 대응방안」 발표
11. 23	국회, 노동관계법개정안 의결
12. 14	마산·창원지역노동조합총연합 창립
1988. 2.	노동부, 「노동조합업무처리지침」 시달
4. 1	대우조선 노동조합 파업
4. 20	삼성중공업 거제조선소 노동자, 거제군청 점거농성
4. 23	노동부, 「방위산업체 종사근로자의 쟁의행위 제한범위에 관한 지침」 발표
5. 3	청계피복노동조합 합법화
5. 6	현대건설노동조합설립추진 위원장(서정의) 납치사건 발생
5. 14	서울 삼성제약에서 구사대폭력 발생
5. 21	현대그룹 노동조합연합 결성
5. 28	울산현대자동차노동조합 파업
5. 29	서울지역노동조합협의회 결성
5. 31	노동부, 노동조합법 위반 혐의로 현대건설 입건
6. 6	서울구로공단 대한광학노동조합에 구사대폭력
6. 8	노동부, 「쟁의기간 중의 근로조건 인정범위에 관한 지침안」 확정
6. 16	성남지역노동운동탄압대책위원회, 고려피혁 블랙리스트 공개
6. 17	상공부, 주요방위산업체로 71개 사업장 지정
	상공부, 울산현대자동차쟁의에 대해 긴급조정권 발동 요구
6. 22	국무총리, 국회보고에서 '체제전복운동'에 대한 단호한 대처방침 발표
7. 2	대법원장임명동의안 국회서 부결
7. 7	전국노동운동단체협의회 결성
7. 26	철도기관사파업
	정부, 「관계장관대책회의」 개최
7. 29	야3당, 노동법개정공청회 개최
8. 19	한국경영자총협회, 사내복지기금법안 반대건의문 제출
8. 24	서울지하철노동조합, 파업 결의

8. 26	MBC노동조합 파업
9. 2	서울지하철노동조합, 파업 연기 결정
10. 19	노동부, '해고무효소송 중인 노동자의 조합원 지위' 불인정 질의회시
10. 21	노동부, 「노사분규예방대책」 시달
11. 1	노동부, 지방노동관서에 블랙리스트 활동, 구사대 동원 방지 지시
11. 13	노동법개정투쟁본부, 「노동법개정을 위한 전국노동자대회」 개최
11. 18	서울지하철노동조합, 「지하철파업결의에 대한 대책」 공개
11. 23	노동부, 위장폐업업체(6개사) 입건 송치
11. 28	노동법개정투쟁본부 소속 노동자 민주당사 점거농성
12. 9	한국노총, 「노동법개정 촉구 및 삼성규탄 전국대표자궐기대회」 개최
12. 10	국회노동위원회, 「노동법개정 공청회」 개최
12. 12	울산현대중공업 노동조합 파업
12. 28	대통령, 「민생치안에 관한 특별담화」 발표
1989. 1. 2	정부, 풍산금속 안강공장에 경찰력투입
1. 7	노동부, 전국언론노동조합연맹 전국병원노동조합연맹 설립신고서 반려
1. 8	현대그룹 노조간부 피습사건
2. 20	노동부, 최저임금법 위반사업체 의법조치 연기
3. 7	대통령, 공화당 총재(김종필) 단독회담
	부총리주재 「노동관계장관회의」
3. 9	대통령, 서울지하철 노동쟁의에 강경대응 지시
3. 14	총무처 장관(김용갑) 사직서 제출
3. 16	서울지하철 노동조합 파업, 경찰력투입
3. 17	노무현 의원, 의원직 사퇴서 제출
3. 20	대통령, 중간평가 무기연기 선언
3. 21	육사교장(민병돈) 파동
3. 22	대통령주재, 「공안관계장관회의」
3. 25	국가안전기획부, 문익환 목사 평양방문 발표

	대통령, 노동관계 2법에 대한 거부권행사
3. 28	근로기준법개정안 확정
3. 30	정부, 현대중공업에 경찰력투입
4. 8	울산지역노동자 시민, 격렬한 가두시위
4. 3	공안합동수사본부 발족
4. 4	울산사태에 관한 「노동관계부처 차관회의」
4. 6	대통령주재, 「민주주의 전복세력에 대한 관련부처 대책회의」
4. 9	지역별·업종별 노동조합대표자전국회의, 「노동운동탄압분쇄 결의 대회」
4. 15	부천지역 40여 개 노동조합 동맹파업 결의
	치안본부, 시위진압기동대 대폭 증강 방침 발표
4. 18	총리주재, 「노동대책관계장관회의」
	공안합동수사본부, 농성 중인 부천 4개 사업장에 경찰력투입
4. 20	평민당총재(김대중), 5월 한 달 파업자제 촉구
4. 22	시도교육감회의, 의식화교사 의법처리 정부에 촉구
4. 26	야3당 총재 좌익인정 등 8개항 합의
	내무, 법무, 노동부 장관, 담화문 발표
	상공부, 「분규현황과 전망」 발표
4. 28	민정당대표(박준규), 정치투쟁 노사분규에 긴급명령권 발동 발표
4. 30	경찰, 「세계노동절 1백 주년 기념 한국노동자대회」 원천봉쇄
5. 1	정부 여당, 노동쟁의 관련 「고위당정회의」
5. 3.	부산 동의대학교 사건 발생
	대통령, 「특별담화문」 발표
5. 6	KDI, 보고서 「임금과 국민경제」 발표
5. 8	국방부, 방위산업체 파업시 군인력 투입 발표
5. 9	대통령주재, 「시국대책 긴급국무회의」
5. 16	정부, 「교원노조대책회의」
5. 28	전국교직원노동조합 결성
6. 2	민정당대표, 내각제협상 관련 기자회견
6. 7	대우조선 폐업방침 발표
6. 8	정부, 「대우조선 관계부처 대책회의」에서 폐업수용 결정

6. 17	정부, 사북광업소에 경찰력투입
6. 19	정부, 공안합동수사본부 해체
	부총리, 「하반기 경제종합대책」 발표
6. 22	부총리주재, 「긴급 경제장관회의」에서 시중은행 임금인상안 백지화 결정
6. 23	총리주재, 「관계장관연석회의」에서 대우조선 파업시 경찰력투입 결정
6. 28	국가안전기획부, 서경원 의원 방북사건 발표
6. 29	전국대학생대표자협의회, 대표 1명(임수경) 평양방문 발표
7. 10	대통령, 공화당총재 회담
8. 22	검찰, 평민당총재(김대중) 소환 조사
9. 5	노동부, 주요방위산업체 축소 조정
10. 5	노동부 장관, 공휴일축소 검토 발표
10. 12	부총리주재, 「산업평화조기정착을 위한 관계기관대책회의」
10. 30	노동부, 「노사관계 안정화 종합대책」 발표
11. 1	마산·창원지역노동조합총연합 소속노조, 노동운동탄압 항의 연대파업
11. 5	한국노총, 「노동법개정 및 경제민주화 촉구 궐기대회」
11. 12	지역·업종별 전국회의, 「전국노동자대회」 개최
11. 16	경제 6단체장, 공동기자회견
11. 17	지역·업종별 전국회의 소속 2백여 노조, 1일 연대파업
11. 18	노동부 장관, 체제부정 과격 노동운동 엄단 지시
11. 22	경제기획원, 「최근 노동동향」 발표
12. 15	여야 영수회담
12. 23	경제 6단체, 전국경제단체협의회 결성
12. 28	대통령주재, 「200만 호 주택건설 확대회의」
1990. 1. 6	현대자동차노동조합, 무노동 무임금 관련 임금삭감 수용
1. 13	노동부, 전노협 가입노조에 대한 업무조사 방침 발표
1. 17	내무부, 「악성노사분규에 대한 경찰력투입대책」 확정
1. 19	노동부 장관, 대통령에 「'90년 업무보고」
1. 20	대통령주재, 「산업평화 조기정착과 임금안정 대책회의」

1. 22	3당합당 발표
	전국노동조합협의회 결성대회
1. 31	노동부, 법정노동시간 단축 분에 대한 임금삭감 지도지침 시달
2. 1	노동부, 전노협 소속노조에 대한 업무조사 실시
2. 28	단병호 전국노동조합협의회 의장 구속
3. 7	7개 대기업노조대표, 「전국대기업노동조합대표자 비상대책회의」 결성
3. 12	검찰, 업무조사 거부 이유로 서울 삼성제약 노동조합위원장 구속, 동아건설 창동노조, 단병호위원장 불신임안 의결
4. 4	경제부총리, 「경제활성화종합대책」 발표
4. 6	각 일간신문, 상공부 노동관계법개정안 보도
4. 9	전국경제단체협의회, 「노사분규대책지침」 발표
4. 12	정부, KBS에 경찰력투입 — KBS노동조합원 농성
4. 23	정부 4부처장관, KBS사태에 관한 대국민담화문 발표
4. 25	현대중공업 노동조합, 파업
4. 26	국무총리주재, 「긴급 노동관계장관회의」
4. 28	정부, 현대중공업에 경찰력투입 — 노동조합간부 '골리앗농성' 시작, 현대그룹 9개사 노조 항의 연대파업, 마창노련 연대파업 결의, KBS노조 비상대책위원회, 제작참여 결의
5. 1	전국노동조합협의회 산하 노조 총파업, MBC CBS노조 항의 연대파업정부, 「고위당정회의」
5. 2	법무장관, 검찰에 불법파업에 대한 강경대응 지시
5. 3	(주)통일 노동조합원 분신자살
5. 7	대통령, 「대국민 담화문」 발표
5. 9	전국적인 반민자당 시위
5. 10	4부장관, 「민생치안 및 사회안녕 질서확립대책」 발표
5. 18	KBS사원총회, 제작복귀 결정
5. 24	현대자동차노동조합 위원장(이상범), 임금협상안 직권서명 타결
8. 24	국무회의, 공휴일축소(국군의 날, 한글날) 의결
10. 13	대통령, 「범죄와의 전쟁」 선언
10. 22	노동부 장관, 민사상 손해배상 청구소송 활용 지시
11. 16	노동부 장관, 노동법개정 시사 발언
12. 7	경제기획원, 「'91 경제안정을 위한 노사관계대책」 발표

12. 9   16개 대기업노조, 「연대를 위한 대기업노동조합회의」 결성

1991. 2. 4   노동부, 노동조합의 선거참여 단속지침 시달
      2. 8   대우조선 노동조합 파업
      2. 10   경찰, 대기업노동조합연대회의 간부 67명 연행
      2. 12   검찰, 연대회의 간부 7명 제3자개입금지 위반혐의로 구속
      2. 18   경총, 인건비총액기준 임금조정지침 시달
      3. 15   경기도경찰청, 경수노련사건 발표
      3. 19   대통령주재, 「산업평화와 경제재도약을 위한 사회적 합의 토
              론회」 개최
      3. 22   국민경제사회협의회, 노사공동선언문 발표
      4. 17   정부, 대우자동차 부평공장에 경찰력투입
      5. 30   서울고등법원, 노동부의 언론노련 설립신고서 반려처분 취소
              판결
      7. 12   노동부 장관, 총액임금제 실시방침 발표
      7. 22   임금관계대책위원회, 총액임금제 도입추진 발표
      9. 11   경제기획원 장관, 대통령에 「제조업경쟁력강화대책」 보고
      9. 14   전국노동조합협의회, 대우조선 노동자감시 문건 공개
      9. 16   부산금호상사에서 대규모 블랙리스트 발견
      9. 17   노동부 장관, 노동관계법개정방침 발표
      9. 19   국가안전기획부, 남한사회주의노동자동맹(사노맹)사건 발표
      10. 8   「국제노동기구 기본조약 비준 및 노동법개정을 위한 전국노
              동자공동대책위회」 결성
      10. 9   국무회의, 외국인력 도입확대 결정
      10. 17 한국경제연구원(전경련부설), 직능급제임금체계 도입보고서
              발표 대통령, 국인고용확대 지시
      10. 24 경총, 직능급제 임금제도개선 연구보고서 발표
      11. 4   노동부 장관, 노동법개정 철회 표명
      11. 10 IlO공대위 주최, 「전국노동자대회」
      11. 12 노동부, 「시간제 근로자 활용방안」 발표
      11. 22 마산지방법원, 대우조선노동자 항소심에서 법정 구속
      12. 14 부총리주재, 「'92년도 임금안정대책」발표

12. 26	노동부, 「총액임금제 관련 지침」 발표
1992. 1. 15	울산현대자동차 노동쟁의 관련 무기한 휴업조치
1. 16	검찰, 현대자동차쟁의에 사노맹 개입 발표
1. 24	현대자동차, 법원에 노동조합재산 가압류 신청
2. 7	전국경제단체협의회, 직능급제 임금제도 추진 결정
2. 12	대통령주재, 「노사관계 사회적 합의 형성회의」
2. 19	건설부, 군인력 건설투입 확대 등 인력수급대책 발표
2. 20	부총리주재, 「관계부처장관회의」에서 총액임금제 대상업체 지정
3. 9	인력정책심의위원회, 「장단기 인력수급대책」 발표
3. 16	산업평화대책위원회, 총액임금제와 노동관계법개정대책 발표
3. 23	한국노총, 총액임금제 전면 거부 결정
4. 7	노동부 장관, 총액임금제 대상업체 축소방침 발표
4. 15	대기업, 정부 재벌회장단회의에서 총액임금제 수용 합의
4. 22	경제부처장관회의, 총액임금제 대상업체 축소
4. 24	「노동관계법연구위원회」 발족
6. 11	노동부 장관, 복수노조허용 검토 발언
7. 14	노동부, 한국노총의 미국노동계 자금수수 사실 발표
9. 2	MBC노동조합 파업
10. 2	정부, MBC노동조합 파업에 경찰력투입
10. 21	MBC노사 협상 타결
10. 29	대구고법, 노동조합대표자의 총회 소집 인정 판결
11. 8	IlO공대위, 「전국노동자대회」 개최
12. 23	대법원, 언론노련 합법성 확정 판결
1993. 1. 18	노동부, 노조설립 신고시 합법 상급단체 명기토록 하는 업무 지침 시달

・노 중 기

(盧 重 琦)・ 서울대학교 사회과학대학 사회학과 졸업

서울대학교 대학원 사회학과 박사

한국산업사회학회 운영위원장

한국산업노동학회 운영위원장

한신대학교 사회학과 교수

・주요 논저・

「한국의 노동정치체제 변동: 1987-1997」

「노사정위원회 5년 평가와 전망」

「세계화와 노동체제 변동에 관한 비교사회학적 연구」

『6월 민주항쟁과 한국사회 10년』(공저)

『한국의 노동정치와 노동운동』

국가의 노동통제와 민주노조운동: [1987-1992]

・초판 인쇄   2007년 10월 30일
・초판 발행   2007년 10월 30일

・지 은 이   노중기
・펴 낸 이   채종준
・펴 낸 곳   한국학술정보㈜
경기도 파주시 교하읍 문발리 526-2
파주출판문화정보산업단지
전화   031) 908-3181(대표)・팩스   031) 908-3189
홈페이지   http://www.kstudy.com
e-mail(출판사업팀사업부)   publish@kstudy.com
・등   록   제일산-115호(2000. 6. 19)
・가   격   46,000원

ISBN   978-89-534-6677-7 93330 (Paper Book)
978-89-534-6678-4 98330 (e-Book)